D1399712

L'AUTO 2012

Lamborghini
Aventador

Fiat 500

LES ÉDITIONS
LA PRESSE

Catalogage avant publication de Bibliothèque et
Archives nationales du Québec et Bibliothèque
et Archives Canada

Vedette principale au titre

L'auto 2012

ISSN 1919-3149
ISBN 978-2-923681-77-1

1. Automobiles - Achat - Guides, manuels, etc.
2. Automobiles - Spécifications - Guides, manuels, etc.

TL162.D88   629.222029   C2009-300224-6

LES ÉDITIONS
LA PRESSE

7, rue Saint-Jacques
Montréal (Québec) H2Y 1K9
514 285-4428

Présidente : Caroline Jamet
Directrice de l'édition : Martine Pelletier
Éditeur délégué : Yves Bellefleur
Coauteurs : Jacques Duval, Jean-François Guay, Éric LeFrançois

Et les collaborateurs :
David Booth
Jean-Pierre Bouchard
Daniel Charette
Kim Cornelissen
Jean Chartrand
Éric Descarries
Pierre-Marc Durivage

Petrina Gentile
Michel Poirier-Defoy
Stéphane Quesnel
Louis-Alain Richard
Paul-Robert Raymond
Juergen Zoellter

Révision linguistique :
Gilbert Dion
Traduction :
Pierre Corbeil
Conception graphique :
Épicentre

Direction artistique :
François Picard, Épicentre
Mise en page :
Joanie Gauthier, Yanick Nolet, Pascal Simard
Photos :
Jacques Duval, Jean-François Guay, Claude Lamoureux,
Éric LeFrançois, Daniel Pronovost, Alyssia Duval Nguyen
et le service de presse des constructeurs.
Impression :
Imprimeries Transcontinental

© Les Éditions La Presse
TOUS DROITS RÉSERVÉS

Dépôt légal – Bibliothèque et Archives nationales du Québec, 2011
Dépôt légal – Bibliothèque et Archives nationales du Canada, 2011

ISBN 978-2-923681-77-1

L'éditeur bénéficie du soutien de la Société de développement
des entreprises culturelles du Québec (SODEC) pour son
programme d'édition et pour ses activités de promotion.

L'éditeur remercie le gouvernement du Québec de l'aide
financière accordée à l'édition de cet ouvrage par l'entremise du
Programme de crédit d'impôt pour l'édition de livres, administré
par la SODEC.

Nous reconnaissons l'aide financière du gouvernement du Canada
par l'entremise du programme d'aide au développement de
l'industrie de l'édition (PADIÉ) pour nos activités d'édition.

Des remerciements sont de mise pour
Les personnes et organismes suivants

Agence Pink Marketing : Leeja Murphy
Atelier Yvon Lanthier
Autodrome Saint-Eustache : Jason
Labrosse, Yves Ladouceur
Automobiles Ecetera
CKAC Sports 730 : Michel Tremblay
COGECO Diffusion
Cohn & Wolfe : Heather Meehan et
Robert Lupien
ICAR : Marc Arseneau, Karine
Champoux, Roxanne Langelier
L.A. Details : Patrice Marchessault
Le Canada français : Gilles Lévesque et
Renel Bouchard
Service Spenco : Steve Spence
Whingo : Hugo Kwok

Larry Boulet
Claude Carrière
Suzanne Charest
Ross De St-Croix
Brigitte Duval
Martin Harvey
Paul-André Gélinas
Joe Grimaldi
René Guay
Normand Guindon
Gaétan Houle
Hugh Know
Gilles Lépine
Ralph Luciw
Stephan Mouradian
Jean Pendleton
Jean-Paul Pérusse

Mario Petit
Richard Petit
Claude Rémillard
Anne Truchon
Pierre Yaacoub

Les concessionnaires
Arbour Volkswagen : Jacinthe Rioux,
Vincent Poirier
Automobile Lauzon : Josée Chaumond
Automobile Niquet : Jean Niquet
Barnabé Mazda : Joël Grégoire
BMW Laval : Terry Grant, Gemi Giaccari
Coupal & Brassard Nissan : Dominic
Brassard
Déry Toyota : Michel Fecteau
Des Sources Chrysler : Anick Lapalme
Ferrari Québec : Umberto Bonfa
John Scotti Jaguar / Land Rover : Yvan
Boutin
John Scotti Lotus : Bernard Durand
Le Groupe Gravel : Jean-Claude Gravel,
Louis-Philippe Gravel
Les Moteurs Décarie : Joel Segal
Mitsubishi Gabriel : Louis Renaud
Nordest Volkswagen : Cristelle Catano
Racine Chevrolet : Marcel Racine,
Jean-Jacques Girard
Rondeau Chrysler : Pierre Brault
Volvo Laval : Vicky Grenon

Les constructeurs
Aston Martin : Viana Mehl-Laituri
Audi : Cort Nielsen et Christine Wild
Bentley : Christophe Georges
BMW / Mini: Barbara Pitblado, Joanne
Bon et Robert Dexter
Chrysler : Daniel Labre
Ferrari : Johanne Marshall
Ford / Lincoln : Christine Hollander
Jaguar / Land Rover : Barbara Barett,
Alana Fontaine
General Motors : Robert Pagé, Tony
LaRocca
Honda / Acura : Nadia Mereb, Gisèle
Bradley, Richard Jacobs
Hyundai : Gérald Godin, Chad Heard,
Patrick Danielson
Kia : Cathy Laroche, Caroline Bastien
et Jack Sulymka
Lotus : Kevin Smith
Mazda : Greg Young, Alain Desrochers,
Mathieu Fournier et Steven Day
Mercedes-Benz / Smart : JoAnne Caza,
Michael Minielly, Denis Bellemare,
Karen Zlatin, Rob Takacs
Mitsubishi : Sophie Desmarais,
Josianne Bétit et Lara Brown
Nissan / Infiniti : Didier Marsaud
Porsche : Laurance Yap, Rick Bye
Rolls-Royce : Norman Hébert, Anne
Dongois
Saab : Steve Weeks
Subaru : Elaine Griffin, Nicole
Chambers et Amyot Bachand
Suzuki : André Beaucage
Toyota / Lexus : Rose Hasham
Volkswagen : Thomas Tetzlaff
Volvo : Dustin Woods

PHOTO PIERRE GOYETTE

Pour souligner son intronisation au Temple de la renommée du sport automobile canadien, Jacques Duval a fait le pari de retourner en piste après avoir «abandonné» la course automobile, il y a deux ans. Au volant d'une Triposto, un spyder construit au Québec par la famille Kwok sur une base de Porsche Cayman S, notre auteur a pris part à la course d'endurance disputée le 11 juillet 2011 au circuit Mont-Tremblant dans le cadre des Légendes du sport automobile de Bobby Rahal. Jacques Duval et son coéquipier Hugh Kwok ont terminé premiers de catégorie et sixièmes au classement général, devant toutes les autres Porsche inscrites. «La voiture est une merveille d'équilibre», a-t-il déclaré quand on lui a demandé ses impressions. Comme on dit souvent, à 77 ans, faut le faire. La course a été gagnée par une Audi R8 Le Mans pilotée par Travis Engen.

Avant-propos
VOTRE LIVRE

Nos lecteurs ont mis quelque temps à s'y retrouver dans cette jungle annuelle d'informations automobiles qui jaillit sur les présentoirs à courte distance de l'automne. Lequel était lequel? Lequel était le bon? Or, les gens ont fini par flairer la piste du bon ouvrage, de celui qu'ils cherchaient parmi la nuée de candidats au palmarès des «best-sellers». Ils ont trouvé L'Auto, qui prend sa place dans la longue chaîne des 39 livres précédents que j'ai signés avec fierté.

À l'âge vénérable de 77 ans, j'aurais pu emprunter le chemin de la retraite, mais la passion automobile qui m'a toujours guidé à relever de nouveaux défis refuse de s'éteindre. D'ailleurs, quand on me demande ce qui m'amène à faire quelquefois des journées de 15 heures, à multiplier les voyages de trois jours en Europe et à reprendre le volant d'une voiture de course, ma réponse est invariable. C'est la passion automobile qui me motive, cette passion sans laquelle on ne peut pas relever des défis tels que la réalisation d'un livre comme celui-ci pendant 43 ans. Pas de passion, pas de bouquin.

J'ai le privilège de partager cette gigantesque tâche avec des acolytes qui ont été eux aussi contaminés par le virus de l'automobile. Qui n'a pas entendu parler de la collection de voitures anciennes d'Éric LeFrançois et de la passion de la technique de Jean-François Guay?

Aussi habiles avec la plume qu'avec un volant, ces deux coauteurs abattent un boulot considérable en organisant des matchs comparatifs tel celui des voitures les plus populaires au Québec, les compactes. Personne ne peut désormais acheter une petite auto économique sans lire ce match passionnant. Notre équipe a aussi fait un excellent condensé de toute l'information automobile dont on a besoin pour s'y retrouver parmi les diverses marques, d'où le titre «À vos marques».

De la voiture sage (électrique) à la plus folle (Lamborghini Aventador), nous avons voulu vous en faire voir de toutes les couleurs. Vous ne voudrez pas manquer non plus notre dossier sur la gestation de la nouvelle Porsche 911 et l'essai de la voiture la plus souriante du millésime, la sympathique Fiat 500.

Encore une fois, BONNE ROUTE!

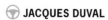 **JACQUES DUVAL**

NOTE DE L'ÉDITEUR: Les rares modèles 2012 sortis après la publication de ce livre, se retrouvent sur le site cyberpresse.ca, sous l'onglet Mon volant.

Table des matières

Liste de prix 2012

(* prix 2011)

ACURA

MDX Base	* 52 690 $
MDX Tech	* 57 990 $
MDX Elite	* 62 690 $
RL Elite	* 64 690 $
RDX Base	* 40 490 $
TL	39 490 $
TL SH-AWD Base	43 490 $
TL SH-AWD Elite	48 990 $
TSX Base	* 31 890 $
TSX Premium	* 33 690 $
TSX Technologie	* 37 790 $
TSX V6 Technologie	* 41 890 $
ZDX Technologie	* 54 990 $

ASTON MARTIN

DB9	206 765 $
DB9 Volante	224 465 $
DBS	309 530 $
DBS Volante	326 397 $
Rapide	223 100 $
Vantage Coupé	136 495 $
Vantage Coupé S	159 000 $
Vantage Roadster	151 795 $
Vantage Roadster S	174 300 $
Vantage Coupé V12	186 600 $
Virage Coupé	224 100 $
Virage Volante	244 350 $

AUDI

A3 2.0T Progressiv FWD	34 100 $
A3 2.0 TDI Progressiv FWD	37 100 $
A3 2.0T Progressiv Quattro	37 500 $
A4 2.0T FWD	37 800 $
A4 2.0T Quattro	39 700 $
A4 2.0T Quattro Premium	43 600 $
A4 2.0T Quattro Premium PLus	45 800 $
A4 Avant Quattro	42 800 $
A4 Avant Quattro Premium	47 200 $
A4 Avant Quattro Premium Plus	49 400 $
A5 2.0T Quattro Premium	46 700 $
A5 2.0T Quattro Premium Plus	49 000 $
A5 2.0T Quattro cabriolet	58 700 $
A5 2.0T Quattro Premium cabriolet	61 000 $
A6 3.0 Quattro Premium	58 800 $
A6 3.0 Quattro Premium Plus	65 700 $
A7 3.0 Quattro Premium	68 600 $
A7 3.0 Quattro Premium Plus	74 300 $
A8 4.2 Quattro	99 700 $
A8 4.2 Quattro Premium	104 700 $
A8 4.2 Quattro L	106 700 $
A8 4.2 Quattro L Premium	112 200 $
A8 4.2 Quattro L W12	172 000 $
Q5 2.0T Quattro Premium	41 200 $
Q5 2.0T Quattro Premium Plus	45 300 $
Q5 3.2 Quattro Premium	45 500 $
Q5 3.2 Quattro Premium Plus	49 900 $
Q7 3.0 Quattro Premium	58 000 $
Q7 3.0 Quattro Premium Plus	63 500 $
Q7 3.0 TDI Quattro Premium	63 000 $
Q7 3.0 TDI Quattro Premium Plus	68 500 $
Q7 3.0 Quattro Sport	72 900 $
R8 4.2 Coupe Quattro	134 000 $
R8 5.2 Coupe Quattro	173 000 $
R8 5.2 Coupe GT Quattro	228 000 $
R8 4.2 Spyder Quattro	148 000 $
R8 5.2 Spyder Quattro	187 000 $
S4 3.0 Quattro	53 000 $
S4 3.0 Quattro Premium	57 800 $
S5 3.0 Quattro cabriolet	68 600 $
S5 3.0 Quattro Premium cabriolet	72 400 $
S5 4.2 Quattro	50 500 $
S5 4.2 Quattro Premium	65 600 $
TT 2.0T Quattro	48 400 $
TT 2.0T Quattro S-Line	49 900 $
TT 2.0T Quattro Roadster	51 400 $
TT 2.0T Quattro Roadster S-Line	52 900 $
TT RS	67 700 $
TTS 2.0T Quattro	57 900 $
TTS 2.0T Quattro Roadster	62 200 $

BENTLEY

Brooklands	412 990 $
Continental GT	221 200 $
Continental GT Speed	251 400 $
Continental Supersports	327 260 $
Continental Supersports ISR	343 430 $
Continental GTC	243 900 $
Continental GTC Speed	280 000 $
Continental Flying Spur	223 420 $
Continental Flying Spur Speed	254 200 $
Mulsanne	349 900 $

BMW

Série 1 128i	36 000 $
Série 1 135i	43 200 $
Série 1 128i cabriolet	41 400 $
Série 1 135i cabriolet	48 700 $
Série 1 M	53 600 $
Série 3 323i berline	* 34 900 $
Série 3 328i berline	* 41 500 $
Série 3 328i coupé	* 44 300 $
Série 3 328i cabriolet	* 57 300 $
Série 3 328i xDrive berline	* 44 100 $
Série 3 328i xDrive coupé	* 46 800 $
Série 3 328i xDrive Touring	* 45 700 $
Série 3 335i berline	* 51 400 $
Série 3 335i coupé	* 53 400 $
Série 3 335is coupé	* 58 800 $
Série 3 335i cabriolet	* 68 900 $
Série 3 335is cabriolet	* 74 300 $
Série 3 335i xDrive berline	* 52 100 $
Série 3 335i xDrive coupé	* 54 100 $
Série 3 335d berline	* 49 900 $
Série 5 528i berline	* 53 900 $
Série 5 535i berline	* 62 300 $
Série 5 550i berline	* 73 300 $
Série 5 350i xDrive GT	* 69 900 $
Série 5 550i xDrive GT	* 79 900 $
Série 6 650i cabriolet	106 800 $
Série 7 750i xDrive	110 300 $
Série 7 750Li xDrive	118 300 $
Série 7 760Li	* 186 000 $
Série 7 ActiveHybrid L	* 132 300 $
Série 7 Alpina xDrive	118 300 $
M3 berline	* 70 300 $
M3 coupé	* 71 700 $
M3 cabriolet	* 82 300 $
X1 28i	38 500 $
X3 28i	* 41 900 $
X3 35i	* 46 900 $
X5 35i xDrive	61 890 $
X5 35d xDrive	* 62 800 $
X5 50i xDrive	75 700 $
X5 M xDrive	98 300 $
X6 35i xDrive	66 650 $
X6 50i xDrive	82 050 $
X6 M xDrive	100 900 $
X6 ActiveHybrid	* 99 900 $
Z4 30i	* 54 300 $
Z4 35i	* 63 900 $
Z4 35is	* 77 900 $

BUGATTI

Veyron	* 1 864 800 $

BUICK

LaCrosse	34 400 $
LaCrosse Groupe commodité	35 195 $
LaCrosse Luxe Ultra	43 715 $
LaCrosse AWD Groupe commodité	39 270 $
Enclave CX FWD	43 750 $
Enclave CXL FWD	48 720 $
Enclave CX AWD	46 750 $
Enclave CXL AWD	51 720 $
Regal	29 940 $
Regal Groupe Confort	31 050 $
Regal eAssist	34 190 $
Regal Turbo	36 830 $
Regal GS	42 620 $
Verano	n.d.

CADILLAC

CTS 3.0 (berline)	37 095 $
CTS 3.0 AWD (berline)	41 420 $
CTS 3.6 (berline)	44 780 $
CTS 3.6 AWD (berline)	51 920 $
CTS 3.6 Coupé	42 045 $
CTS 3.6 Coupé AWD	44 675 $
CTS 3.0 Familiale Sport	40 785 $
CTS 3.0 Familiale Sport AWD	43 410 $
CTS 3.6 Familiale Sport	51 285 $
CTS 3.6 Familiale Sport AWD	54 320 $
CTS-V (berline)	72 845 $
CTS-V Coupé	72 065 $
CTS-V Familiale Sport	74 945 $
Escalade Base	84 965 $
Escalade ESV	88 685 $
Escalade EXT	79 945 $
Escalade Hybride	95 110 $
SRX	42 000 $
SRX Luxe	45 695 $
SRX Luxe & Performance	48 295 $
SRX AWD	45 300 $
SRX AWD Luxe	48 695 $
SRX AWD Luxe & Performance	51 995 $
SRX AWD Premium	54 580 $

CHEVROLET

Avalanche 4x2 LS		42 485 $
Avalanche 4x2 LT		44 010 $
Avalanche 4x4 LS		45 730 $
Avalanche 4x4 LT		47 255 $
Avalanche 4x4 LTZ		58 655 $
Camaro 1LS (coupé)		27 855 $
Camaro 2LS (coupé)		29 045 $
Camaro 1LT (coupé)		29 200 $
Camaro 2LT (coupé)		33 780 $
Camaro 1SS (coupé)		37 625 $
Camaro 2SS (coupé)		42 605 $
Camaro 1LT (cabriolet)		35 000 $
Camaro 2LT (cabriolet)		39 550 $
Camaro 1SS (cabriolet)		43 685 $
Camaro 2SS (cabriolet)		48 405 $
Colorado 4X2	(à partir de)	24 045 $
Colorado 4X4	(à partir de)	27 850 $
Corvette coupé		59 310 $
Corvette cabriolet		68 870 $
Corvette Grand Sport		66 865 $
Corvette Grand Sport cabriolet		75 335 $
Corvette Z06		86 885 $
Corvette ZR1		118 630 $
Cruze LS		15 495 $
Cruze Eco		20 160 $
Cruze LT turbo		18 695 $
Cruze LTZ turbo		25 930 $
Equinox LS FWD		26 315 $
Equinox 1LT FWD		29 155 $
Equinox 2LT FWD		30 995 $
Equinox LTZ FWD		34 090 $
Equinox LS AWD		28 040 $
Equinox 1LT AWD		30 765 $
Equinox 2LT AWD		32 565 $
Equinox LTZ AWD		35 700 $
Equinox LTZ AWD		35 700 $
Impala LS		28 035 $
Impala LT		29 025 $
Impala LTZ		34 180 $
Malibu LS		24 045 $
Malibu LT		26 395 $
Malibu LT Platine		28 045 $
Malibu LTZ		34 125 $
Orlando		n.d.
Silverardo 1500 4X2	(à partir de)	26 605 $
Silverardo 1500 4X4	(à partir de)	30 505 $
Silverardo Hybride 4X2		47 715 $
Silverardo Hybride 4X4		51 865 $
Silverardo HD 4X2	(à partir de)	35 995 $
Silverardo HD 4X2	(à partir de)	39 595 $
Sonic		n.d.
Suburban 1500 4x2 LS		52 220 $
Suburban 1500 4X2 LT		58 120 $
Suburban 1500 4X4 LS		55 670 $
Suburban 1500 4X4 LT		61 570 $
Suburban 1500 4X4 LTZ		73 215 $
Tahoe 4x2 LS		49 555 $
Tahoe 4x2 LT		54 960 $
Tahoe 4x2 Hybride		68 815 $
Tahoe 4x4 LS		54 015 $
Tahoe 4x4 LT		59 415 $
Tahoe 4x4 LTZ		70 100 $
Tahoe 4x4 Hybride		71 800 $
Traverse LS		35 910 $
Traverse 1LT		38 570 $
Traverse 2LT		43 125 $
Traverse LTZ		47 835 $
Traverse LS AWD		38 910 $
Traverse 1LT AWD		41 570 $
Traverse 2LT AWD		46 125 $
Traverse LTZ AWD		50 835 $
Volt		41 545 $

CHRYSLER

200 LX (berline)	19 995 $
200 Limited (berline)	23 995 $
200 Touring (berline)	27 995 $
200 S (berline)	28 995 $
200 LX (cabriolet)	29 995 $

200 Limited (cabriolet)	36 595 $
200 Touring (cabriolet)	38 595 $
200 S (cabriolet)	39 595 $
300 Touring	32 745 $
300 Limited	35 745 $
300 S V6	35 995 $
300 S V8	39 995 $
300 Limited AWD	37 745 $
300 S V6 AWD	37 995 $
300 S V8 AWD	41 995 $
300C	39 995 $
300C AWD	41 995 $
300 SRT8	n.d.
Town & Country Touring	39 995 $
Town & Country Touring-L	41 995 $
Town & Country Limited	45 995 $

DODGE

Avenger SE	19 995 $
Avenger SXT	23 995 $
Avenger R/T	28 995 $
Challenger	26 995 $
Challenger R/T	36 695 $
Challenger SRT8	* 47 995 $
Charger	29 995 $
Charger SXT	* 31 845 $
Charger SXT AWD	n.d. $
Charger R/T	39 995 $
Charger R/T AWD	42 695 $
Charger SRT8	n.d.
Durango SXT	37 999 $
Durango Heat	n.d.
Durango Crew Plus	46 195
Durango R/T	47 195
Durango Citadel	50 195 $
Grand Caravan SE	27 995 $
Grand Caravan Crew	33 995 $
Grand Caravan R/T	38 795 $
Journey SE Plus	20 995 $
Journey SXT	25 995 $
Journey R/T AWD	30 745 $
Ram 1500 4X2 (à partir de)	26 495 $
Ram 1500 4X4 (à partir de)	26 495 $
Ram HD 4X2 (à partir de)	26 495 $
Ram HD 4X4 (à partir de)	26 495 $

FIAT

500 Pop	15 995 $
500 Sport	18 500 $
500 Lounge	19 500 $
500 Cabrio Pop	19 995 $
500 Cabrio Lounge	22 995 $

FERRARI

458 Italia	279 000 $
599 GTB Fiorano	440 000 $
599 GTO	540 000 $
California	249 000 $
FF	400 000 $

FORD

Edge SE FWD	27 999 $
Edge SEL FWD	34 499 $
Edge Limited FWD	37 999 $
Edge SEL AWD	36 499 $
Edge Limited AWD	39 999 $
Edge Sport AWD	43 499 $
Escape XLT	25 899 $
Escape XLT AWD	28 299 $
Escape Limited AWD	33 849 $
Escape Hybride Limited	38 599 $
Escape Hybride Limited AWD	40 999 $
Expedition XLT	47 199 $
Expedition Limited	58 099 $
Expedition Max Limited	60 599 $
Explorer FWD	29 999 $
Explorer XLT FWD	35 899 $
Explorer Limited FWD	41 199 $

Explorer AWD	32 999 $
Explorer XLT AWD	38 899 $
Explorer Limited AWD	44 199 $
F-150 4X2 * (à partir de)	19 999 $
F-150 4X4 * (à partir de)	30 099 $
Fiesta S (berline)	15 999 $
Fiesta SE (berline)	18 999 $
Fiesta SEL (berline)	18 999 $
Fiesta SE (à hayon)	15 999 $
Fiesta SES (à hayon)	18 899 $
Flex SE FWD	29 999 $
Flex SEL FWD	36 499 $
Flex Limited FWD	* 41 199 $
Flex SEL AWD	38 499 $
Flex Limited AWD	43 199 $
Flex Titanium AWD	49 599 $
Focus S (berline)	15 999 $
Focus SE (berline)	18 999 $
Focus SEL (berline)	21 499 $
Focus Titane (berline)	24 499 $
Focus SE (hayon)	19 899 $
Focus SEL (hayon)	22 399 $
Focus Titane (hayon)	25 099 $
Fusion S	19 999 $
Fusion SE	23 499 $
Fusion SEL	26 499 $
Fusion SEL AWD	31 499 $
Fusion Sport	35 599 $
Fusion Hybride	34 499 $
Mustang V6 (coupé)	22 999 $
Mustang V6 Premium (coupé)	26 999 $
Mustang GT (coupé)	* 38 499 $
Mustang Shelby GT500 (coupé)	58 999 $
Mustang V6 Premiun (cabriolet)	31 399 $
Mustang GT (cabriolet)	42 899 $
Mustang Shelby GT500 (cabriolet)	63 699 $
Mustang Boss 302	n.d.
Taurus SE	27 999 $
Taurus SEL	32 599 $
Taurus SEL AWD	34 999 $
Taurus Limited AWD	40 999 $
Taurus SHO AWD	48 199 $
Super Duty 4X2 (à partir de)	35 499 $
Super Duty 4X4 (à partir de)	38 899 $

GMC

Acadia SLE FWD	38 440 $
Acadia SLT FWD	46 450 $
Acadia SLE AWD	41 440 $
Acadia SLT AWD	49 450 $
Acadia Denali AWD	58 090 $
Canyon 4X2 (à partir de)	24 045 $
Canyon 4x4 (à partir de)	27 850 $
Sierra 1500 4X2 (à partir de)	26 605 $
Sierra 1500 4X4 (à partir de)	30 295 $
Sierra Hybride 4X2 (à partir de)	47 715 $
Sierra Hybride 4X4 (à partir de)	51 865 $
Sierra HD 4X2 (à partir de)	35 995 $
Sierra HD 4X4 (à partir de)	39 595 $
Terrain SLE-1 FWD	28 240 $
Terrain SLE-2 FWD	30 265 $
Terrain SLT-1 FWD	31 890 $
Terrain SLT-2 FWD	35 800 $
Terrain SLE-1 AWD	30 020 $
Terrain SLE- AWD	31 875 $
Terrain SLT- AWD	33 245 $
Terrain SLT-2 AWD	37 155 $
Yukon 4x2 SLE	49 555 $
Yukon 4x2 SLT	54 960 $
Yukon 4x4 SLE	54 015 $
Yukon 4x4 SLT	59 415 $
Yukon 4X2 Denali	72 610 $
Yukon 4X4 Denali	73 355 $
Yukon 4x2 Hybride	68 815 $
Yukon 4x4 Hybride	71 800 $

Yukon 4x4 Hybride Denali	80 875 $
Yukon XL 4x2 SLE	52 220 $
Yukon XL 4x2 SLT	58 120 $
Yukon XL 4x4 SLE	55 670 $
Yukon XL 4x4 SLT	61 570 $
Yukon XL AWD Denali	* 76 500 $

HONDA

Accord SE (berline)	* 24 790 $
Accord EX (berline)	* 27 490 $
Accord EX-L (berline)	* 29 790 $
Accord EX V6 (berline)	* 30 190 $
Accord EX-L V6 (berline)	* 33 390 $
Accord EX (coupé)	* 26 790 $
Accord EX-L (coupé)	* 29 090 $
Accord EX-L V6 (coupé)	* 35 890 $
Civic DX (berline)	14 990 $
Civic LX (berline)	17 490 $
Civic EX (berline)	19 490 $
Civic EX-L (berline)	24 390 $
Civic Si (berline)	25 990 $
Civic Hybride (berline)	n.d.
Civic LX (coupé)	17 990 $
Civic EX (coupé)	19 990 $
Civic EX-L (coupé)	24 890 $
Civic Si (coupé)	25 990 $
CR-V LX FWD	* 26 290 $
CR-V EX FWD	* 29 490 $
CR-V EX AWD	* 28 290 $
CR-V EX AWD	* 31 490 $
CR-V EX-L AWD	* 33 490 $
CR-Z	23 490 $
CR-Z (CVT)	24 290 $
Crosstour EX-L FWD	* 34 900 $
Crosstour EX-L AWD	* 36 900 $
Crosstour AWD Navi	* 38 900 $
Fit DX	* 14 480 $
Fit DX-A	* 15 780 $
Fit LX	* 16 880 $
Fit Sport	* 18 780 $
Odyssey LX	* 29 990 $
Odyssey EX	* 33 990 $
Odyssey EX-L	* 40 990 $
Odyssey Touring	* 46 990 $
Pilot LX FWD	* 34 820 $
Pilot LX AWD	* 37 820 $
Pilot EX AWD	* 40 720 $
Pilot X-L AWD	* 43 020 $
Pilot Touring AWD	* 48 420 $
Ridgeline DX	* 34 990 $
Ridgeline VP	* 36 690 $
Ridgeline EX-L	* 41 490 $

HYUNDAI

Accent L (hayon)	13 599 $
Accent GL (hayon)	15 399 $
Accent GLS (hayon)	17 199 $
Accent L (berline)	13 199 $
Accent GL (berline)	14 999 $
Accent GLS (berline)	17 999 $
Elantra L	15 849 $
Elantra GL	18 099 $
Elantra GLS	19 799 $
Elantra Limited	22 699 $
Elantra Touring L	* 14 999 $
Elantra Touring GL	* 17 399 $
Elantra Touring GLS	* 19 799 $
Elantra Touring GLS Sport	* 22 049 $
Equus Signature	* 62 999 $
Equus Ultimate	* 69 999 $
Santa Fe GL 2.4 FWD	* 23 999 $
Santa Fe GL 2.4 Premium FWD	* 27 699 $
Santa FE GL 3.5 FWD	* 28 999 $
Santa FE GL 3.5 Sport FWD	* 31 299 $
Santa Fe GL 2.4 Premium AWD	* 29 699 $
Santa Fe GL 3.5 AWD	* 30 999 $

Santa FE GL 3.5 Sport AWD	* 33 299 $
Santa FE GL 3.5 Limited AWD	* 35 799 $
Genesis 3.8 (berline)	39 999 $
Genesis 3.8 Premium (berline)	44 999 $
Genesis 3.8 Technologie (berline)	49 499 $
Genesis 5.0 R-Spec (berline)	53 499 $
Genesis Coupé 2.0T	* 24 899 $
Genesis Coupé 2.0T Premium	* 27 899 $
Genesis Coupé 2.0T GT	* 31 149 $
Genesis Coupé 3.8	* 32 999 $
Genesis Coupé 3.8 GT	* 36 499 $
Sonata GL	22 699 $
Sonata GLS	26 499 $
Sonata Limited	29 899 $
Sonata 2.0T	29 249 $
Sonata 2.0T Limited	32 399 $
Tucson L FWD	19 999 $
Tucson GL FWD	24 599 $
Tucson GLS FWD	26 899 $
Tucson GL AWD	26 599 $
Tucson GLS AWD	28 899 $
Tucson Limited AWD	32 349 $
Veracruz GL FWD	* 32 499 $
Veracruz GL Premium FWD	* 34 999 $
Veracruz GL Premium AWD	* 36 999 $
Veracruz GLS AWD	* 39 999 $
Veracruz Limited AWD	* 44 999 $

INFINITI

EX35	42 200 $
FX35 Premium	53 250 $
FX50 Premium	65 000 $
G25 (berline)	36 390 $
G37 Sport (berline)	48 540 $
G37 Coupé Premium	46 700 $
G37 Coupé Sport	49 200 $
G37 Cabriolet Sport	58 300 $
G37 Cabriolet Première Edition	61 600 $
G25x (berline)	40 450 $
G37x Luxe AWD (berline)	43 450 $
G37x Sport AWD (berline)	48 540 $
G37x Coupé Premium AWD	49 200 $
G37x Coupé Sport AWD	51 700 $
M35h	67 300 $
M 37	52 400 $
M37x AWD	54 900 $
M56 Premium	66 200 $
M56x Premium AWD	68 700 $
QX56	73 000 $

JAGUAR

XF Luxe	* 62 800 $
XF Premium Luxe	* 68 300 $
XFR	* 85 300 $
XJ	* 88 500 $
XJL	* 95 500 $
XJ Suralimenté	* 104 000 $
XJL Suralimenté	* 107 000 $
XJ SuperSport	* 130 500 $
XJL SuperSport	* 133 500 $
XK Coupé	* 96 500 $
XKR Coupé	* 107 000 $
XK Cabriolet	* 103 200 $
XKR Cabriolet	* 114 000 $

JEEP

Compass Sport/North FWD	18 995 $
Compass Limited FWD	24 695 $
Compass Sport/North AWD	21 195 $
Compass Limited AWD	26 895 $
Grand Cherokee Laredo	37 995 $

Grand Cherokee Limited	47 195$
Grand Cherokee Overland	50 195$
Grand Cherokee SRT8	n.d.
Liberty Sport	30 295$
Liberty Renegade	34 295$
Liberty Limited	32 995$
Patriot FWD Sport/North	17 995$
Patriot FWD Limited	24 295$
Patriot 4X4 Sport/North	20 195$
Patriot 4X4 Limited	26 495$
Wrangler Sport	21 595$
Wrangler Sahara	28 495$
Wrangler Rubicon	31 495$
Wrangler Unlimited Sport	26 695$
Wrangler Unlimited Sahara	30 495$
Wrangler Unlimited Rubicon	33 495$

KIA

Forte 2.0 LX	15 995$
Forte 2.0 EX	18 495$
Forte 2.4 SX	21 795$
Forte 2.4 SX Luxe	25 495$
Forte5 2.0 LX	16 695$
Forte5 2.0 EX	19 195$
Forte5 2.4 SX	22 495$
Forte5 2.4 SX Luxe	26 195$
Koup 2.0 EX	18 995$
Koup 2.4 SX	22 295$
Koup 2.4 SX Luxe	24 595$
Optima LX	21 995$
Optima LX+	25 595$
Optima EX	26 695$
Optima EX+	28 095$
Optima EX Luxe	30 595$
Optima SX Turbo	33 695$
Rio EX	* 13 695$
Rio EX Commodité	* 15 895$
Rio5 EX	* 14 095$
Rio5 EX Commodité	* 16 495$
Rio5 EX Sport	* 18 795$
Rondo LX (5 places)	19 995$
Rondo EX (5 places)	22 795$
Rondo EX Premium (7 places)	25 095$
Rondo EX-V6 (5 places)	23 895$
Rondo EX-V6 Luxe (7 places)	27 195$
Sedona LX	* 27 995$
Sedona LX Commodité	* 29 995$
Sedona EX	* 34 195$
Sedona EX gr. Électrique	* 36 495$
Sedona EX Luxe	* 39 995$
Sorento LX FWD	23 995$
Sorento LX V6 FWD	29 195$
Sorento LX AWD	28 495$
Sorento EX AWD	31 995$
Sorento LX V6 AWD	31 095$
Sorento EX V6 AWD	33 995$
Sorento EX V6 Luxury AWD	38 495$
Sorento SX V6 AWD (7 places)	40 995$
Soul 1.6	* 15 995$
Soul 2.0 2u	* 18 595$
Soul 2.0 4u	* 20 595$
Soul 2.0 4u Retro	* 21 295$
Soul 2.0 4u Burner	* 21 595$
Soul 2.0 4u SX	* 22 395$
Soul 2.0 4u Luxe	* 23 995$
Sportage LX FWD	21 995$
Sportage EX FWD	27 195$
Sportage LX AWD	26 995$
Sportage EX AWD	29 695$
Sportage EX Luxe AWD	33 695$

LAMBORGHINI

Gallardo LP 560-4	260 000$
Gallardo LP 560-4 Spyder	290 000$
Aventador	430 000$

LAND ROVER

LR2 HSE	* 44 950$
LR4	* 59 990$
Range Rover HSE	* 94 290$
Range Rover Suralimenté	* 112 280$
Range Rover Sport HSE	* 73 200$
Range Rover Sport Suralimenté	* 88 980$

LEXUS

CT 200h	30 950$
ES 350	* 42 150$
GS 350 AWD	* 54 500$
GS 450h	* 71 750$
GX 460	* 60 700$
GX 460 Ultra Premium	* 77 700$
HS Premium	* 40 850$
HS Premium Luxe	* 44 900$
IS 250	* 32 900$
IS 250 AWD	* 38 000$
IS 350	* 44 950$
IS 350 AWD	* 51 250$
IS C 250	* 49 100$
IS C 350	* 57 000$
IS-F	* 69 850$
LS 460	* 83 100$
LS 460 AWD	* 85 450$
LS 460L AWD	* 91 100$
LS 600Lh AWD	* 121 750$
LX 570	* 89 950$
RX 350	* 47 050$
RX 450h	* 59 550$

LINCOLN

MKS AWD	50 000$
MKS Ecoboost AWD	53 400$
MKT AWD	49 950$
MKT EcoBoost AWD	53 350$
MKX AWD	46 900$
MKZ FWD	38 400$
MKZ AWD	40 900$
MKZ Hybride FWD	42 200$
Navigator	73 500$
Navigator L	76 500$

LOTUS

Evora	76 576$
Evora S	89 675$

MASERATI

Gran Turismo	149 000$
Gran Turismo S	159 900$
Quattroporte	149 000$

MAYBACH

57	* 348 000$
57 S	* 387 500$
62	* 399 000$
62 S	* 438 500$
Landaulet	* 1 380 000$

MAZDA

2 GX	* 13 995$
2 GS	* 18 195$
3 GX (berline)	* 16 295$
3 GS (berline)	* 19 595$
3 GT (berline)	* 24 425$
3 Sport GX (hayon)	* 17 495$
3 Sport GS (hayon)	* 20 965$
3 Sport GT (hayon)	* 25 425$
MazdaSpeed3 (hayon)	* 29 695$
5 GS	21 795$
5 GT	24 395$
6 GS I-4	* 23 995$
6 GT I-4	* 29 395$
6 GS V6	* 31 500$
6 GT V6	* 37 440$
CX-7 GS FWD	* 26 495$
CX-7 GS AWD	* 29 995$
CX-7 GT AWD	* 36 690$
CX-9 GS FWD	36 395$
CX-9 GS AWD	38 395$
CX-9 GT AWD	45 595$
MX-5 GX	* 28 995$
MX-5 GS	* 33 995$
MX-5 GT	* 39 995$
MX-5 SV	* 40 695$

MERCEDES-BENZ

B200	29 900$
B200 Turbo	32 400$
C250 (berline)	* 35 900$
C250 4MATIC (berline)	* 39 900$
C300 (berline)	* 41 600$
C300 4MATIC (berline)	* 44 900$
C350 (berline)	* 48 600$
C350 4MATIC (berline)	* 50 600$
C63 AMG (berline)	* 63 900$
CL	135 900$
CL600	195 200$
CL63 AMG	162 000$
CL65 AMG	243 000$
CLS63 AMG	109 900$
E350 4MATIC (berline)	62 900$
E350 4MATIC Wagon (familiale)	66 900$
E350 BlueTEC (berline)	62 500$
E350 Coupé	59 900$
E350 Cabriolet	67 900$
E550 4MATIC (berline)	73 200$
E550 Coupé	69 900$
E550 Cabriolet	77 500$
E63 AMG (berline)	106 900$
G500	* 115 000$
G55 AMG	* 155 900$
GL350 BlueTEC 4MATIC	70 500$
GL550 4MATIC	88 900$
GLK350 4MATIC	41 300$
ML350 BlueTEC 4 MATIC	58 900$
ML350 4MATIC	57 400$
R320 BlueTEC 4MATIC	56 700$
R350 4MATIC	55 200$
S450 4MATIC	107 800$
S550 4MATIC	123 500$
S600	189 700$
S63 AMG	151 500$
S65 AMG	236 000$
SL550	126 000$
SL63 AMG	152 600$
SLK300	57 500$
SLK350	66 500$
SLS AMG	198 000$

MINI

Cooper Classic	* 21 950$
Cooper	* 23 950$
Cooper S	* 28 950$
Cooper JCW	* 36 900$
Cooper Classic (cabriolet)	* 26 365$
Cooper Base (cabriolet)	* 29 200$
Cooper S (cabriolet)	* 33 950$
Cooper JCW (cabriolet)	* 42 900$
Clubman Classic	* 23 250$
Clubman	* 24 950$
Clubman S	* 29 950$
Clubman JCW	* 38 400$
Countryman	* 27 850$
Countryman S	* 32 650$
Countryman ALL4	* 34 400$

MITSUBISHI

Lancer DE	* 15 998$
Lancer SE	* 19 398$
Lancer GT	* 23 898$
Lancer Ralliart AWD	* 31 798$
Lancer Evolution GSR	* 41 998$
Lancer Evolution MR	* 51 798$
Lancer Sportback SE	* 19 998$
Lancer Sportback GTS	* 24 098$
Outlander ES FWD	* 25 498$
Outlander ES AWD	* 27 998$
Outlander LS AWD	* 29 598$
Outlander XLS AWD	* 34 498$
RVR ES FWD	* 19 998$
RVR SE FWD	* 21 998$
RVR ES AWD	* 24 998$
RVR SE AWD	* 28 498$

NISSAN

370Z Touring	40 898$
370Z Nismo	46 898$
370Z Roadster	47 398$
Altima 2.5 S (berline)	23 998$
Altima 3.5 S (berline)	28 498$
Altima 3.5 SR (berline)	32 098$
Altima coupé 2.5 S	27 698$
Altima coupé 3.5 SR	35 298$
Armada Platinum 4X4	* 55 898$
Cube 1.8 S	* 17 598$
Cube 1.8 SL	* 21 498$
Frontier L4 4X2	* (à partir de) 24 398$
Frontier V6 4X2	* (à partir de) 30 348$
GT-R Black Édition	109 900$
Juke SV FWD	* 19 998$
Juke SL FWD	* 23 548$
Juke SV AWD	* 23 098$
Juke SL AWD	* 26 648$
Leaf	* 38 395$
Maxima SV	* 39 800$
Murano S AWD	* 34 498$
Murano SV AWD	* 37 548$
Murano SL AWD	* 40 648$
Murano LE AWD	* 44 048$
Pathfinder S 4X4	* 37 948$
Pathfinder SE 4X4	* 42 348$
Pathfinder LE 4X4	* 47 748$
Quest S	29 998$
Quest SV	35 048$
Quest SL	38 798$
Quest LE	48 498$
Rogue S FWD	* 23 648$
Rogue SV FWD	* 26 548$
Rogue S AWD	* 26 448$
Rogue SV AWD	* 28 548$
Rogue SXT AWD	* 33 848$
Sentra 2.0	* 15 398$
Sentra 2.0 S	* 18 798$
Sentra 2.0 SL	* 23 198$
Sentra SE-R	* 21 998$
Sentra SE-R Spec V	* 23 398$
Titan 4X2	* (à partir de) 33 848$
Titan 4X4	* (à partir de) 39 848$
Versa 1.6 S	* 12 898$
Versa 1.8 S	* 15 548$
Versa 1.8 SL	* 17 548$
Xterra S 4X4	* 33 998$
Xterra PRO-4X 4X4	* 36 498$
Xterra SV 4X4	* 37 798$

PORSCHE

911 Carrera Coupé	90 100$
911 Carrera Black Édition Coupé	92 800$
911 Carrera S Coupé	104 900$
911 Carrera GTS Coupé	117 600$
911 Carrera 4 Coupé	97 400$
911 Carrera 4S Coupé	112 200$
911 Carrera 4 GTS Coupé	117 700$
911 Targa 4 Coupé	106 700$
911 Targa 4S Coupé	121 400$
911 Turbo Coupé	156 900$
911 Turbo S Coupé	184 400$
911 Carrera Cabriolet	102 800$
911 Carrera Black Édition Cabriolet	104 200$
911 Carrera S Cabriolet	117 500$
911 Carrera GTS Cabriolet	128 800$

Porsche

911 Carrera 4 Cabriolet	110 100$
911 Carrera 4S Cabriolet	124 800$
911 Carrera 4S GTS Cabriolet	137 000$
911 Carrera Turbo cabriolet	170 000$
911 Carrera Turbo S cabriolet	196 400$
911 GT3 RS 4.0	211 100$
911 GT2 RS	279 500$
911 Speedster	232 800$
Boxster	54 900$
Boxster S	66 900$
Boxster Spyder	70 500$
Boxster Spyder Black Édition	74 400$
Cayman	59 200$
Cayman S	70 900$
Cayman R	75 600$
Cayman Black Édition	77 000$
Cayenne (V6)	55 900$
Cayenne S	73 400$
Cayenne Turbo	120 000$
Cayenne Hybride	80 800$
Panamera (V6)	86 600$
Panamera	103 200$
Panamera 4 (V6)	91 800$
Panamera 4S	108 900$
Panamera Turbo	156 300$
Panamera Turbo S	156 300$
Panamera Hybride S	108 700$

RAM

Ram 1500 4X2	(à partir de)	26 495$
Ram 1500 4X4	(à partir de)	30 845$
Ram HD 4X2	(à partir de)	40 495$
Ram HD 4X4	(à partir de)	43 945$

ROLLS-ROYCE

Drophead	553 000$
Ghost	246 000$
Phantom	380 000$

SAAB

9-3 (berline)	* 34 900$
9-3 Aero (berline)	* 41 700$
9-3 AWD (berline)	* 38 500$
9-3 AWD Aero (berline)	* 45 000$
9-3 SportCombi	* 36 100$
9-3 SportCombi Aero	* 43 700$
9-3X SportCombi	* 43 900$
9-3 Cabriolet	* 47 500$
9-3 Cabriolet Aero	* 54 200$
9-4X	n.d.
9-5 Turbo4	* 45 500$
9-5 Turbo4 Premiun	* 51 300$
9-5 Turbo6 AWD	* 56 700$
9-5 Aero AWD	* 59 700$

SCION

tC	* 20 850$
xB	* 18 270$
xD	* 17 200$

SMART

Pure Coupé	* 13 990$
Passion Coupé	* 17 500$
Brabus Coupé	* 20 900$
Passion Cabriolet	* 20 500$
Barbus Cabriolet	* 23 900$

SUBARU

Forester 2.5X	* 25 995$
Forester 2.5X Commodités	* 28 095$
Forester 2.5X Touring	* 28 695$
Forester 2.5X Limited	* 32 995$
Forester 2.5XT Limited	* 35 495$
Impreza	n.d.
Legacy 2.5i	* 23 995$
Legacy 2.5 i Commodité	* 26 395$
Legacy PZEV	* 27 095$
Legacy 2.5i Sport	* 27 995$
Legacy 2.5i Limited	* 31 995$
Legacy berline 2.5 GT	* 38 595$
Legacy berline 3.6 R	* 31 895$
Legacy berline 3.6 R Limited	* 34 695$
Outback 2.5i Commodité	* 28 995$
Outback PZEV	* 30 895$
Outback 2.5i Sport	* 31 795$
Outback 2.5i Limited	* 35 795$
Outback 3.6 R	* 35 795$
Outback 3.6 R Limited	* 38 495$
Tribeca Base	* 40 995$
Tribeca Limited	* 46 495$
Tribeca Premier	* 49 195$
WRX (hayon)	* 33 395$
WRX Limited (hayon)	* 36 395$
WRX STI (hayon)	* 37 995$
WRX STI Sport-Tech (hayon)	* 41 595$
WRX STI (berline)	* 38 895$
WRX STI Sport-Tech (berline)	* 42 495$

SUZUKI

Grand Vitara JX	* 28 135$
Grand Vitara JLX	* 29 635$
Grand Vitara JLX-L	* 30 635$
Kizashi S	* 25 595$
Kizashi Sport	* 29 495$
Kizashi SX AWD	* 30 495$
SX4 Base (berline)	* 17 835$
SX4 Sport (berline)	* 19 835$
SX4 Base FWD (hayon)	* 17 835$
SX4 JX FWD (hayon)	* 20 435$
SX4 JX AWD (à hayon)	* 21 735$
SX4 JLX AWD (à hayon)	* 24 835$

TOYOTA

4Runner		* 36 820$
Avalon XLS		* 41 100$
Camry LE		* 25 310$
Camry SE		* 27 755$
Camry XLE		* 31 235$
Camry LE V6		* 29 020$
Camry SE V6		* 34 255$
Camry XLE V6		* 36 410$
Camry Hybride		* 31 310$
Corolla CE		* 15 450$
Corolla S		* 20 815$
Corolla LE		* 20 665$
Corolla XRS		* 23 235$
FJ Cruiser		* 33 725$
Highlander Base L4 FWD		* 31 500$
Highlander V6 AWD		* 35 750$
Highlander V6 Limited AWD		* 44 900$
Highlander Hybride AWD		* 42 850$
Highlander Hybride Limited AWD		* 51 650$
Matrix		* 16 715$
Matrix XRS		* 24 075$
Matrix AWD		* 24 070$
Prius		* 27 800$
RAV4 Base FWD		* 24 595$
RAV4 Sport FWD		* 28 345$
RAV4 Limited FWD		* 30 185$
RAV4 Base AWD		* 27 230$
RAV4 Sport AWD		* 30 540$
RAV4 Limited AWD		* 32 385$
RAV4 Base V6		* 29 845$
RAV4 Sport V6 AWD		* 32 295$
RAV4 Limited V6 AWD		* 34 640$
Sequoia SR5 4.6		* 48 820$
Sequoia Limited 5.7		* 57 735$
Sequoia Platinum 5.7		* 65 975$
Sienna LE L4 (7 places)		* 27 900$
Sienna V6 (7 places)		* 28 900$
Sienna LE V6 (8 places)		* 32 500$
Sienna SE V6 (8 places)		* 36 600$
Sienna XLE V6 (7 places)		* 38 700$
Sienna LE V6 AWD (7 places)		* 35 350$
Sienna XLE V6 AWD (7 places)		* 49 100$
Tacoma 4X2	* (à partir de)	21 355$
Tacoma 4X4	* (à partir de)	25 995$
Tundra 4X2	* (à partir de)	26 195$
Tundra 4X4	* (à partir de)	29 190$
Venza L4 FWD		* 29 310$
Venza V6 FWD		* 30 800$
Venza L4 AWD		* 30 760$
Venza V6 AWD		* 32 250$
Yaris Base (berline)		* 14 990$
Yaris CE (hayon 3p)		* 13 995$
Yaris LE (hayon 5p)		* 15 350$
Yaris RS (hayon 5p)		* 19 530$

VOLKSWAGEN

Beetle 2.5 Comfortline	21 975 $
Beetle 2.5 Highline	24 225 $
Beetle 2.5 Première	24 475 $
Beetle 2.5 Première+	27 975 $
Beetle 2.0T Sportline	30 425 $
CC Sportline	33 375 $
CC Highline	39 275 $
CC Highline 4Motion	46 375 $
Eos Comfortline	39 075 $
Eos Highline	45 775 $
Golf 2.5 Trendline (hayon 3p)	20 475 $
Golf 2.5 Sportline (hayon 3p)	23 900 $
Golf 2.5 Trendline (hayon 5p)	21 475 $
Golf 2.5 Comfortline (hayon 5p)	22 875 $
Golf 2.5 Sportline (hayon 5p)	24 900 $
Golf 2.5 Highline (hayon 5p)	26 475 $
Golf 2.0 TDI Comfortline (hayon 5p)	25 275 $
Golf 2.0 TDI Highline (hayon 5p)	28 775 $
Golf Wagon 2.5 Trendline	22 975 $
Golf Wagon 2.5 Comfortline	24 075 $
Golf Wagon 2.0 TDI Comfortline	26 875 $
Golf Wagon 2.0 TDI Highline TDi	30 775 $
Golf GTI 2.0T (hayon 3p)	28 875 $
Golf GTI 2.0T (hayon 5p)	29 875 $
Jetta 2.0 Trendline	* 15 875$
Jetta 2.0 Trendline+	* 17 275$
Jetta 2.0 Comfortline	* 19 075$
Jetta 2.0 TDI Comfortline	* 23 875$
Jetta 2.0 TDI Highline	* 26 655$
Jetta 2.5 Comfortline	* 21 175$
Jetta 2.5 Sportline	* 23 300$
Jetta 2.5 Highline	* 23 980$
Jetta GLI	* 27 475$
Passat 2.5 Trendline	23 975 $
Passat 2.5 Trendline+	24 875 $
Passat 2.5 Comfortline	27 975 $
Passat 2.5 Highline	31 475 $
Passat 2.0 TDI Trendline+	27 475 $
Passat 2.0 TDI Comforline	30 575 $
Passat 2.0 TDI Highline	33 775 $
Passat 3.6 Comfortline	33 575 $
Passat 3.6 Highline	37 474 $
Routan Trendline	* 28 575$
Routan Comfortline	* 34 775$
Routan Highline	* 42 275$
Tiguan 2.0T Trendline FWD	27 875 $
Tiguan 2.0T Comfortline FWD	31 275$
Tiguan 2.0T Trendline 4MOTION	31 275$
Tiguan 2.0T Comfortline 4MOTION	34 875$
Tiguan 2.0T Highline 4MOTION	37 775$
Touareg 3.6 Comfortline	48 440$
Touareg 3.6 Highline	53 190$
Touareg 3.6 Execline	58 185$
Touareg 3.0 TDI Comfortline	53 190$
Touareg 3.0 TDI Highline	58 645$
Touareg 3.0 TDI Execline	63 135$

VOLVO

C30 T5	30 995$
C30 T5 Premium Plus	33 345$
C30 T5 Platine	36 195$
C30 T5 R-Design	38 800$
C30 T5 R-Design Premium Plus	41 150$
C70 T5	54 500$
C70 T5 Premium Plus	55 850$
C70 T5 Platine	59 375$
S60 T5 Niveau 1 FWD	38 300$
S60 T5 Niveau 2 FWD	39 950$
S60 T6 AWD	45 450$
S60 T6 R-Design AWD	50 325$
S80 3.2 FWD	49 100$
S80 3.2 Premium Plus FWD	50 200$
S80 3.2 Platine FWD	53 500$
S80 3.2 FWD	49 100$
S80 3.2 Premium Plus FWD	50 200$
S80 3.2 Platine FWD	53 500$
S80 T6 AWD	56 800$
S80 T6 Premium Plus AWD	57 900$
S80 T6 Platine AWD	61 200$
XC60 3.2 FWD	39 995$
XC60 3.2 Premium FWD	43 495$
XC60 3.2 Premiun Plus FWD	45 545$
XC60 3.2 Platine FWD	49 120$
XC60 3.2 AWD	42 395$
XC60 3.2 Premium AWD	45 845$
XC60 3.2 Premiun Plus AWD	47 945$
XC60 3.2 Platine AWD	51 520$
XC60 T6 AWD	47 395$
XC60 T6 Premiun Plus AWD	49 495$
XC60 T6 Platine AWD	52 795$
XC60 T6 R-Design AWD	53 695$
XC60 T6 R-Design Premium Plus AWD	55 795$
XC70 3.2 AWD	43 995$
XC70 3.2 Premium AWD	47 195$
XC70 3.2 Premium Plus AWD	49 345$
XC70 3.2 Platine AWD	52 645$
XC70 T6 AWD	49 345$
XC70 T6 Premium Plus AWD	50 145$
XC70 T6 Platine AWD	53 445$
XC90 3.2 AWD	48 900$
XC90 3.2 Premium Plus AWD	53 100$
XC90 3.2 Platine AWD	56 400$
XC90 3.2 R-Design AWD	56 225$
XC90 3.2 R-Design Premium Plus AWD	56 675$
XC90 3.2 R-Design Platine AWD	60 025$

Au Temple de la renommée du sport automobile

JACQUES DUVAL :
LA RÉDEMPTION D'UN PIONNIER

« J'ai maintenant l'impression d'avoir bouclé la boucle. J'ai fait *ma job*, j'ai laissé ma marque, j'en suis fort heureux, les gens vont pouvoir se souvenir de ce que j'ai fait. »

PIERRE-MARC DURIVAGE

C'est avec ces mots que Jacques Duval a décrit les sentiments ressentis après son intronisation au Temple de la renommée du sport automobile canadien, le 23 avril 2011, à Toronto. Il devenait ainsi le quatrième pilote automobile québécois à faire son entrée au Temple, après Richard Spénard et Gilles et Jacques Villeneuve.

« C'était très impressionnant, a dit M. Duval, coauteur du livre *L'Auto* et collaborateur de longue date à *La Presse*. Il y avait beaucoup d'anciens, j'ai apprécié la sincérité visible dans les yeux et les paroles des gens qui ont témoigné. »

Un baume

L'honneur réservé à Jacques Duval, aujourd'hui âgé de 76 ans, a permis de lever le voile sur son personnage central de l'histoire du sport automobile québécois, dont la contribution a été un peu oubliée avec les années. M. Duval voit d'ailleurs son intronisation comme une rédemption. « Au Québec, je n'ai pas été gâté par la reconnaissance du travail que j'ai fait, a-t-il avoué. Cette nomination vient mettre un baume sur des plaies. Bien sûr, elles sont moins vives qu'elles étaient, on a tourné la page, mais l'aura des Villeneuve a un peu effacé ce que les pionniers avaient fait auparavant. C'est donc flatteur d'être reconnu par ses pairs. »

En effet, pour les plus jeunes, les succès – très mérités – de Gilles Villeneuve et plus tard de son fils Jacques ont semblé occulter tout ce qui s'est fait avant eux en course automobile chez nous. Et, selon plusieurs, c'est Jacques Duval qui a tracé la voie.

« Qu'on le veuille ou non, les Villeneuve sont arrivés à cause du fait qu'il y avait déjà de la course au Québec, parce que Duval pilotait et

JACQUES DUVAL AU VOLANT DE SA PORSCHE 906,
UN PROTOTYPE AVEC LEQUEL IL REMPORTA LE PREMIER GRAND
PRIX DE TROIS-RIVIÈRES EN 1967. PHOTO GILLES COUTURIER

LA PORSCHE 911 S 1970 DE JACQUES DUVAL DANS LE PADDOCK DE MONT-TREMBLANT ENTOURÉ DE SON ÉQUIPE DU TEMPS. DE GAUCHE À DROITE, WERNER FINKBEINER, MÉCANO, GERALD LABELLE ET LAURENT LALIBERTÉ, COÉQUIPIERS DE JACQUES DUVAL. PHOTO GILLES CORBEIL

qu'il faisait parler de lui dans les médias », a affirmé Jacques Bienvenue, qui a roulé avec Jacques Duval dans les années 1960 et 1970. « C'est lui qui a défriché le terrain ; nous, on a simplement eu à rouler dans le chemin qu'il a tracé. »

Palmarès étoffé

Jacques Bienvenue, qui est plus tard devenu chroniqueur automobile au *Journal de Montréal*, a fait ses premiers pas en course automobile au milieu des années 1960 au Circuit Mont-Tremblant. L'un de ses entraîneurs n'était nul autre que Jacques Duval.

« J'ai eu la piqûre en suivant des amis au circuit de Saint-Eugène, en Ontario, à la fin des années 1950 », s'est rappelé M. Duval. La semaine suivante, il s'achète une Alfa Romeo. « Elle m'a coûté 5000 $, j'ai simplement ajouté des ceintures de sécurité, mis du ruban sur les phares pour empêcher les éclats de verre et collé un numéro sur les portières », a-t-il raconté.

Pour la petite histoire, Jacques Duval avait en tête de prendre le numéro 85, qui rappelait la fréquence de la station CKVL, pour qui il travaillait en tant que disc-jockey. Mais comme le numéro était déjà pris, il a simplement inversé les chiffres, collant sur sa portière le 58, qui allait devenir son numéro fétiche.

Quelque temps plus tard, il troque son Alfa pour une Porsche, qui deviendra sa marque de prédilection. En 1967, il remporte le premier Grand Prix de Trois-Rivières au volant d'une Porsche 906 de type prototype ; il gagne cinq fois le Championnat québécois de voitures de tourisme et devient en 1971 le premier pilote canadien à remporter les 24 Heures de Daytona en catégorie Grand Touring, grâce à une

performance qui fait toujours date à ce jour : son coéquipier George Nicolas et lui ont terminé septièmes de l'épreuve, aucune voiture de catégorie GT n'ayant depuis réussi à terminer plus haut au classement général de la mythique épreuve.

Le bâtisseur

Jacques Duval a non seulement laissé sa marque sur la piste, mais il a également joué un rôle de bâtisseur en participant de près à la construction du Circuit Mont-Tremblant – qui devint son terrain de jeu préféré – en plus d'être passé à un cheveu d'amener la Formule 1 sur l'île Sainte-Hélène.

Au début des années 1960, le Québec n'a pas de piste digne de ce nom, les rares talents de chez nous étant contraints d'aller rouler en Ontario. « Je me suis battu pour trouver une piste au Québec, a expliqué M. Duval. J'ai rencontré Léo Samson, un hôtelier passionné d'automobile qui m'a proposé de construire une piste sur une de ses terres, à Mont-Tremblant. Il a convaincu les proprios d'hôtels de la région de construire le circuit dans leur secteur, et moi j'ai joué le rôle d'entremetteur entre les différentes parties concernées. »

« En 1964, une première course sur glace a été organisée à Tremblant, l'ouverture officielle du circuit s'est faite l'été suivant, s'est-il remémoré. C'est le maire de Montréal, Jean Drapeau, qui a inauguré la piste en compagnie de la chanteuse Nanette Workman. »

Les liens tissés entre le maire Drapeau et Jacques Duval ont d'ailleurs passé près d'attirer la Formule 1 à Montréal une décennie avant son arrivée sur le circuit de l'île Notre-Dame.

ROSS DE ST.CROIX, DU TEMPLE DE LA RENOMMÉE DU SPORT AUTOMOBILE CANADIEN, REMET À JACQUES DUVAL LA MÉDAILLE ATTESTANT DE SON INTRONISATION AU SEIN DE CE GROUPE PRESTIGIEUX. PHOTO PERRY BLOCHER/TEMPLE DE LA RENOMMÉE DU SPORT AUTOMOBILE CANADIEN

« L'année après Expo 67, on avait organisé une exposition de voitures de course au pavillon du Canada, s'est-il rappelé. L'auteur Hubert Aquin, amoureux de sport auto, rêvait quant à lui d'un événement de Formule 1 sur l'île Sainte-Hélène. On a contacté la FIA, on a eu la permission d'organiser la course l'année suivante, mais le gouvernement du Québec a refusé de lever le règlement qui empêchait des vitesses supérieures à 25 m/h sur l'île... »

« À l'époque, ça aurait été tout un spectacle, mais il aurait fallu faire des changements majeurs et ce n'était peut-être pas une mauvaise idée que Québec oppose son veto ! » a concédé en riant M. Duval.

« Prenez le volant »

Personnage public par sa présence à la radio et à la télé dans les années 1960, Jacques Duval a joint ses passions pour la communication et l'automobile en 1966 en lançant l'émission-culte *Prenez le volant*, à Radio-Canada, dans laquelle on voyait l'animateur piloter des voitures de série sur le circuit du Mont-Tremblant.

« J'ai un peu bifurqué de mon métier de DJ à la radio pour me tourner vers l'automobile, où c'était le grand vide, a expliqué M. Duval. Les compagnies n'avaient pas de départements de relations publiques, ils me prêtaient des voitures via les concessionnaires et je les rapportais avec les pneus et les freins finis après avoir roulé à tombeau ouvert à Mont-Tremblant. Ils ignoraient que leurs voitures pouvaient faire ça ! »

Des prouesses qui ont ouvert les yeux non seulement des concessionnaires, mais aussi du jeune public.

> **« J'ai apprécié la sincérité visible dans les yeux et les paroles des gens qui ont témoigné »** — Jacques Duval

« Je suivais religieusement l'émission Prenez le volant, a dit Richard Spénard, ancien pilote devenu entraîneur de renom. Pour un jeune comme moi, voir un pilote reconnu faire des essais sur une piste de course comme Tremblant était franchement excitant. C'est ce qui m'a amené à faire de la course. »

Pionnier de la course et du journalisme automobiles – « il a déniaisé le Québec sur la chose automobile », a dit le commentateur Pierre Houde sur les ondes de la radio de la SRC –, Jacques Duval reste à ce jour l'un des chroniqueurs automobiles les plus respectés. En plus d'avoir encore l'un des meilleurs coups de volant. « Malgré son âge, il reste un des meilleurs conducteurs dans le métier, a dit Richard Spénard. Lors d'un lancement Audi sur la glace, en janvier 2011, il était l'un des meilleurs pilotes du groupe. C'est impressionnant. » Quand le feu de la passion vous dévore, l'âge n'a pas d'importance ! M. Duval, nos respects, et surtout, merci !

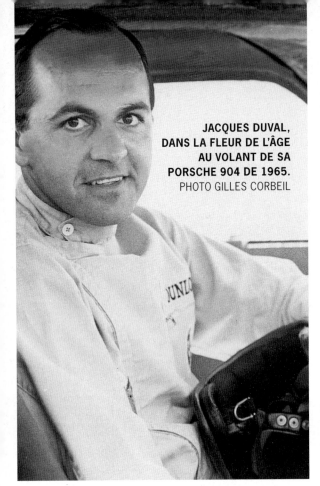

JACQUES DUVAL,
DANS LA FLEUR DE L'ÂGE
AU VOLANT DE SA
PORSCHE 904 DE 1965.
PHOTO GILLES CORBEIL

EN VISITE AU DÉPARTEMENT DE COMPÉTITION
DE CHEZ FERRARI À MARANELLO AVEC
LES GAGNANTS DE DIVERS CHAMPIONNATS CANADIENS.
PHOTO RENÉ DELBUGUET

LE DÉPART DE LA COURSE DE LA ST-JEAN AU CIRCUIT
MONT-TREMBLANT EN 1966. EN PREMIÈRE LIGNE, LA PORSCHE
904 DE JACQUES DUVAL, UNE LOTUS ET LA DAILU
DE DAVE GREENBLATT PHOTO LIONEL BIRNBAUM

LA PLUS BELLE PORSCHE DE JACQUES DUVAL,
LA 904, DEVENUE VOITURE DE COLLECTION À 800 000
$ L'UNITÉ.. **OU PLUS** PHOTO CHARLES BREIL

« L'aura des Villeneuve a un peu effacé ce que les pionniers avaient fait auparavant. » — Jacques Duval

AU VOLANT D'UNE PORSCHE 914-6 GT, JACQUES DUVAL FILE VERS
LA VICTOIRE EN CATÉGORIE GRAND TOURISME AUX 24 HEURES
DE DAYTONA DE 1971. AVEC BOB BAILEY ET GEORGE NICHOLAS, LE TRIO
SE TERMINA 7E AU CLASSEMENT GÉNÉRAL, UNE PERFORMANCE
ENCORE JAMAIS RÉPÉTÉE À CE JOUR.
PHOTO JOHN WARNER

Alors, on rebranche mais à quel prix ?

TEXTE 🚗 ÉRIC LEFRANÇOIS

Sur le plan environnemental, c'est la solution rêvée : zéro émission. Mais devait-on rebrancher le véhicule électrique pour autant ? La période de rodage est terminée. Déjà, l'automobile électrique roule silencieusement sur les chaînes des usines d'assemblage, dans l'espoir de se reproduire suffisamment pour devenir un produit de masse d'ici quelques années.

Prête pas prête, l'industrie de l'automobile la met en service dès maintenant, et ce, en dépit des incertitudes liées à son prix, à son autonomie et à sa longévité. S'il n'y avait que cela.

Le modèle économique du véhicule électrique reste à circonscrire aussi. Les constructeurs favoriseront-ils la vente ou la location ? De la voiture ou de la batterie ? Plusieurs pistes sont étudiées, et seuls quelques constructeurs ont choisi leur camp. De même, des partenariats se nouent avec des promoteurs et des équipementiers sans que l'on sache trop si la recharge à domicile sera la méthode privilégiée (et à quel prix) ou si les infrastructures seront assez développées pour se rendre à Gaspé sans souci.

Beaucoup d'inconnus, mais d'aucuns considèrent que la batterie demeure l'élément qui devrait assurer la viabilité – ou l'échec – du véhicule électrique.

Une vieille idée

Où est le problème ? Après tout, au début du XXe siècle, le plus célèbre constructeur américain ne s'appelait-il pas... l'Electric Vehicle Company ? La voiture électrique n'a-t-elle pas été aussi le premier choix des visiteurs du tout premier salon automobile de New York, en 1900 ? Impensable ? Et pourtant vrai ! À cette époque, la voiture électrique comportait d'indéniables avantages face aux moteurs à essence. Elle était silencieuse, facile à conduire, propre, dénuée de vibrations et facile à démarrer. Même au Canada.

Le développement du démarreur électrique, les progrès du moteur à explosion et l'instauration de la chaîne de montage chez Ford ont contribué à reléguer cette technologie au musée des inventions sans avenir. Récemment encore, les tentatives de la rebrancher ont échoué. En Californie notamment, où la voiture électrique a connu un bref retour en grâce lorsque le California Air Resources Board (CARB)

a obligé les constructeurs à vendre des véhicules non polluants. De 1998 à 2003, 5600 véhicules électriques furent mis en circulation, essentiellement sous forme de location. Après leur victoire en justice contre le CARB, les constructeurs ont rappelé leurs véhicules électriques pour les détruire, suscitant la colère des consommateurs. Il en reste à peine 1400 aujourd'hui, sauvés à grand-peine par leurs propriétaires, qui forment une communauté très militante, comme en a fait foi le documentaire Who killed the electric car?

Techniquement parlant, le véhicule électrique est (trop) longtemps demeuré au stade d'une voiture à essence des années 1920. Il s'est heurté et se heurte toujours à des inconvénients majeurs : le coût, la faible autonomie des batteries ainsi que le temps de recharge important. Alors, à moins de trouver le moyen de le faire circuler avec un fil à la roue, plusieurs observateurs voyaient alors mal comment le véhicule tout électrique pourrait s'imposer. Surtout qu'il est peu compatible avec l'idée qu'on se fait aujourd'hui d'un transport individuel, toujours disponible, fort d'un rayon d'action et de performances que tout le monde peut acquérir à prix raisonnable.

Le très coloré Bob Lutz (ex-Chrysler, ex-GM) reconnaît que le véhicule électrique a longtemps été en panne. «Le projet EV1 de GM a été interrompu parce que le véhicule avait une faible autonomie, peu d'espace intérieur et utilitaire, qu'il ne pouvait monter une colline ou faire fonctionner le système de climatisation sans vider sa batterie. Pis encore, il n'y avait aucun dispositif pour vous ramener à la maison lorsque la batterie s'affaiblissait.»

Prêchant pour sa (ex-) paroisse, le septuagénaire aujourd'hui consultant indépendant estime que la Volt représente LE véhicule électrique du futur. Contrairement à la EV1 des années 1990, celle-ci peut être branchée dans une prise de courant domestique de 110 V. Il suffit de relier le véhicule à votre résidence avec un fil prolongateur et le tour est joué. Six heures plus tard, la batterie est complètement chargée et la Volt peut parcourir quelque 67 km. Où est le progrès par rapport aux tentatives passées? Dans le moteur thermique qui l'accompagne. Celui-ci, un trois-cylindres suralimenté par turbocompresseur fonctionnant au E85 (85 % d'éthanol et 15 % d'essence) veille à générer de l'électricité pour recharger la batterie en cours de route. Ah, la technologie! Il y a tout de même un écueil à surmonter. La grosse batterie lithium-ion nécessaire à la concrétisation de la Volt et des autres véhicules électriques n'existe pas. Avec la technologie actuelle, un bloc de batteries d'un poids proche de 181 kg serait nécessaire, ce qui est complètement insensé. Retour à la case départ? Attendons voir, certains experts prétendent que la production d'une telle batterie (ou d'un modèle similaire) pourrait débuter d'ici trois à cinq ans. Prêt à l'attendre?

Ce qui était vrai hier – et l'est encore aujourd'hui – avec la voiture électrique : son faible coût d'utilisation et sa propreté absolue. Magnifique! Seulement voilà, cette technologie coûte cher. Très cher. Même pour les propriétaires de flottes privées et gouvernementales, clientèle souvent ciblée par les constructeurs. Il est clair que la décision de se les procurer ne sera ni de nature économique ou énergétique, mais bien politique.

Nouvel instrument de marketing?

L'automobiliste moyen trouvera lui aussi la facture salée. Voilà pourquoi les tenants du tout-électrique estiment nécessaire de rendre financièrement accessible cette technologie pour accélérer la production de masse. Plus la capacité de production augmentera, plus le coût de revient pour les constructeurs engagés dans cette technologie baissera. Logique, mais qui va payer? Le contribuable. Déjà, plusieurs gouvernements, dont celui du Québec, offrent des incitatifs fiscaux aux consommateurs qui désirent rouler plus proprement. C'est donc dire que si monsieur Tartempion de la rue Casgrain souhaite se procurer un véhicule électrique dans la prochaine année, il pourra vous dire merci, puisque nous contribuerons TOUS à son achat. Est-ce bien raisonnable?

Plusieurs constructeurs engagés dans cette voie considèrent ces incitatifs comme nécessaires, une forme de passage obligé, pour rompre avec la technologie automobile actuelle et enfin passer aux voitures à pollution zéro. Mais leur progression va exiger d'énormes investissements, aussi bien dans la conception et le recyclage des batteries que dans la mise sur pied des infrastructures.

Tout en reconnaissant l'importance des appuis gouvernementaux dans la phase de démarrage, plusieurs observateurs estiment qu'ils seront rapidement secondés par le privé, notamment dans le domaine des infrastructures. Par exemple, pour attirer la clientèle à son centre commercial, son propriétaire sera sans doute tenté d'aménager des bornes de recharge dans ses espaces de stationnement. La même

«Le problème de la congestion routière demeurera entier et les belles promesses d'un réseau de transports en commun fiable, efficace, sécuritaire et flexible seront – encore – sans lendemain»

logique pourrait s'appliquer aux hôtels, aux stationnements publics ou encore aux entreprises. L'émergence du véhicule électrique pourrait très bien représenter un nouvel outil de promotion pour créer de l'affluence pour de nombreux commerçants.

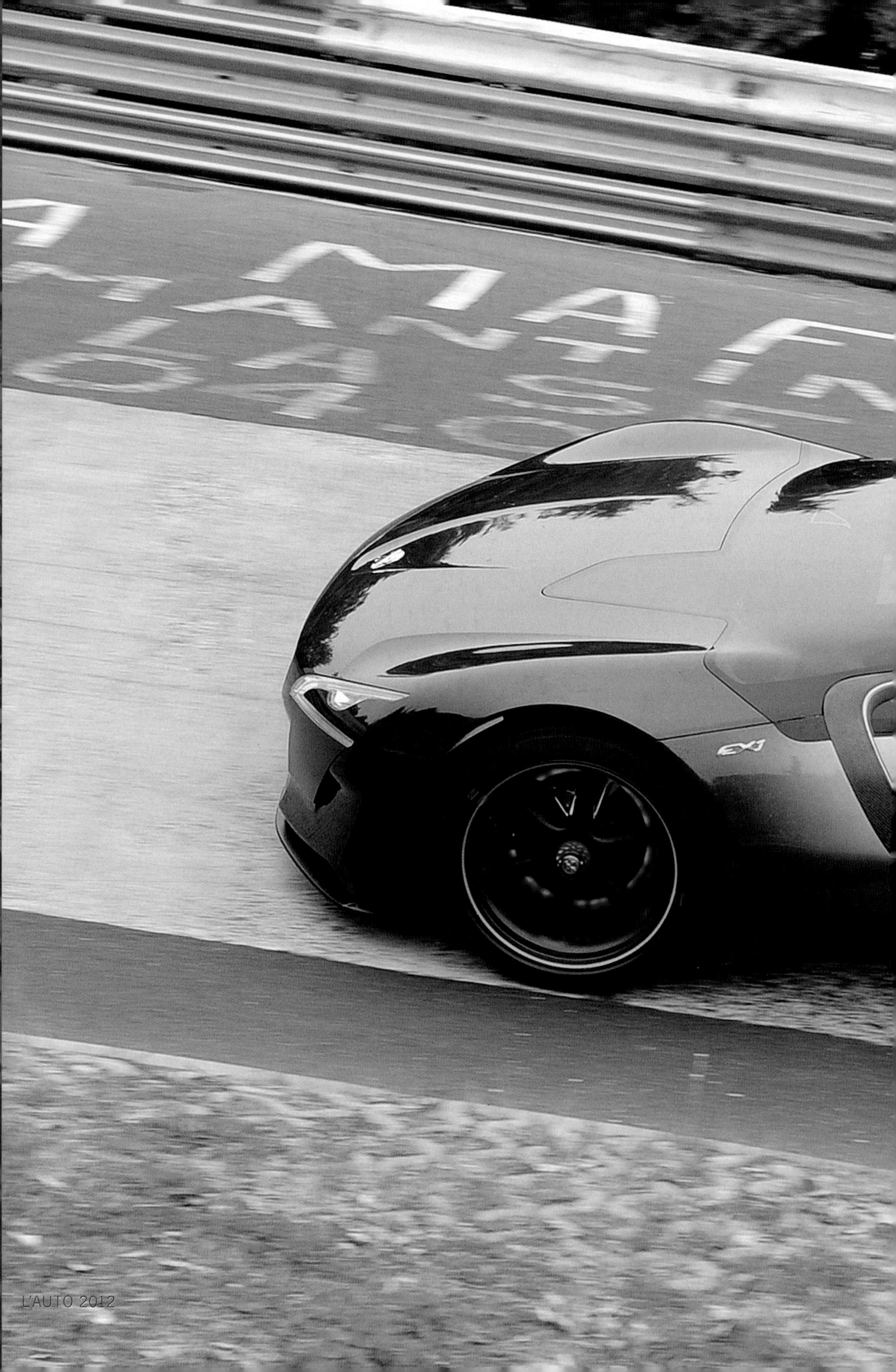

LA PEUGEOT EX1 A BATTU UN RECORD DE VITESSE POUR
UN VÉHICULE ÉLECTRIQUE EN BOUCLANT LE TRACÉ DU NURBURGRING
EN 9 : 01.338 SECONDES À UNE VITESSE MOYENNE DE 138,324 KM/H.
À TITRE DE COMPARAISON, UNE PORSCHE 911 GT2 RS A PARCOURU LES
20,832 KILOMÈTRES DE CE CIRCUIT EN 7 : 18 SECONDES

La Volt allemande

ÉRIC LeFRANÇOIS

Audi a aussi sa "Volt », l'A1 e-tron. Une citadine dont on n'appréciera jamais les formes · dessinées par le Québécois Dany Garand · ni le silence de fonctionnement. Celle-ci roule actuellement dans le cadre d'un projet piloté par la ville de Munich. L'échéancier du constructeur allemand prévoit une production en série en 2012.

Le parallèle entre l'A1 e-tron et la Volt n'est pas fortuit. Il suffit de consulter la fiche technique de l'allemande pour réaliser qu'elle reprend sensiblement la même approche que l'américaine, à savoir une motorisation électrique secondée par un moteur à essence. En d'autres mots, une hybride, mais qui fonctionne à « l'envers ». En effet, l'A-1 e-tron garde à l'abri des regards son minuscule moteur rotatif de 250 cc et son tuyau d'échappement, ce qui lui vaut le qualificatif de « modèle électrique à autonomie étendue » (range extender). Une solution également privilégiée par GM pour sa Volt dans le but d'enlever l'angoisse du rayon d'action limité que peut susciter la technologie tout électrique.

Le principe technique de cette berline de la taille d'une Mini Cooper: une batterie lithium-ion de 12 kWh permet d'abord

de rouler une cinquantaine de kilomètres, selon les conditions et le style de conduite. Après cela, le conducteur peut soit continuer à rouler pendant 250 km supplémentaires, grâce à un moteur à essence qui sert en fait à recharger au fur et à mesure la batterie, soit brancher le véhicule sur une prise de courant spéciale ou le garer au-dessus d'une plaque à induction. Cette méthode actuellement à l'étude s'avérerait des plus conviviales, car elle vous éviterait de devoir vous rappeler de brancher la voiture avant de vous mettre au lit.

Le principe de la recharge par induction ouvre également de nouvelles possibilités aux utilisateurs urbains qui, encore aujourd'hui, s'inquiètent · non sans raison · de faire courir un fil prolongateur sur le trottoir en partance du troisième étage... Voilà un problème en voie d'être réglé. Mais il y en a plusieurs autres encore à résoudre, dont celui de la résistance des batteries au froid. Dietrich Engelhart, responsable de la conception de l'A1 e-tron, ne s'en cache pas. « Jusqu'à présent, nous maîtrisons parfaitement les performances des batteries jusqu'à 25 degrés en dessous du point de congélation. Au-delà, le problème reste entier. Mais nous trouverons la solution, ne vous inquiétez pas. »

Pollution moindre, congestion stable ?

Le véhicule électrique occupera-t-il moins d'espace sur la chaussée qu'un modèle traditionnel ? Euh, non ! Sera-t-il alors plus facile à garer ? Non plus. À une époque où des élus cherchent à repousser les véhicules en dehors des centres-villes, pourquoi accueillerait-on le véhicule électrique à bras ouverts ? Parce qu'il ne pollue pas ? Oui ! Parce qu'il n'émet aucun son ? Cela serait bien aussi pour la pollution sonore (imaginez l'autoroute métropolitaine plus silencieuse encore qu'à l'aube un dimanche matin), mais dangereux pour les autres usagers de la route et les piétons.

Il faudra peut-être alors inviter les propriétaires de véhicules électriques à épingler de vieilles cartes de hockey sur les rayons des roues, comme nous le faisions autrefois sur nos vélos, pour signaler leur présence.

Une certitude, une seule, le problème de la congestion routière, lui, demeurera entier et les belles promesses d'un réseau de transports en commun fiable, efficace, sécuritaire et flexible seront – encore – sans lendemain.

La technologie a évolué, le prix a baissé, mais ce n'est pas demain la veille. Et même si ce l'était, inutile de se raconter des histoires, le véhicule tout électrique plaira avant tout aux entreprises et aux individus dotés d'une énorme fibre écologique. Les autres ? De grosses chances qu'ils ne soient pas intéressés, tant qu'il restera une goutte d'essence...

LA BATTERIE D'ACCUMULATEURS EST, À LA VOITURE ÉLECTRIQUE, CE QU'EST LE RÉSERVOIR D'ESSENCE À LA VOITURE THERMIQUE. À L'INSTAR DE CE DERNIER, DONT LA CONTENANCE PEUT VARIER SELON LES MODÈLES, LA CAPACITÉ DE LA BATTERIE DIFFÈRE ELLE AUSSI. LA TAILLE DU « RÉSERVOIR » D'ÉNERGIE DÉTERMINE NATURELLEMENT L'AUTONOMIE DU VÉHICULE ET LA DURÉE NÉCESSAIRE POUR FAIRE LE PLEIN.

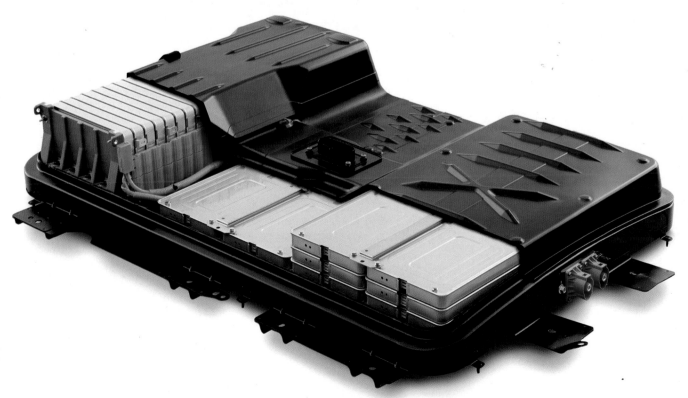

MERCEDES SLS-E

ELLE ANNONCE LA COULEUR

🎱 DAVID BOOTH

Comme si une supervoiture Mercedes vert lime n'était pas déjà assez rare, cette SLS est encore plus insolite en ce qu'elle incarne le seul et unique prototype de ce qu'AMG espère voir devenir le véhicule électrique de demain.

Vous avez bien lu. AMG – la division de personnalisation maison de Mercedes-Benz – produit une voiture électrique!

Sous l'écorce dissonante de la E-Cell se cachent d'impressionnantes statistiques de performance qui ne ternissent en rien la prestigieuse réputation de la SLS. À titre d'exemple, les quatre moteurs électriques à train fixe arrimés aux roues génèrent conjointement 533 ch et 650 livres-pieds de couple, une combinaison puissance-couple pour le moins inusitée dans un véhicule électrique. AMG avance que cet attelage fait grimper la E-Cell à 100 km/h en quatre secondes à peine – soit seulement deux dixièmes de seconde de plus que la SLS à essence –, et ce malgré un poids accru de 300 kg.

D'ailleurs, une aura d'accélération irrépressible semble émaner de cette SLS. Au contraire du roadster Tesla, qui franchit le cap des 100 km/h avec presque autant de vélocité, la E-Cell ne montre aucun signe d'essoufflement à vitesse plus élevée; elle sprinte en effet sans mal jusqu'à 160 km/h (la vitesse maximale autorisée aux fins de mon essai) et peut atteindre, aux dires de Mercedes, largement plus de 250 km/h.

En ce qui concerne l'autonomie – le sempiternel démon des véhicules électriques –, AMG affirme que la SLS peut parcourir 150 km entre chaque recharge. (Par rapport à ses actuelles concurrentes, Mercedes se montre particulièrement généreuse en permettant à ses batteries de se décharger jusqu'à 10 % et d'être chargées à 95 % de leur capacité maximale de 48 kW/h.) Cela dit, j'ai utilisé environ 60 % de l'énergie offerte par la batterie en 67 km, ce qui indiquerait plutôt une autonomie limite d'un peu moins de 120 km. Et, oui, il faut tuer le temps pendant quelques heures, tandis que les batteries se rechargent, avant de rentrer à la maison.

Mais la E-Cell, tout comme sa consœur à essence, n'en procure pas moins des heures de plaisir.

Quel est le montant du chèque?

L'initiative du gouvernement du Québec dans son plan d'action 2011-2020 est juste. Le pari du tout-électrique représente une option qu'on ne peut plus négliger en plein débat sur les énergies renouvelables. Il faut savoir cependant que l'action du gouvernement québécois touche davantage les infrastructures, la recherche et développement. L'offre faite aux contribuables est demeurée la même. En optant pour un véhicule tout électrique, le consommateur reçoit un rabais de 8 000 $ de Québec. Au fédéral? Rien.

Les Québécois devront faire vite cependant. Le rabais consenti par Québec est dégressif, c'est-à-dire que la valeur du chèque diminue de beaucoup à compter de 2014. Le gouvernement québécois estime en effet que le supplément exigé par les constructeurs pour la technologie électrique et hybride aura alors diminué par rapport aux véhicules à moteur à explosion équivalents. Ah oui? Et il connaît quoi, le gouvernement, dans les voitures?

« Qui va payer? Le contribuable. Déjà plusieurs gouvernements, dont celui du Québec, offrent des incitatifs fiscaux aux consommateurs qui souhaitent se procurer un véhicule électrique. Nous contribuerons donc tous à leur achat. Est-ce bien raisonnable? »

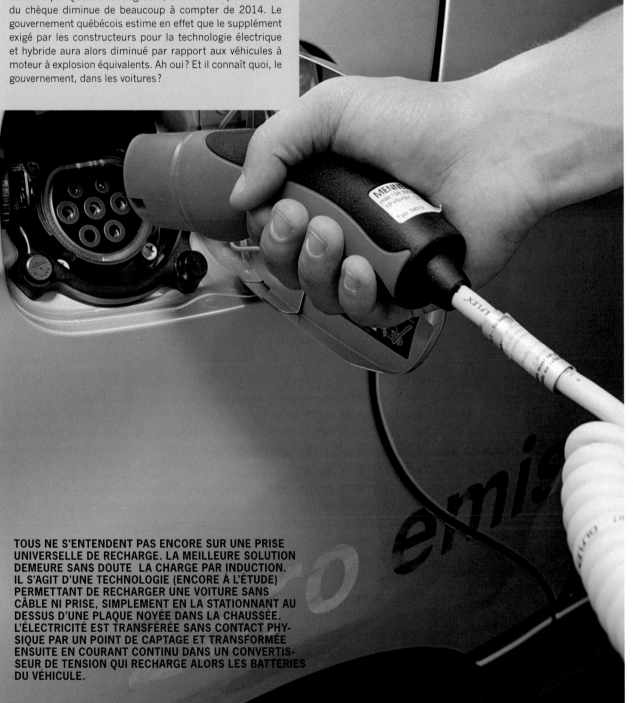

TOUS NE S'ENTENDENT PAS ENCORE SUR UNE PRISE UNIVERSELLE DE RECHARGE. LA MEILLEURE SOLUTION DEMEURE SANS DOUTE LA CHARGE PAR INDUCTION. IL S'AGIT D'UNE TECHNOLOGIE (ENCORE À L'ÉTUDE) PERMETTANT DE RECHARGER UNE VOITURE SANS CÂBLE NI PRISE, SIMPLEMENT EN LA STATIONNANT AU DESSUS D'UNE PLAQUE NOYÉE DANS LA CHAUSSÉE. L'ÉLECTRICITÉ EST TRANSFÉRÉE SANS CONTACT PHYSIQUE PAR UN POINT DE CAPTAGE ET TRANSFORMÉE ENSUITE EN COURANT CONTINU DANS UN CONVERTISSEUR DE TENSION QUI RECHARGE ALORS LES BATTERIES DU VÉHICULE.

VÉHICULES ÉLECTRIQUES

L'Auto en Russie
AU PAYS DES LADA

En Russie, tout ce qui se rapporte à l'automobile donne des maux de tête. À commencer par cette prime à la casse accordée au sortir de la crise financière seulement aux acheteurs de véhicules *made in Russia*.

TEXTE & PHOTOS 🜋 ÉRIC LEFRANÇOIS

Une politique qui suscite le mécontentement des automobilistes russes qui préfèrent les véhicules étrangers, plus fiables, plus modernes et surtout plus jolis que la production locale. Au cours des dernières années, la Russie a permis à une vaste majorité de ses ressortissants de concrétiser leur rêve sur quatre roues, sans véritablement leur imposer une fibre patriotique. Si on en a les moyens, on roule dans une voiture étrangère et non une marque domestique ou internationale qui produit, sous licence, de vieux modèles bon marché, certes, mais obsolètes et peu valorisants. Raisons pour lesquelles on évite de les acheter.

Dans ce pays, à Moscou tout particulièrement, le très haut de gamme occupe une place de choix. Ici, les Audi A8 et autres berlines de prestige (y compris les Maybach) connaissent un franc succès, y compris chez la force policière qui véhicule là-bas ses plus haut placés au volant de BMW Série 7 dont le coût unitaire en dollars canadiens excède largement les 100 000 $. Il n'y a pas que des berlines de prestige. À quelques minutes à pied de la place Rouge, tout le gratin automobile, de Ferrari à Lamborghini en passant par Maserati, a un point de vente.

Pour le commun des consommateurs russes toutefois, le chic automobile prend la forme d'une berline classique, de marque internationale et noire de préférence. Le 4x4 est aussi très bien vu en Russie, en raison notamment des suspensions à grands débattements qui permettent d'atténuer les profondes crevasses qui lézardent le réseau routier.

Peu de place à l'environnement et à la sécurité

Bien qu'ils étaient tous présents au salon de Moscou, les véhicules hybrides ou électriques peinent à trouver leur place dans la rue. Et très peu de voix s'élèvent contre le laxisme des autorités quant à la préservation de l'environnement et aux économies de carburant (l'essence se vend 66 cents le litre). Ici, les normes antipollution respectent la norme Euro 3, alors que la norme Euro 5 est entrée en vigueur le 1er janvier 2011 sur le Vieux Continent.

À ce retard s'en ajoute un autre : la sécurité. Ainsi, la Lada 4x4 (qui a été commercialisée au Canada au début des années 1980 sous le nom de Niva) fait toujours carrière en Russie. Vendu 280 000 roubles (environ 10 000 dollars), cet antique utilitaire a fait l'objet de multiples perfectionnements au cours des 30 dernières années. Lesquels ? La finition est toujours aussi approximative, les tissus des sièges respirent toujours aussi mal, le système antipollution collé à son moteur respecte seulement la norme Euro 3 et son habitacle ne compte pas le moindre coussin gonflable. Comme plusieurs

L'ADOPTION PAR LE KREMLIN DE MESURES PROTECTIONNISTES POUR SOUTENIR L'INDUSTRIE
AUTOMOBILE RUSSE SUSCITE LE MÉCONTENTEMENT DES AUTOMOBILISTES QUI PRÉFÈRENT
LES VÉHICULES ÉTRANGERS, PLUS FIABLES, PLUS MODERNES ET SURTOUT PLUS JOLIS QUE
LA PRODUCTION LOCALE.

27

Bien qu'ils étaient tous présents au dernier salon de Moscou, les véhicules hybrides ou électriques peinent à trouver leur place dans la rue. Le constructeur Tata3 en a profité pour présenter la Q100.

autres véhicules de conception russe d'ailleurs. Après avoir goûté au modernisme de la production étrangère, on peut aisément comprendre les Russes de ne plus vouloir reprendre le volant de véhicules aussi rustiques. Des voitures vieillottes à peine distinctes les unes des autres avaient l'habitude de défiler sur les vastes avenues de Moscou, capitale de la Russie. C'était l'époque où l'on réservait des mois à l'avance sa Lada, sa ZIL ou sa Volga.

Que des partenariats

Aujourd'hui, les rues russes ne sont plus les mêmes. Les embouteillages sont devenus quotidiens dans la métropole moscovite et tous les grands constructeurs mondiaux sont désormais implantés en Russie, soit directement, soit par l'entremise des accords de partenariat avec les marques locales. L'engouement des Russes pour les voitures «étrangères» a pris une dimension pour le moins étonnante : ces véhicules accaparent près de 75 % des immatriculations du marché, reléguant ainsi les «locaux» à des rôles de figurant. Puis, la crise est venue... et les ventes se sont effondrées de 50 %.

Soucieux de relancer son économie sur de nouvelles bases, le Kremlin a mis en place une série de mesures protectionnistes pour soutenir l'industrie automobile russe. Parmi celles-ci, on trouve l'instauration d'une prime à la casse. Celle-ci accorde 50 000 roubles (environ 2000 dollars), mais seulement à l'acheteur d'une voiture neuve construite localement. Dans la foulée, le gouvernement russe a aussi augmenté les taxes à l'importation des véhicules neufs et d'occasion. Deux mesures qui suscitent la grogne en Russie, comme l'explique Avduyhova Svetlako, infirmière de 28 ans. «À l'heure actuelle, on achète des Lada un peu par dépit. Moi, je rêvais de me procurer le Jeep Wrangler, mais son prix d'achat équivaut ici à six Lada 4x4.»

Le Kremlin, lui, concrétise son rêve de relancer les 16 usines (bientôt 19) qui se trouvent actuellement sur son territoire. Si la tendance se maintient, la part de marché des «étrangers» ne sera plus que de 52 % d'ici à la fin de l'année. Cela devrait encore s'aggraver l'an prochain, puisque le gouvernement russe projette de durcir encore les conditions d'exemption de droits de douane. Pour en profiter, les constructeurs étrangers vont devoir afficher un taux

Lada a présenté la version conceptuelle d'un futur modèle de série, la R90. Il s'agit en fait d'une Dacia Logan rebaptisée.

d'intégration locale de plus de 70 %, alors que seuls 40 % sont exigés présentement.

Un salon pour confirmer

L'an dernier, au salon automobile de Moscou, les constructeurs étrangers ont sorti le strass pour cacher leur stress. Présenté une fois tous les deux ans, ce salon automobile n'a certes pas encore l'aura des grandes manifestations internationales de Paris, Francfort, Genève, Detroit ou encore Tokyo, mais le rendez-vous moscovite est devenu, tout comme celui de la Chine, un incontournable pour des constructeurs avides de points de croissance qui leur font défaut sur les marchés saturés. À ce sujet, malgré la conjoncture défavorable aux constructeurs étrangers, le constructeur Audi, par exemple, soutient que la Russie figure parmi ses 10 principaux marchés dans le monde. Pour comparaison, l'entreprise d'Ingolstadt classe le Canada au 15e rang.

Au salon, ce sont les constructeurs étrangers qui mènent le spectacle. À l'extérieur, c'est Lada. L'entreprise russe détient toujours quelque

« À l'heure actuelle, on achète des Lada un peu par dépit. Moi, je rêvais de me procurer le Jeep Wrangler, mais son prix d'achat équivaut ici à six Lada 4x4. »

30 % du marché… Pour paraphraser une publicité d'un marchand de meubles, on regarde ailleurs, mais on achète chez Lada.

Festival of speed
« GARDEN PARTY » À GOODWOOD

TEXTE ET PHOTOS 🕹 ÉRIC LEFRANÇOIS

Quarante-huit heures au Festival of Speed de Goodwood et des souvenirs pour toute une vie... Le rendez-vous agrège des milliers d'admirateurs de l'automobile qui, depuis 1993, en assurent sa réussite.

Goodwood Festival of Speed. Le nom chante à l'oreille des passionnés de sport automobile comme une cigale. Dans le paddock de fortune aménagé sur les terres de Lord Charles Gordon-Lennox, quelques minutes suffisent pour remonter plus de 100 ans d'histoire automobile. J'y ai consacré deux jours... Et cela ne m'a pas suffi. J'y serais demeuré 100 jours. Comme plusieurs dizaines de milliers de visiteurs, j'ai respiré l'odeur de l'huile chaude et de la gomme brûlée. J'ai écouté le bruit caractéristique des moteurs et vu le soin jaloux accordé à la préservation de ces belles mécaniques.

Pour revoir encore la Brabham BT-46, première F1 dessinée par Gordon Murray ou réentendre de nouveau le son caractéristique du Flat-12 Ferrari. Bien d'autres encore ont également fait battre les cœurs et les tympans des spectateurs. Parmi celles-ci, mentionnons

la Chaparral-Chevrolet 2J, l'Audi Quattro S1 ou encore la Dusenberg Cummins Diesel Special.

Quant aux pilotes, même redécouverte pour les plus anciens et simple découverte pour les plus jeunes spectateurs : des grands noms de la course comme René Arnoux, Thierry Boutsen, Nigel Mansell. Du beau monde et de belles mécaniques réunis sur un plateau de choix pour trois jours de festivités.

Des œuvres d'art

Goodwood rassemble cette race de collectionneurs qui ne vouent pas exactement un amour platonique à ces belles mécaniques. Si certaines d'entre elles pèsent plusieurs millions de dollars, leurs propriétaires n'hésitent pas à sortir ces authentiques oeuvres d'art des garages pour les lancer dans ce périple tonitruant. Une Alfa

UNE EXPOSITION DE MONOPLACES POUR LES 100 ANS D'INDIANAPOLIS.

UNE BALLOT-INDIANAPOLIS DE 1919, VOUS CONNAISSIEZ?

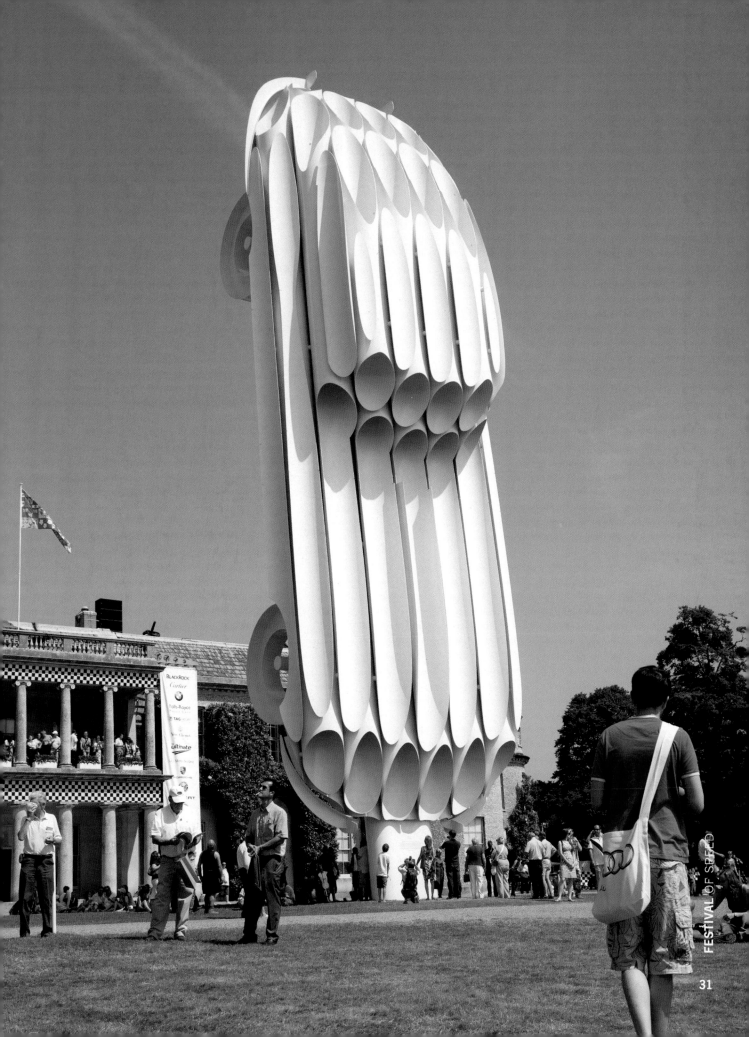

Romeo Tipo B ou une BRM V16 bien entretenues délivrent les mêmes émotions qu'à leurs débuts et les goûter aujourd'hui vaut bien la dégustation d'un grand cru hors d'âge.

Barry Ottavianelli, propriétaire de l'ex-Benetton-Ford B193 de Michael Schumacher est de cet avis. «Mon plaisir, c'est d'exhiber mon trésor devant ce public de passionnés.» À quel prix? «Cela n'a pas d'importance, vous savez.»

Encore cette année, quelque 300 de ces voitures de course ont pris part à cet événement annuel. Des Surtess, Ferrari, Alfa Romeo, Ligier, Lotus, Brabham, Mercedes, Auto Union, etc., conduites par leurs actuels propriétaires venus des quatre coins du monde ou par des pilotes invités. Le Festival of Speed, c'est avant tout l'assurance d'une fabuleuse ambiance. «Je n'ai jamais rien vécu de tel», raconte l'ancien pilote de Formule 1 René Arnoux venu piloter la RS01 de son compatriote Jean-Pierre Jabouille. «Les spectateurs y sont à la fois chaleureux et admiratifs.»

«Ici, le plus fantastique est de retrouver les copains et cette ambiance des paddocks des belles années de la F1. Rien à voir avec aujourd'hui où l'amitié est rare, même entre les mécanos et les pilotes»

Même son de cloche de la part de Roger Hill, ancien mécanicien de Tyrell dans les années 1970. «Ici, le plus fantastique est de retrouver les copains et cette ambiance des paddocks des belles années de la F1. Rien à voir avec aujourd'hui où l'amitié est rare, même entre les mécanos et les pilotes», d'ajouter ce mécanicien aujourd'hui affecté à la préparation de la Tyrell 007 de Mark Stewart, fils de Jackie.

Plus qu'un défilé
Le Festival of Speed ne se limite pas qu'aux F1 d'avant et d'après-guerre. Il est ouvert aussi aux sports-prototypes, aux motos, aux monoplaces de type Indy, aux études de style et même aux voitures de production... Cela s'explique. Depuis l'abandon des salons de Birmingham et de Londres, Goodwood est devenu en quelque sorte le nouveau happening britannique pour le dévoilement de nouvelles automobiles. Et pas nécessairement les plus chères. McLaren avait profité de son passage au Festival l'année dernière pour y dévoiler en première mondiale sa nouvelle MP4-12C.

L'idée a été reprise cette année par d'autres constructeurs qui, profitant de leur passage en territoire anglais, présentaient leurs derniers modèles ou dernières études conceptuelles. Même la tout électrique Leaf y était.

Le Festival génère toujours autant la passion du public. «Où pourrions-nous voir en même temps autant de merveilles?» souligne Roger, ferblantier de 39 ans. La voiture représente beaucoup pour les Anglais. «Ici, nous avons beaucoup de respect pour les choses du passé.» Ça se voit. Ça s'entend aussi.

**MATRA SIMCA
MS670B DE 1973**

Le premier prototype de la nouvelle Porsche 911 a commencé à être testé sur des routes publiques en 2009. Suffisamment déguisés pour qu'on ne puisse les identifier, les prototypes sont peints en noir pour qu'ils attirent moins l'attention.

« LA MEILLEURE 911 JAMAIS CONSTRUITE »

TEXTE JUERGEN ZOELLTER & JACQUES DUVAL

«Depuis que nous créons nos voitures à l'aide d'ordinateurs, le temps de développement a chuté de 50 à 42 semaines. C'est le temps que nous avons consacré à la nouvelle 911. » Ainsi s'exprime August Achleitner, chargé de la mise au point des nouveaux modèles chez Porsche. «Déjà en 2007, poursuit August, le cahier des charges avait fixé définitivement les caractéristiques de la voiture et, en 2009, nous avons commencé à tester le premier prototype sur des routes publiques en nous assurant de le déguiser suffisamment pour qu'on ne puisse l'identifier comme la nouvelle 911. Aussi, on peint les prototypes en noir pour qu'ils attirent moins l'attention. »

Chaud et froid

Dix-sept mois plus tard, les ingénieurs sont à effectuer leur travail lors d'un dernier voyage en Afrique du Sud. En tout et pour tout, les nouveaux modèles Porsche doivent réussir deux tests de chaleur extrême et deux autres par grand froid. Ceux-ci ont pour but de vérifier la fonctionnalité de la voiture dans les conditions les plus rigoureuses existantes. Cette étape se déroule après le développement par ordinateur et avant la construction de la première 911 de série. Le choix de l'Afrique du Sud comme centre d'essais tient à deux facteurs : c'est la région la plus chaude à ce temps de l'année (février) et elle se trouve sur le même fuseau horaire que le centre de recherche de Porsche à Weissach, en Allemagne, un avantage majeur pour un constructeur européen.

En Afrique du Sud, les séances d'essai se poursuivent toute la journée avec des 911 qui diffèrent par leur équipement. On y trouve des coupés et des cabriolets avec des boîtes manuelles ou PDK et des moteurs de cylindrée de 3,4 et 3,8 litres. Certains modèles roulent sur des jantes de 19 po, d'autres sur des 20 po.

On en profite pour vérifier le refroidissement des moteurs et la température de l'habitacle.

Les ingénieurs conduisent aussi sur des routes de terre pour s'assurer que les joints et les scellants sont en mesure de repousser la poussière. On se hasarde aussi dans le trafic de Johannesburg et du Cap afin de tester le nouveau système Start Stop qui coupe le moteur dès qu'on s'arrête. Est-ce que le moteur redémarre assez rapidement et en douceur? Est-ce qu'il s'arrête automatiquement dès que l'auto roule à moins de 10 km/h?

La police ferme l'œil... contre paiement

Il y a une limite de vitesse très stricte en Afrique du Sud, mais les Porsche bénéficient d'une exception à la règle. Moyennant un don en

Depuis le petit matin jusqu'à tard le soir, les ingénieurs s'échangent les voitures après des sessions de deux heures de conduite.

argent aux autorités policières, chaque voiture reçoit une vignette sur laquelle on peut lire «Test à haute vitesse alloué par le gouvernement ». Il est même possible de rouler très vite surtout dans le nord du pays où il y a de longues lignes droites et une circulation où l'on peut rouler des heures sans rencontrer un seul véhicule. Les routes sud-africaines ont aussi une exclusivité qu'on ne trouve nulle part ailleurs dans le monde. Le mélange de tarmacs qui donne une adhérence extraordinaire par temps très chaud cause des vibrations désagréables uniques à ce genre de revêtement. Effectivement, le bruit qui semble provenir du dessous de la garniture à l'arrière est agaçant et les ingénieurs s'empressent de l'enregistrer pour ensuite l'expédier à Weissach en soirée avec toutes les données de la journée. Les ingénieurs en Allemagne pourront alors constater si les données sur place correspondent à leur propre expérience lors d'essais virtuels. Sinon, on devra procéder à des réglages ou même au changement de la pièce coupable.

Un aileron pointilleux

Depuis le petit matin jusqu'à tard le soir, les ingénieurs s'échangent les voitures après des sessions de deux heures de conduite et de 20 minutes à prendre des notes. La raison principale de ces essais en Afrique du Sud est de vérifier l'étanchéité des prototypes. Dans la nouvelle 911, on s'est beaucoup penché également sur l'interaction entre le toit ouvrant et le petit aileron arrière. Ainsi, à 120 km/h, l'aileron s'élève à un niveau plus élevé de manière à augmenter l'appui sur l'essieu arrière. Si l'on ouvre le toit au même

« À 6000 tours/minute, les hurlements du moteur sont presque aussi aigus que ceux d'une scie circulaire mordant le bois. »

moment, l'aileron monte encore de quelques millimètres afin d'optimiser l'aérodynamique à l'arrière. Ces façons de gérer la résistance à l'air ne peuvent être accomplies que sur la route, et non en laboratoire.

Après plusieurs jours d'évaluation, August Achleitner s'est dit satisfait des résultats. De petits ajustements auront à être faits, basés sur les tests de chaleur extrême, et la production de la nouvelle 911 pourra se mettre en branle. «C'est la meilleure 911 jamais construite », nous a-t-il dit avant de retourner en Allemagne. Il ne nous restera plus qu'à en faire l'essai pour obtenir un verdict final et impartial.

LA NOUVELLE PORSCHE 911

« La 911 s'impose comme
la plus stable des 911 jamais construites,
et sans doute aussi comme la plus
enivrante à écouter. »

LB · QQ 131

Match pneus

BRIDGESTONE ECOPIA EP100 / CONTINENTAL PROCONTACT ECOPLUS /
GOODYEAR ASSURANCE FUEL MAX / MICHELIN HYDROEDGE / NOKIAN ENTYRE /
PIRELLI P7 CINTURATO ECO-IMPACT / TOYO VERSADO ECO / YOKOHAMA AVID ENVIGOR

LA SOLUTION VERTE

TEXTE JEAN-FRANÇOIS GUAY ET MICHEL POIRIER-DEFOY ⊙ PHOTOS JEAN-FRANÇOIS GUAY

Depuis plus d'une décennie, les constructeurs automobiles font étalage de leurs efforts pour développer des technologies servant à réduire la consommation d'énergie fossile : hybridité, électricité, désactivation des cylindres, injection directe, auto-arrêt du moteur, etc. Même si le prix galopant du litre de carburant rend l'exercice encore plus convaincant, les ventes de véhicules verts ne décollent pas.

Quant aux manufacturiers de pneus, ont-ils regardé la parade passer sans jouer la carte verte ? Certains se sont mis à l'œuvre très tôt pendant que d'autres ont fait des efforts louables en cette direction. Toutefois, pour les nombreux manufacturiers chinois qui ne cessent d'augmenter le volume de leur production, le réveil n'a malheureusement pas encore sonné.

Le but des manufacturiers qui passent aux pneus verts est le même : élaborer des technologies se traduisant par une dépense énergétique moindre à deux chapitres, c'est-à-dire lors du processus de fabrication du pneu et une fois celui-ci installé sur un véhicule.

Verts en usine et en magasin
La fabrication en usine est la partie inconnue des consommateurs. Au cours des dernières années, bien des manufacturiers ont développé des technologies écologiques. On constate, par exemple,

une réduction des émanations polluantes, une gestion plus parcimonieuse de certaines ressources comme l'eau (chez Nokian), ou la mise en service de capteurs solaires ou d'éoliennes (chez Michelin) pour alimenter les usines.

Les pneus eux-mêmes sont le mariage d'une centaine de produits différents : or, le dosage de chaque élément entre dans l'équation d'un pneu vert. Vous souvenez-vous des coquilles de noix chez Toyo ? Ailleurs, on remplace une huile à base de benzène par une essence naturelle ou synthétique, le noir de carbone par un ajout de silice... et ainsi de suite. Le but recherché est de maintenir les capacités physiques et dynamiques des pneus tout en diminuant leur empreinte écologique. Ainsi, quand des microparticules seront libérées dans l'atmosphère ou sur le macadam, elles seront moins nocives pour l'environnement.

LES PNEUS VERTS NE SONT PAS CONÇUS POUR LES SEULS VÉHICULES HYBRIDES OU ÉLECTRIQUES.

«Notre exercice voulait démontrer que les pneus verts sont aussi performants et efficaces que les produits traditionnels : mission accomplie !»

BRIDGESTONE ECOPIA EP100

CONTINENTAL PROCONTACT ECOPLUS

En résumé, l'objectif des manufacturiers est de procurer au consommateur un produit final dont les vertus sont à l'égal des véhicules verts, qui réduit la consommation d'énergie fossile et qui demeure fiable et durable. Il faudra cependant que le message atteigne le revendeur, qui ne l'offre pas d'emblée au consommateur. Le marchand doit pouvoir exposer à l'acheteur les propriétés de chaque pneu en catalogue. Une sélection judicieuse s'impose alors, selon ce qui convient à votre type de conduite.

Les mythes du pneu vert

La majorité des consommateurs ignorent ce qu'est un pneu vert ou sont sceptiques. On imagine qu'ils sont conçus pour les seuls véhicules hybrides ou électriques. Il est vrai que les ingénieurs marient naturellement les véhicules et les pneumatiques à vocation écologique. Pourtant, les pneus verts s'adressent à tous les types de véhicules. La plupart des consommateurs croient à tort que le comportement routier souffrira (prise de virage, distance de freinage, etc.) si un pneu vert a une faible résistance au roulement (diminuant *ipso facto* la consommation de carburant). L'équation était vraie au début de l'ère des véhicules hybrides, il y a dix ans, mais ce n'est plus le cas maintenant, comme en font foi nos essais.

Le comportement des pneus essayés est sans reproche et l'automobiliste n'y verra aucune différence. Même à vocation verte, le pneu conserve ses propriétés dynamiques.

Vert pâle et vert foncé

Le mode ECO est de plus en plus tendance; sur la camionnette pleine grandeur comme sur le lave-vaisselle, on trouve maintenant cette appellation, ce témoin qui s'allume ou cette caractéristique que le manufacturier estampe pour laisser croire au consommateur qu'il est un bon citoyen !

Mais qu'en est-il vraiment? Peut-on parcourir plus de kilomètres avec un même plein d'essence si on roule en pneus verts? Il fut pratiquement impossible lors de nos essais de vérifier à 100 % les allégations de kilométrage avancées par les manufacturiers. En effet, les essais ont été réalisés dans des conditions climatiques changeantes, ce qui a influencé directement la consommation des moteurs des Honda Civic à notre disposition. Toutefois, nous pouvons affirmer que nous avons perçu une différence notable lors de nos visites à la pompe.

Pour obtenir de vraies données scientifiques, il aurait fallu faire le test dans des conditions de route et de conduite uniformes sur des milliers de kilomètres. Ce qui s'avère humainement impossible dans un climat comme le nôtre, à moins de le faire en laboratoire,

GOODYEAR ASSURANCE FUEL MAX

MICHELIN HYDROEDGE

comme les manufacturiers. Notre exercice voulait démontrer que les pneus verts sont aussi performants et efficaces que les produits traditionnels. *Quod erat demonstrandum*. On peut donc affirmer : mission accomplie !

Huit candidats sous la loupe

Le fait de protéger notre bout de planète avec des composantes moins polluantes incorporées dans nos pneus et la promesse de rouler un peu plus loin avec un litre de pétrole devraient inciter l'écolo qui sommeille en nous à se mettre aux pneus verts. Mais il y a aussi le prix. Contrairement à d'autres produits qui nous font payer avant pour épargner après (!), les pneus verts sont à peine plus chers, sinon de quelques dollars. Vous n'aurez donc pas l'impression de vous faire arnaquer avec des promesses sans suite. Il faut se rappeler sans cesse que le meilleur moyen d'espacer vos visites chez le pompiste est d'entretenir une relation mesurée avec l'accélérateur de votre véhicule. Puissent de nouvelles bottines vous y faire penser !

Passons finalement en revue les huit produits que nous avons mis à l'essai pour ce test. Huit pneus verts qui proviennent de manufacturiers majeurs seulement, puisque certains n'en proposent toujours pas. Pour ce qui est du marché chinois, enfermé dans le bas de gamme, il faudra être patient. D'entrée de jeu, on vous confirme que ces huit candidats sont tous recommandables, à la condition qu'ils correspondent à votre type de conduite.

Bridgestone Ecopia EP 100

Chez Bridgestone, la lutte à la chaleur (qui se traduit en usure) au niveau de la semelle procure une meilleure résistance au roulement. Les ingénieurs y parviennent en modifiant la chaîne moléculaire de carbone, en y ajoutant des huiles aromatiques et des produits recyclés. L'Ecopia EP 100 est considéré comme un pneu d'été, mais avec le passage maintenant obligatoire aux pneus d'hiver, il peut chausser n'importe quelle berline, préférablement de personnalité sportive. À cause de sa cote d'usure, il est recommandé pour des utilisateurs qui font peu de kilométrage chaque année, mais qui veulent un rendement optimal dans les courbes et au freinage. Nous notons qu'il a une cote de vitesse V, mais une cote de température B, une invraisemblance ! Nous croyons que les véhicules généralistes (d'entrée de gamme) seraient mieux servis par le modèle EP 422 de la gamme Ecopia.

Continental ProContact EcoPlus

Il s'agit d'une gamme standard de pneus toutes saisons susceptibles d'équiper une bonne partie des berlines et fourgonnettes sur le

l'ensemble des créations de Nissan. Fiable et robuste, ce moteur s'acoquine exclusivement à la boîte automatique à variation continue (CVT). Dommage, pensez-vous? Les bourdonnements généralement associés à cette transmission sont ici remarquablement étouffés par les matériaux isolants.

Le moteur 3,5 litres de la Toyota se révèle, lui, d'une étonnante souplesse. Cette mécanique s'apprécie pour sa douceur de fonctionnement, sa progressivité et son niveau sonore particulièrement bien contenu. Toutefois, sa boîte de vitesses souffre d'étourderie, au moment des relances surtout. Soulignons également l'offre d'un moteur quatre cylindres à bord de la Sienna. Si votre premier souci est de tracter une roulotte, évitez le quatre-cylindres de la Toyota, laquelle, même avec le V6, ne parvient pas à égaler les performances de certaines concurrentes.

Telle une force tranquille qui ne procure presque aucune sensation de vitesse, la Toyota file à vitesse grand V, en toute décontraction. Et avec un silence de roulement tel qu'il est inutile de hausser la voix pour discuter. Tout comme la Honda, elle se conduit avec facilité et pratiquement comme une berline. Stable dans les courbes, cette Toyota peut compter sur une tenue de cap de premier ordre sur l'autoroute. En fait, il n'y a que la suspension arrière qui éprouve un peu de mal à filtrer toutes les trépidations sur les petites irrégularités, particulièrement aux places arrière et à vide. Et, important à retenir, la Sienna demeure la seule de sa catégorie à offrir un rouage à quatre roues motrices en option. Toujours précieux lors de la saison blanche.

Et maintenant la Kia. Celle-ci est complètement déclassée par ses rivales. Son moteur, tenu en laisse par une boîte étagée trop courte, consomme comme un ivrogne l'essence qui baigne dans son réservoir. Sur le plan dynamique, ça ne s'arrange pas. Pataude dans les enchaînements de virages, la sud-coréenne se révèle de plus épuisante à conduire, particulièrement dans la cité. La direction manque de précision, les éléments suspenseurs vacillent dès que la route se met à ressembler à un lacet. En fait, seul le confort de roulement, lui, profite de ses suspensions molles. Aussi, lors du match, les conducteurs et conductrices de petite taille ont apprécié la visibilité vers l'avant agrémentée par un capot court et plongeant.

Laquelle on prend?

L'Odyssey remporte la victoire. Elle la doit, comme bien des produits Honda, à sa très grande homogénéité. Elle n'est ni la plus confortable, ni la plus emballante. En revanche, sa faible consommation jumelée à son habitacle astucieux en font la fourgonnette la plus désirable. Et ce, peu importe la place que vous occupez à son bord.

La Sienna arrive au deuxième rang. Vaste, agréable à vivre, la Sienna représente, malgré les déboires ayant affecté son constructeur, une valeur sûre. Mais cela n'a pas suffi à la faire monter sur la plus haute marche de notre podium.

La Grand Caravan se classe au troisième rang grâce à ses nombreuses astuces. Sa valeur de revente est basse, sa garantie pas plus généreuse qu'il le faut, mais les nombreuses promotions dont elle fait l'objet en font une affaire à saisir.

La quatrième place est occupée par le Routan de Volkswagen. Le constructeur allemand a fait ce qu'il pouvait pour donner à cette Grand Caravan des airs teutons, mais à l'impossible nul n'est tenu.

La surprise est de retrouver au cinquième rang la Quest. Aussi décalée que toutes les générations qui l'ont précédée, cette Nissan explore une autre voie, sans offrir forcément une réelle plus-value.

Enfin, pas de surprise, la Sedona termine dernière. Sa garantie – la plus généreuse – et son équipement complet ne lui permettent pas d'améliorer sa position à notre classement.

	Dodge Grand Caravan	Honda Odyssey	Kia Sedona	Nissan Quest	Toyota Sienna	VW Routan
Budget (20 points)						$
Rapport prix/ accessoires	4,1	3,6	3,4	3,5	3,7	3,5
Consommation et émissions	3,5	3,6	3,1	3,5	3,5	3,3
Valeur de revente	3,2	3,9	3	3,4	4	3,3
Garanties / Réseau	3,3	3,5	3,6	3,4	3,6	3,8
Sous-total	**14,1**	**14,6**	**13,1**	**13,8**	**14,8**	**13,9**

TOUJOURS PRATIQUE

Personne ne conteste que celle qu'on surnomme encore la «mini-fourgonnette» s'accommode de presque tout, qu'il s'agisse du nombre d'occupants ou de la variété des usages et des parcours. À force de cumuler les aptitudes, on le verrait bien changer son préfixe mini (limitatif) en multi (le foisonnement). On y retrouve de nouvelles fonctionnalités. Les fourgonnettes se sont améliorées sur le plan de l'agrément de conduite et certaines ont abandonné leur silhouette de camionnette de livraison. En prime, elles ont toutes forci pour mieux tenir leurs promesses. En effet, contrairement aux VUS, aux multisegments ou encore, plus récemment, aux fourgonnettes compactes (la Mazda5 ou Ford C-Max), les fourgonnettes traditionnelles livrent la marchandise. Comment pouvez-vous, dans un volume habitable plus réduit que celui des fourgonnettes actuelles, pouvoir caser vos clubs de golf, votre équipement de planche à neige et faire voyager quatre, cinq personnes? Impossible.

La fourgonnette est aussi multifonction: travail, famille, loisirs, elle répond toujours présent. Elle est aussi multiclasse, tantôt bourgeoise (Honda Odyssey), tantôt tendance (Nissan Quest), tantôt familiale-pragmatique (Dodge Grand Caravan). À son volant, on trouve aussi bien des jeunes parents de triplés que des seniors branchés qui aiment emmener petits-enfants ou copains de bridge en balade.

Avec le temps, la fourgonnette est même devenue «multiplexée» (architecture électrique) et elle a craqué, avant tout le monde, pour le multimédia (système de divertissement, DVD) afin de distraire petits et grands. Les derniers-nés du genre, comme vous pourrez le lire dans notre comparatif, ne sont pas forcément ennuyeux à conduire et offrent la même sécurité (tant active et passive) qu'une voiture.

FICHE TECHNIQUE

	DODGE GRAND CARAVAN	HONDA ODYSSEY
Ce qu'il faut retenir		
Fourchette de prix	27 995 $ à 38 495 $	33 990 $ à 46990 $
Frais de transport et de préparation	1 400 $	1 590 $
Garantie de base	3 ans / 60 000 km	3 ans / 60 000 km
Lieu d'assemblage	Canada	Canada
Survol technique		
Moteur à essence	V6 DACT 3,6 litres	V6 SACT 3,5 litres
Puissance	283 à 6 400 tr/mn	248 à 5 700 tr/mn
Couple	260 à 4 400 tr/mn	250 à 4 800 tr/mn
Poids	2050 kg	2070 kg
Rapport poids/puissance	7,24 kg/ch	8,43 kg/ch
Mode	traction	traction
Autre mode	aucun	aucun
Transmission de série	automatique 6 rapports	automatique 5 rapports
Autres transmissions	aucune	automatique 6 rapports (Touring)
Diamètre de braquage	11,9 mètres	11,1 mètres
Freins	Disque · ABS	Disque · ABS
Pneus	225/65R17	235/60R18
Capacité du réservoir	76 litres	79,5 litres
Essence recommandée	ordinaire	ordinaire
TOTAL GÉNÉRAL (sur 100 points)	75,8	77,2

KIA SEDONA	NISSAN QUEST	TOYOTA SIENNA	VOLKSWAGEN ROUTAN
27 995 $ à 39 995 $	29 998 $ à 48 498 $	27 900 $à 49 100 $	28 575 $ à 42 275 $
1 650 $	1 600 $	1560 $	1 580 $
5 ans / 100 000 km	3 ans / 60 000 km	3 ans / 60 000 km	4 ans / 80 000 km
Corée du Sud	Japon	États-Unis	États-Unis
V6 DACT 3,8 litres 24s	V6 DACT 3,5 litres	V6 DACT 3,5 litres	V6 DACT 3,6 litres 24s
271 à 6300 tr/mn	260 à 6 000 tr/mn	266 à 6 200 tr/mn	283 à 6350 tr /mn
248 à 4500 tr/mn	240 à 4 400 tr/mn	245 à 4 700 tr/mn	260 à 4800 tr/mn
2086 kg	2 063	1990 kg	2084 kg
9,53 kg/ch	7,93 kg/ch	7,48 kg/ch	7,36 kg/ch
traction	traction	traction	traction
aucun	aucun	intégral	aucun
automatique 6 rapports	automatique CVT	automatique 6 rapports	automatique 6 rapports
aucune	aucune	aucune	aucune
12,1 mètres	11,1 mètres	11,2 mètres	11,6 mètres
Disque · ABS	Disque · ABS	Disque · ABS	Disque · ABS
235/60R17	235/55R18	235/60R17	225/65R17
75 litres	75 litres	79 litres	77,6 litres
ordinaire	ordinaire	ordinaire	ordinaire
69,4	75,5	77,1	75,6

Match compactes

CHEVROLET CRUZE / FORD FOCUS / HONDA CIVIC / HYUNDAI ELANTRA /
TOYOTA COROLLA / VOLKSWAGEN JETTA

LAQUELLE CHOISIR ?

TEXTE & PHOTOS 🜋 ÉRIC LEFRANÇOIS

Cette année, la catégorie des compactes bouillonne d'activité. On peut comprendre pourquoi : une automobile sur deux vendue au pays appartient à ce segment. Et quand le prix de l'essence augmente, la popularité des compactes grimpe aussi. D'ailleurs, plusieurs prévisionnistes estiment que si le prix de l'or noir se maintient (on en doute) au niveau actuel, cette catégorie comptera pour près du tiers de tous les véhicules (en incluant les camions) vendus au Canada d'ici à 2013.

Désormais, les voitures destinées à une large diffusion ne peuvent plus se contenter de ne pas déplaire. Il faut qu'on les remarque. Pas de chance : la plupart de ces compactes passent totalement inaperçues. Y compris la nouvelle Civic, l'auto la plus vendue au pays depuis 13 ans. Dans son cas, c'est compréhensible. Elle ne pouvait logiquement trop s'éloigner d'une formule qui a fait jusqu'ici ses preuves.

À l'opposé, les concepteurs de la Focus sont partis d'une feuille pratiquement blanche à nos yeux, puisque la génération antérieure voyageait sur la même plateforme depuis 2000. Aujourd'hui, elle klaxonne plus fort et propose à l'acheteur deux styles de carrosserie (quatre ou cinq portes). Ce style volontaire empreint de dynamisme témoigne d'une stratégie de conquête évidente.

Le même commentaire s'applique à l'Elantra, qui reprend l'ensemble des nouveaux codes esthétiques de la marque sud-coréenne mis de l'avant par la Sonata. D'ailleurs, les deux ne sont pas sans se ressembler. Une version cinq portes à hayon est attendue dans le courant de la prochaine année et prendra le relais de la Touring.

La Cruze aurait, elle aussi, pu offrir en prime une carrosserie à hayon. Cette carrosserie existe, mais GM la réserve pour l'heure au seul marché européen. Au pays, elle se présente uniquement sous les traits d'une berline traditionnelle. Le même commentaire pourrait s'appliquer à la Corolla, mais sa version cinq portes se fait appeler Matrix. Quant à la Jetta, il est tentant d'écrire qu'il y a la Golf cinq portes ou familiale, mais il s'agit davantage d'une cousine que d'une sœur.

Tour du propriétaire

Hyundai prétend que le volume habitable de son Elantra surpasse celui des berlines intermédiaires, rien de moins. Est-ce vrai ? Disons le volume de quelques berlines intermédiaires, celles qui ne comptent pas forcément parmi les plus spacieuses.

Par rapport aux autres véhicules de sa catégorie, l'Elantra ne pèche pas par orgueil. Globalement, elle distance ses concurrentes sous tous les rapports. Et l'impression ressentie à bord confirme les assertions de son constructeur. À l'arrière, la banquette (avec éléments chauffants sur la version la plus luxueuse) est non seulement joliment dessinée, mais aussi confortable. Une qualité encore trop rare dans cette catégorie. Les grands ne partageront pas entièrement notre

« Si le prix du pétrole se maintient au niveau actuel, la catégorie des compactes comptera pour près du tiers de tous les véhicules (en incluant les camions) vendus au Canada d'ici à 2013. »

point de vue et trouveront à redire sur le dégagement alloué à leur tête et à leurs pieds.

À l'intérieur, l'ambiance est claire et valorisante. Stricte du point de vue de la qualité, mais pas austère, en raison notamment de l'élégant dessin du tableau de bord, des contre-portes et des appliques qui enjolivent l'habitacle ici et là. Les commandes sont clairement identifiées et faciles d'accès.

Sur le plan du volume utilitaire, l'Elantra doit s'incliner face à la Jetta. Celle-ci fait honneur à la réputation des générations précédentes en proposant un coffre dont le volume équivaut à 440 litres, de quoi faire rougir toutes les candidates inscrites à ce match.

De son côté, la Focus cultive le raffinement et l'élégance. Le résultat s'avère séduisant : joli tableau de bord avec compteurs parfaitement lisibles, plusieurs touches de chrome et confort appréciable des sièges avant. À cela s'ajoute une panoplie d'accessoires – souvent optionnels et dignes de certaines voitures de grand luxe –, dont le Park Assist, qui permet à l'auto de se garer toute seule. Sans oublier bien sûr le dernier cri en matière de technologies de reconnaissance vocale (MyFord) ainsi que le système de divertissement et de connectivité sans fil (Sync) conçu en partenariat avec Microsoft. La présentation intérieure de la Focus plaît beaucoup, mais c'est confus.

VOLKSVAGEN JETTA

HYUNDAI ELANTRA

Tout le contraire de la Civic. D'une simplicité désarmante, la Honda se prend aussi aisément en main que la Corolla ou encore la Jetta. Parfaitement identifiée, chaque commande à bord de ces compactes tombe (au figuré) sous le sens. Même le tableau de bord avec répartition de l'instrumentation sur deux étages de la Civic se consulte facilement, ce qui n'est pas peu dire.

De toutes les compactes de ce match, les plastiques utilisés à bord de la Honda sont d'une désespérante tristesse. Le constructeur japonais nous a habitués à mieux. Toyota aussi d'ailleurs. Et Chevrolet? N'en parlons pas. Sur papier glacé, la présentation intérieure de la Cruze plaît avec son traitement bicolore et la forme ondulée du tableau de bord. On déchante en regardant de plus près : que des plastiques durs. On a beau ausculter partout, toujours le même son vide. Et l'ennui : aucun moyen d'y remédier, même en optant pour les versions les plus chères.

Au chapitre des espaces de rangement, on note un bel effort chez chacune de ces compactes. Hélas, ces espaces sont parfois nombreux, mais souvent peu pratiques en raison de leur très faible contenance.

Des compactes et des moteurs
Parce qu'elle est celle qui a le plus à perdre, la Civic pose ses jantes en terrain connu. Quelques kilogrammes épargnés ici, quelques

points de Cx (coefficient de traînée aérodynamique) gagnés par là, la Civic évolue à doses homéopathiques. Seule nouveauté notable (et visible), l'apparition de la fonction Eco Mode, jusque-là réservée aux modèles hybrides de la marque japonaise. Celle-ci permet, au toucher d'un bouton au tableau de bord, de modifier notamment le débit de la climatisation et l'étagement des rapports de la boîte de vitesses dans le but de favoriser la diminution de consommation.

Sur le plan des performances pures, la Civic paraît bien nerveuse. Ce n'est qu'une illusion. Par contre, son moteur de 1,8 litre fait preuve d'une belle souplesse et la boîte automatique qui l'accompagne ne compte que cinq rapports, mais ceux-ci sont correctement étagés. À ce sujet, mentionnons que l'automatique figure au catalogue des options de nos concurrentes. De série, on doit composer avec trois pédales et un levier de vitesses. Si tel est votre choix, sachez que les boîtes manuelles de la Civic et de la Corolla sont supérieures à toutes les autres. Et avant d'oublier, la Civic est la seule représentante de cette catégorie à proposer une motorisation hybride (mi-essence, mi-électrique).

La Focus, pour sa part, joue une tout autre partition. Il suffit de consulter sa fiche technique pour s'en convaincre. Une paire d'arbres à cames, l'injection directe et la boîte semi-automatique à double embrayage, cette Ford sonne le réveil de l'industrie automobile américaine dans ce segment.

Réveil amorcé quelques mois plus tôt par la Cruze, qui propose à l'acheteur le choix entre deux mécaniques. Même si l'une est promise à une plus grande diffusion que l'autre – le 1,8 litre trouve une place seulement sous le capot de la version LS –, toutes les versions ont droit au 1,4 litre suralimenté par turbocompresseur. Deux mécaniques efficaces et frugales, mais notre préférence va au 1,4-litre dont le rendement a étonné plus d'un essayeur et est moins rugueux que le 1,8-litre. Pour diriger la puissance aux roues avant motrices, Chevrolet retient notamment les services d'une boîte semi-automatique dont l'étagement des rapports priorise l'économie de carburant. Celle-ci aurait sans doute été meilleure encore si la Cruze avait été plus légère.

À l'exception de l'injection directe (curieux tout de même), le 1,8-litre de Hyundai fait le plein de technologies. On retrouve même un dispositif Active Eco dont le principe de fonctionnement n'est pas sans ressembler à l'Eco Mode de Honda. L'enfoncement de la pédale d'accélérateur se traduit naturellement par une plainte, mais cette mécanique baptisée Nu est la plus sobre de ce comparatif. À défaut d'être la plus véloce.

De son côté, Volkswagen offre une impressionnante palette de motorisations. Elles sont toutes recommandables, à l'exception du deux-litres. Aux fins de ce match, nous disposions du cinq-cylindres 2,5 litres. Considérant sa cylindrée, on en attendait plus. Y a-t-il vraiment 170 chevaux qui galopent dans ce bloc ? Les accélérations sont plutôt timides, tout comme les reprises d'ailleurs. La boîte

	Chevrolet Cruze	Ford Focus	Honda Civic	Hyundai Elantra	Toyota Corolla	VW Jetta
Vie à bord (40 points)						
Accessoires	3,7	4,1	3,7	4	3,6	3,7
Espaces de rangement	3,5	3,7	3,6	3,7	3,5	3,6
Position de conduite	3,7	3,9	3,8	3,8	3,6	3,7
Ergonomie	3,8	3,8	4	4	3,8	3,8
Habitabilité / Confort	3,8	3,6	3,9	4	3,5	4
Visibilité	3,6	3,6	3,5	3,6	3,7	3,6
Coffre/accès, volume et modularité	3,6	3,4	3,6	3,7	3,5	3,8
Qualité de finition et de fabrication	3,4	3,7	3,5	3,6	3,5	3,5
Sous-total	**29,1**	**29,8**	**29,6**	**30,4**	**28,7**	**29,7**

CHEVROLET CRUZE

FORD FOCUS

HONDA CIVIC

TOYOTA COROLLA

	Chevrolet Cruze	Ford Focus	Honda Civic	Hyundai Elantra	Toyota Corolla	VW Jetta
Sur la route (35 points)						
Performances pures (reprises, accélérations)	3,7	3,7	3,8	3,5	3,6	3,5
Transmission (passage des rapports, souplesse, etc.)	3,6	3,9	3,8	3,7	3,3	3,4
Tenue de route	3,4	3,7	3,6	3,4	3,4	3,5
Agrément de conduite	3,3	3,7	3,5	3,3	3,2	3,3
Confort de roulement	3,6	3,5	3,6	3,7	3,6	3,7
Direction	3,6	3,7	3,7	3,5	3,6	3,5
Freinage	3,4	3,6	3,5	3,4	3,5	3,4
Sous-total	**24,6**	**25,8**	**25,5**	**24,5**	**24,2**	**24,3**

semi-automatique est peu réactive et donne l'impression de jeter l'ancre chaque fois qu'elle change de rapport.

Toyota n'a pas la réputation d'être un motoriste aussi doué que Honda. Néanmoins, le 1,8-litre qui anime la Corolla étonne par sa discrétion et sa douceur. Des qualités hélas assombries par une économie de carburant très moyenne et une boîte standard à quatre rapports... Il existe une boîte plus moderne comptant un rapport additionnel, mais celle-ci n'est proposée qu'aux acheteurs de la version XRS, la plus chère.

On prend la route

Les habitués de la Corolla se réjouiront sans doute d'apprendre que sa tenue de route demeure toujours aussi prévisible. Toutefois, contrairement aux générations précédentes, cette Corolla ne mérite plus de se faire traiter de «molle» ou d'«engourdie». Elle n'est certes pas aussi amusante à piloter qu'une Civic ou qu'une Focus, mais sachez que plusieurs essayeurs l'ont préférée à la Jetta et à la Cruze.

Malgré ses performances dynamiques, que certaines jugeront fades, l'Elantra ne manque pas d'arguments pour plaire. À commencer par une suspension étonnamment confortable. Les trous, les bosses et autres saignées transversales qui ornent notre asphalte sont correctement lissés par les éléments suspenseurs de cette sud-coréenne. Cette dernière offre un comportement routier

MATCH COMPACTES

rassurant, mais ses aides à la conduite s'enclenchent rapidement et bruyamment. Nous avons observé le même phénomène avec la Cruze. Dans les deux cas, des corrections ici s'imposent.

Si l'agrément de conduite figure au sommet de vos critères d'achat, alors il faut prendre rendez-vous avec la Civic ou la Focus. Bien suspendues, agréables à conduire avec leur direction assistée électrique, les deux voitures sont étonnamment proches en ce qui concerne le comportement dynamique. Saines, on «sent» parfaitement leurs réactions sur la route. La Focus est plus sportive, la Civic plus confortable, sans pour autant atteindre le moelleux de l'Elantra.

Et maintenant, laquelle?
En entrée de gamme, l'Elantra s'affiche à un bon prix, consomme très peu et offre la garantie la plus alléchante de toutes. Néanmoins elle se fait coiffer au poteau par la Focus, qui propose une présentation plus soignée encore, un agrément de conduite plus relevé, des technologies de pointe, y compris dans le domaine de la connectivité (My Ford, Sync). Au troisième rang on trouve la Civic, dont la refonte nous est apparue bien timide pour faire face à une concurrence des mieux armées. La Cruze s'empare du quatrième rang, suivie de la Jetta. La Corolla termine au dernier rang. Elle représente une valeur sûre, mais son retard commence à se faire sentir sur le plan de la technologie, des dimensions intérieures et au moment de faire le plein.

	Chevrolet Cruze	Ford Focus	Honda Civic	Hyundai Elantra	Toyota Corolla	VW Jetta
Budget (25 points)						$
Rapport prix/ accessoires	3,6	3,7	3,8	3,9	3,6	3,7
Consommation et émissions	4	3,9	4	4,1	3,8	3,6
Valeur de revente	3,4	3,7	4,1	3,5	4	3,5
Garanties	3,8	3,5	3,3	3,9	3,3	3,6
Réseau	3,5	3,5	3,4	3,5	3,4	3,2
Sous-total	18,3	18,3	18,6	18,9	18,1	17,6
Total général	**72**	**73,9**	**73,7**	**73,8**	**71**	**71,6**

FICHE TECHNIQUE

	Chevrolet Cruze	Ford Focus
Ce qu'il faut retenir		
Fourchette de prix	15 999 $ à 24 499 $	14 990 $ à 25 990 $
Frais de transport et de préparation	1 450 $	1 395 $
Garantie de base	36 mois / 60 000 km	36 mois / 60 000 km
Consommation obtenue lors du match	7,6 L/100 km	7,2 L/100 km
Lieu d'assemblage	États-Unis	Canada, États-Unis, Japon (hybrid)
Survol technique		
Moteur	L4 turbo DACT 1,8 litre	L4 DACT 2 litres
Puissance (ch. à tr/mn)	138 ch à 4900 tr/mn	160 ch à 6500 tr/mn
Couple (lb.-pi. à tr/mn)	148 lb-pi à 1850 tr/mn	146 lb-pi à 4450 tr/mn
Poids	1365 kg	1325 kg
Rapport poids/puissance	9,89 kg/ch	8,28 kg/ch
Mode	traction avant	traction avant
Transmission	automatique 6 rapports	automatique 6 rapports
Autres transmissions	manuelle 6 rapports	manuelle 5 rapports
Diamètre de braquage	10,9 mètres	10,9 mètres
Pneus	215/55R17	205/50R16
Capacité du réservoir	57 litres	46,9 litres
Essence recommandée	ordinaire	ordinaire
TOTAL GÉNÉRAL (sur 100 points)	72	73,9

Honda Civic	Hyundai Elantra	Toyota Corolla	Volkswagen Jetta
14 990 $ à 25 990 $	14 999 à 22 699 $	15 450 à 23 235 $	15 875 à 27 475 $
1395 $	1495 $	1390 $	1365 $
3 ans /60 000 km	5 ans /100 000 km	3 ans /60 000 km	4 ans /80 000 km
L4 SACT 1,8 litre	L4 DACT 1,8 litre 16s	L4 DACT 1,8 litre 16s	L5 DACT 2 ,5 litres 20s
140 ch à 6500 tr/mn	148 à 6500 tr/mn	132 à 6000 tr/mn	170 à 5700 tr/mn
128 lb·pi à 4300 tr/mn	131 à 4700 tr/mn	128 à 4400 tr/mn	177 à 4250 tr/mn
1227 kg	1207 kg	1240 kg	1381 kg
8,76 kg/ch	8,15 kg/ch	9,39 kg/ch	8,12 kg/ch
traction avant	traction avant	traction avant	traction avant
automatique 5 rapports	automatique 6 rapports	automatique 4 rapports	automatique 6 rapports
manuelle 5 rapports	manuelle 6 rapports	manuelle 5 rapports	manuelle 5 rapports
10,7 mètres	10,6 mètres	11,3 mètres	11,1 mètres
205/55R16	205/55R16	205/55R16	205/55R16
50 litres	47 litres	50 litres	55 litres
ordinaire	ordinaire	ordinaire	ordinaire
73,7	73,8	71	71,6

Prototypes
PLACE AU RÊVE

ESSAI EXCLUSIF / AUDI QUATTRO CONCEPT

TEXTES ÉRIC LEFRANÇOIS

Qu'on se le dise, les études de style ne sont pas toujours de simples prototypes destinés à faire tapisserie dans les salons automobiles. Certains roulent réellement. C'est le cas de l'Audi Quattro Concept.

Bien sûr, elle ne se conduit pas comme une «banale» voiture de série. Les éléments de carrosserie (moulés à la main) sont, comme tous les autres prototypes d'ailleurs, grossièrement taillés. Le mobilier intérieur l'est également. Bref, c'est un peu de l'artisanat, mais la conduite de voitures produites à un seul exemplaire est un événement rare. Si rare en fait que seuls 14 journalistes dans le monde ont eu le privilège de la conduire. Voici nos premières impressions.

Une silhouette hors du temps, des ailes musclées, un capot massif, une énorme calandre en nid d'abeilles, d'impressionnants porte-à-faux et un gabarit étonnamment compact. En chiffres, cela donne une longueur d'à peine plus de 4 m et un poids à vide de 1300 kg. Bref, cette Quattro Concept est aussi légère que celle qui l'a précédée. Surtout, elle est plus puissante encore avec ses 408 chevaux.

Présentée en avant-première lors du Mondial de l'auto de Paris, la Quattro Concept souligne les 30 ans de la transmission intégrale chez le constructeur allemand. Une simple étude de style? Pas du tout. Ses concepteurs tenteront d'obtenir le feu vert du conseil d'administration d'Audi pour la produire en – petite – série. Et comme pour mieux nous convaincre du sérieux de sa démarche, le constructeur allemand a tenu à démontrer que, sous sa sculpturale carrosserie blanche, la Quattro Concept est en fait un véritable prototype de conception, complètement fonctionnel. Entendez par là qu'elle roule, et plutôt bien même, comme nous avons pu le constater en nous glissant aux commandes de l'unique exemplaire produit à ce jour.

Pour concevoir la Quattro Concept, les ingénieurs d'Ingolstadt ont réalisé un châssis en aluminium calqué sur celui de la RS5, mais raccourci. Sous le capot en fibre de carbone se trouve un moteur cinq cylindres 2,5 litres auquel se rive une plomberie si volumineuse (turbo, collecteur d'échappement) qu'il était impossible de le monter en position transversale, comme il a l'habitude de l'être. Pas de place. Voilà qui explique son positionnement longitudinal (axe nord-sud) à l'intérieur de cette cage thoracique devenue trop étroite. La puissance maximale de 408 ch combinée au poids plume de l'auto lui permet non seulement de revendiquer un rapport poids-puissance voisin de la R8 V10, mais aussi d'abattre le 0-100 km/h en 3,9 secondes.

Ça pousse

Volant en main, la Quattro Concept s'avère plus une voiture de course qu'un prototype de salon. Certes, la vitesse était limitée pour notre bref essai organisé sur les hauteurs de Malibu sous escorte policière. Mais la quantité de virages négociés nous a permis de vérifier le comportement annoncé – et recherché – par les concepteurs de ce coupé. Cela dit, la vigueur des reprises produites par le cinq-cylindres suralimenté par turbocompresseur est suffisamment impressionnante pour vous clouer, votre passager et vous, contre le dossier de

votre baquet.

L'effet exercé sur le conducteur est d'autant plus sidérant que la poussée est quasi instantanée sous le sifflement aigu de la soupape de décharge du turbo. La boîte chargée de transmettre puissance et couple à la chaussée comporte six rapports qu'il faut engager manuellement. Conscients de l'image de la marque, les concepteurs auraient préféré opter pour la boîte semi-automatique à double embrayage, mais celle-ci a été rejetée en raison du lest (20 kg!) qu'elle aurait ajouté à l'ensemble. D'ailleurs, cette obsession

à l'égard du poids a incité les concepteurs à retrancher aussi la banquette arrière, pourtant présente sur le modèle original.

Si elle devait être produite, la Quattro Concept serait un fabuleux jouet pour tous les pilotes et autres collectionneurs avisés et fortunés qui auraient le bonheur d'en prendre le volant. Au ralenti, la fréquence des explosions du cinq-cylindres se traduit par un bruit continu, sourd et puissant. Même à l'état de prototype, cette Quattro Concept accélère comme un missile. Le compteur à cristaux liquides (clin d'œil aux années 1980) enjambe les dizaines à vitesse grand V, mais la terrible accélération est supportable, car elle est parfaitement linéaire. Les changements de rapports se font sans effort et contribuent à rendre ce coupé docile à piloter. Si son aérodynamisme, ses suspensions évoluées (que de l'aluminium) et ses énormes chaussures de 20 po lui procurent une efficacité redoutable en virage, ils n'empêchent pas une grande progressivité de réaction. Encore plus inattendue sur le bitume lisse de la Californie, la Quattro Concept s'est avérée plutôt confortable.

Enfin, si le modèle passé a été couronné champion du monde des rallyes en 1982 et 1984, la Quattro Concept n'aspire pas à une carrière en compétition. Le constructeur allemand rappelle à juste titre que ce coupé ne correspond pas du tout à la nouvelle réglementation de cette discipline. Il reste maintenant à voir si le conseil d'administration de la marque aux anneaux consentira à donner son feu vert à sa mise en marché. La décision était attendue en mars. Elle se fait toujours attendre…

TRÈFLE ATOUT

À chaque sortie d'un nouveau modèle, Alfa Romeo a l'art de nous prendre par les sentiments. Vous avez aimé le physique du coupé 8C Competizione? Alors le 4C, son petit frère, vous chavirera l'eau du ventre lui aussi. Ce biplace de la taille d'une Honda Fit repose sur un empattement de 2400 mm.

Présenté au salon de Genève sous forme de concept, le 4C repose sur une architecture à moteur central. Derrière les sièges gronde un quatre-cylindres 1,7 litre suralimenté par turbocompresseur. Doté de l'injection directe et d'une distribution à calage variable des soupapes, ce moteur livre ici 200 ch aux roues arrière (motrices) par l'entremise d'une boîte séquentielle à double embrayage. Selon la marque italienne, la 4C met à peine cinq secondes pour atteindre les 100 km/h et accède à une vitesse de pointe de 250 km/h.

Alfa Romeo promet de lancer la production de ce petit coupé d'ici un an, mais doutons que la version définitive soit aussi légère.

Le concept pèse un peu moins de 850 kg, grâce à une cellule et des panneaux de carrosserie en carbone. Si ce matériau permet de limiter le poids, il risque cependant de faire exploser le coût de revient au moment de la construction en série.

Quelle voie Alfa Romeo choisira-t-il? Réponse dans quelques mois.

Alfa Romeo 4c

POUR LES BRANCHÉS

Deux ans après le coupé Vision EfficientDynamics (Francfort 2009), voici le roadster Vision ConnectedDrive. Celui-ci explore les technologies de communication du futur. Truffée de capteurs et de caméras, cette BMW analyse en permanence l'environnement, repère les autres véhicules et les piétons et avertit le conducteur en cas de danger au moyen d'un affichage tête haute en trois dimensions. L'échange direct d'informations avec d'autres usagers de la route via la communication entre véhicules (Car2Car) permettrait même au véhicule de «voir plus loin que le coin de la rue».

Cette Vision ConnectedDrive se soucie aussi de divertissement. Son passager dispose ainsi d'un système multimédia à écran tactile, installé face à lui, connecté à Internet. Une technologie également employée côté conducteur afin d'afficher les instructions de navigation directement sur la route. Cette BMW Vision ConnectedDrive va jusqu'à analyser l'état d'esprit de son conducteur, pour lui proposer un choix de musiques adaptées à son humeur. Mais ce concept se distingue aussi par ses lignes spectaculaires. Si son long capot et son arrière tronqué peuvent évoquer l'actuelle Z4 (ou est-ce la future Z2?), le profil se montre en effet bien plus futuriste. Malgré un clin d'œil rétro à un autre roadster de la marque: les portes escamotables électriquement évoquent la défunte Z1.

BMW Connect Drive

LA CADILLAC DES VILLES

Cette étude préfigure une citadine de luxe. Longue de 3,84 m et large de 1,73 m, elle est aussi compacte qu'une Fiat 500... En dépit de ses dimensions inhabituelles, cette puce conserve un style très Cadillac. Avec ses arrêtes vives et ses portes en élytre, elle ne laisse à son propriétaire aucune chance de passer inaperçu. Sellerie de cuir, affichage tête haute, système multimédia à commande vocale et boîte à double embrayage : le confort et l'équipement ont également été soignés.

Pour s'animer, l'Urban Luxury Concept s'offre un moteur trois cylindres d'un litre suralimenté par turbocompresseur assisté par un moteur électrique. Ce dernier adopte le même principe de fonctionnement que le dispositif e-assist proposé cette année par Buick. La boîte de vitesses est robotisée à double embrayage. Cette association hybride-double embrayage est encore inédite sur un modèle de série.

Cadillac Urban Luxury

L'ÉLUE DE DETROIT

Voilà donc le concept chouchou du dernier salon automobile de Detroit : le Ford Vertrek. Celui-ci repose sur la plateforme globale C qui a donné naissance aux nouvelles Focus et C-MAX. Il est destiné à séduire et à satisfaire les clients d'utilitaires urbains, à la manière des Nissan Juke et autres Kia Soul.

La silhouette du concept Vertrek a été optimisée pour lui permettre d'abaisser la consommation et les émissions de CO_2, optimisées par ailleurs par les toutes dernières motorisations EcoBoost ou turbodiésel à rampe commune (TDCi), avec système de coupure automatique à l'arrêt et récupération d'énergie au freinage.

En ce qui concerne l'esthétique, le Vetrek découle du fameux kinetic design, qui donne l'impression que les véhicules sont en mouvement, même à l'arrêt.

Ford Vertrek

AVANT-GOÛT DE LA G

Motorisée par le système hybride de la M35h, l'Ethera présente des lignes inspirées du concept Essence de 2009.

Si la calandre permet de reconnaître tout de suite une production de la filiale de luxe de Nissan, le dessin des phares est quant à lui résolument plus moderne. On peut y voir un avant-goût des phares de la prochaine génération de berline, coupé et cabriolet de la gamme G. Le but du design global de l'Ethera est de suggérer à la fois le dynamisme et le confort, deux éléments essentiels sur un segment où se place déjà l'une de ses cibles avouées : la Lexus CT 200h. Comme sa rivale japonaise, l'Ethera disposera d'ailleurs d'une motorisation hybride. Empruntée à la M35h, elle pourrait se retrouver sous le capot de la version de production, aux côtés du quatre-cylindres Mercedes qui sera emprunté au constructeur allemand. Par contre, on ne retrouvera certainement pas les caméras faisant office de rétroviseurs et peut-être pas le toit entièrement vitré de la version conceptuelle. Mais attendons voir, la version de série est attendue pour 2014.

Infiniti Ethera

SANS TURBINE

Aussi bien le dire tout de suite, la marque anglaise Jaguar produira le concept C-X75. Présenté au dernier Mondial de l'auto à Paris, le C-X75 sera réalisé à 250 exemplaires. Tout comme l'étude, il disposera d'un moteur électrique pour chaque roue, d'un châssis en carbone et des performances à couper le souffle : moins de trois secondes pour atteindre les 100 km/h et une vitesse de pointe supérieure à 320 km/h. En revanche, même si Jaguar affirme continuer le développement de cette technologie, les deux turbines à gaz du prototype sont abandonnées. Jaguar retiendra plutôt les services d'un moteur essence de petite cylindrée, mais n'en dit pas plus.

Développée en collaboration avec l'écurie de F1 Williams, cette Jaguar C-X75 se distinguera par ailleurs par son autonomie de 50 km en mode électrique et ses émissions de CO_2 limitées à 99 g/km, comme sur la Prius.

Jaguar C-X75

UNE VIEILLE CONNAISSANCE

Lotus Elite

Elite. Un nom déjà employé pour un coupé 2+2 apparu en 1974. Cette fois, cette appellation désigne un puissant coupé-cabriolet 2+2 à moteur avant, qui viendra concurrencer la Ferrari California à partir de 2014. Un type de carrosserie étonnant de la part de Lotus.

Plus inattendu encore, cette Elite ne se contente pas d'embarquer un V8 5 litres (d'origine Lexus) à compresseur de 550 ch : elle possède aussi deux moteurs électriques intégrés à la boîte de vitesses, affichant une puissance cumulée de 50 ch. Avec un 0 à 100 km/h annoncé en 3,5 secondes, les performances se montrent prometteuses, sans que la consommation ne soit sacrifiée.

LE SAINT ESPRIT

Lotus Esprit

Pendant près de 30 ans, de 1975 à 2003, ce nom a désigné le fleuron de la gamme Lotus. Les amateurs de la marque seront donc ravis de le voir reprendre la route, d'ici deux ans. Pour s'élever au rang des supersportives, elle s'offre un V8 placé en position centrale arrière. Emprunté à la Lexus IS-F, ce cinq-litres développe ici pas moins de 620 ch, grâce à l'ajout d'un compresseur et d'une gestion électronique très affûtée. Le passage de cette puissance aux roues arrière (motrices) s'effectuera par l'entremise d'une boîte à sept rapports à double embrayage.

En option, une technologie hybride, inspirée du système SREC utilisé en F1, permettra de gagner encore quelques chevaux et d'abaisser les consommations. Mais la version de base devrait contenter bien du monde. Ses 330 km/h et son 0 à 100 km/h effectué en 3,4 secondes la placent au coude à coude avec les Ferrari 458 Italia et Lamborghini Gallardo.

Lotus Eterne

AU DIABLE LES TRADITIONS

Comme la Panamera (Porsche) ou la Rapide (Aston Martin), l'Eterne marque assurément un tournant dans l'histoire de Lotus. Pour la première fois, le constructeur anglais s'apprête à commercialiser une berline. Et elle est lourde, si l'on prête foi à la fiche technique : 1800 kg. Pour masquer son poids, elle compte – elle aussi – sur le V8 cinq litres suralimenté par compresseur. Comme sur l'Esprit, ce moteur livre ici 620 ch. Une Esprit quatre portes, alors? Pas exactement. L'Eterne sera la seule à proposer un rouage à quatre roues motrices. Lancement prévu en 2015.

Mazda Shinari

ICI, ON PARLE KODO

À l'exception des vaguelettes qui parcourent les flancs de la 5, Mazda n'a jamais réellement su traduire son style Nagare («flux» en japonais) en série. Le langage esthétique élaboré par le nouveau chef styliste de Mazda Ikuo Maeda a plus de chance d'atteindre les chaînes d'assemblage, même si cette étude Shinari ne connaît jamais les joies de la production en série. L'objectif de cette étude est simplement d'annoncer Kodo («mouvement», en japonais), le nouveau langage esthétique de la marque.

MODÈLE EN DEVENIR

La carrière du Tribute a pris fin, mais Mazda prépare déjà la suite.

Pour preuve, le constructeur japonais a révélé au salon automobile de Genève une étude, le Minagi, appelée à remplacer le Tribute et à mieux se positionner à l'avenir par rapport aux Kia Sportage, Nissan Rogue et Toyota RAV4 de ce monde.

Avec ce nouveau modèle en devenir, Mazda songe d'abord à élargir sa gamme CX (CX5) et à inaugurer sa nouvelle signature esthétique baptisée Kodo. Le Minagi mise sur ses lignes galbées, sa surface vitrée réduite et ses optiques acérées pour affirmer son caractère. Tous des éléments de style déjà vus ailleurs.

Sur le plan technique, Mazda ne dit mot. On peut aisément présumer, par sa taille, que le Minagi reposera sur une architecture similaire à celle de la Mazda3 et reprendra les nouvelles motorisations de la famille SkyActiv (lire plus écologiques). Une nouvelle famille de moteurs (essence et diésel) que le constructeur japonais entend installer sous le capot de ses produits au cours des prochains mois.

Mazda Minagi

A COMME AVION

Cette étude très concrète préfigure un modèle de série. Ce concept doté de trois portes se transformera d'abord en compacte à cinq portes, en 2012, avant d'être suivi par un coupé trois portes, pour mieux viser les Audi A3 et BMW Série 1.

Tout comme la Classe B vendue chez nous, ce concept s'arrache de sa position statique à l'aide de ses roues avant motrices. Mais ses concepteurs s'empressent d'ajouter que cette nouvelle plateforme peut également recevoir un rouage à quatre roues motrices. Dans sa forme conceptuelle, cette Classe A concept soulève son capot à un moteur quatre cylindres suralimenté par turbocompresseur. Libérant 210 ch, ce deux-litres est monté en position transversale sous le capot. Il est associé à une inédite boîte à double embrayage et sept rapports.

À l'intérieur, le dessin du tableau de bord est inspiré de l'aviation, avec des aérateurs en forme de tuyère dont l'éclairage évoque la postcombustion, un levier de vitesses sculpté comme une manette des gaz et un gros écran tactile. Bref, tout est fait pour dérouter la clientèle, parfois très conservatrice, de Mercedes.

Mercedes A-Concept

RETOUR SUR TERRE

Depuis sa renaissance, la Mini ne cesse de grandir. Mais son constructeur entend bien faire marche arrière avec ce concept Rocketman dont la longueur hors tout n'atteint même pas 3,5 m. Pour faciliter l'entrée dans cette Mini Rocketman Concept, le constructeur a installé des portes à doubles charnières, permettant une ouverture plus large et un accès plus pratique. Quant au coffre, il est accessible de deux façons : soit par une ouverture de hayon classique (dont la charnière est située au milieu du toit), soit par un... tiroir! Sous le capot, un petit moteur peut prendre place, et grâce au poids contenu de cette Mini Rocketman Concept, la consommation devrait se situer autour de 3l/100km, selon Mini.

Mini Rocketman

DE L'AUDACE, ENFIN !

L'audace dont fait preuve Nissan dans le dessin de ses «camions» s'affaiblit au moment de dessiner ses voitures. Le concept Ellure laisse espérer un changement de cap. Avec ses surfaces vitrées acérées, ses phares inspirés de la 370Z et ses panneaux de carrosserie très ouvragés, cette étude ne manque pas d'allure. Et pour marquer encore davantage les esprits, elle s'offre aussi quelques excentricités propres aux prototypes : portes antagonistes, roues de 21 po, instrumentation réduite à sa plus simple expression...

Cette Nissan Ellure bénéficie d'une mécanique inédite. Suralimenté par compresseur, son quatre-cylindres de 2,5 litres à essence de 240 ch est en effet associé à une transmission à variation continue et à un moteur électrique de 25 kW (34 ch). Si l'on prête foi à la rumeur, l'Ellure préfigure la future Altima.

Nissan Ellure

Nissan Esflow

LA Z DES BERLINES

Voilà un autre concept Nissan qui s'inspire des codes de la Z. La «signature lumineuse» en boomerang est ainsi une sorte d'exagération des feux de la 370Z, tandis que le couvercle de malle n'est pas sans rappeler les Z des années 19870 (240, 260 et 280).

Entre le châssis en matériaux composites et la carrosserie en aluminium de l'Esflow, on retrouve une partie du soubassement de la Leaf. Toutefois, le bloc électrique de la compacte cède la place à deux moteurs dont on ne sait pas grand-chose pour le moment, si ce n'est qu'ils sont montés directement sur chaque roue arrière. La répartition des masses devrait être optimale. Les commandes d'accélérateur et de frein (mais pas la direction) sont électroniques (drive-by-wire) et l'autonomie annoncée est de 240 km.

Peugeot SXC

PARFUM DE CHINE

La voiture concept SXC (pour Shanghai Cross Concept) a été dessinée en Chine et vise naturellement à séduire la population locale. Même si sa technologie hybride est peu en demande dans ce pays, la SXC retient les services d'un moteur à essence de 1,6 litre et d'un bloc électrique pour entraîner les roues arrière.

Renault DeZir

SOUVENIRS D'ALPINE

Pour sa première création chez Renault, Laurens van den Acker, le nouveau directeur du design de la marque, a donc choisi de rendre hommage à l'un de ses modèles préférés : l'Alpine-Renault A110. Mais cette étude, baptisée DeZir, ne pourra pas être accusée de passéisme. Si le moteur placé à l'arrière évoque les Alpine, il est ici animé par la fée électricité.

Habillé d'une coque en carbone-Kevlar, bâti sur un châssis tubulaire, ce concept ne pèserait que 850 kg !

Saab Phoenix

TEL UN PHOENIX QUI RENAÎT DE SES CENDRES

Voilà une étude conceptuelle qui, au premier coup d'œil, manque d'inspiration. Pourtant, en la détaillant de plus près, l'étude PhoeniX regroupe tous les gènes d'une vraie Saab, même si certains traits rappellent aussi les lignes de quelques Spyker... repreneur néerlandais de Saab.

Le concept PhoeniX préfigure la nouvelle identité visuelle de la marque suédoise. En partie, puisque la mince calandre, les projecteurs bridés et la carrosserie à hayon seront les seuls éléments de ce concept qui connaîtront la joie de la série.

Le concept PhoeniX soulève son capot à un moteur quatre cylindres 1,6 litre suralimenté par turbocompresseur. Celui-ci est jumelé à un moteur électrique de 25 kW (environ 34 ch) chargé d'entraîner les roues arrière. Baptisé eXAWD, ce dispositif comporte trois modes de fonctionnement : Eco, Sport et Traction.

Des études, Saab en a présenté de très séduisantes, les abandonnant parfois en route, ou ne les suivant que partiellement. Que restera-t-il du concept PhoeniX sur les chaînes d'assemblage ?

SCION VEND LA MÈCHE

Le coupé Toyota/Subaru se dévoile enfin chez Scion... Après la présentation conjointe d'une maquette technique sur le stand Subaru et d'un modèle de style noir sur le stand Toyota, à l'occasion du dernier Salon de Genève (Toyota FT-86 II), le Scion FR-S permet de mieux voir le style de ce futur modèle.

La voiture concept en tire d'ailleurs son nom : FR-S signifie «Front engine [moteur avant], Rear-wheel-drive [propulsion] Sport». Des caractéristiques qui devraient le placer au-dessus du coupé tC à mécanique Corolla, lorsqu'il rejoindra la gamme Scion.

Scion FRS

L'ÉQUERRE SUR LA TABLE À DESSIN

Le gigantisme du salon automobile de Shanghai a trouvé écho chez Volvo, cette année. Le constructeur sino-suédois y présentait une étude conceptuelle, Universe, qui s'étire sur plus de cinq mètres. À la lumière des informations fournies par son constructeur au moment de sa présentation officielle, sa mise en production paraît peu probable. Dans le cas contraire, l'étude Universe s'inscrirait alors dans une catégorie où Volvo n'a encore jamais posé les roues : les berlines de prestige.

Aucun détail technique n'a été fourni. Volvo préfère concentrer sa communication sur la plateforme de ce modèle, totalement inédite. Baptisée SPA (Scalable Platform Architecture) cette architecture entièrement flexible pourrait fort bien asseoir tous les produits de la marque. «Tous les modèles, sauf le trio C30/S40/V50», de préciser le porte-parole de l'entreprise présent à l'événement.

Tout aussi important, le concept Universe préfigure la future identité visuelle de Volvo. Doit-on en conclure que l'équerre retrouve sa place sur les tables à dessin ?

Volvo Universe

À vos marques

Rétrospective de la dernière année automobile, rappel historique, nouvelles tendances, indiscrétions ou nouveaux modèles à venir, *À vos marques* aborde tous ces sujets. Et plus encore. Cette section nouvelle permet aussi de connaître les allégeances des marques présentes sur le marché et de l'importance qu'elles occupent aux yeux des consommateurs québécois.

TEXTE ET RECHERCHES ÉRIC LEFRANÇOIS

ACURA

Membre du groupe Honda
Marque japonaise fondée en 1986
Pour en savoir plus : www.acura.ca

CHIFFRES AU QUÉBEC

En hausse. 3778 unités vendues en 2010.
(1959 automobiles / 1819 camions)

Modèle	Unités
CSX	636
MDX	1016
RL	10
RDX	599
TL	721
TSX	592
ZDX	204

LES PROMESSES

Où va Acura? «Nulle part», disent les mauvaises langues. Mais encore? La marque de luxe de Honda promet beaucoup, mais livre peu: moteur diésel, TSX Sportwagon au Canada, remplacement de la NSX, etc. La direction de la marque annonce qu'elle dévoilera sa nouvelle stratégie au cours de l'année 2012. Des promesses encore?

ASTON MARTIN

Indépendant
Marque britannique fondée en 1914
Pour en savoir plus : www.astonmartin.com

CHIFFRES AU QUÉBEC

En hausse. 22 unités vendues en 2010
(22 automobiles)

Modèle	Unités
DB9	5
DBS	4
Rapide	3
Vantage	10

LA PETITE

En Europe, les salles d'exposition d'Aston Martin comptent une voiture que nous ne sommes pas près de voir: la Cygnet. Impossible de la manquer, même si elle a un air de famille avec les autres produits de la marque (dessin de la calandre, matériaux de choix). Cette citadine est en fait une Toyota (Scion) iQ déshabillée et rhabillée à l'usine de Gaydon. Son prix avoisine les 65 000 $.

AUDI

Membre du groupe Volkswagen
Marque allemande fondée en 1909
Pour en savoir plus : www.audi.ca

CHIFFRES AU QUÉBEC

En hausse. 4026 unités vendues.
(2979 automobiles / 1047 camions)

Modèle	Unités
A3	434
A4	1505
A5	724
A6	143
A8	33
Q5	792
Q7	255
R8	38
TT	102

UNE HISTOIRE COMPLIQUÉE

Les histoires compliquées sont toujours les plus belles, n'est-ce pas? Prenez Audi. August Horch crée, en 1899, sa propre entreprise (Horch Automobilewerke GmbH). Il sera évincé de celle-ci dix ans plus tard par son propre conseil d'administration. Il fonde alors une autre entreprise (August Horch Automobilewerke GmbH Zwickau), mais une décision judiciaire l'oblige à changer de nom. Il choisit alors de remplacer son nom, Horch, par la traduction latine de celui-ci: Audi.

Sous l'impulsion des banques qui, par tous les moyens, cherchaient à diminuer les subventions réclamées par ce secteur industriel, Audi et trois de ses rivaux (Horch, Wanderer et DKW) ont été regroupés pour devenir Auto Union AG. Quatre marques dont le symbole commercial se traduit par quatre anneaux. Un logo qui orne toujours les calandres des Audi actuelles. La Seconde Guerre mondiale éclate. Les usines sont pillées. L'entreprise redémarre en 1949. En 1958, l'entreprise passe aux mains de Daimler-Benz. Le mariage ne durera pas. Fin 1964, Volkswagen lui fait les yeux doux et lui passe, à son tour, la bague au doigt.

BENTLEY

Membre du Groupe Volkswagen
Marque britannique fondée 1919
Pour en savoir plus : www.bentley.com

CHIFFRES AU QUÉBEC

Modèle	
Continental Supersports	n.d.
Continental Flying Spur	n.d.
Mulsanne	n.d.

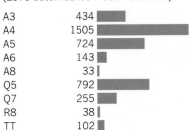

EN BERNE

Le groupe Volkswagen se fait bien du souci pour sa marque Bentley. On peut comprendre: les ventes mondiales battent de l'aile avec 5100 unités produites l'année dernière. Un redressement est à prévoir.

BMW

Membre du groupe BMW
Marque allemande fondée en 1928
Pour en savoir plus : www.bmw.ca

CHIFFRES AU QUÉBEC

En hausse. 6177 unités vendues
(4741 automobiles / 1436 camions)

Série 1	613	
Série 3	3409	
Série 5	479	
Série 6	9	
Série 7	146	
X3	671	
X5	550	
X6	215	
Z4	85	

LE NUMÉRO UN DU LUXE

La marque à l'hélice demeure le numéro un mondial du haut de gamme. Le groupe bavarois, qui fabrique également des Mini et Rolls-Royce, a livré de janvier à juin 2011 quelque 689 000 BMW à travers le monde, devançant ses concurrents Audi (Volkswagen) et Mercedes-Benz (Daimler). BMW estime qu'elle fera mieux encore dans la prochaine année avec la sortie d'une flopée de nouveaux modèles, dont le renouvellement de sa populaire Série 3.

BUGATTI

Membre du groupe Volkswagen
Marque française fondée en 1909
Pour en savoir plus : www.bugatti.com

CHIFFRES AU QUÉBEC

Veyron   n.d.

ON FERME BOUTIQUE

Le dernier exemplaire de la Veyron 16.4 a vu le jour en juin dernier à Mosheim (Alsace). Il s'agissait du 300e véhicule, objectif recherché par la marque au moment de sa production. L'usine se concentre désormais sur la production de la Grand Sport roadster et le coupé Super Sport.

BUICK

Membre du groupe General Motors (GM)
Marque américaine fondée en 1903

CHIFFRES AU QUÉBEC

En hausse. 1914 unités vendues en 2010
(1322 automobiles / 592 camions)

Enclave	592	
LaCrosse/Allure	963	
Lucerne	211	
Regal	148	

CHINOISERIES

Pourquoi General Motors a-t-il conservé Buick et non Pontiac ou Saturn? La réponse est simple: les Chinois raffolent de cette marque aux trois boucliers. À tel point qu'il représente aujourd'hui pour Buick son plus important marché. D'ailleurs, Buick y détient toujours un record: 60 000 unités vendues en un mois de sa Regal. À titre de comparaison, au Canada, tous modèles confondus, la marque écoule quelque 15 000 de ses produits par an...

CADILLAC

Membre du groupe General Motors (GM)
Marque américaine fondée en 1903
Pour en savoir plus : www.cadillac.ca

CHIFFRES AU QUÉBEC

En hausse. 1538 unités vendues en 2010
(706 automobiles / 832 camions)

CTS	671	
DTS	25	
Escalade	158	
SRX	674	
STS	10	

VIVE L'HIVER

Les ventes des Cadillac à rouage intégral sont en hausse de 38 % depuis deux ans, et pas seulement pour le gros VUS Escalade, qui a toujours été plus populaire en 4x4 qu'en version propulsion. Presque la moitié des coupés CTS, plus du tiers des multisegments SRX et les trois quarts des Escalade sont vendus avec le rouage intégral. L'augmentation de la demande est plus forte dans les régions froides, note Cadillac.

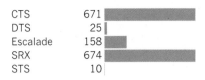

CHEVROLET

Membre du groupe General Motors (GM)
Marque américaine fondée en 1911
Pour en savoir plus : www.chevrolet.ca

CHIFFRES AU QUÉBEC

En hausse. 29 294 unités vendus en 2010.
(16 725 automobiles / 12 569 camions)

Avalanche	470	
Aveo	2847	
Camaro	567	
Cobalt	7436	
Colorado	974	
Corvette	54	
Cruze	880	
Equinox	3877	
Express	1264	
H3	21	
HHR	372	
Impala	1626	
Malibu	3315	
Silverado	5242	
Suburban	260	
Tahoe	89	

UN *ROADSTER* POUR SES 100 ANS

Chevrolet a célébré ses 100 ans d'existence en 2011. Le saviez-vous? Peut-être pas, puisque la fête a débuté avec le dévoilement au Salon de l'auto de Séoul de la Mi-ray («futur» en coréen), une étude conceptuelle d'un *roadster*. D'ailleurs, ce prototype a été conçu aux studios de design avancé de GM à Séoul. Évidemment, rien n'a transpiré quant à sa production ni à celle d'une voiture de production découlant de cette étude de style...

CHRYSLER

Membre du groupe Fiat
Marque américaine fondée en 1925
Pour en savoir plus : www.chrysler.ca

CHIFFRES AU QUÉBEC

En baisse. 2113 unités vendues en 2010
(1273 automobiles / 840 camions)

Modèle	Unités
200 (Sebring)	717
300	556
Aspen	1
PT Cruiser	171
Town & Country	668

UNE AUTRE MARQUE

Après RAM, voilà que Chrysler compte une nouvelle marque: SRT (Street Race and Technology). C'est le Montréalais Ralph Gilles qui en assurera la direction. SRT se chargera de produire en petite quantité pour Dodge, Jeep et Chrysler des versions survitaminées de certains de leurs modèles. Outre le Challenger, l'acronyme SRT sera apposé sur des Dodge Charger, Jeep Grand Cherokee et Chrysler 300C.

DODGE

Membre du groupe Fiat
Marque américaine fondée 1914
Pour en savoir plus : www.dodge.ca

CHIFFRES AU QUÉBEC

En baisse. 21 485 unités vendues en 2010.
(2865 automobiles / 18 620 camions)

Modèle	Unités
Avenger	476
Caliber	1275
Grand Caravan	12 652
Challenger	375
Charger	735
Dakota	243
Journey	5544
Nitro	141
Sprinter	40
Viper	4

MÉTISSAGE

En Europe, les Dodge sont rebaptisées Fiat et en Amérique des Alfa Romeo s'apprêtent à se faire baptiser Dodge. Drôle de monde.

FERRARI

Membre du groupe Fiat
Marque italienne fondée en 1947
Pour en savoir plus : www.ferrari.com

CHIFFRES AU QUÉBEC

Modèle	Unités
458 Italia	n.d.
456	n.d.
599	n.d.

LE *PICK-UP* ITALIEN

Pour disputer le Championnat du monde 2011, Ferrari a baptisé sa nouvelle Formule 1 «F150» pour saluer le 150e anniversaire de l'unification de l'Italie. C'est clair, non? Au siège de Ford, on n'a pas compris la même chose. «F-150 est une marque établie et importante pour Ford (...); le camion qui se vend le plus aux États-Unis depuis 34 ans appartient d'ailleurs aux F-Series (...); adopter cette dénomination est une violation de marque déposée», a dit en substance Ford qui, devant l'absence de réaction de Ferrari dans un premier temps, a entrepris une action en justice. Oups! Ferrari a alors décidé de (re) baptiser sa F1 en F150th Italia afin de mettre un terme aux procédures juridiques.

FIAT

Membre du groupe Fiat
Marque italienne fondée en 1899

CHIFFRES AU QUÉBEC

Fiat 500 : la commercialisation a débuté au printemps 2011

LE RETOUR

Peut-être étiez-vous trop jeune pour vous rappeler que Fiat a déjà exposé ses productions au Salon de l'auto de Montréal. Qu'importe, l'essentiel est d'être là pour le retour de cette marque italienne. Absente de notre paysage depuis trois décennies déjà, Fiat commercialise depuis le printemps 2011 la 500. Sa distribution est assurée par Chrysler. Véritable icône de son époque (1957-1975), la Fiat 500 a retrouvé formes et couleurs en 2007 en Europe et est considérée comme l'une des bases du renouveau de l'entreprise turinoise. Près de quatre millions d'unités de la première génération de 500 ont été produites.

FORD

Membre du groupe Ford
Marque américaine fondée en 1903
Pour en savoir plus : www.ford.ca

CHIFFRES AU QUÉBEC

En hausse. 49 274 unités vendues en 2010
(12 236 automobiles / 37 038 camions)

Modèle	Unités
Crown Victoria	197
Econoline	2499
Edge	2477
Escape	7414
Expedition	160
Explorer	538
Fiesta	1686
Flex	715
Focus	5061
Fusion	3550

Mustang	1138	
Ranger	4344	
Série F	18 366	
Taurus	604	
Taurus X	1	
Transit Connect	524	

IL FAUT LE DIRE

Le système Sync en service sur l'ensemble des produits Ford en Amérique du Nord reconnaît 100 commandes. Celles-ci se limitent presque essentiellement à la sélection de titres musicaux et à la téléphonie mobile. Avec MyFordTouch de nouvelles fonctions s'ajoutent, telles que la navigation et la climatisation. Vous souhaitez augmenter le débit de la soufflerie? Détourner le flux d'air à vos pieds? Augmenter ou diminuer la température ambiante dans l'habitacle? Désormais, il suffit de le dire. Et mieux encore, pas la peine de marquer une pause entre chaque mot ou d'apprendre par cœur le vocabulaire reconnu par l'interface. L'utilisateur pourra dicter la commande d'une traite. Simple, non? Alors, au son du timbre, dictez votre message.

GMC

Membre du groupe General Motors (GM)
Marque américaine fondée en 1902
Pour en savoir plus : www.gmc.ca

CHIFFRES AU QUÉBEC

En hausse. 11 734 unités vendues en 2010.
(0 automobile / 11 734 camions)

Acadia	654	
Canyon	902	
Savana	1704	
Sierra	6433	
Terrain	1769	
Yukon	272	

FEU VERT

L'an prochain, sans doute retrouverez-vous dans ces pages une analyse du Granite, le premier multisegment urbain de GMC. En effet, la marque américaine devrait présenter sous peu la version définitive de ce modèle originalement présenté sous ce concept (Detroit 2009). Rappelons que ce modèle sera déposé sur la même architecture que la Chevrolet Cruze.

HONDA

Membre du groupe Honda
Marque japonaise fondée en 1948
Pour en savoir plus : www.honda.ca

CHIFFRES AU QUÉBEC

En hausse. 35 806 unités vendues en 2010
(27 276 automobiles / 8530 camions)

Accord	3179	
Civic	21 205	
CR-V	5368	
CR-Z	102	
Crosstour	472	
Element	73	
Fit	2537	
Insight	250	
Odyssey	1285	
Pilot	756	
Ridgeline	576	
S2000	3	

ON SE BRANCHE

Le chef de la direction de Honda, Takanobu Ito prévient : « Les dix prochaines années seront critiques pour la survie de Honda. » Pour survivre, son groupe doit concentrer ses efforts sur l'environnement. Son prédécesseur, Takeo Fukui « n'aimait pas les batteries mais je suis différent. En tant que président je veux accélérer ce processus », a souligné M. Ito, au cours d'une conférence de presse. La batterie électrique du nouveau système hybride de Honda sera rechargeable sur secteur. Le PDG a par ailleurs annoncé la sortie, toujours en 2012, au Japon et aux États-Unis, d'une voiture roulant uniquement à l'électricité. Des précisions techniques restent toutefois à apporter, comme le temps de recharge de la batterie ou la distance de parcours lorsqu'elle est pleine.

HYUNDAI

Membre du groupe Hyundai
Marque sud-coréenne fondée en 1967
Pour en savoir plus : www.hyundai.ca

CHIFFRES AU QUÉBEC

42 738 unités vendues en 2010
(30 598 automobiles / 12 140 camions)

Accent	11 432	
Azera	1	
Elantra	13 976	
Entourage	19	
Genesis	159	
Genesis Coupe	732	
Santa Fe	7407	
Sonata	4296	
Tiburon	2	
Tucson	4463	
Veracruz	251	

UNE OCCASION À SAISIR

Le drame qui a frappé le Japon d'une part et la restructuration des constructeurs américains d'autre part favorisent l'industrie automobile sud-coréenne. Celle-ci y a vu là l'occasion d'accélérer sa stratégie de conquête. Reconnaissons que la progression était déjà bien entamée.

INFINITI

Membre de l'alliance Renault-Nissan
Marque japonaise fondée
Pour en savoir plus : www.infiniti.ca

CHIFFRES AU QUÉBEC
En hausse. 1807 unités vendues en 2010
(1019 automobiles / 788 camions)

EX	493	
FX	260	
G	923	
M	96	
QX	35	

CHAMPION DU MONDE
Soucieuse de se faire une image et un nom, la filiale de luxe de Nissan pose sa griffe sur le nez, les flancs et l'aileron arrière des monoplaces Red Bull F1. En prime, la marque s'attache les services d'un nouvel ambassadeur: Sebastian Vettel, le champion du monde en titre.

JAGUAR

Membre du groupe TATA Motors
Marque britannique fondée en 1922
Pour en savoir plus : www.jaguar.ca

CHIFFRES AU QUÉBEC
En baisse. 118 unités vendues en 2010
(118 automobiles)

XF	74	
XJ	27	
XK	17	

LE JUBILÉ DU FÉLIN
Enzo Ferrari la considérait comme la plus belle voiture qui soit. Qui n'a jamais rêvé d'une Type E n'aime pas l'automobile! Le mythe de la plus fluide des Jaguar reste intact, 50 ans après sa naissance, grâce à sir William Lyons, fondateur de la marque. Produite entre 1961 et 1975, elle connaîtra trois séries, toutes déclinées en version coupé deux places, 2+2 et roadster, en fonction des améliorations des performances, du confort et surtout de la sécurité pour s'adapter aux normes américaines, son principal marché.

JEEP

Membre du groupe Fiat
Marque américaine fondée en 1941
Pour en savoir plus : www.jeep.ca

CHIFFRES AU QUÉBEC
En hausse. 10 290 unités vendues
(0 automobile / 10 290 camions)

Commander	70	
Compass	1572	
Grand Cherokee	1210	
Liberty	448	
Patriot	4 287	
Wrangler	2703	

ORIGINE INCONNUE
Jeep a célébré en 2011 son 70e anniversaire et encore personne ne s'entend sur l'origine de son nom Jeep. Les historiens préfèrent l'explication d'une déformation de la prononciation des initiales GP («djie-pie» pour General Purpose) alors que la croyance populaire veut que le nom ait été emprunté à un personnage imaginaire de la bande dessinée Popeye, Eugene the Jeep. Seule certitude, c'est la firme Willys-Overland qui s'est chargée d'enregistrer le nom Jeep après la guerre afin de commercialiser la camionnette auprès des fermiers.

KIA

Membre du groupe Hyundai
Marque sud-coréenne fondée en 1974
Pour en savoir plus : www.kia.ca

CHIFFRES AU QUÉBEC
En hausse. 21 972 unités vendues
9640 automobiles / 12 332 camions)

Amanti	10	
Borrego	94	
Forte	6187	
Magentis	188	
Rio	3254	
Rondo	3286	
Sedona	464	
Sorento	3647	
Soul	3788	
Spectra	1	
Sportage	1053	

SORTIR DE L'OMBRE
Kia a été reprise in extremis par le groupe Hyundai dont elle est aujourd'hui une filiale. S'ensuit une phase de rapprochement industriel, pour dégager des synergies entre les deux marques, qui comptaient alors une vingtaine de plateformes différentes. L'objectif est d'en compter seulement six cette année.

L'idée n'est pas nouvelle (GM en a été le précurseur), mais il n'en demeure pas moins que le conglomérat sud-coréen est pourtant l'un des seuls à pousser la logique du concept «un groupe, deux marques». Contre toute attente, cette stratégie rapporte des dividendes pour l'une comme pour l'autre de ces deux marques. Jugez-en: de 16e groupe automobile mondial en 1998, le duo sud-coréen ne vise rien de moins que le troisième rang dès 2012, derrière Volkswagen et Toyota.

LAMBORGHINI

Membre du groupe Volkswagen
Marque italienne fondée en 1963
Pour en savoir plus : www.lamborghini.com

CHIFFRES AU QUÉBEC
Gallardo	n.d.
Murciélago	n.d.

LA VITESSE NE VEND PLUS
«Puisque la vitesse de pointe n'est plus aussi importante, l'augmentation de la puissance ne constituera donc plus, pour nous, une priorité future, d'autant plus que les émissions de CO_2 jouent un rôle, même pour les voitures d'exception.» L'homme qui tient ces propos se nomme Stephan Winkelmann et il dirige les destinées de Lamborghini.Mais que les aficionados de la marque italienne se rassurent: pas question de remettre en cause la puissance des bolides de Sant'Agatha pour autant. La solution toute simple, selon le maître des lieux, consiste bêtement «à réduire le poids». Ce faisant, Winkelmann applique à la lettre le leitmotiv de l'ingénieur et fondateur de la marque Lotus, Colin Chapman: Light is right (ce qui est léger est bien). Donc, pas de Lamborghini à motorisation hybride ou entièrement électrique à l'horizon. Que des moteurs à essence. Et des gros. Pourtant, la marque aujourd'hui placée sous la férule d'Audi s'estime en mesure de réduire substantiellement ses rejets de CO_2 d'ici 2015.

LAND ROVER

Membre du groupe TATA Motors
Marque britannique fondée en 1948
Pour en savoir plus :
www.landrover.com/canada

CHIFFRES AU QUÉBEC

En hausse. 449 unités vendues en 2010
(0 automobile / 449 camions)

LR2	67
LR4	90
Range Rover	52
Range Rover Sport	240

DE MIEUX EN MIEUX

Après un long passage à vide, la marque anglaise semble repartie de l'avant. Son volume de ventes s'est accru de 26 % l'année dernière. L'avenir s'annonce meilleur encore avec le lancement du Range Rover Evoque, qui permettra de chasser sur les mêmes terres que Mercedes-Benz, BMW et Audi. Dans une étape ultérieure, le groupe lancera les nouvelles versions de ses modèles Range Rover et Range Rover Sport.

LEXUS

Membre du groupe Toyota
Marque japonaise fondée en 1989
Pour en savoir plus : www.lexus.ca

CHIFFRES AU QUÉBEC

En baisse. 2564 unités vendues
(1238 automobiles / 1326 camions)

ES	504
GS	43
GX	53
HS	129
IS	508
LS	52
LX	20
RX	1253
SC	2

PEOPLE

Après la Rolls-Royce décapotable du prince Rainier, voici la Lexus LS600 hybride et allongée (Landaulet). Avant de rejoindre la principauté pour le mariage de la princesse Charlène et du Prince Albert II, cette Lexus a fait un crochet par Liège dans les ateliers du préparateur Carat Duchatelet, connu pour ses transformations, à la demande des grands de ce monde. Une transformation qui a nécessité 2000 heures de travail.

LINCOLN

Membre du groupe Ford
Marque américaine fondée en 1921

CHIFFRES AU QUÉBEC

En hausse. 1195 unités vendues
(376 automobiles / 820 camions)

MKS	116
MKT	137
MKX	639
MKZ	246
Navigator	44
Town Car	14

NOUVELLE OFFENSIVE

Voilà de bonnes nouvelles. Le plus récent classement de la fiabilité des véhicules automobiles de la prestigieuse firme américaine J.D. Power & Associates accorde le premier rang à la marque Lincoln, filiale haut de gamme de Ford. Ce dernier a par ailleurs annoncé l'injection de plusieurs millions de dollars dans sa filiale pour lui permettre de se repositionner sur le marché avec des véhicules autres que des Ford endimanchées.

LOTUS

Membre du groupe Proton
Marque britannique fondée en 1952
Pour en savoir plus : www.grouplotus.com

CHIFFRES AU QUÉBEC

Elise	n.d.
Exige	n.d.
Evora	n.d.

TROP POUR ÊTRE VRAI?

Lotus revient de loin. Ce petit constructeur situé à Norwich (prononcez Norridge), dans le nord de l'Angleterre, a eu du mal à se remettre de la disparition de son fondateur, Colin Chapman. Par chance, le prestige de la marque, lui, ne s'est jamais fané et exerce toujours une fascination certaine auprès des amateurs. Un capital de sympathie que l'actuel propriétaire du groupe, le constructeur malaisien Proton, n'a jusqu'ici pas véritablement exploité. C'est sur le point de changer. Les nouvelles têtes dirigeantes du groupe ont la ferme intention d'asseoir le petit constructeur anglais à la même table que les plus grands, en compagnie des Ferrari, Lamborghini et Aston Martin. L'objectif peut paraître ambitieux, mais il est loin d'être inaccessible. Trop beau pour être vrai? Attendons voir, dans deux ans!

MASERATI

Membre du groupe Fiat
Marque italienne fondée en 1926
Pour en savoir plus : www.maserati.com

CHIFFRES AU QUÉBEC

Gran Turismo	n.d.
Quattroporte	n.d.

AH LA SYNERGIE

Foi de Sergio Marchionne, grand patron du groupe Fiat, le premier VUS de Maserati sera produit d'ici 2013 aux États-Unis et s'animera d'un moteur Ferrari, rien de moins. Le projet d'intégrer cette niche du marché pour la marque de luxe italienne Maserati sera rendu possible en utilisant la plateforme du Jeep Grand Cherokee. Cette Maserati «à l'américaine» sera assemblée à l'usine de Jefferson, à Detroit.

MAYBACH

Membre du groupe Daimler
Marque allemande originalement fondée en 1919
Pour en savoir plus : www.mercedes-benz.ca

CHIFFRES AU QUÉBEC

2 unités vendues en 2010.

57	2
57 S	0
62	0
62 S	0

UNE DÉCISION ATTENDUE

Maybach, la marque de luxe de l'Allemand Daimler, souhaite réduire le coût de développement de ses véhicules. L'une des solutions envisagées: mettre en commun son savoir-faire et ses composants avec le Britannique Aston Martin. Logique, les deux constructeurs ont déjà collaboré dans le passé. Daimler avait alors fourni à Aston Martin un châssis Mercedes-Benz pour servir de base à un concept car Lagonda.

MAZDA

Indépendant
Marque japonaise fondée en 1920
Pour en savoir plus : www.mazda.ca

CHIFFRES AU QUÉBEC

En baisse. 31 976 unités vendues en 2010 (23 272 automobiles / 8704 camions)

2	1453
3	18 854
5	3106
6	2596
CX-7	1883
CX-9	370
MX-5	339
RX-8	30
Série B	948
Tribute	2397

LE POINT G

À contre-courant de ses concurrents, qui prônent une réduction de la cylindrée des moteurs, Mazda a mis au point ses propres solutions pour réduire les émissions de CO_2. Il les a réunies sous un label, SkyActiv, qui sera apposé sur tous ses futurs modèles. L'entreprise est d'autant plus audacieuse qu'avec 1,2 million de voitures produites chaque année, la marque ne peut rivaliser avec les géants de l'industrie automobile mondiale, en matière de capacité d'investissement ou d'économies d'échelle.

MCLAREN

Membre de McLaren Automotive
Marque britannique fondée en 1989
Pour en savoir plus : www.mclaren.com

CHIFFRES AU QUÉBEC

MP4C : La commercialisation débute à l'été 2011

401 WEST

La marque qui rêve de concurrencer Ferrari, Aston Martin et Lamborghini sera distribuée par un seul concessionnaire au Canada et il se trouve en Ontario.

MERCEDES-BENZ

Membre du groupe Daimler
Marque allemande fondée en 1902
Pour en savoir plus : www.mercedes-benz.ca

CHIFFRES AU QUÉBEC

En hausse. 7412 unités vendues en 2010 (4598 automobiles / 2814 camions)

Classe B	909
Classe C	2497
Classe E	876
Classe M	782
Classe R	79
Classe S	166
G/GL	217
GLK	1364
SL	52
SLK	70
SLS	26
SLR	2
Sprinter	372

PAPE VERT

Mercedes-Benz met la dernière main à la future papamobile et celle-ci sera à motorisation hybride (mi-essence, mi-électrique). Une version tout électrique aurait été envisagée, mais cette technologie a été écartée par le Vatican. Mercedes fournit le Vatican en véhicules depuis plus de 80 ans.

MINI

Membre du groupe BMW
Marque britannique fondée en 1959.
Pour en savoir plus : www.mini.ca

CHIFFRES AU QUÉBEC

En hausse. 1435 unités vendues en 2010 (1435 automobiles)
Cooper / Clubman 1435

RETOUR EN PISTE

Près de 50 ans après ses trois succès au Monte-Carlo (1964, 1965, 1967), la Mini reprend du service au Championnat du monde des rallyes (WRC). Issue de la Mini Countryman, la Mini John Cooper Works WRC répond au nouveau règlement 2011, avec un moteur 1,6 litre suralimenté par turbocompresseur. Elle a été conçue et développée depuis deux ans par Prodrive, la société de David Richards qui avait permis à la marque japonaise Subaru de dominer pendant quelques années le Mondial des rallyes. Elle participera à six épreuves en 2011, puis à la saison complète en 2012.

MITSUBISHI

Membre du groupe Mitsubishi
Marque japonaise fondée en 1917
Pour en savoir plus : www.mitsubishi-motors.ca

CHIFFRES AU QUÉBEC

En baisse. 7937 unités vendues en 2010.
(3995 automobiles / 3942 camions)

Eclipse	331	
Endeavor	100	
Galant	55	
Lancer	3609	
Outlander	3528	
RVR	314	

COURANT CONTINU

Mitsubishi Motors, pionnier des véhicules électriques au Japon, prévoit offrir huit nouveaux modèles hybrides ou entièrement électriques d'ici 2016. Le constructeur japonais qui commercialisera à compter de l'automne la i-MiEV sur notre territoire prévoit de lancer des modèles hybrides rechargeables (type Plug-in) en 2013.

Mitsubishi Motors fournit déjà des véhicules (notamment électriques) à son partenaire français PSA Peugeot Citröen ainsi que divers modèles à son compatriote Nissan.

NISSAN

Membre de l'Alliance Renault-Nissan
Marque japonaise fondée 1933
Pour en savoir plus : www.nissan.ca

CHIFFRES AU QUÉBEC

En baisse. 23 807 unités vendues
(17 063 automobiles / 6744 camions)

Altima	2900	
Armada	38	
Cube	897	
Frontier	377	
GTR	20	
Juke	245	
Maxima	389	
Murano	882	
Pathfinder	293	
Quest	4	
Rogue	3588	
Titan	230	
Xterra	190	
Sentra	5805	
Versa	7713	
Z	236	

«AND THE WINNER IS...»

Nissan s'est vu attribuer par la ville de New York le contrat pour lui fournir ses prochains taxis, célèbres pour leur couleur jaune, aux dépens de l'Américain Ford et du Turc Karsan.

Naturellement, Nissan se réjouit d'avoir remporté le contrat pour fournir à la ville de New York «le taxi de demain», qui prend la forme du NV200. Le contrat porte sur une flotte de 13 000 véhicules.

PORSCHE

Membre du groupe Volkswagen
Marque allemande fondée en 1948
Pour en savoir plus : www.porsche.ca

CHIFFRES AU QUÉBEC

En hausse. 486 unités vendues en 2010.
(300 automobiles / 186 camions)

911	128	
Boxster	52	
Cayenne	186	
Cayman	25	
Panamera	95	

À QUI LA CHANCE?

Avec plus de 700 chevaux sous le capot et une consommation de seulement 3 L/100 km, Porsche apporte une nouvelle preuve de son savoir-faire avec la 918 Spyder, dont la mise en marché débutera en 2013. Porsche a déjà ouvert les commandes pour les quelque 918 exemplaires qui seront produits. Le prix du supercar le plus sobre du monde a été fixé à plus d'un million de dollars. Porsche précise que les voitures seront livrées dans l'ordre où les commandes auront été passées.

RAM

Membre du groupe FIAT
Marque américaine fondée en 2010
Pour en savoir plus : www.ramtrucks.ca

CHIFFRES AU QUÉBEC

En hausse. 8 848 unités vendues en 2010.
(8848 camions)

Ram	8848

UNE MARQUE ?

À quel jeu joue Chrysler ? Autrefois inscrite sous la bannière Dodge en tant que modèle, RAM est aujourd'hui une marque à part entière. Drôle de décision.

ROLLS-ROYCE

Membre du groupe BMW
Marque britannique fondée en 1904

CHIFFRES AU QUÉBEC

Ghost	n.d.
Phantom	n.d.

NOS HOMMAGES *MYLADY*

Cela fait maintenant cent ans que la Flying Lady – haute de dix centimètres – se trouve dans le champ de vision des conducteurs de Rolls-Royce. Pour les besoins du concept électrique 102 EX, elle a délaissé sa «robe» d'acier inoxydable pour du polycarbonate éclairé en bleu. Si tout le monde l'a baptisée Flying Lady, c'est en raison de sa gracieuse silhouette prête à prendre son envol avec ses bras en forme d'ailes, le regard fixé sur l'horizon...

SAAB

Membre du groupe Sweden Automobiles
Marque suédoise fondée en 1937
Pour en savoir plus : www.saab.ca

CHIFFRES AU QUÉBEC
En baisse. 2 unités vendues en 2010
(2 automobiles)

9-3	2

TRAVERSÉE DU DÉSERT
«Si tu traverses l'enfer, ne t'arrête pas», disait Winston Churchill. Le président de Saab, Victor Muller n'entend pas s'arrêter non plus. Malgré le scepticisme des observateurs, la marque, située à Trollhättan, en Suède, a redémarré et produit à dose homéopathique. À défaut d'avoir une tonne de clients, Saab a des appuis au sein de l'industrie. L'entreprise suédoise a conclu une entente de fourniture de moteurs avec BMW et une autre avec American Axle. Un partenariat qui permettra de créer une toute nouvelle race de véhicules hybrides dont la 9-3 (dévoilement à Francfort à l'automne) sera la première représentante. Cette nouvelle architecture a été inaugurée, dans sa forme conceptuelle, au dernier salon de Genève (voir la Saab Phoenix dans notre section prototypes). «J'ai confiance, nous avons les clients les plus fidèles du monde. Il suffit de faire revenir ceux qui sont partis chez Audi ou BMW, pour rendre l'entreprise rentable», pense Mueller. Simple, non? Alors pourquoi, au temps où il était au pouvoir, GM n'y a-t-il jamais pensé?

(99 automobiles / 134 camions)

tC	65
xB	134
Xd	34

AUTRE CULTURE
Aux États-Unis, où cette marque est présente depuis 2002, 71 % des acheteurs de Scion sont de nouveaux clients pour Toyota. Selon les statistiques toujours, plus de 50 % opteraient pour un véhicule Toyota au fur et à mesure que leurs besoins évoluent. Les statistiques canadiennes ne s'annoncent guère différentes, mais la clientèle, dit-on, est plus âgée que prévu.

SMART

Membre du groupe Daimler
Marque allemande fondée en 1994
Pour en savoir plus : www.thesmart.ca

CHIFFRES AU QUÉBEC
En baisse. 502 unités vendues en 2010
(502 automobiles)

ForTwo	502

CONSTRUIRE UNE GAMME
Le partenariat entre Daimler et Renault va permettre à Smart de grandir. En effet, les futures Smart Fortwo et Renault Twingo partageront la même architecture technique. Il est aussi question d'une Smart à quatre places. La «nouvelle plateforme commune», inspirée de l'actuelle architecture de la Smart, devrait donc être une propulsion (roues arrière motrices).

CHIFFRES AU QUÉBEC
En hausse. 10 225 unités vendues en 2010
(5097 automobiles / 5128 camions)

Forester	2337
Impreza	2926
Legacy	1404
Outback	2595
Tribeca	196
WRX/STI	767

UNE IDÉE POUR DEMAIN
Derrière chaque concept se cache un véhicule de série. L'étude VX présentée par Subaru au salon automobile de Shanghai en est un bon exemple. Ce VX permettrait à son constructeur de faire son entrée dans le segment des utilitaires compacts (Kia Soul, Nissan Juke, Scion xB). Plutôt abouti pour un concept, ce VX repose sur une architecture similaire à l'Impreza. Moteur quatre cylindres à plat, rouage à quatre roues motrices en permanence et boîte automatique à variation continue (type CVT) figurent sur la fiche technique de ce prototype vert fluo. Les similarités s'arrêtent là. Le VX adopte une plastique singulière baptisée Protren. Ce nouveau langage esthétique inaugure vraisemblablement les formes des futures Outback et Forester, selon les responsables de la marque. Le VX adopte le dispositif de sécurité actif EyeSight. Actuellement offert sur le marché japonais, il s'agit d'un régulateur de vitesse intelligent, capable de freiner automatiquement le véhicule si celui-ci est sur le point d'en heurter un autre.

SCION

Membre du groupe Toyota
Marque japonaise fondée en 2002
Pour en savoir plus : www.scionnation.ca

CHIFFRES AU QUÉBEC
Marque ayant débuté au Canada à l'automne 2010. 233 unités vendues en 2010

SUBARU

Membre de la Fuji Heavy Industries
Marque japonaise fondée en 1958
Pour en savoir plus : www.subaru.ca

SUZUKI

Membre du groupe Suzuki
Marque japonaise fondée en 1955
Pour en savoir plus : www.suzuki.ca

CHIFFRES AU QUÉBEC
En baisse. 4283 unités vendues en 2010
(3034 automobiles / 1249 camions)

Equator	67
Grand Vitara	1182
Kizashi	238
Swift +	158
SX4	2638

PARLE, PARLE, JASE, JASE

Volkswagen détient près de 20 % des parts de Suzuki. Mais le président, Osamu Suzuki, craint que sa marque soit marginalisée s'il en cède davantage au groupe allemand. D'où cette rencontre secrète avec Fiat, dévoilée par un quotidien italien. Il faut savoir que le constructeur japonais est très courtisé, en raison de ses succès en Chine et en Inde. Deux pays où Fiat à peine à s'implanter.

TOYOTA

Membre du groupe Toyota
Marque japonaise fondée en 1937
Pour en savoir plus : www.toyota.ca

CHIFFRES AU QUÉBEC

En baisse. 49 439 unités vendues
34 966 automobiles/14 473 camions)

Modèle	Unités	
4Runner	425	
Avalon	83	
Camry	3149	
Corolla	14 650	
FJ Cruiser	220	
Highlander	662	
Matrix	7869	
Prius	593	
RAV4	5268	
Sequoia	102	
Sienna	1888	
Tacoma	1553	
Tundra	1536	
Venza	2819	
Yaris	8622	

GARDER LA COURONNE

Malgré les désastreuses campagnes de rappel de véhicules lancées au cours de l'année 2010, Toyota a conservé in extremis sa place de premier constructeur mondial l'an dernier. Cela s'annonce plus difficile cette année. Le tsunami bien sûr, mais aussi la confiance des consommateurs à l'égard de cette marque longtemps considérée comme Le modèle à suivre dans l'industrie demeure bien fragile.

VOLKSWAGEN

Membre du Groupe Volkswagen
Marque allemande fondée en 1938
Pour en savoir plus : www.volkswagen.ca

CHIFFRES AU QUÉBEC

En hausse. 15 140 unités vendues en 2010
(12 976 automobiles / 2164 camions)

Modèle	Unités	
Eos	385	
Golf	6005	
GTI	548	
Jetta	4666	
New Beetle	241	
Passat	1131	
Routan	324	
Tiguan	1666	
Touareg	174	

2018, C'EST DEMAIN

La direction du groupe Volkswagen se préparerait à coiffer la couronne du premier constructeur automobile mondial d'ici la fin de l'année. Quoi? C'était l'objectif de ses dirigeants, mais pas avant 2018. À moins d'un revirement aussi spectaculaire qu'improbable, VW ravira à Toyota le premier rang mondial d'ici la fin de l'année, au pire l'année prochaine. Les conséquences du séisme et du tsunami du 11 mars amènent aujourd'hui le groupe allemand à revoir son échéancier. Et vite! Muni d'un portefeuille de marques bien garni (11) et présent sur l'ensemble du globe, le Volkswagen Group a les ressources financières et techniques pour assouvir ses ambitions. À l'heure actuelle, le groupe allemand produit 180 modèles différents. Plusieurs d'entre eux partagent les mêmes structures, les mêmes groupes propulseurs. Pour le constructeur allemand, le marché chinois apparaît comme l'un de ses meilleurs débouchés pour accélérer ses cadences de production. Volkswagen pourrait également envisager d'augmenter sa participation dans Suzuki. Le petit constructeur japonais (près de trois millions d'unités produites en 2010) suffirait amplement à VW pour passer devant sans trop s'époumoner.

VOLVO

Membre du groupe Zhejiang Geely Holding
Marque suédoise fondée en 1927
Pour en savoir plus : www.volvocars.com/ca

CHIFFRES AU QUÉBEC

En baisse. 1748 unités vendues en 2010
(671 automobiles / 1077 camions)

Modèle	Unités	
C30	193	
C70	51	
S40	187	
S60	61	
S80	77	
V50	83	
V70	19	
XC60	460	
XC70	385	
XC90	232	

LA CHINE POUR TREMPLIN

Depuis que la marque suédoise s'est sinisée, son propriétaire Geely veut profiter de son nouveau statut de marque quasi nationale pour séduire les Chinois. D'ailleurs, Volvo est à étudier actuellement l'implantation d'une deuxième usine à Daqing, dans le nord-est de la Chine, avec des capacités de production annuelles de 100 000 à 125 000 véhicules. La marque scandinave vise 200 000 voitures en Chine d'ici à 2015, contre 30 522 en 2010. Volvo prévoit également de doubler le nombre de concessionnaires à plus de 220 dans les quatre ans.

COMMENT UTILISER LES DONNÉES DE LA FICHE TECHNIQUE ET DES TEXTES

Capacité de remorquage

À moins d'indication contraire, le chiffre représente le poids maximal en kilos que le véhicule peut remorquer avec le groupe motopropulseur le plus puissant ou mentionné.

Consommation

Les cotes de consommation inscrites dans chacun de nos tableaux s'appuient sur les performances du modèle d'entrée de gamme, équipé de la motorisation et de la transmission inscrites entre parenthèses, dans le cadre d'une utilisation en ville et sur route. À noter que ce sont les résultats de nos mesures au fil des ans, et non celles fournies par les constructeurs ou par tout autre organisme.

Consommation réalisée au cours de l'essai

La cote inscrite indique les résultats obtenus par l'un des membres de *L'Auto 2012*. Les tests ont été conduits dans des conditions réalistes, dans un usage au quotidien sur un parcours mixte ville-route (55-45 %). La consommation peut varier d'un modèle à l'autre, selon certaines conditions comme le type de conduite, l'état de la chaussée, la température extérieure, le relief de la route, la vitesse ou la mixité (ou un pourcentage qui peut varier légèrement à l'occasion) du parcours ville-route.

Diamètres de braquage

Il s'agit du diamètre du plus petit cercle que peut décrire un véhicule en roulant lorsque le volant est braqué au maximum.

Fiabilité présumée

Pour établir la fiabilité présumée des véhicules analysés, nous avons tenu compte de diverses études réalisées par des organismes spécialisés auprès de consommateurs et de marchands. Nous avons aussi tenu compte des commentaires de lecteurs du cahier « L'Auto » du journal *La Presse* et du site Internet monvolant.ca de Cyberpresse.

Fourchette de poids

À moins d'indication contraire, le poids le plus bas fait référence au modèle d'entrée de gamme et le plus élevé réfère à la version haut de gamme. À noter que ces poids n'incluent pas nécessairement celui des accessoires offerts en option.

Gaz à effet de serre

Les gaz à effet de serre (GES) sont des gaz qui contribuent par leurs propriétés physiques à augmenter, par leur concentration dans l'atmosphère terrestre, le réchauffement climatique. Le chiffre indiqué dans cette section est le nombre de tonnes métriques de gaz carbonique ou dioxyde de carbone (CO_2) émis annuellement par un véhicule selon la cote de consommation de carburant réalisée au cours de l'essai, sur une distance annuelle estimée à environ 24 000 km.

Marge de profit du concessionnaire

C'est la marge de profit du marchand concessionnaire et non du constructeur. Les chiffres indiqués représentent le pourcentage de profit que le marchand peut encaisser par rapport à une vente conclue selon le prix de détail suggéré par le constructeur. Ce pourcentage peut varier selon la livrée et les équipements choisis. Cette information a pour unique objet de vous permettre de négocier adéquatement l'achat de votre prochain véhicule.

Niveau sonore

Le niveau sonore a été évalué et mesuré à l'aide d'un sonomètre.

Nouveautés 2012

Il s'agit des principales modifications communiquées par les constructeurs concernant leurs modèles, avant que *L'Auto 2012* aille à l'imprimerie.

Performances

Ces chiffres font référence principalement au modèle essayé ainsi qu'au groupe motopropulseur (moteur et transmission) équipant les modèles mentionnés. Concernant les temps d'accélération et de reprises, les distances de freinage et le niveau sonore, ces chiffres ont été mesurés à l'aide d'équipements électroniques.

Prix

À moins d'indication contraire, tous les prix mentionnés dans ce guide portent sur les véhicules des années 2012 ou 2011. Les prix peuvent varier à tout moment. Le chiffre le plus bas fait référence au prix de la version d'entrée de gamme, et le plus élevé à la version la plus chère. Ces montants n'incluent pas les frais de transport et de préparation ni les accessoires offerts en option et les taxes.

Protection collision

Cette évaluation est établie à partir des tests de collision effectués par le réputé organisme américain NHTSA (National Highway Traffic Safety Administration).

PRÉCISIONS : Il est possible que les informations de nos fiches diffèrent des informations techniques des constructeurs. Au moment de mettre sous presse, certaines informations fournies par les constructeurs étaient encore sous embargo. De plus, les constructeurs peuvent modifier les données techniques à tout moment. D'autre part, si certaines données des fiches diffèrent du contenu des textes, cela s'explique par le fait qu'il est possible que l'essayeur ait obtenu des résultats différents lors de l'évaluation des accélérations et reprises ou lors de l'évaluation de la consommation. Comme les conducteurs n'adoptent pas nécessairement le même style de conduite ni ne possèdent les mêmes aptitudes de pilote, et que chaque essai annuel peut ne pas avoir été réalisé dans les mêmes conditions météorologiques ou sur les mêmes routes que les essais antérieurs, il est possible que les résultats diffèrent. En ce cas, les résultats seront compilés pour être ajoutés aux fiches ultérieurement.

Renouvellement du modèle

Le renouvellement du modèle indique le millésime ou l'année où le constructeur entend apporter des changements importants à un modèle. Par changement important, nous entendons l'une ou l'autre de ces transformations : modèle entièrement refondu ou remodelage important de la carrosserie et des motorisations.

Transport et préparation

Dans le cas de certaines marques exotiques, nous avons volontairement décidé d'inscrire non disponible (n.d.) ou tout simplement de ne pas le mentionner, car ici, les frais de transport sont souvent décidés à la tête du client ou selon l'état de sa relation avec le marchand.

Valeur résiduelle

Nous avons établi la valeur résiduelle des modèles à partir des données de la firme californienne ALG. L'une des principales activités de cette firme est d'établir la valeur résiduelle de chaque véhicule vendu en Amérique du Nord. Notez que les constructeurs ont la liberté de l'augmenter pour rendre les mensualités plus intéressantes lorsqu'il s'agit d'une location à long terme.

Volume du coffre

Il s'agit de l'espace alloué aux bagages à l'intérieur du coffre. Cette donnée mesurée en litres tient compte du volume minimal, soit la banquette arrière en place si celle-ci est escamotable, et du volume maximal une fois la banquette arrière rabattue. Il existe également une donnée pour la banquette médiane rabattue si le véhicule est pourvu de trois rangées de sièges.

Volume intérieur passager

Il s'agit strictement de l'espace réservé aux passagers installés à l'avant et à l'arrière du véhicule. Cette donnée ne tient pas compte du volume du coffre.

LES ABRÉVIATIONS

aut.	transmission automatique
av.	avant, par exemple la taille des pneus montés sur l'essieu avant
arr.	arrière, par exemple la taille des pneus montés sur l'essieu arrière
atm.	atmosphérique
AWD	rouage à 4 roues motrices, ou traction intégrale
BA	transmission à boîte automatique
banq. rab.	banquette rabattue
biturbo	double turbocompresseur
BM	transmission à boîte manuelle
c.	courte
cab.	cabine
cab. all.	cabine allongée
cab. double	cabine double
cab. multi.	cabine multiplace
ch.	chevaux
comb.	combiné
comp.	compressé, compresseur
coup.	coupé
CVT	transmission automatique à variation continue
DACT	double arbre à cames en tête
ens. T-T	ensemble tout-terrain
ess.	essieu
fam.	familiale
FWD	traction
GP	groupe/gr. Performance
gr.	groupe
kg	kilogramme
km/h	kilomètre à l'heure
H4	moteur à 4 cylindres opposés à plat
H6	moteur à 6 cylindres opposés à plat
hay.	hayon
Hyb	modèle à motorisation hybride

hyb.	hybride
ind.	indépendante
km/h	kilomètre à l'heure
L	litre
L/100 km	litres consommés aux 100 kilomètres
L4	moteur à 4 cylindres en ligne
L5	moteur à 5 cylindres en ligne
L6	moteur à 6 cylindres en ligne
lb-pi	livres-pieds
Ltd	Limited
m	mètre
max.	maximum
méd.	médiane
min.	minimum
mm	millimètre
n.a.	non applicable, qui ne s'applique pas au cas en l'espèce
n.c.	non chronométrée
n.d. (ou nd)	l'information est non disponible
n.r.	non recommandé par le constructeur, par exemple dans le cas de remorquage
niv.	niveau
QACT	deux doubles arbres à cames en tête, ou quadruple arbre à cames en tête
ord.	ordinaire
p.	porte(s)
PA	propulsion
pass.	passagers
pi	pied
po	pouce
RAD	roues arrière doubles
RAS	roues arrière simples
rég.	régulier ou régulière
RWD	roues arrière motrices, ou propulsion

rapp.	rapports
s	soupapes
s.	secondes
SACT	simple arbre à cames en tête
sec.	secondes
semi-ind.	semi-indépendante
susp.	suspension
tr/min	tours par minute
T	turbo
TA	traction avant
tr.	traction
TI	traction intégrale
turbo	turbocompressé
V6	moteur à 6 cylindres en position V
V8	moteur à 8 cylindres en position V
V10	moteur à 10 cylindres en position V
V12	moteur à 12 cylindres en position V
vit.	vitesses
VW	Volkswagen
2-DACT	deux doubles arbres à cames en tête, ou quadruple arbre à cames en tête
2rm, 2RM	2 roues motrices
2p	2 portes
3p	3 portes
4p	4 portes
5p	5 portes
4rm, 4RM	4 roues motrices
4x4	4 roues motrices avec boîte de transfert à 2 gammes de vitesse(Lo et Hi)
8s	8 soupapes
16s	16 soupapes
24s	24 soupapes
32s	32 soupapes
48s	48 soupapes

COMMENT LIRE NOS FICHES

À savoir

Garanties de base –	
motopropulseur (an/km)	4/80 000 – 5/100 000
Marge de profit du concessionnaire (%)	8,7
Transport et préparation ($)	1895
Essence recommandée	super
Versions offertes	Base, TECH, Elite
Carrosserie	multisegment 5 portes
	(7 places)
Lieu d'assemblage	Canada
Valeur résiduelle	Bonne
Fiabilité présumée	Bonne
Renouvellement du modèle	2013
Ventes 2010 Québec	(+ 20 %) 1016 unités

Technique

Dimensions et volumes

Empattement (mm)	2750
Longueur (mm)	4867
Largeur (mm)	1994
Hauteur (mm)	1733
Volume intérieur passager (L)	4026
Volume du coffre	
(min. – méd. – max.) (L)	423 · 1215 · 2364
Réservoir de carburant (L)	79,5
Fourchette de poids (kg)	2064 à 2099
Répartition du poids av.-arr. (%)	56 · 44

Châssis

Mode	intégral
Suspension av. – arr.	indépendante
Freins av. – arr.	disques
Capacité de remorquage (max.) (kg)	2268
Diamètre de braquage (m)	11,5
Pneus	255/55R18, 255/50R19 (option)

Aptitudes hors route

Garde au sol min. (mm)	207
Angles d'approche/de rampe/de sortie (°)	22/23/24

Performances

Modèle à l'essai	MDX TECH
Moteur	V6 SACT 3,7 litres 24s
Puissance (ch. à tr/min)	300 à 6300
Couple (lb·pi à tr/min)	270 à 4500
Rapport poids / puissance	6,88 kg / ch
Transmission	semi-automatique
	6 rapports
Accélération 0-100 km/h (sec.)	7,83
Reprise 80-115 km/h (sec.)	5,02
Distance de freinage 100-0 km/h (m)	40,3
Niveau sonore à 100 km/h	Moyen
Vitesse maximale (km/h)	200
Consommation lors de l'essai (L/100 km)	13,1
Gaz à effet de serre (tonnes métriques)	9,3
Autres moteurs	aucun
Autres transmissions	aucune

Protection collision

Frontale conducteur/passager	Excellente
Latérale avant/arrière	Excellente
Capotage	Bonne

Acura
MDX

VARIATIONS SUR UN MÊME THÈME

Quand les gammes de luxe sont arrivées à la fin des années 1980, il y avait une nette démarcation entre leurs produits et ceux des gammes génériques. À l'époque, on abaissait les glaces à la manivelle, la climatisation était en option et le dispositif des foufounes électriques était inexistant. De nos jours, une sous-compacte de 25 000 $ offre tout ça et plus, avec en prime le Bluetooth, la caméra de recul et le système de stationnement automatisé. Que reste-t-il aux gammes de luxe?

Les constructeurs ajouteront tout de go qu'un véhicule haut de gamme en remet, question d'améliorer le confort du client et de lui permettre de se véhiculer dans une ambiance feutrée plus sécuritaire. Citons le détecteur d'angle mort, la chaîne audio ambiophonique à 10 haut-parleurs, la suspension adaptative, les phares à autonivellement, le régulateur de vitesse adaptatif, le système de navigation à reconnaissance vocale et quoi encore... Ce sont toutes ces petites attentions auxquelles les propriétaires de MDX ont droit. Et qui justifie un prix de départ au dessus des 50 000 $.

C'est à se demander si un jour il ne restera plus qu'un seul groupe propulseur pour toute la gamme Acura, puisque le V6 de 3,7 litres qui développe 300 ch est l'âme motrice de plusieurs modèles et certainement le plus approprié. Il sert de cavalerie au ZDX, aux berlines RL et TL et, par extension, au MDX, ce qui confère une saveur plus moderne à la plateforme qu'il partage avec le Honda Pilot.

Le moteur n'a pas changé d'un iota en cinq ans, hormis qu'il est devenu plus vert en consommant un peu moins: il est toujours aussi performant, mais il loge dans un segment où faire du surplace est un signe de recul. Qui plus est, lorsque les ingénieurs ont remplacé la vétuste boîte automatique à cinq rapports, il y a deux ans, par une boîte plus vivante à six vitesses incluant des manettes au volant, une mise à jour d'une vingtaine de chevaux du moteur aurait eu pour effet de titiller le consommateur. Ainsi, Acura aurait pu devenir le leader dans cette catégorie et faire oublier le retard pris concernant le nombre de rapports de la transmission. Trop souvent, un produit conserve la réputation qu'il s'est forgée cinq ans auparavant, et ce, même s'il ne la mérite plus.

De tous les véhicules Acura, c'est probablement le MDX qui exploite le mieux la traction intégrale SH-AWD de Honda. Un système ingénieux qui a la capacité de distribuer 30 à 70 % de la puissance du moteur entre les essieux avant et arrière puis 0 à 100 % entre les roues gauche et droite. Un système impeccable dès qu'on sort des sentiers battus ou qu'on affronte des éléments qui se déchaînent. Avec sa garde au sol de 207 mm, ses roues campées aux quatre extrémités de la caisse et des angles d'attaque et de départ généreux, le MDX est plus susceptible de remplir vos obligations de plein air que son frère ZDX. Mais oubliez la Rubicon Trail... Pour y aller, un Jeep est préférable!

Trois rangées de silence

Il est de bonne guerre que le MDX offre trois rangées de sièges, question de ne pas être en reste auprès de la concurrence, mais c'est occasionnellement que des personnes prendront place à la dernière rangée, et encore devront-elles être aussi agiles que petites. Mais la polyvalence est le lot de ces véhicules et c'est l'agencement des banquettes (50-50 à l'arrière et 60-40 au milieu) qui dictera l'emplacement du chargement et des passagers. Au fait, une personne se sentira plus confortable dans le jubé (!) qu'au milieu de la banquette médiane. Autrement, ce multisegment grand format de luxe est une chapelle où le silence règne et qui permet de parcourir de longues distances sans se fatiguer. Les sièges avant chauffés de série, et ventilés dans la version Elite, offrent un bon support et la planche de bord avec ses appliques de bois ajoute du cachet à un éventail d'information complet.

Sur la route, le comportement est neutre et commande un certain respect. On sait que le train moteur peut devenir sportif chez Acura pour peu qu'on le sollicite, mais il faut se rappeler constamment que le véhicule fait plus de 2000 kg en état de marche, presque l'équivalent de la masse qu'il peut tracter.

Il reste au consommateur à approuver le look du MDX avant de l'acquérir. Chaque marque de prestige possède sa propre signature visuelle, qu'il s'agisse de sa calandre, de ses puits d'ailes ou de sa ligne de caisse. Avec un devant similaire au ZDX, le MDX présente des allures futuristes qui ne laisseront personne de glace : on aime ou on déteste. Il n'y a pas de demi-mesure quand on s'apprête à investir pour un véhicule de ce prix. Sans compter le choix de la version qui peut faire grimper la facture démesurément pour obtenir quelques accessoires de plus.

MICHEL POIRIER-DEFOY

Prix
52 690 à 62 690 $
Transport et préparation
1895 $

+ **Son rouage intégral «SH-AWD»**
+ **La finition de son habitacle**
+ **Son agrément de conduite**

− **Son style peu orthodoxe**
− **La consommation**
− **Le prix de la version Elite**

Consommation ville – route (L/100 km)
15,7 – 11,7

2012 **Nouveautés**

Changements mineurs

Principales concurrentes

Audi Q7, BMW X5, Buick Enclave, Mercedes ML, Porsche Cayenne, VW Touareg, Volvo XC90

ACURA MDX

Garanties de base – motopropulseur (an/km)	4/80 000 – 5/100 000
Marge de profit du concessionnaire (%)	8,7
Essence recommandée	super
Versions offertes	Base, TECH
Carrosserie	multisegment 5 portes
	(5 places)
Lieu d'assemblage	États-Unis
Valeur résiduelle	bonne
Fiabilité présumée	moyenne
Renouvellement du modèle	2012 · 2013
Ventes 2010 Québec	(+ 1 %) 599

Technique

Dimensions et volumes

Empattement (mm)	2650
Longueur (mm)	4590
Largeur (mm)	1870
Hauteur (mm)	1655
Volume intérieur passager (L)	2871
Volume du coffre (min. · max.) (L)	788 · 1716
Réservoir de carburant (L)	68
Fourchette de poids (kg)	1783 à 1788
Répartition du poids av.·arr. (%)	57 · 43

Châssis

Mode	intégral
Suspension av. – arr.	indépendante
Freins av. – arr.	disques
Capacité de remorquage (max.) (kg)	680
Diamètre de braquage (m)	11,9
Pneus	235/55R18

Aptitudes hors route

Garde au sol min. (mm)	159
Angles d'approche/de rampe/de sortie (°)	28/18/22

Performances

Modèle à l'essai	RDX TECH
Moteur	L4 turbo DACT 2,3 litres 16s
Puissance (ch. à tr/min)	240 à 6000
Couple (lb-pi à tr/min)	260 à 4500
Rapport poids/puissance	7,42 kg /ch
Transmission	semi·automatique 5 rapports
Accélération 0·100 km/h (sec.)	8,02
Reprise 80·115 km/h (sec.)	5,11
Distance de freinage 100·0 km/h (m)	40,6
Niveau sonore à 100 km/h	moyen
Vitesse maximale (km/h)	200
Consommation lors de l'essai (L/100 km)	11,6
Gaz à effet de serre (tonnes métriques)	8,3
Autres moteurs	aucun
Autres transmissions	aucune

Protection collision

Frontale conducteur/passager	excellente
Latérale avant/arrière	excellente
Capotage 2rm/4rm	moyenne

Acura
RDX

TOUJOURS DANS LE COUP

La popularité du BMW X3 fut instantanée lors de son lancement, en 2004. Curieusement, les marques rivales du constructeur bavarois ont été lentes à développer des produits concurrents. Alors qu'Audi a pris un temps fou à concevoir le Q5, dont la commercialisation n'a débuté qu'en 2009, Mercedes et Volvo ont été encore moins diligents avec les GLK et XC60, dont les débuts remontent à 2010. Étonnamment, c'est Acura qui a répondu le plus promptement à la célébrité du X3 en introduisant le RDX en 2007. Mais qui dit rapidement dit parfois trop vite, trop tard !

Il est vrai que le RDX n'offre pas les capacités hors route de ses rivaux et que ces derniers ont eu plus de temps à peaufiner leur monture face au X3. Par contre, le RDX a su innover dès le départ en offrant un moteur turbocompressé à quatre cylindres. Une révolution à l'époque, puisque ce type de moteur commence à peine à faire une percée, comme en témoigne le quatre-cylindres turbo introduit l'an dernier dans le Q5, alors que le nouveau X1 de BMW étrenne aussi cette année une telle cylindrée. Somme toute, si le RDX commence à sentir le roussi devant des rivaux plus jeunes et de mieux en mieux outillés, il demeure tout de même une valeur sûre dans le contexte actuel où la flambée des prix du carburant pourrait porter ombrage aux multisegments compacts de luxe animés par des moteurs à six cylindres.

Un habitacle ouaté

À l'instar des autres véhicules Acura, l'aménagement intérieur est l'un des points forts du RDX. Il est vrai que la compréhension des commandes de la chaîne audio et de la ventilation n'est pas une mince affaire et force trop souvent le conducteur à quitter la route des yeux pour faire quelques réglages. Cependant, avec le temps, on s'habitue ! Depuis sa légère refonte, il y a deux ans, la qualité des matériaux et de la finition ont pris du galon, au point de surpasser plusieurs produits concurrents. Cet environnement plus ouaté est rehaussé par des plastiques plus onctueux et une sellerie en cuir perforé plus douce au toucher. Comparativement à son grand frère MDX, où les appliques en bois abondent, elles sont absentes dans le RDX, alors que l'aluminium brossé sied mieux au design futuriste et sportif de l'habitacle.

Malgré les dimensions réduites du RDX, le conducteur n'aura aucune difficulté à trouver une bonne position de conduite, et chaque occupant profitera d'un dégagement acceptable pour les jambes et la tête. L'accès aux places arrière est empêtré par une ouverture de porte plutôt étriquée. Malgré tout, deux adolescents de taille moyenne peuvent s'y asseoir en toute quiétude. Advenant le cas où un troisième passager doit y trouver une place, disons que le déplacement devra se limiter à une courte distance.

Comme tous les véhicules portant la griffe Acura, le volant se prend bien en main et permet d'apprécier la conduite du RDX. Si les baquets sont confortables,

l'insonorisation n'est pas le point fort de ce petit utilitaire. On comprend que les ingénieurs aient eu de la difficulté à camoufler les bruits de roulement provenant du train arrière, tandis que l'habitacle bicorps du RDX se transforme en caisse de résonance. Si certains constructeurs ont maîtrisé l'art de mieux filtrer les bruits, ce n'est pas nécessairement le cas d'Acura. Quant au coffre, son volume de chargement surprend, compte tenu du gabarit du RDX, et surpasse amplement ceux des Audi Q5 et Mercedes-Benz GLK.

Par rapport à ses concurrents, le RDX est sans contredit le plus agile en circulation urbaine. Plus léger et plus court, il permet de se faufiler aisément dans les rues, les stationnements et le trafic. Sur les autoroutes ou les routes sinueuses à la campagne, on apprécie la vivacité de la direction, le réglage des suspensions et le rendement du rouage intégral. L'ensemble se traduit par l'une des meilleures tenues de route de la catégorie. Par contre, son poids plume, l'épaisseur de ses tôles et sa faible garde au sol n'incitent pas à s'aventurer en terrain accidenté. À ce chapitre, le RDX est surclassé par ses rivaux allemands dont le châssis, la carrosserie et la mécanique sont plus solides et mieux protégés. Bref, le RDX préfère les grands boulevards aux terrains minés.

Par contre, le RDX gagne des points dans la neige, grâce à son rouage intégral SH-AWD. Sophistiqué, ce système dirige la puissance non seulement de l'avant vers l'arrière, mais également de gauche à droite, entre les quatre roues motrices. Ce qui confère au RDX un comportement fort sécuritaire sur les chaussées glissantes.

JEAN-FRANÇOIS GUAY

Prix
40 490 à 42 490 $
Transport et préparation
1895 $

+ La sobriété de son quatre-cylindres turbo
+ Le rapport équipement-prix
+ Son agilité en conduite urbaine

– Son manque d'insonorisation
– Sa vulnérabilité en terrain accidenté
– L'absence d'une banquette divisée 40-20-40

Consommation ville – route (L/100 km)
13,8 – 10,7

2012
Nouveautés
Changements mineurs

Principales concurrentes
Audi Q5, BMW X1/X3, Infiniti EX, Land Rover Evoque, Lexus RX, Mercedes GLK, Nissan Murano, Saab 9-4X, Volvo XC60

ACURA RDX

107

Garanties de base	
– motopropulseur (an/km)	4/80 000 – 5/100 000
Marge de profit du concessionnaire (%)	8,7
Essence recommandée	super
Versions offertes	Elite
Carrosserie	berline 4 portes
Lieu d'assemblage	Japon
Valeur résiduelle	moyenne
Fiabilité présumée	bonne
Renouvellement du modèle	2013
Ventes 2010 Québec	(– 10 %) 10

Technique

Dimensions et volumes

Empattement (mm)	2800
Longueur (mm)	4973
Largeur (mm)	1847
Hauteur (mm)	1455
Volume intérieur passager (L)	2806
Volume du coffre (min. · max.) (L)	371
Réservoir de carburant (L)	73,7
Fourchette de poids (kg)	1860
Répartition du poids av.·arr. (%)	58 · 42

Châssis

Mode	intégral
Suspension av. – arr.	indépendante
Freins av. – arr.	disques
Capacité de remorquage	non recommandé
Diamètre de braquage (m)	12,1
Pneus	245/45R18

Performances

Modèle à l'essai	RL Elite
Moteur	V6 SACT 3,7 litres 24s
Puissance (ch. à tr/min)	300 à 6300
Couple (lb-pi à tr/min)	271 à 5000
Rapport poids / puissance	6,2 kg / ch
Transmission	semi-automatique 6 rapports
Accélération 0-100 km/h (sec.)	7,88
Reprises 80-115 km/h (sec.)	4,94
Distance de freinage 100-0 km/h (m)	40,3
Niveau sonore à 100 km/h	bon
Vitesse maximale (km/h)	225
Consommation au cours de l'essai (L/100 km)	11
Gaz à effet de serre (tonnes métriques)	7,9
Autres moteurs	aucun
Autres transmissions	aucune

Protection collision

Frontale conducteur/passager	excellente
Latérale avant/arrière	excellente
Capotage 2rm/4rm	bonne

Acura
RL

UNE GRANDE DAME OUBLIÉE

On ne dira jamais assez que le monde de l'automobile est cyclique, que ce soit en matière de ventes de l'industrie ou de popularité d'un modèle. Évidemment, quand un nouveau modèle débarque dans les salles d'exposition, il devient la saveur du mois. Puis, avec les années, la demande s'amenuise, jusqu'à ce qu'on finisse par consentir des rabais pour terminer le cycle, et on recommence.

Depuis que le terme de renouvellement des générations est passé de quatre à cinq ou même six ans dans le cas des voitures, certains modèles sont presque condamnés à se laisser désirer une année de plus. Honda – et Acura – ont pris l'habitude de produire une édition spéciale quand arrive la fin du cycle, une version où on ajoute des accessoires ou on offre un rabais, sinon les deux. D'ailleurs, dans le cas de l'Acura RL, il ne reste pour le présent millésime que la version Elite au catalogue, au prix du modèle d'entrée de gamme de l'an dernier, un rabais d'environ six mille dollars.

Bien sûr, dans le cas de la berline RL, il n'est pas question d'ajouter des accessoires, puisque la liste, incluant le système de navigation, est déjà longue et complète. Il faudra donc que la RL (pour « luxe raffiné ») se débrouille seule face à des adversaires qui ne font pas mal du tout au box-office : les Audi A6, Mercedes Classe E, BMW Série 5 et autres Lincoln et Caddy. Ce qui ne milite pas vraiment en faveur de la RL est son design par trop anonyme qui a pris un coup de vieux en quelques millésimes et qui profitera d'une nouvelle caisse l'an prochain.

Des composantes de qualité

Acura s'est toujours défendu d'installer des V8 sous les capots de ses voitures de luxe, et même la RL doit se consoler avec un V6 à simple arbre à cames, malgré ses 24 soupapes. Il s'agit d'un moulin fort écologique qui se contente au plus de 11 litres aux 100 km en moyenne, bien qu'on en tire 300 ch et de franches accélérations, soutenues par un compte-tours musclé, jusqu'à 6800 tours/minute. La norme actuelle dans ce créneau porterait toutefois la puissance à 25 ou 40 ch supplémentaires.

Il a fallu que le ZDX soit lancé pour que Honda passe finalement à la boîte à six rapports. Une critique qui a coûté cher à la RL à qui on a reproché depuis quelques années de ne pas s'y être conformée. Quand un client potentiel se promène avec un chèque de plus de soixante mille dollars, il devient capricieux, et la moindre omission lui fait rayer un véhicule de sa liste.

Toutefois, lors du lancement de la présente génération, la RL s'est vue endimanchée d'une traction intégrale impeccable. Une des meilleures de l'industrie, la SH-AWD, pour Super Handling All Wheel Drive. Ce système ajuste électroniquement la

puissance nécessaire vers chaque roue en fonction de l'adhérence disponible. Sur autoroute, le train avant tourne légèrement plus vite que l'arrière, alors qu'en virage ou sur des chemins sinueux, les roues arrière ou extérieures au virage peuvent accélérer de 6 % grâce à des embrayages électromagnétiques. Nous l'avons essayée en situation extrême en hiver, une merveille qui se tire de toutes les situations, au point de réveiller le pilote qui sommeille en vous.

Les ingénieurs de Honda ont fait des prouesses afin de réduire le niveau de décibels dans l'habitacle. De l'épaisseur des glaces à la forme des rayons des roues d'alliage en passant par un brillant système de réduction du bruit ! Un petit décibel par-ci, un autre par-là… avec le confort des fauteuils, monsieur se plaira à attendre madame à la sortie du centre commercial en écoutant sa musique préférée. Les fauteuils avant sont chauffés, comme ceux à l'arrière, et ventilés en plus.

L'habitacle est orchestré pour quatre personnes, il est drapé de cuir et sa finition est sans reproche. Malgré un pavillon de toit arrondi, le coffre demeure surélevé et procure presque 400 litres d'espace de chargement, un volume nécessaire puisque les banquettes arrière ne s'abaissent pas.

Malgré son poids qui frise les deux tonnes en état de marche, la RL demeure exemplaire comme routière. La suspension et le système de traction conjuguent avec les larges freins pour s'accrocher littéralement à la route, peu importe les conditions.

En définitive, si on peut s'accommoder d'un look un peu vieillot, on obtient une berline haut de gamme performante et une routière qui passera bien le temps.

MICHEL POIRIER-DEFOY

Prix
64 690 $
Transport et préparation
1895 $

+ Un environnement feutré
+ Une tenue de route irréprochable
+ La finition et l'intérieur

– Un design qui a pris
  un coup de vieux
– Le manque de quelques chevaux
– La valeur de revente

Consommation ville – route (L/100 km)
14,7 – 10,2

2012 **Nouveautés**

Changements mineurs

Principales concurrentes

Audi A6, BMW Série 5, Lincoln MKS, Lexus GS, Infiniti M, Mercedes Classe E, Volvo S80

ACURA RL

109

À savoir

Garanties de base – motopropulseur (an/km)	4/80 000 – 5/100 000
Marge de profit du concessionnaire (%)	8,7
Essence recommandée	super
Versions offertes	Base, TECH (2rm); SH-AWD, SH-AWD TECH, SH-AWD Elite (4rm)
Carrosserie	berline 4 portes
Lieu d'assemblage	États-Unis
Valeur résiduelle	excellente
Fiabilité présumée	bonne
Renouvellement du modèle	2014
Ventes 2010 Québec	(– 21 %) 721

Technique

Dimensions et volumes

Empattement (mm)	2775
Longueur (mm)	4928
Largeur (mm)	1880
Hauteur (mm)	1452
Volume intérieur passager (L)	2781
Volume du coffre (min. - max.) (L)	354 (4rm), 371 (2rm)
Réservoir de carburant (L)	70
Fourchette de poids (kg)	1695 à 1820
Répartition du poids av.-arr. (%)	61 - 39 (2rm), 59 - 41 (4rm)

Châssis

Mode	traction, intégral
Suspension av. – arr.	indépendante
Freins av. – arr.	disques
Capacité de remorquage	non recommandé
Diamètre de braquage (m)	11,7
Pneus	245/50R17 (2rm), 245/45R18 (4rm), 245/40R19 (Elite)

Performances

Modèle à l'essai	TL SH-AWD (4rm)
Moteur	V6 SACT 3,7 litres 24s
Puissance (ch. à tr/min)	305 à 6200
Couple (lb-pi à tr/min)	273 à 5000
Rapport poids/puissance	5,96 kg/ch
Transmission	semi-automatique 6 rapports
Accélération 0-100 km/h (sec.)	7,55
Reprise 80-115 km/h (sec.)	4,68
Distance de freinage 100-0 km/h (m)	38
Niveau sonore à 100 km/h	moyen
Vitesse maximale (km/h)	210 (4rm), 205 (2rm)
Consommation au cours de l'essai (L/100 km)	11
Gaz à effet de serre (tonnes métriques)	7,9
Autres moteurs	V6 3,5 l (280 ch., 254 lb-pi) (2rm)
Autres transmissions	aucune

Protection collision

Frontale conducteur/passager	excellente
Latérale avant/arrière	excellente
Capotage 2rm/4rm	excellente

Acura
TL

MÉLANGE DE GENRES

Sur l'échelle des berlines sport de luxe, la TL occupe une position particulière. D'abord, elle affiche des dimensions plus près d'une BMW de Série 5 que d'une Série 3 ou encore d'une Audi A4. Mais son prix est beaucoup plus près de celui d'une 3 que d'une 5. Aussi, elle est à peine plus spacieuse que la TSX, la petite sœur de la TL. Rien pour simplifier la vie des acheteurs, n'est-ce pas?

Pour 2012, la division haut de gamme de Honda lui a apporté diverses modifications techniques et esthétiques, dont l'ajout de poignées de portes de la couleur de la carrosserie et la révision des parties avant et arrière. Ces transformations auront l'avantage de montrer que l'on conduit bel et bien le plus récent modèle de TL.

Lorsqu'on se glisse dans l'habitacle de la voiture, on constate immédiatement l'une de ses principales forces : le confort des sièges avant. Ils sont larges et offrent un excellent soutien pour les épaules. Les soutiens latéraux enveloppent les occupants pour les maintenir bien en place. Aussi, les plus grands occupants bénéficieront d'un bon dégagement pour les jambes et la tête. Derrière un volant dont la prise en main inspire confiance, la voiture invite au pilotage. L'instrumentation est facile à lire. Malheureusement, les ingénieurs d'Acura semblent avoir été inspirés par le cockpit d'un jet, car le volant est surchargé de commandes. Celles de la climatisation et de la radio restent toutefois faciles à utiliser. Aucune surprise : la visibilité est mauvaise de côté, vers l'arrière. Car les montants qui retiennent la lunette sont larges et la pente du toit est prononcée.

Comme il se doit, le luxe et le raffinement comptent parmi les attributs de la voiture. Les sièges sont recouverts d'un cuir de belle qualité, tandis que les matériaux utilisés pour la planche de bord, les garnitures des portes et les appliques ne suscitent aucun commentaire désobligeant. L'ensemble est bien ficelé. À ce chapitre, les véhicules Acura obtiennent généralement d'excellentes notes. Les moins bonnes notes portent surtout sur l'insonorisation, en particulier lorsqu'il est question d'étouffer les bruits de la route.

Malgré la longueur de la voiture, l'accès aux places arrière est compliqué par une ouverture de porte étroite. Une fois assis, les passagers apprécieront le confort de la banquette bien sculptée, surtout ceux de moins grande taille. Pour loger les bagages, le coffre dispose d'un bon volume. Une fois de plus, la forme effilée et l'étroitesse de l'ouverture pénalisent le chargement d'objets plus imposants.

Performante

Pour vaincre l'inertie de la voiture, Acura retient les services du V6 de 3,5 litres sur les versions à traction. Il fournit des accélérations et des reprises bien senties, qui se rapprochent avantageusement de celles de l'Infiniti G37, une autre concurrente prisée. Ce moteur fonctionne également en douceur, en laissant couler, par les larges échappements rectangulaires, quelques notes sportives.

Une boîte automatique à six rapports canalise la puissance. Cette année, la boîte

profite entre autres améliorations techniques d'une fonction de double rétrogradation forcée. Celle-ci permet de passer directement de la cinquième à la troisième vitesse, par exemple, et d'obtenir une conduite encore plus sportive au moment des reprises. Acura promet une consommation encore plus faible qu'auparavant. Lors de notre essai de la version à rouage intégral, elle était inférieure à 12 L/100 km. À ce sujet d'ailleurs, la TL équipée de cet efficace rouage intégral accueille sous son capot un V6 de 3,7 litres plus puissant.

Comme il fallait s'y attendre, la TL reçoit les réglages d'une berline sport. D'abord, elle utilise une structure rigide; ensuite, elle mise sur des éléments suspenseurs fermes. Même si la voiture réagit plus fermement sur les dommages de la route, le confort est préservé dans la plupart des circonstances. Elle reste stoïque dans les courbes, surtout lorsque le rouage intégral renforce les manœuvres. La direction est rapide et précise, mais on ne lui sent pas l'équilibre de celle d'une Audi A4 ou d'une BMW de Série 3. En certaines occasions, elle est même lourde. Aucun reproche cependant en ce qui concerne le freinage.

La TL est une excellente berline sport, en particulier lorsqu'elle embrasse le rouage intégral. Autrement, peut-être vaut-il mieux opter pour une TSX V6 équipée de tous les artifices.

Pour un prix plus intéressant qu'une européenne, elle offre un degré élevé de luxe et de confort, en plus d'assurer la tranquillité d'esprit de son propriétaire au chapitre de la fiabilité. Autrement dit, la réunion d'excellents arguments de vente. Mais il n'est toutefois pas facile de la définir véritablement, ce qui, pour certains acheteurs, peut compliquer leur travail de magasinage.

JEAN-PIERRE BOUCHARD

Prix
39 490 à 48 990 $
Transport et préparation
1895 $

+ **Matériaux et assemblage**
+ **Confort des baquets avant**
+ **Rouage intégral**

− **Espace arrière limité**
− **Comportement peu sportif**
− **Bruits de roulement**

Consommation ville – route (L/100 km)
13,2 – 9,1 (2rm, 3,5 l)
13,9 – 9,5 (4rm, 3,7 l)

Nouveautés
Nouvelle boîte automatique
Retouches esthétiques

Principales concurrentes

Audi A4, BMW Série 3, Cadillac CTS, Infiniti G37, Lexus IS/ES, Lincoln MKZ/MKS, Mercedes Classe C, VW Passat CC, Volvo S60

Garanties de base – motopropulseur (an/km)	4/80 000 – 5/100 000
Marge de profit du concessionnaire (%)	8,7
Essence recommandée	super
Versions offertes	Base, Premium, TECH, V6, V6 TECH
Carrosserie	berline 4 portes
Lieu d'assemblage	Japon
Valeur résiduelle	bonne
Fiabilité présumée	bonne
Renouvellement du modèle	inconnu
Ventes 2010 Québec	(+ 6 %) 592

Technique

Dimensions et volumes

Empattement (mm)	2705
Longueur (mm)	4715
Largeur (mm)	1840
Hauteur (mm)	1440
Volume intérieur passager (L)	2677
Volume du coffre (min./max.) (L)	357
Réservoir de carburant (L)	70
Fourchette de poids (kg)	1542 à 1672
Répartition du poids av.-arr. (%)	60 · 40 (L4) 62 · 38 (V6)

Châssis

Mode	traction
Suspension av. – arr.	indépendante
Freins av. – arr.	disques
Capacité de remorquage	non recommandé
Diamètre de braquage (m)	11,2 (L4), 11,6 (V6)
Pneus	225/50R17 (L4), 235/45R18 (V6)

Performances

Modèle à l'essai	TSX TECH
Moteur	L4 DACT 2,4 litres 16s
Puissance (ch. à tr/min)	201 à 7000
Couple (lb-pi à tr/min)	172 à 4300
Rapport poids/puissance	7,89 kg / ch
Transmission	manuelle 6 rapports
Accélération 0-100 km/h (sec.)	7,72 (L4), 6,68 (V6)
Reprise 80-115 km/h (sec.)	5,77 (L4), 4,69 (V6)
Distance de freinage 100-0 km/h (m)	41
Niveau sonore à 100 km/h	moyen
Vitesse maximale (km/h)	200 (L4), 225 (V6)
Consommation au cours de l'essai (L/100 km)	9,2
Gaz à effet de serre (tonnes métriques)	6,6
Autres moteurs	V6 3,5 l (280 ch., 252 lb-pi)
Autres transmissions	semi-auto. 5 rapports

Protection collision

Frontale conducteur/passager	excellente
Latérale avant/arrière	excellente
Capotage 2rm/4rm	excellente

Acura
TSX

ÊTRE SANS PARAÎTRE

L'Acura TSX s'est taillé une niche bien à elle dans le segment des véhicules de luxe d'entrée de gamme. Profitant à la fois du prestige de son nom tout en ne dépassant pas la barre psychologique des 40 000 $, ce véhicule racé et sportif, successeur de l'Integra, ne cesse depuis sa mise en marché en 2003 d'impressionner une clientèle de connaisseurs qui ne cherchent pas à pavaner en allemande. Avec les années, elle a grandi en beauté et demeure dynamique et humble.

La version nord-américaine du modèle Accord vendu en Europe et en Asie possède en effet le même moteur Honda de 2,4 litres i-VTech que le CR-V, développant 201 ch et 170 livres-pieds à 4300 tours/minute. Avec le prix de l'essence qui ne cesse de fluctuer, la performance honnête du véhicule dans sa version quatre-cylindres ne justifie pas, à mon avis, l'achat de la version six-cylindres offerte depuis 2010 et empruntée à l'Acura TL. Soit dit en passant, il est question de retirer bientôt le V6 du catalogue.

Le choix de la transmission varie selon le modèle choisi : alors que la boîte automatique à cinq rapports avec sélecteur de vitesses optionnel est offerte sur tous les modèles, la boîte manuelle à six vitesses à rapports rapprochés est proposée seulement sur la TSX en version de base ou avec l'ensemble Premium. Les intéressés choisiront davantage la manuelle pour le plaisir relevé de la conduite mais, sur l'autoroute, l'automatique devrait s'avérer un peu plus économique, la révolution du moteur étant plus basse à pareille vitesse.

Le modèle 2012 fait toujours partie de la deuxième génération de Touring Sportscar experimental introduite en 2009 et n'offre aucun élément de nouveauté cette année, se fiant probablement à sa réputation déjà établie de véhicule branché. La silhouette aux angles très définis mais sans courbes demeure la même et le modèle de base nous offre d'entrée de jeu les roues en alliage de 17 po, les phares au xénon de même que des antibrouillards. Les options de sécurité incluent toujours les freins ABS, le contrôle de la traction, l'antipatinage et les coussins gonflables avant et latéraux.

Confort et équipement appréciés

Pour ne pas trahir le luxe associé avec le nom Acura, on ne lésine pas sur la finition intérieure de haute qualité. L'espace conducteur est bien dégagé et la mention cinq places n'est pas mensongère, puisque l'espace a été aménagé de façon que tout un chacun puisse profiter du confort des sièges en cuir et de l'habitacle bien insonorisé. Le modèle de base offre l'ajustement électrique des sièges chauffants à la fois pour le conducteur et son copilote, de même que le toit ouvrant et les connexions USB-iPod-Bluetooth devenues incontournables.

Pour un peu plus de luxe, on peut s'offrir l'ensemble Premium avec des sièges à deux mémoires de positionnement, de même que le volant et le pommeau de vitesses gainés de cuir. L'option Ensemble technologique, offerte à la fois dans la version quatre et six-cylindres, offre un système de navigation avec reconnaissance vocale, incluant la mise à jour en direct des informations sur le trafic et la météo, un confort climatique bizone, une caméra de recul et une chaîne audio de pas moins de 415 watts à 10 haut-parleurs.

Bien campé au volant

L'agrément de conduite n'est pas à dédaigner non plus. Même si le modèle est offert seulement en traction, à l'opposé d'autres modèles luxueux d'entrée de gamme, il se démarque par sa très grande maniabilité et son adhérence à la route. Sur les routes sinueuses de campagne, on se sent en parfait contrôle. Il rend justice à sa marque par son roulement tout en douceur qui pourrait inciter à avoir le pied pesant sur l'accélérateur! Peu importe le type de moteur choisi, elle demeure une voiture fort agréable à conduire, combinant à la fois le confort, le sentiment de solidité et la performance.

La TSX est l'un des modèles les plus appréciés d'Acura et son attrait dans le segment de marché des jeunes professionnels est facile à comprendre. En plus d'être confortable et racée, la TSX s'avérera somme toute économique, tant sur le plan de l'entretien que de la consommation d'essence. L'introduction dans le marché canadien de la version Sportswagon présentée en 2010 au New York Auto Show est toujours reportée à une date ultérieure. Peut-être verra-t-on la version familiale en même temps qu'un moteur de nouvelle technologie? Ce sera à suivre pour la refonte 2013 que nous promet Acura.

🚗 **STÉPHANE QUESNEL**

Prix
31 890 à 41 890 $
Transport et préparation
1895 $

+ Confort enveloppant
+ Qualité de la finition
+ Agrément de conduite

– Modèle en voie d'être redessiné
– Places arrière restreintes
– Insonorisation des roues perfectible

Consommation ville – route (L/100 km)
11,7 – 8,5 (man. 2,4 l)
13 – 8,9 (aut. 3,5 l)
11 – 7,7 (aut. 2,4 l)

2012 **Nouveautés**

Changements mineurs

Principales concurrentes

Buick Regal, BMW Série 3, Infinti G, Lincoln MKZ, Lexus IS, Nissan Maxima, Suzuki Kizashi

ACURA TSX

À savoir

Marge de profit du concessionnaire (%)	8,7
Essence recommandée	super
Versions offertes	TECH
Carrosserie	multisegment 5 portes (5 places)
Lieu d'assemblage	Canada
Valeur résiduelle	bonne
Fiabilité présumée	bonne
Renouvellement du modèle	inconnu
Ventes 2010 Québec	204

Technique

Dimensions et volumes

Empattement (mm)	2750
Longueur (mm)	4887
Largeur (mm)	1993
Hauteur (mm)	1596
Volume intérieur passager (L)	2582
Volume du coffre (min./max.) (L)	745 –1580
Réservoir de carburant (L)	79,5
Fourchette de poids (kg)	2013
Répartition du poids av. – arr. (%)	58 · 42

Châssis

Mode	intégral
Suspension av. – arr.	indépendante
Freins av. – arr.	disques
Capacité de remorquage (max.) (kg)	680
Diamètre de braquage (m)	11,4
Pneus	255/50R19, 275/40R20 (option)

Aptitudes hors route

Garde au sol min. (mm)	200
Angles d'approche/de rampe /de sortie (°)	20/17/23

Performances

Modèle à l'essai	ZDX TECH
Moteur	V6 SACT 3,7 litres 24s
Puissance (ch. à tr/min)	300 à 6300
Couple (lb·pi à tr/min)	270 à 4500
Rapport poids/puissance	6,71 kg / ch
Transmission	semi-automatique 6 rapports
Accélération 0·100 km/h (sec.)	7,67
Reprise 80·115 km/h (sec.)	4,91
Distance de freinage 100·0 km/h (m)	39,8
Niveau sonore à 100 km/h	moyen
Vitesse maximale (km/h)	200
Consommation lors de l'essai (L/100 km)	12,4
Gaz à effet de serre (tonnes métriques)	8,9
Autres moteurs	aucun
Autres transmissions	aucune

Protection collision

Frontale conducteur/passager	excellente
Latérale avant/arrière	excellente
Capotage 2rm/4rm	bonne

Acura
ZDX

UNE AUTRE IDÉE DE LA CALIFORNIE

Quand on sait que Honda développe des véhicules pour sa gamme de luxe Acura à partir de ses propres plateformes et motorisations, on peut supposer que l'Acura ZDX et le Honda Crosstour, deux cousins de la même branche, partagent la plupart de leurs composantes mécaniques. Erreur. Même s'ils se ressemblent, le ZDX est élaboré sur le châssis de son frère MDX, alors que le groupe propulseur provient de sa soeur berline RL !

Avec son ADN vraiment spécifique, le ZDX se trouve dans une classe à part, même si on insiste pour le comparer, côté design, au BMW X6. À la fois coupé sport par sa ligne de toit allongée et légèrement pentue, VUS par sa garde au sol et ses roues solidement campées aux extrémités de la caisse, et finalement berline de luxe à cause de son intérieur cossu, le ZDX est un amalgame d'émotions avec une ligne extérieure qui en dit long sur la déclaration de principes des studios de design californiens de Honda. Encore eux ! Rappelons-nous que ce sont aussi ces stylistes qui avaient concocté l'Element ! Dans ces hautes sphères de la Californie, il semble qu'il y a plus que les embruns de la mer qui tordent les cerveaux...

Il n'y a pas de demi-mesures avec le ZDX : l'avant est découpé à la robotique, avec des éléments stylisés très prononcés. Avec un peu d'imagination, on a l'impression qu'une télécommande va désarticuler le véhicule pour en faire un monstre métallique de la planète des *Autobots* et *Decepticons* ! L'arrière est encore plus provocant avec une double lucarne dans le hayon (comme sur les modèles Insight et CR-Z de Honda), une ceinture de caisse très haute et un lourd hayon qui permet d'accéder à un espace de chargement de grand volume, mais dénué de toute hauteur pour le transport de gros objets. Reste les éléments moins dérangeants de la carrosserie, soit : les portières avant qui donnent accès à des sièges moulés entourés d'un similicockpit, alors que les portières arrière sollicitent la débrouillardise des passagers qui doivent trouver la poignée avant de se contorsionner pour prendre place sur la banquette.

Plus lourd que la RL

Même si ses dimensions sont réduites par rapport à la berline RL, le ZDX est plus lourd, notamment à cause de son hayon. Ce qui a des répercussions sur le rouage mécanique, qui demeure rigoureusement le même. Mais les motoristes auraient pu pousser la cartographie du V6 de 3,7 litres et augmenter sa puissance, mais devons-nous rappeler que ce constructeur japonais est conservateur et que les normes d'émanations polluantes ont dorénavant préséance sur les chevaux-vapeur ?

C'est le ZDX qui aura été le précurseur des boîtes à six rapports chez Honda. Ici encore, on traînait de la patte à ce chapitre chez ce constructeur qui a toujours préconisé la technologie des moteurs : pourquoi ne pas être passé tout de suite à

sept ou huit vitesses, en tenant pour acquis que cette technologie est glorifiante et que l'acheteur type d'un véhicule Acura aime bien être à la page? Le point d'orgue de ce groupe propulseur est sans contredit la supertraction intégrale, la SH-AWD, un procédé qui remonte à plus de 20 ans et qu'on a perfectionné pour en faire un des meilleurs systèmes de l'industrie.

Avec cette quincaillerie aussi sophistiquée, on peut attaquer n'importe quel bout de chemin, peu importe son état. Mais pas de hors route sérieux, on s'entend. Poussé dans ses derniers retranchements sur le bitume sec ou mouillé, le ZDX devient sous-vireur, mais le système SH-AWD et le contrôle de la stabilité le ramènent sur-le-champ.

C'est assis dans les places avant qu'on apprécie le ZDX. Le baquet du conducteur est enveloppé de commandes bien disposées, autant sur le volant que sur le tableau de bord et la console. À condition de les retrouver... car l'ergonomie n'est pas son dada. Il est possible de moduler les changements de vitesse à l'aide des manettes situées derrière le volant ou accéder au système de navigation grâce à un écran tactile. Bref, sans même texter ou parler au cellulaire, il y a de quoi détourner la concentration du conducteur! À l'arrière, hormis le déhanchement requis pour s'y rendre, la banquette est confortable, mais la ceinture de caisse nuit au champ de vision des petites personnes. Notons en passant que le système d'annihilation du bruit ambiant est remarquable.

Le ZDX s'acquiert pour environ 10 000 $ de moins que la berline RL, mais certaines options feront grimper la facture de façon indécente. En effet, comment peut-on expliquer qu'un cache-bagage coûte environ 500 $ et que des roues d'alliage demandent presque 3 000 $ en sus? En ces temps économiquement difficiles, gageons qu'un acheteur potentiel aura un levier de négociation plus malléable que de coutume.

 MICHEL POIRIER-DEFOY

Prix
54 990 $
Transport et préparation
1895 $

+ Son *look Transformer*
+ Son rouage intégral perfectionné
+ Son poste de conduite agréable

– L'accès aux places arrière
– La double glace du hayon
– Son espace de chargement étriqué

Consommation ville – route (L/100 km)
14,7 – 10,7

2012 Nouveautés
Changements mineurs

Principales concurrentes
BMW X6, Infiniti FX, Porsche Cayenne

ACURA ZDX

À savoir

Garanties de base – motopropulseur (an/km)	3/illimité – 3/illimité
Versions offertes	Coupé, Volante, Carbon Black
Carrosserie	coupé 2 portes, cabriolet 2 portes (4 places)
Lieu d'assemblage	Grande-Bretagne

Technique

Dimensions et volumes

Empattement/Longueur/Largeur (mm)	2745/4710/1875 (DB9)
	2740/4721/1905 (DBS)
Hauteur (mm)	1270 (DB9), 1280 (DBS)
Volume du coffre (min. – max.) (L)	138 (cabriolet) – 186 (coupé) (DB9); 198 (DBS)
Réservoir de carburant (L)	80 (DB9), 79 (DBS)
Fourchette de poids (kg)	1760 – 1800 (DB9), 1695 – 1810 (DBS)
Répartition du poids av.-arr. (%)	50 – 50 (DB9), 52 – 48 (DBS)

Châssis

Mode	propulsion
Suspension av. – arr.	indépendante
Freins av. – arr.	disques, 355 mm – 330 mm (DB9) 398 mm – 360 mm (DBS)
Pneus av. – arr.	235/40R19 – 275/35R19 (DB9) 245/35R20 – 295/30R20 (DBS)

Performances

Modèle à l'essai	DB9 Coupé
Moteur	V12 DACT 6,0 litres 48s
Puissance (ch. à tr/min)	470 à 6000
Couple (lb-pi à tr/min)	443 à 5000
Rapport poids/puissance	3,74 kg/ch
Transmission	manuelle 6 rapports
Autres transmissions	semi-auto. 6 rapports

Accélération

0-100 km/h (sec.)	4,84 (DB9), 4,37 (DBS)
0-160 km/h (sec.)	10,9 (DB9), 8,7 (DBS)
0-200 km/h (sec.)	16,6 (DB9), 12,9 (DBS)
Reprise 80-115 km/h (sec.)	2,46 (DB9), 2,07 (DBS)
1/4 de mille (sec.)	12,8 (DB9), 12,2 (DBS)
Distance de freinage 100-0 km/h (m)	34,8 (DB9), 35,7 (DBS)
Vitesse maximale (km/h)	306 (DB9), 307 (DBS)
Autres moteurs	V12 DACT 6,0 l (510 ch., 420 lb-pi) (DBS)

Aston Martin
DB9 / DBS

LE RÊVE

Pour saisir le sens des lignes qui suivent, il faut voir en la voiture autre chose qu'un moyen de transport banal servant à aller du point A au point B. Cette marque britannique, fortement publicisée dans les films de l'agent 007, arrive souvent en tête de liste chez les passionnés de la chose automobile. Qui n'a pas, dans son rêve le plus fou, conduit une Aston Martin?

En réalité, les DB9 et DBS ne sont pas à la portée de toutes les bourses. Si cela n'est pas un problème dans votre cas, vous devrez tout de même prendre la difficile décision de verser pareille somme au sein de l'unique dépositaire de la marque dans la région de Montréal et être prêt à conjuguer avec une valeur qui chutera rapidement. Oh, et la fiabilité n'est pas parfaite non plus...

Admirez plutôt les lignes, prenez place dans l'habitacle et démarrez le moteur. La sonorité du V12 est envoûtante, rien de moins. Avant de mettre la bête en mouvement, on ne peut s'empêcher de jeter un coup d'œil à la décoration intérieure. Cuirs surpiqués, commandes en véritable aluminium, moquette bien fournie: tout y est pour se sentir dans un monde à part. Toutefois, malgré ses généreuses dimensions, l'espace aux places arrière est calculé. Mieux vaut l'utiliser pour des bagages, ces derniers ayant l'avantage d'être incapables de se plaindre.

Une autre époque

Le cœur de la bête fait six litres de cylindrée, ce qui n'est pas chose courante aujourd'hui. Néanmoins, la puissance de 470 ch (510 dans la DBS) s'atteint maintenant avec des V8 et on serait en droit de s'attendre à plus. Bien sûr, un sprint 0-100 km/h sous la barre des cinq secondes, ce n'est pas vilain... Le hic, c'est qu'on parvient au même résultat à bord de la Vantage, offerte pourtant à bien meilleur prix.

À vitesse de croisière, la DB9 semble imperturbable. Son poids n'est sûrement pas étranger à cet aplomb, mais la suspension active ADS y est aussi pour quelque chose. Cette dernière tente par défaut de concilier confort et sport, mais il est possible de sélectionner manuellement l'un de ces deux modes. Mieux vaut laisser la voiture décider. En choisissant la programmation sport, on remarque bien que l'amortissement est plus rigide, mais cela ne sera pas suffisant pour partir à la chasse de sa petite sœur plus svelte, la Vantage. Décidément, tout lui réussit à celle-là!

Pour ceux qui pratiquent le grand tourisme cheveux au vent, la Volante s'adresse à vous. Si elle perd la ligne fluide du toit rigide, ses hanches paraissent encore plus prononcées. Peu importe la version, on constate que la caisse est imperturbable et les quelques bruits qui se frayaient parfois dans l'habitacle sur les premiers modèles semblent avoir été maîtrisés depuis. Une mécanique généreuse en puissance, un comportement routier solide, un *look* à couper le souffle et un habitacle riche. Le seul problème de la DB9 vient probablement de chez Aston même... juste un peu plus bas dans la gamme.

DANIEL CHARETTE

Aston Martin DB9

Prix

206 765 à 228 465 (DB9)

309 530 à 330 447 (DBS)

 + Charme indéniable
+ Lignes intemporelles
+ Sonorité jouissive du moteur

 − Coffre minuscule
− Concessionnaire unique
− Places arrière décoratives

 Consommation ville – route (L/100 km)
22 – 14 (man.)
19,5 – 13 (aut.)

2012 **Nouveautés**

Petits détails de présentation

 Principales concurrentes

DB9 : Bentley GT/GTC, Jaguar XK, Ferrari California/FF, Maserati GT/GC, Mercedes CL/SL AMG, Porsche 911

DBS : Audi R8, Bentley Supersports, Ferrari 599, Lamborghini Aventador, Mercedes SLS AMG, Porsche 911/GT2

ASTON MARTIN DB9 / DBS

117

À savoir

Garanties de base – motopropulseur (an/km)	3/illimité – 3/illimité
Versions offertes	Base
Carrosserie	berline 4 portes
Lieu d'assemblage	Autriche

Technique

Dimensions et volumes

Empattement/Longueur/Largeur (mm)	2989/5019/1928
Hauteur (mm)	1360
Volume du coffre (min. – max.) (L)	312 – 878
Réservoir de carburant (L)	90,5
Fourchette de poids kg)	1990
Répartition du poids av. – arr. (%)	51 – 49

Châssis

Mode	propulsion
Suspension av. – arr.	indépendante
Freins av. – arr.	disques 390 mm – 360 mm
Pneus av. – arr.	245/40R20 – 295/35R20

Performances

Modèle à l'essai	Rapide
Moteur	V12 DACT 6,0 litres 48s
Puissance (ch. à tr/min)	470 à 6000
Couple (lb-pi à tr/min)	443 à 5000
Rapport poids/puissance	4,23 kg/ch
Transmission	semi-automatique 6 rapports
Autres transmissions	aucune

Accélération

0-100 km/h (sec.)	5,2
0-160 km/h (sec.)	11,5
Reprise 80-115 km/h (sec.)	3,7
1/4 de mille (sec.)	13,7
Distance de freinage 100-0 km/h (m)	32,8
Vitesse maximale (km/h)	296
Autres moteurs	V12 6,0 l (510 ch., 420 lb-pi) (S)

Aston Martin
RAPIDE

LE NOM DIT TOUT

C'est l'histoire d'une légende automobile, aux gloires aussi nombreuses que les tourments. Née en 1913, Aston Martin a connu des moments de triomphe, notamment dans les courses d'endurance, mais a aussi connu de nombreuses humiliations, plusieurs attribuables à sa trésorerie chétive. Mais la marque britannique a retrouvé d'abord chez Ford (1987-2007), et maintenant chez Prodrive, un nouvel essor comme en fait foi le renouvellement complet de son portefeuille de modèles.

De la Vantage à la DBS en passant par la One-77, toutes les Aston Martin reprennent mot pour mot le slogan de la marque: «Power, Beauty, Soul» (Puissance, Beauté, Caractère). Y compris la Rapide, première berline dont les traits ont pris naissance à 140 km de Londres, dans le quartier historique de Warwickshire.

L'alliance sport et luxe surprend toujours, et pourtant, elle figure au catalogue de presque toutes les marques de prestige. Le créneau est étroit, certes, mais suffisamment lucratif pour inciter Maserati, Porsche et maintenant Aston Martin à s'y engager. L'amateur de haut de gamme, dit-on, avoue une préférence marquée pour les versions les plus performantes.

Avant de se laisser enivrer par la musique du douze-cylindres dont est dotée la Rapide, il convient toutefois de laisser aux pupilles le temps de s'imprégner des formes sensuelles de cette automobile qui reprend la physionomie de la DB9 (normal, elle en dérive), mais en plus long pour y intégrer deux – très petites – portes additionnelles. On retient son souffle à l'entrée comme à la sortie.

Pis encore, une large poutre centrale qui prend ici la forme d'une console divise littéralement les passagers assis derrière. Ajoutez à cela des glaces minuscules et un espace étriqué, et vous avez là les conditions parfaites pour acquérir une phobie des espaces clos. Mais avant de céder à la panique, prenez au moins le temps de détailler la présentation de cet habitacle taillé sur mesure pour un épicurien.

La chaude sensation de volupté quand vous vous installez à bord ne provient que de la splendeur des cuirs odorants, des moquettes haute laine et de l'élégante sobriété des aménagements. On ne s'y sent pas toujours à l'aise, mais ça épate le chaland, convaincu désormais de pouvoir partager son plaisir de rouler en famille au volant de cette anglaise.

Le V12 avale les six rapports de la boîte avec célérité ou lenteur, selon le programme choisi et l'endurance de vos vertèbres à se faire plaquer ou pas contre le dossier de votre baquet. Les aiguilles des deux principaux compteurs s'affolent et la Rapide ne fait pas mentir son nom. Sa conduite révèle un tempérament bien trempé et elle se déplace, peu importe la vitesse, avec une suprême élégance. Elle vire plat, freine «sur un 10 cents» (merci aux disques en carbone!) et sa suspension pilotée, gracieuseté cette fois de la DBS, permet de filtrer plutôt efficacement les irrégularités de la chaussée. À la condition que celle-ci ne soit pas enneigée. Dans quel cas, la Rapide – une propulsion comme toutes les autres Aston, d'ailleurs – devra attendre le retour du printemps.

 ÉRIC LEFRANÇOIS

Prix
223 100 $

+ Exclusivité assurée
+ Fabrication artisanale
+ Performances élevées

– Usage estival
– Valeur de revente peu élevée
– Habitacle étriqué

Consommation ville – route (L/100 km)
19 – 13

2012 **Nouveautés**
Version S

Principales concurrentes
Maserati Quattroporte, Mercedes CLS AMG,
Porsche Panamera

ASTON MARTIN RAPIDE

À savoir

Garanties de base – motopropulseur (an/km)	3/illimité – 3/illimité
Versions offertes	Coupé, Roadster, Coupe S, Roadster S, Coupe V12
Carrosserie	coupé 2 portes, cabriolet 2 portes
Lieu d'assemblage	Grande-Bretagne

Technique

Dimensions et volumes

Empattement/Longueur/Largeur (mm)	2600/4380/1865
Hauteur (mm)	1255 (coupé), 1265 (cabriolet)
Volume du coffre (min. – max.) (L)	300 (coupé), 144 (cabriolet)
Réservoir de carburant (L)	80
Fourchette de poids (kg)	1630 (V8), 1680 (V12)
Répartition du poids av.-arr. (%)	49 – 51 (V8), 51 – 49 (V12)

Châssis

Mode	propulsion
Suspension av. – arr.	indépendante
Freins av. – arr.	disques; 355 – 330 mm
Pneus av. – arr.	235/40R19 – 275/35R19 (V8) 255/35R19 – 295/30R19 (V12)

Performances

Modèle à l'essai	Vantage V8 Roadster S
Moteur	V8 DACT 4,7 litres 32s
Puissance (ch. à tr/min)	430 à 7300
Couple (lb-pi à tr/min)	361 à 5000
Rapport poids/puissance	3,79 kg/ch
Transmission	aut. 7 rapports séquentielle
Autres transmissions	semi-auto. 6 rapports, man. 6 rapports

Accélération

0-100 km/h (sec.)	4,9
0-160 km/h (sec.)	10,7
0-200 km/h (sec.)	15,9
Reprise 80-115 km/h (sec.)	2,6
1/4 de mille (sec.)	13,4
Distance de freinage 100-0 km/h (m)	34,5
Vitesse maximale (km/h)	290 (V8), 305 (V12)
Autres moteurs	V8 4,7 l (420 ch., 346 lb-pi), V12 6,0 l (510 ch., 420 lb-pi)

Aston Martin
VANTAGE

LA BONNE AFFAIRE

Bien sûr, la DBS est suave et la DB9 belle à ravir, mais pour ceux qui rêvent d'une Aston Martin, la Vantage constitue la bonne affaire, surtout en version coupé. Malgré sa compacité, elle retient les lignes fluides qui font de ces créations britanniques les voitures les plus admirées par l'élite des designers automobiles. Le coupé et le cabriolet Vantage ont aussi l'avantage d'être les modèles les moins chers de la marque, ce qui s'avérera réconfortant au moment de la revente, étant donné que ces ravissantes anglaises ont un taux de dépréciation élevé.

Les préliminaires étant faits, examinons cette Vantage de plus près. D'abord, mieux vaut se contenter du moteur original, le V8 de 4,7 litres auquel on peut substituer si on le désire un méchant V12 qui enchante plus par sa sonorité que ses performances. Oui, il fait chuter les temps d'accélération, mais vaut-il la peine de dépenser autant d'argent pour tenter d'être premier au prochain feu rouge? De toute manière, les Aston sont de splendides GT qui ne sont pas faites pour les rigueurs d'une piste de course. Elles chouchoutent plutôt leur conducteur par la richesse de leur présentation intérieure où l'abondance et la qualité des cuirs sont absolument somptueuses. Bref, même dans un embouteillage, une voiture comme la Vantage est agréable à vivre.

Sa transmission robotisée qui fait fi de l'embrayage est aussi la bienvenue dans ces conditions. Il faut cependant apprivoiser cette boîte séquentielle afin d'en atténuer le fonctionnement saccadé. Disons qu'elle se montre plus accommodante en conduite rapide quand on accélère franchement en étirant les régimes. De toutes les Aston Martin, la Vantage est non seulement la moins chère, mais aussi la plus sportive ou, comme je l'ai déjà écrit, la plus athlétique. Traduction: elle surpasse ses grandes sœurs en matière d'agrément de conduite. Une bonne partie du plaisir provient de son châssis en aluminium d'une grande rigidité et dont le seul inconvénient est de répercuter de façon sonore les irrégularités du revêtement. J'ai aussi trouvé qu'on était assis un peu bas dans l'habitacle, s'il faut se montrer tatillon.

Depuis quelques années, le sort d'Aston Martin est entre les mains d'un groupe dirigé par David Richards, un ancien de la Formule 1. En très peu de temps, on a noté une nette amélioration de la qualité qui permettra sans doute d'aplanir la décote dont les modèles d'occasion de la marque sont victimes. Il est aussi rassurant de constater que la production va bon train avec une multiplication de nouveaux modèles tous plus attirants les uns que les autres.

JACQUES DUVAL

Prix
138 495 à 186 000 $

+ Qualité en hausse
+ Excellent châssis
+ Modèle le moins cher

– Faible valeur de revente
– Transmission robotisée
  à apprivoiser
– Quelques fautes d'ergonomie

 Consommation ville – route (L/100 km)
19,5 – 12,5 (man. 4,7 l)
18 –12 ,5 (aut. 4,7 l)
21,5 – 13,5 (man. 6,0 l)

Nouveautés

 2012 Version S : moteur légèrement plus puissant
(+ 10 ch), quelques détails de présentation
extérieure et intérieure

Principales concurrentes

 Audi R8, Chevrolet Corvette,
Ferrari California/458 Italia,
Lamborghini Gallardo, Maserati GT/GC,
Mercedes SL AMG, Porsche 911

Aston Martin
VIRAGE

Prix
224 100 à 244 350 $

+ Agréable au quotidien
+ Souffle du moteur
+ Assemblage à la main

– Places arrière inutilisables
– Plusieurs fautes d'équipements
– Utilisation limitée

Consommation ville – route (L/100 km)
22 – 14 (man.)
19,5 – 13 (aut.)

Nouveautés

2012

Nouveau modèle

Principales concurrentes

Audi R8, Bentley Continental GT/GTC, Chevrolet Corvette, Ferrari California/Italia, Lamborghini Gallardo, Maserati GT/GC, Mercedes SL/SLS AMG, Porsche 911

LA THUNDERBIRD BRITANNIQUE

Contrairement au personnage principal de ses romans, Ian Flemings n'a jamais conduit d'Aston Martin. Parions que vous non plus. Une vingtaine des créations du constructeur anglais trouvent preneurs au Québec chaque année.

Il faut beaucoup de chance pour en croiser une sur nos routes. Et encore faut-il la reconnaître. À ce sujet, un automobiliste rencontré lors d'une pause nous a félicités de notre achat: «Elle est superbe, votre Thunderbird, je ne savais pas que sa production avait repris.» Une quoi? Une Aston Martin, monsieur! «Désolé, je croyais que le logo avec des ailes, c'était une Thunderbird...» En fait, il s'agit d'une Virage, la dernière-née de ce constructeur britannique.

Hormis les «ailes» et le fait que son créateur ait fait partie du giron de Ford pendant de nombreuses années, plus anglaise qu'une Aston Martin, tu meurs. Cette sublime sportive facturée plus de 200 000 $ requiert plus de 190 heures de travail.

Dernier joyau d'une industrie automobile britannique tombée en décrépitude, Aston Martin appartient, avec les Ferrari, Maserati, Lamborghini et autres Porsche, au gotha de l'automobile.

On a peine à le croire. Fondée en 1913, cette marque a fait faillite sept fois et a connu autant de propriétaires. Conséquence, sa trésorerie a longtemps été chétive et le rythme de renouvellement de ses modèles, trop lent. Des histoires anciennes. Aujourd'hui, elle a retrouvé son indépendance et, depuis le tournant du siècle, elle révèle en moyenne un modèle ou une déclinaison nouvelle tous les 18 mois. La Virage est la dernière en date. Celle-ci vient s'intercaler entre la rageuse DBS, vedette mécanique du film Casino Royale, et la DB9, dont la première apparition remonte à 2004.

Avec la Virage, Aston Martin dépoussière une appellation disparue de son portefeuille de modèles il y a 15 ans. Cette fois, contrairement à la génération précédente, elle se décline dès le départ en deux styles de carrosseries: coupé et cabriolet (Volante). Cette dernière sera, de l'aveu de ses concepteurs, la plus recherchée des amateurs.

Avec ou sans toit, la Virage s'habille de formes simples, dépouillées de trop encombrantes marques d'allégeance au passé. La calandre béante, reconnaissable entre toutes, la ligne fuyante des fenêtres et une discrète prise d'air latérale suffisent à marquer la filiation.

Élégance

Construite à la main, la Virage, ce n'est pas seulement une fiche technique renversante, une technologie de pointe et une ligne à se damner. C'est aussi – et surtout – une âme, une élégance à nulle autre pareille. Aux marques italiennes de renom au style parfois trop «m'as-tu-vu», elle oppose son sens de l'understatement, pour reprendre une expression anglaise. Ce qui lui vaut d'être confondue avec une autre...

ASTON MARTIN VIRAGE

Prix
315 000 à 412 990 $

+ La plus belle des Bentley (Mulsanne)
+ Mécanique moderne (Mulsanne)
+ Le confort royal
+ Cuir et boiserie princiers

− La gamme de prix pharaonique
− Voitures lourdes et encombrantes
− Valeur de revente aléatoire

Consommation ville – route (L/100 km)
26 – 16

 2012

Nouveautés
Changements mineurs
Modèle Azure (de base) supprimé

Principales concurrentes

Aston Martin Rapide / DBS, Ferrari 599 / FF, Maybach 57/62, Mercedes CL / S, Porsche Panamera, Rolls-Royce Phantom / Coupé / Drophead

BENTLEY AZURE T / BROOKLANDS / MULSANNE

À savoir

Garanties de base – motopropulseur (an/km)	3/illimité – 3/illimité
Versions offertes	Flying Spur, Flying Spur Speed, Série 51
Carrosserie	berline 4 portes
Lieu d'assemblage	Grande-Bretagne

Technique

Dimensions et volumes

Empattement/Longueur/Largeur (mm)	3065/5290/1976
Hauteur (mm)	1479, 1465 (Speed)
Volume du coffre (min./max.) (L)	475
Réservoir de carburant (L)	90
Fourchette de poids (min. – max.) (kg)	2475 à 2525

Châssis

Mode	intégral
Suspension av. – arr.	indépendante
Freins av. – arr.	disques
Pneus av. – arr.	275/40R19, 275/35R20 (Speed)

Performances

Modèle à l'essai	Flying Spur Speed
Moteur	W12 biturbo DACT 6,0 litres 48s
Puissance (ch. à tr/min)	600 à 6000
Couple (lb-pi à tr/min)	553 à 1700
Rapport poids/puissance	4,20 kg/ch
Transmission	semi-automatique 6 rapports
Autres transmissions	aucune

Accélération

0-100 km/h (sec.)	4,8
0-160 km/h (sec.)	10,6
0-200 km/h (sec.)	15,6
Reprise 80-115 km/h (sec.)	3,1
1/4 de mille (sec.)	12,9
Distance de freinage 100-0 km/h (m)	37
Vitesse maximale (km/h)	312, 322 (Speed)
Autres moteurs	W12 biturbo 6,0 l (552 ch., 479 lb-pi)

Bentley
CONTINENTAL FLYING SPUR

BRASSER DES AFFAIRES

Les femmes et hommes d'affaires qui cherchent un moyen de convaincre leurs clients qu'ils font des affaires d'or pourront les séduire en se pointant à un rendez-vous avec une Continental Flying Spur.

Ce n'est un secret pour personne, les voitures de prestige comme les Bentley, Rolls-Royce et Maybach sont des véhicules qui se déprécient rapidement. Mais la Flying Spur peut s'avérer un bon placement si elle vous permet de signer de faramineux contrats.

À cause de leur prolifération dans les quartiers mondains, les Audi A8, BMW Série 7 et Mercedes-Benz Classe S, sans être des limousines populistes, sont devenues banales au cours des dernières années. Par contre, une Flying Spur ne passera pas inaperçue et elle assurera à son propriétaire une certaine exclusivité, et ce, pendant de nombreuses années. Et si vous avez l'ego d'une *rock star*, soyez assuré que les gens se retourneront sur votre passage et parleront de vous. Mais, si vous ne voulez pas être reconnu à cent lieues ou identifié comme étant un Crésus, changez d'enseigne, et allez flirter avec les berlines de prestige allemandes, qui sont plus anonymes.

Le prix d'une Flying Spur débute à 223 000 $ et des poussières, soit la valeur d'un petit bungalow de banlieue (!), pour grimper à plus de 250 000 $ selon les options, dans le cas de la version Speed. À première vue, le coût pourrait faire rebrousser chemin à plus d'un millionnaire. Surtout que le réseau de concessionnaires est restreint et que la fiabilité de cette anglaise est parfois capricieuse. Par contre, quand on compare le prix, la mécanique et l'équipement, sans oublier le prestige associé à la marque, à des rivales comme les Audi A8L, BMW 760Li et Mercedes S600, on réalise qu'il y a une possibilité, selon les perceptions de chacun, de conclure une bonne affaire.

Après tout, la gamme de prix d'une Mercedes Classe S600 (avec le V12) débute à 189 000 $ pour s'échelonner à 236 000 $ (sans les options) pour une S65 AMG. Dans le cas d'une A8L à moteur W12 (qu'elle partage avec la Flying Spur) le prix démarre à 172 000 $, tandis que celui de la 760Li, dotée du V12 de BMW, commence à 186 000 $. Certes, ces modèles sont en théorie plus aboutis sur le plan de la fiabilité et du réseau de concessionnaires, mais ce ne sont pas des voitures égotistes.

Une mécanique du peuple

Sous ses apparats royaux, il faut savoir que les origines de la Flying Spur sont modestes, puisqu'elle est née du mariage entre Bentley et Volkswagen. Pour ce faire, elle hérite de nombreux éléments mécaniques de la famille VW.

Avec sa masse de deux tonnes et demie répartie sur une longueur de 5,3 m, la Flying Spur sait recevoir vos invités dans une atmosphère feutrée où le cuir et les boiseries sont chaleureux. Sous son long capot loge un gros moteur à douze cylindres en forme de W dont les quelque 600 chevaux de la version Speed sont un gage que vous serez toujours à l'heure à vos rendez-vous!

 **JEAN-FRANÇOIS GUAY**

Prix
223 420 à 254 220 $

+ Pour se distinguer et se faire voir
+ Mécanique qui a fait ses preuves
+ Le confort de la suspension
  et des sièges
+ Les matériaux nobles
  dans l'habitacle

– Prix élevé mais justifié
  face à ses rivales
– Son format encombrant en ville
– Sa faible valeur de revente

 Consommation ville – route (L/100 km)
24 – 14

Nouveautés

2012 Changements mineurs
Version Série 51 (couleurs et équipements
spécifiques)

Principales concurrentes

 Aston Martin Rapide, Audi A8, BMW Série 7,
Lexus LS, Maserati Quattroporte, Mercedes S,
Porsche Panamera

BENTLEY CONTINENTAL FLYING SPUR

149

À savoir

Garanties de base – motopropulseur (an/km)	3/illimité – 3/illimité
Versions offertes	GT, GTC, GTC Speed (GTC-S), Supersports (SS), Supersports ISR (SS-ISR)
Carrosserie	coupé 2 portes, cabriolet 2 portes
Lieu d'assemblage	Grande-Bretagne

Technique

Dimensions et volumes

Empattement/Longueur/Largeur (mm)	2746/4806/1944 (GT), 2745 / 4804 / 1927 (GTC), 2745 / 4807 / 1945 (SS), 2745 / 4804 / 1945 (SS-ISR)
Hauteur (mm)	1390 (GT, SS), 1398 (GTC), 1388 (SS-ISR)
Volume du coffre (min. – max.) (L)	260 (cabriolet), 358 (coupé)
Réservoir de carburant (L)	90
Fourchette de poids (kg)	2320 à 2485

Châssis

Mode	intégral
Suspension av. – arr.	indépendante
Freins av. – arr.	disques, 420 mm – 330 mm (SS)
Pneus av. – arr.	275/40R19 (GT, GTC), 275/35R20 (Speed, SS)

Performances

Modèle à l'essai	Continental Supersports
Moteur	W12 biturbo DACT 6,0 litres 48s
Puissance (ch. à tr/min)	621 à 6000
Couple (lb-pi à tr/min)	590 à 2000
Rapport poids/puissance	4 kg/ch
Transmission	semi-automatique 6 rapports
Autres transmissions	aucune

Accélération

0-100 km/h (sec.)	3,9 (SS), 4,1 (SS-ISR), 4,8 (GTC-S), 4,9 (GT)
0-160 km/h (sec.)	9,1 (SS), 10,2 (GTC-S)
0-200 km/h (sec.)	13,6 (SS), 14,2 (GTC-S), 14,9 (GT)
Reprise 80-115 km/h (sec.)	2,1
1/4 de mille (sec.)	12,2 (SS), 12,7 (GTC-S), 12,9 (GT)
Distance de freinage 100-0 km/h (m)	34,4
Vitesse maximale (km/h)	325 (SS-ISR), 320 (SS), 318 (GT), 314 (GTC-S), 312 (GTC)
Autres moteurs	W12 biturbo 6,0 l : (552 ch., 479 lb-pi) (GTC) / (567 ch., 516 lb-pi) (GT) / (600 ch., 553 lb-pi) (GTC-S) / (631 ch., 590 lb-pi) (SS-ISR)

Bentley
CONTINENTAL GT / GTC / SUPERSPORTS

LE MONUMENT BRITANNIQUE

Un mariage royal ne serait pas complet si l'on ne pouvait y apercevoir cette icône de l'industrie automobile britannique, la limousine Bentley. La révérende marque britannique a officiellement endossé son rôle de carrosse royal lorsque la reine Elizabeth est arrivée au mariage de Kate et William le printemps dernier dans sa limousine traditionnelle. Ce n'était pas une Continental, loin de là, mais n'empêche que ce fut extrêmement flatteur pour l'emblème du B ailé trop souvent associé à son humble propriétaire qu'est Volkswagen.

Cela dit, la marque Bentley vit surtout au rythme de la Continental, son modèle le plus abouti et de loin le plus populaire. Déjà vieux de plus de huit ans, sa principale qualité est d'être resté fidèle au superbe design original qui en fait l'une des plus belles voitures du monde. Il faut toutefois éviter les grilles de calandre et les jantes noires qui enlaidissent la voiture.

Faute d'un recarrossage distinctif, la marque multiplie les versions, ce qui nous vaut la Supersports et son 12 cylindres de 621 ch avec un couple démoniaque de 590 livres-pieds intervenant à un régime aussi bas que 2000 tours/minute. Est-il besoin de vous dire que pour user des pneus et bouffer du pétrole, rien n'arrive à la ceinture de caisse de cette Continental. Mais, écologistes, rassurez-vous, car ce moteur de six litres avec ses deux turbocompresseurs est de type Flexfuel, ce qui signifie qu'il peut consommer de l'éthanol, ce qui diminue les émissions de CO_2. Bentley a également pris soin d'alléger considérablement la Supersports pour en faire un modèle plus maniable pouvant être considéré comme une sportive capable d'affronter une Porsche Turbo. Un conseil! Essayez cette version avant d'en faire l'acquisition.

Boîte plus rapide

Si l'on décide de se satisfaire du modèle de base, précisons que, sans faire de bruit, le coupé Continental est présenté comme tout nouveau pour 2012. Son moteur reste le 12 cylindres en W, mais la transmission QuickShift prend deux fois moins de temps à égrener ses six rapports. La traction intégrale rend la voiture parfaitement neutre en virage et sans roulis, en dépit d'un poids substantiel.

Beaucoup moins sauvage que le coupé Supersports, le modèle d'entrée de gamme est offert également sous les traits d'une décapotable très attrayante. Étant donné une consommation qui fait le bonheur des pétrolières, les diverses versions de la Continental n'ont généralement pas une très bonne valeur de revente. Ce qui vous permettra d'utiliser l'argent économisé à l'achat pour étancher sa soif inaltérable.

JACQUES DUVAL

Prix
221 200 à 343 430 $

+ **Performances à revendre**
+ **Comportement routier étonnant (Supersports)**
+ **Prestige royal**

– **Brûleur à essence**
– **Faible valeur de revente**
– **Confort sacrifié (SuperSports)**

 Consommation ville – route (L/100 km)
24 –14 (GT / GTC)
20 – 12 (SS / SS-ISR)

Nouveautés

2012 Retouches esthétiques (GT)
Puissance à la hausse (GT)
Supersports cabriolet ISR

Principales concurrentes

 Aston Martin DB9/DBS, Audi R8,
BMW Série 6, Chevrolet Corvette Z06/ZR1,
Ferrari California/458/FF, Lamborghini Gallardo/Aventador, Lexus LF-A, Mercedes CL/SL/
SLS (AMG), Porsche 911/GT2

BENTLEY CONTINENTAL GT / GTC / SUPERSPORTS

BMW
SÉRIE 1

M COMME MAGNIFIQUE

J'ai horreur de l'indécision. J'aime les choses claires et nettes. Que ce soit en politique, en amour ou en matière de véhicule, je hais la confusion que suscite l'ambivalence. Chaque jour nous impose des centaines de décisions, et la valse-hésitation ne peut que nous compliquer la vie.

BMW a toutefois su mettre fin à mes tourments. Comment? En offrant tout simplement une version M (pour Motorsport) de sa 135 haut de gamme, le coupé de Série 1 M. Les yeux de lynx ne manqueront pas de noter que le «M» de cette toute nouvelle Béhème sport figure après sa désignation numérique (comme dans «1M») plutôt qu'avant (comme dans «M1»). Pour les puristes, c'est là le signe qu'il ne s'agit pas à proprement parler d'une voiture de la division M, pas plus que la X6 M ne peut prétendre rivaliser avec la M6. Certaines revues britanniques de passionnés – et non des moindres – ne se gênent d'ailleurs pas pour enfoncer le clou en proclamant que, loin d'être un chef-d'œuvre sur mesure de la division M, le moteur survolté du coupé M n'est somme toute qu'un trois-litres à double compresseur plus ou moins banal arraché à la Z4 iS. Bref, il s'en trouve pour dire que le fruit de la transformation du 300 ch à simple compresseur en un 335 ch à double compresseur laisse à désirer.

Que des mauvaises langues

Et je dis que ce sont de mauvaises langues! Non, mais depuis quand un moteur de 335 ch dans une voiture de 1525 kg manque-t-il d'offrir une expérience délicieusement sportive?

Qui plus est, à l'encontre des traditionnelles créations atmosphériques de la division M, qui exigent une féroce poussée d'adrénaline avant de commencer à s'exprimer pour la peine, le trois-litres biturbo du coupé M s'affirme sans réserve dès les 3000 tours/minute. En clair, on parle de 369 livres-pieds! Un tel surcouple n'est sans doute disponible que pour de courts instants, si ce n'est qu'il n'en faut guère plus pour se retrouver en travers de la route! Quant à l'opinion – toujours de certains «connaisseurs» – selon laquelle le montage de turbocompresseurs dans le système d'échappement dénature le glorieux chant des moteurs de la division M, je ne la partage pas non plus. S'il est vrai que le vrombissement du coupé de Série 1 M se fait quelque peu discret à côté des hurlements des six cylindres en ligne des premières M3, je le préfère nettement à la cacophonie du V10 de la M5, même lancé à fond de train.

Prix
36 000 à 49 500 $
Transport et préparation
1995 $

+ **Sensations garanties (1M)**
+ **Souffle du moteur six cylindres**
+ **Prix compétitif (1M)**

– **Craint la neige**
  (toutes les versions)
– **Options nombreuses et**
  coûteuses
– **Présentation bon marché**

Consommation
ville – route (L/100 km)
13 – 8,3 (3,0 l)
13,3 – 9,2 (biturbo 3,0 l)

Nouveautés
2012
Version M de 335 chevaux

Principales concurrentes

Audi A3, Nissan 370Z,
Mini Cooper, Volkswagen Eos,
Volvo C30

Garanties de base – motopropulseur (an/km)	4/80 000 – 4/80 000
Marge de profit du concessionnaire (%)	8,69
Essence recommandée	super
Versions offertes	128i, 135i
Carrosserie	coupé 2 portes, cabriolet 2 portes
Lieu d'assemblage	Allemagne
Valeur résiduelle	excellente
Fiabilité présumée	moyenne
Renouvellement du modèle	2013
Ventes 2010 Québec	(– 20 %) 613

Technique

Dimensions et volumes

Empattement (mm)	2660
Longueur (mm)	4373, 4379 (M1)
Largeur (mm)	1748, 1803 (M1)
Hauteur (mm)	1423 (128i), 1408 (135i), 1411 (cab.), 1420 (M1)
Volume du coffre (min. – max.) (L)	370 (coupé), 260 – 305 (cabriolet)
Réservoir de carburant (L)	53
Fourchette de poids (kg)	1475 à 1660
Répartition du poids av.-arr. (%)	50 – 50 (128i), 51 – 49 (135i), 52 – 48 (M1)

Châssis

Mode	propulsion
Suspension av. – arr.	indépendante
Freins av. – arr.	disques
Capacité de remorquage	non recommandé
Diamètre de braquage (m)	10,7
Pneus	205/50R17 (128i), 215/40R18 – 245/35R18 (135i, opt. 128i), 245/35R19 – 265/35R19 (M1)

Cabriolet

Temps ouverture – fermeture du toit (sec.)	22 – 22
Décapoter en roulant	oui (40 km/h)

Performances

Modèle à l'essai	Série 1 M
Moteur	L6 biturbo DACT 3,0 litres 24s
Puissance (ch. à tr/min)	335 à 5900
Couple (lb·pi à tr/min)	332 à 1500
Rapport poids/puissance	4,55 kg/ch
Transmission	semi-auto. 7 rapports à double embrayage
Accélération 0-100 km/h (sec.)	4,74 (M1), 5,41 (135i)
Reprise 80-115 km/h (sec.)	2,90 (M1), 3,26
Distance de freinage 100-0 km/h (m)	36,5
Niveau sonore à 100 km/h	moyen
Vitesse maximale (km/h)	240 (135i), 210 (128i), 250 (M1)
Consommation lors de l'essai (L/100 km)	10,7
Gaz à effet de serre (tonnes métriques)	7,7
Autres moteurs	L6 3,0 l (230 ch., 200 lb·pi) (128i), L6 biturbo 3,0 l (300 ch., 300 lb·pi) (135i)
Autres transmissions	semi-auto. 6 rapp. (128i), man. 6 rapports

Protection collision

Frontale conducteur/passager	non évaluée
Latérale avant/arrière	non évaluée
Capotage 2rm/4rm	non évaluée

Le coupé M me rappelle en outre les premières M3 en ce qu'il ne s'offre qu'en version manuelle à six rapports. Pas de transmission automatique. Pas de boîte séquentielle programmée à double embrayage. Les passages de vitesses agréablement brefs et l'embrayage relativement souple de ce nouveau produit à l'enseigne du M vous transportent volontiers à l'époque des classiques de la «vraie conduite».

Il en est de même du châssis, qui, contrairement à certaines montures M, ne bénéficie – Dieu merci! – d'aucune forme de compensation électronique. Vous pouvez modifier la sensibilité de l'accélérateur en appuyant sur un bouton et autoriser une interprétation plus libérale du contrôle de la traction de manière à permettre certains dérapages, mais sans pour autant altérer le pouvoir d'amortissement de la suspension. Cela dit, grâce aux éléments de suspension et de direction hérités de la M3, aucune compensation n'est nécessaire. En fait, l'empattement plus court de la Série 1 rend sans doute le coupé M plus agile que la M3, beaucoup plus coûteuse. Si vous éperonnez cette fringante voiture sur une piste de course, vous trouverez sa suspension un peu plus molle que celle d'une pure M, mais en milieu urbain, quelque enthousiaste que vous puissiez être, la Série 1 M restera ferme et précise à souhait.

La sobriété prévaut également dans la cabine du coupé M. Le système iDrive y est bien sûr présent, mais dans une version d'une simplicité fort appréciable. Quant aux boutons et manettes, ils bénéficient eux-mêmes d'un dépouillement qu'on accueille avec plaisir, tant sur le volant que sur le tableau de bord. Les amateurs de gadgets déploreront sans doute la modestie de l'habitacle, mais pas les amateurs de conduite pour qui la complexité n'est qu'une distraction.

D'autant moins qu'ils apprécieront à n'en point douter les judicieuses touches

d'appartenance à la lignée M de même que le cuir alcantara velouté qui rehausse la planche et l'intérieur des portières, sans oublier les fauteuils sport de série qui offrent un excellent soutien lombaire et latéral. À l'instar des autres modèles de la Série 1, le coupé M de base ne regorge pas d'équipement. Si vous souhaitez vous prévaloir de la chaîne Harman Kardon (chaudement recommandée, même si la sonorité de l'échappement est aussi très belle) ou de sièges à réglage électrique, il vous faudra commander l'ensemble optionnel Executive. Et hop, la facture grimpe. Et de beaucoup. À son corps défendant, le prix plancher du coupé de Série 1 M en fait le produit de la division M le plus abordable jamais proposé par BMW et l'une des meilleures occasions à saisir de l'industrie.

Héritière d'une grande lignée

Reste qu'il s'agit d'une digne descendante spirituelle des M3 E36 et E46 d'origine à six cylindres. Les M actuelles repoussent indéniablement les limites de la performance, mais je préfère quant à moi la simplicité de ce nouveau coupé M et son retour aux sources de BMW. Finie, la tergiversation. C'est résolument sur cette voiture que je jetterais mon dévolu si je devais soudain – je frémis rien que d'y penser! – payer de ma poche la voiture que je conduis. Loué sois le Ciel d'avoir mis fin à mes incertitudes!

🎧 **DAVID BOOTH**

Garanties de base	
– motopropulseur (an/km)	4/80 000 – 4/80 000
Marge de profit du concessionnaire (%)	8,69 à 9,90
Essence recommandée	super, diésel (335d)
Versions offertes	323i, 328i, 328i xDrive, 335i, 335i xDrive, 335d, M3, Touring 328i xDrive
Carrosserie	berl. 4 portes, coup. 2 portes, cab. 2 portes, fam. 5 portes
Lieu d'assemblage	Allemagne
Valeur résiduelle	bonne
Fiabilité présumée	moyenne
Renouvellement du modèle	2012
Ventes 2010 Québec	(+ 14 %) 3409

Technique

Dimensions et volumes

Empattement (mm)	2760, 2761 (M3)
Longueur (mm)	4541 (berl.), 4588 (coup.), 4537 (fam.), 4583/4618 (M3)
Largeur (mm)	1817 (berl.), 1782 (coup.), 1804 (M3)
Hauteur (mm)	1421 (berl.), 1375 (coup.), 1384 (cab.), 1450 (fam.)
Volume int. passager (L)	2633 (ber.), 2506 (coup.)
Volume du coffre (min. – max.) (L)	460 (berl.), 2506 (coup.), 210 – 350 (cab.) 460 – 1385 (fam.)
Réservoir de carburant (L)	61, 63 (M3)
Fourchette de poids (kg)	1500 à 1885
Répartition du poids av.– arr. (%)	50 – 50, 52 – 48 (M3)

Châssis

Mode	propulsion, intégral (xDrive)
Suspension av. – arr.	indépendante
Freins av. – arr.	disques
Capacité de remorquage (max.) (kg)	non recommandé
Diamètre de braquage (m)	11 / 11,8 (xD), 11,7 (M3)
Pneus	205-55R16 (323i), 225/45R17 (328i/335i xD/ 335i xD/335d), 225/40R18 (av.) – 255/35R18 (arr.) (335i/335is), 245/40R18 (av.) – 265/40R18 (arr.) (M3)

Cabriolet

Temps ouverture – fermeture du toit (sec.)	23
Décapoter en roulant	non

Performances

Modèle à l'essai	328i xDrive (berl.)
Moteur	L6 DACT 3,0 litres 24s
Puissance (ch. à tr/min)	230 à 6500
Couple (lb-pi à tr/min)	200 à 2750
Rapport poids / puissance	7,1 kg/ch
Transmission	semi-automatique 6 rapports
Accélération 0-100 km/h (sec.)	7,7 (328i), 6,2 (335i), 5,8 (335is), 6,3 (335d), 5,1 (M3)
Reprise 80-115 km/h (sec.)	5,6 (328i), 3,5 (335d), 3,07 (M3)
Distance de freinage 100-0 km/h (m)	38,2 (328i), 36,9 (M3)
Niveau sonore à 100 km/h	moyen
Vitesse maximale (km/h)	210, 240 (335i), 250 (M3)
Consommation lors de l'essai (L/100 km)	10,2
Gaz à effet de serre (tonnes métriques)	7,3
Autres moteurs	L6 2,5 l (200 ch., 180 lb-pi) (323i), L6 biturbo 3,0 l (300 ch., 300 lb-pi) (335i), L6 biturbo 3,0 l (320 ch., 332 lb-pi) (335is), L6 turbodiésel 3,0 l (265 ch., 425 lb-pi), V8 4,0 l (420 ch., 295 lb-pi) (M3), L4 turbo 2,0 l (à venir)
Autres transmissions	man. 6 rapports (i, is, xD, M3), séq. 7 rapp. à double embrayage (M3)

Protection collision

Frontale conducteur/passager	bonne
Latérale avant/arrière	excellente
Capotage 2rm/4rm	bonne

BMW
SERIE 3

QUAND ON EST TOUT EN HAUT...

Depuis le lancement de sa toute première compacte moderne, la Neue Klasse, en 1962, la marque à l'hélice ne cesse de la renouveler sans en trahir les valeurs originales: châssis rigoureux, solides performances, image de marque valorisante. Un sans-faute depuis 50 ans.

La Série 3 actuelle en est à ses derniers kilomètres, sa remplaçante sera dévoilée à l'automne (au salon de Francfort), mais ce n'est pas une raison pour bouder celle-ci. Compacte dans ses dimensions, elle offre tout de même des niveaux d'équipement relevés, de solides performances et une rigueur de châssis inconnue de la meilleure des tractions avant concurrentes. Car c'est exactement pour cela qu'on apprécie tant la Série 3 parmi les chroniqueurs auto de la planète : c'est pour sa capacité à montrer ses qualités sur la route. Mais qu'en est-il des conducteurs «ordinaires», ces gens qui se procurent cette compacte plus pour son écusson que pour ses qualités mécaniques? Y trouvent-ils leur compte?

Qualité = prix élevé

La réponse courte, c'est non. Les prix sont si élevés, par rapport à ceux d'une bonne berline d'un constructeur populaire, que la différence est difficile à justifier si c'est seulement la fameuse rondelle bleu et blanc qui est le motif de l'achat. Pour pleinement apprécier cette BMW, il faut sentir les mouvements fluides de la suspension sur les mauvaises chaussées, il faut écouter les envolées musicales de la mécanique, il faut, en somme, profiter de ce qu'il y a sous la rondelle au bout du capot. C'est que le volume intérieur est modeste, une caractéristique inhérente à toute voiture à rouage moteur longitudinal, que la finition intérieure n'est pas à la hauteur des meilleures, et que pour son prix, il existe des douzaines de voitures et de VUS plus grands, plus imposants, plus voyants.

Mais ceux qui ont une sensibilité mécanique seront bien servis: le seul fait de prendre place à bord procure une agréable sensation, les sons émis par la fermeture de la portière ou par le démarreur démontrant le soin apporté à sa conception et à sa fabrication. Sur la route, BMW privilégie l'approche sportive sans toutefois causer d'inconfort. La voiture est bien amortie, à condition d'éviter le châssis sport optionnel: avec son assise rabaissée et ses roues de plus grand diamètre, il n'est absolument pas adapté à nos mauvaises routes.

La tenue de route de cette voiture est bien en phase avec la réputation de la marque; elle s'accroche en virage, mais les longs débattements de la suspension permettent de maintenir un excellent degré de confort. Il est clair que chaque élément de suspension a été choisi avec soin et que rien n'est là parce que c'est la solution la moins chère. Le freinage est mordant, peut-être un peu trop même, le dosage

étant délicat en fin de ralentissement. La direction est faite du même bois: rapide et précise, elle ne pèche que par le fait qu'il faut éviter les manœuvres brusques. C'est un instrument de précision, et il faut l'opérer du bout des doigts, les deux mains bien placées à 3 et 9 heures.

Du placide au rapide

Offerte en plusieurs carrosseries (berline, coupé, décapotable et break), motorisée par pas moins de six moteurs différents (six cylindres à essence avec ou sans turbo, six cylindres turbodiésel, V8 pour la M3) avec deux rouages moteurs et trois boîtes de vitesses, il y a certainement peu de voitures avec une telle variété mécanique. Et ce n'est pas tout, car la Série 3 offre aussi des quatre-cylindres à essence et diésel sur les marchés européen et chinois. La plus populaire est la berline 328xi à boîte automatique (autour de 42 000$), et la plus rare est certainement la 335d avec son monstrueux moteur diésel de 425 livres-pieds (à partir de 52 000$). Cette dernière, peu connue, est spectaculaire, car elle combine frugalité et vivacité avec un 0-100 km/h en 6,3 secondes, à moins d'une demi-seconde du temps de la version à essence 335i. Dommage qu'elle ne soit pas offerte avec la boîte manuelle ou le rouage intégral, elle aurait été la Série 3 parfaite... pour les chroniqueurs auto.

 LOUIS-ALAIN RICHARD

Prix
37 650 à 82 300 $
Transport et préparation
1995 $

+ **Qualité indéniable du châssis et de la mécanique**
+ **Nombreuses versions et motorisations**
+ **Performances allant du rapide au démoniaque**

– **Places arrière exiguës**
– **Châssis sport à éviter**
– **Moteur diésel bruyant au ralenti**

Consommation ville – route (L/100 km)

12,9 – 8,5 (323i)	12,8 – 8,5 (328i)
13,8 – 9,4 (328i xD)	13,7 – 9,1 (335i)
14,7 – 9,4 (335i xD)	10 – 6 (335d)
17 – 12 (séq. M3)	18,3 – 12 (man. M3)

Nouveautés

2012 — Nouvelle génération présentée au Salon de Francfort, dimensions à la hausse, lignes plus sculptées, moteur L4 turbo, version ActiveHybrid

Principales concurrentes

Acura TSX/TL, Audi A4/A5, Cadillac CTS, Infiniti G, Lexus IS/IS-C/CT, Lincoln MKZ, Mercedes C, VW CC/Eos, Volvo C70

Garanties de base – motopropulseur (an/km)	4/80 000 – 4/80 000
Marge de profit du concessionnaire (%)	9,89
Essence recommandée	super
Versions offertes	528i, 535i, 535i xDrive, 535i xDrive GT, 550i, 550i xDrive, 550i xDrive GT
Carrosserie	berline, hayon 5 portes (GT)
Lieu d'assemblage	Allemagne
Valeur résiduelle	moyenne
Fiabilité présumée	moyenne
Renouvellement du modèle	2015
Ventes 2010 Québec	(+ 41 %) 479

Technique

Dimensions et volumes

Empattement (mm)	2968, 3070 (GT)
Longueur (mm)	4905, 4999 (GT)
Largeur (mm)	1860, 1901 (GT)
Hauteur (mm)	1464, 1559 (GT)
Volume du coffre (min. – max.) (L)	520 (berline), 440 – 1770 (GT)
Réservoir de carburant (L)	70
Fourchette de poids (kg)	1730 à 2240
Répartition du poids av.-arr. (%)	53 – 47 (335i xD), 54 – 46 (550i xD), 50 – 50 (GT)

Châssis

Mode	propulsion, intégrale (xDrive)
Suspension av. – arr.	indépendante
Freins av. – arr.	disques
Capacité de remorquage	non recommandé
Diamètre de braquage (m)	11,95
Pneus	225/55R17 (528i), 245/45R18 (535i), 245/35R19 (av.) – 275/30R19 (arr.) (550i)

Performances

Modèle à l'essai	550i (berline)
Moteur	V8 biturbo 4,4 litres 32s
Puissance (ch. à tr/min)	400 à 5500
Couple (lb·pi à tr/min)	450 à 1750
Rapport poids/puissance	4,95 kg/ch
Transmission	semi-automatique 8 rapports
Accélération 0-100 km/h (sec.)	5,2 (550i), 6,5 (335i), 5,9 (GT)
Reprise 80-115 km/h (sec.)	3,9 (550i), 4,1 (335i)
Distance de freinage 100-0 km/h (m)	37,5
Niveau sonore à 100 km/h	bon
Vitesse maximale (km/h)	210
Consommation lors de l'essai (L/100 km)	12,2
Gaz à effet de serre (tonnes métriques)	8,8
Autres moteurs	L6 3 l (240 ch., 230 lb·pi) (528i), L6 biturbo (300 ch., 300 lb·pi) (535i), V8 biturbo 4,4 l (550 ch.) (M5)
Autres transmissions	man. 6 rapports (535i, 550i), séq. 7 rapp. à double embrayage (M5)

Protection collision

Frontale conducteur/passager	non évaluée
Latérale avant/arrière	non évaluée
Capotage 2rm/4rm	non évaluée

BMW
SÉRIE 5 / GT

Y EN AURA PAS DE FACILE!

Évacuons si vous le voulez bien la version GT et ses cinq portes. Un bide. Concentrons-nous plutôt sur la berline de Série 5 dont la seule préoccupation consiste à prendre l'ascendant sur la Classe E de Mercedes, mais aussi résister à la montée en puissance de la Audi A6. La partie est loin d'être gagnée.

Pourtant la Série 5 a de bonnes raisons de croire en son étoile (pardon, à son hélice), car cette nouvelle génération relance de plus belle l'émulation entre les constructeurs de prestige. Avec cette fois l'élégance de son dessin qui dégage (enfin!) une certaine prestance et délaisse (merci, mon Dieu!) le style tarabiscoté, voire grotesque, de la génération précédente. Les porte-à-faux ténus reliés par un trait discret courant sous les parois ouvragées de la carrosserie confèrent au véhicule une réelle élégance et un zeste de sportivité.

D'une génération à l'autre, l'augmentation des cotes de la carrosserie est vertigineuse. Bien qu'elle toise une Classe E en longueur, la Série 5 s'avère plus basse en largeur que celle-ci. Cela dit, la Série 5 remporte – hélas – la palme du poids à vide le plus important de sa catégorie, et ce, malgré l'usage accru de matériaux plus légers. C'est pire encore si vous cochez l'option Xdrive à quatre roues motrices. Mais il s'agit d'un incontournable pour profiter des qualités dynamiques de cette bavaroise en toutes saisons.

Étant donné l'espace que cette BMW occupe sur la route, le volume intérieur apparaît décevant. Une illusion. Sur papier, il n'a jamais été aussi vaste. Pourtant, les places arrière n'accueillent confortablement que deux personnes, en raison de cette satanée «bosse» qui a gêné plusieurs générations d'amoureux, et le dégagement au niveau des épaules est compté. À l'avant, ce n'est guère mieux.

On regrette également qu'il faille puiser abondamment dans la liste des options pour disposer des vrais «plus» de cette refonte. On s'étonne, par exemple, de devoir creuser ses poches pour bénéficier des technologies de sécurité passive, comme une caméra de recul ou encore des capteurs d'angles morts. Idem pour les petits plaisirs que nous procurent le couvercle de coffre automatisé, l'affichage tête haute et la banquette arrière chauffante, tous des accessoires regroupés dans un – coûteux – groupe d'options.

Délicieuse à vivre

De toutes les motorisations offertes, le V8 4.4 suralimenté de 400 ch est celle qui procure la plus grande «Joie», pour reprendre le leitmotiv de la marque bavaroise. Toutefois, ce n'est pas la plus représentative du groupe. Les six cylindres des 528i (atmosphérique) et 535i (suralimenté) constituent l'essentiel des ventes. Des deux, le «profil» du six-cylindres suralimenté par turbocompresseur apparaît celui avec lequel il faut prendre rendez-vous.

À défaut d'être sobre, le V8 propose un fonctionnement souple et linéaire. Solidement appuyée par un couple de 450 livres-pieds disponible dès 1750 tours/

pour le conducteur, il est possible de pallier ce défaut en optant pour la caméra de recul et les capteurs d'angles morts. Hélas, ces deux aides à la conduite figurent en option sur les modèles les plus huppés (CXL et CXS).

Le tableau de bord (et le volant), souligné d'une incrustation de faux bois un peu kitsch, n'a rien de classique. Pour une Buick, s'entend. C'est très joli, les principales commandes sont faciles d'accès, mais il manque cruellement de rangement pour y déposer les accessoires propres à la vie moderne. En outre, l'ergonomie de la console m'apparaît mal étudiée. L'accoudoir est positionné trop haut et le sélecteur de vitesse l'est tout autant. Autre irritant : le coffre. Non seulement son couvercle est-il arrimé à des longerons encombrants, mais sa surface est biscornue. Résultat, son volume est quasiment identique à celui d'une Civic…

L'isolation est excellente, grâce à l'ajout de pastilles extensibles dans les piliers A (ceux-là mêmes qui ceinturent le pare-brise). Et pour ajouter au confort acousti-que, même le nombre de décibels émis par la soufflerie de la climatisation a été réduit. Sur le plan de la sécurité, Buick revoit son système mains libres. Baptisé IntelliLink, il assure l'intégration uniforme des dispositifs portatifs avec le système de divertissement du véhicule, ce qui permet au conducteur de garder les mains sur le volant et les yeux sur la route.

Nous avons certaines réserves, mais il n'en reste pas moins que la LaCrosse a un charme certain et propose une façon de voyager pas déprimante pour deux sous. Elle ne procure pas autant d'agrément qu'une TL et n'a pas le raffinement d'une Lexus ES, mais cette Buick mérite considération, surtout qu'elle est l'une des rares à proposer un rouage intégral. Toujours précieux pour affronter la blanche saison !

ÉRIC LEFRANÇOIS

Prix
31 760 à 41 985 $
Transport et préparation
1350 $

+ **L'habitacle spacieux et confortable**
+ **La présentation valorisante**
+ **Les efforts pour améliorer la consommation (E-assist)**

– **La visibilité**
– **L'ergonomie de certaines commandes**
– **La capacité du coffre**

Consommation ville – route (L/100 km)
12,5 – 7,9 (2,4 l)
14 – 8,9 (3,6 l)
9 – 6,4 (Hyb)

Nouveautés
2012
Motorisation hybride eAssist

Principales concurrentes

Acura TL, Chevrolet Impala, Chrysler 300, Ford Taurus, Lincoln MKZ/MKS, Lexus ES350, Nissan Maxima, Toyota Avalon

BUICK LACROSSE

À savoir

Garanties de base – motopropulseur (an/km)	4/80 000 – 5/160 000
Marge de profit du concessionnaire (%)	7,99 à 10,38
Essence recommandée	ordinaire (2,4 l, Hyb), super (turbo 2,0 l)
Versions offertes	CXL, CXL Turbo, GS, eAssist (Hyb)
Carrosserie	berline 4 portes
Lieu d'assemblage	Allemagne, Canada
Valeur résiduelle	moyenne
Fiabilité présumée	bonne
Renouvellement du modèle	nouveau modèle
Ventes 2010 Québec	148

Technique

Dimensions et volumes

Empattement (mm)	2738
Longueur (mm)	4831
Largeur (mm)	1854, 1811 (GS)
Hauteur (mm)	1483, 1480 (GS)
Volume intérieur passager (L)	2741
Volume du coffre (min. – max.) (L)	314 (Hyb), 402
Réservoir de carburant (L)	68
Fourchette de poids (kg)	1633 à 1683

Châssis

Mode	traction
Suspension av. – arr.	indépendante
Freins av. – arr.	disques
Capacité de remorquage	non recommandé
Diamètre de braquage (m)	11,4
Pneus	235/50R17 (Hyb), 235/50R18, 245/40R19 (GS, opt. CXL), 255/35R20 (opt. GS)

Performances

Modèle à l'essai	Regal CXL Turbo
Moteur	L4 turbo DACT 2,0 litres 16s
Puissance (ch. à tr/min)	220 à 5300
Couple (lb-pi à tr/min)	258 à 2000
Rapport poids/puissance	7,52 kg/ch
Transmission	automatique 6 rapports
Accélération 0-100 km/h (sec.)	7,8 (2,0 l), 9,9 (2,4 l), 6,9 (GS)
Reprise 80-115 km/h (sec.)	5,2 (2,0 l), 8,2 (2,4 l)
Distance de freinage 100-0 km/h (m)	39,5
Niveau sonore à 100 km/h	bon
Vitesse maximale (km/h)	190
Consommation lors de l'essai (L/100 km)	10,2
Gaz à effet de serre (tonnes métriques)	7,4
Autres moteurs	L4 2,4 l (182 ch., 172 lb-pi), L4 2,4 l (182 ch., 172 lb-pi) + mot. élect. (11 ch., 79 lb-pi) (Hyb), L4 turbo 2,0 l (255 ch., 295 lb-pi) (GS)
Autres transmissions	man. 6 rapports (2,0 l)
Hybride – Distance en mode élect. (km)	n.d.
Hybride – Vitesse max. en mode élect. (km/h)	n.d.

Protection collision

Frontale conducteur/passager	non évaluée
Latérale avant/arrière	non évaluée
Capotage 2rm/4rm	non évaluée

NE PAS SE FIER AU NOM

Pour les Chinois, qui ont accueilli à bras ouverts la dernière Buick Regal introduite chez eux depuis plus d'un an, son nom ne pose aucun problème. En français, s'acheter une voiture dont l'appellation est synonyme de délice, de volupté et de jouissance, sans oublier son côté un peu kitsch, n'est pas de nature à vous faire passer pour le type le plus cool du voisinage. Peu importe que ces Buick courent les rues de Pékin, on peine à avouer qu'on s'est acheté une petite Regal. Chez GM, où on a déjà vendu des Parisienne (Pontiac) sans se faire accuser de s'adonner à la traite des blanches, ce dilemme est passé complètement inaperçu, alors qu'on a déjà eu la simplicité d'esprit d'effacer le nom de La Crosse pour le remplacer par Allure avant de se raviser et de revenir à l'appellation originale.

Cette parenthèse fermée, précisons que la nouvelle compacte de Buick doit son existence à l'Opel Insignia (voiture de l'année en Europe, en 2009), qui lui a prêté son châssis et la grande majorité de ses éléments mécaniques. En fait, elle devait traverser l'Atlantique avec le passeport de la Saturn Aura, mais cette dernière marque ayant été bazardée par GM, l'Aura est devenue Regal.

Dans sa version CXL, elle reçoit un quatre-cylindres de 2,4 litres dont les 182 ch n'ont sans doute pas été entraînés pour le derby du Kentucky, tellement ils sont rachitiques. Heureusement, ce modèle peut bénéficier d'un second quatre-cylindres pas mal plus en forme, malgré sa cylindrée inférieure. En effet, le deux-litres se fait accompagner d'un turbocompresseur avec refroidisseur d'air de suralimentation qui porte la puissance à 220 ch. Cette CLX Turbo s'enrichit également d'une boîte manuelle ou automatique à six rapports.

L'équipement de série est particulièrement généreux et comprend, entre autres, des sièges chauffants en cuir, le système de stabilité, des jantes de 18 pouces, l'accès sans clé, des rétroviseurs chauffants et une chaîne audio qui fait monter à bord un lecteur MP3 et la connectivité Bluetooth. D'une ligne plutôt attrayante, la voiture est assez jolie et ses dimensions la situent entre une Toyota Camry et une Audi A4.

Un moteur insuffisant

Si le bilan de la Regal est assez réjouissant, le moteur atmosphérique de série a du mal à déplacer adéquatement les 1630 kg qui s'inscrivent lors de la pesée. Car il faut presque dix secondes pour franchir le cap des 100 km/h à partir d'un arrêt, ce qui n'est pas tout à fait le genre de performance dont on se vante devant des férus de statistiques. Pas plus d'ailleurs que les misérables huit secondes et des poussières pour passer de 80 à 115 km/h. Il est préférable pour des performances mieux senties d'opter pour les 220 chevaux du moteur turbo, qui passe de 0 à 100 km/h en 7,8 secondes.

Bien que j'aie aimé cette berline sport *made in Europe*, je trouve qu'on lui a insufflé un peu trop de gènes de Buick. Ce n'est pas la chaise berçante qu'on a connue autrefois,

mais il reste un arrière-goût de voiture américaine qui pourrait empêcher les acheteurs de VW Passat ou d'Acura TSX (ses deux cibles selon GM) de rentrer au bercail.

Campée sur ses roues de 18 pouces (19 en option), la Regal n'est jamais préoccupée par les accidents de terrain. Ainsi chaussée, elle aborde avec un certain aplomb les virages en lacets tout comme les dégradations du revêtement. De telles conditions font ressortir la robustesse de la carrosserie, épargnée de tout bruit suspect. La direction est précise et dépourvue de tout effet de couple.

Ce comportement routier fidèle aux origines germaniques de la Regal est cependant légèrement assombri par un intérieur qui souffre notamment d'une habitabilité mesurée sous certains rapports. Ainsi, la Regal est une quatre-places, étant donné qu'un passager assis au milieu à l'arrière ne saura plus où donner de la tête. Pour les jambes, on a partiellement évidé les dossiers des places avant afin d'améliorer l'espace offert. Il faut aussi s'assurer de ne pas se heurter la tête sur le pavillon en prenant place à l'arrière, et même à l'avant, du côté passager. C'est le prix à payer pour cette ligne très flatteuse de faux coupé qui limite aussi énormément la surface vitrée. La lunette arrière haute et étroite oblige à faire preuve de prudence en marche arrière. Une fois au volant, on apprécie les sièges aux formes bien étudiées, l'excellente position de conduite, la finition irréprochable et la facilité d'utilisation du GPS.

Comme d'autres modèles avant elle, la Buick Regal s'inscrit dans le programme de redressement mis en place par General Motors à la suite de ses mésaventures financières d'il y a deux ans. Lentement, mais sûrement, le géant se réveille et semble avoir trouvé ce qui lui faisait rudement défaut dans ses créations anciennes, c'est-à-dire cette qualité tant réelle que visuelle qui émane de ses produits. Depuis longtemps, on reprochait au constructeur américain de ne pas s'inspirer suffisamment de ses filiales européennes et principalement allemandes. Avec la Buick Regal, on l'a finalement fait, et le résultat est on ne peut plus louable.

JACQUES DUVAL

Prix
31 990 à 34 990 $
Transport et préparation
1450 $

+ Héritage européen perceptible
+ Bon comportement routier
+ Moteur turbo souhaitable
+ Confort notable

− Nom disgracieux
− Moteur de base peu puissant
− Habitabilité mesurée
− Visibilité arrière atroce

Consommation ville − route (L/100 km)
12,5 − 8 (2,4 l)
11,8 − 7,5 (turbo 2,0 l)
8,5 − 5,9 (Hyb)

2012 **Nouveautés**
Version sportive GS
Motorisation hybride eAssist

Principales concurrentes
Acura TSX, Lexus IS,
Volvo S60, Volkswagen CC

Garanties de base – motopropulseur (an/km)	4/80 000 – 5/160 000
Marge de profit du concessionnaire (%)	10,37
Essence recommandée	ordinaire
Carrosserie	berline 4 portes
Lieu d'assemblage	États-Unis
Valeur résiduelle	moyenne
Fiabilité présumée	inconnue
Renouvellement du modèle	
Ventes 2010 Québec	non commercialisée

Technique

Dimensions et volumes

Empattement (mm)	2685
Longueur (mm)	4671
Largeur (mm)	1815
Hauteur (mm)	1484
Volume intérieur passager (L)	2690
Volume du coffre (min. – max.) (L)	396
Réservoir de carburant (L)	57
Fourchette de poids (kg)	1497

Châssis

Mode	traction
Suspension av. – arr.	indépendante
Freins av. – arr.	disques
Capacité de remorquage (max.) (kg)	454
Diamètre de braquage (m)	11
Pneus	225/50R17, 235/45R18 (option)

Performances

Modèle à l'essai

Modèle à l'essai	Verano
Moteur	L4 DACT 2,4 litres 16s
Puissance (ch. à tr/min)	177 – 6200
Couple (lb-pi à tr/min)	170 – 4800
Rapport poids/puissance	8,45 kg/ch
Transmission	automatique 6 rapports
Accélération 0-100 km/h (sec.)	9,4
Reprise 80-115 km/h (sec.)	6,2
Distance de freinage 100-0 km/h (m)	40 (estimé)
Niveau sonore à 100 km/h	bon
Vitesse maximale (km/h)	190
Consommation lors de l'essai (L/100 km)	8,8
Gaz à effet de serre (tonnes métriques)	6,3
Autres moteurs	aucun
Autres transmissions	aucune

Protection collision

Frontale conducteur/passager	non évaluée
Latérale avant/arrière	non évaluée
Capotage 2rm/4rm	non évaluée

Buick
VERANO

LE GÉNÉRAL A FAIT SES DEVOIRS

Il y a 30 ans maintenant apparaissaient sur nos routes cinq interprétations très semblables d'une seule et même voiture. Chez Buick, c'était la Skyhawk qui tentait de se faire valoir, aux côtés des Cavalier, J2000, Firenza et Cimarron. Trop de variantes, trop peu de différences. Il en est résulté un échec plus ou moins cuisant pour certaines d'entre elles.

Trois décennies plus tard donc, deux de ces marques ne sont plus et General Motors s'apprête à utiliser à nouveau la plateforme de sa populaire compacte Chevrolet comme base pour une version plus cossue chez Buick. Toutefois, la comparaison s'arrête là, puisqu'on semble avoir tiré des leçons des événements des dernières années. Certes, la Cruze est bien née, mais on ne s'est pas contenté de lui greffer une calandre scintillante et un emblème à trois boucliers pour en faire une Verano. Celle-ci est légèrement plus longue, plus large et plus haute que la Chevrolet. Seul l'empattement est identique, trahissant leur lien. Sous sa robe garnie de chrome se trouve d'ailleurs une mécanique plus costaude, afin que le ramage s'apparente au plumage.

Les lignes sont élégantes, sans qu'elles soulèvent la passion ou qu'elles laissent croire à un quelconque tempérament sportif. Ce n'est pas la vieille Buick soporifique qu'avait jadis votre grand-tante, mais disons qu'elle s'attaque davantage à Lexus qu'à BMW. Ce sont les services du quatre-cylindres Écotec de 2,4 litres qui ont été retenus pour mouvoir la Verano, avec un intéressant compromis de frugalité et de performance. Ses 177 chevaux et 170 livres-pieds de couple sont arrimés à une transmission automatique à six rapports, la seule offerte. Si cette cavalerie vous paraît timide, il faudra attendre la venue prochaine d'un autre moteur quatre cylindres, d'une cylindrée de deux litres, mais turbocompressé cette fois.

Ce que Chine veut

Le rêve américain est loin derrière et ce sont aujourd'hui les Chinois qui voient leur quotidien changer à un rythme effarant. Ils consomment davantage et l'automobile n'y fait pas exception. Si on doutait il n'y a pas si longtemps de l'avenir de la bannière, il semble que Buick ait été sauvée par la Chine, qui en a fait une de ses marques favorites. Chose certaine : la Verano paraît très bien aux côtés des autres modèles Buick et n'a en aucun cas l'air de l'enfant pauvre, malgré son positionnement à l'entrée de la gamme. L'habitacle est élégant, et bien qu'on reconnaisse les grandes lignes de celui de la Cruze, les matériaux sont cossus et dégagent une impression de luxe.

Les caractéristiques vont au-delà de ce qui est visible. C'est le cas des joints de portes triples et du verre feuilleté acoustique qui, selon GM, fait de la Verano la berline compacte la plus silencieuse du marché. Comme il se doit, ce bébé Buick adoptera toutes les caractéristiques modernes qu'on s'attend de retrouver sur une berline de luxe qui doit faire sa place sur un marché fort compétitif. Au nombre

des commodités proposées se retrouvent notamment le contrôle de la température électronique à deux zones, le démarrage sans clé, les contrôles audio au volant, le frein de stationnement électronique, et j'en passe.

Cruze du dimanche

Détail intéressant: non seulement les sièges de cuir sont-ils chauffants, à l'instar du volant, mais comme ce dernier, ils seront activés automatiquement en démarrant le véhicule à distance si la température extérieure est inférieure à 7 °C. Même si on avait souhaité qu'un rouage intégral soit proposé, la Verano offerte dans une seule configuration à roues motrices avant devrait tout de même se montrer compétente durant la froide saison. Les freins à disques antiblocage aux quatre roues travaillent de concert avec l'antipatinage et le contrôle de stabilité pour garder la Verano et ses occupants sur le droit chemin. Si le pire advient, pas moins de 10 coussins gonflables se déploieront, le pédalier se rétractera pour éviter les blessures aux jambes du conducteur et le système OnStar communiquera automatiquement avec les services d'urgence. On peut donc dormir tranquille... pour peu qu'on soit passager.

Selon les promotions, les taux d'intérêt en vigueur et les groupes d'options proposés, il est certain que la Verano peut s'avérer un choix intéressant et fait clairement partie de l'histoire moderne de la marque. Elle a beau être davantage qu'une Chevrolet Cruze en robe de soirée, il n'en demeure pas moins que la concurrence nippone, et surtout allemande, a une longueur d'avance en matière de popularité et de renommée dans ce segment.

 DANIEL CHARRETTE

Prix
n.d.
Transport et préparation
1450 $

 + Données insuffisantes

 – Données insuffisantes

 Consommation ville – route (L/100 km)
9,9 – 6,7

 Nouveautés
2012 Nouveau modèle

 Principales concurrentes
Suzuki Kizashi,
Volkswagen Jetta

BUICK VERANO

183

À savoir

Garanties de base – motopropulseur (an/km)	4/80 000 – 5/160 000
Marge de profit du concessionnaire (%)	8,70
Essence recommandée	ordinaire, super (V)
Versions offertes	Base (2rm), TI (4rm), Familiale Sport, Familiale Sport TI (4rm), CTS-V
Carrosserie	berline 4 portes, familiale 5 portes, coupé 2 portes
Lieu d'assemblage	États-Unis
Valeur résiduelle	moyenne
Fiabilité présumée	bonne
Cycle de remplacement	2014
Ventes 2010 Québec	(+ 37 %) 671

Technique

Dimensions et volumes

Empattement (mm)	2880
Longueur (mm)	4866 (berl.), 4859 (fam.), 4789 (coup.)
Largeur (mm)	1842 (berl., fam.), 1883 (coup.)
Hauteur (mm)	1472 (berl.), 1502 (fam.), 1422 (coup.)
Volume intérieur (L)	2775 (berl. fam.), 2452 (coup.)
Volume du coffre (min. – max.) (L)	385 (berl.), 720 – 1523 (fam.), 298 (coup.)
Réservoir de carburant (L)	68
Fourchette de poids (kg)	1744 à 1915
Répartition du poids av.- arr. (%)	51 – 49 (2rm), 52 – 48 (4rm), 54 – 46 (V)

Châssis

Mode	propulsion (Base, V), intégral (TI)
Suspension av. – arr.	indépendante
Freins av. – arr.	disques
Capacité de remorquage (max.) (kg)	454
Diamètre de braquage (m)	10,66 (PA)/ 10,97 (TI, fam.)/11,55 (V)
Pneus	235/55R17 (3,0 l) 235/50R18 (3,6 l), 245/45R19 (opt. 3,6 l), 255/40R19 (av.) – 285/35R19 (arr.) (V)

Performances

Modèle à l'essai	CTS-V Coupé
Moteur	V8 compressé DACT 32s
Puissance (ch. à tr/min)	556 à 6100
Couple (lb-pi à tr/min)	551 à 3800
Rapport poids / puissance	3,44 kg / ch
Transmission	semi-automatique 6 rapports
Accélération 0-100 km/h (sec.)	4,3 (6,0 l), 6,5 (3,6 l) 7,53 (3,0 l)
Reprise 80-115 km/h (sec.)	2,8 (6,0 l), 4,1 (3,6 l) 5,2 (3,0 l)
Distance de freinage 100-0 km/h (m)	36 (V8), 38 (V6)
Niveau sonore à 100 km/h	bon
Vitesse maximale (km/h)	230 (V6), 307 (V8)
Consommation lors de l'essai (L/100 km)	14,3
Gaz à effet de serre (tonnes métriques)	10,5
Autres moteurs	V6 3,0 l (270 ch., 223 lb-pi), V6 3,6 l (318 ch. /275 lb-pi)
Autres transmissions	manuelle 6 rapports

Protection collision

Frontale conducteur/passager	bonne
Latérale avant/arrière	excellente
Retournement 2rm/4rm	bonne

CACHEZ CE LOGO QUE JE NE SAURAIS VOIR

Cette carrosserie lisse comme un galet où la lumière et les ombres se déplacent en douceur et sans rupture dévisse bien des cous sur son passage. Rien qu'en la regardant, en tournant autour, elle apparaît, suivant les angles, longiligne ou trapue, mais toujours puissante. L'agressive calandre impose aussi le respect. Son logo, beaucoup moins!

Oui, le style de cette Cadillac est splendide. Ses lignes brutales et brisées rehaussent son caractère délibérément choquant, excentrique plutôt qu'élégant, flamboyant plutôt que sobre. Mais la forme ici ne témoigne pas du fond. Pour cela, il faut prendre rendez-vous avec la version V et de son moteur V8 suralimenté par compresseur pour connaître le – bon – frisson.

Au démarrage, le moteur V6 3,6 litres émet une sonorité prometteuse qui, à vitesse stabilisée, se transforme en un gros ronron sourd. D'aucuns lui reprochent un caractère trop lisse, des montées en régime très linéaires et un manque de mordant. Mais, n'en déplaise aux esthètes, cette sculpture sur roues mérite mieux que le V6 3,6 litres.

Les temps d'accélération sont corrects, mais le poids de la structure (supérieur à celui de la berline éponyme) combiné à l'indolence de la boîte semi-automatique ne permet pas à ce coupé de fendre l'air avec l'aisance attendue. Après avoir découvert, un peu par hasard, que le levier de vitesses se duplique au volant, on a espoir d'aller plus vite encore, de tonifier les reprises : rien à faire. Seules les lamentations de la mécanique font illusion de plus grandes performances. Mieux vaut alors laisser le levier à la position D et ranger au vestiaire combinaison, casque et gants.

Outre son manque d'empressement, le principal reproche qu'on adressera à ce moteur porte sur la consommation, qui s'envole dès qu'on chatouille l'accélérateur. Ce solide appétit en hydrocarbures paraît plus alarmant encore face à la petitesse du réservoir de carburant (68 litres) du coupé qui lui procure une autonomie décevante.

Étant donné la nature plus GT (grand tourisme) que sportive de ce coupé, l'idée du groupe d'options Sport passe pour oiseuse. Il est vrai que la présence d'une suspension de « performance » (dixit Cadillac), avec notamment correction automatique d'assiette, direction à assistance variable et de pneumatiques aussi adhérents que du velcro, passe pour alléchante, mais à quoi bon, les performances de ce coupé relèvent plus du paon que du guépard.

La direction bien lestée et correctement amortie n'offre pas toute la finesse nécessaire pour découper les virages avec fluidité, tandis que la suspension (à l'avant surtout) manque de souplesse pour avaler les (trop nombreuses) aspérités de la chaussée québécoise. De plus, sur une route sinueuse, le coupé Cadillac manque d'agilité, vu son poids, et ne profite pas d'une répartition des masses aussi avantageuse que sur la berline du même nom. Le contrôle de stabilité électronique, lequel comporte un mode compétition, et la monte pneumatique

ne peuvent enrayer totalement, et à bon rythme, le sous-virage du train avant.

On ne change pas de décor

Si le dessin extérieur est envoûtant, la déconvenue point à l'intérieur avec un tableau de bord repris des autres modèles de la gamme CTS. Pour le (re)découvrir, il suffit de glisser les doigts dans l'entaille qui remplace les traditionnelles poignées de porte et de tirer les longues – et lourdes – portières. Et pour parer au dysfonctionnement des boutons-poussoirs qui remplacent les poignées intérieures, Cadillac double le mécanisme intérieur d'ouverture des portières à l'aide d'un système plus mécanique, comme en font foi les baguettes agrafées à la moquette.

Les baquets avant se révèlent confortables (quoiqu'un peu plus de support, surtout aux cuisses, serait apprécié) et les commandes bien disposées. En revanche, le compteur de vitesse manque de lisibilité en plus d'être drôlement gradué (30-60-90-120, etc.). Presque aucun rangement n'a été prévu dans l'habitacle, la visibilité arrière est plus que restreinte, comme les places d'ailleurs difficilement accessibles en raison du point d'ancrage inférieur de la ceinture de sécurité. Plutôt que de loger derrière la paroi intérieure de la carrosserie, celui-ci a été fixé contre le socle des baquets avant, au risque de faire trébucher tous les passagers condamnés à voyager à l'arrière.

Comme bien des coupés de son espèce, les places arrière du CTS coupé sont symboliques. Elles rassurent seulement l'acheteur qui veut conserver la possibilité de places de dépannage. Soit, leur mérite réside plutôt dans la possibilité de les rabattre pour augmenter autant que possible le volume minimaliste du coffre (298 litres). Hélas, il n'y a aucune tirette pour faire tomber les dossiers.

Les plus irréductibles des cadillacistes (si le terme existe) ne parleront pas de défauts, mais de traits de caractère. Il n'est pas certain que les nouveaux convertis partageront cet avis.

ÉRIC LEFRANÇOIS

Prix
40 610 à 72 720 $
Transport et préparation
1550 $

+ Silhouette enivrante
+ Présentation soignée
+ Châssis rigide

– Consommation décevante
– Quelques détails à revoir (voir texte)
– Train avant engourdi par le sous-virage

Consommation ville – route (L/100 km)

14,1 – 9,3 (aut. V6)
14,7 – 9,4 (man. V6)
16,9 – 12,4 (man. V8)
19,3 – 12,9 (aut. V8)

Nouveautés
2012 Retouches esthétiques,
V6 de 3,6 litres plus puissant (+ 14 ch)
Groupe Tourisme haute performance
Système de détection latérale des objets

Principales concurrentes

Acura TL, Audi A4 /Avant/A5,
BMW Série 3/Touring/Série 5,
Infiniti G, Lexus CT/ IS/ES,
Mercedes Classe C, Volkswagen CC,
Volvo S60/XC70

CADILLAC CTS

185

À savoir

Garanties de base – motopropulseur (an/km)	4/80 000 – 5/160 000
Marge de profit du concessionnaire (%)	12,36
Essence recommandée	ordinaire
Versions offertes	Base, Base Hybride, ESV (allongé), EXT
Carrosserie	utilitaire sport 4 portes (7 à 8 places), camionnette 4 portes (EXT)
Lieu d'assemblage	États-Unis, Mexique (EXT)
Valeur résiduelle	médiocre
Fiabilité présumée	moyenne
Renouvellement du modèle	2014
Ventes 2010 Québec	(+ 36 %) 86 (Base), (+ 162 %) 42 (ESV), (+ 36 %) 30 (EXT)

Technique

Dimensions et volumes

Empattement (mm)	2946 (Base, Hyb), 3302 (ESV, EXT)
Longueur (mm)	5143 (Base, Hyb), 5660 (ESV), 5639 (EXT)
Largeur (mm)	2007 (Base, Hyb), 2010 (ESV, EXT)
Hauteur (mm)	1887 (Base, Hyb), 1916 (ESV), 1892 (EXT)
Volume intérieur passager (L)	3084 (Base, Hyb), 3890 (ESV), 2860 (EXT)
Volume du coffre (min. – méd. – max.) (L)	478 – 1707 – 3084 (Base, Hyb), 1298 – 2548 – 3891 (ESV)
Réservoir de carburant (L)	98 (Base), 92 (Hyb), 117 (ESV, EXT)
Fourchette de poids (kg)	2581 à 2729
Répartition du poids av. – arr.	48 – 52

Châssis

Mode	intégral
Suspension av. – arr.	ind. – essieu rigide
Freins av. – arr.	disques
Capacité de remorquage (max.) (kg)	2540 (Hyb), 3447 (EXT), 3492 (ESV), 3674 (Base)
Diamètre de braquage (m)	11,9 / 13,1 (ESV, EXT)
Pneus	265/65R18, 285/45R22 (Hyb, opt.)

Aptitudes hors route

Garde au sol min. (mm)	229 (Base, Hyb), 235 (ESV), 233 (EXT)
Angles d'approche/de rampe/de sortie (°)	16/n.d./22 (Base, ESV, Hyb), 16/n.d./20 (EXT)

Performances

Modèle à l'essai	Escalade (Base)
Moteur	V8 ACC 6,2 litres 16s
Puissance (ch. à tr/min)	403 à 5700
Couple (lb-pi à tr/min)	417 à 4300
Rapport poids / puissance	6,40 kg / ch
Transmission	automatique 6 rapports
Accélération 0-100 km/h (sec.)	7,64
Reprise 80-115 km/h (sec.)	5,46
Distance de freinage 100-0 km/h (m)	43,8
Niveau sonore à 100 km/h	bon
Vitesse maximale (km/h)	190
Consommation au cours de l'essai (L/100 km)	15,7
Gaz à effet de serre (tonnes métriques)	11,2
Autres moteurs	V8 hybride 6,0 l (332 ch., 367 lb-pi)
Autres transmissions	aut. 4 rapports (Hyb)
Hybride – Distance en mode élect. (km)	0,2
Hybride – Vitesse max. en mode élect. (km/h)	50

Protection collision

Frontale conducteur/passager	excellente
Latérale avant/arrière	excellente
Capotage 2rm/4rm	moyenne

Cadillac
ESCALADE / ESV / EXT

LE *KING DU BLING* EST DE RETOUR

On aurait cru, avec la montée en flèche des prix de l'essence et la baisse de popularité des grands VUS, que Cadillac diminuerait ses ardeurs dans la production de la très grande (et grosse) Escalade. Mais non! Le véhicule, qu'on pourrait affubler du titre plus ou moins honorable de *king du bling*, tant il y a du chrome et des ornements, est de retour dans sa version presque intégrale cette année.

Cela veut donc dire que Cadillac continue de nous proposer son Escalade dans sa version familiale standard (n'oublions pas que la caisse de l'Escalade est semblable à celles des Chevrolet Tahoe et GMC Yukon) avec le moteur traditionnel ou avec la configuration hybride, dans sa version allongée ESV (basée, elle, sur la Chevrolet Suburban, mais sans la possibilité de la configuration hybride) et dans la version ESV (basée sur la Chevrolet Avalanche, toujours sans configuration hybride).

Donc, on aura compris que ces paquebots de la route sont tous mus par un V8 semblable, un moteur à essence à culbuteurs (avec arbre à cames central) de 6,2 litres faisant 403 ch, mais surtout 417 livres-pieds de couple! Celui-ci est combiné à une boîte automatique à six rapports. Seule la version familiale de base peut être équipée de l'option hybride qui consiste en un V8 un peu plus petit de six litres. Mais il est combiné à une boîte de vitesses automatique incluant les éléments électriques et quatre vitesses mécaniques. Voilà une option d'une dizaine de milliers de dollars. Mais pourrait-on vraiment économiser autant d'argent en essence? Il faudra y mettre le temps!

L'Escalade, c'est la finition de grand luxe, surtout avec la version Platinum. Ce ne sont pas les éléments de chrome qui manquent! Cependant, il faut admettre que l'Escalade, et surtout la version ESV allongée, est le véhicule idéal pour les services de limousine. On y grimpe très facilement grâce aux marchepieds et on y trouve beaucoup d'espace intérieur (vous jetterez un coup d'œil au tableau de bord et me direz si je me trompe en qualifiant ce véhicule de *king du bling* !) L'Escalade n'a que peu de concurrents directs, si ce n'est le Lexus LX 570 et surtout le Lincoln Navigator. Toutefois, ce dernier propose plus de place pour les passagers de la troisième banquette dans sa version L (les Escalade traditionnelles et allongées ESV peuvent accueillir jusqu'à huit personnes à leur bord).

Grand voyageur...

Si l'Escalade n'est pas un champion en matière d'économie de carburant et si le véhicule n'est pas des plus maniables en ville, il demeure qu'il est très à l'aise sur les autoroutes, transportant ainsi ses passagers dans un grand confort. La conduite de cette camionnette est loin d'être celle d'une voiture de sport, mais sur de longues distances, elle est un charme à piloter. Derrière le volant, on a

l'impression de dominer la route. Le volant est relativement précis (compte tenu de la configuration du véhicule) et la visibilité très bonne. Le V8 de 6,2 litres est tout simplement étonnant. Seule ombre au tableau, le ronronnement des échappements du V8 est très perceptible dans l'habitacle et devient un grondement très audible lorsqu'on écrase l'accélérateur.

Si la version hybride vous intéresse, sachez que la propulsion électrique peut entrer souvent en action en situation urbaine, surtout si la route est en pente douce sur une certaine distance. Toutefois, dans tous les cas, pensez au coût des pneus d'hiver pour les Escalade. Et ce ne sont pas tous les manufacturiers de pneus qui fabriquent les dimensions originales des Escalade. Par contre, si vous êtes un adepte du caravaning, voilà peut-être le véhicule idéal pouvant combiner le remorquage (maximum de 2540 kg), et la conduite et la sécurité (incluant la traction intégrale) au luxe et au confort !

Tout semble indiquer que la gamme Escalade actuelle sera avec nous jusqu'en 2013-2014. En effet, GM n'aurait pas l'intention de (trop) transformer ses grands VUS pour le moment, question de reprendre son souffle après les récents événements. Toutefois, les rumeurs les plus sérieuses nous indiquent que la prochaine génération d'Escalade pourrait très bien reposer sur la caisse des actuels véhicules Lambda (Buick Enclave, Chevrolet Traverse, GMC Acadia) avec quelques modifications. On prévoit aussi y ajouter un V8 transversal (un élément mécanique déjà vu dans le passé sur les prototypes de Buick Enclave !). Donc, si vous prévoyez acheter un Escalade, allez-y. Le modèle ne changera pas encore avant un an ou deux !

ÉRIC DESCARRIES

Prix
79 910 à 95 080 $
Transport et préparation
1550 $

+ Grands signes de luxe
+ Bon véhicule routier
+ Traction intégrale

– Opulence évidente
– Encombrement en ville
– Hybride trop coûteux

Consommation ville – route (L/100 km)
19,6 – 12,6 (Base)
19,9 – 13 (ESV)
11,8 – 11,2 (Hyb)

2012 **Nouveautés**
Mise à jour du système de navigation
Groupe Habillage

Principales concurrentes
Infiniti QX, GMC Yukon Denali,
Lexus LX, Land Rover RR,
Lincoln Navigator, Mercedes GL

CADILLAC Escalade / ESV / EXT

À savoir

Garanties de base – motopropulseur (an/km)	4/80 000 – 5/160 000
Marge de profit du concessionnaire (%)	8,69 à 8,70
Essence recommandée	ordinaire
Versions offertes	Base, De luxe, Performance, De luxe Performance, Premium
Carrosserie	multisegment 5 portes
Lieu d'assemblage	Mexique
Valeur résiduelle	moyenne
Fiabilité présumée	moyenne
Renouvellement du modèle	2013
Ventes 2010 Québec	(+ 235 %) 674

Technique

Dimensions et volumes

Empattement (mm)	2807
Longueur (mm)	4833
Largeur (mm)	1910
Hauteur (mm)	1668
Volume intérieur passager (L)	2849
Volume du coffre (min. – max.) (L)	827 – 1732
Réservoir de carburant (L)	79,5
Fourchette de poids (kg)	1940 à 2015
Répartition du poids av.-arr. (%)	59 – 41 (2rm), 57 – 43 (4rm)

Châssis

Mode	traction, intégral
Suspension av. – arr.	indépendante
Freins av. – arr.	disques
Capacité de remorquage (max.) (kg)	1588
Diamètre de braquage (m)	12,2
Pneus	235/65R18, 235/55R20 (Turbo)

Aptitudes hors route

Garde au sol min. (mm)	179
Angles d'approche/de rampe/de sortie (°)	12/n.d./23

Performances

Modèle à l'essai	SRX Premium AWD (4rm)
Moteur	V6 DACT 3,0 litres 24s
Puissance (ch. à tr/min)	308 à 6800
Couple (lb·pi à tr/min)	265 à 2400
Rapport poids/puissance	6,54 kg/ch
Transmission	automatique 6 rapports
Accélération 0-100 km/h (sec.)	7,2
Reprise 80-115 km/h (sec.)	5,8
Distance de freinage 100-0 km/h (m)	39
Niveau sonore à 100 km/h	moyen
Vitesse maximale (km/h)	220
Consommation lors de l'essai (L/100 km)	11,9
Gaz à effet de serre (tonnes métriques)	8,5
Autres moteurs	V6 turbo 2,8 l (300 ch., 295 lb·pi), V6 3,6 l (300 ch., 260 lb·pi)
Autres transmissions	aucune

Protection collision

Frontale conducteur/passager	bonne
Latérale avant/arrière	excellente
Capotage 2rm/4rm	bonne

Cadillac
SRX

UNE ROUE DANS LA BONNE DIRECTION

La première mouture du SRX n'était pas vilaine. Seulement, elle n'intéressait personne. En fait, presque personne. Trop balourde, trop encombrante, trop assoiffée d'hydrocarbures. Cadillac a pris acte. La deuxième génération adopte une taille plus humaine et plus dynamique. Conséquence, il n'y a plus de troisième rangée de sièges ni de V8. Le SRX est maintenant mû par un V6 de 3,6 litres. Quant au V6 de trois litres, il prend sa retraite, alors que le V6 de 2,8 litres suralimenté par turbocompresseur se retrouve sous le capot de la version scandinave du SRX : le Saab 9-4x.

Le SRX de nouvelle génération a abandonné son architecture à roues arrière motrices dérivée de la CTS au profit de la traction. L'acheteur peut aussi opter pour un rouage intégral. L'assemblage du SRX est confié à l'usine General Motors de Ramos Arizpe au Mexique.

Des accessoires, le SRX en a un plein rayon. Sur le modèle de base par exemple, le baquet du conducteur profite déjà d'une mémoire et d'éléments chauffants, et les rétroviseurs sont à coloration automatique. De plus, cette Cadillac peut compter sur un système de communication et de dépannage Onstar (gratuit la première année seulement) ainsi qu'un chauffe-moteur...

Au chapitre de l'habitabilité et du rangement, Cadillac a encore du pain sur la planche pour s'affirmer dans son segment. Plusieurs de ses concurrents font mieux et ce, dans tous les domaines. Ceux-ci offrent généralement un habitacle plus accueillant, un espace utilitaire plus vaste et des rangements plus ingénieux que l'américain. La banquette arrière du SRX manque de moelleux et la garde au toit demeure un peu juste, surtout lorsque le véhicule a un aussi grand toit panoramique.

Sur le plan de l'ergonomie, il y a des plus et des moins. On reproche au Cadillac sa présentation trop chargée. En revanche, elle fait grande impression. Mais en y regardant de plus près, on déchante un peu. Le soin apporté aux détails, la qualité de certains matériaux et certains accostages peu précis choquent sur une marque réputée prestigieuse.

Pas mal quand même

Volontaire mais bruyant, le défunt V6 de trois litres donnait cette fausse impression de vélocité. Plus navrant encore, ce trois-litres américain consommait plus que certains moteurs de cylindrée supérieure. Cherchez l'erreur ! Pour y remédier, le SRX ouvre son capot cette année à un nouveau moteur, soit le V6 de 3,6 litres à injection directe qui a fait ses preuves dans la CTS. Développant 308 ch et offrant un couple prometteur de 265 livres-pieds à seulement 2400 tours/minute, il promet des accélérations aussi vives sinon meilleures que les 300 ch de l'ancien 2,8-litres turbo. Parmi les avantages du 3,6-litres, sa consommation d'essence ordinaire (ou du carburant mixte), alors que bon nombre de ses rivaux, dont le 2,8 turbo, exigent de l'essence super pour offrir leur plein rendement.

Battu en ligne droite, le SRX prend sa revanche sur un tracé sinueux. Sa direction peu démultipliée, plus directe donc, permet de l'inscrire aisément dans les virages et ses éléments suspenseurs veillent à contenir fermement les mouvements de caisse. Très sécurisante, la conduite de ce Cadillac ne dégage pas autant d'assurance qu'un X3 de BMW, mais tout même plus d'agrément que le MKX de Lincoln, sa cible avouée. En contrepartie, le SRX manque d'agilité dans les zones urbaines et son diamètre de braquage rend les manœuvres de stationnement particulièrement pénibles.

À trop favoriser (?) le comportement dynamique, Cadillac aurait-il oublié le confort qui, jadis, était sa marque de commerce? Chose certaine, elle lisse difficilement les imperfections de la chaussée. Toutefois, quand vient le moment de l'immobiliser, le SRX étonne favorablement. Il freine sur une distance étonnamment courte, mais aussi son système résiste mieux à l'échauffement.

Dans la neige, le rouage intégral du SRX fait preuve d'une plus grande efficacité (temps de réaction presque instantané entre la redistribution du couple entre les trains roulants). Le dispositif du Cadillac aurait sans doute été plus efficace encore si notre véhicule d'essai n'avait pas été chaussé de la monte (optionnelle) de 20 po... À noter qu'il existe aussi une version tractée (roues avant motrices) capable de bien se tirer d'affaire.

Bénéficiant d'une nomenclature de gamme bien définie et de nombreuses promotions (maintenant, il est possible d'opter pour la location comme mode d'acquisition), le SRX représente une bonne affaire. D'autant plus que sa garantie comprend les entretiens réguliers. En revanche, sa valeur résiduelle moins élevée et sa consommation d'essence plus importante lui font mal. Qu'à cela ne tienne, il représente un achat logique et qui ne manquera peut-être pas (comme nous en avons été témoins lors de nos essais) de faire saliver bien des voisins.

ERIC LEFRANÇOIS

Prix
42 000 à 54 580 $
Transport et préparation
1595 $

+ **Comportement routier**
+ **Équipement complet**
+ **Rouage intégral efficace**

– **Consommation**
– **Finition perfectible**
– **Manque d'agilité en milieu urbain**

Consommation ville – route (L/100 km)
13,1 – 9,4 (2rm)
13,8 – 10,2 (4rm)

2012 **Nouveautés**
V6 de 3,6 litres,
Retouches esthétiques

Principales concurrentes

Audi Q5, BMW X3,
GMC Terrain, Land Rover LR2,
Lexus RX, Lincoln MKX, Mercedes GLK/ML,
Volvo XC60, VW Touareg

CADILLAC SRX

189

À savoir

Garanties de base – motopropulseur (an/km)	3/60 000 – 5/160 000
Marge de profit du concessionnaire (%)	12,86
Essence recommandée	ordinaire
Versions offertes	LS, LT, LTZ
Carrosserie	camionnette 4 portes (5 places)
Lieu d'assemblage	Mexique
Valeur résiduelle	passable
Fiabilité présumée	bonne
Renouvellement du modèle	inconnu
Ventes 2010 Québec	(+ 54 %) 470

Technique

Dimensions et volumes

Empattement (mm)	3302
Longueur (mm)	5621
Largeur (mm)	2009
Hauteur (mm)	1946
Réservoir de carburant (L)	119
Fourchette de poids (kg)	2485 à 2708
Répartition du poids av.-arr. (%)	51 – 49 (2rm), 52 – 48 (4rm)

Châssis

Mode	propulsion, 4rm
Suspension av. – arr.	ind. – essieu rigide
Freins av. – arr.	disques
Capacité de remorquage (max.) (kg)	3583 (4rm), 3674 (2rm)
Diamètre de braquage (m)	13,1
Pneus	265/70R17 (LS, LT), 265/65R18 (opt.LS/LT), 275/55R20 (LTZ, opt. LT)

Aptitudes hors route

Garde au sol min. (mm)	230
Angles d'approche/de rampe/de sortie (°)	17/n.d./20

Benne

Longueur (mm)	1609 (Midgate fermée), 2493 (Midgate ouverte)
Profondeur (mm)	634
Largeur entre les puits de roue (mm)	1286
Volume utilitaire (L)	1289

Performances

Modèle à l'essai	Avalanche LTZ (4rm)
Moteur	V8 ACC 5,3 litres 16s
Puissance (ch. à tr/min)	320 à 5400
Couple (lb-pi à tr/min)	335 à 4000
Rapport poids / puissance	8,46 kg / ch
Transmission	semi-automatique 6 rapports
Accélération 0-100 km/h (sec.)	9,26
Reprise 80-115 km/h (sec.)	6,33
Distance de freinage 100-0 km/h (m)	43
Niveau sonore à 100 km/h	moyen
Vitesse maximale (km/h)	190
Consommation lors de l'essai (L/100 km)	14,7
Gaz à effet de serre (tonnes métriques)	10,6
Autres moteurs	aucun
Autres transmissions	aucune

Protection collision

Frontale conducteur/passager	excellente
Latérale avant/arrière	excellente
Capotage 2rm/4rm	moyenne

Chevrolet
AVALANCHE

VENTE DE GARAGE

Le Chevrolet Avalanche est l'exemple parfait de l'empire que GM avait développé il y a une dizaine d'années. En conjuguant les caractéristiques de la camionnette Silverado qui se vendait comme des pains chauds à celles des éléments structuraux du véhicule utilitaire Tahoe, les ingénieurs ont poussé le concept au maximum afin de solliciter les amants d'activités extérieures: motoneige, quad, pêche, chasse, rénovation, etc. Le public américain a aimé et il a acheté. Il existe même une version Escalade chez Cadillac. Sauf qu'au bout de dix ans, on se rend compte à quel point l'Avalanche a moins de sens maintenant et que le temps est peut-être venu de passer à autre chose.

Il n'y a rien à reprocher à l'Avalanche qu'on ne connaisse déjà, puisqu'il a peu changé au cours de cette décennie, sinon du point de vue du design. C'est le consommateur qui a changé, c'est notre société qui a apporté de profondes mutations. On peut toujours se procurer un Avalanche, mais il faut que ce soit pour le bon motif. Pour avoir une bonne conscience écologique, l'acheteur doit se convaincre qu'il en a un véritable besoin et que les litres de carburant qu'il brûlera ne seront pas dépensés en vain, juste pour aller faire l'épicerie!

Une classe et un moteur

Si on a connu l'époque des deux classes (1500 et 2500) et l'imposant V8 de 8,1 litres en prime, on a maintenant restreint la ligne à une seule proposition (1500) avec différentes versions et l'option du rouage à quatre roues motrices. Il se vend aujourd'hui cinq fois moins d'Avalanche que dans les bonnes années et il faudra regarder du côté des camionnettes traditionnelles si ce Chevy multidisciplinaire est incapable de remplir le mandat anticipé.

Quand on a le choix d'une seule motorisation, la recette veut qu'on choisisse ce qu'il y a de mieux sur les tablettes. Dans le cas présent, GM nous offre le V8 Vortec de 5,3 litres qui génère 320 fringants chevaux et un couple aussi prolifique de 335 livres-pieds. On lui a ajouté une boîte de vitesses à six rapports, assortie d'un mode de remorquage et d'une commande de changement manuel. La perle qui sommeille dans le différentiel arrière se nomme Eaton Locker, un procédé de blocage qui fait rougir certains systèmes à quatre roues motrices et qui harnache tout ce qu'il y a d'adhérence sur la route.

Toutefois, pour ceux qui insistent pour atteindre le chalet de pêche au bout du monde, le rouage intégral dispose d'une boîte de transfert à deux gammes de vitesses (basse et haute). Malgré une cartographie différente lorsque le mode 4RM Autotrac est engagé, ça consomme... mais vous pourrez ramener le chalet au bout d'une chaîne! À propos de remorquage, la capacité dépasse les 3500 kg. Il n'y a pas de problème à traîner une caravane de 30 pieds!

On a tellement démocratisé le luxe dans les véhicules utilitaires qu'on n'a plus l'impression d'être dans un tel véhicule dès qu'on monte à bord. On a le choix de la

sellerie en cuir pour les fauteuils avant et les trois places arrière, des appliques en bois et d'un système audio Bose, en plus d'une foule d'agréments de base. De quoi faire oublier qu'il s'agit d'une camionnette. Toutefois, dès qu'on tourne la clé (on tarde chez GM à introduire le départ par bouton poussoir dans le tableau de bord), on doit réaliser qu'on prend le volant d'un véhicule avoisinant les trois tonnes, ce qui commande un certain respect au freinage, surtout s'il est chargé à pleine capacité.

Le principe Midgate

Conçu pour un climat trois saisons, le système Midgate assure la modularité entre la benne et l'habitacle grâce à une cloison amovible qui s'abaisse entre les deux espaces et permet d'allonger la longueur de la benne à 8 pi. Bref, s'il fait assez beau ou chaud, on pourra rabattre cette cloison sans problème et augmenter d'autant la capacité de charge. Mais à moins 30 °C, il vaudrait mieux garder la cloison à sa place et l'habitacle bien au sec! En été, il est agréable de rouler sans la cloison pour profiter des vents chauds et tourbillonnants dans l'habitacle. Mais, gare à vos papiers!

Même si GM s'est sorti *in extremis* de la faillite il y a deux ans et que les ventes augmentent régulièrement chaque trimestre, force est d'admettre que les beaux jours de l'Avalanche sont derrière lui et qu'il faudra que GM trouve de nouvelles solutions à court terme. L'Avalanche et sa polyvalence seront peut-être emportés dans cette mouvance. Mais entre-temps, pour faire tourner l'usine de Silao, au Mexique, on l'offrira à prix d'ami ou d'employé, sachant fort bien que le consommateur est conscient de la facture d'énergie fossile qui accompagne inévitablement ce genre de véhicule.

Revenons à la case départ: si vos besoins peuvent justifier un tel achat, vous aurez entre les mains un véhicule unique.

MICHEL POIRIER-DEFOY

Prix
42 480 à 58 490 $
Transport et préparation
1450 $

+ Sa fiabilité et son confort
+ Le système Midgate
+ Sa capacité de remorquage

− Véhicule en fin de carrière
− Sa dépense énergétique
− Le coût élevé de la version LTZ

Consommation ville – route (L/100 km)
16,8 – 11,8 (5,3 l)

Nouveautés
Système audio avec écran tactile de 7po et disque dur de 80 Go

Principales concurrentes

Cadillac EXT, Chevrolet Silverado, Ford F-150, GMC Sierra, Honda Ridgeline, Nissan Titan, Ram 1500, Toyota Tundra

À savoir

Garanties de base – motopropulseur (an/km)	3/60 000 – 5/160 000
Marge de profit du concessionnaire (%)	10,37 à 10,38
Essence recommandée	ordinaire, super (ZL1)
Versions offertes	1LS, 2LS, 1LT, 2LT, 1SS, 2SS, ZL1
Carrosserie	coupé 2 portes, cabriolet 2 portes
Lieu d'assemblage	Canada
Valeur résiduelle	excellente
Fiabilité présumée	moyenne
Renouvellement du modèle	inconnu
Ventes 2010 Québec	(+ 38 %) 567

Technique

Dimensions et volumes

Empattement (mm)	2852
Longueur (mm)	4836
Largeur (mm)	1918
Hauteur (mm)	1376 (coupé), 1389 (cab.)
Volume du coffre (min. – max.) (L)	320 (coupé), 222 – 290 (cab.)
Réservoir de carburant (L)	72
Fourchette de poids (kg)	1691 à 1867
Répartition du poids av.-arr. (%)	52 – 48 (coupé), 48 – 52 (cabriolet)

Câssis

Mode	propulsion
Suspension av. – arr.	indépendante
Freins av. – arr.	disques
Capacité de remorquage	non recommandé
Diamètre de braquage (m)	11,3 (19 po) / 11,5 (20 po)
Pneus	245/55R18 (LS, LT), 245/50R19 (opt. LT), 245/45R20 (av.) – 275/40R20 (arr.) (SS, ZL1, opt. LT)

Cabriolet

Temps ouverture – fermeture du toit (sec.)	20 – 20
Décapoter en roulant	oui (8 km/h)

Performances

Modèle à l'essai	Camaro LT
Moteur	V6 DACT 3,6 litres
Puissance (ch. à tr/min)	323 à 6800
Couple (lb-pi à tr/min)	278 à 4800
Rapport poids / puissance	5,6 kg/ch
Transmission	semi-automatique 6 rapports
Accélération 0-100 km/h (sec.)	7,1 (V6) 6,14 (SS)
Reprise 80-115 km/h (sec.)	3,4 (V6) 4,04 (SS)
Distance de freinage 100-0 km/h (m)	34,8
Niveau sonore à 100 km/h	passable
Vitesse maximale (km/h)	255 (V8), 230 (V6)
Consommation lors de l'essai (L/100 km)	11,5
Gaz à effet de serre (tonnes métriques)	8,3
Autres moteurs	V8 6,2 l (426 ch., 420 lb-pi) (man.), V8 6,2 l (400 ch., 410 lb-pi) (aut.), V8 comp. 6,2 l (550 ch., 550 lb-pi) (ZL1)
Autres transmissions	man. 6 rapports

Protection collision

Frontale conducteur/passager	bonne
Latérale avant/arrière	excellente
Capotage 2rm/4rm	excellente

Chevrolet
CAMARO

MEILLEURE QU'UNE BMW M3?

Sans avoir pu détrôner la légendaire Ford Mustang lors de nos essais comparatifs consacrés il y a deux ans aux trois coupés sport émanant de Detroit, la Chevrolet Camaro a tout de même offert de bonnes prestations. Par contre, si l'on tente le même exercice avec les deux versions cabriolet existantes, la représentante de GM prend du recul sur son éternelle rivale. Il faut alors montrer du doigt sa ceinture de caisse très élevée qui, à cause d'une faible surface vitrée, rend l'habitacle désagréable, voire carrément insupportable si vous souffrez de claustrophobie.

On se sent vraiment enfermé avec une visibilité approximative vers l'extérieur, une situation qui s'amplifie si d'aventure la voiture possède un intérieur noir. Le tableau de bord et la console centrale cultivent la note rétro: on aime ou on n'aime pas. Reprenant un thème des anciennes versions SS, la Camaro d'aujourd'hui privilégie l'instrumentation, avec pas moins de quatre cadrans placés sur la console centrale qui, par leur emplacement, ne sont pas faciles à consulter. L'ampèremètre est là, tout comme les manomètres de pression et de température de l'huile, et même celui de la température de l'huile de la transmission. Pour en finir avec le tableau de bord, les deux gros boutons servant à régler les différents paramètres de la chaîne audio sont d'un goût discutable et semblent sortir tout droit d'un «boom box» acheté en solde.

La Camaro cabriolet mise à l'essai était, sur le plan mécanique, un duplicata du coupé conduit l'an dernier. La voiture était judicieusement dotée du moteur V6 de 3,6 litres et 323 ch (le meilleur choix) et de la transmission automatique à six rapports contrôlée soit par le levier sur la console ou par les palettes derrière les branches centrales du volant. Ce choix est une combinaison gagnante et fait paraître la Camaro plus équilibrée, spécialement avec ses jantes de 19 po et ses pneus à taille basse. Aussi bien vous le dire tout de suite, le confort s'en trouve altéré et la LT2 m'est apparue moins conciliante que le coupé essayé l'an dernier sur nos chères routes dévastées. Tout en se faisant secouer, on note cependant un côté plus joyeux de la voiture, soit la rigidité de son châssis. Même avec le toit ouvert, tout paraît solide et le ballottement du pare-brise souvent associé aux cabriolets a été maîtrisé par les ingénieurs. D'ailleurs, GM a beaucoup travaillé pour solidifier le châssis avec de multiples renforts disséminés un peu partout.

Meilleure que la M3
Évidemment, les nostalgiques de l'époque des «muscle cars» se précipiteront sur la version SS avec son V8 de 6,2 litres qui, avec ses 426 ch, donne des ailes à la Camaro. On va même jusqu'à dire que la voiture possède une meilleure rigidité en

torsion que le cabriolet BMW de Série 3. On ne dira pas cependant que la capote de la Camaro est plus difficile à manier que celle de sa «rivale» allemande. Il faut d'abord s'assurer de tirer une toile logée dans le coffre à bagages, de déverrouiller le loquet, de remettre la poignée à sa position originale et, enfin, d'appuyer sur un basculeur qui permettra à un moteur électrique de faire disparaître la capote. Disons qu'on a déjà vu mieux. Sachez aussi que la banquette arrière n'offre que des places de secours pour des adultes «consentants» et que le coffre perd de son volume, une fois la capote enlevée.

Comme tous les cabriolets, la Chevrolet Camaro s'apprécie beaucoup mieux lorsqu'elle a retiré son couvre-chef. En roulant à ciel ouvert, elle nous fait mieux aimer la précision de sa direction, son comportement routier soigné et, réjouissons-nous, la belle sonorité de son moteur V6. Les performances sont largement suffisantes, au point où «le V6 a bien meilleur goût», comme je l'avais écrit l'an dernier. Avec le moteur V8, la voiture a tendance à sous-virer plus que de raison et n'offre pas tout à fait le même agrément de conduite.

En conclusion, il faut s'assurer de conduire la Camaro avant de s'en porter acquéreur. Car on doit être jeune ou jeune d'esprit pour en savourer les qualités et accepter ses contrariétés.

JACQUES DUVAL

Prix
26 995 à 49 295 $
Transport et préparation
1450 $

+ **Caisse solide**
+ **Performances satisfaisantes**
+ **Bonne tenue de route**
+ **Excellente transmission**

– **Mécanisme de toit perfectible**
– **Visibilité atroce**
– **Banquette arrière de secours**
– **Suspension désagréable sur route cabossée**

Consommation ville – route (L/100 km)
13,8 – 8,1 (man. 3,6 l)
13,2 – 8,2 (aut. 3,6 l)
14,8 – 9,9 (man. 6,2 l)
15 – 9,5 (aut. 6,2 l)

Nouveautés

Cabriolet dévoilé au cours de la dernière année
Version ZL1 (550 ch.)
2012 V6 3,6 l plus puisant
Groupe 45e anniversaire
Caméra arrière, Bluetooth de série
Tableau de bord redessiné
Aileron de série

Principales concurrentes

Audi A5, Dodge Challenger,
Ford Mustang, Honda Accord Coupé,
Hyundai Genesis Coupé, Infiniti G,
Nissan Altima Coupé

CHEVROLET CAMARO

193

À savoir

Garanties de base – motopropulseur (an/km)	3/60 000 – 5/160 000
Marge de profit du concessionnaire (%)	16,82
Essence recommandée	ordinaire, super (Z06, ZR1)
Versions offertes	Base, Grand Sport (GS), Z06, ZR1
Carrosserie	coupé 2 portes, cabriolet 2 portes
Lieu d'assemblage	États-Unis
Valeur résiduelle	bonne
Fiabilité présumée	bonne
Renouvellement du modèle	2013
Ventes 2010 Québec	(+ 104 %) 54

Technique

Dimensions et volumes

Empattement (mm)	2685
Longueur (mm)	4435, 4460 (GS, Z06), 4476 (ZR1)
Largeur (mm)	1844, 1928 (GS, Z06), 1929 (ZR1)
Hauteur (mm)	1244, 1236 (GS, Z06, ZR1)
Volume intérieur passager (L)	1475
Volume du coffre (min. – max.) (L)	634 (coup.), 212/295 (cab.)
Réservoir de carburant (L)	68,1
Fourchette de poids (kg)	1455 (coup.), 1461 (cab.), 1502 (coup. GS), 1492 (cab. GS), 1440 (Z06), 1512 (ZR1)
Répartition du poids av. – arr. (%)	51 – 49, 50 – 50 (Z06)

Châssis

Mode	propulsion
Suspension av. – arr.	indépendante
Freins av. – arr.	disques
Capacité de remorquage	non recommandé
Diamètre de braquage (m)	12
Pneus	245/40R18 – 285/35R19, 275/35R18 – 325/30R19 (GS, Z06), 285/30R19 – 335/25R20 (ZR1, opt. Z06)

Cabriolet

Temps ouverture – fermeture du toit (sec.)	20 – 20
Décapoter en roulant	non

Performances

Modèle à l'essai	Corvette ZR1
Moteur	V8 suralimenté ACC 6,2 litres 16s
Puissance (ch. à tr/min)	638 à 6500
Couple (lb-pi à tr/min)	604 à 3800
Rapport poids/puissance	2,36 kg/ch
Transmission	manuelle 6 rapports
Accélération 0-100 km/h (sec.)	3,4 (ZR1), 3,8 (Z06), 4,3 (GS)
Accélération 0-160 km/h (sec)	6,9 (ZR1), 7,9 (Z06), 9,6 (GS)
Accélération 0-200 km/h (sec.)	10,3 (ZR1), 11,9 (Z06), 14,8 (GS)
Reprise 80-115 km/h (sec.)	1,7 (ZR1), 1,9 (Z06), 2,4 (GS)
Distance de freinage 100-0 km/h (m)	30,5 (ZR1), 33 (GS)
Niveau sonore à 100 km/h	passable
Vitesse max. (km/h)	330 (ZR1), 320 (Z06), 305 (GS)
Consommation lors de l'essai (L/100 km)	15,7
Gaz à effet de serre (tonnes métriques)	11,3
Autres moteurs	V8 6,2 l (430 ch., 424 lb-pi), V8 6,2 l (436 ch., 428 lb-pi) (GS), V8 7,0 l (505 ch., 470 lb-pi) (Z06)
Autres transmissions	semi-auto. 6 rapports (Base, Grand Sport, Z06)

Protection collision

Frontale conducteur/passager	non évaluée
Latérale avant/arrière	non évaluée
Capotage 2rm/4rm	non évaluée

Chevrolet
CORVETTE

EN ATTENDANT LA C7...

Qu'on le veuille ou non, la Chevrolet Corvette demeure une icône de l'industrie automobile, au même titre que les Porsche, les Ferrari ou les Aston Martin. Ce n'est pas parce qu'elle est conçue et construite par une marque aussi populaire que Chevrolet qu'elle ne devrait pas être considérée comme une des autos sport ou de grand tourisme les plus spectaculaires au monde. Qui plus est, elle est aussi une des plus fiables!

La Chevrolet Corvette est donc de retour cette année sans grands changements, tout simplement parce que, dans son format actuel, elle remplit bien son rôle, quel que soit le modèle choisi. D'accord, la ZR-1 reste la plus spectaculaire des Corvette jamais construites alors que la Z06 est presque aussi performante, mais sachez que dans sa version dite «de base», son vénérable V8 de 6,2 litres (une extrapolation moderne du «small block» Chevrolet lancé en 1955) développe pas moins de 430 ch! Il gagnera six chevaux-vapeur supplémentaires avec des échappements facultatifs. Dans sa version de sept litres (de la Z06), il fait quelque 505 ch, alors que sous le capot (avec fenêtre!) de la ZR-1, grâce à un compresseur mécanique, il va en chercher 638!

Évidemment, la ZR-1 n'est pas pour tout le monde. Et même le plus expérimenté des automobilistes aura de la difficulté à en sortir toute la puissance. C'est donc le pilote canadien Ron Fellows qui nous a démontré tout le potentiel de cette auto à moteur avant et à propulsion sur la piste d'essai de Michelin, en Caroline du Sud. Ron Fellows a déjà gagné la deuxième course NASCAR à s'être déroulée à Montréal en plus de mener l'équipe Corvette à la victoire dans sa catégorie dans plusieurs séries, incluant les 24 Heures du Mans. Les Corvette, il connaît cela. Ron Fellows possède même une école de pilotage de telles voitures aux États-Unis. Il sait donc maîtriser la bête et il a même réussi à déjouer tous les systèmes électroniques d'équilibre de la Corvette pour la mettre en dérapage contrôlé. Notons que la ZR-1 vient d'usine avec des pneus Michelin de très haute performance, car il s'agit ici d'une auto qui peut atteindre les 330 km/h. Fellows n'a donc eu aucune difficulté à faire grimper le compteur de vitesse au-dessus des 200 km/h sur le petit circuit sinueux. Et il s'agissait d'une voiture d'usine. Décidément, pour la moitié du prix de voitures exotiques européennes de même calibre, la Corvette sait très bien se défendre. Mais à quand la reconnaissance du grand public?

La machine à rumeurs

Depuis des années, la Corvette est devenue le sujet principal du moulin à rumeurs

des amateurs de la marque. Dès le milieu des années 1960, l'écho le plus persistant voulait que la voiture soit éventuellement reconfigurée pour recevoir un moteur central. Malgré les multiples prototypes présentés au public, rien de cela ne s'est matérialisé. Déjà, GM a annoncé que la prochaine Corvette, la C7, ne sera pas non plus à moteur central et qu'elle serait plutôt une version évolutionnaire de l'actuelle C6 (qui est elle-même une extrapolation de la C5). Toutefois, d'autres rumeurs, mieux fondées celles-là, nous indiquent que la prochaine Corvette (2013?) pourrait être mue par un nouveau V8 «small block» d'environ 5,5 litres développant quelque 440 ch. Il pourrait même y avoir une version de la Corvette mue par un V6 turbocompressé (ce genre de moteur peut développer autant de puissance que les V8 de base actuels!), une boîte de vitesses à double embrayage, voire la traction intégrale (l'actuelle boîte de vitesses combinée au pont arrière reviendrait alors derrière le moteur).

Évidemment, Chevrolet devra voir à ce que la prochaine Corvette consomme beaucoup moins (quoique l'actuelle Corvette n'est pas si mal sur autoroute, compte tenu de son puissant V8, avec une consommation de 9,1 L/100 km). Il ne resterait plus qu'à redessiner la carrosserie en plastique renforcé (la principale caractéristique de la Corvette depuis son lancement, en 1953!) et surtout l'intérieur, qui commence à dater.

🚗 **ÉRIC DESCARRIES**

Prix
67 430 à 145 290 $
Transport et préparation
1550 $

+ **Puissance indéniable**
+ **Excellent rapport prix-performances**
+ **Tenue de route supérieure à bien des sportives**

– **Manque de confort**
– **Propulsion seulement**
– **Réputation à peaufiner**

Consommation ville – route (L/100 km)

14,9 – 9,1 (man. 6,2 l)
15,9 – 9,6 (aut. 6,2 l)
17,1 – 12 (man. 6,2 l suralimenté)
16,1 – 10 (man. 7 l)

Nouveautés
2012
Nouveaux pneus en option (ZR1, Z06)
Système PTM de série (ZR1, Z06)
Nouveaux sièges, nouveau volant
Système audio et GPS améliorés
Édition spéciale 100ᵉ anniversaire (Z06)

Principales concurrentes

Aston Martin Vantage/Virage,
Audi R8, BMW Série 6,
Ferrari California/Italia 458,
Lamborghini Gallardo,
Mercedes SL/SLS AMG, Nissan GT-R,
Porsche 911

CHEVROLET CORVETTE

À savoir

Garanties de base – motopropulseur (an/km)	3/60 000 – 5/160 000
Marge de profit du concessionnaire (%)	7,9 à 9,17
Essence recommandée	ordinaire
Versions offertes	LS, LS+, LT Turbo, LT Turbo+, LTZ Turbo, Eco
Carrosserie	berline 4 portes
Lieu d'assemblage	États-Unis
Valeur résiduelle	moyenne
Fiabilité présumée	moyenne
Renouvellement du modèle	2016
Ventes 2010 Québec	880

Technique

Dimensions et volumes

Empattement (mm)	2685
Longueur (mm)	4597
Largeur (mm)	1796
Hauteur (mm)	1479
Volume intérieur passager (L)	2679
Volume du coffre (L)	425, 436 (Eco)
Réservoir de carburant (L)	57
Fourchette de poids (kg)	1365 – 1441
Répartition du poids av. – arr. (%)	61 – 39

Châssis

Mode	traction
Suspension av. – arr.	indépendante
Freins av. – arr.	disques – tambours (LS, Eco), disques (LTZ, opt. LT)
Capacité de remorquage	non recommandé (Eco), 454
Diamètre de braquage (m)	10,8
Pneus	215/50R16 (LS, LT), 215/55R17 (Eco), 225/70R17 (LTZ), 235/45R18 (opt.)

Performances

Modèle à l'essai	Cruze LTZ
Moteur	L4 turbo DACT 1,4 litre 16s
Puissance (ch. à tr/min)	138 à 4900
Couple (lb-pi à tr/min)	148 à 1850
Rapport poids/puissance	9,89 kg/ch
Transmission	automatique 6 rapports
Accélération 0-100 km/h (sec.)	9,62
Reprise 80-115 km/h (sec.)	6,23
Distance de freinage 100-0 km/h (m)	37,5
Niveau sonore à 100 km/h	moyen
Vitesse maximale (km/h)	190
Consommation lors de l'essai (L/100 km)	7,7
Gaz à effet de serre (tonnes métriques)	5,7
Autres moteurs	L4 1,8 litre (136 ch., 123 lb-pi)
Autres transmissions	manuelle 6 rapports

Protection collision

Frontale conducteur/passager	excellente
Latérale avant/arrière	excellente
Capotage 2rm/4rm	bonne

Chevrolet
CRUZE

LE VRAI RÉVEIL DE GM

Soyons francs! GM n'a vraiment jamais été dans le coup avec son offre de voitures compactes, et cela, même si ce marché est le plus florissant au Canada. Il est certain qu'on a vendu des tonnes de Cavalier, de Sunbird ou de Cobalt, mais ce faisant, la réputation du géant américain a subi une importante dévalorisation. Quand Bob Lutz, ancien cadre de chez GM, parlait des échecs de sa propre compagnie, il pensait justement à ces compactes tristounettes sur lesquelles les journalistes spécialisés ne rataient jamais une occasion de se défouler. Lutz allait toutefois plus loin en les décrivant comme des «pieces of crap». Depuis ces jours sombres, le premier constructeur américain a réussi un redressement spectaculaire et propose désormais ce qu'on peut considérer comme des voitures honnêtes comparables aux plus belles réussites de la catégorie, telles la Corolla, la Focus, la Civic ou l'Elantra.

Que ce soit en matière d'habitabilité, de sécurité ou de consommation, la Cruze ne manque pas d'arguments. Elle possède le volume intérieur et, en version LTZ, l'équipement d'une voiture de format moyen avec l'économie d'une compacte et une sécurité inégalée dans sa catégorie grâce à pas moins de 10 coussins gonflables de série (contre 6 pour ses rivales). On voit très bien par exemple le proprio d'une Malibu passer à une Cruze sans trop avoir à faire de sacrifices. Comme motorisation, la Cruze se partage entre le quatre-cylindres Ecotec 1,4 litre turbo de 138 chevaux ou encore un moteur à aspiration normale de 1,8 litre et 136 chevaux. Comme son nom l'indique, le modèle Eco est axé sur l'économie d'essence. Même s'il reçoit le même 1,4 litre turbo, il bénéficie de petites astuces (rapports de boîte étudiés pour abaisser le régime moteur, pneus à faible résistance de roulement, jantes allégées, etc.).

La Cruze s'offre deux transmissions à six rapports, l'une manuelle et l'autre automatique, avec l'un ou l'autre des deux moteurs proposés. Rien de révolutionnaire du côté du freinage pour ces tractions, avec des disques à l'avant et des tambours à l'arrière (les disques arrière sont optionnels ou de série sur la LTZ), tandis que la direction à assistance électrique provient de la Cadillac CTS. Sa précision et sa rapidité se conjuguent pour que la voiture hérite d'un certain agrément de conduite sur des routes en lacets. La surprise vient de la suspension arrière qui fait abstraction des roues indépendantes en faveur d'un arrangement inédit avec un bras en Z qui, dixit GM, permet une économie d'espace et de poids tout en offrant des résultats similaires à une suspension indépendante. Une randonnée d'environ 1000 km au volant du modèle le mieux équipé (LTZ) avec transmission automatique à six rapports m'a fait bonne impression. Les pneus de 18 pouces ternissent quelque peu le confort, mais on y gagne un comportement routier qui n'est pas dépourvu d'agrément. La caisse est insensible aux bruits provoqués par nos revêtements dégradés, la position de conduite bénéficie de sièges accueillants et les places arrière sont très satisfaisantes. Le moteur répond vivement aux sollicitations de l'accélérateur et mes 10 jours au volant se sont traduits par une

consommation d'environ 9 litres aux 100 km. C'est un peu beaucoup, mais à sa décharge, précisons que notre LTZ était presque neuve.

Voiture internationale

Même si l'expression semble un peu trop galvaudée, GM la reprend à son compte en parlant de la Cruze comme d'une voiture internationale qui est vendue dans 130 pays. Sa mise au point est aussi le résultat d'une coopération entre les diverses filiales de General Motors, que ce soit en Europe avec Opel, en Asie avec Daewoo et aux États-Unis avec Chevrolet.

Mes deux essais de la compacte de GM m'ont permis de découvrir une voiture dont la qualité première est d'offrir la sensation d'une berline de luxe plus élaborée. On n'a vraiment pas l'impression de se trouver dans une petite voiture bon marché, sans doute en partie grâce à un tableau de bord d'une belle exécution et à une console centrale faisant appel à des matériaux très relevés. Une insonorisation impeccable contribue aussi à ce que le contact initial soit plutôt favorable. Les sièges sont bien conçus, la visibilité n'est aucunement gênée et l'ergonomie permet de s'y retrouver facilement dans les diverses commandes. Il est certain que la version LTZ essayée, la plus chère, courtise son conducteur avec une abondance d'équipement, mais il est intéressant de noter que le contrôle de la traction et le système de stabilité répondent présent, même dans les versions les moins chères. General Motors a-t-il finalement appris de ses erreurs passées et cette nouvelle compacte sera-t-elle en mesure de faire oublier ses déshonorables devancières? De prime abord, il semble que oui, et compte tenu de ses origines, on aurait tendance à croire qu'elle sera en mesure de défendre les arguments qu'elle préconise. Qui vivra verra!

 JACQUES DUVAL

Prix
14 995 à 24 780 $
Transport et préparation
1450 $

+ Belle exécution
+ Bon volume intérieur
+ Comportement routier louable

– Capot avant à béquille (même sur LTZ)
– Fiabilité encore inconnue

 Consommation ville – route (L/100 km)
9,9 – 6,7

Nouveautés
2012
Version Eco
Bouton de démarrage sans clé (LTZ)
Système de navigation avec écran tactile

Principales concurrentes

 Buick Verano, Ford Focus, Honda Civic, Hyundai Elantra, Kia Forte, Mazda3, Mitsubishi Lancer, Nissan Sentra, Subaru Impreza, Suzuki SX4/Kizashi, Toyota Corolla, VW Jetta

CHEVROLET CRUZE

197

Garanties de base –	
motopropulseur (an/km)	3/60 000 – 5/160 000
Marge de profit du concessionnaire (%)	10,37
Essence recommandée	ordinaire
Versions offertes	LS, LT
Carrosserie	berline 4 portes
Lieu d'assemblage	Canada
Valeur résiduelle	médiocre
Fiabilité présumée	bonne
Renouvellement du modèle	2014
Ventes 2010 Québec	(– 20 %) 1626

Technique

Dimensions et volumes

Empattement (mm)	2807
Longueur (mm)	5090
Largeur (mm)	1851
Hauteur (mm)	1491
Volume intérieur passager (L)	2959
Volume du coffre (min. – max.) (L)	527
Réservoir de carburant (L)	64
Fourchette de poids (kg)	1613
Répartition du poids av. – arr. (%)	61 – 39

Châssis

Mode	traction
Suspension av. – arr.	indépendante
Freins av. – arr.	disques
Capacité de remorquage (max.) (kg)	454
Diamètre de braquage (m)	11,6
Pneus	225/60R16 (LS), 225/55R17 (LT)

Performances

Modèle à l'essai	Impala LT
Moteur	V6 DACT 3,6 litres 24s
Puissance (ch. à tr/min)	287 à 6800
Couple (lb·pi à tr/min)	258 à 440
Rapport poids/puissance	5,62 kg/ch
Transmission	automatique 6 rapports
Accélération 0-100 km/h (sec.)	6,7 (estimé)
Reprise 80-115 km/h (sec.)	4,5 (estimé)
Distance de freinage 100-0 km/h (m)	39
Niveau sonore à 100 km/h	moyen
Vitesse maximale (km/h)	210
Consommation lors de l'essai (L/100 km)	11,5
Gaz à effet de serre (tonnes métriques)	8,3
Autres moteurs	aucun
Autres transmissions	aucune

Protection collision

Frontale conducteur/passager	excellente
Latérale avant/arrière	bonne
Capotage 2rm/4rm	bonne

Chevrolet
IMPALA

LA SOMBRE INCONNUE

La culture américaine a plusieurs expressions pour décrire un véhicule aussi traditionnel que la Chevrolet Impala: des mots comme «underdog» ou «dark horse». En français, on pourrait dire que c'est la «sombre inconnue». Pour bien des amateurs d'automobile, la Chevrolet Impala est la berline américaine typique et anonyme qui sert mieux le monde commercial ou officiel que les consommateurs. Ne répond-elle pas à la description d'une «sombre inconnue»? En effet, l'Impala est idéale pour les parcs automobiles, les flottes de taxis ou les corps policiers. Elle transporte alors l'image même de la voiture fiable et robuste. L'automobile en général doit-elle absolument être sportive et nerveuse? Ironiquement, l'Impala doit l'être, puisque c'est son image qui prime en NASCAR!

L'Impala est de retour en 2012 avec simplement quelques changements mécaniques. Elle sera aussi de retour en 2013, du moins pendant les premiers mois de l'année, puisqu'on n'anticipe pas de nouvelle Impala avant l'année modèle 2014. Donc, de base, l'Impala 2012 conservera sa vénérable plateforme, qui n'affiche pas moins que 20 ans d'histoire! Et la carrosserie de l'auto est toujours la même depuis... 12 ans! Pourtant, elle reste l'un des modèles les plus populaires de Chevrolet en Amérique du Nord, sinon le plus populaire.

Toutefois, il est important de noter que Chevrolet change la mécanique de la vénérable Impala pour 2012. En effet, partis sont les anciens V6 de 3,5 et de 3,9 litres et la bonne vieille boîte automatique à quatre rapports. Pour les remplacer, Chevrolet n'offrira plus que le V6 de 3,6 litres extrapolé du même moteur offert dans les Cadillac CTS, Buick Enclave et GMC Acadia. Et celui-ci sera combiné à la même boîte automatique à six rapports toujours rattachée à la traction avant. Cette nouvelle combinaison n'accordera pas seulement plus de puissance à l'Impala, mais aussi une meilleure économie de carburant.

Le secret de la réussite

Alors, si l'auto affiche une ligne vieillissante et une fiche technique plus ou moins traditionnelle, qu'est-ce qui pourrait attirer autant d'acheteurs vers l'Impala? Son habitabilité, sa fiabilité et son prix!

En effet, jetez un coup d'œil à l'intérieur de l'Impala et vous verrez ce qu'on veut dire. D'accord, le design du tableau de bord n'a rien de captivant. Il est plutôt très traditionnel, fade même. Mais ce tableau de bord est fonctionnel, proposant une instrumentation également traditionnelle, mais facile à consulter. La console centrale retient la radio et les commandes de la climatisation qui sont, elles aussi, faciles à manipuler. Les sièges avant sont confortables, mais ils n'ont rien des sièges d'une voiture sportive et, par conséquent, n'offrent que peu de support latéral. Saviez-vous qu'il est possible d'obtenir une banquette à trois places à l'avant? Le compartiment arrière de l'auto dévoile en grande partie la recette du succès de cette

auto. En effet, il est si vaste que trois adultes peuvent facilement y prendre place avec beaucoup d'espace pour les jambes. Et ceux qui doivent y installer un siège d'enfant en apprécieront tout le dégagement. Cependant, ne recherchez pas du style ou de la grande décoration. Malgré un bel assemblage et une belle présentation, il n'y a rien d'extraordinaire dans la finition de l'Impala. Un vrai taxi, quoi! Ah oui! Le coffre y est plutôt vaste et l'utilisateur de l'Impala peut même l'agrandir grâce aux coussins et dossiers arrière qui se replient comme dans un VUS afin d'offrir un long plancher plat! Cette caractéristique est standard avec la version de luxe, optionnelle avec les autres.

Facile à conduire

Évidemment, l'Impala n'est pas l'auto la plus excitante à conduire. Ses performances sont agréables, mais sa tenue de route demeure celle d'une grande berline de travail. Toutefois, l'auto est très facile et agréable à conduire sur de longues distances. La visibilité y est bonne, tout le tour. Et ce qui compte le plus, c'est que la consommation d'essence est raisonnable pour une auto de ce gabarit! Comment GM réussira-t-elle à reproduire le même succès avec la prochaine Impala? Selon les commentaires émis par Bryan Nesbitt, directeur du design de Chevrolet, la prochaine Impala pourrait jouer un rôle différent. Elle devrait se retrouver sur une plateforme identique à celle de l'actuelle Buick LaCrosse (qui servira aussi à la future Cadillac XTS). Toutefois, il y a peu de chance qu'elle rejoigne la plateforme des «nouvelles» Caprice de police qui, elles, seront des GM australiennes à propulsion semblables aux Pontiac G8 que nous avons déjà eues ici. GM sait-elle que la Ford Taurus de 2013 (directe concurrente de l'Impala) sera livrable avec un quatre-cylindres EcoBoost de près de 250 ch?

◉ **ÉRIC DESCARRIES**

Prix
27 325 à 28 305 $
Transport et préparation
1450 $

+ Intérieur très spacieux
+ Moteur plus moderne
+ Grand coffre

– Style qui commence à dater
– Peu de support latéral
  des sièges baquets
– Conduite banale

Consommation ville – route (L/100 km)
13 – 8

Nouveautés

2012

V6 de 3,6 litres,
Boîte automatique 6 rapports
Retouches esthétiques

Principales concurrentes

Dodge Charger, Ford Taurus

À savoir

Garanties de base – motopropulseur (an/km)	3/60 000 – 5/160 000
Marge de profit du concessionnaire (%)	7,99 à 10,37
Essence recommandée	ordinaire
Versions offertes	LS, LT, LT Platine, LTZ
Carrosserie	berline 4 portes
Lieu d'assemblage	États-Unis
Valeur résiduelle	moyenne
Fiabilité présumée	bonne
Renouvellement du modèle	nouveau modèle 2012
Ventes 2010 Québec	(+ 26 %) 3315

Technique

Dimensions et volumes

Empattement (mm)	2852
Longueur (mm)	4872
Largeur (mm)	1785
Hauteur (mm)	1450
Volume intérieur passager (L)	2766
Volume du coffre (min. – max.) (L)	427
Capacité du réservoir de carburant (L)	61
Fourchette de poids (kg)	1551 à 1577

Châssis

Mode	traction
Suspension av. – arr.	indépendante
Freins av. – arr.	disques
Capacité de remorquage (max.) (kg)	454 (V6), non recommandé (L4)
Diamètre de braquage (m)	12
Pneus	225/50R17 (LS), 215/55R17 (LT, Platine), 225/50R18 (LTZ, opt.)

Performances

Modèle à l'essai	Malibu LT Platine
Moteur	L4 DACT 2,4 litres 16s
Puissance (ch. à tr/min)	170 à 6200
Couple (lb-pi à tr/min)	158 à 5200
Rapport poids/puissance	9,18 kg/ch
Transmission	semi-automatique 6 rapports
Accélération 0-100 km/h (sec.)	10,44
Reprise 80-115 km/h (sec.)	7,52
Distance de freinage 100-0 km/h (m)	39,5
Niveau sonore à 100 km/h	bon
Vitesse maximale (km/h)	185
Consommation lors de l'essai (L/100 km)	9,9
Gaz à effet de serre (tonnes métriques)	7,2
Autres moteurs	V6 3,6 l (252 ch., 251 lb-pi), L4 hybride 2,4 l (182 ch., 172 lb-pi)
Autres transmissions	aucune

Protection collision

Frontale conducteur/passager	excellente
Latérale avant/arrière	excellente
Capotage 2rm/4rm	moyenne

Chevrolet
MALIBU

L'UNE PART, L'AUTRE ARRIVE

L'actuelle Chevrolet Malibu est probablement une des grandes réussites de GM. En effet, malgré son classicisme évident, cette auto «née» en 2007 est la voiture la plus populaire de GM en Amérique du Nord, croyez-le ou non. De plus, c'est une des berlines les plus recherchées des sociétés de location journalières non seulement pour son style, mais aussi pour sa fiabilité et sa robustesse.

La Malibu, avouons-le, est élégante et séduisante. Son intérieur est accueillant et son tableau de bord, une sorte de copie de celui des Chevrolet BelAir de 1957, est original et comporte une instrumentation facile à lire. Sauf pour un accès arrière un peu difficile, vu la ligne profilée du toit, le reste de l'auto présente un espace généreux, même pour les passagers arrière. Le coffre est vaste, malgré une ouverture un peu étroite.

La Malibu est encore plus agréable à conduire avec le moteur économique à quatre cylindres depuis que la boîte automatique à six rapports y est offerte. La consommation de carburant en est devenue plus raisonnable et les performances plus agréables. Malheureusement, la version dite Hybrid, qui se distinguait par un système au fonctionnement semblable à la configuration e-Assist toute nouvelle, n'a pas réussi sur le marché. Les dernières Malibu Hybrid ont donc été réservées au marché des véhicules à usage commercial. D'autre part, le conducteur aux aspirations plus sportives préférera le moteur V6 de 252 ch, mais cela changera sous peu.

Malibu 2013

Une nouvelle Malibu plus économique

En effet, General Motors nous prépare une toute nouvelle Malibu pour 2013, une voiture encore plus moderne, voire plus sportive (pourquoi, puisque la clientèle de ce type d'auto recherche la fiabilité et la sécurité?), mais surtout plus économique. GM a donc déjà présenté sa toute nouvelle Malibu à venir, une berline un peu plus courte, mais aussi un peu plus large, affichant un avant ressemblant à l'actuelle Malibu (et à d'autres produits Chevrolet), mais dont le reste présente une ligne originale. La Malibu de 2013 sera donc plus large de 76 mm, mais plus courte de seulement 10 mm.

Chevrolet cherche à prendre quelques longueurs d'avance sur Toyota, qui doit présenter une nouvelle Camry sous peu (la Camry est en concurrence directe avec la Malibu), et Honda qui a déjà annoncé une nouvelle Accord à venir. Au fait, Chevrolet

Malibu 2012

prévoit que cette Malibu sera offerte sur presque tous les marchés de la planète où GM est actif, ce qui explique son dévoilement simultané, le printemps dernier, aux salons de Shanghai et de New York.

La Malibu à venir (elle sera commercialisée dès le début de 2012) ne sera propulsée que par un moteur à quatre cylindres, ce qui veut dire qu'aucun V6 ne figurera à son catalogue, une philosophie déjà mise de l'avant par des concurrents aussi redoutables que Hyundai et Kia dans des autos de même calibre, la Sonata et l'Optima. Toutefois, la possibilité d'une version turbocompressée du quatre cylindres Ecotec de 2,4 litres n'est pas impossible dans un avenir rapproché (les mêmes concurrents ont accepté cette configuration). Mais en attendant, Chevrolet compte ajouter une version Eco à cette Malibu. Celle-ci fera alors appel à la technologie Stop Start du constructeur, déjà présente sur les récentes Buick LaCrosse et Regal, afin d'en arriver à une consommation de carburant plus que raisonnable.

Vu que la prochaine Malibu sera une voiture à vocation internationale, on se doute que Chevrolet devra apporter une attention particulière à la finition. Toutefois, l'actuelle Malibu représente toujours un achat valable. C'est aussi un véhicule qui compte parmi les plus sûrs de son créneau si l'on se fie aux données de l'Insurance Institute for Highway Safety.

🏎 **ÉRIC DESCARRIES**

Prix
23 995 à 32 995 $
Transport et préparation
1450 $

+ **Voiture logeable et abordable**
+ **Boîte auto à six rapports** (version actuelle)
+ **Silencieuse**

– **L'accès aux places arrière** (modèle actuel)
– **Diamètre de braquage** (modèle actuel)
– **Données insuffisantes** (version 2013)

Consommation ville – route (L/100 km)
10,7 – 7,8 (2,4 l)
13,8 – 9 (3,6 l)

Nouveautés
2012
Nouvelle génération
Retouches esthétiques
Motorisation hybride eAssist

Principales concurrentes

Buick Regal, Chrysler 200, Dodge Avenger, Ford Fusion, Honda Accord, Hyundai Sonata, Kia Optima, Mazda6, Nissan Altima, Toyota Camry

Malibu 2013

CHEVROLET MALIBU

Garanties de base –	
motopropulseur (an/km)	3/60 000 – 5/160 000
Marge de profit du concessionnaire (%)	n.d.
Essence recommandée	ordinaire
Versions offertes	LS, LT, LTZ
Carrosserie	multisegment
	5 portes (7 places)
Lieu d'assemblage	Corée du Sud
Valeur résiduelle	moyenne
Fiabilité présumée	inconnue
Renouvellement du modèle	nouveau modèle
Ventes 2010 Québec	non commercialisé

Technique

Dimensions et volumes

Empattement (mm)	2760
Longueur (mm)	4665
Largeur (mm)	1835
Hauteur (mm)	1633
Volume intérieur passager (L)	n.d.
Volume du coffre (min. – méd. – max.) (L)	
	454 – 852 –159
Réservoir de carburant (L)	64
Fourchette de poids (kg)	1550

Châssis

Mode	traction
Suspension av. – arr.	indépendante
Freins av. – arr.	disques
Capacité de remorquage (max.) (kg)	454
Diamètre de braquage (m)	11,3
Pneus	215/60R16, 235/45R18 (LTZ, opt.)

Performances

Modèle à l'essai	Orlando LT
Moteur	L4 DACT 2,4 litres 16s
Puissance (ch. à tr/min)	174 à 6700
Couple (lb·pi à tr/min)	171 à 4900
Rapport poids/puissance	8,9 kg/ch
Transmission	automatique
	6 rapports
Accélération 0-100 km/h (sec.)	9,9 (estimé)
Reprise 80-115 km/h (sec.)	7,5 (estimé)
Distance de freinage 100-0 km/h (m)	40 (estimé)
Niveau sonore à 100 km/h	moyen
Vitesse maximale (km/h)	185
Consommation lors de l'essai (L/100 km)	10
	(estimé)
Gaz à effet de serre (tonnes métriques)	7,3
Autres moteurs	aucun
Autres transmissions	man. 6 rapports

Protection collision

Frontale conducteur/passager	non évaluée
Latérale avant/arrière	non évaluée
Capotage 2rm/4rm	non évaluée

Chevrolet
ORLANDO

JUSTE POUR NOUS

On dit souvent que notre industrie automobile est à la remorque du marché américain. Les Américains ne veulent pas de la Ford Focus familiale? Nous ne l'aurons pas. Les Américains veulent de gros V8? On en a plein nos catalogues. Mais ce n'est pas toujours le cas. Par exemple, nos amis du sud ne sont pas trop friands de la minifourgonnette Mazda5 (dans le cas qui nous intéresse ici, oui, c'est une «mini» fourgonnette, vu ses dimensions réduites, comparées à celles des «vraies» fourgonnettes). Pourtant, dans notre coin de pays, la Mazda5 connaît un succès notable. Jusqu'ici, le constructeur japonais pouvait jouir d'une avance confortable sur sa concurrence, puisqu'il n'y avait pas de... concurrente directe à la Mazda5, sauf, peut-être, la Rondo de Kia... qui ne sera plus commercialisée aux États-Unis! Mais plus aujourd'hui. En effet, alors qu'on s'attend à l'arrivée imminente de la Ford C-Max, Chevrolet réagit et propose au marché canadien la polyvalente Orlando!

L'Orlando n'est pas un véhicule tout neuf. En fait, cette minicamionnette construite en Corée du sud a d'abord été présentée en prototype au Mondial de Paris en 2008 puis dévoilée en version de production au même Salon de 2010. C'est donc sensiblement le même véhicule que GM Canada propose actuellement aux consommateurs canadiens. Cependant, il ne faut pas s'inquiéter de la provenance du véhicule. En effet, sous ses lignes de minifourgonnette se cache une plateforme presque identique à celle de la Chevrolet Cruze (quoique légèrement allongée). On est donc en pays de connaissance.

Une Cruze gonflée?

D'ailleurs, on reconnaît rapidement le «look Chevrolet» dans la nouvelle Orlando. L'avant de l'auto est typiquement Chevrolet, avec la calandre divisée à l'horizontale et le gros emblème doré de Chevrolet en plein centre. En fait, toute la ligne de l'Orlando semble inspirée de celle de la Cruze (tout comme la Cruze, l'Orlando se présente avec le même design dans les autres marchés du monde automobile). On dirait alors une Cruze gonflée. Sauf que le toit en est prolongé (et surélevé) pour procurer plus d'espace aux occupants à l'arrière. Seule note négative, le dessin des glaces latérales devient plus effilé vers l'arrière, ce qui diminue la visibilité trois quarts arrière.

L'intérieur de cette minifourgonnette est toutefois accueillant. Le tableau de bord, par contre, affiche des lignes un peu trop prononcées, surtout devant le conducteur. L'instrumentation au fond des tubes pourrait sembler difficile à lire, mais il n'en est rien. À propos, si on appuie sur un bouton au bas de la façade de la radio, celle-ci s'ouvre, dévoilant alors un compartiment de rangement pour petits objets de valeur. La console centrale n'est pas trop intrusive non plus. Les places avant sont confortables alors qu'à l'arrière, les portières ouvrent très grand, présentant trois places dont deux sont très confortables pour des adultes. Il reste les deux places arrière qui sont, vous vous en doutez, plutôt réservées à des enfants qu'à

des adultes. Il faut dire que la visibilité n'est pas des plus agréables pour ces deux occupants! En ouvrant le hayon et en rabattant le dossier de ces sièges, on obtient quand même un bon espace de chargement qui pourrait s'avérer utile dans le cas d'objets encombrants. Ses dimensions sont semblables à celles d'une Mazda5. L'Orlando est proposé en trois finitions, LS, LT et LTZ.

J'ai eu la chance de pouvoir d'abord rouler comme passager à l'arrière de l'auto puis de la conduire sur une bonne distance lors de sa présentation anticipée. La version qui m'a été proposée était une LTZ mue par le traditionnel moteur Ecotech à quatre cylindres de 2,4 litres qui fait environ 174 ch. Celui-ci était alors équipé d'une boîte automatique, alors qu'on nous promet une boîte mécanique en option, un choix très populaire auprès des acheteurs de Mazda5. Toutes deux sont à six rapports. Évidemment, l'Orlando est à traction et elle jouit d'équipements de série plutôt remarquables (et utiles) comme la stabilisation électronique StabiliTrak. Cette Chevrolet procure une conduite agréable, mais aussi très standard. Les accélérations sont bonnes et les reprises rassurantes... Rien pour écrire à sa mère! Toutefois, ses caractéristiques sur route rejoignent bien la clientèle visée. On aurait aimé une visibilité trois quarts arrière plus facile, mais on appréciera la douceur, le confort de roulement et un certain silence de fonctionnement. Si les chiffres de consommation avancés par GM sont exacts, cette petite fourgonnette devrait correspondre aux attentes des consommateurs locaux. L'Orlando, dont les prix sont concurrentiels à ce qui se trouve sur le marché, est de toute évidence vouée à un grand succès chez nous.

ÉRIC DESCARRIES

Prix
19 995 à n.d. $
Transport et préparation
1450 $

+ **Mécanique éprouvée**
+ **Bon espace intérieur**
+ **Disponibilité d'une boîte manuelle**

– **Visibilité trois quarts arrière**
– **Places arrière serrées**
– **Finition intérieure plastique**

Consommation ville – route (L/100 km)
11,3 – 8,5 (man.)
11,5 – 8,7 (aut.)

Nouveautés
Nouveau modèle

Principales concurrentes
Dodge Journey, Ford C-Max, Kia Rondo, Mazda5, Mercedes Classe B

CHEVROLET ORLANDO

203

À savoir

Garanties de base – motopropulseur (an/km)	3/60 000 – 5/160 000
Marge de profit du concessionnaire (%)	8,3 à 9,2
Essence recommandée	ordinaire
Versions offertes	LS, LT
Carrosserie	berline 4 portes, hayon 5 portes
Lieu d'assemblage	États-Unis
Valeur résiduelle	moyenne
Fiabilité présumée	inconnue
Renouvellement du modèle	nouveau modèle
Ventes 2010 Québec	(– 0,2 %) 2847 (Aveo)

Technique

Dimensions et volumes

Empattement (mm)	2525
Longueur (mm)	4399 (berl.), 4039 (hay.)
Largeur (mm)	1735
Hauteur (mm)	1517
Volume intérieur passager (L)	2560
Volume du coffre (min. – max.) (L)	397 (berl.), 539 – 869 (hay.)
Réservoir de carburant (L)	45,8
Fourchette de poids (kg)	n.d.

Châssis

Mode	traction
Suspension av. – arr.	ind. – semi-ind.
Freins av. – arr.	disques – tambours
Capacité de remorquage	non recommandé
Diamètre de braquage (m)	10,5 (16 po), 11 (17 po)
Pneus	195/605R15, 205/55R16, 205/50R17

Performances

Modèle à l'essai	Sonic
Moteur	L4 DACT 1,8 litre 16s
Puissance (ch. à tr/min)	135 à 6400
Couple (lb-pi à tr/min)	125 à 3800
Rapport poids/puissance	
Transmission de série	automatique 6 rapports
Accélération 0-100 km/h (sec.)	8,9 (estimé)
Reprise 80-115 km/h (sec.)	6,9 (estimé)
Distance de freinage 100-0 km/h (m)	non mesurée
Niveau sonore à 100 km/h	moyen
Vitesse maximale (km/h)	190
Consommation lors de l'essai (L/100 km)	7,2
Gaz à effet de serre (tonnes métriques)	4,5
Autres moteurs	L4 turbo 1,4 l (138 ch., 148 lb-pi)
Autres transmissions	man. 5 rapports (1,8 l), man. 6 rapports (1,4 l)

Protection collision

Frontale conducteur/passager	non évaluée
Latérale avant/arrière	non évaluée
Capotage 2rm/4rm	non évaluée

CHEVROLET SONIC

Chevrolet
SONIC

BYE-BYE AVEO, BONJOUR SONIC

On s'y attendait depuis un bon moment, General Motors se devait de remplacer sa sous-compacte Aveo. On sentait que le constructeur américain étirait la sauce depuis longtemps. Le moment était venu et aujourd'hui, sa division Chevrolet nous propose une toute nouvelle sous-compacte inspirée de petits prototypes comme la Spark vus dans les récents salons de l'auto: la Sonic.

Curieusement, on dirait que les concepteurs de GM n'ont pas cherché longtemps pour rebaptiser la plus petite auto de Chevrolet. « Sonic », disons que ça sonne un peu «futuriste rétro». Pourtant, le nom Aveo est conservé ailleurs dans le monde pour la même auto. Pour nous, Québécois, c'est même très semblable à une marque d'essence locale... Néanmoins, la transformation physique de l'auto semble réussie, du moins de prime abord.

La nouvelle Chevrolet Sonic sera proposée en deux versions, une berline à quatre portes et une berline à cinq portes avec hayon. Sa ligne beaucoup plus agressive se distingue par un avant dont les phares semblent venir de motocyclettes ou de VTT. Cet avant est très court et il est vite suivi d'un habitacle assez élevé. La berline se termine par un court coffre arrière, alors que le modèle avec hayon voit son toit prolongé se terminer abruptement. Toutefois, l'auto affiche une allure plus virile que l'ancienne Aveo aux lignes un peu caricaturales. La Sonic fait plus sérieux!

Inspiré de la Spark

L'intérieur de la nouvelle Sonic présente un design aussi frappant que celui de l'extérieur. Déjà, le tableau de bord n'a rien de celui des autos à bon marché d'hier. Il affiche des lignes très modernes, voire sportives, incluant un bloc d'instrumentation semblable à celui qu'on peut voir sur certaines motos sport. La construction toutefois a l'air encore une fois un peu trop «plastique». Mais il faut se rappeler ici qu'il s'agit d'une sous-compacte dont les prix doivent demeurer abordables. Pour la même raison, les deux sièges avant sont confortables, sans plus. Toutefois, lors d'une courte balade de présentation de la voiture, j'ai pu constater que la Sonic offrait une bonne position de conduite, une visibilité sûre et surtout beaucoup d'espace intérieur pour une voiture de ce créneau. En effet, même à l'arrière, on pouvait y constater un débattement pour la tête et pour les jambes. Quant à l'ergonomie, la plupart des commandes sont bien à la portée de la main. La seule version disponible à ce moment étant une berline, j'ai au moins pu jeter un coup d'œil au coffre, qui m'a paru un peu juste. Mais il faut se rappeler que la Sonic n'a pas été créée pour de longs voyages. C'est toujours une sous-compacte.

Un premier contact demeure... un premier contact. Je n'ai malheureusement pu conduire l'auto que sur une courte distance sur un tracé désigné par GM Canada. Toutefois, ce fut suffisant pour constater que la caisse de la Sonic donnait une plus grande impression de rigidité que celle des Aveo. Le moteur qui animait ma voiture d'essai était le quatre-cylindres de 1,8 litre de 135 ch combiné à la boîte automatique à six rapports (évidemment, la manuelle à six vitesses serait plus performante). Malgré la courte distance de mon essai, j'ai pu constater que le moteur était à la hauteur de la situation, à tout le moins avec une seule personne à bord, une valeur qui pourrait changer si l'on charge l'auto.

Les dimensions réduites de la Sonic en feront une voiture intéressante pour la conduite urbaine. Elle est capable d'un rayon de braquage serré et la bonne visibilité que procurent les grandes glaces en facilitera les manœuvres de stationnement, sauf que la ligne inclinée de la lunette arrière vient compliquer les opérations. La direction avec assistance électrique est facile à manipuler et relativement précise. Mais elle ne transmet pas suffisamment les sensations de la route.

GM a créé la Sonic afin de concurrencer des véhicules aussi populaires que la Ford Fiesta et la Mazda2. La voiture connaîtra certes plus de succès chez nous qu'aux États-Unis, où l'intérêt pour de plus grands véhicules est toujours d'actualité. Mais si le prix de l'essence se met à grimper à toute épouvante, les concessionnaires Chevrolet seront prêts!

🚗 ÉRIC DESCARRIES

Prix
13 950 à 16 850 $
Transport et préparation
1450 $

+ Allure plus moderne que l'Aveo
+ Moteur suffisamment puissant
+ Bon espace intérieur

– Finition intérieure très «plastique»
– Direction trop assistée
– Drôle de nom

Consommation ville – route (L/100 km)
8,7 – 6,9 (man.)
9,4 – 6,9 (aut.)

2012
Nouveautés
Nouveau modèle qui remplace l'Aveo

Principales concurrentes

Ford Fiesta, Honda Fit,
Hyundai Accent, Kia Rio, Mazda2,
Nissan Versa, Scion xD, Toyota Yaris

À savoir

Garanties de base – motopropulseur (an/km)	3/60 000 – 5/160 000
Marge de profit du concessionnaire (%)	6,84
Essence recommandée	super
Versions offertes	Volt
Carrosserie	hayon 5 portes (4 places)
Lieu d'assemblage	États-Unis
Valeur résiduelle	bonne
Fiabilité présumée	inconnue
Renouvellement du modèle	nouveau modèle
Ventes 2010 Québec	non commercialisé

Technique

Dimensions et volumes

Empattement (mm)	2685
Longueur (mm)	4498
Largeur (mm)	1788
Hauteur (mm)	1430
Volume intérieur passager (L)	n.d.
Volume du coffre (min. – max.) (L)	300
Capacité du réservoir de carburant (L)	35,2
Fourchette de poids (kg)	1715

Châssis

Mode	traction
Suspension av. – arr.	indépendante
Freins av. – arr.	disques
Capacité de remorquage	non recommandé
Diamètre de braquage (m)	11
Pneus	215/55R17

Performances

Modèle à l'essai

Modèle à l'essai	Volt
Moteur	moteur électrique (+ L4 turbo DACT 1,4 litre 16s)
Puissance (ch. à tr/min)	149 à 1000 (+ 84 à 4800)
Couple (lb-pi à tr/min)	368 à 1000
Rapport poids/puissance	11,51 kg/ch
Transmission	automatique
Accélération 0-100 km/h (sec.)	9,5
Reprise 80-115 km/h (sec.)	5,8
Distance de freinage 100-0 km/h (m)	38,5
Niveau sonore à 100 km/h	bon
Vitesse maximale (km/h)	160
Consommation lors de l'essai (L/100 km)	5,8 (sans mode élec.)
Gaz à effet de serre (tonnes métriques)	4,4 (sans mode élec.)
Autres moteurs	aucun
Autres transmissions	aucune

Hybride/Électrique

Hybride – Distance en mode élect. (km)	60
Hybride – Vitesse max. en mode élect. (km/h)	100
Électrique – Autonomie (km)	40 à 80
Électrique – Temps de recharge 110 V – 220 V (heures)	10 – 4

Protection collision

Frontale conducteur/passager	non évaluée
Latérale avant/arrière	non évaluée
Capotage 2rm/4rm	non évalué

Chevrolet
VOLT

VERTE ET SANS STRESS

Compte tenu de tous les avatars qu'a connus GM au cours des dernières années, le constructeur automobile américain n'a pas droit à l'échec avec cette voiture tant célébrée qu'est la nouvelle Chevrolet Volt, la première automobile électrique de ce type à se pointer sur le marché. À quelques réserves près, j'ai été assez séduit par le véhicule que j'ai conduit pendant quelques centaines de kilomètres, virtuellement sans essence.

D'abord, il est primordial de clarifier la nature exacte d'un tel véhicule qui s'inscrit dans une catégorie inédite. Son appellation officielle est celle d'un véhicule électrique à «autonomie prolongée». Cela signifie qu'une Volt n'a pas nécessairement besoin d'une recharge de ses batteries pour fonctionner. Une fois son autonomie initiale épuisée en mode totalement électrique, elle fait appel à son petit moteur thermique, qui agit comme génératrice pour recharger son « pack » de batteries lithium-ion de 16-kWh comprenant 288 cellules provenant de la firme coréenne LG. Celles-ci sont réunies en un bloc en forme de T d'une longueur de 1,6 m pesant 198 kg et logé sous le plancher à partir de la console centrale. Et, à part d'occasionnels épisodes où les deux moteurs conjuguent leur énergie pour assurer la motricité, le moteur thermique agit avant tout comme génératrice pour recharger les batteries lorsque la Volt est en mode d'autonomie prolongée. Compliqué, dites-vous?

95 kilomètres presque gratuits

Dixit GM, il n'y a aucun lien direct entre le quatre-cylindres de 83 ch emprunté à Opel et les roues avant motrices. S'il arrive que le moteur à essence seconde les batteries (comme dans la Prius), c'est lors du processus servant à assurer cette zone tampon critique au-delà de laquelle des batteries ne doivent pas se décharger pour conserver leur efficacité.

Pour parler en chiffres, l'autonomie avec une charge complète varie entre 45 et 85 km, selon la technique de conduite, la température et les accidents de terrain. Ainsi, pendant mon essai, j'ai pratiqué une conduite économique qui m'a valu de parcourir 85 km avec une réserve de 10 km supplémentaires avant que le moteur à essence intervienne pour régénérer les batteries. Bref, 95 km sans une goutte d'essence et sans aucun stress, puisque la Volt pourra parcourir encore 450 km si besoin est sans qu'on ait à se soucier d'une recharge. Ce n'est que lorsque le moteur thermique aura avalé ses 39 litres d'essence qu'on devra refaire le plein, de super soit dit en passant.

L'idéal est évidemment de recharger les batteries le soir pour prendre la route le lendemain avec une autre autonomie électrique maximale. Le temps de recharge est de quatre heures sur une prise 220V et de 10 à 12 heures sur une prise domestique de 120 V.

Avec son «autonomie prolongée», on peut considérer la Volt comme la seule automobile d'une famille, alors qu'une voiture électrique comme la Leaf de Nissan ne peut en aucun cas assumer ce rôle. Cette dernière n'est surtout pas une voiture comme les autres, mais une seconde auto (ou un jouet) pour des gens à l'aise.

Luxueusement équipée, la Volt n'a pour seules options que la caméra de recul et des jantes chromées. Pour dissiper les inquiétudes, on offre une garantie de huit ans ou 160 000 km pour l'ensemble du système électrique, le reste bénéficiant d'une assurance de cinq ans ou 100 000 km.

Avec sa carrosserie cinq portes à hayon, la voiture est plutôt jolie. Ses dimensions compactes équivalent à celles d'une Honda Civic, mais avec des places arrière étriquées où l'on cherche où poser les pieds. Inversement, le coffre arrière immense peut se prolonger dans l'habitacle grâce à la banquette arrière repliable. À l'avant, le confort des sièges est louable et la finition très soignée. La console qui épouse la couleur de l'extérieur est surplombée d'un écran regroupant des informations sur le fonctionnement de la voiture. Avec ses 1715 kg à la pesée, la Volt n'est pas dans le camp des poids légers. Une telle masse ne gêne en rien le comportement routier que j'irais jusqu'à qualifier de sportif, probablement parce qu'une bonne partie du poids se situe sous le plancher, au profit du centre de gravité. Les virages s'enchaînent avec aplomb sans que la direction ZF à assistance électrique vienne gâcher le plaisir. L'excellent couple du moteur électrique ainsi que l'instantanéité des accélérations rendent aussi la conduite stimulante. Trois modes de conduite sont offerts: normal, sport et montagne. En sport, les performances sont les mêmes qu'en mode normal avec un 0-100 km/h de 8,8 secondes, mais la voiture semble plus agressive. Si l'on choisit la position L (Low), l'effet de régénération de l'énergie du freinage est beaucoup plus marqué, au point d'être déplaisant. Au volant, on est aussi agréablement surpris par la douceur de roulement et le faible niveau sonore.

Le plaisir s'amenuise toutefois quand le mode électrique prend fin et que la Volt redevient une compacte comme bien d'autres du même format. Ce qu'il faut retenir par contre, c'est qu'il s'agit de la solution la plus pratique du moment au vu et au su des restrictions qu'impose la technologie actuelle des batteries. Chose certaine, GM n'a pas dit son dernier mot et la Volt est la première dans la file d'attente qui mènera à l'automobile complètement libérée de l'esclavage du pétrole.

 JACQUES DUVAL

Prix
41 545 $
Transport et préparation
1450 $

+ Mode électrique stimulant
+ Bon comportement routier
+ Économie encourageante
+ À l'abri de la panne électrique

– Places arrière étroites
– Poids élevé
– Agrément diminué
  en mode essence
– Prix prohibitif

 Consommation ville – route (L/100 km)
2,5 – 2,6 (avec mode électrique)
6,7 – 5,9 (sans mode électrique)

2012 Nouveautés

Nouveau modèle

Principales concurrentes

Ford Fusion Hybride, Honda Civic Hybride, Honda Insight, Lexus HS 250h, Nissan Leaf, Nissan Altima Hybride, Toyota Prius, Toyota Camry Hybride

CHEVROLET VOLT

À savoir

Garanties de base – motopropulseur (an/km)	3/60 000 – 5/100 000
Marge de profit du concessionnaire (%)	3,71 à 5,87
Essence recommandée	ordinaire
Versions offertes	LX, Touring, Limited, S
Carrosserie	berline 4 portes, cabriolet 2 portes (4 places)
Lieu d'assemblage	États-Unis
Valeur résiduelle	moyenne
Fiabilité présumée	moyenne
Renouvellement du modèle	nouveau modèle
Ventes 2010 Québec	(– 42 %) 399 (berl.) (+ 125 %) 318 (cab.)

Technique

Dimensions et volumes

Empattement (mm)	2765
Longueur (mm)	4870 (berl.), 4947 (cab.)
Largeur (mm)	1843
Hauteur (mm)	1482 (berl.), 1469 (cab.)
Volume intérieur passager (L)	2840 (berl.)
Volume du coffre (min. – max.) (L)	385 (berl.), 371 (cab.)
Réservoir de carburant (L)	64
Fourchette de poids (kg)	1537 à 1614 (berl.), 1733 à 1804 (cab.)

Châssis

Mode	traction
Suspension av. – arr.	indépendante
Freins av. – arr.	disques
Capacité de remorquage (max.) (kg)	454
Diamètre de braquage (m)	11,1 (17 po), 11,5 (18 po)
Pneus	225/55R17 (LX, Touring), 225/50R18 (Limited, S)

Cabriolet

Temps ouverture – fermeture du toit (sec.)	27 – 27 (souple), 30 – 30 (rigide)
Décapoter en roulant	non

Performances

Modèle à l'essai	200 Limited (berline)
Moteur	V6 DACT 3,6 litres 24s
Puissance (ch. à tr/min)	283 à 6400
Couple (lb-pi à tr/min)	260 à 4400
Rapport poids/puissance	5,7 kg/ch
Transmission	semi-automatique 6 rapports
Accélération 0-100 km/h (sec.)	7,016
Reprise 80-110 km/h (sec.)	4,56
Distance de freinage 100-0 km/h (m)	39,7
Niveau sonore à 100 km/h	moyen
Vitesse maximale (km/h)	180 (2,4 l), 210 (3,6 l)
Consommation lors de l'essai (L/100 km)	10,5
Gaz à effet de serre (tonnes métriques)	7,8
Autres moteurs	L4 2,4 l (173 ch., 166 lb-pi)
Autres transmissions	aut. 4 rapports (L4), aut. 6 rapports (L4)

Protection collision

Frontale conducteur/passager	excellente
Latérale avant/arrière	bonne
Capotage 2rm/4rm	bonne

Chrysler
200

BOULOT À L'ITALIENNE

Rome ne s'est pas bâtie en un seul jour, et Fiat entend bien prendre les étapes une à la fois pour orchestrer son retour en sol nord-américain. Mettre de l'ordre dans la maison, payer les arrérages, respecter les garanties, rassurer les concessionnaires, se refaire une image... Mais le maillage Fiat-Chrysler devrait réussir parce qu'à la base, on constate un respect mutuel, ce qui n'avait pas été le cas dans la relation précédente.

La sympathique Cinquecento sert de tête de pont au débarquement dans un nombre choisi de concessionnaires, mais la firme italienne s'est mise à l'ouvrage il y a déjà plus d'une année pour revamper certains modèles auxquels on reprochait un design bâclé et une finition douteuse. Un domaine où on ne fait pas la leçon à des Italiens.

Ce sont les berlines 300 et Sebring qui ont été les premières à visiter le studio d'esthétique, au point où la Sebring a troqué son nom pour... 200. Rien d'original, mais la philosophie européenne préfère l'alphanumérique, alors que les Amerlos aiment baptiser. Peut-être un jour aurons-nous droit à des Chrysler 201 ou 400. Peu importe, il fallait donner un électrochoc à un modèle en chute libre, question de lui donner une erre d'aller, le temps de concocter une nouvelle mouture.

Les retouches classiques à la carrosserie se limitent souvent aux phares et à la calandre: on remarque donc des feux DEL très tendance, à la Audi, et une grille horizontale qui devient la signature Chrysler. Pour le reste, on se contente d'appliques de chrome qui bonifient le look, mais il faudra attendre la prochaine génération pour voir une évolution radicale et l'influence européenne venue de Fiat ou de sa filiale Lancia.

Un habitacle revisité

Des sièges au tableau de bord, des commandes à la console centrale, l'habitacle fait oublier l'ancien intérieur auquel on reprochait son manque de lustre et la qualité de ses matériaux. L'effet de plastique de pauvre qualité n'est plus et l'opération est réussie. Elle donnera un second souffle à cette intermédiaire qui cherche toujours sa place dans un créneau hautement compétitif. Il faut être bien armé pour s'attaquer aux Camry, Sonata, Accord et autres Fusion. On apprécie les nouveaux baquets et le tableau de bord de la 200, qui passent à un niveau supérieur. Le produit reçoit une injection de crédibilité et la mise en marché à la Chrysler aura un effet positif. Quand le modèle sera renouvelé, il y a fort à parier que l'intérieur restera.

Le trio de moteurs a fait place à un duo dès le millésime dernier. Le meilleur des trois est demeuré au menu, soit le robuste 2,4 litres. Assez bon pour Hyundai, Kia et Mitsubishi, il procure 173 chevaux matés à une boîte automatique à quatre rapports sur la version de base ou à six vitesses sur la version suivante.

Ces *combos* ne sont pas impétueux, mais les performances sont convenables et l'économie de carburant est raisonnable, sans plus.

L'implantation du V6 Pentastar de 3,5 litres sous tous les capots était souhaitable en lieu et place des anciens moulins vétustes. Même si la plupart des manufacturiers claironnent le passage vers les quatre-cylindres, ce V6 s'avère la motorisation la plus convaincante, avec un ronflant 283 chevaux, une boîte manumatique à six rapports et une consommation à peine plus gourmande que la version de base. Un accélérateur vitaminé qui manquait au Sebrrr... au 200!

Détail digne de mention, la suspension a été refaite au complet et la tenue de route reçoit notre aval. Reconnaissons à Fiat une expertise et un héritage certains. On retrouve du plaisir à ce volant qui s'accroche dans les virages. Les acheteurs généralement dans la cinquantaine auront un petit sourire en coin.

La 200 nouvelle cuvée est toujours offerte en version cabriolet, un des plus abordables au catalogue. Avec toit souple ou le trio de panneaux qui lui donne un air de coupé lorsque relevé. Un mot pour ceux qui se pâment autant pour la technologie que la mécanique: une chaîne stéréo Boston Acoustics, un disque dur de 30 Go et le module U Connect sont offerts, assez pour détourner votre attention de la route.

Afin de faire tourner ses usines, Chrysler poursuit sa politique de prix réduits avec la berline de base et un cabriolet. Bien entendu, pour une version Limited avec groupe propulseur Pentastar et quelques babioles, la facture prend de l'altitude, alors que le cabrio à toit dur commande un prix nettement exagéré. Il faut vraiment être convaincu!

🛞 **MICHEL POIRIER-DEFOY**

Prix
19 995 à 28 295 (berline)
29 995 à 39 495 (cabriolet)
Transport et préparation
1400 $

+ Une gueule plus sympathique
+ Le V6 plus moderne
+ Un cabriolet à bon prix
+ Tenue de route améliorée

– Le 4-cylindres un peu juste
– Boîte 4 rapports devenue vétuste (L4)
– Coffre du cabriolet minimaliste
– Valeur de revente à court terme

Consommation ville – route (L/100 km)
11,3 – 7,9 (2,4 l)
12,7 – 8 (3,6 l)

Nouveautés
2012
Modèle cabriolet redessiné
Nouvelle version « S » sans chrome

Principales concurrentes

Chevrolet Malibu,
Ford Fusion/Mustang cabriolet,
Honda Accord, Hyundai Sonata,
Kia Optima, Mazda6, Nissan Altima,
Toyota Camry, VW Eos

CHRYSLER 200

À savoir

Garanties de base – motopropulseur (an/km)	3/60 000 – 5/100 000
Marge de profit du concessionnaire (%)	5,15 à 5,67
Essence recommandée	ordinaire
Versions offertes	Touring, Limited, 300C, SRT8
Carrosserie	berline 4 portes
Lieu d'assemblage	Canada
Valeur résiduelle	moyenne
Fiabilité présumée	moyenne
Renouvellement du modèle	nouveau modèle
Ventes 2010 Québec	(– 42 %) 556

Technique

Dimensions et volumes

Empattement (mm)	3052
Longueur (mm)	5044, 5088 (SRT8)
Largeur (mm)	1902, 1886 (SRT8)
Hauteur (mm)	1484 (2rm), 1504 (4rm), 1479 (SRT8)
Volume intérieur (L)	3010
Volume du coffre (min.- max.) (L)	462
Réservoir de carburant (L)	72,2
Fourchette de poids (min. – max.) (kg)	1797 à 2047
Répartition du poids av.-arr. (%)	52 – 48 (300), 53 – 47 (300C), 54 – 46 (SRT8), 55 – 45 (300C 4rm)

Châssis

Mode	propulsion, intégral
Suspension av. – arr.	indépendante
Freins av. – arr.	disques
Capacité de remorquage (max.) (kg)	454
Diamètre de braquage (m)	12
Pneus	215/65R17 (300), 225/60R18 (Limited, 300C), 235/55R19 (300C 4rm), 245/45R20 (SRT8, opt.)

Performances

Modèle à l'essai	300C TI (4rm)
Moteur	V8 ACC 5,7 litres 16s
Puissance (ch. à tr/min)	363 à 5200
Couple (lb-pi à tr/min)	394 à 4200
Rapport poids/puissance	5,63 kg/ch
Transmission	semi-automatique 5 rapports
Accélération 0-100 km/h (sec.)	6,88
Reprise 80-115 km/h (sec.)	4,27
Distance de freinage 100-0 km/h (m)	40
Niveau sonore à 100 km/h	bon
Vitesse maximale (km/h)	220 (5,7 l), 210 (3,6 l)
Consommation lors de l'essai (L/100 km)	13,1
Gaz à effet de serre (tonnes métriques)	9,4
Autres moteurs	V6 3,6 l (292 ch., 260 lb-pi), V8 6,4 l (465 ch., 465 lb-pi) (SRT8)
Autres transmissions	automatique 8 rapports (à venir)

Protection collision

Frontale conducteur/passager	excellente
Latérale avant/arrière	bonne
Capotage 2rm/4rm	bonne

Chrysler
300

MÊME GÂTEAU, GLAÇAGE DIFFÉRENT

La 300 avait fait un malheur en arrivant sur le marché, en 2005. Elle avait reçu de beaux cadeaux du patron de l'époque, Mercedes, et, sans le claironner à tout va, le consommateur nord-américain appréciait les éléments germaniques dissimulés dans le produit: la plateforme et la suspension procuraient à la puissance du moteur HEMI une tenue de route indéniable et la firme de Auburn Hills pouvait comparer sa propulsion à bien des berlines plus dispendieuses. Même une intégrale était au catalogue. Les temps ont changé.

Le propriétaire n'est plus le même et la compagnie a recouru aux gouvernements pour traverser des temps difficiles. 2011 s'est avéré une année charnière pour la 300, puisque Fiat, celui qui paie dorénavant les traites à la fin du mois, a donné un coup de baguette magique pour revamper cette berline pleine grandeur.

Seuls les plus âgés se souviennent que la 300 était un porte-étendard de Chrysler dans les années 1950, alliant luxe et puissance alors que l'Impérial était le haut de gamme. Cette série s'est vendue pendant une vingtaine d'années et on aimait s'afficher à son volant. Son retour en 2005 voulait remémorer cette voiture phare d'autrefois et le travail accompli avec cette seconde génération consiste à pousser l'enveloppe un peu plus loin. Il a fallu un peu plus de temps pour y arriver, et c'est à l'hiver que la 300 a été présentée au public comme millésime 2011.

Les stylistes italiens ont donc passé en revue la 300: de superbes phares DEL campent une nouvelle grille qui devient la signature de Chrysler. Un travail similaire a été réalisé à l'arrière avec des feux verticaux, et des appliques de chrome donnent plus de cachet à la berline. Quelques panneaux ont été stylisés et sculptés, comme un faux becquet sur le coffre, si bien que le cachet de la 300 s'en trouve rehaussé.

Coup de balai

L'intérieur a également subi des modifications: présence de matériaux de meilleure qualité, précision dans l'assemblage et présentation mieux fignolée. Ajoutez un écran de 21 cm (8,4 po) avec le système U-Connect et votre environnement n'en sera que bonifié. Bref, un habitacle à l'américaine avec des banquettes élargies et plus de cuir, confortable certes, mais incapable de garder le conducteur en selle si la route devient sinueuse. Autre détail, le niveau de décibels est abaissé grâce à l'utilisation de glaces à verre acoustique. Fiat est à ce point satisfait de la nouvelle mouture qu'elle offre le modèle en Europe en tant que Lancia Thema.

La nouveauté de cette nouvelle génération est le superbe V6 de 3,6 litres et un ronflant total de 292 ch à la clef. Un moulin bien né qui équipera plusieurs produits dans les gammes Chrysler, Dodge, Jeep et pourquoi pas Ram dans les années à venir. Sa présence sous le capot aurait dû s'accompagner d'une nouvelle boîte à six rapports, mais il faudra attendre au moins une autre année. Chez Chrysler, dans l'ensemble, on accuse des retards au rayon des boîtes à six ou 8 rapports,

qui deviennent la norme dans l'industrie. Cette absence se traduira par une légère dépense de carburant. Toutefois, rien n'y paraîtra pour le conducteur moyen.

L'autre groupe propulseur est bien connu: il s'agit du V8 HEMI de 5,7 litres avec rien de moins que 363 ch et un couple de 394 livres-pieds. Un V8 qui accuse son âge, mais qui demeure la seule réponse de Chrysler pour le moment au moteur 3,5 litres double turbo de Ford et à celui de 3,6 litres du CTS-V de Cadillac. Quant à la boîte de vitesses, il s'agit de la même manumatique à cinq rapports qui devra attendre un ou deux passages supplémentaires.

Curieusement, sur la route, le V6 Pentastar semble toujours à l'ouvrage à cause du poids du véhicule qui frise les deux tonnes. Il faudra donc moduler l'accélérateur si on veut réaliser quelques économies par rapport au V8, qui répond instantanément. De plus, ce n'est qu'avec ce dernier que la traction intégrale est offerte sur la 300C.

Transplantée de chez Mercedes au départ, la suspension a été révisée pour lasser place à des éléments italiens qui confèrent à la 300 un air de jeunesse grâce à une tenue de route nerveuse et surprenante. Le *speed dating* italo-américain prend effet immédiatement et les partenaires en sortent gagnants.

Difficiles de parler prix chez Chrysler, car ceux affichés sont souvent tributaires de rabais. Pourtant, une berline 300 de base exige un débours de plus 30 000 $, alors que la version intégrale passe aisément le cap des 40 gros billets, un prix alléchant pour un tel produit.

Soyez assuré qu'on planche déjà sur la nouvelle génération, qui aura éliminé toute trace de l'ère teutonne.

 MICHEL POIRIER-DEFOY

Prix
32 995 à 41 995 $
Transport et préparation
1400 $

+ Un nouveau design réussi
+ Le V6 plus moderne
+ La finition et l'intérieur
+ Traction intégrale proposée

– Des V8 gourmands
– Boîte 5 rapports à changer
– Roues de 20 pouces démesurées

Consommation ville – route (L/100 km)
13 – 9 (2rm 3,6 l)
14,9 – 9,8 (2rm 5,7 l)
15,7 – 10,2 (4rm 5,7 l)

Nouveautés
2012
Nouvelle génération dévoilée en 2011
Extérieur et intérieur redessinés
V6 de 3,6 l (300)
V8 de 6,4 (SRT8)

Principales concurrentes

Buick LaCrosse, Chevrolet Impala, Dodge Charger, Ford Taurus, Hyundai Genesis, Lincoln MKS, Toyota Avalon

CHRYSLER 300

211

À savoir

Garanties de base · motopropulseur (an/km)	3/60 000 · 5/100 000
Marge de profit du concessionnaire (%)	5,26 à 6,06
Essence recommandée	super (ordinaire acceptable)
Versions offertes	Pop, Sport, Lounge (500)
	Pop, Lounge (500c)
Carrosserie	hayon 3 portes, cabriolet 2 portes
Lieu d'assemblage	Mexique
Valeur résiduelle	bonne
Fiabilité présumée	inconnue
Renouvellement du modèle	nouveau modèle
Ventes 2010 Québec	non commercialisé

Technique

Dimensions et volumes

Empattement (mm)	2300
Longueur (mm)	3547
Largeur (mm)	1627
Hauteur (mm)	1520
Volume intérieur passager (L)	2410 (hay.), 2157 (cab.)
Volume du coffre (min. · max.) (L)	269 · 852 (hay.), 152 (cab.)
Réservoir de carburant (L)	40
Fourchette de poids (kg)	1074 à 1130
Répartition du poids av.-arr. (%)	64 · 36 (man.), 66 · 34 (aut.)

Châssis

Mode	traction
Suspension av. · arr.	indépendante
Freins av. · arr.	disques
Capacité de remorquage	non recommandé
Diamètre de braquage (m)	9,32
Pneus	185/55R15 (Pop, Lounge), 195/45R16 (Sport)

Cabriolet

Temps ouverture · fermeture du toit (sec.)	17 · 17
Décapoter en roulant	oui (max : 80 km /h)

Performances

Modèle à l'essai	500 Cabrio
Moteur	L4 MultiAir SACT 1,4 litre 16s
Puissance (ch. à tr/min)	101 à 6500
Couple (lb-pi à tr/min)	98 à 4000
Rapport poids/puissance	11,18 kg/ch
Transmission	semi-automatique 6 rapports
Accélération 0-100 km/h (sec.)	11,6
Reprise 80-115 km/h (sec.)	7,2
Distance de freinage 100-0 km/h (m)	36
Niveau sonore à 100 km/h	passable
Vitesse maximale (km/h)	182
Consommation lors de l'essai (L/100 km)	7,3
Gaz à effet de serre (tonnes métriques)	5,3
Autres moteurs	aucun
Autres transmissions	man. 5 rapports

Protection collision

Frontale conducteur/passager	non évaluée
Latérale avant/arrière	non évaluée
Capotage 2rm/4rm	non évaluée

de 110 km/h, avec des pointes occasionnelles à 120, j'ai pu lire une moyenne de 6,2 litres aux 100 km sur autoroute. Ajoutez à cela un peu de ville, et cette version moderne de l'une des icônes de l'histoire de l'automobile devrait se contenter d'environ 7,3 litres aux 100. Bien que satisfaisante, cette moyenne n'est pas un exploit, et la technologie Multi Air brevetée par Fiat, à laquelle on prête des performances accrues tant côté puissance que consommation, ne semble pas avoir une grande incidence sur les résultats à la pompe du 4 cylindres 1,4 litre de 101 ch. Vivement la version Abarth, promise pour le deuxième semestre de 2012.

Haute en couleur

On peut présumer que le côté ludique de cette citadine séduira une grande partie de la clientèle qui n'a peut-être pas connu sa devancière apparue au début des années 1950. La couleur est indéniablement sa grande alliée, comme l'illustre son tableau de bord qui épouse la même teinte que la carrosserie, ses sièges bicolores et toute une panoplie d'enjolivures amusantes. Quatorze couleurs extérieures, dix couleurs de sièges, cinq types de roues et trois couleurs de toit pour la version cabriolet mettent parfaitement en évidence l'importance du décor pour la Fiat 500. Qu'il suffise de mentionner qu'elle offre plus de 500 000 (sic) façons d'en personnaliser l'apparence (*dixit* Fiat).

Parmi les irritants de la 500, on peut certes noter la dureté des poignées servant à débloquer le dossier des sièges pour accéder à l'arrière, ou même à celles du réglage des dossiers ou de la hauteur du siège. L'élargissement des sièges pour le marché nord-américain rend aussi ces commandes difficiles d'accès. Je n'ai pas trouvé lesdits sièges particulièrement confortables, ce qui rend difficile la recherche d'une bonne position de conduite. De plus, le cadran central réunissant l'ensemble des instruments est, quant à moi, un fouillis monumental, avec l'indicateur de vitesse sur le pourtour extérieur et le compte-tours juste en dessous. Au centre, l'accumulation de données (sept ou huit) exige une trop

longue diversion, ce qui détache votre attention de la route.

Quant à l'habitabilité, disons que ce n'est pas le point fort d'une telle voiture, bien que les documents de Fiat la présentent comme offrant plus d'espace intérieur que ses rivales, que ce soit la Smart ou la Cooper. Son coffre est par ailleurs d'un volume intéressant et n'est pas du tout amputé par la capote lorsqu'elle est ouverte.

Des prix alléchants

Bien équipée, même dans les versions les moins chères (autour de 16 000 $), la Fiat 500 de base, appelée «Pop», propose des glaces à commande électrique, l'assistance au démarrage en pente, des rétros chauffants, sept coussins gonflables, quatre freins à disques avec ABS et le système de stabilité de série. Les modèles Sport et Lounge améliorent l'offre avec encore plus d'accessoires, tout comme les trois versions cabriolet.

Malgré la faiblesse de son groupe propulseur, la Fiat 500 est plutôt plaisante à conduire, se faufilant avec beaucoup d'aisance dans la circulation tout en s'accrochant vaillamment au bitume dans les virages. L'absence de porte-à-faux aussi bien à l'avant qu'à l'arrière joue ici un rôle primordial. Qui plus est, j'ai trouvé que le confort était raisonnable, même à New York, qui doit partager avec Montréal la première place du palmarès des plus vilaines routes en Amérique. Le freinage est bref et la direction vive, ce qui est précisément ce qu'on exige d'eux. Plus important encore, je crois que la Cinquecento peut davantage trouver sa place dans le trafic d'une autoroute qu'une Smart par exemple. On s'y sent mieux protégé, bien qu'il s'agisse là d'une impression strictement personnelle.

Après avoir essayé ces deux Fiat 500, j'avoue nager en pleine ambivalence, tenté de lui faire confiance, mais incertain de filer le parfait bonheur à son volant. Mais tant pis, je plonge.

JACQUES DUVAL

FIAT 500

235

Ford
C-MAX

PARI OSÉ

Le pari de Ford de s'inscrire dans le segment des fourgonnettes compactes paraît tout aussi audacieux que celui qu'a relevé Mazda il y a sept ans avec la 5. Le constructeur à l'ovale bleu se garde d'ailleurs de pronostiquer sur le succès de ce nouveau véhicule qui nous sera proposé dans sa version «Grand» (lire allongée) à partir de l'hiver 2012. On peut comprendre pourquoi. Plusieurs inconnus subsistent à l'égard de ce véhicule, à commencer par son prix.

Au moment de la présentation du (Grand) C-Max à la presse nord-américaine, il a été fait mention que son prix serait «inférieur à 25 000 $ US», près de 5000 $ (US toujours) de plus que le coût qu'exige Mazda pour monter à bord de la 5. Il reste à voir comment Ford justifiera pareil tarif.

Chose certaine, le lieu d'assemblage du C-Max risque de peser lourd au moment où Ford devra chiffrer son offre. En effet, contrairement à la future Focus (sortie prévue au cours de l'hiver 2011) dont il dérive étroitement, le C-Max prend naissance dans les installations de Ford à Valence (Espagne) et non à Wayne, dans le Michigan. Si une certaine économie d'échelle subsiste (partage de certains composants), tout laisse croire que pour contenir son prix, le C-Max sera privé de certains éléments novateurs, comme la boîte à double embrayage (Powershift), pourtant annoncée sur la Focus.

Il importe de rappeler certains faits. En Europe, où la Mazda5 et le C-Max font carrière, le segment des fourgonnettes compactes remporte un joli succès. Longtemps dominé par son instigatrice, la Renault Scenic, ce créneau représente, sur une base annuelle, environ 1,2 million d'unités. Il faut préciser également que ce nombre intègre aussi bien les ventes des versions normales qu'allongées. Celles-ci comptent sept places au lieu de cinq et ont la faveur de quatre acheteurs sur dix sur le Vieux Continent.

Mais l'Europe, ce n'est pas l'Amérique. Ici, tout reste à faire. Au-delà des études réalisées auprès de la clientèle, la décision des constructeurs de grossir ou non les rangs de cette catégorie repose essentiellement sur les ventes réalisées par la 5 de Mazda. À ce chapitre, mentionnons qu'au Canada, la fourgonnette compacte japonaise séduit en moyenne 10 600 nouveaux propriétaires chaque année, et ce, depuis sa sortie à l'été 2005, ce qui représente environ 2,5 % du marché des compactes dans lequel elle était jusqu'ici inscrite, faute de concurrentes.

Entreprise audacieuse

Puisque le C-Max ne sera pas prêt à coulisser ses portières avant plusieurs mois, la prudence nous incite à attendre d'en connaître le contenant (la somme des équipements de série) et le prix avant de fixer ses chances de s'illustrer sur notre continent. Concentrons-nous plutôt sur ses principaux attributs qui, eux, ne connaîtront aucune frontière. À commencer par le style de cette nouvelle recrue. Celle-ci reprend à la lettre tous les ingrédients du «Kinetic Design» (calandre trapézoïdale, arrêtes vives et arches de roues proéminentes) qui permettront, autant que faire se peut, de faire oublier les rails latéraux nécessaires au guidage des portières coulissantes.

Prix
25 000 $
Transport et préparation
1450 $

+ Performances du 1,6 litre
+ Confort et niveau sonore
+ Polyvalence de l'habitacle

– Boîte automatique traditionnelle
– Diamètre de braquage important
– Sensation de lourdeur

Consommation
ville – route (L/100 km)
10,8 - 7,8

Nouveautés
Tout nouveau modèle

Principales concurrentes
Chevrolet Orlando, Dodge Journey, Kia Rondo, Mazda5

FORD C-MAX

À savoir

Garanties de base · motopropulseur (an/km)	3/60 000 · 5/100 000
Marge de profit du concessionnaire (%)	3,63 à 7,26
Essence recommandée	ordinaire, super
Versions offertes	S, SE, SEL
Carrosserie	multisegment 5 portes (5 ou 7 places)
Lieu d'assemblage	Espagne
Valeur résiduelle	bonne
Fiabilité présumée	inconnue
Renouvellement du modèle	nouveau modèle
Ventes 2010 Québec	non commercialisé

Technique

Dimensions et volumes

Empattement (mm)	2786
Longueur (mm)	4521
Largeur (mm)	1829
Hauteur (mm)	1641
Volume intérieur passager (L)	3962
Volume du coffre (min. – max.) (L)	1988
Réservoir de carburant (L)	60
Fourchette de poids (kg)	1653 à 1697

Châssis

Mode	traction
Suspension av. · arr.	indépendante
Freins av. · arr.	disques
Capacité de remorquage	non recommandé
Diamètre de braquage (m)	11,4
Pneus	225/50R17

Performances

Modèle à l'essai	C-Max SE
Moteur	L4 turbo DACT 1,6 litre 16s
Puissance (ch. à tr/min)	168 à 5700
Couple (lb-pi à tr/min)	180 à 5700
Rapport poids/puissance	9,83 kg/ch
Transmission	automatique 6 rapports
Accélération 0-100 km/h (sec.)	10,2
Reprise 80-115 km/h (sec.)	7,3
Distance de freinage 100-0 km/h (m)	non mesurée
Niveau sonore à 100 km/h	moyen
Vitesse maximale (km/h)	200
Consommation lors de l'essai (L/100 km)	10,2
Gaz à effet de serre (tonnes métriques)	7,4
Autres moteurs	L4 2,5 l (168 ch., 167 lb-pi)
Autres transmissions	aucune

Protection collision

Frontale conducteur/passager	non évaluée
Latérale avant/arrière	non évaluée
Capotage 2rm/4rm	non évaluée

Même si, dit-on, une photo vaut mille mots, elle ne peut ici donner une idée bien précise de l'espace qu'occupe le C-Max sur la chaussée. Pour mieux le visualiser, comparons ses principales dimensions à celles de la Mazda5. Par rapport à celle-ci, le C-Max est plus court (-100 mm), plus large (+113 mm) et plus haut (+50 mm). Quant à l'empattement, il est de 2786 mm pour l'américain, comparativement à 2750 pour la japonaise.

À l'instar de la japonaise, les deux places engoncées derrière la banquette médiane ne seront fréquentables, même pour des enfants, que sur de courts trajets. Toutefois, si vous trouvez des volontaires, sachez que le volume de chargement est alors si réduit (équivalant à 56 litres) qu'il est impossible de ranger un ballon de soccer. Cela dit, l'ingéniosité de ce Ford repose sur la modularité de son espace intérieur permettant un très grand nombre de configurations. Par exemple, il est possible de rabattre les dossiers des sièges de la deuxième et de la troisième rangées; d'escamoter en un tournemain la – peu confortable – portion centrale de la banquette médiane pour faciliter le passage aux (pauvres) occupants de la troisième rangée. On regrettera l'impossibilité de rabattre le dossier du baquet avant pour faire voyager des objets longs ou quelques petites fautes mineures sur le plan de l'ergonomie qui seront vraisemblablement gommées, comme celles que nous avions répertoriées sur la Fiesta européenne, avant son arrivée au pays.

Hormis les sièges de la troisième rangée et le «strapontin» logé dans la partie centrale de la banquette arrière, toutes les autres places se révèlent spacieuses et confortables. Et pour ajouter à ce sentiment de bien-être, ajoutons aussi que l'imposante surface vitrée conjuguée aux coloris clairs du décor accentue le sentiment d'espace.

Le volant, au demeurant joliment dessiné et offrant une jante bien grasse, comme on les aime, paraît plutôt encombré avec ses commandes multiples et pas toujours intuitives. Les principales commandes disséminées sur le tableau de bord se révèlent, pour leur part, plus intelligemment réparties, même si on se questionne toujours sur l'idée de grimper la touche «verrouillage-déverrouillage» au sommet de la console centrale plutôt que de l'annexer dans la portière avec les commandes des glaces. On regrettera plus vivement cependant le peu de rangements à bord pour un véhicule à vocation aussi familiale.

Essai en deux temps

Nous pourrions longuement discourir sur les principales innovations de ce Grand C-Max. Par exemple, ce régulateur de vitesse intelligent, cet éclairage adaptatif qui permet d'éclairer dans les «coins», la connexion Internet ou encore le détecteur de baisse de vigilance du conducteur. À quoi bon, encore trop tôt pour dire lesquels de ces équipements nous seront offerts et, si oui, à quel prix.

FORD C-MAX

Cela dit, l'essai routier de cette fourgonnette compacte s'est déroulé en deux temps. Le premier consistait à étalonner le nouveau quatre-cylindres 1,6 litre suralimenté par turbocompresseur à bord d'un C-Max à boîte manuelle (celle-ci ne figure pas dans les desseins de Ford pour le marché nord-américain), moins encombrant et moins lourd. Dans un deuxième temps, nous avons été conviés à prendre le volant d'un Grand C-Max pour évaluer seulement ses qualités dynamiques, puisque celui-ci comportait un moteur (2 litres diésel) et une boîte de vitesses (PowerShit six rapports) qui ne nous seront jamais offerts. Voyez là toute la difficulté de tirer des conclusions claires de ce banc d'essai.

À bord du C-Max (empattement court et portières traditionnelles), le 1,6 litre se révèle étonnamment souple et adéquat avec deux personnes à bord... Le sera-t-il tout autant une fois intégré à un Grand C-Max rempli à pleine capacité? Déjà plus lourd d'une centaine de kilogrammes et doté d'une transmission automatique traditionnelle

à six rapports dont nous ignorons encore l'étagement... Difficile de se prononcer.

Si on fait abstraction du groupe moteur-boîte, le Grand C-Max se révèle impressionnant sur le plan dynamique. Pour une fourgonnette (compacte), s'entend. Hormis un diamètre de braquage décevant, étant donné ses dimensions extérieures, le Grand C-Max se laisse aisément guider par une direction précise et correctement dosée. Sur les routes exigeantes de Nice avec de nombreuses enfilades de courbes moyennes, le châssis du Grand C-Max s'en est toujours très bien tiré. La filtration, le confort et le silence surtout sont de très bon niveau et d'une qualité supérieure à la Mazda5. Il reste à voir si la version qui nous sera destinée tiendra d'aussi belles promesses.

🚘 **ÉRIC LEFRANÇOIS**

FORD C-MAX

À savoir

Garanties de base – motopropulseur (an/km)	3/60 000 – 5/100 000
Marge de profit du concessionnaire (%)	4,44 à 7,79
Essence recommandée	ordinaire
Versions offertes	SE, SEL, Limited, SEL TI, Limited TI, Sport TI
Carrosserie	multisegment 5 portes (5 places)
Lieu d'assemblage	Canada
Valeur résiduelle	moyenne
Fiabilité présumée	bonne
Renouvellement du modèle	2015
Ventes 2010 Québec	(+ 37 %) 2477

Technique

Dimensions et volumes

Empattement (mm)	2824
Longueur (mm)	4679
Largeur (mm)	1930
Hauteur (mm)	1702
Volume intérieur passager (L)	3069
Volume du coffre (min. – max.) (L)	912 – 1951
Réservoir de carburant (L)	68 (2rm), 72 (4rm)
Fourchette de poids (min. – max.) (kg)	1851 à 2029
Répartition du poids av. – arr. (%)	60 – 40

Chassis

Mode	traction, intégral
Suspension av. – arr.	indépendante
Freins av. – arr.	disques
Capacité de remorquage (max.) (kg)	907 (L4), 1588 (V6)
Diamètre de braquage (m)	11,74
Pneus	235/65R17 (SE), 245/60R18 (SEL, Limited), 245/50R20 (opt. Limited), 265/40R22 (Sport)

Aptitudes hors route

Garde au sol min. (mm)	201
Angles d'approche/de rampe/de sortie(°)	15/18/28

Performances

Modèle à l'essai	Edge Limited TI (4rm)
Moteur	V6 DACT 3,5 litres 24s
Puissance (ch. à tr/min)	285 à 6500
Couple (lb-pi à tr/min)	253 à 4000
Rapport poids / puissance	6,78 kg / ch
Transmission	semi-automatique 6 rapports
Accélération 0-100 km/h (sec.)	7,71
Reprise 80-115 km/h (sec.)	5,01
Distance de freinage 100-0 km/h (m)	39,5
Niveau sonore à 100 km/h	moyen
Vitesse maximale (km/h)	195 (3,5 l), 210 (3,7 l), 185 (2,0 l)
Consommation lors de l'essai (L/100 km)	12,5
Gaz à effet de serre (tonnes métriques)	8,9
Autres moteurs	V6 3,7 l (305 ch., 280 lb-pi), L4 turbo 2,0 l
Autres transmissions	aut. 6 rapports (2rm)

Protection collision

Frontale conducteur/passager	bonne
Latérale avant/arrière	excellente
Capotage 2rm/4rm	bonne

Ford
EDGE

MISER SUR LA TECHNO

Les consommateurs ne semblent pas vouloir en démordre : les multisegments leur plaisent. Et le Ford Edge en est un. L'an dernier, ses concepteurs lui ont donné un coup de bistouri. La transformation n'avait rien d'extrême. Mais les améliorations qui lui ont été apportées devraient lui permettre d'intéresser les acheteurs et, sans doute, d'en attirer de nouveaux, tentés par certains artifices technologiques.

Lorsqu'il est question de mensurations, l'Edge navigue entre deux eaux : il est plus gros que l'Escape, mais moins que l'Explorer. C'est probablement cet aspect qui plaît le plus. C'est probablement aussi pour son allure plus robuste, renforcée par la large calandre chromée et une carrure plus musclée que des rivaux comme le Mazda CX-7 ou le Nissan Murano.

Depuis la révision de l'an passé, la présentation intérieure est plus léchée. Le volant, la console centrale et le groupe d'instruments sont mieux intégrés. Plus capitonnés, plus texturés aussi, les matériaux utilisés lui ont fait perdre son allure de camionnette F-150. À l'avant, le conducteur dispose d'assez d'espace pour la tête et les jambes. Il trouvera également refuge sur un siège confortable lui offrant un bon soutien. La recherche d'une bonne position de conduite ne pose aucune difficulté. Devant lui, il a droit à une instrumentation de bord présentée de façon claire.

Les occupants grimperont facilement sur la banquette. Une fois de plus, ils trouveront un bon dégagement pour les jambes et la tête. Du reste, les espaces de rangement de l'habitacle sont nombreux et le volume de chargement permet d'y placer tout ce qu'on peut espérer dans un véhicule de ce format.

« Veuillez dire une commande »

La techno occupe une place de plus en plus grande chez Ford. C'est d'ailleurs pour cette raison qu'il a implanté MyFord Touch dans plusieurs versions haut de gamme de ses véhicules. Par l'entremise de ce dispositif, le conducteur peut donner une des 10 000 commandes vocales à l'ordinateur pour, par exemple, syntoniser une station de radio, augmenter la température ambiante ou la vitesse du ventilateur de la climatisation. L'objectif ultime étant de permettre au conducteur de maintenir les deux mains sur le volant. Sauf que, pour y parvenir, il faudra un certain temps pour en maîtriser les fonctionnalités. Malgré les efforts des ingénieurs pour rendre ce type de système le plus intuitif possible, au final, c'est plus distrayant que divertissant.

Heureusement, on peut reprendre le contrôle au moyen des commandes montées sur le volant ou encore en utilisant l'écran tactile installé dans la partie supérieure de la console. Sur les modèles plus chers, MyFord Touch peut être adjoint à la chaîne audio Sony, dont les 12 haut-parleurs laissent filtrer 390 watts de son. Et ce qui ne gâche rien, la maison Sony a conçu une chic interface au fini laqué noir. Elle réunit

les commandes pour actionner, par un simple effleurement, la climatisation, régler le volume de la radio ou encore mettre en fonction le dégivreur du pare-brise et de la lunette. L'hiver, il faudra par contre vous déganter pour utiliser les commandes tactiles. Il est toutefois particulier de constater la multitude de commandes pour effectuer les mêmes réglages.

Pour donner vie aux roues avant du véhicule, Ford utilise son traditionnel V6 de 3,5 litres. La puissance suffit pour offrir un bon rendement au moment d'accélérer et de dépasser. La poignée de chevaux additionnels développés par le V6 de 3,7 litres, le même qui propulse la Mustang, est réservée à la version Sport. Peu importe le V6, la puissance est acheminée aux roues par une boîte automatique à six rapports qui fonctionne en douceur la plupart du temps. Ford a par ailleurs annoncé qu'il ajouterait un moteur à quatre cylindres turbocompressé pour la version d'entrée de gamme, suivant ainsi les traces de Mazda et de son CX-7.

Le comportement routier du précédent Edge recevait une note plutôt favorable. Les récentes modifications apportées aux composants de la suspension ont néanmoins contribué à lui donner plus d'assurance en virage et à améliorer le confort de roulement. C'est un camion plus raffiné, bien que sur certaines inégalités il réagisse un peu plus fermement. Sur la route, l'Edge dégage une belle impression de solidité. Détail agaçant : la présence de bruits de vent qui dérange la quiétude des occupants.

Ford a beaucoup misé sur la première mouture de l'Edge pour le tirer d'affaire. Le constructeur est aujourd'hui en bien meilleure posture et il a su bonifier avantageusement son offre de produits. L'Edge continue de connaître une bonne popularité. Le constructeur va un peu plus loin en proposant MyFord Touch, ce qui devrait plaire aux conducteurs «multitâches».

 JEAN-PIERRE BOUCHARD

Prix
27 999 à 43 499 $
Transport et préparation
1450 $

+ Comportement routier stable
+ Performances du V6
+ Allure athlétique

– Insonorisation perfectible
– Technologie originale, mais compliquée
– Duplication inutile de commandes

Consommation ville – route (L/100 km)
13,4 – 9,5 (2rm 3,5 l)
13,9 – 10 (4rm 3,5 l)
14,5 – 10,4 (4rm 3,7 l)

2012 **Nouveautés**

Moteur L4 Ecoboost de 2,0 litres

Principales concurrentes

GMC Terrain, Honda Crosstour, Hyundai Santa Fe, Kia Sorento, Mazda CX-7, Nissan Murano, Toyota Venza

FORD EDGE

À savoir

Garanties de base	
· motopropulseur (an/km)	3/60 000 – 5/100 000
Marge de profit du concessionnaire (%)	6,66 à 7,58
Essence recommandée	ordinaire
Versions offertes	XLT, Limited, Hybride, Hybride Limited
Carrosserie	utilitaire sport 5 portes
Lieu d'assemblage	États-Unis
Valeur résiduelle	moyenne
Fiabilité présumée	moyenne
Renouvellement du modèle	2013
Ventes 2010 Québec	(+ 13 %) 7414

Technique

Dimensions et volumes

Empattement (mm)	2619
Longueur (mm)	4437
Largeur (mm)	1806
Hauteur (mm)	1725, 1720 (Hyb)
Volume intérieur passager (L)	2815
Volume du coffre (min. – max.) (L)	827 – 1877(rég.), 787 – 1869 (Hyb)
Réservoir de carburant (L)	57, 62 (Hyb)
Fourchette de poids (kg)	1503 à 1721

Châssis

Mode	traction, intégral
Suspension av. – arr.	indépendante
Freins av. – arr.	disques – tambours
Capacité de remorquage (max.) (kg)	454 (2rm L4), 680 (4rm L4), 1588 (V6)
Diamètre de braquage (m)	11,2
Pneus	235/70R16, 225/65R17 (opt.)

Aptitudes hors route

Garde au sol min. (mm)	213, 211 (Hyb)
Angles d'approche/de rampe/de sortie (°)	19/28/19

Performances

Modèle à l'essai	Escape XLT (4rm)
Moteur	L4 DACT 2,5 litres 16s
Puissance (ch. à tr/min)	171 à 6000
Couple (lb-pi à tr/min)	171 à 4500
Rapport poids/puissance	9,19 kg/ch
Transmission	automatique 6 rapports
Accélération 0-100 km/h (sec.)	10,2
Reprise 80-115 km/h (sec.)	6,9
Distance de freinage 100-0 km/h (m)	42
Niveau sonore à 100 km/h	moyen
Vitesse maximale (km/h)	175 (L4), 190 (V6), 170 (Hyb)
Consommation lors de l'essai (L/100 km)	10,4
Gaz à effet de serre (tonnes métriques)	7,5
Autres moteurs	V6 3,0 l (240 ch.), 223 lb-pi), L4 hybride 2,5 l (155 ch., 136 lb-pi)
Autres transmissions	man. 5 rapports (2rm XLT 2,5 l), aut. 6 rapports (3,0 l), CVT (Hyb)

Hybride

Hybride – Distance en mode élect. (km)	2 à 3
Hybride – Vitesse max. en mode élect. (km/h)	64

Protection collision

Frontale conducteur/passager	excellente
Latérale avant/arrière	excellente
Capotage 2rm/4rm	moyenne

Ford
ESCAPE

RIDEAU

Le petit VUS Escape de Ford sera bientôt remplacé par un tout nouveau modèle développé pour l'ensemble des marchés de Ford, tant européen et américain qu'asiatique. La prochaine génération d'Escape a (presque) déjà été annoncée au récent Salon de l'auto de Detroit avec la présentation du prototype Vertrek, qui représente le design de l'Escape à venir. Affichant une ligne des plus modernes, ce petit VUS ne pourrait être proposé qu'avec un moteur à quatre cylindres de 2,5 litres d'environ 170 ch ou un quatre-cylindres turbo d'environ 200 ch. Cela veut donc dire qu'il n'y aura plus de V6.

Toutefois, l'Escape à venir aura de grands souliers à chausser. Car celui qui reste sur notre marché pour l'année à venir demeure (et demeurera) un véhicule très recherché. En effet, non seulement est-il le leader des ventes dans sa catégorie, mais il est également très souvent choisi ou mentionné pour sa version Hybrid devenue presque iconique. Évidemment, depuis le temps qu'il est avec nous, il ne fait plus tourner les têtes à son passage. Mais demandez à l'automobiliste qui en possède un s'il en est satisfait.

Pour le moment, rien ou presque ne change dans l'Escape de 2012. Même si elle commence à se faire un peu vieille, sa plateforme nous revient avec la traction avant ou intégrale. Le moteur de base est toujours ce quatre-cylindres de 2,5 litres dont l'architecture a été développée conjointement avec Mazda et qui fait 155 ch et 136 livres-pieds de couple. Il vient combiné à une boîte manuelle à cinq vitesses ou à l'automatique à six rapports, un choix à la fois plus populaire et plus recommandable, surtout pour sa valeur de revente, sauf, peut-être, dans la version Sport. Mentionnons que ce moteur n'est pas des plus puissants ni des plus silencieux à l'effort. Mais il se débrouille bien.

La version Hybride de l'Escape fait appel à ce même moteur, mais dans une configuration adaptée aux besoins de la circonstance. Il est équipé alors d'un moteur électrique qui lui vient en aide à l'effort (et qui le remplace à très basse vitesse) et une boîte automatique à variation continue (CVT). L'autre moteur proposé dans l'Escape est le plus puissant V6 de trois litres, récemment révisé. Il fait rien de moins que 240 ch et il ne vient qu'avec la boîte auto à six rapports. Il est aussi livrable avec la transmission intégrale, ce qui en fait un meilleur choix dans ce cas. Mais celui-ci est le plus puissant et le plus agréable de ceux proposés pour ce véhicule.

D'étonnantes versions

Ne soyez pas surpris de voir quelques Escape Hybride utilisées par des bureaux gouvernementaux ou d'autres entreprises affichant leur implication dans l'environnement. Cette version de l'Escape affiche une bonne image de conscience environnementale. Mais, si un particulier veut en payer le prix, il peut aussi s'avérer un véhicule intéressant à conduire et surtout relativement économique. Selon la façon

qu'il est conduit, l'Escape Hybride peut fonctionner avec le moteur électrique à basse vitesse seulement en situation urbaine. Le fonctionnement de sa transmission CVT peut étonner le conducteur au début, mais on s'y fait rapidement.

Rappelons la possibilité du moteur à quatre cylindres de base avec la boîte manuelle dans la version Sport. Cet ensemble mécanique donne un air de jeunesse à la camionnette (notre modèle d'essai était peint tout en rouge, sauf pour la ligne centrale du capot, la calandre et le centre des roues peints en noir lustré, ce qui confirmait la vocation sportive de cette Escape) et elle attire déjà des conducteurs un peu plus jeunes. Ses performances ne sont pas des plus enivrantes, mais on peut profiter de la conduite nerveuse de l'Escape. La suspension est relativement ferme, mais la direction est précise. En raison de son gabarit, l'Escape est facile à manœuvrer en situation urbaine.

L'intérieur de l'Escape est attirant, même s'il n'est pas des plus vastes. Les deux sièges avant sont confortables, mais on y est un peu serré à l'arrière. En fait, il y de la place pour deux passagers. Mais trois? N'y pensez pas. Trop serré si ce sont des adultes. Quant à l'espace de chargement, il n'est pas le plus vaste de sa catégorie, mais il demeure suffisant pour tout petit voyage.

Enfin, alors que l'Escape semble prêt à nous quitter en fin d'année, il partira la tête haute, car c'est toujours le VUS compact le plus vendu, et il est reconnu pour sa grande fiabilité. Son allure «petit truck» et sa robustesse nous manqueront, c'est certain!

ÉRIC DESCARRIES

Prix
19 999 à 40 299 $
Transport et préparation
1450 $

+ **Robustesse reconnue**
+ **Grande fiabilité**
+ **Choix de motorisation**

– **Version hybride trop coûteuse**
– **Places arrière étroites**
– **Sièges arrière compliqués à rabattre**

Consommation ville – route (L/100 km)
10,9 – 8,5 (2rm 2,5 l)   11,9 – 9,1 (4rm 2,5 l)
13,2 – 9,1 (3,0 l)   6,8 – 7,7 (2rm Hyb)
7,7 – 8,8 (4rm Hyb)

2012 **Nouveautés**

Nouveau modèle Kuga à venir

Principales concurrentes

Hyundai Tucson, Jeep Compass/Patriot, Kia Sportage, Nissan Rogue, Suzuki Grand Vitara

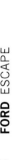

FORD ESCAPE

À savoir

Garanties de base – motopropulseur (an/km)	3/60 000 – 5/100 000
Marge de profit du concessionnaire (%)	9,92 à 10,47
Essence recommandée	ordinaire
Versions offertes	XLT, Limited, Limited Max
Carrosserie	utilitaire sport 5 portes (7 ou 8 places)
Lieu d'assemblage	États-Unis
Valeur résiduelle	médiocre
Fiabilité présumée	passable
Renouvellement du modèle	2013
Ventes 2010 Québec	(+ 24 %) 160

Technique

Dimensions et volumes

Empattement (mm)	3023, 3327 (Max)
Longueur (mm)	5227, 5621 (Max)
Largeur (mm)	2002
Hauteur (mm)	1961, 1974 (Max)
Volume intérieur passager (L)	4539, 4766 (Max)
Volume du coffre (min. – méd. – max.) (L)	527 – 1555 – 3064 (rég.), 1206 – 2421 – 3704 (Max)
Réservoir de carburant (L)	106 (rég.), 129 (Max)
Fourchette de poids (kg)	2652 à 2782
Répartition du poids av. – arr. (%)	50 – 50

Châssis

Mode	4 roues motrices
Suspension av. – arr.	indépendante
Freins av. – arr.	disques
Capacité de remorquage (max.) (kg)	4082 (rég.), 3969 (Max)
Diamètre de braquage (m)	12,5 (rég.) / 13,4 (Max)
Pneus	265/70R17 (XLT), 255/70R18 (opt. XLT), 275/55R20 (Limited)

Aptitudes hors route

Garde au sol min. (mm)	221
Angles d'approche/de rampe/de sortie (°)	23/18/22

Performances

Modèle à l'essai	Expedition Limited
Moteur	V8 SACT 5,4 litres 24s
Puissance (ch. à tr/min)	310 à 5100
Couple (lb-pi à tr/min)	365 à 3600
Rapport poids/puissance	8,55 kg/ch
Transmission	automatique 6 rapports
Accélération 0-100 km/h (sec.)	9,82
Reprise 80-115 km/h (sec.)	5,94
Distance de freinage 100-0 km/h (m)	42,5
Niveau sonore à 100 km/h	moyen
Vitesse maximale (km/h)	200
Consommation lors de l'essai (L/100 km)	15,7
Gaz à effet de serre (tonnes métriques)	11,3
Autres moteurs	aucun
Autres transmissions	aucune

Protection collision

Frontale conducteur/passager	excellente
Latérale avant/arrière	excellente
Capotage 2rm/4rm	bonne

Ford
EXPEDITION / EXPEDITION MAX

VRAIMENT NÉCESSAIRE ?

La pertinence d'un véhicule dans notre marché s'évalue à l'utilisation qu'on prévoit en faire et à son rendement. Sept passagers et leurs bagages dans un Ford Expedition donnent tout son sens à ce mégaporteur, compte tenu de certains facteurs. Mais un individu seul à bord se rendant au travail nous le rend éminemment antipathique.

On a tout dit sur l'Expedition. Qu'il était trop gros, qu'il consommait démesurément, qu'il n'avait rien d'écologique, qu'il était le dernier des Mohicans. N'oublions pas qu'il y avait encore plus volumineux du temps de l'Excursion! N'oublions pas également que pour la société américaine, ce genre de porte-avions a encore sa place, ne serait-ce que pour y loger deux *border troopers* à chaque kilomètre le long de la frontière mexicaine. Il y a encore beaucoup de chemin à parcourir pour changer cette impression d'invincibilité, de puissance et de protection. Il reste une option que nos convictions peuvent façonner : s'en procurer un ou passer son tour. Au Québec, notre idée est faite : il s'en écoule à peine un par concessionnaire par année!

Quand on faisait auparavant la comparaison entre l'Expedition et le F 150, on sentait l'interlocuteur faire la moue. Mais au rythme où la célèbre camionnette a évolué depuis une décennie, c'est pratiquement un hommage. Le VUS a tous les attributs mécaniques de la camionnette : le groupe propulseur, la capacité de remorquage et le savoir-faire que confère la traction intégrale.

Mais l'habitacle est réservé surtout au transport de personnes avec ses trois rangées de banquettes, un confort feutré et une douceur de roulement que procurent les transatlantiques du genre.

En prime, il offre de la place pour sept ou huit personnes, selon la configuration, et un espace de chargement de 527 ou 1206 litres... derrière la troisième banquette, selon que vous optez pour la version standard ou allongée, tout en maintenant une capacité de remorquage d'environ quatre tonnes métriques. Il faut savoir cartonner dans ce créneau quand la concurrence est personnifiée depuis des lustres par le Suburban et ses contreparties plus récentes Tahoe et Yukon.

Des composantes reconnues

Alors qu'il était prévu que l'Expedition serait retouché pour 2012, on a repoussé d'au moins une année sa révision, et c'est un modèle pratiquement inchangé auquel nous aurons droit, hormis quelques bricoles comme les sièges chauffants sur la banquette du milieu. Il faut dire que les ventes de ces gros porteurs ont piqué du nez considérablement, au point où l'usine d'assemblage de Warren, au Michigan, a été convertie pour faire place à la Focus. Un signe des temps que de troquer une usine de VUS pour des voitures compactes. Nos voisins américains en auront pris du temps pour comprendre.

On retrouve avec plaisir le V8 Triton de 5,4 litres, en fin de carrière puisqu'il ne campe plus sous le capot des F 150, avec ses 310 ch et son couple généreux, jumelé à une boîte à six rapports. La traction intégrale est en option, mais c'est le contrôle antilouvoiement qu'on appréciera dans le cas de traction d'une caravane

qui pourra atteindre jusqu'à 30 pieds. En définitive, un groupe propulseur sans reproche et pratiquement indestructible, hormis une consommation indécente, selon nos derniers critères. Celle-ci ne passe pas sous les 16 litres aux 100 km en moyenne. Imaginez, lorsque vous conduisez une version allongée, avec traction intégrale, en hiver: vos enfants n'auront pas d'héritage! Pour se donner un petit côté vert, Ford permet au Triton d'être alimenté au E85, un éthanol souvent fabriqué à base de maïs!

Le souci du client

Ford est passé maître dans l'aménagement des habitacles de ses camionnettes, et l'Expedition n'y déroge pas. La planche de bord avec ses appliques métallisées est simple et tous les cadrans bien lisibles, le système de navigation, les consoles, vide-poches et rangements savamment orchestrés pour que chaque passager se sente à l'aise. Le consommateur a droit à huit différents aménagements, passant du XL de base au luxueux King Ranch, en version courte ou longue (30 cm de plus). On pourra compter de série sur le système SYNC, certains gadgets de communication et le hayon électrique.

Notons au passage le système My Key. Il permet aux parents de limiter la vitesse, le régime moteur et même le volume de la chaîne stéréo quand leur adolescent est au volant. Cependant, on peut se demander ce qu'un ado ferait au volant d'un tel véhicule! Malgré son poids qui frise les trois tonnes, l'Expedition est agréable à conduire, grâce à sa suspension indépendante aux quatre roues. Il commande un certain respect sur des chemins en lacets, mais s'avère un véritable tapis magique sur autoroute. Il vous restera à négocier son prix, puisque vous aurez droit à certains rabais, comme c'est le cas depuis 2008. Des gros rabais? Attendez-vous tout de même à débourser au moins 50 gros billets.

MICHEL POIRIER-DEFOY

Prix
46 999 à 60 999 $
Transport et préparation
1450 $

+ Une motorisation durable et complète
+ Un aménagement sympathique
+ Capacité de remorquage élevée

– Consommation
– Modèle en fin de cycle
– Poids très élevé

Consommation ville – route (L/100 km)
17,7 – 11,9

2012 **Nouveautés**

Changements mineurs

Principales concurrentes

Chevrolet Tahoe/Suburban, GMC Yukon/XL, Nissan Armada, Toyota Sequoia

À savoir

Garanties de base – motopropulseur (an/km)	3/60 000 – 5/100 000
Marge de profit du concessionnaire (%)	4,57 à 7,62
Essence recommandée	ordinaire (V6), super (L4 turbo)
Versions offertes	Base, XLT, Limited
Carrosserie	multisegment 5 portes (6 ou 7 places)
Lieu d'assemblage	États-Unis
Valeur résiduelle	bonne
Fiabilité présumée	moyenne
Renouvellement du modèle	2016
Ventes 2010 Québec	(+ 0,2 %) 538

Technique

Dimensions et volumes

Empattement (mm)	2860
Longueur (mm)	5006
Largeur (mm)	2004
Hauteur (mm)	1788 (TA), 1803 (TI)
Volume intérieur passager (L)	4296
Volume du coffre (min. – méd. – max.) (L)	595 – 1240 – 2285
Réservoir de carburant (L)	70,4
Fourchette de poids (kg)	2067 à 2146
Répartition du poids av. – arr. (%)	55 – 45

Châssis

Mode	traction, intégral
Suspension av. – arr.	indépendante
Freins av. – arr.	disques
Capacité de remorquage (max.) (kg)	907 (L4), 2268 (V6)
Diamètre de braquage (m)	12
Pneus	245/65R17 (Base), 245/60R18 (XLT), 255/50R20 (Limited, opt. XLT)

Aptitudes hors route

Garde au sol min. (mm)	193
Angles d'approche/de rampe/de sortie (°)	22/17/21

Performances

Modèle à l'essai	Explorer Limited
Moteur	V6 DACT 3,5 litres 24s
Puissance (ch. à tr/min)	290 à 6500
Couple (lb-pi à tr/min)	255 à 4000
Rapport poids / puissance	7,4 kg/ch
Transmission	semi-automatique 6 rapports
Accélération 0-100 km/h (sec.)	8,98
Reprise 80-115 km/h (sec.)	5,78
Distance de freinage 100-0 km/h (m)	37,2
Niveau sonore à 100 km/h	moyen
Vitesse maximale (km/h)	190
Consommation lors de l'essai (L/100 km)	12,9
Gaz à effet de serre (tonnes métriques)	9,2
Autres moteurs	L4 turbo 2,0 l
Autres transmissions	aucune

Protection collision

Frontale conducteur/passager	non évalué
Latérale avant/arrière	non évalué
Capotage 2rm/4rm	non évalué

Ford
EXPLORER

LE BON ÉQUILIBRE

Ford a mis bien du temps à renouveler son Explorer. Trop de temps! À sa décharge, le renouvellement d'un modèle emblématique pose toujours problème. En fait, comment ne pas choquer une clientèle conquise d'avance tout en innovant suffisamment pour conquérir de nouveaux acheteurs? Un équilibre toujours difficile à atteindre si l'on juge la refonte pratiquée sur ce modèle.

Pour dissiper les inquiétudes des fidèles, Ford s'empresse de rappeler que cette refonte amenuise peu ou pas les qualités intrinsèques de la mouture précédente : ses prouesses en tout-terrain et sa capacité de remorquage. Voilà de quoi surprendre, dans la mesure où l'Explorer adopte un châssis monocoque, par définition moins robuste que celui autrefois utilisé. Autre surprise : de propulsion, l'Explorer devient une traction. Bien entendu, à cette configuration inusitée inscrite au catalogue s'ajoute un autre mode, à quatre roues motrices celui-là. Pour rouler sur des terrains parfois impraticables ou encore pour se sortir de positions inimaginables, l'Explorer n'a plus recours à la traditionnelle boîte de transfert délivrant des rapports très courts au moment des manœuvres de franchissement. Ford reconnaît que plusieurs propriétaires d'Explorer ne savaient même pas à quoi elle servait... Par contre, tous seront en mesure de comprendre les pictogrammes disposés sur le bouton rotatif situé au pied de la console centrale. Ce système offre le choix entre quatre modes : conduite normale, terrain glissant, tout-terrain et neige.

Le constructeur américain tente aussi au moyen de cette refonte de faire oublier le comportement balourd des anciennes générations en soulignant à gros traits l'usage de l'architecture D4 qu'on trouve aussi sous les berlines Taurus et MKS. Nouvelle architecture et nouveaux moteurs aussi. Désormais, un V6 3,5 litres assoit son bloc sur le siège moteur. Un quatre-cylindres deux litres suralimenté par turbocompresseur, issu de la famille EcoBoost, s'offre également, mais seulement à bord des versions à roues avant motrices. Dommage!

En dépit de toutes ces transformations, le nouvel Explorer est presque aussi lourd que son prédécesseur.

Une ceinture gonflable...

Cet utilitaire comporte une kyrielle d'accessoires de sécurité, dont une ceinture de sécurité gonflable, une première dans l'industrie. Installée sur la banquette médiane, celle-ci a été conçue dans le but de réduire les risques de blessures à la cage thoracique. À cela s'ajoute une autre innovation : le Curve Control, qui réduit automatiquement le couple moteur s'il détecte que l'automobiliste s'engage trop rapidement dans un virage serré. Voilà un pas de plus vers la conduite assistée, diront les amateurs de conduite. Le débrancher? Impossible...

Conséquence de tous ces ajouts? L'Explorer se conduit tout seul et affiche une stabilité directionnelle rassurante. Cependant, dès que la route se met à dessiner des virages,

la direction à assistance électrique offre un toucher de route artificiel et une faible indication des conditions d'adhérence. Autre impair : le diamètre de braquage, trop grand, rend les manœuvres de stationnement pénibles.

Sans l'ombre d'un doute, le confort est le grand bénéficiaire de cette refonte. Les éléments suspenseurs permettent dorénavant aux pneus de faire meilleur contact avec la chaussée tout en limitant les mouvements de caisse, sans les enrayer suffisamment toutefois.

Le V6 3,5 litres s'avère amplement puissant pour accomplir la tâche qui lui incombe, mais l'étagement de la boîte automatique favorise l'économie plus que les performances pures. À la réflexion, c'est peut-être mieux ainsi, la consommation est déjà assez décevante.

Si, comme moi, l'électronique vous donne de l'urticaire, sans doute hausserez-vous les épaules en découvrant le MyFord Touch, un dispositif interactif sur le point de dégarnir le tableau de bord de tous ses boutons. Rangez vos préjugés au vestiaire. Avec ce système constitué d'un écran plat, il est possible par exemple de synchroniser votre téléphone portable ou encore de régler la vitesse de la soufflerie de la climatisation grâce à des touches ou par la voix. Voilà une belle invention.

Ce système vous fera sans doute oublier que l'Explorer offre deux configurations de sièges, selon que vous voyagez à six ou à sept personnes. Si les places dans la rangée médiane s'avèrent confortables, difficile d'en dire autant des sièges ancrés dans le fond du cockpit, tant ils sont étroits et faiblement rembourrés. Précision utile : les autres véhicules de ce segment ne font guère mieux dans ce domaine.

Ford n'aura sans doute aucun mal à convaincre les habitués que son nouvel Explorer vaut mieux que l'ancien. Mais qu'apporte-t-il vraiment de plus que les autres véhicules de sa catégorie ? En vérité, pas grand-chose. Préférez-lui le Flex, plus confortable.

⊙ ÉRIC LEFRANÇOIS

Prix
29 999 à 44 199 $
Transport et préparation
1450 $

+ La sécurité tant active que passive
+ L'évolution tardive mais logique
+ MyFord Touch : génial

− La difficulté à le garer
− Version 4-cylindres à 2 roues motrices
− Troisième banquette étriquée

Consommation ville – route (L/100 km)
14,8 – 9,8 (2rm 3,5 l)
14,8 – 10,5 (4rm 3,5 l)

Nouveautés
2012
L4 Ecoboost de 2,0 litres
Ceintures arrière incluant sac gonflable

Principales concurrentes
Buick Enclave, Chevrolet Traverse, Dodge Durango, Honda Pilot, GMC Acadia, Jeep Grand Cherokee, Mazda CX-9, Toyota Highlander

FORD EXPLORER

247

À savoir

Garanties de base – motopropulseur (an/km)	3/60 000 – 5/100 000
Marge de profit du concessionnaire (%)	11,50 à 11,89
Essence recommandée	ordinaire
Versions offertes	XL, XLT, XTR, FX4, Lariat, Lariat Limited, King Ranch, SVT Raptor, Platinum, Harley-Davidson
Carrosserie	camionnette 2 ou 4 portes (cabine simple, allongée, double)
Lieu d'assemblage	États-Unis
Valeur résiduelle	moyenne
Fiabilité présumée	moyenne
Renouvellement du modèle	inconnu
Ventes 2010 Québec	(+ 29 %) 18 366

Technique

Dimensions et volumes

Empattement (mm)	3200 à 4140
Longueur (mm)	5413 à 6358
Largeur (mm)	2004
Hauteur (mm)	1895 à 1991
Volume intérieur passager (L)	1838 à 3576
Réservoir de carburant (L)	98, 136
Fourchette de poids (kg)	2121 à 2745

Châssis

Mode	propulsion, 4rm
Suspension av. – arr.	ind. – ess. rigide
Freins av. – arr.	disques
Capacité de remorquage (max.) (kg)	2722 (3,7 l), 4536 (5,0 l), 5126 (6,2 l), 5126 (3,5 l)
Diamètre de braquage (m)	12,7/14,3/15,4/16
Pneus	235/70R17, 245/75R17, 255/65R17, 265/60R18, 275/65R18, 275/55R20, 315/70R17 (Raptor), 275/45R22 (Harley, Lariat Limited)

Aptitudes hors route

Garde au sol min. (mm)	n.d.
Angles d'approche / de rampe / de sortie (°)	n.d.

Benne

Longueur (mm)	1676, 1981, 2438
Profondeur (mm)	569
Largeur entre les puits de roue (mm)	1270
Volume utilitaire (min. – max.) (L)	1569, 1855, 2302

Performances

Modèle à l'essai	F-150 4X4 Super Crew Lariat
Moteur	V6 biturbo DACT 3,5 litres 24s
Puissance (ch. à tr/min)	365 à 5000
Couple (lb-pi à tr/min)	420 à 2500
Transmission	automatique 6 rapports
Accélération 0-100 km/h (sec.)	7,9
Reprise 80-110 km/h (sec.)	5,8
Niveau sonore à 100 km/h	moyen
Consommation lors de l'essai (L/100 km)	14,1
Gaz à effet de serre (tonnes métrique)	10,1
Autres moteurs	V6 3,7 l (302 ch., 278 lb-pi), V8 5,0 l (360 ch. 380 lb-pi), V8 6,2 l (411 ch., 434 lb-pi)
Autres transmissions	aucune

Protection collision

Frontale conducteur/passager	excellente
Latérale avant/arrière	excellente
Capotage 2rm/4rm	moyenne

FORD F-150

Ford
F-150

DES MOTEURS QUI ARRIVENT À POINT

Même si Ford vit des jours heureux avec ses voitures Fiesta et Focus, il fut une époque où le constructeur américain misait presque uniquement sur sa camionnette F-150 pour engranger des profits. Encore aujourd'hui, le F-150 demeure, et de loin, la camionnette la plus populaire au pays en accaparant environ 40 % du marché.

Pour demeurer le chef de file et faire face à la crise pétrolière qui s'annonce, Ford a pris un pari fort risqué l'an dernier en sabordant entièrement sa gamme de motorisations. Ainsi, les deux livrées du V8 de 4,6 litres et du V8 de 5,4 litres ont été supprimées pour faire place à quatre nouveaux moteurs inédits.

Au bas de l'échelle se trouve un V6 de 3,7 litres destiné avant tout aux modèles à vocation commerciale. Cependant, avec la hausse du prix de l'essence, il se pourrait bien que ce V6 de 302 ch connaisse un certain succès auprès des particuliers, car il offre des performances surprenantes. Surtout qu'il est moins cher à l'achat que le V8 de cinq litres.

Mais ce dernier devrait être le moteur le plus populaire de la gamme. Développant 360 ch et 380 livres-pieds de couple, il est plus puissant que l'ancien V8 de 5,4 litres, tout en étant moins gourmand à la pompe. Pour rivaliser avec le V8 de six litres de GM, Ford propose enfin une grosse cylindrée de 6,2 litres qui en impose avec ses 411 ch et son couple de 434 livres-pieds.

Un V6 biturbo

Si vous croyez que ces trois motorisations sont révolutionnaires, la surprise réside dans l'arrivée du V6 Ecoboost de 3,5 litres. De prime abord, il est vrai que la fiabilité de ce moteur pourrait effrayer les acheteurs traditionnels de camionnette qui ne veulent pas servir de cobayes. Toutefois, sachez que ce V6 biturbo équipe les multisegments Ford Flex et Lincoln MKT depuis au moins deux ans. Certes, cette mise à l'épreuve n'a pas été longue ni nécessairement convaincante. Mais il faut saluer les motoristes pour leurs efforts et seul le temps nous dira s'ils ont vu juste. Ford est conscient que le V6 Ecoboost ne représentera pas la majorité des ventes. Par contre, si le prix de l'essence continue à grimper, il est possible que les commandes s'accumulent.

En plus de réduire les factures mensuelles de carburant, ce V6 biturbo est capable d'exécuter des tours de force impressionnants. Si le V8 de 6,2 litres avec une capacité maximale de remorquage de 5216 kg surclasse celle des V8 de 5 litres et V6 de 3,7 litres qui atteignent respectivement 4536 kg et 2767 kg, il faut savoir que la force de tire du V6 Ecoboost arrive à égalité avec le 6,2 litres. Ce qui est, admettons-le, tout à fait remarquable. Pour ce faire, ce V6 survitaminé compte sur une cavalerie de 365 ch et un couple de 420 livres-pieds. Peu importe le choix du

moteur, celui-ci est jumelé à une boîte de vitesses semi-automatique à six rapports. Par ailleurs, toutes les motorisations s'alimentent à l'essence ordinaire, y compris l'Ecoboost.

Une multitude de configurations

Avec le nombre plus élevé que jamais de motorisations et de rapports de pont (3,15; 3,31; 3,55; 3,73; 4,10), la liste des configurations n'a jamais été aussi complexe. Outre le choix de la version, l'acheteur doit aussi sélectionner le format de la cabine, la longueur de la benne, la dimension des jantes et des pneus, etc. Du côté des accessoires, la liste est encore plus longue et les options trop nombreuses. Pour éviter de se casser la tête, mieux vaut éviter la version de base XL et choisir la XLT dont l'équipement de série est plus complet.

S'il fut une époque où la présentation et la finition des camionnettes laissaient à désirer, les temps ont bien changé. Les portières s'ouvrent sur un environnement où la qualité des matériaux et de l'assemblage est irréprochable. Le confort des baquets surpasse la concurrence, le tableau de bord est raffiné, l'instrumentation est complète et facile à comprendre, alors que les commandes sont robustes et n'exigent pas des doigts de fée pour les manipuler.

Dans le style des «Monster Truck», le groupe SVT a eu le feu vert pour s'éclater avec le Raptor. Esthétiquement, cette camionnette à cabine allongée ou double et benne courte se reconnaît à sa calandre noire étampée des lettres F O R D, ses ailes et son capot bombés, ses amortisseurs de compétition et ses immenses pneus (315/70R17). Conçu pour la conduite hors route extrême, le Raptor ouvre son capot au V8 de 6,2 litres, alors que le rapport de pont est de 4,10. Spectaculaire, il coûte cependant une fortune en carburant, car son estomac semble sans fond.

 JEAN-FRANÇOIS GUAY

Prix
19 999 à 64 899 $
Transport et préparation
1450 $

+ Ses nouveaux moteurs moins énergivores
+ Des versions pour tous les goûts et budgets
+ Son comportement routier

– La consommation du V8 de 6,2 litres
– Les hésitations de la boîte de vitesses
– La fiabilité inconnue du V6 Ecoboost

Consommation ville – route (L/100 km)

15,6 – 11,1 (4rm 3,5 l)
14,8 – 11,1 (4rm 3,7 l)
16,7 – 12,2 (4rm 5,0 l)
19,1 – 14,1 (4rm 6,2 l)

Nouveautés

 2012 Nouvelles motorisations dévoilées en 2011 : V6 de 3,7 litres, V6 Ecoboost de 3,5 litres, V8 de 5,0 litres, V8 de 6,2 litres

Principales concurrentes

 Chevrolet Silverado, GMC Sierra, Nissan Titan, Ram 1500, Toyota Tundra

FORD F-150

Garanties de base –	
motopropulseur (an/km)	3/60 000 – 5/100 000
Marge de profit du concessionnaire (%)	3,13 à 6,70
Essence recommandée	ordinaire
Versions offertes	S, SE, SES, SEL
Carrosserie	hayon 5 portes, berline 4 portes
Lieu d'assemblage	Mexique
Valeur résiduelle	moyenne
Fiabilité présumée	2015
Renouvellement du modèle	nouveau modèle
Ventes 2010 Québec	1686

Technique

Dimensions et volumes

Empattement (mm)	2489
Longueur (mm)	4067 (hay.), 4409 (berl.)
Largeur (mm)	1702
Hauteur (mm)	1473
Volume intérieur passager (L)	2410
Volume du coffre (min. – max.) (L)	436 – 965 (hay.), 362 (berl.),
Réservoir de carburant (L)	45,4
Fourchette de poids (kg)	1151 (hay.), 1169 (berl.)
Répartition du poids av. – arr. (%)	60 – 40

Châssis

Mode	traction
Suspension av. – arr.	ind. (av.) – semi-ind. (arr.)
Freins av. – arr.	disques – tambours
Capacité de remorquage	non recommandé
Diamètre de braquage (m)	10,36
Pneus	185/65R15 (S, SE), 195/60R15 (opt.), 195/50R16 (SEL, SES)

Performances

Modèle à l'essai	Fiesta SES (hayon 5 portes)
Moteur	L4 DACT 1,6 litre 16s
Puissance (ch. à tr/min)	120 à 6000
Couple (lb-pi à tr/min)	112 à 4250
Rapport poids/puissance	9,59 kg/ch
Transmission	manuelle 5 rapports
Accélération 0-100 km/h (sec.)	10,24
Reprise 80-115 km/h (sec.)	7,11
Distance de freinage 100-0 km/h (m)	37,7
Niveau sonore à 100 km/h	moyen
Vitesse maximale (km/h)	185
Consommation lors de l'essai (L/100 km)	7,3
Gaz à effet de serre (tonnes métriques)	5,1
Autres moteurs	aucun
Autres transmissions	semi-aut. 6 rapports

Protection collision

Frontale conducteur/passager	bonne
Latérale avant/arrière	bonne
Capotage 2rm/4rm	bonne

Ford
FIESTA

BIENVENUE À LA FÊTE

Amusante à conduire, sympathique à regarder, souriante à la pompe, la Ford Fiesta ne saurait être mieux nommée. À son volant, c'est plus souvent la fête que la déprime. Déjà couverte d'éloges à son arrivée sur le marché l'an dernier, elle continue de s'affirmer comme une élève de la nouvelle école de Ford. Mi-européenne, mi-américaine, cette mini réussit même à faire oublier sa cousine, la Mazda 2. Tout cela, à la condition expresse qu'on opte pour la Fiesta qui confie au conducteur le passage manuel des vitesses. Car la transmission automatique, selon moi, déprécie la voiture et ne lui permet pas de se faire valoir sous son meilleur jour.

Déjà un peu tiède avec la boîte manuelle à cinq rapports, le moteur de 1,6 litre suffit à peine à la tâche quand on laisse l'automatisme gérer sa modeste puissance. Les chiffres sont d'ailleurs fort éloquents sur l'apathie des 120 chevaux qui dorment littéralement sous le capot avant. Le petit quatre-cylindres a beau se fendre l'âme, il n'en résulte rien d'autre qu'une hausse du niveau sonore. Sur la route, la transmission automatique donne constamment lieu à des changements de rapports à la moindre sollicitation de l'accélérateur ou au plus petit changement d'élévation. Les secousses qui s'en suivent donnent l'impression qu'on a affaire à un novice de la conduite, ce qui gâte nos premières impressions de la Fiesta. Cet agacement s'accompagne toutefois d'un dividende intéressant sous la forme d'une consommation minimale qui flirte avec les 7 litres aux 100 km.

Le remède

Il suffira d'opter pour une boîte manuelle pour que la plupart de ces lacunes s'envolent, laissant découvrir les meilleurs attributs de la voiture. Avec son format de poche par exemple, la Fiesta est l'héritière d'une maniabilité très plaisante qui lui permet de se faufiler dans la circulation avec aisance. À ce chapitre, le diamètre de braquage relativement important est surprenant sur une voiture si minuscule. Il est certain aussi que ses faibles dimensions la rendent plus vulnérable au sein de cette abondance de VUS qui encombrent les routes nord-américaines. On se sent bien petit à côté des Suburban ou Ram de ce monde. La Fiesta regagne notre admiration par sa tenue de route assortie d'un confort qui est l'égal de celui de voitures plus volumineuses. La quiétude de l'habitacle à des vitesses d'autoroute est aussi à retenir. Développée en Europe, cette mini-Ford y a acquis de fort belles manières, un peu pâlies, ai-je noté, par un désir d'américanisation du produit. La direction notamment paraît moins communicative tout en étant affligée d'un semblant d'effet de couple à l'occasion.

On ne peut que louer la position de conduite, bien servie par des sièges anatomiquement étudiés. Le rapport entre le conducteur et les diverses commandes

ou instruments du tableau de bord sont aussi dignes de mention. À vue d'œil, la finition échappe à toute critique sévère, bien que j'aie noté qu'une petite pièce de caoutchouc dans l'entrebâillement de la portière de gauche avait tendance à se décoller. En matière d'habitabilité, la Fiesta n'est pas de celles qui peuvent jouer les minibus et transporter confortablement cinq personnes. Disons que trois personnes sur la banquette arrière, c'est la foule. Bref, il a fallu économiser quelque part, ce qui explique le peu de dégagement pour les jambes à l'arrière. De toute évidence, vos passagers vous sauront gré de vous arrêter de temps en temps pour leur permettre de se délier les jambes. Il y a aussi ces satanés appuis-tête qui se dressent comme de petits soldats dans votre champ de vision, rendant la vue arrière absolument abominable. Cette carence est compensée par la présence dans le rétroviseur extérieur d'un petit miroir convexe qui élimine ce qui serait normalement un dangereux angle mort.

La Fiesta étant offerte en deux versions, berline et à hayon (*hatchback*), on se demandera sans doute quel est le type de carrosserie le plus intéressant. En gros, la version à arrière ouvrant est carrément plus mignonne que la berline, plus traditionnelle. Cette dernière a l'avantage par ailleurs de ménager plus d'espace aux bagages. Qu'en est-il finalement de sa fiabilité? À ce chapitre, la Ford Fiesta ne nous a pas valu de plaintes récurrentes, ce qui permet de croire que son séjour en Europe, avant son arrivée en Amérique, a permis d'éliminer la plupart des irritants. Le seul qui semble ineffaçable est celui de la transmission automatique. Il est probable toutefois que vous soyez moins sensible à son comportement que l'auteur de ces lignes. D'où l'importance d'inclure un bref essai routier dans votre séance de magasinage automobile.

JACQUES DUVAL

Prix
12 999 à 18 899 $
Transport et préparation
1450 $

+ Un modèle de frugalité
+ Comportement routier réjouissant
+ Un confort étonnant

– Transmission automatique désavantageuse
– Grand rayon de braquage
– Puissance modeste

Consommation ville – route (L/100 km)
7,9 – 6,2 (man.)
7,7 – 6 (aut.)

Nouveautés

2012 — Groupe « apparence sport » : jantes, miroirs et rapport de pont de performance, accoudoir pour le conducteur

Principales concurrentes

Chevrolet Sonic, Dodge Caliber, Honda Fit, Hyundai Accent, Kia Rio, Nissan Versa, Mazda2, Scion xD, Toyota Yaris

FORD FIESTA

251

Garanties de base – motopropulseur (an/km)	3/60 000 – 5/100 000
Marge de profit du concessionnaire (%)	4,55 à 7,99
Essence recommandée	ordinaire, super (EcoBoost)
Versions offertes	SE, SEL, SEL TI, Limited, Limited TI, Limited EcoBoost TI, Titane TI
Carrosserie	multisegment 5 portes (6 ou 7 places)
Lieu d'assemblage	États-Unis
Valeur résiduelle	moyenne
Fiabilité présumée	moyenne
Renouvellement du modèle	2013
Ventes 2010 Québec	(– 18 %) 715

Technique

Dimensions et volumes

Empattement (mm)	2994
Longueur (mm)	5125
Largeur (mm)	1927
Hauteur (mm)	1726
Volume intérieur passager (L)	4412
Volume du coffre (min. – méd. – max.) (L)	415 – 1224 – 2355
Réservoir de carburant (L)	70,4
Fourchette de poids (kg)	2027 à 2195

Châssis

Mode	traction, intégral
Suspension av. – arr.	indépendante
Freins av. – arr.	disques
Capacité de remorquage (max.) (kg)	2041
Diamètre de braquage (m)	12,4
Pneus	235/60R17 SE), 235/60R18 (SEL), 235/55R19 (Limited, EcoBoost), 255/45R20 (Titane, opt.)

Performances

Modèle à l'essai	Flex Limited Ecoboost Ti (4rm)
Moteur	V6 biturbo DACT 3,5 litres 24s
Puissance (ch. à tr/min)	355 à 5700
Couple (lb-pi à tr/min)	350 à 3500
Rapport poids / puissance	6,18 kg /ch
Transmission	semi-automatique 6 rapports
Accélération 0-100 km/h (sec.)	7,08
Reprise 80-115 km/h (sec.)	5,16
Distance de freinage 100-0 km/h (m)	40,1
Niveau sonore à 100 km/h	moyen
Vitesse maximale (km/h)	200 (EcoBoost), 180
Consommation lors de l'essai (L/100 km)	13,5
Gaz à effet de serre (tonnes métriques)	9,7
Autres moteurs	V6 3,5 l (262 ch., 248 lb-pi)
Autres transmissions	aut. 6 rapports

Protection collision

Frontale conducteur/passager	excellente
Latérale avant/arrière	excellente
Capotage 2rm/4rm	bonne

Ford
FLEX

PIVOTANTES OU COULISSANTES ?

Ford, qui se présente comme le numéro un des camions en tout genre, a cessé de produire la fourgonnette Freestar il y a cinq ans. À l'époque, cette décision avait créé toute une commotion. Était-ce la fin des fourgonnettes ? Est-ce que Ford, grand visionnaire, avait des informations que les autres constructeurs ne connaissaient pas sur la croissance démographique ? Les fourgonnettes s'adressent essentiellement aux familles et, sans elles, cette catégorie serait morte et enterrée depuis longtemps. Avec le recul, est-ce que Ford a eu raison de se retirer du marché ? On peut se questionner, car les fourgonnettes reviennent en force cette année avec le lancement de la Nissan Quest, alors que l'an dernier Toyota et Honda ont renouvelé respectivement la Sienna et l'Odyssey.

Le Flex est apparu en 2009. Trois ans plus tard, est-ce que cet utilitaire à larges portes pivotantes a rempli son mandat ? A-t-il révolutionné l'ordre établi par les véhicules à portes coulissantes ? Voyons voir. Surtout que sa nouvelle sœur C-Max pourrait lui faire perdre des ventes en 2012. Quand on sait que le Flex accapare environ 7 % des parts de marché des fourgonnettes au pays, on peut se demander si une Freestar restylée n'aurait pas fait mieux.

Après avoir connu un départ au ralenti lors de son introduction, à cause principalement de ses formes carrées qui ne faisaient pas l'unanimité et une échelle de prix déraisonnable pour la plupart des jeunes ménages, Ford a dû redresser la barre. Depuis, quelques retouches esthétiques ont adouci la silhouette du Flex, alors que le prix de la version d'entrée de gamme a chuté de 35 000 $ (en 2009) à plus ou moins 30 000 $ l'an dernier. Pour y arriver, Ford a supprimé quelques accessoires de la version SEL pour élaborer une version SE moins chère et aussi honnête sur le plan de l'équipement. On s'entend qu'à ce prix, la traction intégrale n'est pas au menu et qu'il faudra débourser un supplément pour celle-ci. Mais qui s'en soucie, puisque les fourgonnettes, à part la Sienna, n'offrent pas de rouage à quatre roues motrices ? Quant au fourgon Transit Connect de Ford, que plusieurs chroniqueurs automobiles américains ont perçu comme la révélation de l'année en 2010 en lui décernant le réputé titre du Camion de l'année au Salon de l'auto de Detroit, n'y comptez pas trop. Même s'il existe des versions tourisme à cinq places, le Transit Connect est destiné avant tout à une carrière commerciale. À ce chapitre, le Flex représente un meilleur choix pour rivaliser avec les fourgonnettes traditionnelles.

Au même titre que les Chevrolet Traverse, GMC Acadia, Honda Pilot et Mazda CX-9, sans oublier le nouveau Ford Explorer, le Flex doit être catalogué de multisegment grand format. Spacieux et confortable, l'habitacle du Flex est plus volumineux pour les occupants que ses rivaux et dépasse même celui du nouveau Dodge Durango. Par contre, il se fait déclasser par ses concurrents pour ce qui est de l'espace du coffre. Selon la configuration de la deuxième rangée de sièges, deux baquets individuels ou une banquette pleine largeur divisée 60-40, le Flex peut transporter de six ou sept

à la capacité de remorquage, elle est supérieure au V6 de 4,3 litres, mais inférieure à celle du V8 de 4,8 litres. Concernant le coût d'acquisition d'une camionnette hybride, l'échelle de prix a diminué depuis son lancement. Mais pas assez. À part un organisme gouvernemental ou municipal, qui voudra payer près de 50 000 $?

Avant de prendre la route

À l'instar de toutes les camionnettes américaines, il existe plusieurs configurations. Pour ce faire, l'acheteur doit choisir le type de cabine, la longueur de la benne, l'apparence de la carrosserie (avec ou sans chrome), l'équipement de l'habitacle, la capacité de charge et de remorquage, le moteur, la transmission, le rapport de pont, le rouage à deux ou quatre roues motrices, les pneus, etc.

Depuis des lunes, la marque de commerce des Sierra et Silverado est le confort de roulement et leur agrément de conduite. Leur habitacle est silencieux et le conducteur a l'impression de conduire un véhicule plus petit qu'il l'est en réalité. Malgré leur âge, ces camionnettes demeurent parmi les plus agréables à conduire. Les ingénieurs ont su savamment régler les suspensions et doser l'assistance de la direction.

Au fil des ans, le poste de conduite s'est adapté au quotidien des travailleurs dont la camionnette est devenue un bureau mobile. Pour ce faire, les compartiments de rangement abondent, quoique le F-150 et le Ram excellent à ce chapitre. L'instrumentation est bien en vue. Pour le *boss* de chantier (!) ou les adeptes de caravaning qui veulent du luxe pour les longs voyages, le Sierra propose une version Denali exclusive qui se reconnaît à sa calandre distinctive et à l'abondance de son chrome.

JEAN-FRANÇOIS GUAY

Prix
26 695 à 56 740 $
Transport et préparation
1450 $

+ Sa silhouette qui vieillit bien
+ Ses mécaniques efficaces et fiables
+ Sa valeur de revente

– La désuétude de son habitacle
– L'absence d'un petit moteur diésel
– Le prix élevé du modèle hybride

Consommation ville – route (L/100 km)

16,8 – 13,1 (4,3 l)
16,8 – 13 (4,8 l)
16,8 – 12,5 (5,3 l)
11,2 – 10,7 (Hyb, 6,0 l)
19,6 – 13,4 (6,2 l)

Nouveautés

Système de navigation, anti-louvoiement et aide au démarrage en pente de série
Régulateur de vitesse de série
Disque dur de 80 Go
Sièges ventilés et volant chauffant de série (Denali)

Principales concurrentes

Ford F-150, Nissan Titan, Ram 1500, Toyota Tundra

GMC SIERRA / CHEVROLET SILVERADO 1500

À savoir

Garanties de base – motopropulseur (an/km)	3/60 000 – 5/160 000
Marge de profit du concessionnaire (%)	12,87
Essence recommandée	ordinaire, diésel (ou B20)
Versions offertes	WT, SLE, SLT, Denali (Sierra HD)
	WT, LT, LTZ (Silverado HD)
Carrosserie	camionnette 2 ou 4 portes
	(cabine simple, allongée ou double)
Lieu d'assemblage	États-Unis
Valeur résiduelle	passable
Fiabilité présumée	moyenne
Renouvellement du modèle	inconnu
Ventes 2010 Québec	(+ ou –) 1520 Sierra HD
	(+ ou –) 1350 Silverado HD

Technique

Dimensions et volumes

Empattement (mm)	3395 à 4259
Longueur (mm)	5716 à 6580
Largeur (mm)	2032 (RAS), 2436 (RAD)
Hauteur (mm)	1962 à 1983
Réservoir de carburant (L)	136
Fourchette de poids (kg)	2340 à 3366

Châssis

Mode	propulsion, 4rm
Suspension av. – arr.	ind. – ess. rigide
Freins av. – arr.	disques
Capacité de remorquage (max.) (kg)	6668 (RAS 6,0 l),
	8074 (RAS 6,6 l), 6395 (RAD 6,0 L),
	9843 (RAD 6,6 l), 7076 (Denali)v
Diamètre de braquage (m)	13,7 à 16,9
Pneus	245/75R17, 265/75R17, 265/70R18,
	235/80R17 (RAD), 265/60R20 (Denali)

Aptitudes hors route

Garde au sol min. (mm)	215 (2rm), 214 (4rm)
Angles d'approche/de rampe/de sortie (°)	n.d.

Benne

Longueur (mm)	2003, 2483
Profondeur (mm)	533
Largeur entre les puits de roue (mm)	1286
Volume utilitaire (min. – max.) (L)	1718, 2138

Performances

Modèle à l'essai	Sierra 3500 HD SLE
	(cabine allongée et roues double)
Moteur	V8 turbodiésel ACC 6,6 litres 32s
	(Duramax)
Puissance (ch. à tr/min)	397 à 3000
Couple (lb-pi à tr/min)	765 à 1600
Transmission	semi- auto. 6 rapports (Allison 1000)
Accélération 0-100 km/h (sec.)	10
Niveau sonore à 100 km/h	médiocre
Vitesse maximale (km/h)	190
Consommation lors de l'essai (L/100 km)	16
	(estimé)
Gaz à effet de serre (tonnes métriques)	n.d.
Autres moteurs	V8 6,0 l (360 ch., 380 lb-pi)
Autres transmissions	aut. 6 rapports
	(Hydra-Matic 6L90) (6,0 l)

Protection collision

Frontale conducteur/passager	excellente
Latérale avant/arrière	excellente
Capotage 2rm/4rm	excellente

GMC
SIERRA / CHEVROLET
SILVERADO 2500 3500 HD

MON PÈRE EST PLUS FORT QUE LE TIEN

Un véritable bras de fer se joue entre les trois constructeurs américains concernant leurs camionnettes HD. L'an dernier, GM a annoncé en grande pompe que les nouveaux Sierra et Silverado HD proposaient le moteur turbodiésel le plus fort de la catégorie. Le règne du moteur Duramax fut toutefois de courte durée, puisque Ford a réagi dans les semaines suivantes en clamant que la puissance et le couple de son moteur Power Stroke dépassaient ceux des camionnettes GM. Puis, alors qu'on croyait le Ram HD complètement hors circuit, Chrysler a pris tout le monde par surprise en annonçant que le couple du moteur Cummins du Ram HD égalait désormais celui du Ford Super Duty.

Mais ce petit jeu risque de coûter cher aux trois constructeurs, car les acheteurs ne savent plus sur quel pied danser. Il est en effet dérangeant d'acheter un véhicule qu'on croit être le plus puissant de sa catégorie pour se faire dire une semaine plus tard qu'il vient de se faire détrôner. Qu'importe, l'orgueil des trois belligérants n'est pas près de se dégonfler.

Plus fort que la génération précédente

Nous savons tous quand cette guerre a commencé mais personne ne sait quand elle se terminera. On retrouve des affrontements similaires dans d'autres catégories de véhicules. Les camionnettes HD se livrent le même combat au dynamomètre que les *muscle cars* américains (Camaro, Challenger et Mustang). Cependant, au lieu de comparer leur temps d'accélération sur le quart de mille, les camionnettes HD confrontent leur capacité de charge et de remorquage.

Dans le cas des Sierra et Silverado HD, elles ne se laissent impressionner par aucune rivale. Leur moteur V8 turbodiésel Duramax de 6,6 litres développe (au moment d'écrire ces lignes...) une puissance de 397 ch et un couple de 765 livres-pieds. La boîte automatique Allison 1000 à six rapports est assurément la plus efficace de la catégorie. Avec un rapport de pont de 3,73, un modèle 3500 HD à roues arrière jumelées équipé de tous les accessoires requis peut tracter un poids maximum de 9843 kg (ou 21 700 lb). Ce qui représente une augmentation considérable par rapport à 2010 alors que la capacité de remorquage d'une pareille camionnette GM plafonnait à 5897 kg (13 000 lb). Si jamais GM proposait un rapport de 4,10 cette année, la capacité de remorquage augmenterait considérablement et relancerait la bataille.

Pour rehausser les capacités de charge et de remorquage à un tel niveau, les ingénieurs ont conçu l'an dernier un nouveau châssis en poutres à sections fermées dont les sections avant sont hydroformées. Du coup, la rigidité en torsion et en flexion du châssis a été accrue. De plus, le recours à des supports plus massifs rend la structure avant du châssis plus rigide. Ce qui assure également une meilleure

maîtrise des vibrations du moteur. De même, la suspension avant a été renforcée pour supporter un poids supérieur. À l'arrière, la suspension comporte de nouveaux ressorts à lames asymétriques qui contribuent à améliorer la tenue de route et les capacités utilitaires. Les lames de tous les modèles ont été élargies.

Le choix du moteur Duramax augmente la facture d'environ 10 000 $. Pour cette raison, le moteur V8 Vortec à essence de six litres a toujours sa place au catalogue. Ce dernier développe 360 ch et un couple de 380 livres-pieds. Il est jumelé à une boîte automatique Hydra-Matic 6L90 à six rapports. Deux rapports de pont sont offerts: 3,73 ou 4,10. Ce dernier augmente la force de remorquage tandis que le premier diminue la consommation. Ainsi, pour une traction maximale, le rapport 4,10 permet de remorquer un poids de 6395 kg (14 098 lb) avec une camionnette 3500 HD à roues arrière doubles. Si on supprime le poids de l'essieu double à l'arrière, on constate que la capacité augmente à 6668 kg (14 700 lb) avec un jeu de roues simples à l'arrière. Quant au moteur diésel, la capacité est de 8074 kg (17 800 lb) avec une camionnette à roues simples à l'arrière. Dans tous les cas, ce sont des gains titanesques par rapport aux chiffres de 2010.

Et pour ceux qui hésitent entre deux ou quatre roues montées sur l'essieu arrière, il faut savoir que la présence de roues simples à l'arrière réduit la consommation de carburant, le coût de remplacement des pneus, le coût d'immatriculation et, selon le poids de la camionnette (moins de 3000 kg), dispense de l'obligation d'arrêter aux pesées routières. Par contre, un essieu arrière à roues doubles améliore notamment la capacité de charge et de remorquage, le comportement routier du convoi et réduit les risques d'accident en cas de crevaison.

 JEAN-FRANÇOIS GUAY

Prix
35 735 à 60 860 $
Transport et préparation
1450 $

+ **La combinaison Duramax et boîte Allison**
+ **Le silence et confort de l'habitacle**
+ **Le châssis et les suspensions plus robustes**

– **La consommation gargantuesque**
– **Le tableau de bord fade**
– **Le coût élevé de l'option Duramax**

Consommation ville – route (L/100 km)

16,8 – 13,1 (4,3 l)
16,8 – 13 (4,8 l)
16,8 – 12,5 (5,3 l)
19,6 – 13,4 (6,2 l)
11,2 – 10,7 (Hyb, 6,0 l)

Nouveautés

2012 Système de navigation
V8 de 6,0 l compatible avec E85
Rétroviseurs extérieurs grand angle (3500 HD),
Régulateur de vitesse de série
Sièges ventilés et volant chauffant
de série (Denali)

Principales concurrentes

Ram HD 2500/3500,
Ford Super Duty F-250/350/450

GMC SIERRA / CHEVROLET SILVERADO 2500 3500 HD

271

À savoir

Garanties de base – motopropulseur (an/km)	3/60 000 – 5/160 000
Marge de profit du concessionnaire (%)	9,17
Essence recommandée	ordinaire
Versions offertes	SLE-1, SLE-2, SLT-1, SLT-2 (Terrain) LS, 1LT, 2LT, LTZ (Equinox)
Carrosserie	multisegment 5 portes
Lieu d'assemblage	Canada
Valeur résiduelle	moyenne
Fiabilité présumée	passable
Renouvellement du modèle	2013
Ventes 2010 Québec	(+ 351 %) 1769 (Terrain) (+ 96 %) 3877 (Equinox)

Technique

Dimensions et volumes

Empattement (mm)	2857
Longueur (mm)	4705 (Terrain), 4771 (Equinox)
Largeur (mm)	1850 (Terrain), 1842 (Equinox)
Hauteur (mm)	1684
Volume intérieur (L)	2820
Volume du coffre (min. – max.) (L)	894 – 1809 (Terrain), 889 – 1803 (Equinox)
Réservoir de carburant (L)	71 (L4), 79 (V6)
Fourchette de poids (kg)	1710 – 1837
Répartition du poids av.-arr. (%)	58 – 42

Châssis

Mode	traction, intégral
Suspension av. – arr.	indépendante
Freins av. – arr.	disques
Capacité de remorquage (max.) (kg)	680 (L4), 1587 (V6)
Diamètre de braquage (m)	12,2 (17-18 po)/ 13 (19 po)
Pneus	235/65R17, 235/55R18 (opt.), 235/55R19 (opt.)

Aptitudes hors route

Garde au sol min. (mm)	198,5
Angles d'approche/de rampe/de sortie (°)	15/17/23

Performances

Modèle à l'essai	Terrain SLE-2 (4rm)
Moteur	L4 DACT 2,4 litres 16s
Puissance (ch. à tr/min)	182 à 6700
Couple (lb-pi à tr/min)	172 à 4900
Rapport poids / puissance	8,2 kg / ch
Transmission	automatique 6 rapports
Accélération 0-100 km/h (sec.)	9,5 (L4), 8,3 (V6)
Reprise 80-115 km/h (sec.)	6,7 (L4), 5,6 (V6)
Distance de freinage 100-0 km/h (m)	39,5
Niveau sonore à 100 km/h	moyen
Vitesse maximale (km/h)	180 (L4), 190 (V6)
Consommation lors de l'essai (L/100 km)	11
Gaz à effet de serre (tonnes métriques)	7,9
Autres moteurs	V6 3,0 l (264 ch., 222 lb-pi)
Autres transmissions	aucune

Protection collision

Frontale conducteur/passager	excellente
Latérale avant/arrière	excellente
Capotage 2rm/4rm	bonne

GMC
TERRAIN /
CHEVROLET EQUINOX

UN TERRAIN PROPICE À L'EQUINOX ?

Bizarre comme la saveur du mois devient en quelques années un élément esseulé dans une longue liste de véhicules. Il suffit de lui donner un nouveau souffle pour qu'elle reprenne du service. Les astres sont alignés plus que jamais pour ce multisegment intermédiaire, à cause de ses attributs sobres et sa polyvalence. Mais pour l'économie de carburant annoncée...

Le tournant du millénaire a été favorable aux VUS de tout acabit, comme si l'Amérique devait un jour se déplacer dans ces véhicules. À cinq, sept ou huit places, quand la population vieillit et les familles rapetissent! Puis le crash de 2008 est survenu et tout le monde a dû refaire ses devoirs. Ajoutez que le prix affiché sur la pompe à essence a une odeur de gangstérisme. Il n'en fallait pas plus pour que les VUS et multisegments intermédiaires deviennent encore plus populaires. Si bien que la seconde génération du Chevrolet Equinox, à qui on a donné un jumeau quand il a été lancé, le GMC Terrain, a connu sa meilleure année au chapitre des ventes en 2010. Deux ans plus tard, ils demeurent une valeur sûre.

GM a le don de lancer des véhicules avec des moteurs existants qui ne se montrent pas à la hauteur du produit. C'est ce qui s'est passé avec l'Equinox de première génération, qui avait un 3,4-litres poussif, avant qu'on lui donne un second moulin, le 3,6-litres, plus intéressant. Mais avec la seconde génération, on a fait ses devoirs et le client a aimé. Beaucoup.

La sagesse et le prix galopant du carburant ont vu un nouveau quatre-cylindres LAF de 2,4 litres à injection directe et 182 ch prendre la relève. Un petit bijou qu'on retrouve aussi dans les Buick Regal et Lacrosse et qui saura enfin convaincre les Américains qu'un V6 n'est plus obligatoire. L'autre est effectivement un V6 LF1 à injection directe haute pression dont la cylindrée est réduite à trois litres, un signe des temps, et qui libère quand même 264 forces. Un moulin qui dort aussi sous les capots chez Cadillac. Chacun est boulonné à la boîte automatique à six rapports qui lui convient le mieux. L'intégral adaptatif est de série avec le V6, mais aussi offert avec le quatre-cylindres.

Si le consommateur recherche un véhicule qui passera bien le temps, ces groupes propulseurs constituent une excellente référence, puisqu'ils représentent ce que GM fait de mieux présentement. Par contre, ne vous laissez pas leurrer par la publicité qui claironne des cotes de consommation de sous-compactes pour ces multisegments intermédiaires. Leur poids, à peine sous la barre des deux tonnes, ne permet pas une telle économie: au lieu de rouler votre Equinox pendant des années en vous disant que vous avez été berné, faites-vous à l'idée que vous aurez à consommer une dizaine de litres aux 100 km dans des conditions normales.

Le choix du jumeau

La prolifération des doublons, qui a été l'apanage de GM pendant des décennies, a tendance à se rescinder. Le consommateur aura le choix d'une gueule plus musclée de la part du Terrain ou plus élancée pour l'Equinox, élaborée sur la plateforme Thêta. Pas jusqu'à proposer un modèle pour madame et un autre pour monsieur, mais un choix de design fort différent. L'Equinox fait davantage berline intermédiaire en talons hauts. Le Terrain ressemble à un gros porteur qui a fondu au soleil.

Avec raison, on a résisté à la troisième banquette qui grève l'espace de chargement et alourdit la caisse. Le public n'est pas dupe et juge que faire monter sept personnes ne tient pas la route, puisque le volume intérieur est réduit à néant. Et s'il s'agit d'une équipe de sport, il vaut mieux que ce soit une équipe de natation ! Le confort est au rendez-vous, la polyvalence de l'habitacle aussi, mais il est préférable de regarder la route pour ne pas voir les plastiques ternes.

Sur la route, le Terrain (ou l'Equinox) est appréciable d'abord par sa douceur de roulement. On peut obtenir des accélérations franches avec le V6, mais la finalité est utilitaire avant d'être sportive. Le choix entre les deux motorisations devrait se baser sur la capacité de remorquage, qui passe de 680 kg à 1588 kg (1500 à 3500 livres). De toute façon, avec le nombre de radars qui pullulent sur nos routes, le quatre-cylindres tiendra ses promesses.

Il restera à comprendre, en hésitant entre les deux modèles, pourquoi le GMC Terrain est quelques milliers de huards plus dispendieux. Pour des équipements comparables. Dans la même salle d'exposition.

 MICHEL POIRIER-DEFOY

Prix
27 465 à 35 880 (Terrain)
25 995 à 35 375 (Equinox)
Transport et préparation
1450 $

+ **Les groupes propulseurs**
+ **La qualité d'assemblage**
+ **Le V6 pour sa capacité de remorquage**

– **Un habitacle un peu terne**
– **Diamètre de braquage long**
– **Roues de 19 po inutiles**

 Consommation ville – route (L/100 km)
10,8 – 7,3 (2rm 2,4 l)
11,9 – 8 (4rm 2,4 l)
13,9 – 9,4 (2rm 3,0 l)
13,9 – 9,9 (4rm 3,0 l)

Nouveautés
2012
L4 de 2,4 litres à injection directe
Système audio à écran tactile
Avertisseur de collision frontale
et de sortie de voie

Principales concurrentes

 Ford Edge/Escape, Honda CR-V, Hyundai Santa Fe/Tucson, Kia Sorento/Sportage, Mazda CX-7, Mitsubishi Outlander, Nissan Rogue/Murano, Subaru Forester, Toyota RAV4, VW Tiguan

À savoir

Garanties de base – motopropulseur (an/km)	3/60 000 – 5/160 000
Marge de profit du concessionnaire (%)	12,87
Essence recommandée	ordinaire
Versions offertes	SLE, SLT, Denali, Hybride SLT, Hybride Denali (Yukon); LS, 1LT, 2LT, LTZ, (Tahoe) Hybride LT (Tahoe)
Carrosserie	utilitaire sport 5 portes (8 places)
Lieu d'assemblage	États-Unis
Valeur résiduelle	passable
Fiabilité présumée	moyenne
Renouvellement du modèle	inconnu
Ventes 2010 Québec	(+ 63 %) 209 (Yukon) (– 24 %) 63 (Yukon XL), (– 3 %) 89 (Tahoe) (+ 247 %) 260 (Suburban)

Technique

Dimensions et volumes

Empattement (mm)	2946, 3302 (XL)
Longueur (mm)	5130, 5648 (XL)
Largeur (mm)	2007, 2010 (XL)
Hauteur (mm)	1927 à 1962
Volume intérieur passager (L)	n.d.
Volume du coffre (min. – méd. – max.) (L)	479 – 1708 – 3084, 1297 – 2549 – 3891 (XL)
Réservoir de carburant (L)	98/92,7 (Hyb), 119 (XL)
Fourchette de poids (kg)	2390 à 2939
Répartition du poids av.– arr. (%)	52 – 48, 53 – 47 (Hyb), 51 – 49 (XL)

Châssis

Mode	propulsion, 4rm, intégral (Denali)
Suspension av. – arr.	ind. – ess. rigide
Freins av. – arr.	disques
Capacité de remorquage (max.) (kg)	3719 (Yukon), 3626 (XL), 2676 (Hyb)
Diamètre de braquage (m)	11,9 (Yukon), 13,1 – 13,8 (XL)
Pneus	265/70R17, 265/65R18 (Hyb), 275/55R20 (Denali, LTZ), 285/45R22 (Denali Hyb)

Aptitudes hors route

Garde au sol min. (mm)	229, 227 (2rm XL), 232 (4rm XL)
Angles d'approche/de rampe/de sortie (°)	17/n.d./22, 17/n.d./21 (XL)

Performances

Modèle à l'essai	GMC Yukon Hybride
Moteur	V8 ACC 6 litres 16s (+ batteries 300 volts)
Puissance (ch. à tr/min)	332 à 5100
Couple (lb-pi à tr/min)	367 à 4100
Rapport poids/puissance	8,02 kg/ch
Transmission	automatique 4 rapports
Accélération 0-100 km/h (sec.)	8,7 (Hyb), 9,6 (5,3 l)
Reprise 80-115 km/h (sec.)	6,9
Distance de freinage 100-0 km/h (m)	44,7 (Hyb), 43,9 (5,3 l)
Niveau sonore à 100 km/h	moyen
Vitesse maximale (km/h)	185
Consommation lors de l'essai (L/100 km)	11,6
Gaz à effet de serre (tonnes métriques)	8,3
Autres moteurs	V8 5,3 l (320 ch., 335 lb-pi), V8 6,2 l (403 ch., 417 lb-pi)
Autres transmissions	aut. 6 rapports

Hybride

Hybride – Distance en mode élect. (km)	0,6
Hybride – Vitesse max. en mode élect. (km/h)	48

Protection collision

Frontale conducteur/passager	excellente
Latérale avant/arrière	excellente
Capotage 2rm/4rm	moyenne

GMC
YUKON / YUKON XL / CHEVROLET TAHOE / SUBURBAN

À DÉFAUT DU DIÉSEL, L'HYBRIDE

Inutile de vous faire un discours sur les mérites des moteurs diésel. Vous connaissez sans doute toutes les explications farfelues et les paroles d'excuses des constructeurs américains pour ne pas nous donner raison. Oui, nous croyons que la venue d'un moteur turbodiésel permettrait de prolonger la carrière des gros VUS de GM. Mais il semble que cette idée soit québécoise, quoiqu'au Canada elle circule aussi, pendant que nos voisins du sud semblent avoir une tout autre perception de la chose. Mais un jour viendra...

D'ici là, ce quatuor de dinosaures que sont les Yukon, Yukon XL, Tahoe et Suburban nous propose encore et toujours des moteurs à essence à huit cylindres et une motorisation hybride complexe. Pendant ce temps, les VUS européens bombent le torse avec leurs moteurs turbodiésel à six cylindres. Ces derniers propulsent depuis plusieurs années les Audi Q7, BMW X5 et les modèles ML et GL de Mercedes-Benz, sans oublier le Volkswagen Touareg.

Mais pourquoi ne pas boulonner dans les gros utilitaires GM le moteur Duramax des camionnettes Sierra et Silverado HD? Parce ce moteur diésel est beaucoup trop lourd et encombrant. Sans oublier le prix, puisque cocher ce moteur dans la liste des options fait augmenter la facture d'une camionnette HD d'environ 10 000 $ par rapport au V8 de six litres à essence de base. Complètement ridicule. Si les constructeurs américains (et les pétrolières) ne veulent rien savoir du diésel, la population américaine semble prendre conscience de plus en plus des aspects positifs de cette technologie, les ventes de véhicules au diésel ayant augmenté au cours des derniers mois aux États-Unis. Même le ministre américain des Transports, Ray LaHood, a mentionné que «si un tiers des véhicules de promenade circulant aux États-Unis fonctionnaient au diésel, le pays économiserait 1,4 million de barils par jour, soit l'équivalent des importations d'Arabie saoudite». Espérons que le gouvernement américain fera pression sur qui de droit.

Ils ont un avenir

La disparition graduelle des véhicules utilitaires bâtis sur un châssis en échelle (rendant possible, notamment, l'installation d'un rouage à quatre roues motrices doté d'une boîte de transfert à deux gammes de vitesses et permettant de s'aventurer avec aplomb en terrain accidenté) a fait en sorte que les Yukon et Tahoe ont augmenté leurs parts de marché. Même le Suburban a connu récemment un regain des ventes. Les capacités hors route limitées des multisegments comme les Acadia et Traverse, conjuguées au ras le bol de certains chefs de famille bien nantis de transporter la famille dans une fourgonnette, ne sont pas étrangers non plus à cette popularité croissante.

Malgré les critiques, ces gros véhicules ont des qualités. Ils ne se fatiguent jamais, on peut leur faire tracter des charges très lourdes et leur confort est sans égal pour les passagers. Sur la liste des motorisations, on trouve un V8 de 5,3 litres qui a fait ses

preuves. Ce moteur passe-partout équipe le Yukon, le Tahoe et les modèles Yukon XL et Suburban de catégorie 1500. Pour un usage plus intensif ou commercial (remorquage lourd ou charge élevée), les Yukon XL et Suburban de catégorie 2500 sont propulsés par un V8 de six litres qu'ils partagent avec les camionnettes HD de GM.

Pour réduire la consommation, il existe une motorisation hybride constituée d'un V8 à essence de six litres et d'un moteur électrique alimenté par un bloc de batteries de 300 volts. Le dispositif hybride est bimode, car il peut fonctionner de deux façons. Propulsé sur le premier mode, soit à vitesse lente et avec une charge légère, le véhicule peut se déplacer uniquement grâce au pouvoir de ses batteries ou de son V8, ou la combinaison des deux. Le deuxième mode fonctionnera à vitesse élevée sur les autoroutes pour doubler, tirer une remorque ou grimper une côte. Outre la puissance du moteur électrique auxiliaire, le deuxième mode utilise toute la force des huit cylindres du moteur à essence alors qu'un système de gestion active du carburant diminuera sa consommation. Sans exagérer, cette technologie permet de réduire la consommation de 25 à 40 %. Malgré tout, il serait surprenant que les VUS hybrides grand format connaissent plus de succès, puisque les acheteurs de ce type de véhicule sont habituellement traditionalistes et ont peu confiance en ce genre de mécanique. Par contre, à moins que ce soit trop peu trop tard, un moteur diésel devrait connaître un succès assuré.

On s'étonne toujours devant les aptitudes de ces mastodontes gourmands et encombrants à déplacer jusqu'à huit personnes. De véritables limousines ! Capable de remorquer une roulotte ou un bateau pesant plus de 3500 kg, la motorisation hybride a une capacité moindre. À ce chapitre, la force des moteurs diésel des VUS allemands est nettement supérieure à cette dernière. On se répète : à quand un moteur diésel ?

 JEAN-FRANÇOIS GUAY

Prix
50 150 à 81 085 $
Transport et préparation
1450 $

+ **Mécanique fiable**
+ **Confort assuré**
+ **L'espace de chargement**

– **Consommation élevée**
– **Prix de l'hybride déraisonnable**
– **Faible valeur de revente**

 Consommation ville – route (L/100 km)
16,7 – 11,7 (5,3 l)
16,8 – 12,5 (6,0 l)
19,5 – 12,5 (6,2 l)
12,9 – 10,3 (Hyb)

Nouveautés
2012
Système de navigation avec écran tactile
Volant chauffant en option
Anti-louvoiement de série
DVD à double lecteur

Principales concurrentes

Cadillac Escalade/ESV, Ford Expedition/Max, Lincoln Navigator/L, Mercedes GL, Nissan Armada, Toyota Sequoia

GMC YUKON / YUKON XL / CHEVROLET TAHOE / SUBURBAN

À savoir

Garanties de base – motopropulseur (an/km)	3/60 000 – 5/100 000
Marge de profit du concessionnaire (%)	7,53
Essence recommandée	ordinaire
Versions offertes	SE, EX, EX-L, EX V6, EX-L V6
Carrosserie	berline 4 portes, coupé 2 portes
Lieu d'assemblage	États-Unis
Valeur résiduelle	bonne
Fiabilité présumée	bonne
Renouvellement du modèle	2012
Ventes 2010 Québec	(– 21 %) 3179

Technique

Dimensions et volumes

Empattement (mm)	2800 (berl.), 2740 (coup.)
Longueur (mm)	4930 (berl. L4), 4935 (berl. V6), 4849 (coup.)
Largeur (mm)	1846 (berl.), 1848 (coup.)
Hauteur (mm)	1476 (berl.), 1432 (coup.)
Volume intérieur passager (L)	2860 (berl. EX/EX-L), 3002 (berl. LX), 2540 (coup.)
Volume du coffre (min. – max.) (L)	397
Réservoir de carburant (L)	70
Fourchette de poids (kg)	1468 à 1637
Répartition du poids av. – arr. (%)	60 – 40 (berl.)

Châssis

Mode	traction
Suspension av. – arr.	indépendante
Freins av. – arr.	disques
Capacité de remorquage (max.) (kg)	454
Diamètre de braquage (m)	11,49
Pneus	215/60R16, 225/50R17

Performances

Modèle à l'essai	Accord EX (berline)
Moteur	L4 DACT 2,4 litres 16s
Puissance (ch. à tr/min)	190 à 7000
Couple (lb-pi à tr/min)	162 à 4400
Rapport poids/puissance	8,14 kg/ch
Transmission	automatique 5 rapports
Accélération 0-100 km/h (sec.)	9,5 (L4), 7,7 (V6)
Reprise 80-115 km/h (sec.)	7,2 (L4), 4,9 (V6)
Distance de freinage 100-0 km/h (m)	40
Niveau sonore à 100 km/h	moyen
Vitesse maximale (km/h)	195 (L4), 215 (V6)
Consommation lors de l'essai (L/100 km)	9,8
Gaz à effet de serre (tonnes métriques)	7,2
Autres moteurs	L4 2,4 l (177 ch., 161 lb-pi) (LX), V6 3,5 l (271 ch., 254 lb-pi)
Autres transmissions	manuelle 5 rapports (L4)

Protection collision

Frontale conducteur/passager	excellente
Latérale avant/arrière	bonne
Capotage 2rm/4rm	excellentte

Honda
ACCORD

MÉGALOMANIE JAPONAISE

Si vous êtes suffisamment âgé pour vous souvenir de la première génération de Honda Accord, de 1976 à 1981, vous vous souviendrez peut-être qu'elle concédait 38 cm en longueur à la Civic actuelle. En 2012, elle ne fait que sept petits centimètres de moins que la... Chrysler 300. Étonnamment, elle est plus proche de la 300 que la Sonata, la Legacy et la Camry. Parle-t-on vraiment d'une intermédiaire ou d'une berline pleine grandeur ?

Pendant que les Américains prenaient conscience de leurs erreurs et que les Sud-Coréens faisaient une montée fulgurante, Honda faisait littéralement du surplace avec son Accord. De plus en plus grosse, de plus en plus chère et tout à fait quelconque, l'Accord ne se démarque plus comme elle le faisait il y a une décennie. Elle est toujours aussi fiable, c'est vrai, mais elle n'est plus la seule, s'étant fait damer le pion au cours des dernières années par la concurrence sud-coréenne, la Hyundai Sonata en tête notamment.

Heureusement, Honda ne fait pas tout de travers. Même s'il manque littéralement de couleur, l'habitacle de l'Accord est très bien ficelé. Avec des sièges bien dessinés et fermes, le confort est au rendez-vous. Toutefois, quand on regarde le bloc d'instruments, revu en 2011, et plus particulièrement les commandes du chauffage et de la climatisation, on a clairement l'impression que le fabricant a perdu l'ergonomie de vue au profit du style ; il fait effectivement un peu plus haut de gamme que ce que propose la concurrence japonaise et américaine. Pour ce qui est de l'habitabilité, avec un tel gabarit, pas de problème ! Du rangement à profusion, de la place pour tous les occupants. À l'extérieur, comme il s'agit d'une voiture de fin de génération, on retrouve sensiblement la même Accord que l'an dernier. On a pourtant modifié les blocs optiques et les boucliers, ce qui lui confère une allure plus sportive et plus musclée.

Si la tendance se maintient...

En matière de mécanique, il faut bien le dire, Honda ne fait pas office de parent pauvre. Elle propose à la clientèle des moteurs qui ont une réputation des plus enviables dans l'industrie de l'automobile. Par contre, contrairement à la tendance actuelle qui consiste à troquer le V6 contre le moteur à quatre cylindres turbocompressé, comme l'ont fait Hyundai, Kia et Buick, Honda conserve toujours son offre, soit deux versions du quatre-cylindres de 2,4 litres, 177 et 190 chevaux, et un V6 de 3,5 litres de 271 chevaux. Le meilleur choix est sans doute le quatre-cylindres de 190 chevaux ; il est suffisamment puissant, économique et fiable. Même si Honda fabrique de très bonnes boîtes de vitesses, encore là, elle a pris du recul face à la concurrence. De fait, le constructeur nippon offre des boîtes manuelles à cinq et à

six (coupé V6) rapports et une automatique à cinq rapports. Honda est nettement en retard à ce chapitre; même la Hyundai Accent, qui coûte la moitié du prix d'une Accord, reçoit de série des boîtes de vitesses manuelle et automatique à six rapports, la règle en 2012.

La Honda Accord affiche des cotes de consommation qui sont dans la norme pour un véhicule de cette catégorie. Avec le quatre-cylindres, on obtient une consommation combinée d'un peu moins de 9 litres aux 100 km. Dans le cas du V6, ce sera aux environs de 11 litres aux 100 km. Et en offrant une boîte de vitesses à six rapports ou une CVT, Honda pourrait prendre une petite avance sur ses concurrentes en matière de consommation de carburant. Son comportement routier se situe là où se trouvent les autres grandes berlines de la catégorie. Les réglages sont faits en fonction d'un confort et d'un silence optimaux sur la route. Petit bémol sur les modèles à moteur V6 : l'effet de couple est encore très présent.

La Honda Accord 2012 sonnera le glas de cette huitième génération. Et l'on s'attend, pour l'année 2013, à une neuvième génération de grand renouveau chez Honda. Verrons-nous une Accord sensiblement plus petite ? Un quatre-cylindres turbo pour remplacer le V6 ? Un retour de l'hybride utilisant cette fois le quatre-cylindres comme moteur de base ? La commercialisation d'une familiale ? La disparition du coupé dont les ventes sont très marginales ? Au pays du Soleil levant, c'est en se levant avant le soleil qu'on arrivera à juguler la concurrence et qu'on évitera de se faire faire le coup qu'on a fait aux Américains au cours des quatre dernières décennies.

🚗 **STÉPHANE QUESNEL**

Prix
24 790 à 37 890 $
Transport et préparation
1550 $

+ **Ses moteurs de grande qualité**
+ **La qualité des matériaux**
+ **Son habitabilité**

– **Ses lignes anonymes**
– **L'effet de couple dans le volant (V6)**
– **Sa boîte de vitesses automatique à 5 rapports**

Consommation ville – route (L/100 km)
10,8 – 7,7 (man. 2,4 l)   11,3 – 7,7 (aut. 2,4 l)
14 – 9,9 (man. 3,5 l)   12,5 – 8,3 (aut. 3,5 l)

2012 **Nouveautés**
Changements mineurs

Principales concurrentes

Chevrolet Malibu, Chrysler 200, Dodge Avenger, Ford Fusion, Hyundai Sonata, Kia Optima, Mazda6, Nissan Altima, Subaru Legacy, Toyota Camry

à la maison apprécieront ceci : la console centrale peut s'enlever, permettant aux longs objets ou aux planches (jusqu'à 3 mètres de long) de s'y loger.

Pour les longs voyages, le système de divertissement avec écran DVD dans la Touring demeure toujours une valeur sûre pour une famille. Toutefois, il est complexe d'isoler le son du film dans les deux casques d'écoute sans fil fournis. Tous les occupants ont dû se taper la trame sonore du film. Il manque de casques d'écoute ? On peut en brancher dans les deux prises offertes de série dans les livrées EX-L et Touring.

Au chapitre des commodités, il faut faire attention à la batterie si on utilise à gogo les portières électriques, latérales ou du hayon. Dans le modèle essayé, l'avertissement de basse tension s'est allumé à quelques reprises.

Le principal obstacle en vue de l'achat d'une Odyssey ? La consommation de carburant. Surtout avec le prix à la pompe qui ne cesse d'augmenter. Si cela peut en rassurer quelques-uns, cette minifourgonnette « boit » comme une berline intermédiaire. Et cela, grâce au dispositif de désactivation des cylindres.

Statistiquement parlant, la livrée Touring est plus efficace que les autres avec une cote combinée de 9,2 L/100 km, et cela, grâce à la transmission automatique à six rapports. Sur une distance totale de 1050 km (sur la route et en ville), on a pu réaliser une consommation légèrement au-dessus de 10 L/100 km. Il ne faut pas perdre de vue que si on a à transporter une famille, on ne le fait pas en sous-compacte.

En ce qui concerne les pneus, l'Odyssey roule sur des roues de 17 pouces. Il faudra prévoir en conséquence son budget de gommes. Et si on se laisse tenter par la livrée Touring, il faudra se payer des pneumatiques de 18 pouces.

Avec l'Odyssey, Honda prouve qu'il peut demeurer un joueur sérieux dans ce segment. D'ailleurs, la position qu'elle occupe dans le cadre de notre match comparatif (publié au début de cet ouvrage) en fait foi.

PAUL-ROBERT RAYMOND

Prix
29 990 à 49 990 $
Transport et préparation
1590 $

+ **Habitacle spacieux et pratique**
+ **Rendement du moteur V6**
+ **Configuration 8 places**

− **Suspension sèche**
− **Consommation décevante**
− **Version Touring chère**

Consommation ville − route (L/100 km)
13,3 − 8,9 (5 rapp.)
12,5 − 8,5 (6 rapp.)

 2012

Nouveautés
Changements mineurs

Principales concurrentes

 Chrysler Town & Country,
Dodge Grand Caravan,
Ford Transit Connect, Kia Sedona,
Toyota Sienna, VW Routan

À savoir

Garanties de base – motopropulseur (an/km)	3/60 000 – 5/100 000
Marge de profit du concessionnaire (%)	7,53 à 8,70
Essence recommandée	ordinaire
Versions offertes	LX (2rm), LX (4rm), EX, EX-L, Touring
Carrosserie	multisegment 5 portes (8 places)
Lieu d'assemblage	Canada
Valeur résiduelle	moyenne
Fiabilité présumée	moyenne
Renouvellement du modèle	2012-2013
Ventes 2010 Québec	(+ 9 %) 756

Technique

Dimensions et volumes

Empattement (mm)	2775
Longueur (mm)	4850
Largeur (mm)	1995
Hauteur (mm)	1846
Volume intérieur passager (L)	4352
Volume du coffre (min. – méd. – max.) (L)	589 – 1351 – 2464
Réservoir de carburant (L)	79,5
Fourchette de poids (kg)	1944 à 2090
Répartition du poids av. – arr. (%)	56 – 44

Châssis

Mode	traction, intégral
Suspension av. – arr.	indépendante
Freins av. – arr.	disques
Capacité de remorquage (max.) (kg)	1590 (2rm), 2045 (4rm)
Diamètre de braquage (m)	11,76
Pneus	245/65R17

Aptitudes hors route

Garde au sol min. (mm)	203
Angles d'approche/de rampe/de sortie (°)	28/n.d./25

Performances

Modèle à l'essai	Pilot EX-L (4rm)
Moteur	V6 SACT 3,5 litres 24s
Puissance (ch. à tr/min)	250 à 5700
Couple (lb-pi à tr/min)	253 à 4800
Rapport poids/puissance	8,23 kg/ch
Transmission	automatique 5 rapports
Accélération 0-100 km/h (sec.)	9,97
Reprise 80-115 km/h (sec.)	6,08
Distance de freinage 100-0 km/h (m)	43
Niveau sonore à 100 km/h	moyen
Vitesse maximale (km/h)	180
Consommation lors de l'essai (L/100 km)	13,2
Gaz à effet de serre (tonnes métriques)	9,3
Autres moteurs	aucun
Autres transmissions	aucune

Protection collision

Frontale conducteur/passager	excellente
Latérale avant/arrière	excellente
Capotage 2rm/4rm	bonne

Honda
PILOT

UN PEU DE MAQUILLAGE ?

Le constructeur japonais Honda doit commencer à vieillir. Autrefois, il nous présentait des véhicules très avant-gardistes. Aujourd'hui, on dirait qu'il se contente de «réchauffer» ses produits existants. C'est ce que j'ai perçu en voyant la toute nouvelle Civic et c'est ce qu'il fait avec son VUS Pilot qu'il reconduit cette année avec seulement de petites modifications esthétiques, surtout au bouclier avant et aux jantes, entre autres détails.

Mais Honda a peut-être raison d'agir ainsi. Lorsque Ford a lancé son nouvel Explorer, l'automne dernier, ses administrateurs nous ont dit que sa principale concurrence serait justement le Honda Pilot. Mais ça, c'était aux États-Unis. De retour au Canada, je me suis empressé de demander aux dirigeants de Honda Canada si les ventes du Pilot étaient bonnes. On m'a immédiatement répondu qu'ils en étaient très satisfaits. C'est donc dire que le Pilot plaît à plus d'un consommateur, ce qui expliquerait pourquoi Honda hésite à le modifier. On ne s'attend donc pas à ce que Honda change son Pilot avant 2014.

Personnellement, je ne trouve pas l'avant de cette camionnette très joli. On le dirait coupé à la hache! J'y vois un peu trop de porte-à-faux et le dessin carré de la carrosserie lui donne une allure aussi aérodynamique qu'une brique! Je crois que sur ce plan, plusieurs concurrents sont plus beaux et plus attirants. Côté design, le Pilot a une allure de VUS très «vieille école», ce qui pourrait lui nuire face à la (nouvelle) concurrence.

Honda Pilot 2011

Un intérieur à revoir

L'intérieur du Pilot a également une allure ancienne. Ce n'est pas que le tableau de bord soit désagréable à regarder, mais on se croirait dans un camion! Et alors que la concurrence cherche à donner un comportement routier à ses nouveaux VUS qui les rapproche de l'automobile, le Pilot demeure ferme et s'inspire résolument de la camionnette.

En ce qui a trait au confort, il est difficile de critiquer le Pilot. Dans sa version de luxe Touring, l'intérieur tout en cuir est bien aménagé, incluant les places tout à l'arrière qui, malgré tout, pourraient être plus accueillantes et d'accès plus facile. Tous les sièges relevés, il ne reste plus beaucoup de place. Mais si l'on rabat au moins les dossiers de la dernière banquette, on obtient suffisamment d'espace pour les bagages de cinq occupants. Si l'on rabat tous les dossiers (sauf ceux d'en avant), on peut toutefois y glisser la légendaire planche de contreplaqué à plat entre les ailes.

Le tableau de bord affiche un design un peu dépassé. Mais l'instrumentation demeure facile à lire et les commandes sont toutes à la portée de la main. Évidemment, j'ai apprécié l'écran du système de navigation de la version Touring qui m'a été confiée. Il est très lisible et se transforme en écran de télé pour la marche arrière, un élément de sécurité d'importance pour un véhicule de ce gabarit.

Honda Pilot 2011

Une mécanique limitée

Cependant, je ne tiens pas à dénigrer le Pilot à tous les points de vue. Malgré son dessin un peu... dépassé, il reste un excellent choix. Son ensemble mécanique reste une référence dans son créneau. Le moteur V6 de 3,5 litres et de 250 ch suffit à déplacer cet imposant véhicule, avec des accélérations rassurantes mais des reprises moins convaincantes, car la boîte automatique n'a que cinq rapports. Sa traction intégrale est imperceptible mais efficace (remarquez qu'il est possible d'obtenir un Pilot à traction avant, mais avec la finition de base seulement), et peut transmettre jusqu'à 70 % d'adhérence aux roues arrière. Dans le cas d'un besoin de plus de motricité, le conducteur n'a qu'à verrouiller le différentiel central. En ce qui a trait au remorquage, une exigence de bien des propriétaires de VUS, il est limité à 2286 kg (5000 lb) avec la motricité aux quatre roues et 1588 kg (ou 3500 lb) avec la traction avant.

C'est à la saison froide qu'on en appréciera l'utilité. Lorsqu'il est équipé de pneus d'hiver de qualité (qui coûteront moins cher, vu les dimensions modestes des jantes), le Pilot s'avère un véritable tracteur dans la neige, alors qu'on réussit assez facilement à en conserver le contrôle sur route glissante. Même si très peu de gens l'utiliseront en situation hors route, il faut quand même avouer qu'il se débrouillera très bien dans des sentiers plus ou moins difficiles. Sa garde au sol est assez haute pour lui permettre de franchir certains obstacles proéminents.

Depuis que ce Pilot est sur le marché, la concurrence s'est faite plus vive. Il doit se mesurer à des véhicules plus modernes comme le Ford Flex, le Chevrolet Traverse, le GMC Acadia et maintenant le Ford Explorer, et pourquoi pas le nouveau Dodge Durango. Mais pourra-t-il résister longtemps à cette nouvelle concurrence qui propose un comportement routier plus confortable, plus rassurant, et surtout, plus de puissance?

 ÉRIC DESCARRIES

Honda Pilot 2011

Prix
34 820 à 48 420 $
Transport et préparation
1590 $

+ Fiabilité légendaire
+ Intérieur bien aménagé et polyvalent
+ Conduite facile

– Ligne vieillissante
– Dessin dépassé du tableau de bord
– Troisième banquette plus ou moins utile

 Consommation ville – route (L/100 km)
14 – 10 (2rm)
15 – 10,9 (4rm)

 Nouveautés

Retouches esthétiques

Principales concurrentes

 Chevrolet Traverse, Dodge Durango, Ford Explorer/Flex, GMC Acadia, Mazda CX-9, Nissan Pathfinder, Toyota Highlander

À savoir

Garanties de base – motopropulseur (an/km)	3/60 000 – 5/100 000
Marge de profit du concessionnaire (%)	7,53 à 8,70
Essence recommandée	ordinaire
Versions offertes	DX, VP, EX-L
Carrosserie	camionnette 4 portes
Lieu d'assemblage	Canada
Valeur résiduelle	moyenne
Fiabilité présumée	bonne
Renouvellement du modèle	inconnu
Ventes 2010 Québec	(– 12 %) 576

Technique

Dimensions et volumes

Empattement (mm)	3100
Longueur (mm)	5255
Largeur (mm)	1976
Hauteur (mm)	1808 (EX-L), 1786
Volume intérieur passager (L)	3084 (EX-L), 3174
Volume du coffre (min. – max.) (L)	241
	(intégré dans la benne)
Réservoir de carburant (L)	83,3
Fourchette de poids (kg)	2047 à 2065
Répartition du poids av. – arr. (%)	58 – 42

Châssis

Mode	intégral
Suspension av. – arr.	indépendante
Freins av. – arr.	disques
Capacité de remorquage (max.) (kg)	2268
Diamètre de braquage (m)	13
Pneus	245/65R17, 245/60R18 (EX-L)

Aptitudes hors route

Garde au sol min. (mm)	208
Angles d'approche/de rampe/de sortie (°)	25/n.d./22

Benne

Longueur (mm)	1524
Profondeur (mm)	n.d.
Largeur entre les puits de roue (mm)	1257
Volume utilitaire (min. – max.) (L)	n.d.

Performances

Modèle à l'essai	Ridgeline EX-L
Moteur	V6 SACT 3,5 litres 24s
Puissance (ch. à tr/min)	250 à 5700
Couple (lb-pi à tr/min)	247 à 4300
Rapport poids / puissance	8,26 kg / ch
Transmission	automatique 5 rapports
Accélération 0-100 km/h (sec.)	9,47
Reprise 80-115 km/h (sec.)	6,28
Distance de freinage 100-0 km/h (m)	43,1
Niveau sonore à 100 km/h	moyen
Vitesse maximale (km/h)	195
Consommation lors de l'essai (L/100 km)	13,7
Gaz à effet de serre (tonnes métriques)	9,8
Autres moteurs	aucun
Autres transmissions	aucune

Protection collision

Frontale conducteur/passager	excellente
Latérale avant/arrière	excellente
Capotage 2rm/4rm	bonnes

HONDA RIDGELINE

Honda
RIDGELINE

UN PEU DE RESPECT

Honda donne un coup de balai dans sa gamme, cette année, mais le Ridgeline échappe au porte-poussière. Pour le moment. Même si le Ridgeline ne s'est jamais trouvé sur la courte liste d'un acheteur traditionnel de camionnettes, il a ses adeptes que Honda juge assez nombreux pour justifier une – discrète – mise à jour.

Que le Ridgeline soit en mesure de tracter une charge «suffisante» ou que les dimensions de sa benne n'aient pas à rougir de la comparaison avec la concurrence ne changera rien à la perception de l'amateur pour qui une camionnette, une vraie, doit porter un label américain, un châssis à échelle, un gros V8, une boîte de rapports courts et un catalogue d'options dont la complexité rivalise avec celle du cube Rubik. Mais l'objectif de Honda a toujours été de satisfaire les quelque 20 % de sa clientèle qui, selon les statistiques, possède également une camionnette (de marque étrangère) dans son entrée de garage. Un pourcentage suffisamment élevé pour justifier l'existence de cette camionnette.

Aménagée comme une berline

La présentation intérieure du Ridgeline suscite aussi des Oh! et des Ah! D'abord par la qualité des baquets avant et le souci apporté à la fabrication. Plus étonnant encore est l'espace offert par cette cabine qui permet, sans problème, d'héberger cinq personnes. Seules les «grandes» personnes critiqueront sans doute l'espace alloué à leurs genoux. À défaut d'offrir une cloison entre l'habitacle et la benne, le Ridgeline permet d'escamoter l'assise de la banquette arrière pour faciliter le chargement d'objets lourds et encombrants.

L'originalité du Ridgeline repose également sur son extraordinaire polyvalence. D'abord le battant, qui permet en un tournemain d'ouvrir la benne sur deux axes pour faciliter le chargement. Du jamais vu! Et que dire de ce coffre taillé dans le plancher de la benne, qui s'avère suffisamment vaste pour accueillir et dissimuler de la vue des passants deux sacs de golf et la poussette du plus jeune? Face à la concurrence, le Ridgeline n'est pas donné, pour reprendre une expression populaire. Mais une fois la liste des caractéristiques de série comptabilisée, cette camionnette apparaît, financièrement parlant, aussi concurrentielle que ses présumées rivales. Cela ne veut pas dire pour autant que le catalogue d'options est inexistant. Des options, il y en a, et plus qu'une. Et ce n'est pas le seul aspect qui porte flanc à la critique. Certaines pièces de plastique (console, coffre à gants) résistent mal à l'épreuve du temps.

Le Ridgeline n'a pas besoin de faire tourner une usine à pleine vapeur pour être rentable. Son CV technique comporte en effet plusieurs similarités avec d'autres véhicules existants (Pilot, MDX, Odyssey). Voilà un gage de fiabilité.

Tout comme l'Avalanche de Chevrolet ou encore l'Escalade EXT de Cadillac, pour ne pas les nommer, la benne du Ridgeline forme un tout avec la cabine. Le principal avantage de cette conception est d'offrir un ensemble particulièrement rigide ce qui se traduit par un comportement routier plus équilibré et plus sûr. En outre, le Ridgeline a la particularité d'offrir une suspension indépendante aux quatre roues

Honda Ridgeline 2011

(non, pas d'essieu rigide à l'arrière) qui en fait l'une des camionnettes les plus confortables de l'heure, ce qui ajoute à sa polyvalence.

Doté d'un rouage intégral électronique, le Ridgeline permet de verrouiller le différentiel arrière, mais n'offre pas une sélection de rapports courts pour la piste, la neige et la boue. Toutefois, sa garde au sol est suffisamment élevée pour ne pas craindre d'emprunter chemins et sentiers.

Sur une route asphaltée, le Ridgeline nous fait oublier les manières souvent un peu rustres des autres camionnettes. D'accord, la caisse prend un peu de roulis, mais la direction s'avère précise et correctement assistée. On regrettera cependant que le rayon de braquage soit aussi grand.

La bonne surprise, c'est du côté du freinage qu'elle se trouve. Avec un antiblocage, un répartiteur électronique et deux paires de disques, le Ridgeline s'immobilise efficacement et rapidement.

Sous le capot, un V6 à simple arbre à cames en tête de 3,5 litres offre suffisamment de couple pour se tirer d'affaire. C'est bien, mais pour en bénéficier, le moteur doit atteindre un régime de rotation passablement élevé. Qu'à cela ne tienne, le Ridgeline s'élance rapidement et sa boîte de vitesses le soutient bien au moment des relances. La consommation est somme toute raisonnable, mais on s'explique mal pourquoi le constructeur japonais n'a pas jugé bon d'offrir, comme c'est le cas sur l'Odyssey, un système de désactivation des cylindres. Ce dispositif déjà au point aurait non seulement contribué à réduire la consommation sur route, mais aussi les émanations polluantes. Précieux, à notre époque.

Le Ridgeline est polyvalent et bourré d'astuces. Et même si son nom ne figurera jamais dans les meilleures ventes de sa catégorie, il a à tout le moins eu le mérite, grâce à quelques innovations, de bousculer un segment qui, trop longtemps, a fait de la capacité de remorquage sa seule priorité. Respect, SVP!

🜊 ÉRIC LEFRANÇOIS

Prix
34 990 à 41 490 $
Transport et préparation
1590 $

+ Éléments mécaniques éprouvés
+ Comportement routier agréable
+ Qualité de l'habitacle

− Diamètre de braquage gênant
− Certains plastiques bon marché
− Moteur pointu

Consommation ville – route (L/100 km)
15,6 – 11,9

 Nouveautés

2012 Changements mineurs

Principales concurrentes

Chevrolet Avalanche, Nissan Frontier, Toyota Tacoma

Hyundai
ACCENT

GRANDIR EN BEAUTÉ

Longtemps reconnue comme la voiture la moins chère sur le marché, l'Accent de Hyundai a acquis du même coup la réputation d'un produit bas de gamme d'une qualité qu'on pouvait mettre en doute. Hyundai en a tout de même vendu des tonnes, accentuant par là une image de marque trop axée sur l'économie dont on voulait justement se départir.

Pour 2012, Hyundai veut redorer le blason de l'Accent. Sans changer de nom, celle-ci s'est modernisée et réapparaît sous les traits d'une berline quatre portes au style plutôt classique et d'une version cinq portes à hayon d'une ligne à l'européenne plus novatrice. La ceinture de caisse qui s'incline vers l'avant est une des astuces qui captent tout de suite l'attention, bien que les stylistes de Hyundai n'aient rien inventé à ce chapitre. Au-delà de ses lignes très contemporaines, l'Accent a grandi à un point où elle s'échappe de la catégorie des minicompactes, là où elle faisait la lutte aux Yaris, Fit, Versa, Fiesta et cie.

Son empattement s'est allongé, tout comme la carrosserie, ce qui fait de l'Accent la voiture la plus spacieuse de sa catégorie. Ce détail se confirme dans la capacité de l'espace dévolu aux bagages où l'on peut ranger pas moins de quatre sacs de golf, sans compter que le coffre est entièrement modulable. Au volant, les sièges sont modérément confortables (un peu fermes à mon goût) et il appartiendra à l'acheteur d'en estimer la qualité. Notons au passage la bonne idée d'avoir installé un accoudoir central avant amovible, ce qui le rend fonctionnel pour les occupants de toute taille. Le tableau de bord échappe à l'allure bon marché qui est trop souvent le lot des voitures bas de gamme et bénéficie d'un plastique granuleux de belle apparence. La console centrale est fort bien exécutée et le pommeau du levier de vitesses chromé y dépose une note *high-tech*.

Hyundai s'est montré particulièrement généreux avec l'équipement de série qui comprend, entre autres, quatre freins à disques, un système de stabilité, six coussins gonflables et bien d'autres accessoires.

Dans la fournaise du Nevada

Mais que se passe-t-il sous le capot, direz-vous? Les nouvelles sont bonnes là aussi, grâce à un moteur à bloc d'aluminium de 138 ch qu'on peut commander avec une transmission manuelle ou automatique à six rapports. Ce qu'il faut retenir surtout, c'est que ce moteur est le premier à offrir l'injection directe (et ses avantages)

Prix
13 199 à 17 999 $
Transport et préparation
1495 $

+ Bon rapport qualité-prix
+ Grand espace pour les bagages (5 portes)
+ Bonne tenue de route
+ Caisse solide

– Confort des sièges à vérifier
– Puissance optimiste

 Consommation
ville – route (L/100 km)
7,9 – 6,1

 Nouveautés

 2012
Nouvelle génération
Moteur plus puissant
Modèle à hayon 5 portes

Principales concurrentes

 Chevrolet Sonic, Ford Fiesta, Honda Fit, Kia Rio, Nissan Versa, Mazda2, Scion xD, Toyota Yaris

À savoir

Garanties de base – motopropulseur (an/km)	5/100 000 – 5/100 000
Marge de profit du concessionnaire (%)	4,96 à 6,38
Essence recommandée	ordinaire
Versions offertes	L, GL, GLS
Carrosserie	berline 4 portes, hayon 5 portes
Lieu d'assemblage	Corée du Sud
Valeur résiduelle	moyenne
Fiabilité présumée	inconnue
Renouvellement du modèle	nouveau modèle
Ventes 2010 Québec	(– 13 %) 11 432

Technique

Dimensions et volumes

Empattement (mm)	2570
Longueur (mm)	4115 (hay.), 4370 (berl.)
Largeur (mm)	1700
Hauteur (mm)	1450
Volume intérieur passager (L)	2577 (hay.), 2539 (berl.),
Volume du coffre (min. – max.) (L)	487 – 1345 (hay.), 389 (berl.)
Réservoir de carburant (L)	45
Fourchette de poids (kg)	1087 à 1117

Châssis

Mode	traction
Suspension av. – arr.	ind. – ess. rigide
Freins av. – arr.	disques
Capacité de remorquage	non recommandé
Diamètre de braquage (m)	10,4
Pneus	175/70R14 (L, GL), 195/50R16 (GLS)

Performances

Modèle à l'essai	Accent GLS (hayon)
Moteur	L4 DACT 1,6 litre 16s
Puissance (ch. à tr/min)	138 à 6300
Couple (lb-pi à tr/min)	123 à 4850
Rapport poids / puissance	7,98 kg / ch
Transmission	automatique 6 rapports
Accélération 0-100 km/h (sec.)	9,9 (estimé)
Reprise 80-115 km/h (sec.)	7,5 (estimé)
Distance de freinage 100-0 km/h (m)	non mesurée
Niveau sonore à 100 km/h	moyen
Vitesse maximale (km/h)	185 (aut.), 190 (man.)
Consommation lors de l'essai (L/100 km)	6,1
Gaz à effet de serre (tonnes métriques)	4,4
Autres moteurs	aucun
Autres transmissions	man. 6 rapports

Protection collision

Frontale conducteur/passager	non évaluée
Latérale avant/arrière	non évaluée
Capotage 2rm/4rm	non évaluée

dans une voiture de cette catégorie. Ce quatre-cylindres, foi d'ingénieur, n'est pas entièrement nouveau et il a fait ses preuves sous le capot de divers modèles non commercialisés en Amérique par le constructeur sud-coréen.

Trois groupes d'équipement (L, GL, GLS) font fluctuer les prix entre 13 000 $ et 18 000 $, et c'est au volant de la version GLS la mieux pourvue que nous avons fait l'essai de cette nouvelle Hyundai dans la fournaise de Las Vegas alors que le mercure indiquait 43,3 °C. Cela permet tout de suite de faire valoir l'efficacité du système d'air conditionné auquel on doit pratiquement la vie.

Ajoutons que l'Accent est une vraie quatre-places et les passagers arrière ne devraient pas rouspéter d'avoir à s'y installer. L'aménagement intérieur est générale-ment réussi, bien qu'on souhaiterait que le rétroviseur sous le pare-soleil de droite puisse être dissimulé (on se lasse de se voir la face) et que l'instrumentation affiche la température extérieure. Avec la boîte manuelle de la voiture essayée, le levier de vitesses et l'embrayage sont d'une grande douceur, tandis que le moteur est fort bien insonorisé, produisant un son grave peu dérangeant. Sans doute à cause de l'élévation, l'Accent mise à l'essai n'avait pas les performances correspondant à ses 138 ch, soit la puissance la plus élevée de tous les modèles identiques ou presque. Il paraît plausible que la voiture puisse se satisfaire d'environ 6 litres aux 100 en moyenne, tout comme trois autres modèles de la gamme Hyundai, l'Elantra,

la Sonata hybride et la future Veloster, un coupé dans le genre du Honda CR-Z. La direction à assistance électrique semble gommée et n'offre pas la sensation de contact qu'on souhaiterait. Notons aussi que la colonne de direction n'est réglable que verticalement. Par ailleurs, comme les voitures de luxe d'il y a une dizaine d'années, le volant reçoit des commandes à distance pour la chaîne audio ainsi que pour la téléphonie mobile. On sera également ravi par le freinage qui permet des arrêts relativement courts. Merci aux quatre freins à disques.

Même si le modèle cinq portes à hayon m'apparaît comme le meilleur choix, certains acheteurs lui préféreront la berline classique quatre portes. Plus aérodynamique que la Fit ou la Fiesta, celle-ci est environ 8 cm plus longue que sa devancière, au point où elle s'inscrit dans la catégorie des sous-compactes. Autrement, les impressions de conduite sont les mêmes que dans la cinq-portes.

Jamais deux sans trois

Cette conclusion devient répétitive avec les produits Hyundai, qui démontrent que l'axiome «jamais deux sans trois» est on ne peut plus exact. En effet, après la Sonata et l'Elantra, ce constructeur vient de réaliser une autre voiture qui a toutes les apparences d'un best-seller.

Faut-il alors se surprendre que la marque coréenne vienne de célébrer son 23e mois consécutif de hausse de ses ventes en Amérique?

JACQUES DUVAL

À savoir

Garanties de base – motopropulseur (an/km)	5/100 000 – 5/100 000
Marge de profit du concessionnaire (%)	4,96 à 6,69
Essence recommandée	ordinaire
Versions offertes	L, GL, GLS, GLS Sport, Limited
Carrosserie	berline 4 portes, familiale 5 portes (T)
Lieu d'assemblage	Corée du Sud
Valeur résiduelle	moyenne
Fiabilité présumée	moyenne
Renouvellement du modèle	2016
Ventes 2010 Québec	(+ 5 %) 13 976

Technique

Dimensions et volumes

Empattement (mm)	2700
Longueur (mm)	4530 (berl.), 4485 (T)
Largeur (mm)	1775 (berl.), 1765 (T)
Hauteur (mm)	1435 (berl.), 1520 (T)
Volume intérieur passager (L)	2707 (berl.), 2866 (T)
Volume du coffre (min. – max.) (L)	420 (berl.), 689 – 1848 (T)
Réservoir de carburant (L)	47 (berl.), 53 (T)
Fourchette de poids (kg)	1207 à 1329

Châssis

Mode	traction
Suspension av. – arr.	indépendante
Freins av. – arr.	disques
Capacité de remorquage	non recommandé
Diamètre de braquage (m)	10,6 (berl.) / 10,4 (T)
Pneus	195/65R15 (L, GL/GLS T), 205/55R16 (GL, GLS), 215/45R17 (Limited, GLS Sport)

Performances

Modèle à l'essai	Elantra Limited (berline)
Moteur	L4 DACT 1,8 litre 16s
Puissance (ch. à tr/min)	148 à 6500
Couple (lb-pi à tr/min)	131 à 4700
Rapport poids / puissance	8,81 kg / ch
Transmission	manuelle 6 rapports
Accélération 0-100 km/h (sec.)	8,9 (estimé)
Reprise 80-110 km/h (sec.)	6,6 (estmé)
Distance de freinage 100-0 km/h (m)	37,6
Niveau sonore à 100 km/h	moyen
Vitesse maximale (km/h)	185
Consommation lors de l'essai (L/100 km)	7,5
Gaz à effet de serre (tonnes métriques)	5,5
Autres moteurs	L4 2,0 l (138 ch. 136 lb-pi) (T)
Autres transmissions	semi-auto. 6 rapp. (berl.), man. 5 rapp. (T), aut. 4 rapp. (T),

Protection collision

Frontale conducteur/passager	excellente
Latérale avant/arrière	bonne
Capotage 2rm/4rm	bonne

Hyundai
ELANTRA / TOURING

LA PETITE SŒUR DE L'AUTRE

Après la récente Sonata, qui a perturbé l'ordre établi dans la catégorie des voitures de taille moyenne, voilà que le constructeur sud-coréen récidive avec son modèle le plus répandu, l'Elantra, dont la version 2012 fait la vie dure à des sous-compactes aussi en vue que la Honda Civic et la Mazda3. Déjà une solide rivale des Focus, Cruze, Corolla et cie, la nouvelle venue possède tous les ingrédients pour déstabiliser le marché. Elle s'amène dans un créneau très achalandé où la plupart des candidates sont relativement nouvelles.

Sa silhouette de mini-Sonata jouera certainement un rôle considérable dans sa popularité, mais, fort heureusement, elle ne se contente pas d'une jolie frimousse. Les chiffres, sous plusieurs aspects importants, plaident aussi en sa faveur.

S'il faut en croire les données recueillies par Hyundai, l'Elantra prend la mesure de ses adversaires dans plusieurs domaines importants, dont la consommation bonifiée par un coefficient aérodynamique très favorable de 0,28. La voiture domine aussi pour la puissance du moteur et le freinage avec des distances d'arrêt plus courtes que la Civic ou la Corolla. Ses quatre freins à disques de série y sont d'ailleurs pour beaucoup à ce chapitre. Quelques arrêts d'urgence à partir d'une très grande vitesse ont démontré la résistance et la stabilité du système.

En matière d'habitabilité, elle est aussi en avant de la classe, au point d'être considérée comme une voiture de format moyen, alors que ses opposantes sont des sous-compactes. Par rapport à sa devancière, la voiture a grandi de 25 cm tout en perdant un peu de poids. Les places arrière en sortent gagnantes en offrant assez d'espace pour des adultes de taille moyenne, alors que le coffre est particulièrement volumineux pour une voiture de ce gabarit. En revanche, un collègue d'un peu plus de six pieds aurait souhaité un meilleur dégagement pour la tête à l'avant tandis que, personnellement, j'ai trouvé que les sièges tendus de cuir manquaient de profondeur et que le rembourrage tenait plus du rouleau à pâte que du pain frais. Comme c'est trop souvent le cas avec les voitures récentes, la visibilité arrière est souvent négligée. Dans l'Elantra, ce n'est pas si mal, excepté de trois quarts arrière où l'angle mort est particulièrement prononcé.

Un moteur insonore

Discret et économe, le nouveau moteur quatre cylindres Beta en aluminium de l'Elantra bénéficie de 10 chevaux supplémentaires par rapport à sa devancière. Il est tellement insonore qu'il faut prêter l'oreille pour se convaincre qu'il ne s'agit pas d'un moteur électrique. Une chaîne de distribution a remplacé la courroie crantée afin de diminuer les coûts habituels d'entretien. Les performances demeurent

cependant timides, bien qu'adéquates, sauf sur des routes pentues où il faut rétrograder pour maintenir le rythme. Précisons que cet essai a été réalisé avec une version Limited à transmission automatique sur un parcours montagneux de la Californie du Sud. À haute altitude, on note davantage la perte de puissance associée à la raréfaction de l'air. Ce n'est toutefois pas dramatique, loin de là. La dernière Elantra se distingue aussi par la présence de boîtes à six rapports, en version manuelle ou automatique. L'équipement de série comprend en plus le système de stabilité ainsi qu'un système de répartition électronique de la force de freinage.

Malgré sa vocation de petite voiture économique, cette Hyundai n'est pas dépourvue d'agrément de conduite: sur les routes en lacets de notre itinéraire, elle s'est avérée facile à contrôler grâce à une excellente maniabilité et à une direction précise, quoiqu'un peu trop gommée.

Avec l'Elantra 2012, Hyundai entend se débarrasser de cette réputation de roi des bas prix. «Nous désirons être reconnus désormais pour la valeur de nos produits», a précisé le président de Hyundai Canada, Steve Kelleher, lors du dévoilement à la presse de ce nouveau modèle. Traduction: les prix seront plus élevés qu'avant. Juste en cas toutefois, on a conservé le modèle Elantra Touring qui reste à l'affiche dans sa même configuration de voiture à mi-chemin entre un modèle à hayon et une familiale.

Chez Hyundai, on croit, avec raison, que l'Elantra offre davantage que ses rivales et que la clientèle saura en prendre note. C'est bien parti.

 JACQUES DUVAL

Prix
14 999 à 22 699 $
Transport et préparation
1495 $

+ Freinage particulièrement efficace
+ Consommation minime
+ Moteur silencieux

– Sièges inconfortables
– Visibilité arrière problématique
– Prix en hausse

 Consommation ville – route (L/100 km)
8,3 – 6,2 (1,8 l)
10,3 – 7,7 (2,0 l)

2012 Nouveautés
Nouvelle génération dévoilée au cours de la dernière année

Principales concurrentes

 Chevrolet Cruze, Ford Focus, Honda Civic, Kia Forte, Mazda3, Mitsubishi Lancer, Nissan Sentra, Subaru Impreza, Toyota Corolla/Matrix, Volkswagen Golf/Jetta

HYUNDAI ELANTRA / ELANTRA TOURING

À savoir

Garanties de base – motopropulseur (an/km)	5/100 000 – 5/100 000
Marge de profit du concessionnaire (%)	8,48
Essence recommandée	super (ou ordinaire)
Versions offertes	Signature, Ultimate
Carrosserie	berline 4 portes
Lieu d'assemblage	Corée du Sud
Valeur résiduelle	moyenne
Fiabilité présumée	moyenne
Renouvellement du modèle	inconnu
Ventes 2010	non commercialisé

Technique

Dimensions et volumes

Empattement (mm)	3045
Longueur (mm)	5158
Largeur (mm)	1889
Hauteur (mm)	1490
Volume intérieur passager (L)	3095
Volume du coffre (min. – max.) (L)	473
Réservoir de carburant (L)	77
Fourchette de poids (kg)	2018 à 2034

Châssis

Mode	propulsion
Suspension av. – arr.	indépendante
Freins av. – arr.	disques
Capacité de remorquage	non recommandé
Diamètre de braquage (m)	12,07
Pneus av. – arr.	245/45R19 – 275/40R19

Performances

Modèle à l'essai	Equus
Moteur	V8 DACT 4,6 litres 32s
Puissance (ch. à tr/min)	385 à 6500
Couple (lb-pi à tr/min)	333 à 3500
Rapport poids/puissance	5,23 kg/ch
Transmission	semi-automatique 6 rapports
Accélération 0-100 km/h (sec.)	7,11
Reprise 80-115 km/h (sec.)	4,89
Distance de freinage 100-0 km/h (m)	40,9
Niveau sonore à 100 km/h	bon
Vitesse maximale (km/h)	250
Consommation lors de l'essai (L/100 km)	13
Gaz à effet de serre (tonnes métriques)	9,3
Autres moteurs	aucun
Autres transmissions	aucune

Protection collision

Frontale conducteur/passager	non évaluée
Latérale avant/arrière	non évaluée
Capotage 2rm/4rm	non évaluée

À PRENDRE AU SÉRIEUX

Bien que simpliste, cette phrase («On n'a plus les Hyundai qu'on avait!») est quand même celle qui décrit le mieux le chemin parcouru par le constructeur sud-coréen entre l'infâme Pony des années 1980 et la somptueuse Equus qui fait l'objet de cet essai. Toute association entre ces deux produits équivaut à comparer un diamant pur à une breloque en plastique.

Par sa silhouette, le nouveau porte-étendard de Hyundai se fait discret, et seuls les plus curieux ne peuvent s'empêcher de cogner dans la vitre pour vous demander des explications. Oui, c'est bel et bien une Hyundai, et sa mise en marché en Amérique n'est pas destinée à enrichir le géant de Séoul, mais plutôt à faire un pied de nez à la concurrence. Autrement dit, la marque est en mesure d'investir n'importe quel créneau du marché, y compris celui des limousines de grand luxe.

Equus contre Mercedes

Juste pour voir, comparons cette voiture au modèle le plus populaire dans cette catégorie, la Mercedes-Benz Classe S. En longueur, notre sud-coréenne ne concède que 5 cm à la voiture de référence et une trentaine de kilos à la pesée officielle. Sous le capot, chaque modèle propose un V8 de 4,6 litres, quoique celui de l'Equus développe 34 chevaux de moins que celui de la Mercedes. Mais, on le sait, les chiffres ne disent pas tout. Par exemple, la présentation intérieure n'est rien de moins que superbe, bien qu'on n'y décèle aucune originalité. C'est chic et moderne et pas du tout ostentatoire. Comme chez la concurrence, le cuir, le bois et l'acier brossé s'entremêlent élégamment.

L'Equus ne se gêne pas non plus pour mimer ses rivales avec de beaux et bons sièges, chauffants, climatisés et avec vibromassage au choix. Au centre du tableau de bord trône une petite horloge à fond blanc qui ne manque pas de raffinement. Il y a bien aussi des rideaux pare-soleil pour faire croire que vous êtes une personnalité connue, mais entre vous et moi, que voilà un équipement inutile. Je préfère la caméra arrière à double plan qui affiche des images à partir de sous le pare-chocs, alors qu'une autre nous montre l'avant à l'amorce d'un virage.

Les accessoires sont pléthoriques et les vendeurs se feront un plaisir de vous les décliner. Ils ne vous diront pas toutefois que les écrans d'information sont quasi illisibles par temps ensoleillé ou que le coffre arrière ne possède pas de fermeture ou d'ouverture automatisée. Par ailleurs, le propriétaire d'une Equus reste le maître à bord, assis bien confortablement à l'arrière dans une sorte de bureau privé avec table de travail, de l'espace à ne plus savoir quoi en faire et, surtout, une duplication des principales commandes figurant au tableau de bord. Si jamais monsieur Henri, son chauffeur, se permet de déroger aux consignes, il le saura.

Si la grande voiture de luxe de Hyundai s'en tire si bien jusque-là, il reste tout de même un peu de peaufinage à faire. Le bruit du vent devrait se situer en haut de la

liste des détails à revoir, tout comme le fonctionnement plutôt brutal du système de stabilité et de contrôle de la traction. On ressent une légère secousse lorsque ces accessoires cessent leur intervention. L'Equus s'étant pourvue d'une véritable avalanche d'équipements divers, l'électronique semble quelquefois avoir de la difficulté à tout gérer. Ainsi, les portes n'obéissent pas toujours à la commande à distance et il est trop facile d'accrocher involontairement les boutons du tableau de bord, ceux de la chaîne audio comme du téléphone. L'habitude aidant, ces détails auront sans doute moins d'importance après un certain temps.

Si ce n'était d'une direction gommée et peu communicative, le comportement routier s'en tirerait beaucoup mieux. En mode sport, on appréciera par contre que le roulis soit pratiquement inexistant, un atout qui fait bien paraître la tenue de route. D'autant plus que la caisse semble d'une rigidité comparable à ce qu'on ressent au volant des voitures allemandes de la même classe.

L'Equus peut aussi rouler côte à côte avec ses rivales non seulement grâce à la bonne forme de son moteur V8, mais aussi à l'efficacité de cette transmission automatique à huit rapports qui maintient le régime à un niveau favorisant l'économie et la performance, si nécessaire. Hyundai, on le voit, n'a rien ménagé pour que cette limousine soit prise au sérieux. On a même mis sur pied un service à la clientèle exceptionnel où le client est traité tel un maharajah.

L'Equus est sans doute une bonne voiture offerte à un prix sans concurrence, mais honnêtement, je lui préfère la Genesis, surtout le modèle de seconde génération. Quant à l'argument du prix, je ne crois pas que l'acheteur d'une Mercedes S ou d'une Lexus LS quittera cette bannière pour une économie de 25 000 $. Pour lui, le logo de la marque vaut une telle somme supplémentaire.

JACQUES DUVAL

Prix
62 999 à 69 999 $
Transport et préparation
1760 $

+ **Confort exceptionnel**
+ **Performances impressionnantes**
+ **Finition soignée**

– **Direction peu communicative**
– **Clientèle à construire**
– **En mal d'originalité**

 Consommation ville – route (L/100 km)
14,9 – 9,9

 2012 **Nouveautés**

Changements mineurs

Principales concurrentes

 Audi A8, BMW Série 7, Jaguar XJ, Mercedes Classe S, Lexus LS, Volvo S80

la même célérité que le font les moteurs du Honda CR-V et du Toyota RAV4, par exemple. De plus, au moment d'enfoncer fermement l'accélérateur, il grogne. À vitesse d'autoroute, il montre cependant une belle discrétion.

La boîte automatique à six rapports l'appuie avec douceur et efficacité. En moyenne, le Tucson muni du rouage intégral consomme environ 10 L/100 km, soit une marque comparable aux autres.

La transmission intégrale comporte un bouton permettant de verrouiller le couple de façon égale entre les roues avant et les roues arrière, ce qui est fort pratique en situation d'enlisement. Autrement, il peut acheminer jusqu'à 50 % du couple aux roues arrière. Ici, on ne parle toutefois pas d'un véhicule conçu pour quitter les routes goudronnées.

Sur la route, le petit véhicule sud-coréen démontre de belles aptitudes. La direction rapide et la suspension ferme lui confèrent un petit côté sportif. Si la direction à assistance électrique facilite les manœuvres de stationnement, elle ne procure toutefois aucune sensation de la route. La fermeté de la suspension pénalise grandement le confort sur les chaussées endommagées. Pour dire les choses plus simplement, ça cogne! À ce chapitre, il manque vraiment de raffinement. Les freins assurent des distances d'arrêt parmi les plus courtes de la catégorie.

Au cours des dernières années, Hyundai a fait beaucoup d'efforts pour améliorer la qualité de ses produits. Aujourd'hui, ceux qu'il offre sont plus raffinés et plus évolués sur le plan des technologies. Le Tucson en est un bel exemple. Globalement, il réunit plusieurs atouts qui le rendent attrayant. Il n'a pas encore atteint le degré de maturité d'un Honda CR-V ou d'un Toyota RAV4, mais il s'en approche.

JEAN-PIERRE BOUCHARD

Prix
19 999 à 32 249 $
Transport et préparation
1760 $

+ **Rapport qualité-prix**
+ **Maniabilité**
+ **Distances de freinage courtes**

− **Comportement sur mauvais revêtement**
− **Visibilité vers l'arrière**
− **Bruits de roulement**

 Consommation ville – route (L/100 km)
10,3 – 7,7 (aut. 2rm)
10,8 – 7,9 (man. 2rm)
11,2 – 8,5 (4rm)

 2012 **Nouveautés**
L4 turbo 2,0 litres

Principales concurrentes

 Chevrolet Equinox, Ford Escape, Honda CR-V, Jeep Compass/Patriot, Kia Sportage, Mitsubishi Outlander, Nissan Rogue, Suzuki Grand Vitara, Toyota RAV4, VW Tiguan

HYUNDAI TUCSON

Garanties de base – motopropulseur (an/km)	5/100 000 – 5/100 000
Marge de profit du concessionnaire (%)	n.d.
Essence recommandée	ordinaire
Versions offertes	Base
Carrosserie	coupé 4 portes
Lieu d'assemblage	Corée du Sud
Valeur résiduelle	moyenne
Fiabilité présumée	inconnue
Renouvellement du modèle	nouveau modèle
Ventes 2010 Québec	non commercialisé

Technique

Dimensions et volumes

Empattement (mm)	2649
Longueur (mm)	4219
Largeur (mm)	1791
Hauteur (mm)	1400
Volume intérieur passager (L)	2543
Volume du coffre (min. – max.) (L)	439
Réservoir de carburant (L)	50
Fourchette de poids (kg)	1172 à 1205

Châssis

Mode	traction
Suspension av. – arr.	indépendante
Freins av. – arr.	disques
Capacité de remorquage	non recommandé
Diamètre de braquage (m)	10,4
Pneus	215/45R17, 215/40R18 (opt.)

Performances

Modèle à l'essai	Veloster
Moteur	L4 DACT 1,6 litre 16s
Puissance (ch. à tr/min)	138 à 6300
Couple (lb·pi à tr/min)	123 à 4850
Rapport poids/puissance	8,49 kg /ch
Transmission	manuelle 6 rapports
Accélération 0-100 km/h (sec.)	8,5 (estimé)
Reprise 80-110 km/h (sec.)	6,5 (estimé)
Distance de freinage 100-0 km/h (m)	non mesurée
Niveau sonore à 100 km/h	non évalué
Vitesse maximale (km/h)	190
Consommation lors de l'essai (L/100 km)	n.d.
Gaz à effet de serre (tonnes métriques)	n.d.
Autres moteurs	aucun
Autres transmissions	aut. 6 rapp. à double embrayage

Protection collision

Frontale conducteur/passager	non évaluée
Latérale avant/arrière	non évaluée
Capotage 2rm/4rm	non évaluée

Hyundai
VELOSTER

POUR LES « Y » SEULEMENT?

Hyundai aligne une gamme d'automobiles de plus en plus intéressante. Les nouvelles Accent et Elantra en témoignent. Visiblement (l'adverbe est ici volontairement choisi), c'est d'abord par les yeux qu'il veut que les acheteurs les découvrent. Cette fois, il signe un véhicule original, qu'il a dévoilé lors du dernier Salon de l'auto de Detroit: le Veloster.

Hyundai entend séduire plus particulièrement les jeunes de la génération Y. Ils ont aujourd'hui moins de 30 ans. Et pour ce faire, il leur propose un petit multisegment aux allures d'un roadster. Au premier coup d'œil, il rappelle le Nissan Juke. Le Veloster affiche toutefois des dimensions plus généreuses, à l'exception de la hauteur. Il faudra donc espérer que le dégagement pour la tête, surtout aux places arrière, soit plus généreux. Car il était déjà limité dans la Juke.

Le véhicule n'est pas doté de deux portes et d'un hayon, mais de trois portes et d'un hayon. Fallait-il à ce point vouloir montrer que l'on peut faire les choses autrement? À tout le moins, cette porte facilite l'accès aux places arrière. Elle est placée du côté passager. Ainsi, lorsque la voiture est stationnée en bordure d'une rue, il sera plus sécuritaire de s'y engouffrer ou s'en extirper.

Aussi dynamiques soient-elles, les lignes véloces présenteront certains écueils sur le plan de la visibilité. Si le hayon entièrement vitré permet d'apprécier la vue vers l'arrière, la visibilité latérale, elle, est perturbée par de larges piliers, des glaces effilées et une ligne de carrosserie ascendante. Les concepteurs ont utilisé une approche semblable pour l'Elantra. Et comme il fallait s'y attendre, la visibilité de côté est mauvaise. C'est le prix à payer lorsque le spécialiste de l'originalité refuse d'écouter le spécialiste de l'ergonomie. Une caméra de recul fait toutefois partie de la liste des caractéristiques de série.

Approche moderne

L'équipe de conception a apporté un soin particulier aux aménagements intérieurs de ses récents véhicules. Dans le cas du Veloster, le volant et la console centrale en forme de V ainsi que la disposition des commandes traduisent l'esprit de l'habillage extérieur: dynamique, contemporain.

Comme il fallait s'y attendre, la technologie occupe une place... centrale. Un écran tactile de 7 po logé au cœur de la planche de bord regroupe un ensemble de commandes, dont celles permettant de gérer la musique préférée des utilisateurs de la voiture. La radio, par exemple, dispose d'une fonction de téléchargement virtuel de CD pouvant emmagasiner le contenu de 10 CD. Et un peu comme c'est le cas de MyFord Touch, il est possible de commander le système au moyen de la voix.

Des ports USB·RCA et une prise électrique de 115 V permettent même de brancher une console de jeux vidéo. L'acheteur pourra enfin commander une chaîne audio haut de gamme Dimension de 450 W, dotée de huit haut-parleurs, d'un caisson de graves de 8 po et d'un amplificateur externe.

Économie et performances

Pour activer les roues du petit multisegment, Hyundai utilise une motorisation connue, implantée dans le cœur de l'Accent. Outre la boîte manuelle à six rapports traditionnelle, le Veloster pourra bénéficier d'une boîte automatique à six rapports à double embrayage, une première pour Hyundai. Utilisé par Audi et Volkswagen, ce type de boîte assure des changements de rapports ultrarapides. Avantages: un agrément de conduite supérieur et une consommation d'essence moindre. Sur route, le constructeur l'estime à moins de 5 L/100 km.

De plus, un mode permet de gérer le moteur et la boîte de vitesses pour rendre la réponse de l'accélérateur plus progressive. Appelé ActiveECO, ce mode réduit jusqu'à 7 % de la consommation d'essence, selon les données fournies par Hyundai.

Les ingénieurs de la firme ont utilisé une suspension avant de type à jambes de force MacPherson. Autre première chez Hyundai, à l'arrière, ils ont utilisé une barre de torsion en V pour mieux absorber les chocs ainsi que des ressorts hélicoïdaux et des amortisseurs monotubes. Ils ont également implanté des barres stabilisatrices à l'avant et à l'arrière pour assurer un meilleur contrôle des mouvements de la carrosserie. Tout comme c'est le cas pour les récents véhicules de Hyundai, la direction est électrique. Mais le constructeur annonce une couleur plus sportive pour la calibration. De série, le contact avec la route est assuré par des pneus sport de 17 po montés sur des jantes en alliage. En option, on pourra les remplacer par des jantes de 18 po. Enfin, le Veloster profite de toutes les technologies de contrôle pour le maintenir bien en place sur la route.

L'arrivée du Veloster s'inscrit dans la foulée de la plus récente refonte des produits phares de la marque. Design audacieux, technologies de pointe, promesse d'économie de carburant et de conduite sportive, le Veloster réunit un ensemble de qualités qui, en apparence du moins, offrent un grand potentiel de séduction aux jeunes acheteurs. Reste à voir de quelle façon il sera accueilli par les principaux intéressés. Car Hyundai n'est pas le seul à les courtiser.

 JEAN-PIERRE BOUCHARD

Prix
20 000 $ et plus
Transport et préparation
1495 $

+ Économie de carburant
+ *Look* jeune

– Catégorie sans cesse en renouvellement
– Valeur de revente inconue

Consommation ville – route (L/100 km)
8,9 – 6,9

2012

Nouveautés

Tout nouveau modèle

Principales concurrentes

Hyundai Veloster,
Mini Cooper,
Kia Koup,
Scion tC

À savoir

Garanties de base – motopropulseur (an/km)	5/100 000 – 5/100 000
Marge de profit du concessionnaire (%)	6,69 à 8,30
Essence recommandée	ordinaire
Versions offertes	GL, GL Premium, GLS, Limited
Carrosserie	multisegment 5 portes (7 places)
Lieu d'assemblage	Corée du Sud
Valeur résiduelle	moyenne
Fiabilité présumée	moyenne
Renouvellement du modèle	2013
Ventes 2010 Québec	(- 15 %) 251

Technique

Dimensions et volumes

Empattement (mm)	2805
Longueur (mm)	4840
Largeur (mm)	1945
Hauteur (mm)	1807
Volume intérieur passager (L)	4080
Volume du coffre (min. – méd. – max.) (L)	184 – 1132 – 2458
Capacité du réservoir de carburant (L)	78
Fourchette de poids (kg)	1935 à 2010

Châssis

Mode	traction, intégral
Suspension av. – arr.	indépendante
Freins av. – arr.	disques
Capacité de remorquage (max.) (kg)	1588
Diamètre de braquage (m)	11,2
Pneus	235/65R17 (GL), 245/60R18 (GLS, Limited)

Aptitudes hors route

Garde au sol min. (mm)	206
Angles d'approche/de rampe/de sortie (°)	25/n.d./23

Performances

Modèle à l'essai	Veracruz GLS (4rm)
Moteur	V6 DACT 3,8 litres 24s
Puissance (ch. à tr/min)	260 à 6000
Couple (lb-pi à tr/min)	257 à 4500
Rapport poids/puissance	7,73 kg/ch
Transmission	automatique 6 rapports
Accélération 0-100 km/h (sec.)	8,92
Reprise 80-115 km/h (sec.)	6,14
Distance de freinage 100-0 km/h (m)	43,1
Niveau sonore à 100 km/h	moyen
Vitesse maximale (km/h)	190
Consommation lors de l'essai (L/100 km)	13,4
Gaz à effet de serre (tonnes métriques)	9,5
Autres moteurs	aucun
Autres transmissions	aucune

Protection collision

Frontale conducteur/passager	excellente
Latérale avant/arrière	excellente
Capotage 2rm/4rm	bonne

ENTRE DEUX CHAISES

Le Veracruz est apparu sur le marché il y a cinq ans. Il représentait à ce moment-là, pour le constructeur sud-coréen, le premier utilitaire sport pleine grandeur. La gamme Hyundai pouvait alors se vanter d'être à la hauteur des plus grands. Le seul hic, c'est que pendant ce temps, le Tucson et le Santa Fe ont grandi. Ces deux derniers modèles ont laissé derrière eux leurs formes vieillottes pour entrer dans la modernité avec une esthétique plus attrayante. Les lignes extérieures du Veracruz sont assurément classiques, mais ne provoqueront pas de réactions d'émerveillement de la part des autres usagers de la route, ni de son propriétaire...

Maintenant considéré comme un multisegment grand format, au même titre que le Chevrolet Traverse ou le Honda Pilot, il allait de soi que les concepteurs lui ajoutent une troisième banquette. Comme ce n'est pas une fourgonnette, cet ajout produit les mêmes irritants que pour les autres multisegments qui adoptent cette configuration. L'accès est difficile pour des adultes et l'espace de chargement perdu dans le coffre est énorme, 180 litres et des poussières avec la troisième rangée relevée, comparativement à plus de 1100 litres lorsqu'elle est rabattue. Mais n'est-ce pas justement là qu'un véhicule comme le Veracruz prend tout son sens en étant capable de transporter quatre personnes avec tous leurs effets pour les vacances ou la fin de semaine au chalet?

Étant au point de départ une traction dans les versions d'entrée de gamme, ce qui n'est pas idéal pour un véhicule de cette taille, vous aurez à réfléchir sérieusement sur l'utilisation que vous en ferez. Pour plus de polyvalence et une sécurité relative en toute circonstance, j'opterais pour la traction intégrale, même si le système est réactif. Il est suffisamment raffiné pour rassurer tout le monde à bord.

Silence! On roule

Un de ses points forts est certainement le confort de son habitacle. Vous n'aurez pas de grosse vente à faire pour convaincre vos passagers qu'un certain luxe est au rendez-vous. Les matériaux utilisés sont à niveau, les réglages des baquets et du pédalier, par exemple, permettront à tous les conducteurs de se sentir chez eux. Sauf que les grands six pieds trouveront les rails d'ajustement des sièges avant un peu courts. Une chaîne audio Surround, des revêtements en cuir, un système de navigation ou des sièges chauffants ajoutent à ses commodités, d'autant plus que la finition est sans reproche. Une fois en route, vous serez agréablement surpris par le silence de roulement. Cependant vous sentirez les imperfections et les bosses de la chaussée. Hyundai semble avoir choisi une suspension un peu plus ferme pour améliorer la tenue de route. La direction répond rapidement avec tout ce qu'il faut en échange de sensations qui traduisent exactement ce qui se passe sur la chaussée. En conduite normale sur autoroute, c'est un havre de paix. Mais, ne vous attendez cependant pas à des performances exceptionnelles. La puissance du V6 de 3,8

litres, livrée aux roues motrices à travers la boîte automatique à six rapports, est tout à fait respectable sur papier, mais donne des temps de passage qui, s'ils sont corrects, ne vous colleront pas à votre siège. Remarquez que ce n'est pas la mission du Veracruz, mais un peu plus de couple ajouterait à sa capacité de remorquage. On nous le propose comme un utilitaire pleine grandeur, ne l'oublions pas. Et ce n'est pas exclusivement l'ajout d'une troisième banquette qui en fera une option sur la liste courte des acheteurs éventuels dans cette catégorie. Et il y a le prix! Je vous épargne tous les détails pour vous dire seulement qu'à partir du modèle d'entrée de gamme, qui se compare avantageusement à la concurrence, le coût des options, comme l'intégrale ou encore les raffinements de la version Limited, font rapidement grimper la facture à des hauteurs qui pourraient en décourager plus d'un.

Son rival: le Santa Fe

En conclusion, vous comprendrez mon ambivalence par rapport au Veracruz. Tous reconnaissent la qualité et la fiabilité des produits de Hyundai, et rien ne me permet de penser que le Veracruz échapperait à cette règle. Les garanties font également partie des attraits proposés, mais pour le même débours, les acheteurs ont plusieurs choix sans doute plus attrayants. Pour ma part, je reluquerais du côté de son frère Santa Fe, un multisegment intermédiaire plus facile à manœuvrer en milieu urbain, avec suffisamment d'espace pour tout le monde, une meilleure consommation d'essence et les mêmes avantages de fiabilité et d'économie d'entretien. Dommage que l'évolution du Veracruz semble au point mort. L'ajout d'un moteur plus costaud et un design plus flamboyant, avec des incitatifs de prix, pourraient faire pencher la balance en sa faveur. C'est un très bon véhicule avec un urgent besoin de support de la part de son constructeur.

 JEAN CHARTRAND

Prix
32 499 à 44 999 $
Transport et préparation
1760 $

+ Confort et silence de roulement
+ Présentation soignée
+ Garantie et fiabilité

− Son style anonyme
− Sa troisième banquette
− Prix de la version intégrale

Consommation ville – route (L/100 km)
13,9 – 10,4 (2rm)
15 – 11 (4rm)

2012 Nouveautés
Changements mineurs

Principales concurrentes
Chevrolet Traverse, Ford Explorer, GMC Acadia, Honda Pilot, Mazda CX-9, Toyota Highlander

HYUNDAI VERACRUZ

319

Garanties de base – motopropulseur (an/km)	4/100 000 – 6/110 000
Marge de profit du concessionnaire (%)	9,47
Essence recommandée	super
Versions offertes	EX35
Carrosserie	multisegment 5 portes
Lieu d'assemblage	Japon
Valeur résiduelle	bonne
Fiabilité présumée	bonne
Renouvellement du modèle	2014
Ventes 2010 Québec	(+ 14 %) 493

Technique

Dimensions et volumes

Empattement (mm)	2800
Longueur (mm)	4631
Largeur (mm)	1803
Hauteur (mm)	1589
Volume intérieur passager (L)	2506
Volume du coffre (min. – max.) (L)	527 – 1342
Réservoir de carburant (L)	76
Fourchette de poids (kg)	1794
Répartition du poids av. – arr. (%)	54 – 46

Châssis

Mode	intégral
Suspension av. – arr.	indépendante
Freins av. – arr.	disques
Capacité de remorquage	non recommandé
Diamètre de braquage (m)	10,6
Pneus	225/55R18, 245/45R19 (opt.)

Aptitudes hors route

Garde au sol min. (mm)	145
Angles d'approche/de rampe/de sortie (°)	16/19/14

Performances

Modèle à l'essai	EX35
Moteur	V6 DACT 3,5 litres 24s
Puissance (ch. à tr/min)	297 à 6800
Couple (lb-pi à tr/min)	253 à 4800
Rapport poids/puissance	5,97 kg/ch
Transmission	semi-automatique 7 rapports
Accélération 0-100 km/h (sec.)	6,42
Reprise 80-115 km/h (sec.)	4,04
Distance de freinage 100-0 km/h (m)	39,3
Niveau sonore à 100 km/h	moyen
Vitesse maximale (km/h)	235
Consommation lors de l'essai (L/100 km)	11,8
Gaz à effet de serre (tonnes métriques)	8,5
Autres moteurs	aucun
Autres transmission	aucune

Protection collision

Frontale conducteur/passager	bonne
Latérale avant/arrière	excellente
Capotage 2rm/4rm	bonne

Infiniti
EX35

LA MAL-AIMÉE

L'EX35 est une sorte de véhicule utilitaire multisegment (VUM) petit frère du grand FX (37 et 50). Elle en adopte un peu le même style, mais avec un peu plus d'élégance et de discrétion. D'ailleurs, c'est peut-être à cause de cela qu'elle ne réussit pas à attirer l'attention à laquelle elle aurait droit.

L'EX35 repose sur une plateforme semblable à celle de la G37 (et de la FX). Au départ, ça pourrait être une propulsion mais au Canada, elle n'est offerte qu'avec la traction intégrale. Il n'y a qu'un moteur au catalogue, un superbe V6 de 3,5 litres qui développe 297 ch et 253 livres-pieds de couple (curieusement, on n'y a pas encore adapté le nouveau 3,7 litres). Il vient avec une boîte de vitesses automatique à sept rapports qui le met en valeur. En effet, ainsi équipée, l'Infiniti EX35 revêt un caractère encore plus sportif.

Le son du moteur pénètre l'habitacle avec délicatesse, tout en nous rappelant que l'EX35 est une voiture qui veut se faire conduire. Il est peut-être dommage que ses échappements soient trop silencieux. Les accélérations sont convaincantes, ses reprises, étonnantes. On peut toujours manipuler les rapports grâce au levier au plancher. La traction intégrale n'est pas utile qu'en hiver, elle l'est aussi dans toutes les conditions. Elle aide à stabiliser la voiture sur les routes les plus sinueuses. Puis, elle ajoute à la sensation sportive de la conduite.

En passant, ne qualifiez pas cette auto de tout-terrain, même si elle est équipée de la traction intégrale. Elle sera bonne dans la neige ou sur la glace avec les pneus d'hiver, mais elle ne sera jamais un véhicule tout terrain. Et ce n'est certes pas une camionnette… Il n'est même pas recommandé de ne pas l'utiliser en remorquage!

Un intérieur étroit

En fait, ce sont peut-être ses dimensions, disons réduites, qui lui confèrent cette attitude «sportive». Elle peut se faufiler avec aisance dans la circulation urbaine et filer à vive allure sur les autoroutes avec une tenue de cap solide. L'instrumentation est très lisible et les sièges sont à la fois confortables et fermes. Et la finition de cette EX35 est tout simplement impeccable et de bon goût.

Plusieurs journalistes ont critiqué le sentiment d'étroitesse qu'on ressent dans l'habitacle de l'EX35. Il est vrai que ce n'est pas le grand dégagement que l'on constate dans une fourgonnette ou une grande luxueuse, mais on peut se sentir très à l'aise dans cette auto. Cependant, les places arrière ne sont pas très généreuses et le compartiment à bagages pourra sembler un peu juste.

S'il y a un point à critiquer sur l'EX35, c'est la visibilité limitée causée par des glaces un peu basses et une lunette arrière très inclinée. Les rétroviseurs sont d'une certaine aide, mais ce n'est pas suffisant. Notre voiture d'essai était équipée de systèmes comme les avertisseurs de changement de voie (Lane Departure) et d'angle mort, mais avec le temps, on en vient à les ignorer car ils interagissent trop souvent. On va même jusqu'à les neutraliser.

Par contre, encore une fois, insistons sur l'utilité de la caméra de marche arrière qui, dans le cas de l'EX, est appuyée d'un système appelé Bird's Eye View qui reproduit une vue en plongée de l'auto grâce à quatre petites caméras, une à chaque coin, ce qui facilite les manœuvres de stationnement. Toutefois, même si le système de navigation est efficace, l'écran semble un peu petit... ce qui est terrible lorsqu'on est presbyte!

L'Infiniti EX35 affiche un prix de départ assez compétitif. Mais le véhicule est offert avec des options aussi coûteuses: l'ensemble Premium (incluant des jantes de 19 po), l'ensemble Journey incluant un toit ouvrant en verre, le système de navigation et l'ensemble dit Technologie. Il faut ajouter plusieurs milliers de dollars à la facture, plus des frais de livraison. Cela explique la rareté de cette auto sur nos routes.

ÉRIC DESCARRIES

Prix
42 200 $
Transport et préparation
1950 $

+ **Belle allure sportive**
+ **Intéressantes performances**
+ **Traction intégrale utile en hiver**

– **Places arrière étroites**
– **Visibilité limitée**
– **Capacités hors route presque inexistantes**

 Consommation ville – route (L/100 km)
13,9 – 9,7

Nouveautés

 2012 Retouches esthétiques
Détecteur de mouvement extérieur
Édition Spéciale avec nouvelles jantes de 21 po

Principales concurrentes

 Acura RDX, Audi Q5, BMW X1,
Mercedes GLK, Mini Countryman ALL4

INFINITI EX35

321

Garanties de base – motopropulseur (an/km)	4/100 000 – 6/110 000
Marge de profit du concessionnaire (%)	9,81 à 10,53
Essence recommandée	super
Versions offertes	FX35, FX50
Carrosserie	multisegment 5 portes
Lieu d'assemblage	Japon
Valeur résiduelle	bonne (FX35)
	moyenne (FX50)
Fiabilité présumée	bonne (FX35)
Renouvellement du modèle	2014
Ventes 2010 Québec	(+ 31 %) 260

Technique

Dimensions et volumes

Empattement (mm)	2885
Longueur (mm)	4859
Largeur (mm)	1928
Hauteur (mm)	1680
Volume intérieur passager (L)	2903
Volume du coffre (min. – max.) (L)	702 – 1756
Capacité du réservoir de carburant (L)	90
Fourchette de poids (kg)	1950 à 2075
Répartition du poids av. – arr. (%)	52 – 48 (V6),
	53 – 47 (V8)

Châssis

Mode	intégral
Suspension av. – arr.	indépendante
Freins av. – arr.	disques
Capacité de remorquage (max.) (kg)	907 (V6),
	1588 (V8)
Diamètre de braquage (m)	11,2
Pneus	265/60R18 (FX35),
265/50R20 (opt. FX35), 265/45R21 (FX50)	

Aptitudes hors route

Garde au sol min. (mm)	187
Angles d'approche/de rampe/de sortie (°)	29/n.d./21

Performances

Modèle à l'essai	FX35
Moteur	V6 DACT 3,5 litres 24s
Puissance (ch. à tr/min)	303 à 6800
Couple (lb-pi à tr/min)	262 à 4800
Rapport poids/puissance	6,43 kg/ch
Transmission	semi-automatique 7 rapports
Accélération 0-100 km/h (sec.)	6,75
Reprise 80-115 km/h (sec.)	4,14
Distance de freinage 100-0 km/h (m)	38
Niveau sonore à 100 km/h	moyen
Vitesse maximale (km/h)	250
Consommation lors de l'essai (L/100 km)	13,1
Gaz à effet de serre (tonnes métriques)	9,4
Autres moteurs	V8 5,0 l (390 ch., 369 lb-pi)
Aucune transmission	aucune

Protection collision

Frontale conducteur/passager	non évaluée
Latérale avant/arrière	non évaluée
Capotage 2rm/4rm	non évaluée

Infiniti
FX

BEAU MAIS INTIMIDANT

Infiniti, la marque de luxe de Nissan, a sans doute marqué des points en présentant un véhicule à l'allure aussi originale que le FX. Mais il y a de cela bien des années. Depuis la première mouture de ce modèle, le segment dans lequel le FX s'inscrit a beaucoup changé. À tel point que celui qu'on surnommait autrefois le «guépard bionique» défend des valeurs bien singulières. En fait, comment définir cette Infiniti?

La gamme FX représente en fait un exercice de style sur quatre roues. Évidemment, ses formes uniques plaisent beaucoup à une clientèle soucieuse de se démarquer, sans se faire autant remarquer que les propriétaires d'Acura ZDX et autres BMW X6. Au fil des refontes, la physionomie générale de ce véhicule n'a pas beaucoup changé. D'ailleurs, ne trouvez-vous pas que le FX ressemble étrangement à une Nash 1949 *bathtub* modifiée sur châssis de 4x4?

Intimidant

Au-delà de son physique particulier, le FX affiche d'intéressantes qualités. Cependant, il reste un véhicule assez intimidant à conduire. Alignez-le contre une voiture plus «ordinaire» et vous constaterez ses imposantes dimensions. Et il est plus difficile à garer qu'il en a l'air! Sa ligne fuyante ne rend pas la visibilité arrière facile, malgré la présence d'une caméra de recul. Et puisque nous y sommes, soulevez-moi ce hayon. C'est sûr, vos valises s'y sentiront à l'étroit. L'espace est compté et nous invite à rabattre les dossiers de la banquette arrière. De plus, le seuil de chargement est très élevé. Vous avez de bons bras?

Il y a les roues surdimensionnées qui font bien paraître le FX, mais qui demanderont un débours assez important lorsque viendra le temps de mettre des pneus d'hiver. Par contre, en ce qui a trait au confort intérieur et à la position de conduite, rien à redire. La présentation est soignée et la finition irréprochable. En revanche, l'ergonomie de certaines commandes laisse à désirer et il y a toutes ces alarmes à bord (capteurs de ceci et de cela) censées rendre la conduite plus sûre. Moi, elles m'énervent.

Présenté comme un cinq-places, le FX n'en offre en fait que quatre. Les passagers à l'arrière devront faire quelques contorsions pour atteindre la banquette et, surtout, pour s'en extraire; tout ça en raison des puits de roue envahissants qui se font un devoir de salir vos vêtements. Par contre, deux personnes auront plaisir à voyager à l'arrière grâce à des dossiers qui s'inclinent.

Le très volontaire V6 de 3,5 litres de 303 ch est parfaitement à l'aise dans l'Infiniti FX35, surtout qu'il est combiné à une boîte automatique à sept rapports et à un rouage à quatre motrices performant. Celui-ci est parfaitement adapté pour circuler sur une chaussée à faible coefficient d'adhérence, mais je me vois mal faire du vrai

«off-road» avec le FX. Ce n'est certes pas là son utilité. Au fait, on pourrait s'attendre à ce qu'Infiniti dépose incessamment sous le capot son nouveau moteur V6 de 3,7 litres, histoire de se démarquer du EX35. Et puis, le véhicule carbure à l'essence super. Son rendement promet alors d'être meilleur, mais votre situation financière, elle, un peu moins.

Quant au V8, il procure encore plus de puissance au FX et la conduite s'en trouve plus excitante encore. Et quelle musique! Sur route, le comportement de cette Infiniti est étonnamment agile et sa direction, précise, permet de l'inscrire avec précision dans les virages. Mais avec les prix des carburants qui grimpent en flèche, on lui préférera le V6 moins puissant, mais aussi moins gourmand à la pompe.

Suspension rigide

Peu importe la mécanique retenue, le gros défaut du FX se trouve ailleurs. Ses suspensions sont incroyablement fermes. C'est le seul reproche de comportement qu'on pourra lui opposer, car pour le reste, le tangage et le roulis sont bien maîtrisés et l'arsenal électronique veille sur tout débordement possible de motricité.

À la lumière de cette analyse, peut-on recommander pareil véhicule? Si l'on tient compte du fait que c'est une Infiniti avec une belle finition et une construction exemplaire, oui. Si l'on recherche un look unique, oui aussi.

Mais qu'en sera-t-il de la valeur de revente de ce véhicule et de l'intérêt qu'il pourrait susciter auprès d'une clientèle de véhicules d'occasion? Déjà qu'on sent l'effet de surprise et de nouveauté s'estomper!

 ÉRIC DESCARRIES

Prix
52 800 à 65 000 $
Transport et préparation
1950 $

+ **Moteurs rapides**
+ **Bonne tenue de route**
+ **Traction intégrale utile en hiver**

− **Suspension rigide**
− **Encombrement évident en ville**
− **Pneus d'hiver et de remplacement coûteux**

 Consommation ville – route (L/100 km)
14,5 – 11 (3,5 l)
16,7 – 11,8 (5,0 l)

Nouveautés

2012 Retouches esthétiques
Détecteur de mouvement extérieur
Édition Spéciale avec nouvelles jantes de 21 po

Principales concurrentes

 Acura ZDX, BMW X6,
Porsche Cayenne

INFINITI FX

À savoir

Garanties de base – motopropulseur (an/km)	4/100 000 – 6/110 000
Marge du concessionnaire (%)	7,25 à 10,37
Essence recommandée	super
Versions offertes	G25, G25x, G25x Sport, G37x, G37x Sport, G37 Sport, G37 M6 Sport, G37 Première Édition, G37 IPL
Carrosserie	berline 4 portes, coupé 2 portes, cabriolet 2 portes
Lieu d'assemblage	Japon
Valeur résiduelle	excellente
Fiabilité présumée	bonne
Renouvellement du modèle	2013
Ventes 2010 Québec	(+ 24 %) 923

Technique

Dimensions et volumes

Empattement (mm)	2850
Longueur (mm)	4750 (berl.), 4650 (coup.), 4657 (cab.)
Largeur (mm)	1773 (berl.), 1823 (coup.), 1852 (cab.)
Hauteur (mm)	1453 (berl.), 1390 (coup.), 1400 (cab.)
Volume intérieur passager (L)	2803 (berl.), 2342 (coup.), 2220 (cab.)
Volume du coffre (min. – max.) (L)	382 (berl.), 201 (coup.), 53 – 292 (cab.)
Réservoir de carburant (L)	76
Fourchette de poids (kg)	1604 à 1864
Répartition du poids av. – arr. (%)	52 – 48

Châssis

Mode	propulsion, intégral (x)
Suspension av. – arr.	indépendante
Freins av. – arr.	disque
Capacité de remorquage	non recommandé
Diamètre de braquage (m)	10,8 (2rm), 11/11,2 (4rm)
Pneus av. – arr.	225/55R17 (G25, G37x), 225/50R18 (G37, x Sport), 225/50R18 · 245/45R18 (Sport), 225/45R19 – 245/40R19 (PE, IPL)

Performances

Modèle à l'essai	G37 IPL
Moteur	V6 DACT 3,7 litres 24s
Puissance (ch. à tr/min)	348 à 7400
Couple (lb·pi à tr/min)	276 à 5200
Rapport poids/puissance	4,91 kg / ch
Transmission de série	semi-automatique 7 rapports
Accélération 0-100 km/h (sec.)	6,22
Reprise 80-115 km/h (sec.)	3,78
Distance de freinage 100-0 km/h (m)	35,7
Niveau sonore à 100 km/h	moyen
Vitesse maximale (km/h)	250 (3,7 l), 210 (2,5 l)
Consommation lors de l'essai (L/100 km)	11,8
Gaz à effet de serre (tonnes métriques)	8,5
Autres moteurs	V6 2,5 l (218 ch., 187 lb·pi), V6 3,5 l (328 ch., 269 lb·pi), V6 3,5 l (325 ch., 267 lb·pi) (cab.)
Autres transmissions	man. 6 rapports

Protection collision

Frontale conducteur/passager	bonne
Latérale avant/arrière	excellente
Capotage 2rm/4rm	excellente

Infiniti
G25 / G37

UNE QUESTION D'IMAGE

On se demande parfois pourquoi certaines voitures intéressantes et offertes à des prix relativement raisonnables ne sont pas plus populaires. La G37 d'Infiniti est l'une de ces voitures (à l'exception de la version G25). Serait-ce une simple question d'image, alors que les allemandes dominent ce segment hautement important?

Pourtant, la G est déclinée en trois carrosseries (quatre si l'on compte la EX35, puisqu'elle est considérée comme la version familiale de la G au Japon), deux moteurs (mais quatre puissances différentes), deux boîtes de vitesses totalisant pas moins de 13 rapports et deux rouages moteurs différents. Avec toutes ces variantes, elle joue jeu égal avec la Série 3 de BMW et la A4/A5 d'Audi et offre beaucoup plus de variété que ses rivales asiatiques.

Le châssis n'est pas mal non plus avec une plateforme rigide, des suspensions fermes et bien amorties, une direction communicative et un freinage mordant. En fait, la voiture offre un excellent comportement général, plus près de celui d'une GT, d'une voiture de grand tourisme, que d'une sportive. Sur le plan purement mécanique, elle a donc tout ce qui faut. Mais l'a-t-elle vraiment?

En fait, il y a bien un bémol: les moteurs. Oh, le gros V6 de 3,7 litres a la santé, là n'est pas la question. C'est dommage, mais ce V6, autrefois si doux et mélodieux, est plutôt revêche dans cette cylindrée. Ce n'est pas une question de performances ni de volonté, c'est uniquement une question de sensation et de sonorité. Se pourrait-il que ce bloc qui a commencé sa carrière avec une cylindrée de 2 litres en 1994, et connu ses heures de gloire en 3 et 3,5 litres, en soit à la fin de son développement? Le 0-100 km/h est abattu autour de 6 secondes sans forcer, et les dépassements sont réalisés avec vigueur si on prend la peine de bien faire rétrograder la boîte en enfonçant rapidement l'accélérateur. La version 2,5 litres est mieux sur le plan des sensations, plus musicales, mais ses 218 chevaux peinent à déplacer les presque 1700 kg de la berline G25x. Oubliez-la, surtout que ses cotes de consommation ne sont pas beaucoup plus faibles que celles de la G37: de 1 litre en ville et 0,5 litre sur route (par 100 km). C'est trop peu.

Équipement complet

À bord, la famille G est très bien équipée, mieux que le laisse suggérer son prix somme toute raisonnable. La G que nous avons essayée offrait la navigation à écran haute-définition, la sellerie en cuir, la chaîne sonore Bose, l'accès sans clé, et tutti quanti... Parlant de navigation, celle-ci est certainement la plus intuitive de la production actuelle, avec ses commandes redondantes et multiples (écran tactile, boutons et molette rotative, commande vocale). N'importe qui peut la programmer facilement selon sa méthode préférée.

Utilisant des matériaux de qualité où cela compte, la finition est irréprochable:

la console est recouverte de véritable métal argenté, le levier de vitesse offre un débattement et des verrouillages très précis, la montre analogique est fort jolie et tout ce qu'on touche confirme cette qualité. L'ergonomie n'est toutefois pas parfaite, puisque quelques commandes sont masquées par le volant ou carrément hors de la vue du conducteur parce que placées trop bas.

L'espace dévolu aux passagers n'est pas très généreux, c'est une propulsion, avec tout ce que cela implique comme empiétement de la mécanique dans la cabine, surtout pour ceux de l'arrière. Et pour les bagages, cela va du potable (berline) au ridicule (coupé et décapotable): le coffre à bagages est minuscule et ne peut même pas contenir debout des sacs d'épicerie en papier, tellement sa hauteur est faible. À sa défense, ce n'est pas pire que ses rivales à rouage longitudinal, mais celles à traction (Acura TL, Lexus ES) font mieux sur ce plan.

En fait, la famille G offre des sensations de qualité en ce qui concerne le châssis et la cabine, des performances plus que correctes avec le 3,7 litres et une fiabilité bienvenue. Elle n'a pas de gros défauts, au contraire, alors pourquoi joue-t-elle les seconds violons? On peut noter la relative jeunesse de la marque (lancée en 1990) et la longévité du modèle actuel (lancé en 2003, mais rafraîchi en 2006 et constamment amélioré depuis). Et même si son V6 est rugueux, on ne peut l'accuser d'être un frein aux ventes de cette voiture. Ce doit donc être quelque chose d'intangible, comme son allure, son image ou son aura. Mais cela devrait changer bientôt, maintenant qu'Infiniti est associée à l'écurie championne de Formule 1: tout le monde sait que l'adage «Win on Sunday, sell on Monday» est vrai.

LOUIS-ALAIN RICHARD

Prix
36 390 à 61 600 $
Transport et préparation
1950 $

+ Châssis rigoureux
+ Aménagement intérieur de grande qualité
+ Fiabilité typique de la marque

– V6 de 3,7 litres rugueux
– Version G25 inintéressante
– Modèle en fin de carrière

Consommation ville – route (l/100 km)

11,9 – 8,1 (2rm 2,5 l)
12,3 – 8,6 (4rm 2,5 l),
12,5 – 8,8 (2rm aut. 3,7 l),
13,8 – 9,5 (2rm man. 3,7 l)
13,2 – 9,3 (4rm aut. 3,7 l)

Nouveautés

2012 Version IPL avec moteur plus puissant (coupé)
Intérieur couleur graphite (berline)

Principales concurrentes

Acura TSX/TL, Audi A4, BMW Série 3, Buick Regal, Cadillac CTS, Lexus IS, Lincoln MKZ, Mercedes C, Nissan Maxima, Volvo S60

INFINITI G25 / G37

325

À savoir

Garanties de base – motopropulseur (an/km)	4/100 000 – 6/110 000
Marge de profit du concessionnaire (%)	8,88 à 10,10
Essence recommandée	super
Versions offertes	35h, 37, 37 Sport, 37x, 56 Premium, 56 Sport, 56x Premium
Carrosserie	berline 4 portes
Lieu d'assemblage	Japon
Valeur résiduelle	bonne (37, 35h) moyenne (56)
Fiabilité présumée	bonne (37, 56) inconnue (35h)
Renouvellement du modèle	inconnu
Ventes 2010 Québec	(+ 129 %) 96

Technique

Dimensions et volumes

Empattement (mm)	2900
Longueur (mm)	4945
Largeur (mm)	1845
Hauteur (mm)	1500, 1515 (x)
Volume intérieur passager (L)	2933
Volume du coffre (min. – max.) (L)	320 (Hyb), 422
Capacité du réservoir de carburant (L)	67,4 (Hyb), 76
Fourchette de poids (kg)	1750 à 1916
Répartition du poids av. – arr. (%)	51 – 49 (35h), 55 – 45 (37x), 57 – 43 (56x)

Châssis

Mode	propulsion, intégral (x)
Suspension av. – arr.	indépendante
Freins av. – arr.	disques
Capacité de remorquage	non recommandé
Diamètre de braquage (m)	11,2 / 11,4 (x)
Pneus	245/50R18, 245/40R20 (Sport)

Performances

Modèle à l'essai	M35h
Moteur	V6 DACT 3,5 litres 24s (+ mot.élect.)
Puissance (ch. à tr/min)	302 à 6800 (+ 67 à 1770), 360 (hyb. comb.)
Couple (lb-pi à tr/min)	258 à 5000 (+ 199 à 1770)
Rapport poids/puissance	5,28 kg / ch
Transmission	semi-automatique 7 rapports
Accélération 0-100 km/h (sec.)	5,6 (Hyb), 6,8 (V6), 5,5 (V8)
Reprise 80-115 km/h (sec.)	3,6 (Hyb), 4,7 (V6), 3,5 (V8)
Distance de freinage 100-0 km/h (m)	36
Niveau sonore à 100 km/h	bon
Vitesse maximale (km/h)	250
Consommation lors de l'essai (L/100 km)	6,2 (estimé)
Gaz à effet de serre (tonnes métriques)	4,5
Autres moteurs	V6 3,7 l (330 ch., 270 lb-pi), V8 5,6 l (420 ch., 417 lb-pi)
Autres transmissions	aucune

Hybride

Hybride – Distance en mode élect. (km)	2
Hybride – Vitesse max. en mode élec.(km/h)	100

Protection collision

Frontale conducteur/passager	bonne
Latérale avant/arrière	excellente
Capotage 2rm/4rm	bonne

CONCILIER SPORT ET ÉCOLOGIE

Le retour en 2012 de la berline intermédiaire M de la lignée Infiniti s'accompagne de peu de changements, sauf pour l'ajout d'une toute nouvelle version M35h à configuration hybride. Cependant, contrairement à la plupart des autos de cette configuration, la M35h est une véritable auto de performance!

Depuis l'année dernière, Infiniti nous propose une toute nouvelle berline de classe M entièrement redessinée. Au départ, elle était proposée avec un moteur V6 de 3,7 litres de 330 ch (M37) ou avec un V8 de 5,6 litres de 420 ch (M56), tous deux offerts avec une boîte automatique à sept rapports et la propulsion arrière ou la traction intégrale optionnelle. Pour 2012, Infiniti ajoute un troisième modèle à sa lignée, le M35h à configuration hybride. Toutefois, les ingénieurs d'Infiniti voulaient respecter le caractère sportif de la berline M. La nouvelle version à motorisation hybride devait avoir autant de performances que les autres modèles. Pour ce faire, les ingénieurs de la marque ont utilisé le moteur V6 de type Atkinson de 3,5 litres et 302 ch de Nissan pour le combiner à un moteur électrique de 50 kW (environ 67 ch), mais en prenant soin de les séparer par un ensemble de disques d'embrayage. Ceux-ci libèrent le moteur électrique du moteur à essence quand ce dernier est neutralisé sur la route. Car le moteur électrique de la M35h peut, à lui seul, déplacer la voiture jusqu'à 100 km/h sur une distance d'un peu moins de deux kilomètres. Mais il vient aussi en aide au V6 lors de l'accélération initiale et quand l'accélérateur est sollicité, la combinaison des deux moteurs produisent quelque 360 ch.

Contrairement à la tendance qu'a l'industrie à combiner une boîte automatique à variation continue (CVT) à une motorisation hybride, Infiniti a préféré conserver la boîte automatique traditionnelle à sept rapports à ses M35h. On obtient alors des accélérations presque aussi solides qu'avec le V8. Les reprises sont également rassurantes, sauf qu'il faut composer avec le léger temps de réaction de la rétrogradation. Les performances sont toutefois remarquables, encore une fois comparables à celles de la M56.

Un court essai de quelques heures au volant de la M35h a été convaincant. Le constructeur nous a promis une consommation moyenne de 6,1 litres aux 100 km sur la route; le compteur au tableau de bord (bien défini, en passant) affichait alors 6,2 litres aux 100 km. Le compte-tours tombait à zéro sur les surfaces plates de la route à 100 km/h, indiquant que seul le moteur électrique propulsait la voiture. En effet, la M35h est une des rares autos hybrides à être équipée d'un compte-tours. Indéniablement, Infiniti a réussi à créer une berline de performance ayant la consommation d'une compacte. La direction avec assistance électrique n'aide cependant pas à la conduite sportive, car elle ne transmet pas suffisamment les conditions de la route. En revanche, avec la M35h, le conducteur pourra profiter d'une toute nouvelle configuration de freinage, celle avec assistance électrique.

Un cœur et des jambes

La M35h demeure une superbe berline capable de rivaliser avec les meilleures allemandes sur le marché. Sa suspension est la même que celle de la M37 de version sportive, et on peut en manipuler la boîte automatique manuellement. Si le design extérieur a déjà fait ses preuves, l'intérieur est aussi digne de l'appellation de berline sportive. Il a d'ailleurs été mentionné comme un des 10 plus beaux intérieurs de l'année, selon Ward's Automotive. Le tableau de bord est bien dessiné et son instrumentation facile à lire. Le centre de la planche de bord contient non seulement le système de navigation, mais aussi les commandes de la radio et l'écran de la caméra de marche arrière. Les sièges sont confortables et offrent du support latéral, alors que les passagers à l'arrière peuvent profiter de beaucoup d'espace pour les jambes. Le coffre des berlines M d'Infiniti présente suffisamment d'espace pour les bagages des occupants. Les nouvelles batteries au lithium ion de la M35h sont plus petites, donc elles ne volent pas tant d'espace au coffre. Mais il n'y a pas de banquette arrière repliable sur les M, et surtout pas sur la M35h, car c'est à cet endroit que sont disposées ses batteries.

Ce qu'il faut retenir des berlines M d'Infiniti, c'est que le constructeur a réussi à en tirer un modèle, l'hybride 35h, qui se comporte comme une auto de performance, mais qui consomme comme une compacte. Dans le cas de la puissante M56, les prouesses seront remarquables, mais la consommation sera alors conséquente. La traction intégrale optionnelle est un atout avec ce genre d'auto au Québec. Elle est à recommander avec les M37 et M56. Notons toutefois qu'elle n'était pas offerte pour la M35h au moment d'écrire ces lignes. Cependant, les dirigeants d'Infiniti au Canada croient que son apparition n'est pas impossible avec la motorisation hybride.

ERIC DESCARRIES

Prix
52 400 à 73 400 $
Transport et préparation
1950 $

+ **Modèle hybride performant et économique**
+ **Présentation intérieure remarquable**
+ **Construction sans reproche**

– **Prix élevé**
– **V8 (M56) énergivore**
– **Direction tendre et aseptisée**

Consommation ville – route (L/100 km)
13,3 – 9,1 (2rm 3,7 l)
13,9 – 9,9 (4rm 3,7 l)
14,9 – 9,5 (2rm 5,6 l)
14,9 – 10,3 (4rm 5,6 l)
8 – 6 (Hyb)

Nouveautés

2012 Modèle hybride (35h)
Habitacle couleur graphite
Nouvelles jantes de 18 po

Principales concurrentes

Audi A6, BMW Série 5, Buick LaCrosse, Jaguar XF, Lexus GS, Lincoln MKS, Mercedes E, Saab 9-5, Volvo S80

INFINITI M

Garanties de base – motopropulseur (an/km)	4/100 000 – 6/110 000
Marge de profit du concessionnaire (%)	10,23
Essence recommandée	super
Versions offertes	QX56
Carrosserie	utilitaire sport 5 portes (7 ou 8 places)
Lieu d'assemblage	États-Unis
Valeur résiduelle	moyenne
Fiabilité présumée	moyenne
Renouvellement du modèle	inconnu
Ventes 2010 Québec	(+ 52 %) 35

Technique

Dimensions et volumes

Empattement (mm)	3075
Longueur (mm)	5290
Largeur (mm)	2030
Hauteur (mm)	1920
Volume intérieur passager (L)	4756
Volume du coffre (min. – méd. – max.) (L)	470 – 1405 – 2693
Réservoir de carburant (L)	98
Fourchette de poids (kg)	2645
Répartition du poids av. – arr. (%)	42 – 58

Châssis

Mode	intégral
Suspension av. – arr.	indépendante
Freins av. – arr.	disques
Capacité de remorquage (max.) (kg)	3855
Diamètre de braquage (m)	12,7
Pneus	275/60R20, 275/50R22 (opt.)

Aptitudes hors route

Garde au sol min. (mm)	234
Angles d'approche/ de rampe/de sortie (°)	21/21/22

Performances

Modèle à l'essai	QX56
Moteur	V8 DACT 5,6 litres 32s
Puissance (ch. à tr/min)	400 à 5800
Couple (lb·pi à tr/min)	413 à 4000
Rapport poids/puissance	6,61 kg/ch
Transmission	semi-automatique 7 rapports
Accélération 0-100 km/h (sec.)	7,56
Reprise 80-115 km/h (sec.)	4,58
Distance de freinage 100-0 km/h (m)	38,8
Niveau sonore à 100 km/h	bon
Vitesse maximale (km/h)	200
Consommation lors de l'essai (L/100 km)	14,4
Gaz à effet de serre (tonnes métriques)	10,5
Autres moteurs	aucun
Autres transmissions	aucune

Protection collision

Frontale conducteur/passager	bonne
Latérale avant/arrière	non évaluée
Capotage 2rm/4rm	moyenne

Infiniti
QX56

UNE DEUXIÈME VIE

Vingt-trois. Voilà le nombre de QX56 neufs ayant trouvé preneur au Québec avant sa refonte. Étaient-ils plus nombreux à vouloir s'en porter acquéreurs, maintenant que ce véhicule enfile un costume tout neuf et fait le plein de nouvelles technologies? Oui, ils étaient 35 l'an dernier.

Fidèle à son châssis en échelle, gage d'une capacité de remorquage hors pair (3855 kg ou 8500 lb), cette seconde génération du QX retient toujours les services du V8 5,6 litres pour remuer sa lourde charpente (2645 kg). Afin de réduire sa consommation, ce moteur a notamment recours à l'injection directe et s'arrime maintenant à une boîte automatique à sept rapports. En dépit d'une hausse spectaculaire de sa puissance (400 chevaux contre 320 l'année dernière), ce moteur promet de consommer 10 % moins d'essence que par le passé. Pour mémoire, rappelons que le QX56 2010 consommait alors 17,3 L/100 en ville et 11,8 L/100 km sur route.

Au chapitre des nouvelles technologies, soulignons un dispositif limitant les mouvements de caisse (Hydraulic Body Motion Control). Comme son nom l'indique, ce système vise notamment à minimiser la prise de roulis et à fluidifier les transferts de masse dans le but de rendre la conduite plus agréable. Comme plusieurs autres produits de cette marque, le QX se dote de capteurs pour les angles morts et pour les changements de voie ainsi que d'un régulateur de vitesse «intelligent».

Le QX56 se décline en deux versions: sept ou huit passagers. Plus long, plus large, mais moins haut, ce gros VUS prétend offrir un coefficient de traînée aérodynamique (Cx) de 0,37. Cet excellent résultat a été rendu possible en peaufinant certains détails comme l'intégration d'un déflecteur au sommet du hayon ou encore le profilage des rétroviseurs extérieurs. De série, le QX campe sur des roues de 20 po, mais la marque de prestige souligne que des roues de 22 po figurent au catalogue des accessoires.

Un puissant moteur

Même si le moteur a été entièrement refondu l'an dernier, le nouveau V8 a conservé la même cylindrée que l'ancienne motorisation, soit 5,6 litres. Cependant, il est plus moderne grâce, notamment, à l'injection directe et à l'ajout d'un système de gestion des soupapes. Ce qui a permis de réduire l'appétit des 400 chevaux qui sont désormais attelés à une boîte semi-automatique à sept rapports et un rouage intégral intelligent (tout mode) qui gère continuellement le couple de 413 livres-pieds entre les roues avant et arrière. Et pour demeurer fidèle à son étiquette de baroudeur de luxe des champs, une boîte de transfert à deux gammes de vitesses (2RM et 4LO) améliore la motricité en terrain accidenté ou sur une rampe escarpée lors de la mise à l'eau d'un bateau. La diminution du rapport de pont (de 3,35 à 2,93) visant à améliorer sa sobriété a affecté à peine sa force de remorquage qui

se situe à 3855 kg (en baisse de 182 kg). Ce qui lui permet de déclasser celle de l'Escalade et du Navigator.

Dans son nouvel habit princier, le QX est plus élégant que jamais. Même s'il semble moins encombrant que l'ancien modèle dans les centres-villes et les stationnements, ce n'est qu'une illusion! En effet, l'empattement et la longueur de la caisse conservent sensiblement les mêmes dimensions. Mais il est moins haut sur pattes et le poids a été réduit d'une cinquantaine de kilos. À l'intérieur, l'espace pour les sept ou huit occupants (selon la configuration des sièges) a légèrement diminué. Néanmoins, le QX offre un habitacle plus volumineux que les Escalade, LX et Navigator. Même chose dans le coffre de chargement, lequel est plus grand que celui des Escalade et LX, mais moindre que le Navigator.

À l'intérieur, le confort et la présentation ont de quoi faire pâlir certaines berlines de luxe. Parmi l'équipement de série, on remarque des sièges avant ventilés, des sièges chauffants à la deuxième rangée, un système de divertissement arrière avec deux écrans de 7 po, un système audio à 13 haut-parleurs et un jeu de quatre caméras surveillant le périmètre du véhicule. L'ensemble Technologie comprend des pneus de 22 po, un système de sortie de voie, un détecteur de collision, des phares adaptatifs à niveau automatique.

Malgré une kyrielle de systèmes d'aide à la conduite, le QX affiche un léger roulis en virage. Mais qui s'en soucie, puisque ce gros VUS a été conçu pour cajoler ses occupants ou traîner une embarcation? Avec la disparition des VUS intermédiaires dotés d'un châssis en échelle (Grand Cherokee, Ford Explorer, etc.), il y a fort à parier que le QX et ses semblables auront une deuxième vie, et ce, malgré le prix de l'essence.

🚗 **JEAN-FRANÇOIS GUAY**

Prix
73 000 $
Transport et préparation
1950 $

+ **Luxe et confort**
+ **Évolution de son V8**
+ **Force de remorquage**

– **Soif démesurée d'essence**
– **Pneus de 22 po du groupe Techno**
– **Valeur de revente**

Consommation ville – route (L/100 km)
16,9 – 11,9

Nouveautés

2012 Détecteur d'angle mort
Système audio Bose avec 15 haut-parleurs

Principales concurrentes

Cadillac Escalade, GMC Yukon Denali, Lexus LX, Lincoln Navigator, Mercedes GL, Toyota Sequoia

Garanties de base – motopropulseur (an/km)	4/80 000 – 4/80 000
Marge de profit du concessionnaire (%)	9,89
Essence recommandée	super
Versions offertes	Luxe, Premium, Portfolio, XFR
Carrosserie	berline 4 portes
Lieu d'assemblage	Grande-Bretagne
Valeur résiduelle	moyenne
Fiabilité présumée	moyenne
Renouvellement du modèle	inconnu
Ventes 2010 Québec	(– 29 %) 74

Technique

Dimensions et volumes

Empattement (mm)	2909
Longueur (mm)	4961
Largeur (mm)	1819
Hauteur (mm)	1460
Volume intérieur (L)	2813
Volume du coffre (min. – max.) (L)	500 – 963 (banq. rab.)
Réservoir de carburant (L)	69,5
Fourchette de poids (min. – max.) (kg)	1780 à 1891
Répartition du poids av.·arr. (%)	53 – 47

Châssis

Mode	propulsion
Suspension av. – arr.	indépendante
Freins av. – arr.	disques
Capacité de remorquage (max.) (kg)	1805
Diamètre de braquage (m)	11,48
Pneus av. – arr.	245/45R18 (Luxe), 245/40R19 – 275/35R19 (Premium), 255/35R20 – 285/30R20 (XFR, opt.)

Performances

Modèle à l'essai	XF Premium
Moteur	V8 DACT 5,0 litres 32s
Puissance (ch. à tr/min)	385 à 6500
Couple (lb·pi à tr/min)	380 à 3500
Rapport poids / puissance	4,62 kg / ch
Transmission	semi-automatique 6 rapports
Accélération 0·100 km/h (sec.)	5,84 (XF), 5,12 (XFR)
Reprise 80·115 km/h (sec.)	4,08 (XF), 3,88 (XFR)
Distance de freinage 100·0 km/h (m)	34,3
Niveau sonore à 100 km/h	bon
Vitesse maximale (km/h)	195 (XF), 250 (XFR)
Consommation lors de l'essai (L/100 km)	12,9
Gaz à effet de serre (tonnes métriques)	9,2
Autres moteurs	V8 comp. 5,0 l (510 ch., 461 lb·pi) (XFR)
Autres transmissions	aucune

Protection collision

Frontale conducteur/passager	non évaluée
Latérale avant/arrière	non évaluée
Capotage 2rm/4rm	non évaluée

Jaguar
XF

DE BONNES MANIÈRES

Prendre contact avec la Jaguar XF a quelque chose d'apaisant. Elle possède ce petit je ne sais quoi qui la rend chaleureuse et accueillante. Heureusement que son charme est aussi fort, car elle a aussi quelques faiblesses à se faire pardonner.

Certains pessimistes diront au contraire qu'il est plutôt inquiétant de rouler en Jaguar, compte tenu de l'étiquette de fiabilité douteuse qui lui colle à la carrosserie, mais ce n'est plus aussi vrai aujourd'hui. Choisir une voiture anglaise au lieu d'une allemande ne devrait plus être perçu comme un geste de témérité. Il n'en demeure pas moins que le réseau de concessionnaires de la marque n'est pas le plus étendu et que la valeur de revente tend à chuter rapidement. Tout dépend en fait si on est à l'écoute de sa raison ou de son cœur…

Louangée à son lancement pour la finesse de ses lignes, elle semble ne pas avoir pris une ride depuis. Museau agressif, profil fuyant et un arrière qui n'est pas sans rappeler certaines Aston Martin, autre marque anglaise qui était jadis la propriété de Ford. Coïncidence? Je ne crois pas et c'est parfait ainsi, car le résultat est superbe.

Dans l'habitacle, on nous en met aussi plein la vue, mais la recette a changé. Si les Jaguar d'autrefois utilisaient une abondance de boiseries pâles et fortement lustrées ainsi que des touches de chrome ici et là, dans la XF on a droit à un petit spectacle. En prenant place, on découvre un tableau de bord épuré où trône majoritairement l'aluminium. La console centrale est dans le même ton, avec de petites touches de bois. L'allure lisse de l'ensemble n'est pas étrangère au levier de vitesses et aux buses d'aération qui brillent par leur absence. C'est en lançant le moteur qu'une molette s'extirpe de son socle, juste sous la main droite, nous invitant à la tourner à la position D pour prendre la route. C'est au moment où l'on demande à la climatisation ou au chauffage d'entrer en jeu que les volets motorisés se camouflent dans le tableau de bord, laissant la soufflerie ventiler l'habitacle. Si vos passagers n'ont pas les yeux «gros comme ça» après une telle démonstration, ils sont terriblement blasés et devraient songer à consulter.

La nuit venue, les commandes s'éclairent d'une agréable et reposante teinte de bleu. Peu importe le moment de la journée, ces mêmes commandes sont étonnamment faciles d'utilisation. Peut-être est-ce parce qu'on s'est souvenu que l'acheteur moyen des produits de la marque est assez âgé et n'a pas envie de consulter le manuel toutes les cinq minutes, mais c'est en tout cas reposant et ça nous change des berlines allemandes.

La chasse dans le sang

Prendre les commandes de la Jaguar XF, et à plus forte raison de la XFR, donne l'impression d'avoir un avion de chasse entre les mains. La position de conduite ne

pose pas problème, bien que les plus petits gabarits auront une visibilité de trois quarts arrière limitée. Heureusement, un système de détection de véhicules dans l'angle mort veille au grain. Bien calé dans un fauteuil au cuir souple à faire rêver plusieurs acheteuses de crèmes de beauté, il suffit d'effleurer l'accélérateur pour se mettre en mouvement, ou de l'enfoncer au plancher pour partir à la chasse... aux contraventions. Pour les chasseurs occasionnels, le moteur V8 de cinq litres de la version Premium devrait suffire à faire quelques belles prises avec sa cavalerie de 385 chevaux. Ceux qui préfèrent l'artillerie lourde jetteront plutôt leur dévolu sur la livrée R qui, grâce à la magie de la suralimentation, voit la puissance de son V8 portée à 510 chevaux. Est-ce nécessaire de préciser que la consommation est à l'avenant?

Avant tout une berline luxueuse pouvant transporter vite et bien ses occupants sur de longues distances, la XF n'a pas le tempérament sportif d'une BMW de Série 5. Les suspensions pilotées électroniquement ont beau faire un excellent travail, un poids frisant les 2000 kg ne donne pas envie de se lancer dans une succession de virages à tombeau ouvert. Pour autant qu'on garde en tête certaines bases de la physique, la XF se laisse piloter facilement. En cas d'excès, il y a toujours l'électronique...

Il y a bien la XFR qui prend son rôle très au sérieux avec une tenue de route à la hauteur des performances de son moteur, mais il faut pour cela allonger un débours supplémentaire d'environ 20 000 $. Entre cette bête à la puissance inexploitable sur nos routes et la soporifique version de base avec son moteur 4,2 litres qui n'est plus dans le coup, le modèle Premium est sans doute le meilleur choix.

 DANIEL CHARETTE

Prix
62 800 à 85 300 $
Transport et préparation
1350 $

+ **Design réussi**
+ **Solides performances**
  (sauf le 4,2-litres)
+ **Aménagement intérieur inimitable**

− **Fiabilité entachée**
− **Valeur de revente incertaine**
− **Pas de rouage intégral**

Consommation ville – route (L100 km)
15 – 10,4 (5,0 l)
15,9 – 11,4 (comp. 5,0 l)

 2012
Nouveautés
Retouches esthétiques

Principales concurrentes

Acura RL, Audi A6, BMW Série 5, Infiniti M, Lexus GS, Lincoln MKS, Mercedes Classe CLS/E, Volvo S80

JAGUAR XF

331

Garanties de base – motopropulseur (an/km)	4/80 000 – 4/80 000
Marge de profit du concessionnaire (%)	11,11
Essence recommandée	super
Versions offertes	XJ / XJL (de Base), XJ / XJL Suralimenté, XJ / XJL Supersport
Carrosserie	berline 4 portes
Lieu d'assemblage	Grande-Bretagne
Valeur résiduelle	passable
Fiabilité présumée	moyenne
Renouvellement du modèle	inconnue
Ventes 2010 Québec	(+ 145 %) 27

Technique

Dimensions et volumes

Empattement (mm)	3032, 3157 (L)
Longueur (mm)	5122, 5247 (L)
Largeur (mm)	1894
Hauteur (mm)	1448
Volume intérieur passager (L)	n.d.
Volume du coffre (min. – max.) (L)	520
Capacité du réservoir de carburant (L)	82,1
Fourchette de poids (kg)	1835 à 1961
Répartition du poids av.-arr. (%)	51 – 49

Châssis

Mode	propulsion
Suspension av. – arr.	indépendante
Freins av. – arr.	disques
Capacité de remorquage	non recommandé
Diamètre de braquage (m)	12,3 / 12,7 (L)
Pneus av. – arr.	245/45R19 – 275/40R19 (Base), 245/40R20 – 275/40R20 (comp., opt. Base)

Performances

Modèle à l'essai	XJ Suralimenté
Moteur	V8 compressé DACT 5,0 litres 32s
Puissance (ch. à tr/min)	470 à 6000
Couple (lb-pi à tr/min)	424 à 2500
Rapport poids/puissance	4,13 kg/ch
Transmission	semi-automatique 6 rapports
Accélération 0-100 km/h (sec.)	5,65 (comp.), 6,25 (atm.)
Reprise 80-115 km/h (sec.)	3,91 (comp.), 4,97 (atm.)
Distance de freinage 100-0 km/h (m)	33,9
Niveau sonore à 100 km/h	excellent
Vitesse maximale (km/h)	250 (comp.), 195 (atm.)
Consommation lors de l'essai (L/100 km)	13,1
Gaz à effet de serre (tonnes métriques)	9,3
Autres moteurs	V8 5,0 l (385 ch., 380 lb-pi) (atm.), V8 comp. 5,0 l (510 ch., 461 lb-pi) (Supersport)
Autres transmissions	aucune

Protection collision

Frontale conducteur/passager	non évaluée
Latérale avant/arrière	non évaluée
Capotage 2rm/4rm	non évaluée

Jaguar
XJ/XJL

RENAISSANCE D'UNE ICÔNE

L'attente en valait la peine. En effet, la plus récente des grandes Jaguar a mis une éternité à sortir des cartons des dessinateurs, mais le produit final est une entière réussite. Ne serait-ce que parce qu'elle ne ressemble à rien d'autre, la XJ et sa version limousine (à empattement allongé) sont absolument sublimes. Devant la banalité de ses concurrentes (Audi A8, Mercedes Classe S ou BMW Série 7), elles se distinguent par des lignes à la fois originales et élégantes. Bref, le changement d'air a été bénéfique à la marque, rachetée de Ford par le groupe indien Tata. Et cela, même si le style a fait table rase du passé.

Évidemment, ces nouvelles fringues ne peuvent effacer entièrement la terrible image de fiabilité qui colle au badge Jaguar. Peut-on faire confiance au nouveau conseil de direction de la marque? Voyons un peu ce qu'a donné ma semaine au volant d'une XJL.

En tenant compte du peu de considération de cette marque envers la presse automobile québécoise, on aurait le goût de passer la voiture au hachoir, mais ce serait injuste. Car je n'hésiterais pas à considérer la XJL comme la meilleure automobile de grand luxe sur le marché. À part une ergonomie désastreuse, je n'ai pratiquement rien à reprocher à cette Jaguar de nouvelle génération. C'est littéralement la renaissance d'une icône.

Un intérieur somptueux

Mais pourquoi s'est-on donné tant de mal à compliquer les choses au lieu de faire simple? Passe encore pour cette molette qui remplace le levier de vitesses et à laquelle on s'habitue, mais que penser des sièges chauffants dont la mise en service est inutilement complexe?

Heureusement, la somptuosité de l'intérieur, avec son volant mi-cuir, mi-bois et ses chromes à profusion, tend à nous faire oublier ces petits agacements. Tout respire la qualité, sinon le côté feutré d'un salon particulier. Le confort y règne en maître avec des sièges bien moulés et des places arrière offrant une bonne trentaine de centimètres d'espace de dégagement pour les jambes. Et pour faire honneur à son statut de limousine, la XJL prend soin de son chauffeur avec un volant chauffant et de ses passagers arrière avec des sièges chauffants, la climatisation pour l'été, sans oublier la traditionnelle petite table de travail en bois et les miroirs sortant du pavillon. Ce dernier est translucide et contribue à égayer l'intérieur. En raison de sa taille imposante, on se doute bien que ce modèle est pourvu d'un immense coffre qui s'ouvre ou se ferme électriquement. La XJL triomphe de ses dimensions en utilisant un maximum d'éléments, y compris le châssis, en aluminium.

De plus en plus, les stylistes ne se soucient plus de la visibilité arrière dont la qualité est à ce point pourrie qu'il faut s'en remettre à la caméra de recul pour

éviter les accidents. Évidemment, en marche avant, cette caméra n'est d'aucune utilité et il vous sera difficile de voir si un policier est à vos trousses.

C'est sur la route que cette Jaguar déploie ses plus grandes qualités: un V8 à la fois soyeux et foudroyant, une transmission robotisée vive comme l'éclair, un freinage incisif et une direction appliquée. En résumé, tout est là, mais j'ajouterai que le moteur suralimenté de 510 chevaux n'est nullement impressionné par cette masse dépassant les deux tonnes et que je n'ai noté aucun temps de réponse rattaché à l'utilisation d'un compresseur. Je ne serais pas surpris que la XJL puisse faire la nique à ses concurrentes précitées. La transmission robotisée n'est pas de la frime, comme c'est trop souvent le cas, et les palettes au volant vous font savourer chaque décélération par ce petit coup d'accélérateur qui imprime à cette limousine un indéniable côté sportif. D'ailleurs, le conducteur dispose d'un mode de distribution de la puissance allant de Winter Driving à Dynamic. Autant la puissance vous rend béat d'admiration, autant les freins assument leur rôle avec un rare aplomb. On se sent toujours en pleine confiance.

La moyenne d'âge des conducteurs d'une Jaguar comme celle-là n'est sans doute pas très loin de celle de la retraite, ce qui n'a pas empêché les ingénieurs de soigner son comportement routier. Le compromis confort-tenue de route a été brillamment exécuté, ce qui, en soi, constitue un tour de force pour une automobile d'un tel gabarit. Il suffit de rouler sur des passages à niveau pour s'en rendre compte. Remaniée de fond en comble, la Jaguar XJL rompt avec le passé tout en restant fidèle à une caractéristique qui a toujours fait partie de son curriculum et qui a nom la douceur.

🚗 **JACQUES DUVAL**

Prix
88 000 à 133 500 $
Transport et préparation
1270 $

+ **Comportement routier remarquable**
+ **Mécanique impressionnante**
+ **Intérieur somptueux**

– **Valeur de reprise faible**
– **Peu de concessionnaires**
– **Ergonomie discutable**

 Consommation ville – route (L/100 km)
14,7 – 10,2 (XJ 5,0 l)
15,7 – 10,5 (XJL 5,0 l)
15,7 – 11,4 (comp. 5,0 l)

 Nouveautés
2012
Changements mineurs

Principales concurrentes

 Audi A8, Bentley Continental Flying Spur, BMW Série 7, Lexus LS, Maserati Quattroporte, Mercedes Classe S, Porsche Panamera

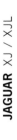

Garanties de base – motopropulseur (an/km)	4/80 000 – 4/80 000
Marge de profit du concessionnaire (%)	11,11
Essence recommandée	super
Versions offertes	Coupé XK, Cabriolet XK, Coupé XK, Cabriolet XKR, Coupé XKR·S
Carrosserie	coupé 2 portes, cabriolet 2 portes
Lieu d'assemblage	Grande-Bretagne
Valeur résiduelle	moyenne
Fiabilité présumée	moyenne
Renouvellement du modèle	inconnu
Ventes 2010 Québec	(0 %) 17

Technique

Dimensions et volumes

Empattement (mm)	2752
Longueur (mm)	4794
Largeur (mm)	1892
Hauteur (mm)	1322 (coupé), 1329 (cab.)
Volume intérieur passager (L)	n.d.
Volume du coffre (min. – max.) (L)	330 (coupé), 200 – 283 (cab.)
Réservoir de carburant (L)	61
Fourchette de poids (kg)	1660 à 1850
Répartition du poids av.·arr. (%)	54 – 46

Châssis

Mode	propulsion
Suspension av. – arr.	indépendante
Freins av. – arr.	disques
Capacité de remorquage	non recommandé
Diamètre de braquage (m)	10,97
Pneus av. – arr.	245/40R19 – 275/35R19, 255/35R20 – 285/30R20 (opt.)

Cabriolet

Temps ouverture – fermeture du toit (sec.)	18 · 18
Décapoter en roulant	oui (max. 40 km/h)

Performances

Modèle à l'essai	XKR·S Coupé
Moteur	V8 compressé DACT 5,0 litres 32s
Puissance (ch. à tr/min)	550 à 6000
Couple (lb·pi à tr/min)	501 à 2500
Rapport poids/puissance	3,18 kg/ch
Transmission	semi-automatique 6 rapports
Accélération 0·100 km/h (sec.)	4,2 (XKR·S), 4,8 (XKR175), 4,8 (XKR), 5,5 (XK)
Reprise 80·115 km/h (sec.)	2,8 (XKR·S), 3,1 (XKR175), 3,1 (XKR), 3,9 (XK)
Distance de freinage 100·0 km/h (m)	34,8
Niveau sonore à 100 km/h	moyen
Vitesse maximale (km/h)	300 (XKR·S), 280 (XKR175), 250
Consommation lors de l'essai (L/100 km)	14,6
Gaz à effet de serre (tonnes métriques)	10,6
Autres moteurs	V8 5,0 l (385 ch., 380 lb·pi) (XK), V8 comp. 5,0 l (510 ch., 461 lb·pi) (XKR, XKR175)
Autres transmissions	aucune

Protection collision

Frontale conducteur/passager	non évaluée
Latérale avant/arrière	non évaluée
Capotage 2rm/4rm	non évaluée

Jaguar
XK

CHAT SAUVAGE

Il est des voitures d'exception qu'on a peine à ranger sous le dénominatif si commun de voiture, tellement usuel et impropre à qualifier des créations magistrales confinant au chef-d'œuvre. Le coupé XKR·S de Jaguar en est un. Cette nouvelle déclinaison sportive fait de ce coupé la Jaguar la plus puissante jamais produite. Même la très élitiste XJ220 ne pouvait compter sur une cavalerie aussi imposante.

La magie de cette XKR·S se trouve sous son long capot. Là repose une force pas du tout tranquille: un V8 5 litres à injection directe d'essence. Celui-ci profite d'une cartographie d'alimentation reprogrammée et d'une augmentation du débit des gaz d'échappement pour gagner 40 ch par rapport à la XKR. Placé sous respirateur artificiel (en l'occurrence un compresseur volumétrique) la XKR·S livre 550 ch aux roues arrières.

Pour s'assurer que le châssis se torde de douleur à faire passer cette puissance au sol, Jaguar optimise son aérodynamique et ses réglages. À ce chapitre, mentionnons que la suspension a été abaissée de 10 mm et adopte des ressorts et des amortisseurs plus fermes. Pour améliorer l'agilité de ce félin mécanique, la géométrie du train arrière et l'amortissement piloté ont également été revus. Le contrôle de stabilité s'appuie sur de nouveaux réglages lui aussi. De son côté, la dentition des étriers de frein augmente elle aussi pour mieux mordre les disques surdimensionnés.

Comme l'ensemble des XK, cette version adopte des phares effilés. La version S se distingue des autres sur plusieurs aspects. Ainsi, elle se reconnaît à son carénage avant spécifique, ses fentes verticales aux extrémités du parechoc avant, son diffuseur d'air en carbone et son aileron grimpé sur le couvercle de son hayon. Ah oui, j'oubliais, elle chausse des roues de 20 po enrobées de gommes spécialement développées par Pirelli.

La XKR·S fait saliver, mais il n'y en aura pas pour tout le monde. Sans doute n'aurez-vous d'autre choix que de vous rabattre sur une version «plus sage». Si tel devait être le cas, vous devez savoir que la XK cultive la tradition britannique. On ne s'assoit pas dans cette Jaguar, on s'y glisse, car l'intérieur exigu et la faible garde au toit créent un univers intimiste. Le tableau de bord tatoué en loupe de noyer et l'odeur du cuir pleine fleur flattent les sens. Cependant, l'ergonomie, toujours approximative, rappelle le pedigree britannique de la belle. On ne s'en plaint pas, direz-vous en jetant un coup d'œil sur les baquets qui se trouvent derrière. Ils sont si exigus que mes deux petits voisins (5 et 8 ans) n'ont pas voulu se porter volontaires. Il y a beaucoup de travers, mais cette voiture a une âme! C'est (trop) rare de nos jours.

Tout doux sur la pédale

Souple, mordant à tous les régimes, le V8 suralimenté par compresseur de la XKR

chante faux. Les miaulements du V8 sont en effet couverts par le bruit d'aspirateur du compresseur. Celui de la XKR·S module mieux, dit-on. Mais il engloutira aisément plus de 25 litres aux 100 km en conduite soutenue et nous fait rapidement réaliser que le réservoir d'essence ne lui assure pas une très grande autonomie. Au diable la dépense et les arrêts à la pompe, puisqu'on se réjouit à l'avance de sa poussée franche et linéaire. Vrai, il n'existe pas beaucoup d'autres façons de jouer les 15 points de votre permis de conduire. Les moins téméraires préféreront la V8 à aspiration naturelle. Moins fringuant peut-être, mais d'une plus grande simplicité mécanique.

Avec ou sans un R, ou un R et un S, cette Jaguar demeure étonnamment digne sur une route correctement pavée. Mais dès que l'asphalte se dégrade, accrochez-vous, elle se met à danser. Les plus nerveux lèveront le pied, surtout s'il pleut. De plus, la possibilité de couper le dispositif antidérapage ne saurait être recommandée qu'après une réelle assimilation de la XK et à moins d'être sûr de son coup de volant (en plus d'avoir de bonnes assurances). Gare aux tête-à-queue et autres pertes d'équilibre, puisqu'avec un moteur aussi vif, il faut savoir doser avec finesse la pédale des gaz si vous souhaitez conserver l'équilibre de ce châssis qui mériterait, par ailleurs, d'être plus rigide. On souhaiterait aussi, pour nous mettre davantage en confiance, que la direction offre un toucher de la route plus précis et moins démultiplié. La S corrigera sans doute ce «petit» désagrément.

Cela dit, la XK ne traverse pas les années sans prendre de rides. D'accord, à sa vue, le cœur bat la chamade et les yeux s'écarquillent, mais force est de reconnaître que les concurrents font mieux (Mercedes SL) ou promettent de faire mieux encore (BMW Série 6). Sacrés Allemands!

 ÉRIC LEFRANÇOIS

Prix
96 500 à 155 000 $
Transport et préparation
1270 $

+ Ligne exquise
+ Habitacle chaleureux
+ Tempérament de feu (version S)

− Faible valeur de revente
− Habitacle étriqué
− Fiabilité problématique

 Consommation ville – route (L/100 km)
15 – 10 (5,0 l)
16 – 11 (comp. 5,0 l)

2012 **Nouveautés**
Version XKR·S (550 chevaux),
version XKR175 (75e anniversaire)

Principales concurrentes

 Aston Martin Vantage, BMW Série 6,
Chevrolet Corvette, Ferrari California,
Maserati GT/GC, Mercedes Classe CL/SL,
Porsche 911

JAGUAR XK

335

À savoir

Garanties de base – motopropulseur (an/km)	3/60 000 – 5/100 000
Marge de profit du concessionnaire (%)	5,18 à 6,51
Essence recommandée	ordinaire
Versions offertes	Sport, North, Limited
Carrosserie	multisegment 5 portes
Lieu d'assemblage	États-Unis
Valeur résiduelle	moyenne
Fiabilité présumée	passable
Renouvellement du modèle	inconnu
Ventes 2010 Québec	(+ 5 %) 1572

Technique

Dimensions et volumes

Empattement (mm)	2635
Longueur (mm)	4404
Largeur (mm)	1760
Hauteur (mm)	1631
Volume intérieur passager (L)	3497
Volume du coffre (min. – max.) (L)	643 – 1518
Réservoir de carburant (L)	51,5 (2rm), 51 (4rm)
Fourchette de poids (kg)	1393 à 1508
Répartition du poids av. – arr. (%)	59 – 41 (2rm), 57 – 43 (4rm)

Châssis

Mode	traction, intégral
Suspension av. – arr.	indépendante
Freins av. – arr.	disques-tambours (2rm), disques (4rm)
Capacité de remorquage (max.) (kg)	909
Diamètre de braquage (m)	10,8 (17 po) 11,3 (18 po)
Pneus	215/60R17 (Sport, North), 215/65R17 (opt.), 215/55R18 (Limited)

Aptitudes hors route

Garde au sol min. (mm)	206
Angles d'approche/ de rampe/de sortie (°)	20/20/31

Performances

Modèle à l'essai	Compass Limited (4rm)
Moteur	L4 DACT 2,4 litres 16s
Puissance (ch. à tr/min)	172 à 6000
Couple (lb·pi à tr/min)	165 à 4400
Rapport poids/puissance	8,76 kg/ch
Transmission	aut. à variation continue (CVT)
Accélération 0-100 km/h (sec.)	10,54
Reprise 80-115 km/h (sec.)	7,77
Distance de freinage 100-0 km/h (m)	42
Niveau sonore à 100 km/h	moyen
Vitesse maximale (km/h)	185 (2,4 l), 175 (2,0 l)
Consommation lors de l'essai (L/100 km)	10,2
Gaz à effet de serre (tonnes métriques)	7,4
Autres moteurs	L4 2,0 l (158 ch., 141 lb-pi)
Autres transmissions	manuelle 5 rapports (2,4 l)

Protection collision

Frontale conducteur/passager	bonne
Latérale avant/arrière	excellente
Capotage 2rm/4rm	bonne

Jeep
COMPASS

NOUVELLE VOCATION

La clientèle habituelle de Jeep le méprise depuis ses débuts. Pour elle, le Compass n'a jamais mérité de défendre les couleurs de cette marque réputée pour ses exploits en tout-terrain. Mais Jeep persiste et présente une série de transformations destinées à faire de cet utilitaire urbain un succès populaire.

Les efforts consentis cette année pour donner un coup de jeune au Compass amènent Jeep à repositionner ce modèle avant qu'il n'embrasse une architecture développée par Fiat.

De véhicule d'entrée de gamme – lire bon marché –, le Compass vise désormais une clientèle plus aisée. Pour la séduire, le Compass adopte une toute nouvelle partie avant, fortement inspirée de celle de la Jeep Grand Cherokee, et une ornementation révisée. Lors de la présentation officielle du nouveau Compass, les dirigeants de Jeep nous ont fait comprendre que désormais, le Compass ne marche plus main dans la main avec le Patriot. D'ailleurs, les ingénieurs de Chrysler semblent avoir passé plus de temps à réviser le Compass que le Patriot (dont l'avant n'a été que légèrement retouché, avec ses phares antibrouillard maintenant plus rapprochés qui le font ressembler au Jeep Wrangler). L'objectif: faire passer le Compass du côté des Jeep plus luxueux (Grand Cherokee) et les Patriot, Liberty et Wrangler du côté des Jeep plus robustes.

L'architecture du Compass demeure toutefois la même. Si au moins les stylistes de Chrysler-Jeep s'étaient efforcés de retoucher les feux arrière et le hayon pour que cet arrière ressemble plus encore à celui du Grand Cherokee. Le Compass est offert en trois finitions, de base, Latitude et Limited.

Un intérieur revu

Malgré le fait que l'intérieur du Compass original ait été revu il n'y a pas si longtemps, celui de 2012 a été légèrement retouché. On y a revu le tableau de bord, qui peut accepter le nouveau système de navigation Garmin (une option enfin offerte à prix raisonnable). Cependant, les matériaux de finition ont été changés pour des produits plus luxueux et plus agréables au toucher. La configuration, par contre, demeure la même. Si l'on y est confortablement installé à l'avant, on est plus à l'étroit à l'arrière. Disons que les enfants ne se plaindront pas, mais les adultes ne s'y sentiront pas à l'aise.

Quant à l'espace de chargement, il est relativement utile pour un véhicule de ce gabarit. Évidemment, on peut l'agrandir en repliant les dossiers arrière qui, malheureusement, ne le font pas complètement à plat. Au fait, remarquez que le Compass hérite aussi du même volant redessiné qu'on trouve maintenant sur tous les modèles Jeep. Le catalogue des options du Compass permet de bien compléter l'intérieur du véhicule.

Les deux moteurs autrefois offerts sous le capot des Compass sont de retour, le quatre-cylindres de base de 2 litres de 158 chevaux combiné d'usine à la boîte automatique CVT et le quatre-cylindres Mondial de 2,4 litres et 172 chevaux que l'on retrouvera avec la boîte manuelle à cinq vitesses ou l'automatique CVT. Le Compass peut être livré avec seulement la traction ou encore avec la traction intégrale Freedom Drive I ou II. Cette dernière permet enfin d'offrir la capacité Trail Rated aux Compass. En effet, en passant en Low/4WD Lock, on peut maintenant utiliser le Compass en excursion hors route (quoique peu de propriétaires de Compass le feront). Nous avons pu mettre le Compass à l'essai en sentier plutôt exigeant au Wyoming, et grâce au nouveau rapport 19,1:1 du boîtier de transfert, du contrôle de descente et du système de contrôle du freinage, le Compass a su attaquer les mêmes sentiers que les Wrangler et les Grand Cherokee. Évidemment, les nouvelles roues de 17 po (18 po en option) et la suspension révisée et relevée de 2,5 cm ont collaboré aux prouesses du véhicule.

Sur la route, on notera une amélioration au comportement routier du Compass grâce aux révisions apportées aux bagues et ajustements de tous les produits Chrysler, incluant le Compass. Les performances sont un peu justes, mais la consommation demeure raisonnable. Toutefois, il est idéal en situation urbaine et son nouveau statut de petit VUS de luxe plaira certes aux citadins qui recherchent à la fois un véhicule utile, luxueux et économique. Équipé de bons pneus d'hiver, il continuera d'en surprendre plus d'un durant la saison blanche !

 ÉRIC DESCARRIES

Prix
20 395 à 28 295 $
Transport et préparation
1400 $

+ **Nouveau statut plus luxueux**
+ **Capacités hors route confirmées**
+ **Facile à manœuvrer en ville**

− **Espace arrière restreint pour les passagers**
− **Modèle de transition**
− **Avant beaucoup trop ressemblant à celui du Grand Cherokee**

Consommation ville – route (L/100 km)
10,3 – 8,8 (CVT 2,0 l)
10,1 – 8,3 (man. 2,4 l)
11,4 – 9,3 (CVT 2,4 l)

Nouveautés

2012 Retouches esthétiques à la partie avant au cours de la dernière année et habitacle plus soigné incluant un nouveau volant avec commandes du régulateur de vitesse

 ### Principales concurrentes

Ford Escape, Kia Soul, Nissan Juke, Mitsubishi RVR

JEEP COMPASS

337

Garanties de base – motopropulseur (an/km)	3/60 000 – 5/100 000
Marge de profit du concessionnaire (%)	6,39 à 7,49
Essence recommandée	ordinaire
Versions offertes	Laredo, Laredo X, Limited, overland
Carrosserie	utilitaire sport 5 portes (5places)
Lieu d'assemblage	États-Unis
Valeur résiduelle	moyenne
Fiabilité présumée	moyenne
Renouvellement du modèle	2016
Ventes 2010 Québec	(+ 35 %) 1210

Technique

Dimensions et volumes

Empattement (mm)	2915
Longueur (mm)	4822, 4859 (SRT8)
Largeur (mm)	1938
Hauteur (mm)	1761, 1756 (SRT8)
Volume intérieur passager (L)	2990
Volume du coffre (min. – max.) (L)	1028 – 1934
Réservoir de carburant (L)	93,1
Fourchette de poids (kg)	2114 à 2336
Répartition du poids av. – arr. (%)	53 – 47

Châssis

Mode	4rm, intégral
Suspension av. – arr.	indépendante
Freins av. – arr.	disques
Capacité de remorquage (max.) (kg)	2269 (3,6 l/6,4 l), 3266 (5,7 l)
Diamètre de braquage (m)	11,3
Pneus	245/70R17 (Laredo), 265/60R18 (Ltd, opt. Laredo), 265/50R20 (Overland, opt. Ltd), 295/45R20 (SRT8)

Aptitudes hors route

Garde au sol min. (mm)	218, 270 (susp. air), 211 (SRT8)
Angles d'approche/de rampe/de sortie (°)	26/19/27, 34/23/29 (susp. air), 18/18/22 (SRT8)

Performances

Modèle à l'essai	Grand Cherokee Overland
Moteur	V6 DACT 3,6 litres 24s
Puissance (ch. à tr/min)	290 à 6400
Couple (lb-pi à tr/min)	260 à 4800
Rapport poids/puissance	7,58 kg/ch
Transmission	automatique 5 rapports
Accélération 0-100 km/h (sec.)	9,3 (3,6 l), 7,4 (5,7 l), 4,8 (6,4 l)
Reprise 80-115 km/h (sec.)	5,9 (3,6 l)
Distance de freinage 100-0 km/h (m)	39,1
Niveau sonore à 100 km/h	moyen
Vitesse maximale (km/h)	195 (3,6 l), 210 (5,7 l), 250 (6,4 l)
Consommation lors de l'essai (L/100 km)	12,7
Gaz à effet de serre (tonnes métriques)	9,1
Autres moteurs	V8 5,7 l (360 ch., 390 lb-pi), V8 6,4 l (465 ch. 465 lb-pi) (SRT8)
Autres transmissions	aucune

Protection collision

Frontale conducteur/passager	bonne
Latérale avant/arrière	excellente
Capotage 2rm/4rm	bonne

Jeep
GRAND CHEROKEE

L'ENFANT DU DIVORCE

Qui rate son mariage se doit de réussir son divorce. Voilà à quoi Mercedes et Chrysler s'appliquent depuis leur séparation. La page n'est pas tournée. Même si le constructeur américain se trouve maintenant au bras de Fiat, cela ne l'empêche pas de commettre une infidélité en donnant aujourd'hui naissance à deux produits issus de cette union passée.

Jamais une génération de Grand Cherokee n'aura été aussi aboutie que celle-ci. On peut comprendre: elle a bénéficié de l'expertise (et des ressources financières surtout) de Mercedes-Benz… Et Fiat? Rien à voir. L'élaboration du Grand Cherokee a en effet débuté du temps où Chrysler était encore affilié au constructeur allemand. Plus étonnant, le Grand Cherokee étrenne cette architecture toute neuve plusieurs mois avant que Mercedes l'assemble à la carrosserie de son ML. Du temps de leur union, c'était plutôt le contraire. Les Crossfire, 300, Charger et Challenger ont tous eu droit à des châssis usés.

Très tendance, ce Jeep troque son robuste – et trop lourd – châssis en échelle au profit d'une construction monocoque. Une première pour le Grand Cherokee, qui ne perd rien au change: ses habiletés en tout-terrain demeurent pratiquement inchangées. Tous les dispositifs à quatre roues motrices offerts à l'acheteur de ce véhicule respectent les normes Trail Rated de Jeep. Ce qui indique qu'il est conçu pour réaliser une belle performance sur le plan la motricité, la garde au sol, la maniabilité, le débattement et le passage à gué.

La plateforme monocoque est une structure de plus en plus répandue chez les VUS. Parmi les modèles rivaux du Grand Cherokee qui conservent un châssis en échelle, il ne reste que les Toyota 4Runner et Nissan Pathfinder. Somme toute, on peut se demander si ces derniers sont une espèce en voie de disparition!

Trois moteurs

Sous le capot, les motoristes boulonnent en entrée de gamme le V6 Pentastar de 3,6 litres. Appliqués à toutes les recettes chez Chrysler, la puissance et le couple de ce moteur sont amplement suffisants pour apprécier et exploiter les qualités routières du Grand Cherokee, et ce, tant sur le bitume qu'en terrain accidenté. Pour les amants de grosse cylindrée, il est possible d'opter pour le V8 HEMI de 5,7 litres. Capable d'accélérer comme un étalon, ce boit-sans-soif est aussi un cheval de trait pouvant s'acquitter d'une charge de 3266 kg (comparativement à 2268 kg pour le V6). Ce qui est remarquable, compte tenu de ses dimensions. Pour l'instant, le retour d'un moteur diésel ne figure pas dans les plans, puisque le V6 Pentastar est, selon Chrysler, aussi économe que le défunt V6 de 3 litres offert de 2007 à 2009. Hum! Hum! Ce n'est pas ce que nos tests de consommation disent (voir nos tableaux).

La grande nouveauté est le retour en force de la version SRT8. Disposant d'un V8 HEMI de 6,4 litres, ses 465 chevaux catapultent le Grand Cherokee de 0 à 100 km/h sous la barre des cinq secondes et permettent de franchir le quart de

mille en moins de treize secondes. Quant à la capacité de remorquage, elle atteint désormais 2268 kg, alors que l'ancienne version SRT8 plafonnait à 1588 kg. Peu importe la motorisation, les différentes boîtes automatiques inscrites au catalogue comptent cinq rapports.

Fidèle à la tradition, le Grand Cherokee offre trois types de rouage. De base, il y a le système Quadra-Trac I qui répartit de façon égale et permanente, sans intervention du conducteur, le couple entre les roues avant et arrière. Plus sophistiqué, le dispositif Quadra-Trac II dirige jusqu'à 100 % de la puissance à l'essieu avant ou arrière. En plus, il est muni d'une boîte de transfert qui comporte un point mort, et une gamme de vitesses haute (Hi) ou basse (Lo). Cependant, le rouage le plus sophistiqué demeure le Quadra-Drive II, capable de diriger jusqu'à 100 % du couple vers une seule roue.

Par ailleurs, le mécanisme Select-Terrain équipant les systèmes Quadra-Trac II et Quadra-Drive II permet de sélectionner parmi cinq modes de conduite: Normale, Neige, Sable/Boue, Rocaille et Sport. Un autre dispositif, le Quadra-Lift, élève la garde au sol selon les conditions du terrain. Il est également possible d'abaisser la suspension pour une conduite plus sportive.

Il y avait longtemps qu'on attendait la venue d'un nouveau Grand Cherokee. Résultat? Il dépasse toutes les attentes! En effet, il est plus logeable, plus confortable et plus maniable, grâce à son nouveau châssis monocoque et sa nouvelle suspension arrière indépendante. Sa présentation et sa finition ont également fait des progrès. Qui plus est, il est dans une classe à part, puisque ses anciens rivaux ont évolué vers d'autres horizons. Ainsi, il est maintenant moins encombrant que le Ford Explorer, plus agréable et maniable que le Toyota 4Runner et plus homogène que le Nissan Pathfinder.

⊙ JEAN-FRANÇOIS GUAY

Prix
37 995 à 49 995 $
Transport et préparation
1400 $

+ **Confort et sa maniabilité**
+ **Motorisations variées**
+ **Capacités hors route**

− **Consommation des V8**
− **Absence d'un moteur diésel**
− **Vulnérabilité des jantes de 20 po**

Consommation ville – route (L/100 km)
14,8 – 10,8 (3,6 l)
18 – 12,4 (5,7 l)
19,8 – 13 (6,4 l)

2012 **Nouveautés**
Version haute performance SRT8

Principales concurrentes
Ford Edge/Explorer, Land Rover LR2,
Nissan Murano/Pathfinder,
Lexus GX, Porsche Cayenne,
Toyota 4Runner,
Volkswagen Touareg

JEEP GRAND CHEROKEE

Garanties de base – motopropulseur (an/km)	3/60 000 – 5/100 000
Marge de profit du concessionnaire (%)	6,37 à 6,9
Essence recommandée	ordinaire
Versions offertes	Sport, Renegade, Limited
Carrosserie	utilitaire sport 5 portes
Lieu d'assemblage	États-Unis
Valeur résiduelle	passable
Fiabilité présumée	passable
Renouvellement du modèle	inconnu
Ventes 2010 Québec	(– 26 %) 448

Technique

Dimensions et volumes

Empattement (mm)	2695
Longueur (mm)	4493
Largeur (mm)	1838
Hauteur (mm)	1781 à 1821
Volume du coffre (min. – max.) (L)	892 – 1818
Capacité du réservoir de carburant (L)	74
Fourchette de poids (min. – max.) (kg)	1936 à 1941
Répartition du poids av. – arr. (%)	44 – 56

Châssis

Mode	4 roues motrices
Suspension av. – arr.	ind. – ess. rigide
Freins av. – arr.	disques
Capacité de remorquage (max.) (kg)	2268
Diamètre de braquage (m)	10,83
Pneus	225/75R16 (Sport,), 235/70R16 (Renegade), 235/65R17 (Limited), 235/60R18 (opt.)

Aptitudes hors route

Garde au sol min. (mm)	241
Angles d'approche/de rampe/de sortie (°)	29/21/30

Performances

Modèle à l'essai	Liberty Limited
Moteur	V6 SACT 3,7 litres 12s
Puissance (ch. à tr/min)	210 à 5200
Couple (lb-pi à tr/min)	235 à 4000
Rapport poids/puissance	9,24 kg/ch
Transmission	automatique 4 rapports
Accélération 0-100 km/h (sec.)	9,87
Reprise 80-115 km/h (sec.)	7,04
Distance de freinage 100-0 km/h (m)	41
Niveau sonore à 100 km/h	passable
Vitesse maximale (km/h)	180
Consommation lors de l'essai (L/100 km)	13,8
Gaz à effet de serre (tonnes métriques)	9,9
Autres moteurs	aucun
Autres transmissions	aucune

Protection collision

Frontale conducteur/passager	excellente
Latérale avant/arrière	excellente
Capotage 2rm/4rm	moyenne

Jeep
LIBERTY

DE CRISE EN CRISE

Ce n'est pas la première crise qu'elle traverse, et ça paraît. Depuis 30 ans, cette marque n'a cessé de changer de main. À la fin des années 1970, le constructeur American Motors Corporation, alors propriétaire de Jeep, avait dû s'allier au français Renault pour assurer sa survie. Puis, en 1987, à la suite des difficultés financières du consortium franco-américain, Jeep est vendu à Chrysler, lequel se retrouve maintenant sous la tutelle de Fiat. Mais peu importe son actionnaire principal, Jeep a toujours été rentable et n'a pas causé la déconfiture d'AMC ni engendré l'éreintement de Renault, et encore moins la débandade de Chrysler. Après tout, des études ont établi que Jeep est la marque de commerce la plus connue mondialement après celle de Coca-Cola !

Contre toute attente, le Liberty retrouve sa place dans les salles d'exposition. Jeep a préféré liquider le Commander à la place. Et pourquoi pas le Liberty aussi ? Depuis son renouvellement, en 2008, le Liberty a du mal à trouver ses repères. L'arrivée des Compass et Patriot en 2007 l'a forcé à chasser sur de nouvelles terres. Résultat : le Liberty a dû changer de catégorie et se cherche constamment une niche. Maintenant plus gros et plus énergivore que ses anciens rivaux Honda CR-V et Toyota RAV4, il doit dorénavant se mesurer à des véhicules d'exception, à faible volume de ventes, comme les Nissan Xterra, Toyota FJ Cruiser, sans oublier son cousin Dodge Nitro. La bonne nouvelle est qu'il se vend au pays presque autant de Liberty que ses trois rivaux réunis. Qui plus est, il ne faut pas négliger la guerre fratricide que lui livre la version allongée Unlimited du Wrangler.

Beaucoup d'astuces

Pour ceux qui ont toujours en tête l'ancienne génération, sachez que l'actuelle cuvée offre un habitacle plus convivial et mieux aménagé. Le dégagement pour le haut du corps et les jambes des occupants, tant à l'avant qu'à l'arrière, est plus généreux. Par contre, la console centrale (à cause de l'omniprésence du rouage d'entraînement) gruge de précieux centimètres aux places avant. Pour l'aisance du conducteur, il manque toujours un volant télescopique. Parmi les astuces, le dossier du siège passager avant est rabattable à plat et le tissu des sièges est antitache, antistatique et antiodeur (parfait pour Pitou et Minou !). Alors que le Wrangler profite d'un habitacle plus cossu, avec des artifices plus doux au toucher et plus agréable à regarder, le Liberty conserve encore cette année ses anciens apparats en plastique dur et douteux.

Pour augmenter sa sensation de liberté, ce Jeep propose depuis quelques années un toit coulissant repliable en tissu appelé «Sky Slider» qui lui confère un petit look de Wrangler. Ce toit comporte une énorme ouverture de 838 mm x 1 524 mm (ou 33 po x 60 po) par laquelle les occupants peuvent admirer le ciel d'un simple claquement des doigts. Un mécanisme beaucoup moins compliqué à manipuler que le toit souple du Wrangler ! S'ouvrant de l'avant vers l'arrière ou de l'arrière vers

l'avant, le Sky Slider permet de n'exposer au soleil que la première ou la deuxième rangée de sièges, ou les deux à la fois.

Pour rouler dans les sentiers, le Liberty s'anime grâce à un V6 de 3,7 litres. Ce dernier suffit à la tâche, mais consomme le carburant à grandes lapées. Le rapport de pont de 3,73 n'est pas étranger à son appétit, mais demeure nécessaire pour décupler la motricité en situation périlleuse. Pour cravacher le moteur, seule une boîte automatique à quatre rapports figure au catalogue.

Fidèle à la tradition Jeep, le Liberty propose deux types de rouage. De série, on retrouve le Command-Trac II qui comprend une boîte de transfert à deux gammes de vitesses (Lo et Hi) à prise temporaire. Le mode deux roues motrices (2WD) est le mode normal pour circuler alors que toute la puissance est dirigée aux roues arrière. Le mode quatre roues motrices (4WD LOCK) permet aux arbres de transmission avant et arrière de tourner à la même vitesse pour partager également le couple entre les deux essieux. À cause de notre climat nordique, la Command-Trac II est plus ou moins conseillée, puisque le mode 2WD n'est pas très efficace sur les surfaces glissantes, alors que le mode 4WD LOCK ne peut être activé de façon permanente.

Nous préférons, et de loin, le système Selec-Trac II offert en option. Celui-ci comprend une boîte de transfert à quatre roues motrices sur demande à deux gammes de vitesses (Lo et Hi) et un répartiteur actif du couple à prise permanente. Ainsi, il est possible de rouler en permanence, tant sur le bitume sec que glissant, en mode 4RM automatique (4WD Auto). Un *must* en hiver.

JEAN-FRANÇOIS GUAY

Prix
30 195 à 34 195 $
Transport et préparation
1400 $

+ **Un vrai tout-terrain**
+ **Son toit coulissant Sky Slider**
+ **Le rouage Select-Trac II**

– **Sa suspension arrière sautillante**
– **L'absence d'un moteur diésel**
– **Le rouage Command-Trac II**

Consommation ville – route (L/100 km)
14,5 – 10,5 (man.)
15,5 – 11,5 (aut.)

Nouveautés
2012
Changements mineurs

Principales concurrentes
Nissan Xterra, Toyota FJ Cruiser, Suzuki Grand Vitara

Garanties de base – motopropulseur (an/km)	3/60 000 – 5/100 000
Marge de profit du concessionnaire (%)	4,93 à 6,46
Essence recommandée	ordinaire
Versions offertes	Sport, North, Limited
Carrosserie	utilitaire sport 5 portes
Lieu d'assemblage	États-Unis
Valeur résiduelle	passable
Fiabilité présumée	passable
Renouvellement du modèle	2013
Ventes 2010 Québec	(+ 77 %) 4287

Technique

Dimensions et volumes

Empattement (mm)	2635
Longueur (mm)	4410
Largeur (mm)	1757
Hauteur (mm)	1663 à 1696
Volume intérieur passager (L)	2880
Volume du coffre (min. – max.) (L)	651 – 1535
Capacité du réservoir de carburant (L)	51,5 (2rm), 51 (4rm)
Fourchette de poids (kg)	1410 à 1501
Répartition du poids av. – arr. (%)	58 – 42 (2rm), 57 – 43 (4rm)

Châssis

Mode	traction, intégral
Suspension av. – arr.	indépendante
Freins av. – arr.	disques-tambours (2rm), disques (4rm)
Capacité de remorquage (max.) (kg)	909
Diamètre de braquage (m)	10,8 (17 po) / 11,3 (18 po)
Pneus	215/60R17 (Sport, North), 215/65R18 (Limited)

Aptitudes hors route

Garde au sol min. (mm)	207, 241 (ens. T-T)
Angles d'approche/de rampe/de sortie (°)	26/19/31 29/22/34 (ens. T-T)

Performances

Modèle à l'essai	Patriot North (4rm)
Moteur	L4 DACT 2,4 litres 16s
Puissance (ch. à tr/min)	172 à 6000
Couple (lb-pi à tr/min)	165 à 4400
Rapport poids / puissance	8,72 kg / ch
Transmission	manuelle 5 rapports
Accélération 0-100 km/h (sec.)	10,07
Reprise 80-115 km/h (sec.)	7,32
Distance de freinage 100-0 km/h (m)	41
Niveau sonore à 100 km/h	moyen
Vitesse maximale (km/h)	185 (2,4 l), 175 (2,0 l)
Consommation lors de l'essai (L/100 km)	9,8
Gaz à effet de serre (tonnes métriques)	7,1
Autres moteurs	L4 2,0 l (158 ch., 141 lb-pi)
Autres transmissions	aut. à variation continue (CVT)

Protection collision

Frontale conducteur/passager	bonne
Latérale avant/arrière	excellente
Capotage 2rm/4rm	bonne

Jeep
PATRIOT

L'ADN D'UN VRAI JEEP

Le Patriot a été dévoilé en duo avec le Compass il y a déjà cinq ans. À l'époque, rares étaient les observateurs qui croyaient que ce duo allait survivre à la prolifération des multisegments et VUS compacts du temps. Surtout que les deux modèles pouvaient être commandés avec un rouage à traction. Un crime de lèse-majesté à l'époque! C'est comme si une Ferrari ou une Porsche étaient offertes exclusivement avec des roues avant motrices. Mais plus rien ne va nous surprendre, puisque Land Rover commercialisera cette année une version de son nouvel Evoque à traction en Europe pendant que BMW travaille sur une petite voiture qui partagera éventuellement la plateforme de la Mini Cooper, aussi une traction.

Le Patriot avait connu un mauvais départ en 2007. Une conception étiolée avait nui considérablement à sa réputation, notamment le rendement de sa transmission CVT, sa finition couci-couça et sa présentation intérieure archaïque. Pour attirer la clientèle et faire taire les préjugés, Jeep a dû offrir constamment des rabais. Mais loin de baisser les bras, le Patriot a présenté il y a deux ans un tableau de bord redessiné tandis que l'an dernier, les stylistes ont rafraîchi sa carrosserie avec des changements esthétiques aux boucliers avant et arrière. De même, quelques ajustements ont été apportés aux suspensions afin d'améliorer son comportement routier. À l'intérieur, on remarque la présence d'un nouveau volant internant un régulateur de vitesse et un tableau de bord arborant des plastiques plus doux au toucher.

Le même traitement a été appliqué à son frère, le Compass. Cependant, les changements apportés à ce dernier sont plus notables, à cause de sa métamorphose à la Grand Cherokee. Esthétiquement, si le Compass est maintenant dans la même lignée génétique que le Cherokee, le Patriot, lui, a une filiation plus prononcée avec les Liberty et Wrangler.

Direction la montagne

Le Liberty et le Wrangler ont des capacités tout-terrain hors du commun, mais est-ce le cas pour le Patriot? Allons faire un tour pour vérifier!

Pour atteindre les chemins boueux et enneigés de notre terrain de jeu situé dans une pourvoirie dans les montagnes des Laurentides, nous avons dû emprunter l'autoroute. Tout au long du trajet, j'ai noté qu'il n'y avait rien de sportif ni de rustique dans son comportement routier. Ce passage obligé s'est effectué en tout confort, hormis un peu de bruit généré par le vent et les imperfections de la route. La direction s'est avérée neutre et la tenue de route a été jugée acceptable pour un véhicule de son statut.

Côté freinage, les quatre freins à disques du modèle à quatre roues motrices sont

efficaces et sécurisants, considérant la masse à immobiliser. En ce qui concerne les versions plus basiques dotées de freins arrière à tambours, il faudra être plus prudent, car ils sont moins progressifs en situation d'urgence. Par ailleurs, il faut savoir que les freins à tambour offrent certains avantages en conduite hors route puisqu'ils sont moins exposés à l'eau et la boue. Des éléments extérieurs qui peuvent provoquer quelque retard à freiner avec des disques mouillés ou souillés.

Vu le poids du véhicule, le rendement du moteur quatre cylindres de 2,4 litres jumelé à la boîte CVT s'est avéré satisfaisant. D'ailleurs, le moteur de deux litres ne peut être couplé au rouage intégral. Pour avoir essayé toutes les versions du Patriot, j'ai apprécié davantage la boîte manuelle à cinq rapports que la CVT. Par contre, ce n'est pas tout le monde qui aime mouliner dans les embouteillages. Quoique, si on achète un véhicule comme le Patriot, il faut aimer le côté rudimentaire associé à un Jeep. À ce sujet, l'aménagement intérieur et la finition nous font comprendre que malgré quelques raffinements, le Patriot est encore loin d'un premier de classe.

Nous voici enfin rendus aux abords des chemins forestiers qui nous mèneront vers notre destination. Le rouage à quatre roues motrices s'est avéré efficace, et lorsque la largeur des chemins était plus étroite, sa petite taille lui a permis de s'y faufiler à l'anglaise. Les sentiers abîmés par des ornières et des bosses ont été franchis avec aisance, ce que la plupart de ses concurrents, à l'exception du Suzuki Grand Vitara, n'auraient pu faire du premier coup. Et la CVT? Ce n'est pas la boîte la plus plaisante. Cependant, jumelée au système Freedom-Drive II, la CVT transforme le Patriot en véritable Jeep. Cela étant dit, le Patriot ne propose pas le rendement hors route des Wrangler ou Liberty, qui demeurent les leaders de cette illustre famille!

🛞 **JEAN CHARTRAND**

Prix
17 995 à 26 495 $
Transport et préparation
1400 $

+ **Son allure Jeep**
+ **Ses capacités hors route**
+ **Sa gamme de prix attrayante**

– **Le rendement de la boîte CVT**
– **La consommation du 2,4-litres avec la boîte CVT**
– **Sa finition rudimentaire**

Consommation ville – route (L/100 km)
10,3 – 8,8 (CVT 2,0 l)
10,1 – 8,3 (man. 2,4 l)
11,4 – 9,3 (CVT 2,4 l)

Nouveautés
2012 Retouches esthétiques à la partie avant au cours de la dernière année et plastiques plus doux au toucher dans l'habitacle

Principales concurrentes
Ford Escape, Hyundai Tucson, Kia Sportage, Suzuki Grand Vitara

JEEP PATRIOT

Garanties de base – motopropulseur (an/km)	3/60 000 – 5/100 000
Marge de profit du concessionnaire (%)	5,59 à 8,65
Essence recommandée	ordinaire
Versions offertes	Sport, Sahara, Rubicon
Carrosserie	utilitaire sport cabriolet 3 p. (rég.) / 5 p. Unlimited (all.)
Lieu d'assemblage	États-Unis
Valeur résiduelle	excellente
Fiabilité présumée	passable
Renouvellement du modèle	inconnu
Ventes 2010 Québec	(+ 88 %) 2703

Technique

Dimensions et volumes

Empattement (mm)	2424 (rég.), 2946 (all.)
Longueur (mm)	3881 (rég.), 4404 (all.)
Largeur (mm)	1873
Hauteur (mm)	1800
Volume intérieur passager (L)	2656 (rég.), 2914 (all.)
Volume du coffre (L)	487 – 1600 (rég.) 1314 – 2322 (all.)
Capacité du réservoir de carburant (L)	70 (rég.), 85 (all.)
Fourchette de poids (kg)	1741 à 1852 (rég.), 1924 à 2023 (all.)

Châssis

Mode	4 roues motrices
Suspension av. – arr.	ind. – ess. rigide
Freins av. – arr.	disques
Capacité de remorquage (max.) (kg)	909 (rég.), 1587 (all.)
Diamètre de braquage (m)	10,62 (rég.)/ 12,56 (all.)
Pneus	225/75R16 (Sport), 225/75R17 (opt. Sport), 255/70R18 (Sahara), 255/75R17 (Rubicon)

Aptitudes hors route

Garde au sol min. (mm)	229 (rég.), 221 (all.)
Angles d'approche/de rampe/de sortie (°)	41/22/37 (rég.), 41/18/38 (all.)

Cabriolet

Temps ouverture – fermeture du toit (sec.)	manuel
Décapoter en roulant	non

Performances

Modèle à l'essai	Wrangler Unlimited Sahara
Moteur	V6 ACC 3,8 litres 12s
Puissance (ch. à tr/min)	202 à 5200
Couple (lb-pi à tr/min)	237 à 4000
Rapport poids/puissance	6,97 kg/ch
Transmission	automatique 5 rapports
Accélération 0-100 km/h (sec.)	10,9
Reprise 80-115 km/h (sec.)	8,1
Distance de freinage 100-0 km/h (m)	45
Niveau sonore à 100 km/h	passable
Vitesse maximale (km/h)	175
Consommation lors de l'essai (L/100 km)	12,9
Gaz à effet de serre (tonnes métriques)	9,3
Autres moteurs	aucun
Autres transmissions	man. 6 rapports,

Protection collision

Frontale conducteur/passager	excellente
Latérale avant/arrière	non évaluée
Capotage 2rm/4rm	moyenne

Jeep
WRANGLER

RUSTIQUE ET MODERNE

Avec la Mustang et la Porsche 911, le Jeep (le vrai) est l'un des rares véhicules à avoir su conserver une silhouette proche de l'originale tout en subissant d'innombrables modifications au fil des ans. Avec un nouveau moteur ultramoderne, le Wrangler voit son principal irritant disparaître.

Tout au long de sa carrière civile débutée après la Deuxième Guerre mondiale, le Jeep aura connu plusieurs rôles: bête de somme, coureur des bois, symbole de liberté sur les plages des années 1970, décapotable chic pour la jeunesse branchée.

Depuis sa dernière refonte, en 2007, le Jeep (en version quatre portes) s'est beaucoup assagi au point où il est désormais utilisable au quotidien sans trop de sacrifices sur le plan du confort ou des aspects pratiques. C'est encore plus vrai depuis l'an dernier, car l'habitacle a été revu et l'équipement augmenté: on peut maintenant obtenir une sellerie en cuir avec des éléments chauffants, la climatisation régulée et le système de navigation, en plus des habituels adaptateurs de baladeur numérique et de téléphonie mains libres. On peut désormais qualifier le Wrangler de «très bien équipé», une chose impossible à dire auparavant.

Malgré tout ce luxe à l'étage, la fondation demeure celle d'un véhicule tout terrain pur et dur: deux essieux rigides à grande articulation, des éléments de protection sous le châssis, un boîtier de transfert à démultiplication, de grandes roues chaussées de pneus à la semelle bien découpée. De plus, le filtre à air est doté d'un «snorkel» pour éviter d'avaler trop de saletés sur les routes poussiéreuses, l'alternateur et tout le circuit électrique sont situés en haut du compartiment moteur, bien à l'abri des projections, les portières sont étanches grâce à des joints spéciaux, il y a un amortisseur de direction, la garde au sol est excellente et même l'échappement est protégé par les rails du châssis et l'attelage de remorque. De plus, la version Rubicon offre des blocages de différentiels avant et arrière et un boîtier de transfert à démultiplication plus grande (4.10:1). Du sérieux, donc.

Très à l'aise en ville

Passons sur ses qualités de franchissement des obstacles, qui ne sont plus à prouver, pour nous concentrer sur la conduite ordinaire. En ville, le Wrangler se débrouille pas mal: la visibilité est bonne, la souplesse de la suspension et les pneus géants font des merveilles dans les nids-de-poule, et la conduite de ce costaud est moins intimidante qu'il n'y paraît. Il y a bien sûr quelques irritants: sur autoroute, les bruits de vent sont bien présents et la stabilité directionnelle dépend de la présence d'un Éole fâché. De plus, il fallait compter sur une consommation démesurée avec l'ancien moteur de 3,8 litres. Maintenant que cet ancêtre est remplacé par le V6 Pentastar de 3,6 litres, on obtient des valeurs moindres, même si le Wrangler ne sera jamais un exemple de sobriété. À moins que Fiat ne vienne à sa rescousse avec un

bloc diésel...

À bord, le nouvel habitacle ramène le Wrangler dans la modernité: les plastiques sont durs, mais leur apparence est flatteuse, les sièges en cuir sont plats comme la Saskatchewan, mais cela facilite l'installation à bord, et le petit volant en cuir avec ses nombreuses commandes tombe bien sous la main. Bon, l'espace pour les pieds n'est pas adapté aux porteurs de chaussures de taille 13, les occupants des sièges avant sont bien coincés entre la portière et la console centrale et la banquette arrière est peu rembourrée. Par contre, chaque promenade est une aventure, car le simple fait de monter à bord demande une petite acrobatie pour enjamber les seuils de porte. Faut aimer, mais quel bonheur, dans notre monde trop aseptisé !

Le coffre à bagages est relativement grand, surtout avec la banquette arrière repliée, mais l'imposant arceau de sécurité qui y réside vient compliquer le chargement des bagages. La lourde portière arrière (parce qu'elle supporte la roue de secours) est désormais équipée d'un frein en position ouverte, une lacune enfin corrigée.

Unique dans le paysage automobile moderne, cet engin à la fois rudimentaire et moderne est désormais fréquentable au quotidien. Son nouveau moteur plus costaud et moins vorace arrive à point pour compléter la remise en forme de l'habitacle apparue l'an dernier. Petit bonus intéressant: son prix est somme toute raisonnable, et si on le combine avec une valeur de revente élevée, on obtient un coup de revient relativement bas.

LOUIS-ALAIN RICHARD

Prix
21 595 à 33 495 $
Transport et préparation
1400 $

+ **Aptitudes hors route inégalées**
+ **Groupe motopropulseur plus moderne**
+ **Prix attrayants**

– **Consommation toujours importante**
– **Suspension sèche**
– **Absence de confort**

Consommation ville – route (L/100 km)
16 – 12

Nouveautés

2012 V6 de 3,6 litres à venir
Boîte automatique 5 rapports
Habitacle revu l'an dernier

Principales concurrentes

Jeep Liberty, Nissan Xterra, Suzuki Grand Vitara, Toyota FJ Cruiser

JEEP WRANGLER

À savoir

Garanties de base – motopropulseur (an/km)	5/100 000 – 5/100 000
Marge de profit du concessionnaire (%)	6,91
Essence recommandée	ordinaire
Versions offertes	LX, EX, SX, SX Luxe
Carrosserie	berline 4 portes, hayon 5 portes
Lieu d'assemblage	Corée du Sud
Valeur résiduelle	moyenne
Fiabilité présumée	passable
Renouvellement du modèle	2013
Ventes 2010 Québec	(+ 191 %) 6187 (incluant la Koup)

Technique

Dimensions et volumes

Empattement (mm)	2650
Longueur (mm)	4530 (berl.), 4340 (hay.)
Largeur (mm)	1775
Hauteur (mm)	1460
Volume intérieur passager (L)	2711 (berl.), 2760 (hay.)
Volume du coffre (min. – max.) (L)	415 (berl.), 438 (hay.)
Réservoir de carburant (L)	52
Fourchette de poids (kg)	1228 à 1350
Répartition du poids av. – arr. (%)	62 – 38

Châssis

Mode	traction
Suspension av. – arr.	indépendante
Freins av. – arr.	disques
Capacité de remorquage	non recommandé
Diamètre de braquage (m)	10,4 (16 po)/10,8 (17 po)
Pneus	195/65R15 (LX), 205/55R16 (EX), 215/45R17 (SX)

Performances

Modèle à l'essai	Forte EX
Moteur	L4 DACT 2,0 litres 16s
Puissance (ch. à tr/min)	156 à 6200
Couple (lb·pi à tr/min)	144 à 4300
Rapport poids/puissance	8,11 kg/ch
Transmission	semi-automatique 6 rapports
Accélération 0-100 km/h (sec.)	10,02
Reprise 80-115 km/h (sec.)	7,11
Distance de freinage 100-0 km/h (m)	41
Niveau sonore à 100 km/h	passable
Vitesse maximale (km/h)	190 (2,0 l), 200 (2,4 l)
Consommation lors de l'essai (L/100 km)	8,2
Gaz à effet de serre (tonnes métriques)	5,9
Autres moteurs	L4 2,4 l (173 ch., 168 lb-pi)
Autres transmissions	man. 6 rapports

Protection collision

Frontale conducteur/passager	excellente
Latérale avant/arrière	bonne
Capotage 2rm/4rm	bonne

QUELLE FAMILLE !

Une berline, un coupé et maintenant une cinq-portes. La gamme Forte de Kia affiche désormais complet. Reste maintenant à Kia de publiciser davantage cette famille de compactes qui, malgré sa popularité grandissante, demeure à la traîne face à Hyundai qui ne compte dans ce segment qu'un seul – oubliez la Touring voulez-vous – modèle.

Plus courte que la berline (Forte) dont elle dérive, la 5 est également plus lourde. Cela dit, même si l'empattement demeure le même (2650 mm), le dégagement à bord de la cinq-portes est supérieur à celui de la berline éponyme. À quoi doit-on l'attribuer ? Essentiellement à la garde au toit plus généreuse à l'arrière. À cette impression d'espace accru s'ajoute un autre agrément propre à ce type de carrosserie : le coffre. Son volume surpasse largement celui des autres Forte, mais pas celui de ses concurrentes directes (Mazda3 Sport et Mitsubishi Lancer Sportback), surtout lorsque celles-ci condamnent leurs places arrière.

Derrière le joli volant, on retrouve à bord de la plus élégante des Forte 5 le tableau de bord sobre et bien présenté, tout juste agrémenté d'insertions au fini piano noir (on regarde, mais on ne touche pas), d'un pédalier et d'un repose-pied métalliques. Les sièges enveloppants concourent à offrir un meilleur support. Plus étonnante encore est la qualité de la fabrication, qui n'a rien à envier à la concurrence.

Au chapitre des accessoires, la Forte 5 ne manque de rien, mais encore faut-il y mettre le prix. Fini les cadeaux. Kia veut visiblement se défaire de son image bon marché en positionnant ce véhicule dans la même fourchette de prix que ses concurrents. Une Mazda3 Sport GS ou une Mitsubishi Lancer Sportback ES coûtent moins cher qu'une Forte 5 SX, mais n'offrent pas de série le toit ouvrant, la sellerie de cuir ou la climatisation automatique. En revanche, en y regardant de plus près, la Kia ne comporte ni essuie-glace avec détecteur de pluie ni témoin de pression des pneus. De plus, encore aujourd'hui, la Mazda et, dans une moindre mesure, la Mitsubishi ont une valeur résiduelle supérieure à celle de leur ambitieuse rivale sud-coréenne.

400 cc qui changent tout

Un peu à la manière des relations entre Ford et Lincoln, Kia et Hyundai partagent leurs activités de recherche et développement ainsi que plusieurs plateformes et certains moteurs. Ici s'arrête la coopération entre les deux marques.

La cinq-portes partage sa base technique avec la Forte et reprend sensiblement la même nomenclature de modèles. La version SX occupe le sommet de la gamme de ce modèle. Elle est non seulement la plus chère et la mieux campée (roues de 17 po), mais aussi la plus puissante. En effet, pour affirmer son caractère haut de gamme, la SX accueille un moteur quatre cylindres de 2,4 litres (deux litres pour la EX d'entrée de gamme). Le 2,4-litres déploie 17 ch et 24 livres-pieds de couple de plus que le deux-litres qui bénéficie désormais des mêmes boîtes de vitesses.

En effet, il se couple désormais à des transmissions à six rapports (manuelle ou automatique).

Plus costaud à l'arraché et plus discret encore, le 2,4-litres consomme cependant plus que le deux-litres. À ce chapitre, nous vous suggérons « d'investir » dans la boîte semi-automatique à six rapports plutôt que de vous satisfaire de la boîte manuelle. Celle-ci nous a paru mal étagée, lente, imprécise et accompagnée de surcroît d'un embrayage difficile à moduler et d'un accélérateur qui l'est tout autant. Résultat : on cale souvent et on finit par avoir envie d'apposer des panonceaux « élève au volant » sur la carrosserie.

Dans sa version SX (2,4 litres), la Forte 5 nous fait toutefois profiter, sur parcours sinueux, d'une agilité un brin supérieure à celle de l'EX en raison de son châssis réglé plus sportivement (monte pneumatique, suspensions plus fermes). Hormis une direction qui paraîtra un peu lourde – notamment dans les manœuvres – et des béquilles électroniques qui dégainent plus rapidement que leur ombre, la Forte 5 se révèle agréable à conduire, mais toujours en retrait des références de la catégorie, à savoir la Golf de Volkswagen ou la 3 Sport de Mazda. Elle peut certes soutenir la comparaison avec les deux modèles précités, mais ceux-ci offrent à notre avis une meilleure rigidité et une plus grande résistance à la torsion dans les virages. De plus, la rigidité des éléments suspenseurs finit par épuiser, surtout sur une chaussée mal pavée. Qu'à cela ne tienne, le comportement de la sud-coréenne demeure en toutes circonstances prévenant et jamais hasardeux.

D'ici à ce que Kia confirme la venue d'une nouvelle mécanique d'entrée de gamme, à choisir, notre préférence va au 2,4-litres, plus abouti. Hélas, cette mécanique ne se trouve qu'à bord des versions les plus élitistes, donc les plus chères. Bon marché, les Kia ? Plus aujourd'hui.

🚗 **ÉRIC LEFRANÇOIS**

Prix
15 995 à 26 195 $
Transport et préparation
1455 $

+ La présentation valorisante
+ Le comportement routier
+ La boîte semi-automatique à six rapports

– Le 2-litres bruyant et dépassé
– Le prix des versions haut de gamme
– La rigidité de la suspension

Consommation ville – route (L/100 km)

9,1 – 6,9 (aut. 2,0 l)
9,3 – 7 (man. 2,0 l)
10,2 – 7,6 (aut. 2,4 l)
10,8 – 7,5 (man. 2,4 l)

Nouveautés

2012 Boîte man. 6 rapports (2,0 l) et boîte aut. 6 rapports introduites en 2011

Principales concurrentes

Chevrolet Cruze, Ford Focus, Honda Civic, Hyundai Elantra, Mazda3, Mitsubishi Lancer, Nissan Sentra, Suzuki SX4, Toyota Corolla

KIA FORTE

À savoir

Garanties de base – motopropulseur (an/km)	5/100 000 – 5/100 000
Marge de profit du concessionnaire (%)	6,91
Essence recommandée	ordinaire
Versions offertes	EX, SX, SX Luxe
Carrosserie	coupé 2 portes
Lieu d'assemblage	Corée du Sud
Valeur résiduelle	moyenne
Fiabilité présumée	passable
Renouvellement du modèle	2013
Ventes 2010 Québec	(+ 191 %) 6187
	(incluant la Forte)

Technique

Dimensions et volumes

Empattement (mm)	2650
Longueur (mm)	4480
Largeur (mm)	1765
Hauteur (mm)	1400
Volume intérieur passager (L)	2568 (EX), 2502 (SX)
Volume du coffre (min. – max.) (L)	358
Réservoir de carburant (L)	52
Fourchette de poids (kg)	1232 à 1297
Répartition du poids av. – arr. (%)	62 – 38

Châssis

Mode	traction
Suspension av. – arr.	indépendante
Freins av. – arr.	disques
Capacité de remorquage	non recommandé
Diamètre de braquage (m)	10,4 (16 po)/10,8 (17 po)
Pneus	205/55R16 (EX), 215/45R17 (SX)

Performances

Modèle à l'essai	Forte Koup SX
Moteur	L4 DACT 2,4 litres 16s
Puissance (ch. à tr/min)	173 à 6000
Couple (lb-pi à tr/min)	168 à 4000
Rapport poids/puissance	7,46 kg/ch
Transmission	manuelle 6 rapports
Accélération 0-100 km/h (sec.)	8,66
Reprise 80-115 km/h (sec.)	5,76
Distance de freinage 100-0 km/h (m)	37,4
Niveau sonore à 100 km/h	2,5
Vitesse maximale (km/h)	205 (2,4 l), 190 (2,0 l)
Consommation lors de l'essai (L/100 km)	8,8
Gaz à effet de serre (tonnes métriques)	6,3
Autres moteurs	L4 2,0 l (156 ch., 144 lb-pi)
Autres transmissions	semi-auto. 6 rapports

Protection collision

Frontale conducteur/passager	excellente
Latérale avant/arrière	bonne
Capotage 2rm/4rm	bonne

FAIRE LE *FRAIS* À PEU DE FRAIS

Quand la voiture compacte du constructeur sud-coréen Kia, la Spectra, a pris sa retraite à la fin de 2009, la petite nouvelle, la Forte, l'a remplacée de belle façon. Le constructeur offrait la berline en trois versions (LX, EX et SX) et le coupé, la Koup, en deux versions (EX et SX). Ce n'est qu'en 2011 que la bicorps à cinq portes a fait son entrée. En matière de style, ce n'est pas que la Spectra était une mauvaise voiture, mais elle n'excitait pas vraiment les passions, c'est le moins qu'on puisse dire.

À sa troisième année sur le marché, même si elle figure encore parmi les compactes les moins chères sur le marché et qu'elle n'affiche aucun changement à l'extérieur, on peut dire que la Kia Koup a de la gueule. Elle mérite qu'on jette un coup d'œil du côté de la marque sud-coréenne. En proposant un équipement des plus complets et des lignes très modernes, la Koup est même devenue une solution de rechange intéressante aux Honda Civic et Toyota Corolla de ce monde. Et essayez d'imaginer ce qui pourrait se passer si le constructeur, qui l'envisage vraiment, passait à l'acte et glissait son moteur à quatre cylindres turbocompressé de deux litres produisant 200 ch sous le capot ! Les proprios de Civic Si et de Golf GTI en auraient plein les bras. Elle est forte celle-là, non ?

Outre la Koup turbo, il est même question d'une version hybride du petit coupé, un peu plus tard en 2012. Comme l'avantage concurrentiel de la Kia Koup se trouve déjà du côté de la consommation de carburant, je considère toutefois que d'autres modèles comme le Sorento et la Sedona pourraient profiter de la motorisation hybride avant la Koup, qui affiche une consommation de carburant moyenne d'au plus 7 litres aux 100 km avec la boîte de vitesses manuelle ou l'automatique à six rapports.

En attendant les promesses...

En 2012, outre la possibilité de mécaniques turbo et hybride, rien n'a changé. Kia propose toujours deux moteurs à quatre cylindres : un deux-litres qui développe 156 ch et un 2,4-litres qui en génère 173. Les deux moteurs sont jumelés de série à une boîte de vitesses manuelle à six rapports, mais il est possible de se procurer, en option, l'automatique à six rapports. En matière de rendement, ces deux mécaniques offrent des performances pour le moins satisfaisantes à l'accélération. Avec sa suspension à roues indépendantes à l'avant et à barres de torsion à l'arrière, on ne peut pas dire que la Koup se distingue de la masse, et c'est peut-être là son talon d'Achille. Pour être plus précis, je ne recommande à personne de faire preuve de trop d'enthousiasme dans une courbe serrée.

Contrairement à la berline, dont l'espace intérieur et la garde au toit sont démesurés, la Koup propose une position de conduite différente qui laisse moins d'espace pour la tête du conducteur. Outre ce petit défaut qui touche les grands gabarits,

la Koup est silencieuse et offre un roulement des plus doux. On a vraiment réussi à gommer les bruits de la route et à contenir les vibrations qui caractérisaient les premiers modèles 2010. Son confort est moindre que celui de la berline toutefois, mais là n'est pas sa vocation. Dans l'habitacle, en général bien ficelé, on trouve bien encore quelques plastiques durs qui nous rappellent que nous sommes en présence de l'une des compactes les moins chères sur le marché.

La Kia Koup propose désormais un volant réglable et télescopique, et ce, même dans le modèle de base. On a également porté une attention toute spéciale au rétroéclairage des instruments de bord, ce qui confère une note très techno à l'intérieur du coupé de Kia. Côté sécurité, la Koup obtient l'une des meilleures notes du segment avec ses coussins avant, les rideaux latéraux, les appuie-têtes actifs, les freins ABS, l'assistance au freinage et le contrôle de la stabilité du véhicule.

La Kia Koup affiche toujours un prix très incitatif, malgré un équipement tout ce qu'il y a de plus complet pour la catégorie. Les performances sont très correctes, la consommation de carburant est basse, mais la suspension gagnerait à être modernisée. Les consommateurs qui feront le saut profiteront d'un véhicule agréable à conduire et qui a une allure très moderne. De plus, le constructeur propose toujours l'une des meilleures garanties sur le marché, ce qui ne risque pas de décourager les budgets restreints.

STÉPHANE QUESNEL

Prix
18 995 à 24 595 $
Transport et préparation
1455 $

+ Sa consommation de carburant
+ Sa garantie
+ Son rapport équipement-prix

– Plastiques durs encore présents
– Suspension à retravailler
– Dégagement restreint pour la tête

Consommation ville – route (L/100 km)

9,7 – 7,2 (man. 2,0 l)
9,3 – 7 (aut. 2,0 l)
10,2 – 7,7 (aut. 2,4 l)
10,8 – 7,5 (man. 2,4 l)

2012 **Nouveautés**
Boîte man. 6 rapports (2,0 l) et boîte aut. 6 rapports introduites en 2011

Principales concurrentes

Honda Civic, Hyundai Veloster, Scion tC, Volkswagen Golf (3 p.)

KIA KOUP

349

À savoir

Garanties de base – motopropulseur (an/km)	5/100 000 – 5/100 000
Marge de profit du concessionnaire (%)	6,56
Essence recommandée	ordinaire
Versions offertes	LX, LX+, EX, EX+, EX Luxe, Turbo SX
Carrosserie	berline 4 portes
Lieu d'assemblage	Corée du Sud
Valeur résiduelle	bonne
Fiabilité présumée	passable
Renouvellement du modèle	2015
Ventes 2010 Québec	(– 39 %) 188 (Magentis)

Technique

Dimensions et volumes

Empattement (mm)	2794
Longueur (mm)	4845
Largeur (mm)	1830
Hauteur (mm)	1455
Volume intérieur passager (L)	2894
Volume du coffre (min. – max.) (L)	437
Réservoir de carburant (L)	70
Fourchette de poids (kg)	1452 à 1535
Répartition du poids av. – arr. (%)	59 – 41 (2,4 l), 61 – 39 (2,0 l)

Châssis

Mode	traction
Suspension av. – arr.	indépendante
Freins av. – arr.	disques
Capacité de remorquage	non recommandé
Diamètre de braquage (m)	10,9
Pneus	205/60R16 (LX), 215/55R17 (EX), 225/45R18 (SX, Turbo)

Performances

Modèle à l'essai	Optima SX Turbo
Moteur	L4 turbo DACT 2,0 litres 16s
Puissance (ch. à tr/min)	274 à 6000
Couple (lb-pi à tr/min)	269 à 1750
Rapport poids/puissance	5,6 kg/ch
Transmission	semi-automatique 6 rapports
Accélération 0-100 km/h (sec.)	6,89
Reprise 80-115 km/h (sec.)	4,96
Distance de freinage 100-0 km/h (m)	39,1
Niveau sonore à 100 km/h	moyen
Vitesse maximale (km/h)	220 (2,0 l), 200 (2,4 l)
Consommation lors de l'essai (L/100 km)	10,2
Gaz à effet de serre (tonnes métriques)	7,3
Autres moteurs	L4 2,4 l (200 ch., 186 lb-pi), L4 2,4 l (169 ch., 156 lb-pi) + mot. élec. (40 ch., 151 lb-pi) (Hyb)
Autres transmissions	man. 6 rapports (2,4 l)

Hybride

Hybride – Distance en mode élect. (km)	2 à 3
Hybride – Vitesse max. en mode élect. (km/h)	100

Protection collision

Frontale conducteur/passager	excellente
Latérale avant/arrière	excellente
Capotage 2rm/4rm	excellente

Kia
OPTIMA

KIA NE RIME PLUS AVEC LADA

Kia a le vent dans les voiles et il suffit de consulter ses chiffres de vente de 2011 pour s'en convaincre. Après Hyundai, son alter ego, dont la Sonata a bousculé le marché des intermédiaires, voilà que Kia vient à son tour jeter un pavé dans la mare avec la nouvelle Optima qui, par rapport à sa devancière, la Magentis, monte sérieusement en grade. Comme elle est construite sur la même chaîne de montage que la Sonata, on serait enclin à penser que les deux voitures sont de proches cousines. Loin de là !

D'accord, elles partagent la même plateforme et les mêmes organes mécaniques, mais par un savant exercice de réglages du châssis et des éléments suspenseurs, les ingénieurs de Kia ont réussi à faire de l'Optima une berline qui n'est pas une copie conforme de son instigatrice.

D'abord, Kia a su dessiner une voiture possédant un style bien à elle qui reflète une orientation plus sportive. À lui seul, le volant, avec son gros pourtour, incite à une conduite plus dynamique. Sur les versions les mieux équipées, comme la EX +, les jantes de 18 po à sept rayons semblent provenir d'un prototype destiné à battre des records de vitesse, tellement la recherche aérodynamique est flagrante. Malgré cette astuce tape-à-l'œil, l'Optima n'est pas ce qu'on qualifie habituellement de « voiture haute performance ».

En conduite paisible, son moteur est, au mieux, adéquat et les reprises génèrent plus de bruit que de réelle puissance. Heureusement, la version à moteur turbo se débrouille beaucoup mieux en présence du chronomètre, bien que la présence de 274 chevaux sous le capot ne soit pas évidente. Comme beaucoup d'autres équipements similaires, la transmission automatique à six rapports marque un léger temps de réponse au moment de rétrograder, ce qui gêne un peu les reprises. Bien qu'une boîte manuelle soit offerte de série sur l'Optima, nous n'en avons jamais vu la couleur. En revanche, il existe une motorisation hybride, tout comme chez Hyundai (voir Sonata).

Un comportement routier cinq étoiles

Malgré les arguments très défendables des ingénieurs du groupe Hyundai-Kia pour justifier le choix d'un moteur quatre cylindres turbo en lieu et place d'un V6, il me semble qu'une voiture aussi bien née pourrait bénéficier d'un moteur de plus forte cylindrée qui mettrait davantage en valeur les remarquables qualités du châssis. Un V6 plus onctueux et plus vivace permettrait à l'Optima de hausser considérablement son agrément de conduite. Pendant une portion de notre essai, l'ordinateur de bord a fixé la consommation à 8,2 litres aux 100 km, une moyenne satisfaisante, rien de plus.

Ce plaidoyer pour un moteur V6 découle de l'essai sur piste que Kia avait organisé lors du lancement de l'Optima. Sur un terrain très sinueux, nous avons pu pousser la voiture à sa limite absolue. Ces virages en lacets ont fait ressortir une étonnante tenue

de route pour une traction. Sauf dans une épingle extrêmement serrée, le sous-virage était minimal et j'ai été agréablement surpris par l'absence quasi totale d'effet de couple dans le volant, même en forte accélération. Malgré un traitement assez rude, l'Optima a bien encaissé ce genre d'épreuve, même si les freins ont manifesté une surchauffe après plusieurs tours, une situation normale dans les circonstances.

Le comportement routier reste bien supérieur à la concurrence et l'insonorisation est particulièrement soignée. Cette qualité s'ajoute à une suspension qui encaisse sans broncher nos chères routes en ruines. Un peu plus et l'on se croirait dans une Mercedes, tellement le châssis est parfaitement au point. D'autant plus que dans la EX la mieux équipée et la plus chère, on trouvera un volant chauffant, des sièges climatisés, une caméra de recul, bref tout ce qu'on retrouve dans les voitures les plus chères sur le marché. Quelle que soit la version, la qualité de la finition impressionne et l'habitabilité permet d'accueillir quatre personnes, sinon cinq pour de brèves périodes.

S'il arrive de se heurter la tête sur le pavillon en accédant aux places arrière dans la Sonata, le design de l'Optima échappe à cette critique. Le siège du passager avant est toujours un peu trop bas pour les gens de faible taille, mais un brin plus haut que celui de la Hyundai. Je ne comprends toujours pas toutefois qu'on se refuse, même sur une EX complètement équipée, à utiliser le même siège à commande électrique réservé au conducteur.

Précédée par une Sonata qui nous a véhiculés sans aucune faille tout au long du dernier hiver et pendant plus de 15 000 km, l'Optima de Kia possède déjà son certificat de fiabilité. De toute évidence, cette marque asiatique est partie pour la gloire.

 JACQUES DUVAL

Prix
21 995 à 33 695 $
Transport et préparation
1455 $

+ **Tenue de route stimulante**
+ **Équilibre des formes**
+ **Équipement exhaustif (LX +)**
+ **Fiabilité acquise**

– **Pas de moteur 6 cylindres**
– **Siège du passager avant trop bas**
– **Moteur bruyant à haut régime**

Consommation ville – route (L/100 km)
6,9 – 7,1 (Hyb)
9,8 – 6,8 (man. 2,4 l)
10,8 – 7 (aut. 2,4 l)
11,1 – 8,9 (turbo 2,0 l)

2012 **Nouveautés**
L'Optima a remplacé la Magentis en 2011

Principales concurrentes

Buick Regal, Chevrolet Malibu, Chrysler 200, Dodge Avenger, Ford Fusion, Honda Accord, Hyundai Sonata, Mazda6, Nissan Altima, Toyota Camry

KIA OPTIMA

Garanties de base – motopropulseur (an/km)	5/100 000 – 5/100 000
Marge de profit du concessionnaire (%)	6,80 à 7,03
Essence recommandée	ordinaire
Versions offertes	LX, EX, SX
Carrosserie	hayon 5 portes, berline 4 portes
Lieu d'assemblage	Corée du Sud
Valeur résiduelle	moyenne
Fiabilité présumée	inconnue
Renouvellement du modèle	nouveau modèle
Ventes 2010 Québec	(– 22 %) 3254

Technique

Dimensions et volumes

Empattement (mm)	2570
Longueur (mm)	4046 (hay.), 4366 (berl.)
Largeur (mm)	1720
Hauteur (mm)	1455
Volume intérieur passager (L)	n.d.
Volume du coffre (min. – max.) (L)	n.d.
Réservoir de carburant (L)	45
Fourchette de poids (kg)	n.d.

Châssis

Mode	traction
Suspension av. – arr.	ind. – semi-ind.
Freins av. – arr.	disques
Capacité de remorquage	non recommandé
Diamètre de braquage (m)	10,4
Pneus	185/65R15 (LX, EX), 205/45R17 (SX)

Performances

Modèle à l'essai	Rio5 EX (hayon)
Moteur	L4 DACT 1,6 litre 16s
Puissance (ch. à tr/min)	138 à 6300
Couple (lb·pi à tr/min)	123 à 4850
Rapport poids / puissance	n.d.
Transmission	automatique 6 rapports
Accélération 0-100 km/h (sec.)	9,9 (estimé)
Reprise 80-115 km/h (sec.)	7,5 (estimé)
Distance de freinage 100-0 km/h (m)	non mesurée
Niveau sonore à 100 km/h	moyen
Vitesse maximale (km/h)	185 (aut.), 190 (man.)
Consommation lors de l'essai (L/100 km)	7,1
Gaz à effet de serre (tonnes métriques)	5,1
Autres moteurs	aucun
Autres transmissions	man. 6 rapports

Protection collision

Frontale conducteur/passager	non évaluée
Latérale avant/arrière	non évaluée
Capotage 2rm/4rm	non évaluée

Kia
RIO

UNE REFONTE MAJEURE

Autrefois la mal-aimée des sous-compactes, la petite Rio de Kia rattrape le temps perdu et se permet une refonte majeure. Le style est nouveau, tout comme le moteur beaucoup plus raffiné et la technologie.

Dévoilée en version à hayon à Genève et en version berline à New York, question de bien associer les types de carrosserie à leur marché respectif, la sous-compacte de Kia quitte le difficile marché des voitures ultraéconomiques (dont le seul argument est le prix de vente) pour tenter sa chance dans celui hypercompétitif des sous-compactes « normales ». Pour y arriver, elle propose une nouvelle ligne fort dynamique et des mécaniques évoluées, bien de leur temps. Toutefois, le reste de la fiche technique ne change pas.

Présentée en trois versions, la Rio 2012 est équipée d'un moteur à quatre cylindres et injection directe de 1,6 litre avec, au choix, une boîte manuelle ou une boîte automatique, toutes deux à six rapports. Ce nouveau moteur propose ainsi plus de puissance que les autres de la catégorie, développant 138 ch tout en consommant environ 6 L/100km sur route. La Rio propose aussi la technologie DAR, une nouveauté dans la gamme Kia qui commande l'interruption du moteur pendant les arrêts dans la circulation et le redémarrage automatique dès que le conducteur relâche la pédale de frein, réduisant ainsi la consommation de carburant dans la circulation dense.

Conçues en Californie, les nouvelles Rio affichent des lignes d'épaule sculptées et inclinées et un extérieur affûté, projetant un profil plus athlétique que l'ancien, plutôt banal. Les deux modèles de la Rio présentent leur propre interprétation de la calandre Kia à l'allure amincie et au style plus jeune.

Afin d'accentuer encore l'allure, les rétroviseurs extérieurs sont montés sur les portes plutôt que sur des triangles en plastique, une rareté dans cette catégorie où le prix de revient est le maître d'œuvre. Les acheteurs en quête d'une allure sport plus raffinée opteront pour la SX avec, de série, des jantes de 17 po, des phares antibrouillard, des feux arrière combinés à DEL, deux embouts d'échappement chromés, des rétroviseurs avec feux de signalisation et, en exclusivité sur la Rio5, des phares de style projecteur.

Un habitacle plus vaste

À l'intérieur, la Rio enveloppe le conducteur et les passagers dans un habitacle plus moderne, centré sur un tableau de bord horizontal à trois cylindres, afin de rehausser la sensation d'espace et de confort. Un empattement accru rehausse grandement l'espace passagers et bagages, ajoutant au confort et proposant un bon dégagement pour la tête à l'avant et à l'arrière.

La version LX offre un ajusteur de la hauteur du siège du conducteur, tandis que la version EX ajoute les vitres à commande électrique avec abaissement et relèvement automatique de la vitre du conducteur, la connectivité sans fil Bluetooth, une

colonne de direction télescopique, des sièges arrière à dossier 60-40 rabattable et des garnitures de porte en cuirette. La SX propose des pédales en métal, des garnitures simili-métal, un volant et un pommeau de levier de vitesses gainé de cuir, une lampe de lecture avec support de lunettes de soleil, des miroirs illuminés, un totalisateur partiel, un régulateur de vitesse, un système de communication mains libres et de divertissement avec caméra de marche arrière, et des accents chromés à la grandeur.

Le groupe Éco, à l'intention des consommateurs qui se soucient de l'environnement, offre la technologie d'arrêt automatique aux feux rouges et un système Active Eco pour une efficacité énergétique optimale.

La Rio 2012 arrive sur une nouvelle plateforme – plus longue, plus large et plus basse que la génération précédente. Faisant appel à un acier à forte résistance à la traction, la légèreté de la Rio se combine à une rigidité accrue qui améliore la tenue de route, la qualité du roulement et le raffinement. Bien qu'il s'agisse d'une solution plus coûteuse, faire appel à ces matériaux accroît aussi la sécurité en cas d'accident tout en réduisant le poids. La Rio à traction avant utilise une suspension indépendante à l'avant et à l'arrière. À l'avant, on trouve des jambes MacPherson, des ressorts hélicoïdaux et une barre stabilisatrice, alors qu'à l'arrière, on voit un essieu à poutre de torsion. Ce sont des éléments identiques à ce qu'on trouvait sur la version précédente, donc pas de nouveautés de ce côté. La Rio 2012 sera en concession à la fin de l'automne.

LOUIS-ALAIN RICHARD

Prix
13 695 à 18 795 $
Transport et préparation
1455 $

+ **Apparence attrayante**
+ **Finition améliorée**

– **Prix à la hausse**

Consommation ville – route (L/100 km)
7,9 – 6,1

 2012

Nouveautés
Nouvelle génération
Moteur plus puissant

Principales concurrentes

Chevrolet Sonic, Ford Fiesta,
Honda Fit, Hyundai Accent, Mazda2,
Nissan Versa, Scion xD, Toyota Yaris

À savoir

Garanties de base – motopropulseur (an/km)	5/100 000 – 5/100 000
Marge de profit du concessionnaire (%)	6,91
Essence recommandée	ordinaire
Versions offertes	LX, EX, EX Premium, EX-V6, EX-V6 Luxe
Carrosserie	multisegment 5 portes (5 ou 7 places)
Lieu d'assemblage	Corée du Sud
Valeur résiduelle	moyenne
Fiabilité présumée	moyenne
Renouvellement du modèle	2013
Ventes 2010 Québec	(– 35 %) 3286

Technique

Dimensions et volumes

Empattement (mm)	2700
Longueur (mm)	4545
Largeur (mm)	1820
Hauteur (mm)	1650 (LX), 1700 (EX)
Volume intérieur passager (L)	3052 (5 pass.), 4413 (7 pass.)
Volume du coffre (min. – méd. – max.) (L)	185 – 898 – 2083
Réservoir de carburant (L)	60
Fourchette de poids (kg)	1515 à 1686
Répartition du poids av. – arr. (%)	57 – 43

Châssis

Mode	traction
Suspension av. – arr.	indépendante
Freins av. – arr.	disques
Capacité de remorquage (max.) (kg)	454 (L4)
Diamètre de braquage (m)	10,8 (16 po)/ 11 (17 po)
Pneus	205/60R16 (LX, EX), 225/50R17 (Premium, Luxe)

Performances

Modèle à l'essai	Rondo EX-V6 Luxe
Moteur	V6 DACT 2,7 litres 24s
Puissance (ch. à tr/min)	192 à 6000
Couple (lb-pi à tr/min)	184 à 4500
Rapport poids / puissance	8,78 kg / ch
Transmission	automatique 5 rapports
Accélération 0-100 km/h (sec.)	9,16
Reprise 80-115 km/h (sec.)	7,22
Distance de freinage 100-0 km/h (m)	40,8
Niveau sonore à 100 km/h	moyen
Vitesse maximale (km/h)	190 (V6), 185 (L4)
Consommation lors de l'essai (L/100 km)	11,8
Gaz à effet de serre (tonnes métriques)	8,5
Autres moteurs	L4 2,4 l (175 ch., 169 lb-pi)
Autres transmissions	aut. 4 rapports (L4)

Protection collision

Frontale conducteur/passager	excellente
Latérale avant/arrière	excellente
Capotage 2rm/4rm	bonne

L'AMI DES PETITES FAMILLES

Sachons reconnaître à Kia une audace qui le sert bien. Au lieu de suivre aveuglément ce que fait son partenaire Hyundai en offrant des clones de ses produits, le numéro deux sud-coréen présente plutôt des véhicules qui peuvent lui donner un avantage sur la concurrence. Avant la Soul, il y a eu le Rondo : sorti de nulle part, le petit porteur a bien servi jusqu'à maintenant des consommateurs en mal d'avoir un moyen de transport spacieux, abordable et polyvalent.

Le Rondo en offre beaucoup pour les petites familles, qui sont nombreuses parmi ses clients. Il offre assez de place pour transporter quatre ou cinq passagers, les sacs d'épicerie, l'équipement de hockey ou les bagages pour les longs trajets. Avec un budget plus que décent, qui se situe entre 20 000$ et 29 000$ en fonction du groupe choisi. Présent sur nos routes depuis cinq ans, ce multisegment compact n'a pas la plus belle gueule en ville, mais il n'a pas été non plus souvent victime de railleries et s'est avéré une solution de rechange raisonnable à la minifourgonnette classique, comme la Mazda5.

En ces temps où le prix du carburant est volatil et source d'inquiétude, le quatre-cylindres devrait être préféré au V6. Pour le consommateur avisé, le Rondo fait confiance au moulin Thêta de 175 ch avec son témoin Eco Minder. Gardien de votre consommation optimale, ce dispositif s'allume quand vous avez un comportement « vert » au volant. Le mauvais côté de la situation, c'est qu'on lui a boulonné une boîte automatique à seulement quatre rapports. Vivement une boîte plus souple avec cinq rapports, puisqu'elle est offerte uniquement avec le V6 2,7 litres de 192 ch.

Même si son rendement est moins agréable, le plus petit des deux moulins est assez puissant et moderne pour gagner la mise. Dans un créneau où le prix est un critère majeur, un groupe propulseur qui consomme davantage et qui exige 1200 $ de plus est un facteur important. Elle est supérieure au quatre-cylindres qui plafonne à 680 kg. Et il n'est pas question de rouage intégral au catalogue, ce qui alourdirait le véhicule et siphonnerait davantage de carburant.

En ville comme sur autoroute, cette quasi-minifourgonnette Kia étonne par sa conduite prévisible, même sur de petits chemins secondaires. Ce véhicule n'a rien de sportif et favorise le confort. Et son volume est surtout propice aux déplacements en zone urbaine. On souhaiterait quand même une tenue de route plus vivante, parce qu'il devient sous-vireur avant que le contrôle de la stabilité s'active pour corriger le tir.

Un habitacle polyvalent
Une des raisons qui a fait du Rondo un succès instantané en arrivant sur le marché est la polyvalence de son habitacle. Son gabarit trop petit ne permettait pas des

portes coulissantes, comme la Mazda5 ou la nouvelle Ford C-Max, mais on a eu le cran d'ajouter une troisième banquette en option. Le fait d'en installer une dans si peu d'espace était tout un défi à relever. Toutefois, cette banquette sera dévolue à des enfants, à cause de l'étroitesse des lieux. Autre détail, quand la troisième rangée de sièges est relevée, il ne reste que 185 litres d'espace de chargement. Ce volume passe à 898 litres pour la version cinq places ou quand on abaisse les sièges du jubé ! Et si on rabat en plus la rangée du milieu, l'espace grimpe alors à plus de 2000 litres.

Comme les véhicules de ce gabarit, la Rondo procure une position de conduite élevée. Les cadrans sont bien élaborés, mais on dénote une console en deux parties qui gagnerait à être d'un seul corps. Il y a de la place pour des porte-gobelets et un endroit pour déposer son téléphone portable, mais on pourrait faire mieux. Les sièges avant sont confortables sans plus et la banquette de la deuxième rangée encore moins.

La version cinq places avec climatisation est sans contredit le meilleur achat parmi les livrées offertes. Si le budget le permet, on peut même ajouter la sellerie en cuir dans les versions Premium. Malgré tout, Kia offre encore des rabais à l'achat comptant (c'est le cas depuis quelques années), ce qui rend le produit encore plus alléchant.

Kia rassure sa clientèle en offrant de bonnes garanties, notamment cinq ans ou 100 000 km sur le véhicule et les composantes mécaniques. Force est d'admettre que les rappels de véhicules n'ont pas été le lot du constructeur sud-coréen et que les mécaniques passent assez bien le temps, hormis une consommation supérieure à la moyenne et un entretien préventif qui doit être suivi.

MICHEL POIRIER-DEFOY

Prix
19 995 à 27 195 $
Transport et préparation
1650 $

+ Véhicule dans un créneau à part
+ Intérieur spacieux
+ Douceur de roulement

– Boîte à quatre rapports avec le quatre-cylindres
– Troisième rangée minimaliste
– Carrosserie anonyme

Consommation ville – route (L/100 km)
12 – 9 (L4),
13,2 – 9,3 (V6)

Nouveautés
2012 Changements mineurs

Principales concurrentes
Chevrolet Orlando, Dodge Journey, Ford C-Max, Mazda5

KIA RONDO

355

Garanties de base – motopropulseur (an/km)	5/100 000 – 5/100 000
Marge de profit du concessionnaire (%)	4,30 à 7,15
Essence recommandée	ordinaire
Versions offertes	LX, LX Commodité, EX, EX Luxe
Carrosserie	fourgonnette 5 portes (7 places)
Lieu d'assemblage	Corée du Sud
Valeur résiduelle	médiocre
Fiabilité présumée	passable
Renouvellement du modèle	2013
Ventes 2010 Québec	(– 20 %) 464

Technique

Dimensions et volumes

Empattement (mm)	3020
Longueur (mm)	5130
Largeur (mm)	1985
Hauteur (mm)	1760 (LX), 1805 (EX), 1830 (EX)
Volume intérieur passager (L)	4879
Volume du coffre (min. – méd. – max.) (L)	912 – 2268 – 4007
Capacité du réservoir de carburant (L)	75
Fourchette de poids (kg)	1984 à 2086
Répartition du poids av. – arr. (%)	57 – 43

Châssis

Mode	traction
Suspension av. – arr.	indépendante
Freins av. – arr.	disques
Capacité de remorquage (max.) (kg)	1588
Diamètre de braquage (m)	12,1
Pneus	225/70R16 (LX), 235/60R17 (EX)

Performances

Modèle à l'essai	Sedona EX Luxe
Moteur	V6 DACT 3,8 litres 24s
Puissance (ch. à tr/min)	271 à 6300
Couple (lb·pi à tr/min)	248 à 4500
Rapport poids/puissance	7,69 kg/ch
Transmission	automatique 6 rapports
Accélération 0-100 km/h (sec.)	9,53
Reprise 80-115 km/h (sec.)	7,34
Distance de freinage 100-0 km/h (m)	43
Niveau sonore à 100 km/h	moyen
Vitesse maximale (km/h)	190
Consommation lors de l'essai (L/100 km)	12,9
Gaz à effet de serre (tonnes métriques)	9,3
Autres moteurs	aucun
Autres transmissions	aucune

Protection collision

Frontale conducteur/passager	excellente
Latérale avant/arrière	excellente
Capotage 2rm/4rm	bonne

Kia
SEDONA

VIVEMENT LA RETRAITE

Dans le but de s'imposer avec ses produits, Kia a ajouté au fil des ans des véhicules dans son catalogue pour prouver que son arsenal était complet. Était-il vraiment nécessaire de proposer une Amanti quand le client voulait une sous-compacte ? Ou d'un Borrego quand un Sportage faisait l'affaire ? La Sedona a fait partie de cette brochette critiquable parce que le segment de la fourgonnette était en chute libre quand elle est arrivée sur le marché, en 2002, pour ensuite être renouvelée en 2006. Sinon, comment expliquer qu'on puisse l'acheter pour 25 % de moins qu'il y a six ans ?

Il nous arrive comme consommateur ou expert de nous demander pourquoi un constructeur n'importe pas un modèle en particulier. La décision finale repose sur de nombreux paramètres. Kia donne l'impression d'avoir voulu renverser la vapeur, ce qui ne fut pas un succès. Et si au moins, cette fourgonnette avait été sans reproche...

Après quelques améliorations au cours des années, le groupe propulseur est de meilleure qualité. Il s'agit d'un V6 de 3,8 litres qui génère 271 ch et qu'on module via une boîte automatique Steptronic à six rapports. Comme il est assoiffé en carburant, il aurait été préférable que Kia lui boulonne le V6 de 3,5 litres inauguré par son frère Sorento. Mais comme la Sedona est en fin de carrière, les ingénieurs ont préféré sans doute nous réserver une surprise avec la future fourgonnette de Kia qui devrait s'inspirer du concept KV7 présenté au cours de la dernière année dans de nombreux salons automobiles.

De la place pour sept

C'est en prenant place dans l'habitacle qu'on se rend compte que le poids est un facteur omniprésent dans la vie de la Sedona. Patauds, les sièges et les portières demandent plus d'effort pour les déplacer; plusieurs autres détails contribuent à engraisser son poids qui dépasse les deux tonnes et demie, une fois le réservoir de carburant plein et avec au moins quatre ou cinq occupants à bord. Le moteur est en mesure d'animer le véhicule sans trop de difficulté, mais au prix d'une consommation assez élevée. Même en jouant de l'accélérateur avec parcimonie, on peine à passer sous les 13 litres aux 100 km.

Il va de soi qu'on trouve une troisième banquette dans ce type de *people mover*. Il faut faire un peu d'exercice pour y accéder et on souhaite que ce soit des personnes de petite taille sur de courtes distances. En fait, ce sont les enfants qui y seront les plus à l'aise. Mieux vaut les répartir entre les rangées, question de ne pas déclencher un conflit mondial à chaque sortie. On logera cinq adultes sans problème, mais au-delà de ce nombre, quelqu'un devra en payer le prix. Les fauteuils avant sont nettement plus confortables et le poste du conducteur donne facilement accès à toutes les commandes, en plus de fournir une position de conduite surélevée. On reproche cependant à cet intérieur la faible qualité de ses plastiques et l'assemblage des composantes.

Par ailleurs, le court capot incliné procure un bon champ de vision aux conducteurs et conductrices qui ont de la difficulté à diriger ce genre de gros véhicule en ville ou à se stationner en parallèle dans des rues étroites. Concernant le chargement, on peut moduler la banquette du milieu et abaisser la troisième pour obtenir plus de 4000 litres de volume, mais l'espace minimal est déjà suffisant à 912 litres. On peut aussi remorquer jusqu'à 1588 kg (3500 lb) avec le bon équipement.

La tenue de route

Au chapitre du comportement routier, la Sedona sera plus indiquée en zone urbaine que pour les voyages au long cours. On l'a dotée d'une suspension qui manque de fermeté et qui s'incline en virage. Quant à la ville, il vaudrait mieux éviter aussi les nids-de-poule. On a reproché à la Sedona ses cliquetis et ses bruits de caisse, ce qui la fera décliner prématurément. Elle demandera également un surplus d'entretien pour vieillir avec sérénité. Les associations de consommateurs n'ont pas été tendres envers elle. Mais les dirigeants de KIA sont butés et la conservent dans leur alignement.

Il reste un élément qui pourra convaincre le consommateur, soit la garantie complète de cinq ans et 100 000 bornes dont profite le véhicule. Fort utile dans le cas d'une location où l'on tient à planifier un budget serré. Justement, le budget vaut le calcul, puisque l'habitude de consentir des rabais à l'achat et de bons taux d'intérêt sont une motivation supplémentaire et le lot de Kia depuis quelques années. Au lieu de revenir à des prix coupés comme c'était l'habitude, on préfère laisser un prix élevé qui ne convaincrait personne et on enlève une somme importante. Vivement une remplaçante ou la retraite...

🎯 **MICHEL POIRIER-DEFOY**

Prix
27 995 à 39 995 $
Transport et préparation
1650 $

+ Nombreux rangements
+ Motorisation améliorée
+ Rabais alléchant à l'achat

– Modèle en fin de carrière
– Consommation élevée
– Fiabilité et finition du produit

Consommation ville – route (L/100 km)
13,2 – 9,5

Nouveautés

2012 Boîte automatique 6 rapports
Moteur plus puissant en 2011

Principales concurrentes

Chrysler T&C, Dodge Grand Caravan,
Ford Transit Connect, Honda Odyssey,
Nissan Quest, Toyota Sienna, VW Routan

KIA SEDONA

357

Garanties de base –	
motopropulseur (an/km)	5/100 000 – 5/100 000
Marge de profit du concessionnaire (%)	5,99 à 7,38
Essence recommandée	ordinaire
Versions offertes	LX, EX, LX-V6, EX-V6,
	EX-V6 Luxe, SX V6
Carrosserie	multisegment 5 portes
	(5 ou 7 places)
Lieu d'assemblage	États-Unis
Valeur résiduelle	moyenne
Fiabilité présumée	passable
Renouvellement du modèle	2015
Ventes 2010 Québec	3647

Technique

Dimensions et volumes

Empattement (mm)	2700
Longueur (mm)	4670
Largeur (mm)	1885
Hauteur (mm)	1710
Volume intérieur passager (L)	2986
Volume du coffre	
(min. – méd. – max.) (L)	255 – 1047 – 2052
Réservoir de carburant (L)	68
Fourchette de poids (kg)	1620 à 1837
Répartition du poids av.-arr. (%)	61 – 39 (V6 4rm)
	59 – 41 (L4 2rm)

Châssis

Mode	traction, intégral
Suspension av. – arr.	indépendante
Freins av. – arr.	disques
Capacité de remorquage (max.) (kg)	750 (2,4 l),
	1588 (3,5 l)
Diamètre de braquage (m)	10,9
Pneus	235/65R17 (LX), 235/60R18 (EX)

Aptitudes hors route

Garde au sol min. (mm)	183
Angles d'approche/de rampe/de sortie (°)	28/n.d./28

Performances

Modèle à l'essai	Sorento EX-V6 Luxe (4rm)
Moteur	V6 DACT 3,5 litres 24s
Puissance (ch. à tr/min)	276 à 6300
Couple (lb-pi à tr/min)	248 à 5000
Rapport poids / puissance	6,65 kg / ch
Transmission	semi-automatique
	6 rapports
Accélération 0-100 km/h (sec.)	7,92
Reprise 80-110 km/h (sec.)	4,98
Distance de freinage 100-0 km/h (m)	39,6
Niveau sonore à 100 km/h	moyen
Vitesse maximale (km/h)	195 (V6), 180 (L4)
Consommation lors de l'essai (L/100 km)	11,2
Gaz à effet de serre (tonnes métriques)	8,1
Autres moteurs	L4 2,4 l (175 ch., 169 lb-pi)
Autres transmissions	man. 6 rapports (2,4 l)

Protection collision

Frontale conducteur/passager	excellente
Latérale avant/arrière	excellente
Capotage 2rm/4rm	bonne

Kia
SORENTO

SÉDUIRE PAR LE PRIX

Par son format, le Sorento annonce ses couleurs : le constructeur de la Corée du Sud veut attirer des acheteurs cherchant un véhicule spacieux et polyvalent, mais qui n'ont pas envie de verser du côté d'une fourgonnette. Le multisegment de Kia doit toutefois négocier avec une pléthore de rivaux.

Comme il est haut sur roues, le conducteur domine la route lorsqu'il prend place derrière le volant. Il lui est possible de trouver facilement une bonne position de conduite et d'utiliser facilement les diverses commandes. Seul le bouton pour activer l'essuie-glace arrière, placé à gauche sur la console, loge au mauvais endroit. La présentation intérieure n'apporte rien de véritablement novateur dans la catégorie. Mais l'ensemble est de bon goût.

S'il est une chose qui a beaucoup évolué chez Kia, et qui fait parfois l'envie d'autres constructeurs, c'est la qualité des matériaux utilisés et de leur assemblage. L'ensemble dégage une belle impression de solidité. Le constructeur ajoute toujours de petits détails, souvent absents dans des véhicules plus chers. Par exemple, le soir, tous les boutons sont illuminés, ce qui évite de tâtonner dans le noir pour baisser une glace ou déverrouiller les portes. Des éléments chauffants logent également dans les sièges avant de toutes les versions. Sur les versions cossues, l'habitacle est baigné de lumière au moyen d'un toit ouvrant panoramique. C'est une caractéristique plutôt unique dans cette catégorie.

L'accès aux places arrière est facile. Une fois assis, les passagers apprécieront le bon dégagement pour les jambes et la tête ainsi que le confort général des assises de la banquette. Sur les versions équipées du V6, le Sorento peut recevoir une petite banquette pour meubler la troisième rangée. L'accès exige toutefois davantage de coordination. Et le confort est précaire. De plus, lorsqu'ils sont sortis de leur cachette, les deux places réduisent considérablement le volume de l'espace utilitaire. Ils ont toutefois le mérite d'être pratiques en cas de besoin. Dans le cas des versions à cinq passagers, la cavité pour recevoir ces deux sièges est occupée par un coffre de rangement fermé par un couvercle. Au sujet du rangement, le véhicule compte de nombreux espaces, dont une immense console centrale.

Déjà vu

Pour animer les roues avant du Sorento, Kia offre deux mécaniques : un quatre-cylindres et un V6. Vous ne serez pas étonné d'apprendre que le premier moteur procure des performances moins intéressantes que le second, surtout lorsqu'il est question de tirer une tente-roulotte ou de loger cinq passagers, leurs bagages et une boîte de transport remplie sur le toit. Vous ne serez pas davantage étonné d'apprendre que le quatre-cylindres réplique avec moins de discrétion que le V6 au moment d'enfoncer l'accélérateur et d'effectuer une manœuvre de dépassement.

Étant donné le poids du véhicule, le V6 est mieux adapté. Il fonctionne avec plus de douceur et de souplesse. Mais pour gagner la centaine de chevaux additionnels, vous devrez ajouter plusieurs milliers de dollars au total de la facture. La consommation

moyenne du V6 atteint moins de 13 L/100 km. La boîte de vitesses à six rapports fonctionne avec une grande douceur et un étagement de rapports exempt de critique. Une boîte manuelle à six rapports est livrée de série sur la version LX de base. Toujours de série, le véhicule est équipé d'un dispositif qui permet de limiter la vitesse du véhicule dans une pente abrupte ou de l'empêcher de reculer. Sur les versions à rouage intégral, un bouton permet d'obtenir une répartition égale de la puissance entre les roues avant et arrière. C'est une caractéristique pratique en situation d'enlisement.

Depuis la refonte, en 2010, le Sorento présente un comportement routier plus proche de celui d'une voiture que d'un camion. La direction est bien dosée et elle répond assez rapidement aux demandes du conducteur, dans les limites permises par un véhicule dont le centre de gravité est élevé. Sur les pavés plus raboteux, la fermeté de la suspension peut entraîner des secousses qui n'ont rien d'exagérément inconfortable. Cette fermeté le sert toutefois bien en virages plus prononcés, les mouvements de la carrosserie étant mieux contrôlés. Sur les voies rapides, la portée est confortable et la douceur de roulement figure au carnet des qualités. Les freins assurent par ailleurs des arrêts dans des limites respectables.

Le verdict final est positif. Kia propose un véhicule intéressant du point de vue de la qualité de conception. Personne n'aurait osé comparer un véhicule Kia à un véhicule Honda ou Toyota. Aujourd'hui, le Sorento peut l'être plus facilement. Il n'en demeure pas moins que le véhicule n'est pas original. En fait, les concepteurs ont repris, comme ils le font toujours d'ailleurs dans leurs autres véhicules, les meilleures idées des concurrents, Toyota en tête de liste. Mais son prix peut séduire, car il coûte plusieurs milliers de dollars de moins.

 JEAN-PIERRE BOUCHARD

Prix
23 995 à 40 895 $
Transport et préparation
1650 $

+ **Habitacle spacieux**
+ **Douceur de roulement**
+ **Moteur V6**
+ **Détails dans la présentation**

– **Performances anémiques (L4)**
– **Ergonomie de certaines commandes**

Consommation ville – route (L/100 km)

11,9 – 8,8 (man., 2rm 2,4 l)
11,4 – 8,2 (aut., 2rm 2,4 l)
11,9 – 9,1 (aut., 2rm 3,5 l)
11,3 – 8,8 (aut., 4rm 2,4 l)
13,2 – 9,7 (aut., 4rm 3,5 l)

2012 **Nouveautés**
Changements mineurs

Principales concurrentes

Ford Edge/Explorer, GMC Terrain, Hyundai Santa Fe, Jeep Grand Cherokee, Mazda CX-7, Mitsubishi Outlander, Nissan Murano, Toyota RAV4/4Runner

Terrain Response si vous vous trouvez dans la neige, la boue ou le sable afin que la gestion du rouage intégral soit optimisée.

Formule concentrée

Malgré son format compact, l'Evoque n'a rien à envier à ses grands frères ou à la concurrence en matière de présentation intérieure. Il n'est certes pas le plus spacieux, mais l'ambiance qui règne à bord est luxueuse. Le cuir fin trouve refuge sur les sièges, le volant et tous les panneaux où il était possible d'en greffer. L'aluminium brossé est aussi ultra-présent, mais ne refroidit pas l'atmosphère, comme c'est parfois le cas chez la concurrence allemande. Côté aménagement, les Britanniques (à moins que ce ne soient les Indiens?) savent faire. Selon l'humeur du moment, la teinte de l'éclairage peut même être personnalisée. À ce sujet, en tournant la molette de la transmission automatique d'inspiration Jaguar en mode sport, le passage des six rapports de la boîte se fera non seulement de façon plus énergique, mais l'éclairage tournera automatiquement au rouge, question d'éveiller les sens.

Pour un véhicule qui fait osciller la balance à environ 1700 kg, son habitacle n'est certes pas le plus polyvalent. Sa ligne de toit tranche non seulement sur l'espace de chargement, mais également du côté du dégagement pour la tête des passagers arrière. Inutile de spécifier que le modèle coupé est moins généreux encore. Sur une note plus joyeuse, il s'agit d'un des rares véhicules utilitaires privilégiant le conducteur et son passager avant. Si vous désirez créer une impression de grand espace dans l'habitacle, vous pouvez toujours opter pour le toit en verre, moyennant supplément. À défaut de représenter une aubaine, l'Evoque est une solution de rechange intéressante aux autres véhicules de la marque, plus gros, plus énergivores et plus coûteux. Et si la fiabilité est au rendez-vous, ce pourrait aussi être une réponse solide aux Mercedes GLK, Audi Q5, BMW X3.

🜨 **DANIEL CHARETTE**

Prix
45 000 $ (U.S.)
Transport et préparation
1270 $ (préparation en sus)

+ Fière allure
+ Intérieur luxueux
+ Moteur quatre cylindres turbo

− Prix élevé
− Fiabilité incertaine
− Vocation nébuleuse
  (modèle 3 portes)

Consommation ville – route (L/100 km)
12,9 – 7,9

 2012

Nouveautés

Tout nouveau modèle

Principales concurrentes

Acura RDX, Audi A5, BMW X3,
Cadillac SRX, Lexus RX, Lincoln MKX,
Mercedes GLK, Volvo XC60

LAND ROVER RANGE ROVER EVOQUE

Garanties de base – motopropulseur (an/km)	4/80 000 – 4/80 000
Marge de profit du concessionnaire (%)	11,11
Essence recommandée	super
Versions offertes	Base, HSE, HSE LUX
Carrosserie	utilitaire sport 5 portes
Lieu d'assemblage	Grande-Bretagne
Valeur résiduelle	moyenne
Fiabilité présumée	passable
Renouvellement du modèle	inconnu
Ventes 2010 Québec	(-39 %) 67

Technique

Dimensions et volumes

Empattement (mm)	2660
Longueur (mm)	4500
Largeur (mm)	1910
Hauteur (mm)	1740
Volume intérieur passager (L)	n.d.
Volume du coffre (min. – max.) (L)	755 – 1670
Réservoir de carburant (L)	70
Fourchette de poids (kg)	1930

Châssis

Mode	intégral
Suspension av. – arr.	indépendante
Freins av. – arr.	disques
Capacité de remorquage (max.) (kg)	1588
Diamètre de braquage (m)	11,3
Pneus	235/60R18, 235/55R19 (opt.)

Aptitudes hors route

Garde au sol min. (mm)	210
Angles d'approche/ de rampe/de sortie (°)	29/22/32

Performances

Modèle à l'essai	LR2 HSE
Moteur	L6 DACT 3,2 litres 24S
Puissance (ch. à tr/min)	230 à 6300
Couple (lb·pi à tr/min)	234 à 3200
Rapport poids/puissance	8,39 kg/ch
Transmission	semi-automatique 6 rapports
Accélération 0-100 km/h (sec.)	8,83
Reprise 80-115 km/h (sec.)	6,11
Distance de freinage 100-0 km/h (m)	39,8
Niveau sonore à 100 km/h	moyen
Vitesse maximale (km/h)	200
Consommation lors de l'essai (L/100 km)	13,2
Gaz à effet de serre (tonnes métriques)	9,5
Autres moteurs	aucun
Autres transmissions	aucune

Protection collision

Frontale conducteur/passager	non évaluée
Latérale avant/arrière	non évaluée
Capotage 2rm/4rm	non évaluée

Land Rover
LR2

MARQUÉ «4X4» AU FER ROUGE

Avec l'éclosion des pays comme la Chine et l'Inde, il devient évident qu'on ne pourra éviter la crise pétrolière annoncée. Pour tenter de réduire notre dépendance à l'or noir, chaque constructeur propose ses solutions. Dans le cas des marques de prestige, ce n'est pas toujours facile, puisque les véhicules offerts sont habituellement plus gros et exigent des motorisations en conséquence. D'un autre côté, il est plus aisé pour une marque de luxe d'équiper ses véhicules de motorisation hybride ou de moteurs à essence plus raffinés pour ensuite refiler les augmentations de coût aux acheteurs.

Dans le cas de Land Rover, il y a longtemps que la marque britannique tourne en rond et tarde à mettre au point des modèles moins énergivores. Depuis des lustres, on dit que les prochaines générations des Range Rover et LR4 seront moins lourdes et propulsées par une technologie hybride. Mais le temps file, et rien de concret ne résulte. À la défense de Land Rover, mentionnons que tous ses modèles sont proposés avec des moteurs au diésel. Oui, partout, sauf en Amérique du Nord... Pourquoi? Demandez à nos voisins habitant au sud du 45e parallèle! Les Américains n'aiment pas ce type de motorisation, sans compter les tractations des pétrolières et des raffineries qui découragent toute initiative des constructeurs automobiles. Aussi, il faut savoir que les moteurs diésel de Land Rover sont moins évolués que le BlueTEC de Mercedes-Benz ou le TDI d'Audi et Volkswagen. Résultat, les engins qui propulsent les Land Rover ne sont pas nécessairement conformes à nos normes antipollution.

La fin du LR2?

Cette année, Land Rover frappe un grand coup avec la venue de l'Evoque, un modèle de taille compacte à roues avant motrices. Ce qui démontre que Land Rover veut se mettre au régime gastrite. Mais la commercialisation de l'Evoque menace-t-elle la survie du LR2? Non, puisque les deux modèles courtisent une clientèle différente. Qui plus est, il faut savoir qu'en Europe notamment, où le LR2 est vendu sous le nom de Freelander, il est aussi proposé en mode traction. Qui aurait prédit un tel revirement? En effet, les véhicules Land Rover sont marqués «4X4» au fer rouge depuis plus de 60 ans.

Puisque le nouvel Evoque épouse des lignes furtives et qu'il sera offert en modèle à hayon avec trois ou cinq portes, on comprend qu'il s'agit d'un multisegment sport compact, tandis que le LR2 et ses formes carrées à la Land Rover s'adresse à une clientèle plus traditionnelle. D'ailleurs, chez nous, pas plus l'Evoque que le LR2 ne seront offerts avec un rouage à roues avant motrices. La traction à quatre roues motrices est de série sur tous les modèles et versions.

Une concurrence sans merci

Depuis qu'il a remplacé le Freelander, en 2008, le LR2 n'a pas eu la vie facile. S'il fut une époque où son seul rival était le BMW X3, les temps ont changé. En effet,

de nombreux concurrents envahissent maintenant dans son terrain de jeux. On retrouve les Mercedes-Benz GLK, Audi Q5 et Volvo XC60, sans oublier les Cadillac SRX, Lexus RX et Lincoln MKX. Il faudrait aussi ajouter à ce tableau le Jeep Grand Cherokee et le Saab 9-4X (s'il voit le jour). Bref, la partie n'est pas commencée que le LR2 a déjà perdu. Non pas qu'il s'agisse d'un mauvais véhicule; son style, son exclusivité et ses capacités hors route demeurent ses points forts. Mais son talon d'Achille, c'est son réseau de distribution. Comme il est destiné aux gens qui vivent à la campagne ou en montagne, il n'est pas aisé de prendre rendez-vous avec un concessionnaire: ils sont tous situés en milieu urbain.

Si l'on achète un véhicule portant l'estampille Land Rover, on ne fait pas beaucoup de concessions en matière de luxe. La seule version offerte au catalogue du LR2 répond aux exigences. Les aménagements y sont soignés et on constate que les concepteurs ont porté attention à l'habitacle. Pour certains, la sobriété sera perçue comme austère, voire triste. Grâce à la modularité de la banquette et la présence d'un sac à skis, il est aisé de faire des activités de plein air ou de transporter des objets de tout acabit.

Côté motorisation, son six-cylindres en ligne fait équipe avec une boîte automatique à six rapports. Rien n'a été négligé du côté de la sécurité: les occupants sont bardés d'armures. Au volant, le grand débattement des suspensions assure une bonne douceur de roulement, et ce, malgré la présence de barres antiroulis assez rigides. Grâce à la sophistication de son rouage à quatre roues motrices Terrain Response, la motricité ne fera jamais défaut, à moins de tomber en panne. Quant aux nombreuses aides à la conduite, leur présence est rassurante.

🚗 **JEAN-FRANÇOIS GUAY**

Prix
44 950 – 48 750 $
Transport et préparation
1270 $ (préparation en sus)

 + Ses capacités hors route
+ Le confort des suspensions
+ La solidité de la caisse

 – Son avenir incertain
– Sa fiabilité aléatoire
– Sa valeur de revente

 Consommation ville – route (L/100 km)
15,8 – 10,6

2012 Nouveautés
Changements mineurs

 Principales concurrentes
Audi Q5, BMW X3, Cadillac SRX, Lexus RX, Lincoln MKX, Mercedes GLK, Saab 9-4x, Volvo XC60

À savoir

Garanties de base – motopropulseur (an/km)	4/80 000 – 4/80 000
Marge de profit du concessionnaire (%)	11,11
Essence recommandée	super
Versions offertes	Base, HSE, HSE LUX
Carrosserie	utilitaire sport 5 portes (5 ou 7 places)
Lieu d'assemblage	Grande-Bretagne
Valeur résiduelle	bonne
Fiabilité présumée	passable
Renouvellement du modèle	inconnu
Ventes 2010 Québec	(+ 114 %) 90

Technique

Dimensions et volumes

Empattement (mm)	2885
Longueur (mm)	4838
Largeur (mm)	2022
Hauteur (mm)	1831
Volume intérieur passager (L)	n.d.
Volume du coffre (min. – méd. – max.) (L)	280 – 1192 – 2258
Réservoir de carburant (L)	86,3
Fourchette de poids (kg)	2548

Châssis

Mode	intégral
Suspension av. – arr.	indépendante
Freins av. – arr.	disques
Capacité de remorquage (max.) (kg)	3500
Diamètre de braquage (m)	11,45
Pneus	255/55R19, 275/40R20 (opt.)

Aptitudes hors route

Garde au sol min. (mm)	185 à 240
Angles d'approche/de rampe/de sortie (°)	37/28/30

Performances

Modèle à l'essai	LR4 HSE
Moteur	V8 DACT 5,0 litres 132s
Puissance (ch. à tr/min)	375 à 6500
Couple (lb·pi à tr/min)	375 à 3500
Rapport poid/puissance	6,79 kg/ch
Transmission	automatique 6 rapports
Accélération 0-100 km/h (sec.)	7,98
Reprise 80-115 km/h (sec.)	5,55
Distance de freinage 100-0 km/h (m)	40
Niveau sonore à 100 km/h	bon
Vitesse maximale (km/h)	195
Consommation lors de l'essai (L/100 km)	15,7
Gaz à effet de serre (tonnes métriques)	11,3
Autres moteurs	aucun
Autres transmissions	aucune

Protection collision

Frontale conducteur/passager	non évaluée
Latérale avant/arrière	non évaluée
Capotage 2rm/4rm	non évaluée

Land Rover
LR4

LE CŒUR OU LA RAISON?

Avant de nous attarder à l'arbre généalogique de cet utilitaire britannique, il faut savoir que le LR4 porte le nom de Discovery 4 partout sur la planète sauf chez nous, aux États-Unis, au Mexique et dans quelques pays du Moyen-Orient. On se rappellera que l'appellation Discovery a été supprimée de notre vocabulaire à la fin de 2004. De mémoire, ce changement de nom visait à nous faire oublier la piètre réputation du Discovery en matière de qualité et de fiabilité. En 2005, son successeur a pris le nom de LR3 pour ensuite utiliser les lettres et chiffre LR4 en 2010. Tous les Land Rover jouissent d'une haute estime auprès d'une clientèle aisée et sensible au prestige de cette marque aristocratique.

Même si ses formes angulaires vont à contre-courant des tendances actuelles, la silhouette familière du LR4 ne semble pas vieillir. Ses cibles avouées, comme les Audi Q7, BMW X5 et Lexus GX (pour ne nommer que ceux-là, puisque le LR4 ratisse large), adoptent des silhouettes plus dynamiques. Quoique la récente version Titane du Flex ressemble au LR4 à s'y méprendre. Comme quoi les stylistes de Ford n'ont pas coupé tous les liens qui les unissaient à Land Rover, que Tata Motors a acheté en 2008. Par rapport aux défunts Discovery I et Discovery II, le LR3, comme le LR4, n'a cessé de se raffiner. Les trois portées de la caisse (longueur, largeur et empattement) sont plus grandes dans tous les sens.

Qu'à cela ne tienne, l'habitacle a été peaufiné avec le même souci. Les décorateurs ont réussi à préserver au fil des ans l'inimitable caractère, désuet peut-être, mais chaleureux de ce Land Rover. Sachant cela, il ne faut alors pas s'étonner que le tableau de bord ressemble à celui de son ancêtre Discovery avec sa multitude d'interrupteurs et ses commandes pas toujours faciles à identifier ou à repérer. Comme ces poignées de portes intérieures perchées en hauteur, des vide-poches pas toujours commodes en safari et un volant à gros boudin qui jette un voile sur certaines commandes ou certains instruments de la planche de bord.

Malgré la présence d'une console centrale toujours aussi large à cause du tunnel de transmission, les fauteuils demeurent confortables. Mais s'il y a un aspect où le LR4 écrase la concurrence, c'est en ce qui concerne l'aménagement des banquettes arrière. Grâce à sa ligne de toit étagée, les deux rangées de sièges forment des gradins comme dans une salle de spectacle. En plus de profiter d'une vue imprenable vers l'extérieur, le toit panoramique éclaire équitablement les trois rangées de sièges. Le seul hic est de s'installer sur l'une des banquettes, car les portières sont courtes et logées juste au-dessus des puits de roues, ce qui complique l'embarquement. Par ailleurs, attention à ne pas vous salir, surtout les enfants! En hiver, votre LR4 et le calcium deviendront les meilleurs amis de votre nettoyeur. À défaut d'être aisément accessibles, les banquettes se replient pour accroître le volume de chargement.

Pour aller aux petits fruits

Reconnu comme étant l'un des meilleurs baroudeurs au monde, le LR4 est affublé d'une longue liste d'aides à la conduite: une boîte de transfert électronique à deux vitesses, un différentiel arrière central verrouillable, un contrôle d'adhérence en pente avec système de relâchement des freins, une suspension pneumatique qui permet de remonter la garde au sol de 125 mm, sans oublier son réputé système Terrain Response qui optimise les réglages de la motricité et permet de rouler en toute confiance dans la boue, le sable ou la neige, sur le gravier, l'herbe ou la rocaille. Ajoutez à cet attirail un court diamètre de braquage et vous avez un véhicule hors du commun pour prendre la clé des champs.

Tandis que ses frères Range Rover proposent deux moteurs, l'un atmosphérique et l'autre avec compresseur, le choix est plus simple dans le LR4 et se limite à un V8 non suralimenté de cinq litres. Développant une puissance et un couple fort respectables, il convient parfaitement à sa personnalité. Il est juste dommage qu'aucun moteur diésel ne soit offert chez nous, alors que les acheteurs des autres continents peuvent choisir entre deux V6 turbo s'alimentant au diésel: un 2,7 litres et un 3 litres.

Que doit-on conclure au sujet du LR4? Qu'il s'agit d'un utilitaire trop lourd et trop peu performant pour justifier la somme exigée? Faux. Son échelle de prix se compare à ses rivaux allemands et américains. Et d'un point de vue plus subjectif, il bénéficie d'un inimitable caractère, procure une sensation de bien-être qui ne vous abandonne pas et vous transporte, indépendamment de la nature du terrain, avec une suprême élégance. Le cœur ou la raison? À vous de choisir!

🛞 **JEAN-FRANÇOIS GUAY**

Prix
59 990 à 70 970 $
Transport
1270 $ (préparation en sus)

+ Qualité et fiabilité en progrès
+ L'aménagement de l'habitacle
+ Ses capacités hors route indéniables

– L'absence d'un moteur diésel
– Son tableau de bord alambiqué
– Le coût des pièces de remplacement

Consommation ville – route (L/100 km)
19,5 – 13,7

Nouveautés
2012
Changements mineurs

Principales concurrentes

Audi Q7, BMW X5, Dodge Durango, Ford Expedition, GMC Yukon, Lexus GX, Mercedes ML/GL, Volvo XC90

LAND ROVER LR4

À savoir

Garanties de base – motopropulseur (an/km)	4/80 000 – 4/80 000
Marge de profit du concessionnaire (%)	11,11
Essence recommandée	super
Versions offertes	HSE, GT, HSE LUX, Suralimenté, Autobiographie
Carrosserie	utilitaire sport 5 portes (5 places)
Lieu d'assemblage	Grande-Bretagne
Valeur résiduelle	bonne
Fiabilité présumée	passable
Renouvellement du modèle	2014
Ventes 2010 Québec	(+ 40 %) 52 (RR)
	(+ 37 %) 240 (RR Sport)

Technique

Dimensions et volumes

Empattement (mm)	2880 (RR), 2745 (RR Sport)
Longueur (mm)	4972 (RR), 4783 (RR Sport)
Largeur (mm)	2034 (RR), 1932 (RR Sport)
Hauteur (mm)	1877 (RR), 1784 (RR Sport)
Volume intérieur passager (L)	n.d.
Volume du coffre (min. – max.) (L)	983 – 2099 (RR), 958 – 2013 (RR Sport)
Réservoir de carburant (L)	104,5 (RR), 88 (RR Sport)
Fourchette de poids (min. – max.) (kg)	2580 à 2810 (RR), 2513 à 2638 (RR Sport)

Châssis

Mode	intégral
Suspension av. – arr.	indépendante
Freins av. – arr.	disques
Capacité de remorquage (max.) (kg)	3500
Diamètre de braquage (m)	12 (RR), 11,5/11,9 (RR Sport)
Pneus	255/55R19 (atm.), 255/50R20 (comp.)

Aptitudes hors route

Garde au sol min. (mm)	231 à 283 (RR), 172 à 227 (RR Sport)
Angles d'approche/de rampe/de sortie (°)	34/30/27 (RR), 35/25/29 (RR Sport)

Performances

Modèle à l'essai	Range Rover Sport Suralimenté
Moteur	V8 comp. DACT 5,0 litres 32s
Puissance (ch. à tr/min)	510 à 6000
Couple (lb-pi à tr/min)	461 à 2500
Rapport poids/puissance	5,17 kg/ch
Transmission	semi-automatique 6 rapports
Accélération 0-100 km/h (sec.)	6,2 (comp.), 7,5 (atm.)
Reprise 80-115 km/h (sec.)	3,9
Distance de freinage 100-0 km/h (m)	38,5
Niveau sonore à 100 km/h	bon
Vitesse maximale (km/h)	225 (comp.), 210 (atm.)
Consommation lors de l'essai (L/100 km)	16,6
Gaz à effet de serre (tonnes métriques)	12
Autres moteurs	V8 5,0 l (375 ch., 375 lb-pi)
Autres transmissions	aucune

Protection collision

Frontale conducteur/passager	non évaluée
Latérale avant/arrière	non évaluée
Capotage 2rm/4rm	non évaluée

Land Rover
RANGE ROVER / SPORT

SA MAJESTÉ, LE ROI

À l'instar des visites royales, acquérir un Range Rover coûte les yeux de la tête. Payer environ cent mille dollars pour un véhicule, même s'il est le roi des utilitaires sport, c'est beaucoup d'argent. Mais c'est la somme que devra débourser quiconque désire voir ce véhicule britannique orner son entrée de garage.

Toutefois, une somme aussi faramineuse pour un amas d'acier et de caoutchouc, est-ce exagéré? Cela semble exorbitant de prime abord, et ce, même si on prend en considération la qualité noble des matériaux utilisés dans l'habitacle: cuir fin Blenheim ou Oxford, boiserie en cerisier ou ronce de noyer, plastiques doux et moquette soyeuse au toucher, etc. Mais, si vous avez les moyens et que vous voulez un véhicule original, le coût peut être justifié.

Les VUS qui procurent un sentiment aussi exclusif que le Range Rover sont assez restreints. Parmi les initiés, on pourrait inclure le BMW X5 M, les BMW X6 M et X6 ActiveHybrid, le Cadillac Escalade Hybride, le Lexus LX, le Mercedes-Benz Classe ML63 AMG et le Porsche Cayenne Turbo. Des véhicules dont la facture avoisine les six chiffres. Mais, en poussant l'investigation plus loin, on constate que l'échelle de prix du Range Rover a diminué depuis quatre ans, tandis que celle des ses rivaux a augmenté, ou au mieux est demeurée stable.

Deux modèles, deux prix

En somme, si l'achat d'un Range Rover frôle la démesure, il est possible d'être plus raisonnable en optant pour le modèle Sport à empattement court. D'ailleurs, il se vend cinq fois plus de Range Rover Sport au Québec que de Range Rover à long empattement. Au Canada, les proportions des ventes sont moindres, à deux pour un en faveur du modèle Sport. Mais quelles sont les différences? Elles sont nombreuses. Succinctement, disons que le RR Sport permet d'économiser plus ou moins 20 000 $ à l'achat, en plus de proposer un comportement routier plus incisif sur le sec.

En contrepartie, ce carrosse royal n'offre pas le confort divin associé aux suspensions à long débattement du «vrai» Range Rover (premier de ce nom), ni les mêmes habiletés pour parcourir les sentiers du domaine. La garde au sol du grand Range Rover peut atteindre 283 mm grâce à sa suspension pneumatique, alors que celle du RR Sport s'élève à 227 mm. À moins d'avoir été modifié par un atelier spécialisé, aucun VUS de série n'offre autant de dégagement pour s'aventurer en terrain accidenté. Pour les passages à gué, les deux modèles peuvent traverser un ruisseau d'une profondeur de 700 mm (27,6 po). Même chose pour leur frère, le LR4. Quant aux cadets de la famille, le LR2 et le nouveau Evoque, ils peuvent traverser un cours d'eau de 500 mm (19,7 po).

Frôlant les deux tonnes et demie à la pesée, les deux Range Rover frisent l'excès pondéral. Heureusement, leur cœur est en grande forme. Pour les balades en ville,

le V8 atmosphérique de cinq litres est suffisant avec ses 375 ch et 375 livres-pieds de couple. Jumelé à la boîte semi-automatique à six rapports, ce tandem évitera de défier les limites de vitesse. Pour tenter le diable, l'ajout d'un compresseur augmente la puissance à plus de 500 ch. Moins agile qu'un X5 M ou un ML63 AMG sur un parcours sinueux et moins prompt en accélérations sur une ligne droite, le RR Sport à moteur suralimenté entretient tout de même avec le conducteur une relation de grand bonheur. Solide comme le roc, il transmet un sentiment d'invincibilité. Mais attention! S'il réussit à freiner comme un mufle grâce à ses énormes disques et étriers, il ne faut pas surévaluer cette monture.

Les modèles Range Rover cultivent une liaison étroite avec les richards de la planète. Par contre, leurs liens avec les environnementalistes ne sont pas au beau fixe. On comprend, quand on considère leur appétit en carburant. Surtout en hiver, alors que la consommation du moteur suralimenté dépasse les 20 litres aux 100 km, et ce, même en caressant la pédale d'accélérateur. Durant la belle saison, il ingurgite sans réserve entre 16 et 17 litres aux 100 km. Pour des visites espacées à la pompe, le V8 atmosphérique représente un choix plus sensé.

La prochaine génération

Pour diminuer son appétit, la prochaine génération de Range Rover prévue pour 2013-2014 proposera des motorisations plus modernes. Toutefois, le principal défi des ingénieurs sera de réduire le poids de ces mastodontes avec l'emploi d'aluminium dans le châssis et la carrosserie. Côté motorisation, il est possible qu'un système hybride calqué sur celui de la Volt fasse son apparition. On s'entend qu'une telle technologie fera augmenter le prix, sans oublier les problèmes de fiabilité... À ce propos, la gamme Land Rover a fait des progrès, selon l'une des dernières études de la firme J.D. Power.

🚗 **JEAN-FRANÇOIS GUAY**

Prix
73 200 à 112 280 $
Transport et préparation
1270 $ (préparation en sus)

+ L'accessibilité du modèle RR Sport
+ La qualité des matériaux et l'ambiance à bord
+ Les aptitudes hors route

– La consommation gargantuesque
– La fiabilité pas toujours au rendez-vous
– Nous faire sentir aussi pauvre

Consommation ville – route (L/100 km)
18,1 – 13,3 (V8 5,0 l)
19,5 – 13,6 (V8 comp. 5,0 l)

2012 **Nouveautés**

Changements mineurs

Principales concurrentes

RR : Cadillac Escalade, GMC Yukon Denali, Infiniti QX, Lexus LX, Lincoln Navigator, Mercedes-Benz GL/G

RR Sport : BMW X5/X6, Infiniti FX, Mercdes ML, Porsche Cayenne

LAND ROVER RANGE ROVER / SPORT

Garanties de base – motopropulseur (an/km)	4/80 000 – 6/110 000
Marge de profit du concessionnaire (%)	7,56
Essence recommandée	super
Versions offertes	Base, Touring, Premium, Technologie
Carrosserie	hayon 5 portes
Lieu d'assemblage	Japon
Valeur résiduelle	bonne
Fiabilité présumée	bonne
Renouvellement du modèle	2015
Ventes 2010 Québec	non commercialisé

Technique

Dimensions et volumes

Empattement (mm)	2600
Longueur (mm)	4320
Largeur (mm)	1765
Hauteur (mm)	1440
Volume intérieur passager (L)	2435
Volume du coffre (min. – max.) (L)	345 – 700
Réservoir de carburant (L)	45
Fourchette de poids (kg)	1420

Châssis

Mode	traction
Suspension av. – arr.	indépendante
Freins av. – arr.	disques
Capacité de remorquage	non recommandé
Diamètre de braquage (m)	11,2
Pneus	205/55R16, 215/45R17 (opt.)

Performances

Modèle à l'essai	CT 200h Premium
Moteur	L4 DACT 1,8 litre 16s (+ mot. élect.)
Puissance (ch. à tr/min)	135 à 5200 (combinées) 98 à 5200 (+ 80 mot. élect.)
Couple (lb-pi à tr/min)	142 à 4000
Rapport poids/puissance	10,51 kg/ch
Transmission	automatique à variation continue (CVT)
Accélération 0-100 km/h (sec.)	10,52
Reprise 80-115 km/h (sec.)	6,78
Distance de freinage 100-0 km/h (m)	37,5
Niveau sonore à 100 km/h	moyen
Vitesse maximale (km/h)	180
Consommation lors de l'essai (L/100 km)	4,8
Gaz à effet de serre (tonnes métriques)	3,5
Autres moteurs	V8 4,6 l (380 ch., 367 lb-pi) (2rm), V8 4,6 l (357 ch, 344 lb-pi) (4rm)
Autres transmissions	aucune
Hybride – Distance en mode élect. (km)	2
Hybride – Vitesse max. en mode élect. (km/h)	45

Protection collision

Frontale conducteur/passager	non évaluée
Latérale avant/arrière	non évaluée
Capotage 2rm/4rm	non évaluée

Lexus
CT 200h

DEUXIÈME ESSAI

L'an dernier, Lexus, la filiale de luxe de Toyota, nous proposait la HS 250h, une voiture hybride qui ressemblait énormément à un effort de dernière minute pour exploiter un marché en pleine éclosion. Ni belle ni particulièrement agréable à conduire, cette HS 250h s'est avérée un bide, et Toyota avait d'autres chats à fouetter que de promouvoir ce véhicule assez banal. Pour le millésime 2012, Toyota se donne une seconde chance avec la CT 200h, une sorte de familiale compacte de luxe relativement agréable à conduire, même si on a rarement vu une voiture ressemblant autant à une autre. Si elle vous fait penser à une Mazda 3 Sport, vous avez vu juste.

Son manque de personnalité est d'autant plus dommage que cette hybride place le plaisir de conduire parmi ses priorités. Ce qui ne gâte rien, c'est qu'elle coûte aussi 10 000 $ de moins que la HS. Pour en finir avec cette dernière, précisons qu'elle est plus grosse et plus longue que la CT 200h tout en étant moins lourde, ce qui confirme nos propos de l'an dernier reprochant à la HS son effet bon marché pour une voiture censément de luxe. En deux mots, la nouvelle venue est mieux réussie. Lexus en parle comme de la voiture offrant le meilleur rendement énergétique de tous les véhicules de luxe vendus au Canada. Et c'est vrai. Lors d'un trajet de 200 km à des vitesses variant entre 100 et 115 km/h et sans forcer, cette Prius nouveau genre s'est contentée de 4,8 litres aux 100 km, ce que nous trouvons remarquable. Soit dit en passant, cette cousine rapprochée de la populaire hybride de Toyota partage avec elle l'entièreté de sa mécanique, allant d'un moteur élec-trique avec piles à hydrure métallique de nickel en passant par un quatre-cylindres thermique de 1,8 litre pour une puissance nette de 135 ch. Cela comprend aussi la transmission CVT, dont la plus grande qualité est de savoir se faire oublier.

Puissance sur commande

De prime abord, la puissance paraît un peu juste quand on sait que cette CT 200 fait quasiment partie des poids lourds de la catégorie avec ses 1420 kg à la pesée. Heureusement que Lexus a prévu différents réglages afin d'exploiter au mieux les moteurs. En mode éco ou normal, disons qu'on s'ennuie un peu de sa mère, mais il suffit de tourner la molette jusqu'à la position «sport» pour voir les performances s'animer joyeusement. Le cadran à affichages multiples s'illumine en rouge pour vous dire que vos élans ne sont pas compatibles avec les habitudes de conduite d'un citoyen responsable. Rien de moins. N'empêche que les performances sont si molles en mode éco ou normal qu'il est rassurant de savoir qu'on peut bénéficier d'un surcroît de puissance pour doubler les «dimanchards».

La suspension se joint à la fête avec des réglages plus fermes favorisant la tenue de route. Déroutant au début, le freinage est sécurisant, et grâce à la rigidité du

châssis, la direction donne une bonne sensation de contact avec la route. Un seul détail relevé par plusieurs : l'insonorisation gagnerait à être plus efficace.

À l'intérieur, on est accueilli par des sièges d'un confort notable, puis un peu perdu devant une instrumentation peu commune, un levier de vitesses assez curieux et l'absence de bruit du moteur. On arrive à s'y faire, mais la mauvaise visibilité arrière ne devient jamais familière. L'angle mort sur la droite est particulièrement gênant, tout comme la faible surface balayée par l'essuie-glace. Le tableau de bord surmonté d'une console proéminente propose une foule d'informations et de commandes faciles à exécuter. Le conducteur a aussi le choix d'opter pour une jauge de consommation ou un compte-tours, deux caractéristiques qui indiquent bien la vocation mi-sportive, mi-écologique de la CT 200h. Quant à l'habitabilité, les places arrière ne sont pas un supplice pour leurs occupants. Pour ce qui est du coffre, sa hauteur est amputée par les batteries logées sous le plancher, et s'il est assez long (en escamotant les sièges arrière), sa largeur pose problème dans certains cas. Les espaces de rangement sont aussi rarissimes.

Ma collègue Kim a bien aimé cette Lexus et elle est convaincue qu'elle plaira particulièrement aux femmes professionnelles. Pratique, agréable à conduire et économique à souhait, cette Lexus CT 200h réunit toutes les qualités de la Prius tout en valant à l'acheteur un crédit d'impôt. Le prix demeure élevé, mais le plaisir aussi.

JACQUES DUVAL ET KIM CORNELISSEN

Prix
30 950 à 39 350 $
Transport et préparation
1950 $

+ Faible consommation
+ Comportement routier stimulant
+ Sièges remarquables

– Tableau de bord déroutant
– Insonorisation perfectible
– Coffre peu volumineux

 Consommation ville – route (L/100 km)
5,4 – 4,8

 2012 Nouveautés

Changements mineurs

 Principales concurrentes

Chevrolet Volt, Toyota Prius, Volkswagen Golf TDI

À savoir

Garanties de base – motopropulseur (an/km)	4/80 000 – 6/110 000
Marge de profit du concessionnaire (%)	9,82
Essence recommandée	super
Versions offertes	Base, Touring, Navigation, Premium, Ultra Premium
Carrosserie	berline 4 portes
Lieu d'assemblage	Japon
Valeur résiduelle	bonne
Fiabilité présumée	bonne
Renouvellement du modèle	2012
Ventes 2010 Québec	(- 16 %) 504

Technique

Dimensions et volumes

Empattement (mm)	2775
Longueur (mm)	4855
Largeur (mm)	1820
Hauteur (mm)	1450
Volume intérieur passager (L)	2701
Volume du coffre (min. – max.) (L)	416
Réservoir de carburant (L)	70
Fourchette de poids (kg)	1635
Répartition du poids av. – arr. (%)	61 – 39

Châssis

Mode	traction
Suspension av. – arr.	indépendante
Freins av. – arr.	disques
Capacité de remorquage	non recommandé
Diamètre de braquage (m)	11,2
Pneus	215/55R17

Performances

Modèle à l'essai	ES 350 Premium
Moteur	V6 DACT 3,5 litres 24s
Puissance (ch. à tr/min)	268 à 6200
Couple (lb-pi à tr/min)	248 à 4700
Rapport poids/puissance	6,1 kg/ch
Transmission	semi-automatique 6 rapports
Accélération 0-100 km/h (sec.)	7,48
Reprise 80-115 km/h (sec.)	4,84
Distance de freinage 100-0 km/h (m)	40,2
Niveau sonore à 100 km/h	bon
Vitesse maximale (km/h)	210
Consommation lors de l'essai (L/100 km)	10,7
Gaz à effet de serre (tonnes métriques)	7,7
Autres moteurs	aucun
Autres transmissions	aucune

Protection collision

Frontale conducteur/passager	excellente
Latérale avant/arrière	bonne
Capotage 2rm/4rm	bonne

Lexus
ES 350

UNE VALEUR SÛRE... ENNUYANTE

Lorsqu'on peut dépenser plus de 40 000 $ pour une berline, les choix intéressants ne manquent pas. Si on cherche une voiture fougueuse, on oubliera l'ES. Si on cherche une voiture qui décroche les regards et suscite l'envie, on oubliera l'ES. Mais si on cherche une berline fiable et raffinée et qu'on aime conduire sur les cumulus, l'ES s'inscrira sur la liste des choix judicieux.

La berline repose sur une plateforme adaptée de la Camry. Elle n'est pas assemblée en Amérique, mais au Japon. Les dimensions des deux voitures sont sensiblement comparables. Mais quelques milliers de dollars la séparent d'une Camry XLE V6 équipée de façon semblable. Étonnamment toutefois, la Lexus paraît plus imposante. Malgré son âge (elle en est à sa septième année-modèle), les lignes vieillissent tranquillement, ce qui en fera toujours une excellente voiture d'occasion.

Les principales différences entre une Camry et une ES résident dans la qualité de la présentation intérieure, la noblesse des matériaux et le degré de confort. La berline de Lexus invite au cocooning. L'ensemble est sobre et de bon goût. Les occupants prennent place sur des sièges dessinés pour leur bien-être. Le cuir est perforé pour assurer une meilleure circulation de l'air. Un groupe d'options (cher!) permet d'ajouter une fonction rafraîchissante.

Le conducteur et le passager peuvent chacun régler leur siège en dix sens au moyen de commandes électriques. Le conducteur peut trouver facilement une excellente position de conduite, en utilisant notamment la commande électrique pour régler le volant, que ce soit en hauteur ou en profondeur. Il dispose d'un bon dégagement pour les jambes. S'il est de grande taille, il apprécierait un peu plus d'espace pour sa tête. La forme effilée de la voiture complique la visibilité vers l'arrière. La caméra de recul fait partie de groupe d'options.

L'acheteur peut également opter pour des groupes d'options, dont le plus cher fait bondir le prix de la voiture de 10 000 $. Pour ce prix, on pourra toutefois apprécier entre autres caractéristiques l'excellent système audio Mark Levinson et ses 14 haut-parleurs, le toit panoramique en verre et le système de navigation. Pour un coût moindre ou comparable, on obtient par contre plusieurs concurrentes, dont l'Acura TL à rouage intégral ou l'Infiniti M37.

De jour comme de nuit, les instruments de bord sont de lecture facile. Pour ce qui est des commandes, il sera inutile de lire des centaines de pages avant de comprendre leur utilité et leur fonctionnement. La qualité des boiseries et du cuir ainsi que la rigueur de l'assemblage des matériaux démontrent un beau souci du détail. À ce titre, les produits Lexus font figure d'autorité.

La banquette arrière accueille confortablement deux personnes de taille moyenne. Car si l'espace pour les jambes est bon, celui pour la tête est trop juste. En entrant, il faudra également se méfier pour ne pas se frapper la tête contre le bord du toit. Le coffre est de bonne dimension, mais seule une trappe au centre de la banquette permet d'y placer des objets longs.

De la véritable crème

Les roues avant de la ES350 trouvent leur énergie dans un V6 de 3,5 litres de 268 ch. Ici, on est loin des 328 ch de l'Infiniti M37, des 290 ch de la Nissan Maxima ou des 280 ch du V6 de 3,5 litres de l'Acura TL. Mais couplé à une boîte automatique à six rapports, ce moteur assure des performances qui n'ont rien pour le gêner devant la concurrence, tant au moment d'accélérer que d'enfoncer l'accélérateur pour se fondre dans la circulation sur l'autoroute. En plus de fonctionner en douceur, l'ES consomme modérément l'essence.

Au volant de l'ES, un seul mot nous vient à l'esprit : zen. La conduite donne l'impression de rouler sur une route recouverte de ouate. La souplesse de la suspension amortit doucement les inégalités de la chaussée. L'impression d'être connecté à la route est absente. Tout comme la communication entre la direction et la route. Ce qui fera dire aux amateurs d'Audi, de BMW ou de Mercedes qu'elle est ennuyante à conduire. De leur côté, les freins s'exécutent avec compétence : les distances d'arrêt sont courtes.

Dans l'ensemble, l'ES est une excellente berline. Elle offre un degré élevé de luxe et de raffinement. Aussi, malgré le rappel de sécurité concernant la pédale de l'accélérateur, la voiture a toujours fait preuve de fiabilité. En cherchant toutefois la perfection, Lexus se rapproche trop souvent de l'ennui. Et s'il est un point faible de l'ES, c'est le bâillement qu'elle suscite lorsqu'on est derrière le volant. Il ne faut pas pour autant en déduire que ses acheteurs sont ennuyants. Disons plutôt qu'ils aiment les valeurs sûres et détestent rester inutilement dans la salle d'attente du garage.

JEAN-PIERRE BOUCHARD

Prix
42 150 à 52 000 $
Transport et préparation
1950 $

+ **Qualité de la conception**
+ **Douceur de roulement**
+ **Mécanique onctueuse**

– **Comportement sur route**
  trop neutre
– **Lignes vieillissantes**

Consommation ville – route (L/100 km)
12,5 – 8,6

Nouveautés
2012

Retouches esthétiques

Principales concurrentes

Acura TL, Buick LaCrosse, Chrysler 300, Hyundai Genesis, Lincoln MKZ, Nissan Maxima, Toyota Avalon/Camry XLE-V6, Volkswagen CC

LEXUS ES 350

Garanties de base – motopropulseur (an/km)	4/80 000 – 6/110 000
Marge de profit du concessionnaire (%)	9,77 à 9,84
Essence recommandée	super
Versions offertes	GS 350 TI, GS 450h
Carrosserie	berline 4 portes
Lieu d'assemblage	Japon
Valeur résiduelle	3*
Fiabilité présumée	4,5*
Renouvellement du modèle	2012-2013
Ventes 2010 Québec	(– 32 %) 43

Technique

Dimensions et volumes

Empattement (mm)	2850
Longueur (mm)	4825
Largeur (mm)	1820
Hauteur (mm)	1425 (2rm), 1435 (4rm)
Volume intérieur passager (L)	3129
Volume du coffre (min. – max.) (L)	229 (450h) / 360
Réservoir de carburant (L)	65 (450h), 71
Fourchette de poids (kg)	1755 à 1875

Châssis

Mode	propulsion (450h), intégral (350 TI)
Suspension av. – arr.	indépendante
Freins av. – arr.	disques
Capacité de remorquage	non recommandé
Diamètre de braquage (m)	11,2 (450h) / 11,4 (350 TI)
Pneus	225/50R17 (350 TI), 245/40R18 (450h)

Performances

Modèle à l'essai	GS 350 TI (4rm) 2011
Moteur	V6 DACT 3,5 litres 24s
Puissance (ch. à tr/min)	303 à 6200
Couple (lb-pi à tr/min)	274 à 4800
Rapport poids/puissance	5,79 kg/ch
Transmission	semi-automatique 6 vitesses
Accélération 0-100 km/h (sec.)	7,14
Reprise 80-115 km/h (sec.)	5,21
Distance de freinage 100-0 km/h (m)	38,9
Niveau sonore à 100 km/h	excellent
Vitesse maximale (km/h)	230
Consommation lors de l'essai (L/100 km)	11,3
Gaz à effet de serre (tonnes métriques)	8,2
Autres moteurs	V6 3,5 l (292 ch., 267 lb-pi) + 2 moteurs électriques (180 ch. + 197 ch.) 340 ch. (combinés) (GS 450h)
Autres transmissions	CVT (450h)
Hybride – Distance en mode élect. (km)	2 à 3
Hybride – Vitesse max. en mode élect. (km/h)	50

Protection collision

Frontale conducteur/passager	non évaluée
Latérale avant/arrière	non évaluée
Capotage 2rm/4rm	non évaluée

Lexus
GS

ATTENDONS VOIR !

Comme tous les constructeurs, Lexus dit n'importe quoi. Pour preuve, cet extrait tiré de la brochure publicitaire de la GS publiée l'an dernier. «Bénéficiant d'une abondance de puissance, d'innovation et de caractéristiques de luxe, la Lexus GS offre des performances époustouflantes sans le moindre compromis…» Dans ce cas, pourquoi nous proposer une nouvelle mouture au cours de la prochaine année ?

La vérité est que la génération actuelle flageole – depuis longtemps – sur ses vieux os. Présentée il y a sept ans, la GS a pour seul mérite d'avoir été la première berline de sa catégorie à soulever son capot à une motorisation hybride (mi-essence, mi-électrique). Un avantage qu'elle ne détient plus cette année avec l'arrivée de l'Infiniti M Hybrid. D'autres suivront, dont Audi qui nous promet également d'animer sa A6 à l'aide d'une motorisation bicéphale dans les prochains mois.

Hormis une mécanique plus verte, la GS a très peu évolué au fil de sa carrière. Et seule une refonte complète sera à même de la remettre sous les feux des projecteurs. Mais jusqu'ici, la filiale de luxe de Toyota a très peu à dire sur le cahier de charges de la nouvelle mouture censée apparaître dans les prochains mois. En fait, le seul pan du voile avoir été soulevé jusqu'ici, c'est la forme de cette future berline qui étrennera les nouveaux codes esthétiques de la marque. L'étude LF-Gh présentée au printemps dernier donne une idée assez claire des formes de la version définitive de ce modèle.

Un style novateur ?

Lexus parle de concilier « des qualités normalement contradictoires, comme le style et la fonctionnalité », mais n'est-ce pas les objectifs recherchés par tous les stylistes de l'industrie et principalement ceux chargés de dessiner des berlines, catégorie souvent délaissée au profit des véhicules multisegments ?

En gros, on peut donc s'attendre à une nouvelle ligne qui introduira plusieurs touches que l'on retrouvera par la suite sur le reste de la gamme. Évidemment, un des aspects les plus visibles sera l'éclairage : les phares et feux signeront cette nouvelle tendance, tout comme la minimisation de certaines composantes de la carrosserie : rétroviseurs, poignées de porte et embouts d'échappement. Cette dernière caractéristique est intéressante : on est plutôt habitué à l'inverse, avec des sorties de gaz voyantes et ostentatoires dès que la mécanique n'est plus celle de base. Ici, Lexus joue la carte de la minimisation des effluves (embouts de faibles dimensions), mais suggère la puissance par un capot moteur surélevé cachant une mécanique costaude, bien que peu polluante. La calandre sera aussi nouvelle, avec une forme qualifiée de «striée» par les relationnistes, alors que la version anglaise parle de spindle, qui veut plutôt dire «fuseau».

Selon ses concepteurs, la LF-Gh a été conçue comme « une voiture haute performance capable de procurer une expérience de conduite émouvante (NDLR : air connu), et de transporter en tout confort plusieurs occupants à vitesse élevée sur de longs trajets. » Le concept peut être, mais qu'en sera-t-il de la version définitive ? Est-ce à dire que son habitacle sera moins étriqué ? Que son comportement sera aussi moins empoté que la génération actuelle ?

L'intérieur devrait recevoir une horloge tridimensionnelle, ainsi qu'un florilège de nouvelles technologies. La mécanique de cette voiture concept comporte naturellement une motorisation hybride. Celle-ci devrait se joindre aux V6 et V8 à essence de la gamme actuelle dans des versions évoluées. Ne soyez pas étonnés si le reste de la fiche technique sera lui aussi très proche des spécifications 2011, la révolution n'étant pas la règle chez Lexus.

Ce n'est qu'à la présentation de la version définitive que nous pourrons juger. D'ici là, il y a la génération actuelle qui hante toujours les salles d'exposition des

LEXUS GS 2011

concessionnaires. Celle-ci se négociera à bon prix, mais nous vous suggérons de préférer la version hybride à toutes les autres. Plus économique à la pompe, celle-ci conservera une meilleure valeur à la revente que les autres livrées inscrites au catalogue. Cela dit, sachez toutefois que dans sa forme actuelle, la GS cache difficilement ses rides. La garde au toit à l'arrière est un peu trop juste, tout comme le volume utilitaire du coffre qui se limite à 360 litres.

La GS actuelle étonne toutefois par son agilité dans la circulation urbaine. Son rayon de braquage très court permet de la garer aisément et ses éléments suspenseurs lissent avec succès les petites déformations de la chaussée. Toutefois, dès que la route se met à dessiner des lacets, elle baisse les bras. Ou est-ce son conducteur ? Sans doute un peu les deux. La GS nous fait sentir tellement détendu que l'on n'éprouve même pas l'envie de rouler vite. Il est vrai aussi de rappeler que cette auto est loin d'offrir la précision de conduite et l'efficacité de ses concurrentes. Le train avant de la GS est peu incisif et sa direction interprète aussi plus vaguement la position des roues directrices. Dite, la nouvelle, elle sera mieux ? Beaucoup mieux ?

 LOUIS-ALAIN RICHARD

Prix
54 650 à 71 750 $
Transport et préparation
1950 $

 + Le rouage intégral
+ Le confort Lexus

 – Prix de l'hybride
– Modèle deux roues motrices à éviter

 Consommation ville – route (L/100 km)
13 – 9,5 (3,5 l)
10,5 – 9,3 (Hyb)

2012 **Nouveautés**
Nouvelle génération à être dévoilée plus tard

Principales concurrentes
Acura RL, Audi A6, BMW Série 5, Infiniti M, Jaguar XF, Lincoln MKS, Mercedes Classe E, Volvo S80

LEXUS GS

383

Garanties de base – motopropulseur (an/km)	4/80 000 – 6/110 000
Marge de profit du concessionnaire (%)	9,86 à 9,94
Essence recommandée	super
Versions offertes	460 (base), GX 460 Ultra Premium
Carrosserie	utilitaire sport 5 portes (7 places)
Lieu d'assemblage	Japon
Valeur résiduelle	moyenne
Fiabilité présumée	bonne
Renouvellement du modèle	2016
Ventes 2010 Québec	(+ 231 %) 53

Technique

Dimensions et volumes

Empattement (mm)	2790
Longueur (mm)	4805
Largeur (mm)	1885
Hauteur (mm)	1875
Volume intérieur passager (L)	3673
Volume du coffre (min. – méd.– max.) (L)	119 – 974 – 1832
Capacité du réservoir de carburant (L)	87
Fourchette de poids (kg)	2326 à 2349

Châssis

Mode	intégral
Suspension av. – arr.	ind. – semi-ind.
Freins av. – arr.	disques
Capacité de remorquage (max.) (kg)	2948
Diamètre de braquage (m)	11,6
Pneus	265/60R18

Aptitudes hors route

Garde au sol min. (mm)	205
Angles d'approche/de rampe/de sortie (°)	28/21/25

Performances

Modèle à l'essai	GX 460 Ultra Premium
Moteur	V8 DACT 4,6 litres 32s
Puissance (ch. à tr/min)	301 à 5500
Couple (lb-pi à tr/min)	329 à 3400
Rapport poids/puissance	7,8 kg/ch
Transmission	automatique 6 rapports
Accélération 0-100 km/h (sec.)	8,23
Reprise 80-115 km/h (sec.)	5,11
Distance de freinage 100-0 km/h (m)	39,7
Niveau sonore à 100 km/h	bon
Vitesse maximale (km/h)	180
Consommation lors de l'essai (L/100 km)	13,6
Gaz à effet de serre (tonnes métriques)	9,8
Autres moteurs	aucun
Autres transmissions	aucune

Protection collision

Frontale conducteur/passager	non évaluée
Latérale avant/arrière	non évaluée
Capotage 2rm/4rm	non évaluée

Lexus
GX

GARDIEN D'UNE ÉPOQUE RÉVOLUE

L'an dernier, à la surprise générale, plusieurs véhicules de renom ont quitté la catégorie des VUS pour joindre les rangs des véhicules multisegments, dont les Dodge Durango, Jeep Grand Cherokee et Ford Explorer. Les VUS, les vrais, sont sur le déclin mais il reste des irréductibles. Le Lexus GX, comme son riche cousin le LX, demeure l'un des rares utilitaires correspondant à la définition d'un VUS au sens pur du terme.

Mais qu'est-ce qu'un véhicule utilitaire sport par rapport à un véhicule multisegment? Introduits sur le marché il y a une trentaine d'années, les premiers VUS étaient une dérivation des camionnettes avec benne de l'époque. Ainsi, ils ont été conçus et construits sur un châssis en échelle d'une camionnette, alors que les multisegments ont été extrapolés à partir du châssis monocoque d'une automobile. Ce qui fait en sorte que les VUS sont bien équipés pour remorquer ou pour traverser des ornières, grâce notamment à leur robustesse et à leur rouage à quatre roues motrices doté d'une boîte de transfert à deux gammes de vitesses (Lo et Hi). Qui plus est, leur garde au sol est plus élevée puisque leur châssis repose sur les suspensions, tandis que les éléments suspenseurs d'un multisegment sont intégrés au châssis. Résultat, le comportement routier d'un multisegment s'apparente davantage à une automobile et ses capacités tout terrain sont restreintes par rapport à un VUS dont la conduite se compare à une camionnette. Autre détail, l'utilisation d'un châssis en échelle sur un VUS hausse la hauteur du plancher et diminue le volume de l'habitacle, dont l'espace pour la tête des occupants. Ce qui minimise également la possibilité d'ajouter une troisième banquette, comparativement à un multisegment où il est possible d'utiliser la cavité entre les poutres du châssis pour agrandir l'habitacle et le coffre de chargement.

Conservateur à certains égards, Lexus croit encore à la formule du VUS et à la possibilité de miser sur la rareté pour attirer des clients. Après tout, la gamme Land Rover, constituée de VUS à l'exception du nouveau Evoque, connaît un certain succès.

Refondue il y a deux ans, la dernière mouture du GX ne court pas les rues. Cependant, les ventes ont plus que doublé depuis sa refonte, et ce, malgré le fait qu'il ait été l'objet d'un rappel fort médiatisé en avril 2010 alors que Lexus avait dû suspendre temporairement les ventes du GX à la suite d'un rapport défavorable d'un magazine américain concernant des ratés du système de contrôle de la stabilité. Après cette mésaventure, une réduction en 2011 du prix d'environ 8 000 $ explique probablement le regain des ventes du GX.

Au volant

Comparativement à un multisegment, la marche est haute pour monter à bord d'un GX! Comme ses cousins 4Runner et FJ Cruiser de Toyota, la faible hauteur du pare-brise et des glaces latérales diminue la visibilité. Au premier coup d'œil, le tableau de bord est simple et facile à consulter. Au toucher, les boiseries, les plastiques et les cuirs sont de belle facture et s'apparentent à un véhicule plus cher.

Quant à la finition, elle est impeccable. La position de conduite est confortable grâce à la colonne de direction électrique et télescopique. À l'arrière, les dossiers de la deuxième banquette sont inclinables et divisés 40-20-40 afin de favoriser le transport des skis et planches à neige.

Pour être digne de son statut et se démarquer de son clone de prolétaire, le 4Runner et son V6, le GX se déplace grâce un doux et puissant V8 de 4,6 litres jumelé à une boîte automatique à six rapports. Les accélérations et les reprises sont dans le ton, alors que la capacité de remorquage est amplement suffisante pour un véhicule de ces dimensions.

Sur la route, le comportement routier est typique d'un VUS de luxe. Pataud, douillet et silencieux, il sait se faire apprécier lors de longues randonnées. Pour contrer ses maladresses dans les virages serrés et au freinage, les aides à la conduite sont sophistiquées et font un travail de moine.

Pour s'aventurer en terrain difficile, le GX dispose d'un rouage intégral, d'un régulateur de traction actif, d'un système d'assistance pour démarrage en pente et de plaques de protection sous le réservoir de carburant et le boîtier de transfert. Cependant, la version Ultra Premium est la mieux équipée pour barouder dans les champs ou remorquer une embarcation et comprend, de série, un refroidisseur d'huile à transmission, un sélecteur tout terrain avec commande de marche lente (Lo) et une suspension pneumatique avec correcteur de niveau.

Le seul hic qui pourrait faire hésiter à acheter un GX est la possibilité de se procurer un Toyota 4Runner Limited V6 pour environ 50 000 $. Ce qui donne à réfléchir...

JEAN-FRANÇOIS GUAY

Prix
60 700 à 77 700 $
Transport et préparation
1950 $

+ Confort et silence
+ Robustesse et efficacité des 4RM
+ Baisse de prix de la version de base

– Accès à l'habitacle
– Valeur de revente
– Absence d'une motorisation hybride ou V6

Consommation ville – route (L/100 km)
15,6 – 11,4

Nouveautés
2012 Prix de la version d'entrée de gamme à la baisse

Principales concurrentes

Acura MDX, Audi Q7, BMW X5, Cadillac Escalade, Land Rover LR4, Lincoln Navigator, Mercedes ML/GL, Toyota 4Runner, Volvo XC90

LEXUS GX

385

Garanties de base – motopropulseur (an/km)	4/80 000 – 6/110 000
Marge de profit du concessionnaire (%)	9,89
Essence recommandée	super
Versions offertes	250h Premium, 250h Premium De Luxe
Carrosserie	berline 4 portes
Lieu d'assemblage	Japon
Valeur résiduelle	moyenne
Fiabilité présumée	bonne
Renouvellement du modèle	inconnu
Ventes 2010 Québec	(+ 215 %) 129

Technique

Dimensions et volumes

Empattement (mm)	2700
Longueur (mm)	4695
Largeur (mm)	1785
Hauteur (mm)	1505
Volume intérieur passager (L)	2554
Volume du coffre (min. – max.) (L)	343
Réservoir de carburant (L)	55
Fourchette de poids (min. – max.) (kg)	1670 à 1710

Châssis

Mode	traction
Suspension av. – arr.	indépendante
Freins av. – arr.	disques
Capacité de remorquage (max.) (kg)	non recommandé
Diamètre de braquage (m)	11,4
Pneus	215/55R17, 225/45R18 (De Luxe)

Performances

Modèle à l'essai	HS 250h Premium
Moteur	L4 DACT 2,4 litres 16s (+ mot. élect.)
Puissance (ch. à tr/min)	147 à 6000 (+ 141 (mot. élect.)); 187 à 6000 (combinées)
Couple (lb-pi à tr/min)	138 à 4400 (+ mot. élect.)
Rapport poids/puissance	8,93 kg/ch
Transmission	automatique à variation continue (CVT)
Accélération 0-100 km/h (sec.)	8,8
Reprise 80-115 km/h (sec.)	5,9
Distance de freinage 100-0 km/h (m)	39
Niveau sonore à 100 km/h	bon
Vitesse maximale (km/h)	180
Consommation lors de l'essai (L/100 km)	6,6
Gaz à effet de serre (tonnes métriques)	4,8
Autres moteurs	aucun
Autres transmissions	aucune

Hybride

Hybride – Distance en mode élect. (km)	2 à 3
Hybride – Vitesse max. en mode élect. (km/h)	40

Protection collision

Frontale conducteur/passager	excellente
Latérale avant/arrière	excellente
Capotage 2rm/4rm	bonne

Lexus
HS 250h

UNE PRIUS EXTRA

Celle qui se présente sous le plus ou moins élégant vocable de HS250h est une Lexus exclusivement offerte en configuration hybride. À moins d'être un fervent de la Prius, il y a de fortes chances que cette Lexus ne vous intéresse pas. Mais si justement vous possédez actuellement la petite Toyota hybride, cela pourrait en être la suite logique.

Pourtant, selon les études de mise en marché de Lexus, nombreux sont les acheteurs de berlines de luxe compactes prêts à lorgner un modèle hybride. En pratique, il faut savoir qu'hybride ou pas, la HS250h n'est pas la vision que tout le monde a de la berline de luxe. Si dans bien des cas, luxe et agrément de conduite vont de pair, ici il n'en est rien. Même si on se déplace chez le concessionnaire avec les meilleures intentions du monde, il sera extrêmement difficile de ne pas succomber à la tentation d'épargner quelques milliers de dollars et d'obtenir du plaisir en prime en repartant au volant d'une IS250. Il faut en effet avoir la fibre écologique très développée.

Prius extra

Dans le cas où vous êtes actuellement (ou songez à devenir) un propriétaire de Prius, mais que les performances vous apparaissent insuffisantes, l'ambiance à bord austère et que les hayons vous rebutent, la HS250h a de quoi vous plaire. Elle se présente sous la forme d'une berline aux dimensions extérieures légèrement supérieures à celles de la Prius, mais son volume habitable est tout de même inférieur, tout comme la capacité du coffre.

Qu'à cela ne tienne, l'équipement nous rappelle qu'on a ici affaire à une Lexus. Outre la sellerie de cuir, les sièges avant chauffants et la climatisation automatique à deux zones, la présentation générale est agréable et les matériaux de qualité. Quatre adultes prendront place sans difficulté et pourront apprécier la sonorité de la chaîne audio à dix haut-parleurs. À ce chapitre, il est d'ailleurs préférable d'en faire usage afin que vos passagers ne perçoivent pas les bruits que laisse filtrer l'insonorisation imparfaite. Étant donné le prix que vous avez payé, vous êtes en droit de garder la tête haute !

Sous le capot trône un moteur à combustion de 2,4 litres qui, avec l'aide de son assistant fonctionnant à l'électricité, permet à la HS250h d'afficher une puissance totale de 187 ch. Pas de quoi s'émoustiller, mais suffisant pour abattre le sprint 0-100 km/h sous la barre des neuf secondes. De toute façon, la véritable course avec ce genre de véhicule en est une à l'économie, sans doute excitante pour certains. Personnellement, j'ai de la difficulté à y adhérer, surtout en songeant à la vocation de luxe de cette berline qui ne donne justement pas envie de faire de compromis.

Si l'on veut jouer au champion de la consommation et atteindre les chiffres avancés par le manufacturier, il faut s'armer de patience et d'un pied droit délicat. En

utilisation normale, on peut prévoir brûler un peu moins de 7 litres d'essence par tranche de 100 km, ce qui est déjà impressionnant.

Hybride bridée

Sur la route, pas de surprise : c'est un produit Toyota (pardon, Lexus) au fonctionnement doux, sécuritaire et malheureusement pas très enthousiasmant. Peu importe qu'on sélectionne le mode Power ou Éco, la transmission de type CVT fonctionne de façon transparente et offre un rendement à l'abri de la critique. Au besoin, la puissance est disponible sans se faire attendre.

Chez Lexus, on a pris l'heureuse décision d'équiper la HS250h de pneus ordinaires et de taille bien adaptée en lieu et place des savonnettes à faible résistance de roulement qui sont trop souvent installés sur les véhicules hybrides. En courbe, cela se traduit par un comportement correct, mais sans plus. La suspension qui ne connaît absolument rien à la notion de tenue de route ainsi que l'architecture du «tout à l'avant» ne donnent absolument pas envie de faire d'excès.

Si pour une raison incongrue vous tentez l'expérience, vous ne serez pas pour autant dans l'embarras. La liste des dispositifs d'aide à la conduite serait suffisamment longue pour occuper une section spéciale du présent ouvrage. J'exagère à peine : les anges gardiens électroniques sont dignes de *Big Brother*, tant ils vous ont à l'œil, toujours prêts à vous ramener dans le droit chemin.

Pour quiconque souhaitant s'afficher dans une voiture «verte», mais pas en dépit du confort et d'un certain prestige, cette Lexus peut s'avérer la voiture idéale. Voilà toutefois le noyau de son offre, et pour la somme demandée, il se fait bon nombre de véhicules à motorisation ordinaire plus intéressants.

DANIEL CHARETTE

Prix
40 850 à 44 900 $
Transport et préparation
1950 $

+ **Habitabilité**
+ **Faible consommation**
+ **Boîte CVT transparente**

− **Prix élevé**
− **Soporifique**
− **Insonorisation imparfaite**

Consommation ville – route (L/100 km)
6,5 – 6,9

2012 **Nouveautés**

Nouveaux groupes d'équipements
Version Ultra Premium supprimée

Principales concurrentes

BMW Série 3 (335d), Chevrolet Volt, Lincoln MKZ Hybride, Toyota Prius

LEXUS HS 250h

387

l'instrumentation Smart Gauge est presque identique à celle de la Fusion Hybrid. On peut toujours aimer l'éclairage ambiant dédié à la MKZ, le soir venu. L'espace avant est confortable, mais les passagers arrière seront bien reçus aussi.

Sur la route, la MKZ Hybrid affiche des performances semblables à celles du V6. Toutefois, la boîte automatique CVT force le quatre-cylindres à tourner longtemps à haut régime lorsqu'on sollicite l'accélérateur. Le bruit est agaçant. En revanche, on peut rouler jusqu'à plus de 50 km/h sur une bonne distance avec le seul moteur électrique, ce qui fait de la MKZ une des autos les plus silencieuses de son créneau. Quant à la tenue de route et au freinage, ils sont l'équivalent de ceux des MKZ ordinaires, donc à la hauteur de la situation, quoique perfectibles. Ce qui est intéressant aussi, c'est que le prix de base de la MKZ Hybrid n'est pas beaucoup plus élevé que celui d'une MKZ V6 avec un peu d'équipement. L'économie de carburant en vaut donc la peine.

Une nouvelle MKZ en préparation

La Ford Fusion devrait changer de look au cours des prochains mois. Par conséquent, la Lincoln MKZ aussi, les deux devant adopter un style partagé avec la Ford Mondeo européenne (souvenez-vous de la philosophie ONE Ford!) Toutefois, les rumeurs veulent que la MKZ de nouvelle génération n'apparaisse qu'un peu plus tard, car Ford voudrait bien qu'elle se distingue davantage de la Fusion. Les designers de Lincoln ont alors besoin d'un peu plus de temps. Et c'est tant mieux pour la MKZ.

 ÉRIC DESCARRIES

Prix
38 400 à 42 200 $
Transport et préparation
1550 $

+ Motorisation hybride abordable
+ Version AWD (V6)
+ Dimensions raisonnables

– Intérieur trop ressemblant à celui de la Fusion
– Ligne qui commence à dater
– Moteur bruyant à l'effort (Hybrid)

Consommation ville – route (L/100 km)
13 – 8,5 (2rm)
14 – 10 (4rm)
5,7 – 6,5 (Hyb)

2012 **Nouveautés**
Sièges ventilés de série

Principales concurrentes

Acura TL/TSX, Audi A4, BMW Série 3, Buick Regal/LaCrosse, Cadillac CTS, Infiniti G, Lexus ES/IS/HS h, Mercedes C, Saab 9-3, Volvo S60

À savoir

Garanties de base – motopropulseur (an/km)	4/80 000 – 6/110 000
Marge de profit du concessionnaire (%)	6,43 à 6,56
Essence recommandée	ordinaire
Versions offertes	Base (régulier), L (allongé)
Carrosserie	utilitaire sport 5 portes (7 ou 8 places)
Lieu d'assemblage	États-Unis
Valeur résiduelle	passable
Fiabilité présumée	moyenne
Renouvellement du modèle	2012
Ventes 2010 Québec	(+ 5 %) 44

Technique

Dimensions et volumes

Empattement (mm)	3023 (rég.), 3327 (L)
Longueur (mm)	5293 (rég.), 5672 (L)
Largeur (mm)	2002
Hauteur (mm)	1989 (rég.), 1984 (L)
Volume intérieur passager (L)	4465 (rég.), 4766 (L)
Volume du coffre (min. – max.) (L)	
513 – 1546 – 3690 (rég.), 1206 – 1623 – 3631 (L)	
Réservoir de carburant (L)	106 (rég.), 128 (L)
Fourchette de poids (kg)	2723 à 2832
Répartition du poids av. – arr. (%)	50 – 50 (rég.)

Châssis

Mode	intégral
Suspension av. – arr.	indépendante
Freins av. – arr.	disques
Capacité de remorquage (max.) (kg)	3765 (rég.), 2722 (L)
Diamètre de braquage (m)	12,4 (rég.) / 13,4 (L)
Pneus	275/55R20

Aptitudes hors route

Garde au sol min. (mm)	231
Angles d'approche/de rampe/de sortie (°)	
22/20/22 (rég.), 22/19/21 (L)	

Performances

Modèle à l'essai	Navigator
Moteur	V8 SACT 5,4 litres 24s
Puissance (ch. à tr/min)	310 à 5100
Couple (lb-pi à tr/min)	365 à 3600
Rapport poids/puissance	8,78 kg/ch
Transmission	automatique 6 rapports
Accélération 0-100 km/h (sec.)	9,89
Reprise 80-115 km/h (sec.)	6,08
Distance de freinage 100-0 km/h (m)	42
Niveau sonore à 100 km/h	moyen
Vitesse maximale (km/h)	200
Consommation lors de l'essai (L/100 km)	15,2
Gaz à effet de serre (tonnes métriques)	11
Autres moteurs	aucun
Autres transmissions	aucune

Protection collision

Frontale conducteur/passager	excellente
Latérale avant/arrière	excellente
Capotage 2rm/4rm	bonne

Lincoln
NAVIGATOR

LE LUXE RÉTRO

Il fut un temps où des véhicules comme le Navigator attiraient les consommateurs rêvant de luxe et d'opulence chez les concessionnaires de véhicules nord-américains. Mais cette époque est révolue et on se demande si elle reviendra avec autant de vigueur un jour. Probablement pas! C'est ce qui explique pourquoi le Lincoln Navigator de Ford est tout simplement reconduit en 2012 (sauf pour de nouvelles couleurs) et que le véhicule ne jouira pas des mêmes avantages technologiques dont profitent le Ford F-150 sur lequel il est basé. C'est donc dire qu'il n'y a pas de V6 Ecoboost sous le capot des Navigator! Tout comme ses rivaux, les Cadillac Escalade, GMC Yukon Denali, Lexus LX 570, voire Range Rover et Mercedes-Benz GL, il ne se vendra qu'au compte-gouttes, surtout si le prix de l'essence demeure élevé.

Car «ça boit», un Navigator. Forcément, puisqu'il s'agit d'un grand VUS de configuration caisse sur châssis rigide qui ne pèse pas moins de 2700 kg (5940 lb) et qui est mû par un moteur V8 de 5,4 litres! Cependant, à sa défense, il faut quand même reconnaître qu'avec une capacité de remorquage de près de 3800 kg (8377 lb), le Navigator peut devenir un outil de travail intéressant sur de longues distances!

Un intérieur plus que complet

Le Navigator étant un VUS de grand luxe, il n'est pas étonnant d'y voir un intérieur très élaboré. On note dès le premier coup d'œil que le dessin du tableau de bord est inspiré de celui des Lincoln Continental des années 1960. L'instrumentation est bien visible et simple à consulter et toutes les commandes sont faciles à atteindre.

Grâce aux multiples commandes de l'ajustement des sièges, il est possible de se trouver une position de conduite confortable, mais la mollesse des coussins n'aide pas aux supports latéraux. Toutefois, ces mêmes ajustements permettent une position de conduite qui donne une vue confortable de la route, surtout de l'avant. Soit dit en passant, avec ses grandes glaces latérales, on voit bien tout le tour du Navigator, mais son encombrement le rend difficile à manœuvrer en situation urbaine (heureusement que la caméra de marche arrière est proposée, elle facilite non seulement les manœuvres de marche arrière, mais aussi l'accouplement de la remorque, au besoin). Cependant, sur les grandes routes, les passagers d'arrière seront très à l'aise, car il y a beaucoup d'espace pour les jambes et de débattement pour la tête.

Si l'on veut vraiment profiter de la troisième banquette (ou en faire profiter ses passagers), il vaut mieux opter pour la version L allongée du Navigator, qui

propose encore plus de place. Et grâce à la suspension arrière indépendante, l'espace réservé aux jambes de ces passagers est plus généreux que dans certains autres véhicules du même genre. En ce qui a trait à l'espace de chargement des bagages, les deux versions, l'ordinaire et la L allongée, proposent beaucoup d'espace, surtout la L, et encore plus si la banquette arrière est repliée. En cas de surplus de bagages, il y a toujours la galerie sur le toit!

Une belle tenue de route

S'il y a un point où le Navigator se distingue de la plupart de ses concurrents, c'est sur le plan de la tenue de route. Évidemment, ce grand VUS n'est pas une voiture de sport, mais sa suspension arrière indépendante lui donne plus d'assurance sur les routes cahoteuses. La puissance du V8 de 5,4 litres de 310 ch est un peu juste, mais la boîte automatique à six rapports l'aide beaucoup lors des reprises. Si la traction intégrale de ce gros VUS en fait un excellent véhicule en situation hivernale, il faudra en payer le prix lorsque le temps viendra de lui choisir des pneus d'hiver... surtout avec ses jantes de 20 po! Mais s'il y a une toute petite compensation pour son importante consommation, c'est que son V8 n'exige que du carburant ordinaire!

L'avenir de ces grandes camionnettes est plus ou moins incertain. Disons que leur popularité est chose du passé. Mais il y aura toujours une certaine demande pour ces puissants véhicules sur notre vaste continent. Car s'il y a une caractéristique où ils excellent, c'est lors de longs voyages sur autoroute.

 ÉRIC DESCARRIES

Prix
73 100 à 76 100 $
Transport et préparation
1450 $

+ **Grand confort sur longs trajets**
+ **Bonnes capacités de remorquage**
+ **Robustesse et fiabilité**

– **Motorisation unique**
– **Calandre grotesque**
– **Consommation élevée**

 Consommation ville – route (L/100 km)
17,8 – 11,7

Nouveautés

2012 Changements mineurs
Système SYNC avec AppLink
Détecteur d'angle mort

Principales concurrentes

 Cadillac Escalade/ESV, Infiniti QX, GMC Yukon/XL Denali, Land Rover LR4/Range Rover, Lexus LX, Mercedes Classe GL

LINCOLN NAVIGATOR

À savoir

Garanties de base – motopropulseur (an/km)	3/60 000 – 3/60 000
Versions offertes	Evora (Base), Evora S
Carrosserie	coupé 2 portes
Lieu d'assemblage	Grande-Bretagne

Technique

Dimensions et volumes

Empattement/Longueur/Largeur (mm)	2575/4342/1848
Hauteur (mm)	1223
Volume du coffre (min./max.) (L)	160
Capacité du réservoir de carburant (L)	60
Fourchette de poids (kg)	1406
Répartition du poids av.-arr. (%)	39 – 61

Châssis

Mode	propulsion
Suspension av. – arr.	indépendante
Freins av. – arr.	disques, 350 mm – 350 mm
Pneus av. · arr.	225/40R18 – 255/35R19

Performances

Modèle à l'essai	Evora
Moteur	V6 DACT 3,5 litres 24s
Puissance (ch. à tr/min)	276 à 6400
Couple (lb·pi à tr/min)	258 à 4700
Rapport poids/puissance	5,09 kg/ch
Transmission	semi-automatique 6 rapports
Autres transmissions	aucune

Accélération

0-100 km/h (sec.)	5,7 (Base), 5,0 (S)
0-160 km/h (sec.)	14,6 (Base), 12,1 (S)
0-200 km/h (sec.)	24,6 (Base), 19,9 (S)
Reprises 80-115 km/h (sec.)	3,4 (Base), 3,1 (S)
1/4 de mille (sec.)	13,6
Distance de freinage 100-0 km/h (m)	35,7
Vitesse maximale (km/h)	261 (Base), 277 (S)
Autres moteurs	V6 3,5 l (345 ch. 295 lb·pi)

Lotus
EVORA

SVELTE ET NERVEUSE

Quel amateur d'exotiques n'a pas rêvé de posséder un jour une italienne pour faire tourner les têtes? Si ce rêveur possède une âme de pilote, il songera également à l'anglaise, Lotus, pour ses lignes mais surtout pour son agilité dans les courbes.

Toutefois, celui qui lorgne une Lotus s'intéresse d'abord et avant tout aux performances hors du commun du bolide. L'Evora de base comporte un moteur central V6 de 3,5 litres (dérivé de Toyota) combiné à une boîte manuelle à six rapports. Suffisant, mais pour ceux qui chercheraient plus de puissance, voilà que Lotus rapplique avec un compresseur mécanique qui ajoute quelque 70 chevaux au modèle de base, ce qui retranche une demi-seconde sur le temps d'accélération.

Les puristes de la marque Lotus savent que rien n'est aussi stable dans les courbes qu'une Lotus. L'Evora S en remet. L'ajout de nouvelles bagues de suspension plus fermes et de barres antiroulis de plus gros diamètre, combiné à d'imposants pneus Pirelli P Zero Corsa parfaitement adaptés au bolide, lui confère une tenue de route insurpassable. Sa légèreté et son équilibre lui donnent de nets avantages sur les grosses cylindrées, mais elle sera tout de même plus lente sur le droit, en reprise de vitesse. Qu'à cela ne tienne, l'ajout du compresseur mécanique lui permet maintenant de s'arracher de sa position statique avec force. Et, au bout du droit, la S atteint maintenant une vitesse maximale de 277 km/h sans difficulté.

Le mode «sport» laisse le conducteur en plus grand contrôle. La voiture devient plus nerveuse. La réponse de l'accélérateur est immédiate et le son plus rugissant du moteur manifeste son impatience. Même les contrôles de la stabilité dynamique changent. Résultat : une expérience de pilotage vraiment relevée. Un seul bémol en mode agressif : la synchronisation des passages des rapports de la boîte de vitesses manuelle demeure perfectible. Mais il y a toujours l'automatique....

Moulé sur soi

Par comparaison à l'Elise, on monte à bord et on s'extirpe plus facilement de l'Evora, mais ça demeure un exercice difficile pour certaines personnes. L'habitacle est confortable, mais exigu. La finition est plus élaborée. Le tableau de bord recouvert de cuir est simple. Du poste de commande, la visibilité arrière est presque nulle tant la lunette est petite. Quant aux deux places arrière, elle seront pratiques pour y mettre les petites valises, plus que les passagers. Mêmes des enfants s'y trouveraient à l'étroit.

Calé dans les sièges avant, c'est tout le contraire. Les sièges sont confortables. Ils offrent un support latéral exemplaire au pilote qui ne veut pas ralentir dans les courbes. Et la suspension souple mais efficace nous permet d'apprécier les longues balades du dimanche. Et même s'il est facile de relever quelques points négatifs comme la position de conduite qui ne s'adapte guère aux personnes de moins de 5 pieds 5 pouces, l'absence de repose-pied et la piètre insonorisation, pour moi, il est convenu de dire que les points forts surpassent largement ses points faibles.

STÉPHANE QUESNEL

Prix
76 576 à 89 675 $

 + Comportement routier
et performances
+ Confort à bord
+ Exclusivité

 – Visibilité arrière
– Synchronisation des rapports
– Peu de rangement

 Consommation ville – route (L/100 km)
11,9 – 6,9

 Nouveautés
2012 Version S dévoilée au cours
de la dernière année

 Principales concurrentes
Audi TT, Nissan 370Z, Porsche Cayman

LOTUS EVORA

À savoir

Garanties de base – motopropulseur (an/km)	4/80 000 – 4/80 000
Versions offertes	GranTurismo, GranTurismo S, GranTurismo S Automatic, GranTurismo MC Stradale, GranCabrio, GranCabrio Sport
Carrosserie	coupé 2 portes, cabriolet 2 portes
Lieu d'assemblage	Italie

Technique

Dimensions et volumes

Empattement/Longueur/Largeur (mm)	2942/4881/1915
Hauteur (mm)	1353
Volume du coffre (min. – max.) (L)	173 (cab.), 260 (coup.)
Réservoir de carburant (L)	75 (cab.), 86 (coup.)
Fourchette de poids (kg)	1880 (coup.), 1980 (cab.)
Répartition du poids av.-arr. (%)	49 – 51 (coup.), 48 – 52 (cab.)

Châssis

Mode	propulsion
Suspension av. – arr.	indépendante
Freins av. – arr.	disques, 330 mm – 316 mm (base), 360 mm – 316 mm (S)
Pneus av. – arr.	245/40R19 – 285/35R19, 245/35R20 – 285/35R20 (S)

Performances

Modèle à l'essai	GranTurismo S
Moteur	V8 DACT 4,7 litres 32s
Puissance (ch. à tr/min)	440 à 7000
Couple (lb-pi à tr/min)	361 à 4750
Rapport poids/puissance	4,27 kg/ch
Transmission	séquentielle 6 rapports
Autres transmissions	aucune

Accélération

0-100 km/h (sec.)	5,1 (S), 4,5 (MC S)
0-160 km/h (sec.)	11,1
0-200 km/h (sec.)	17,2
Reprises 80-115 km/h (sec.)	2,8
1/4 de mille (sec.)	13,2
Distance de freinage 100-0 km/h (m)	35,5
Vitesse maximale (km/h)	295 (S), 287(GT), 283 (GC), 305 (MC S)
Autres moteurs	V8 4,2 l (405 ch., 339 lb-pi), V8 4,7 (450 ch., 376) (Sport, MC Stradale)

Maserati
GRAN TURISMO / GRAN CABRIO

UNE DIVA D'UNE RARE BEAUTÉ

Issue des studios de design de Pininfarina, qui dessine également les robes de Ferrari, la Gran Turismo est d'une rare beauté dont on ne réalise toute l'ampleur qu'en se trouvant à ses côtés. De quoi se découvrir un côté romantique.

L'association avec la marque au cheval cabré ne s'arrête pas à la griffe de la robe puisque Ferrari fournit aussi les dessous. Et c'est tant mieux, car la sonorité de ses V8 est reconnue pour être extrêmement agréable. Monté en position centrale dans la Gran Turismo, le moteur entraîne les roues arrière motrices au moyen d'une transmission automatique à six rapports pouvant être pilotée par des pastilles derrière le volant si ça vous chante. L'absence d'une boîte manuelle en dit long sur le caractère de celle qui porte si bien son nom. En effet, elle ne donne pas envie de jouer du corps à corps et d'en découdre sur un circuit comme avec les créations de la firme de Maranello.

La belle invite plutôt à avaler les kilomètres à son bord dans un grand confort, même pour quatre personnes. À condition de savoir composer avec la faible visibilité, qui, une fois qu'on est assis à l'arrière, donne l'étrange impression d'être au fond d'une baignoire. N'empêche, l'espace est surprenant pour un coupé et le confort plus qu'acceptable. Le contraire aurait été surprenant, car malgré ses lignes empreintes de finesse, le ruban à mesurer ne trompe pas: la longueur hors tout est supérieure à celle d'une Hyundai Sonata!

Imparfaite

Si les occupants jouissent de tout l'espace nécessaire, les bagages, eux, doivent se faire minces. La contenance du coffre est décevante (attention, c'est pire dans le cabriolet!) et les valises souples sont de mise. Derrière le volant, au demeurant très joli, l'instrumentation est claire, mais soulève néanmoins une question: pourquoi diable a-t-on gradué l'indicateur de vitesse de 80 à 110km/h en omettant la barre des 100km/h? Sans doute parce que personne ne se préoccupe de cette mesure, et ce n'est certainement pas à bord d'une Maserati qu'on commencera à s'en soucier...

Sur papier, les coupés allemands ont une longueur d'avance tant sur le plan technologique que sur le prix. Toutefois, l'italienne possède un charme bien à elle qui séduit au premier contact. Sur la route, elle n'évoque pas le bolide en furie que ses lignes laissent présager. Elle est certes bien en verve, mais préfère les grandes courbes aux épingles et les ralentissements progressifs aux freinages en catastrophe.

Il existe bien la nouvelle version MC Stradale, mais ses chances de se retrouver en sol canadien sont plutôt minces. Bien sûr, un moteur plus puissant et des freins plus gros sont au programme, mais on a sacrifié les places arrière dans la lutte au poids. À bord d'une sportive pure et dure, on comprendrait, mais ici on parle de grand tourisme. Mieux vaut jeter son dévolu sur la Gran Turismo S pour effectuer ses déplacements quotidiens élégamment et rapidement. Pour les sorties sur circuit du dimanche, vous trouvez un jouet mieux adapté chez Ferrari, Porsche ou Lotus.

DANIEL CHARETTE

Prix
124 955 – 143 150 $

+ Gueule d'enfer
+ Solides performances
+ Véritable coupé quatre places

– Coffre minuscule
– Distribution confidentielle
– Absence de boîte manuelle

Consommation ville – route (L/100 km)
18 – 12,5

 Nouveautés
2012

Versions Sport et Mc Stradale

Principales concurrentes

 Aston Martin Vantage/Virage, Audi R8, Bentley
Continental GT/GTC, BMW Série 6, Chevrolet
Corvette, Jaguar XK, Mercedes CL/SL, Porsche
911

À savoir

Garanties de base – motopropulseur (an/km)	4/80 000 – 4/80 000
Versions offertes	Base, S, Sport GT S
Carrosserie	berline 4 portes
Lieu d'assemblage	Italie

Technique

Dimensions et volumes

Empattement/Longueur/Largeur (mm)	3064/5097/1885
Hauteur (mm)	1438
Volume du coffre (min. – max.) (L)	450
Réservoir de carburant (L)	90
Fourchette de poids (min. – max.) (kg)	1990
Répartition du poids av. – arr. (%)	49 – 51

Châssis

Mode	propulsion
Suspension av. – arr.	indépendante
Freins av. – arr.	disques, 330 mm – 316 mm
Pneus av. – arr.	245/45R18 – 285/40R18 (Base), 245/35R20 – 295/30R20 (S, GT S)

Performances

Modèle à l'essai	Quattroporte S
Moteur	V8 DACT 4,7 litres 32s
Puissance (ch. à tr/min)	430 à 7000
Couple (lb-pi à tr/min)	361 à 4750
Rapport poids/puissance	4,62 kg/ch
Transmission	séquentielle 6 rapports
Autres transmissions	aucune

Accélération

0-100 km/h (sec.)	5,4 (S), 5,1 (GT S)
0-160 km/h (sec.)	11,7 (S), 11,2 (GT S)
0-200 km/h (sec.)	18,5 (S)
Reprises 80-115 km/h (sec.)	3,7 (S)
1/4 de mille (sec.)	14,3 (S), 13,1 (GT S)
Distance de freinage 100-0 km/h (m)	36
Vitesse maximale (km/h)	270 (Base), 280 (S), 285 (GT S)
Autres moteurs	V8 4,7 l (400 ch., 339 lb-pi) (Base), V8 4,7 l (440 ch., 361 lb-pi) (GT S)

Maserati
QUATTROPORTE

UNE SPORTIVE DANS L'ÂME

Cette Maserati est ce qui se rapproche le plus d'une Ferrari à quatre portes, et avec raison. Issue du même studio de design, elle adopte un style bien à elle, mais on ne manque pas de déceler certains coups de crayon qui auraient tout aussi bien pu se retrouver sur un modèle de la marque au cheval cabré. Apparue en 2004, elle est tout aussi élégante qu'à ses débuts, mais fait pâle figure aux côtés de ses sœurs Gran Turismo et Gran Cabrio. Il est probable d'ailleurs qu'une version remaniée voie le jour en cours d'année, reprenant la partie avant plus agressive de ces dernières.

Si quatre personnes prennent place dans un grand confort, celui qui tiendra le volant aura en prime une bonne dose de plaisir. Malgré son généreux gabarit, la belle est une sportive dans l'âme. Elle a simplement besoin d'un terrain de jeux assez vaste pour pouvoir s'exprimer. Il suffit de prendre d'assaut une route sinueuse pour découvrir un comportement sain, gracieuseté d'une solide plateforme. La direction est précise, les suspensions juste assez fermes et les aides à la conduite plutôt discrètes. À moins que l'adhérence de la chaussée soit précaire, ils n'entreront pratiquement pas en jeu. Au grand plaisir de son conducteur au tempérament sportif.

Une symphonie

Autre emprunt à Ferrari: son moteur V8. Qui dit mieux? Il a beau avoir été retravaillé par Maserati, on reconnaît la sonorité de celui qui siégeait jadis au centre de la 360 Modena. D'une cylindrée de 4,7 litres, sa cavalerie varie selon la version. La GT S était la plus puissante à 440 ch, suivie de la S à 430 ch. De base, le moteur développe 400 ch. Selon la conviction avec laquelle on enfonce l'accélérateur, on a droit à tous les tons. Du son rond et enveloppant à l'éveil un peu plus guttural jusqu'au déferlement de décibels à haut régime, tout y est. Que d'émotions! Heureusement qu'en action il donne chaud au cœur, car sur papier, la concurrence lui dame parfois le pion à l'exercice du 0 à 100 km/h. N'empêche, faire ce sprint dans les cinq secondes avec une voiture pouvant transporter la petite famille à l'opéra (on se met à aimer l'opéra quand on possède une Maserati), c'est plus qu'acceptable.

L'agencement intérieur est splendide. Cuir, bois et aluminium se retrouvent souvent dans les voitures de luxe, mais rarement dans un mélange aussi chaleureux. On s'y sent bien et on apprécie jusqu'à ce qu'on ait affaire aux commandes. La complexité des unes et le mauvais emplacement des autres sont agaçants pour un néophyte. Si avec l'habitude on s'y fait sûrement, c'est sans compter sur les palettes de changement de rapports derrière le volant, qui sont fixes et difficilement atteignables. Il est préférable de laisser la boîte automatique à six rapports gérer tout cela, le mode manuel n'ayant pas de réelle influence sur les performances de toute façon.

Pour se distinguer des berlines allemandes, la Quattroporte est idéale. Elle a ses travers, mais c'est peut-être ce qui la rend particulière.

DANIEL CHARETTE

Prix
127 400 - 141 400 $

+ Lignes élégantes
+ Habitacle chaleureux
+ Tempérament sportif

− Fautes d'ergonomie
− Petit réseau de concessionnaires
− Fiabilité en deçà des allemandes

Consommation ville – route (L/100 km)
21 – 13

2012
Nouveautés
Changements mineurs

Principales concurrentes

Aston Martin Rapide, Audi A8,
BMW Série 7, Bentley Continental Flying Spur,
Jaguar XJ, Mercedes CLS/S, Porsche Panamera

MASERATI QUATTROPORTE

413

À savoir

Garanties de base – motopropulseur (an/km)	4/80 000 – 4/80 000
Marge de profit du concessionnaire (%)	n.d.
Essence recommandée	super
Versions offertes	57, 57 S, 62, 62 S, Landaulet
Carrosserie	berline 4 portes, cabriolet 4 portes
Lieu d'assemblage	Allemagne
Valeur résiduelle	n.d.
Fiabilité présumée	non évaluée
Renouvellement du modèle	inconnu
Ventes 2010 Québec	(0 %) 2

Technique

Dimensions et volumes

Empattement (mm)	3390 (57), 3827 (62, Landaulet)
Longueur (mm)	5728 (57), 6165 (62, Landaulet)
Largeur (mm)	2143 (avec rétroviseurs)
Hauteur (mm)	1573
Volume intérieur passager (L)	n.d.
Volume du coffre (min. – max.) (L)	442
Réservoir de carburant (L)	110
Fourchette de poids (min. – max.) (kg)	2745 à 2875

Châssis

Mode	propulsion
Suspension av. – arr.	indépendante
Freins av. – arr.	disques
Capacité de remorquage max. (kg)	non recommandé
Diamètre de braquage (m)	13,4 (57) / 14,8 (62)
Pneus	275/50R19 (57, 62), 275/45R20 (57 S, 62 S, Landaulet)

Cabriolet

Temps ouverture – fermeture du toit (sec.)	20
Décapoter en roulant	oui

Performances

Modèle à l'essai	57 S
Moteur	V12 biturbo SACT 6,0 litres 36s
Puissance (ch. à tr/min)	604 à 4800
Couple (lb-pi à tr/min)	738 à 2000
Rapport poids/puissance	4,54 kg/ch
Transmission	automatique 5 rapports
Accélération 0-100 km/h (sec.)	5,0 (57 S), 5,4 (57/62), 5,2 (62 S)
Reprise 80-115 km/h (sec.)	3,2
Distance de freinage 100-0 km/h (m)	non mesurée
Niveau sonore à 100 km/h	5*
Vitesse maximale (km/h)	278 (57 S, Landaulet), 250 (62, 62S)
Consommation lors de l'essai (L/100 km)	18,7
Gaz à effet de serre (tonnes métriques par an)	5
Autres moteurs	V12 biturbo 5,5 l (543 ch., 664 lb-pi) (57, 62), V12 biturbo 6,0 l (604 ch., 738 lb-pi) (62 S, Landaulet)
Autres transmissions	aucune

Accélération

Frontale conducteur/passager	non évaluée
Latérale avant/arrière	non évaluée
Capotage 2rm/4rm	non évaluée

Maybach

À LA CROISÉE DES CHEMINS

Si l'on se fie à la fébrilité des piétons que j'ai croisés au volant d'une Maybach, il n'y a pas à dire, l'allemande impressionne sur son passage.

Surtout que les Maybach ne courent pas les rues. Au cours des dernières années, les ventes ont été parcimonieuses au pays. Pas seulement chez nous, mais partout à travers le monde, puisque le propriétaire de la marque, Daimler, songe à abandonner son ex-fleuron devenu un canard boiteux.

Quand une voiture se vend presque un demi-million de dollars, les acheteurs ne se bousculent pas aux portes. Surtout que l'offre est importante dans ce créneau. En effet, la Maybach doit rivaliser non seulement avec la Bentley Mulsanne et la Rolls-Royce Phantom, mais également avec des exotiques de haute performance comme les Ferrari FF, Lamborghini Aventador et Aston Martin DBS. Mais si ces dernières sont des jouets de riches, la Maybach, au même titre que la Phantom, est une limousine avec chauffeur destinée à transporter des membres du conseil exécutif d'une multinationale. En effet, il serait surprenant qu'un gagnant de Loto-Max s'achète une Maybach! Quoiqu'un billet gagnant de 50 millions permet certaines folies!

Gigantesque et élégante, la Maybach n'arrive cependant pas à provoquer les mêmes émotions qu'une Bentley Mulsanne. Mais justement, la force de cette limousine teutonne est sa discrétion à prendre soin des occupants qui ne veulent pas attirer les regards et la convoitise à tous les coins de rue. La défunte Bentley Arnage avait la même pondération. Son retrait de la gamme Bentley, pour laisser tout le plancher à la fioriture de chrome de la Mulsanne, sera peut-être bénéfique aux ventes de la Maybach.

Des origines qui dérangent

La cible avouée de la Maybach est la Phantom, qui propose elle aussi deux longueurs d'empattement. À la différence que la prestigieuse anglaise s'avère plus exclusive aux yeux des millionnaires qui préfèrent l'achat d'une Rolls plutôt qu'une Mercedes-Benz Classe S endimanchée! Je sais, ce genre de commentaire fait mal aux dirigeants de la marque, qui les ont trop souvent entendus. Mais, les malheurs de la Maybach sont en partie dus à ces liens consanguins avec la voiture amirale de Mercedes-Benz. En contrepartie, un acheteur qui désire acquérir une limousine fiable dont la mécanique ne flanchera pas dans une meute de paparazzis est à la bonne enseigne. Elle est moins vulnérable aux pépins mécaniques que ses rivales.

Le cœur mécanique des modèles 57 et 62 est un V12 biturbo de 5,5 litres qui a fait ses preuves sous le capot de la Classe S600 de Mercedes-Benz. Les versions S sont propulsées par un V12 biturbo de six litres dont les faits d'armes sont connus dans la Classe S65 AMG.

Discrète sur les routes, une Maybach sait cependant se faire apprécier à l'intérieur. Le décor et l'équipement s'apparentent à des meubles de chanceliers. Il reste à savoir si Daimler restera le capitaine du navire ou si le gouvernail sera partagé avec Aston Martin ou vendu au constructeur chinois BYD.

À suivre!

 JEAN-FRANÇOIS GUAY

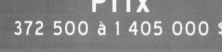

Prix
372 500 à 1 405 000 $

+ Une mécanique qui a fait
  ses preuves
+ Ses lignes discrètes et réservées
+ Son luxe et son équipement
  pléthoriques

− Sa gamme de prix exagérée
− Ses similitudes avec
  la Mercedes Classe S
− Voiture exigeant chauffeur

Consommation ville – route (l/100 km)
24 · 14

Nouveautés
2012
Changements mineurs
Nouvelles jantes

Principales concurrentes
Bentley Mulsanne,
Rolls-Royce Phantom

MAYBACH

415

consommation de carburant. Le moteur Sky-G met en œuvre les toutes dernières évolutions du moteur à essence: taux de compression ultra-élevé de 14:1, tubulure d'échappement de type 4-2-1 super longue, pistons de forme complexe, réduction des pertes par chaleur, huile moteur de faible viscosité (0W20). Le résultat se situe entre les deux MZR: 155 ch, mais une plage de couple très vaste qui devrait se traduire par une consommation en forte baisse. La 3 pourrait même s'approcher des valeurs de la Golf TDI et des sous-compactes telles que la Fiesta ou la Cruze ECO. Deux nouvelles boîtes de vitesses seront aussi au menu: une automatique appelée SkyActive-Drive et une manuelle dénommée SkyActiv-MT.

La version Speed3, forte de 263 ch, est toujours au catalogue. Cette turbulente sportive propose des performances relevées, mais l'effet de couple dans la direction demande une attention constante. Sur circuit, on note un sous-virage important et un manque de motricité dans les relances, mais le châssis fermement suspendu parvient à juguler les excès pour offrir des sensations plus qu'intéressantes. Il faut s'assurer d'avoir le volant bien droit avant de remettre les gaz, sinon les gommes en souffrent. Le freinage est au dessus de tout soupçon.

Au final, la Mazda3 n'est pas parfaite, mais elle est probablement celle qui établit actuellement le standard dans le segment très compétitif des compactes. N'ayant pas réellement de gros défaut, elle devrait séduire encore une fois une vaste clientèle, surtout que sa nouvelle mécanique la replace dans le peloton de tête des voitures à faible consommation.

 LOUIS-ALAIN RICHARD

Prix
16 295 à 29 695 $
Transport et préparation
1395 $

+ Agrément de conduite certain
+ Châssis bien équilibré
+ Nouveau moteur plus frugal

– Banquette arrière
  peu accueillante
– Effet de couple important
  en version turbo
– Fiabilité à améliorer
  sur certains points

Consommation ville – route (L/100 km)

8,4 – 6,2 (Sky 2,0 l)
9,6 – 7,4 (man. 2,0 l)
10 – 7,4 (aut. 2,0 l),
11,7 – 8,3 (man. 2,5 l)
10,9 – 8,3 (aut. 2,5 l)
13,1 – 9,5 (man. turbo 2,3 l)

Nouveautés
2012 Moteur SkyActiv-G moins énergivore
Boîtes de vitesse SkyActiv-Drive/MT
Retouches à la carrosserie et dans l'habitacle

Principales concurrentes

 Chevrolet Cruze, Ford Focus, Hyundai Elantra, Honda Civic, Kia Forte, Mitsubishi Lancer, Nissan Sentra, Subaru Impreza/WRX, Suzuki SX4, Toyota Corolla/Matrix, VW Golf/Jetta

MAZDA 3

Garanties de base – motopropulseur (an/km)	3/80 000 – 5/100 000
Marge de profit du concessionnaire (%)	6,62 à 6,63
Essence recommandée	ordinaire
Versions offertes	GS, GT
Carrosserie	fourgonnette 5 portes (6 places)
Lieu d'assemblage	Japon
Valeur résiduelle	moyenne
Fiabilité présumée	moyenne
Renouvellement du modèle	2015
Ventes 2010 Québec	(– 17 %) 3106

Technique

Dimensions et volumes

Empattement (mm)	2750
Longueur (mm)	4585
Largeur (mm)	1750
Hauteur (mm)	1615
Volume intérieur passager (L)	2768
Volume du coffre (min. – méd. – max.) (L)	112 – 426 – 857
Réservoir de carburant (L)	60
Fourchette de poids (kg)	1551
Répartition du poids av. – arr. (%)	56 – 44

Châssis

Mode	traction
Suspension av. – arr.	indépendante
Freins av. – arr.	disques
Capacité de remorquage	non recommandé
Diamètre de braquage (m)	10,6
Pneus	205/55R16 (GS), 205/50R17 (GT)

Performances

Modèle à l'essai	Mazda5 GS
Moteur	L4 DACT 2,5 litres 16s
Puissance (ch. à tr/min)	157 à 6000
Couple (lb·pi à tr/min)	163 à 4000
Rapport poids/puissance	9,87 kg/ch
Transmission	automatique 6 rapports
Accélération 0-100 km/h (sec.)	9,3
Reprise 80-115 km/h (sec.)	7,3
Distance de freinage 100-0 km/h (m)	40
Niveau sonore à 100 km/h	passable
Vitesse maximale (km/h)	185
Consommation lors de l'essai (L/100 km)	10,2
Gaz à effet de serre (tonnes métriques)	7,4
Autres moteurs	aucun
Autres transmissions	man. 6 rapports

Protection collision

Frontale conducteur/passager	excellente
Latérale avant/arrière	bonne
Capotage 2rm/4rm	bonne

UNE VALEUR SÛRE

Pour ceux qui cherchent un petit véhicule pratique, logeable et peu encombrant, la Mazda5 constitue un excellent choix. Car, à moins d'avoir vraiment besoin d'une grosse fourgonnette traditionnelle pour transporter plus de quatre ou cinq passagers, une montagne de bagages, des matériaux de construction ainsi qu'un ou deux chiens, la 5 offre la polyvalence nécessaire pour une jeune petite famille.

Jusqu'à tout récemment, la Mazda5 avait pour principale rivale la Kia Rondo. En 2012, elle devra également subir l'exercice des comparaisons avec la Chevrolet Orlando et la Ford C-Max. Pour demeurer concurrentielle, il fallait donc à la petite nippone une cure de beauté, qui s'est traduite par de nombreuses améliorations apportées aux parties avant et arrière ainsi qu'aux panneaux de carrosserie.

Pour loger jusqu'à six passagers dans un véhicule d'un format réduit à peine plus gros qu'une Mazda3, il faut user d'ingéniosité. Pour être vraiment honnête, ce sont surtout quatre occupants qui apprécieront le confort, les deux places de la troisième rangée devant être réservées aux enfants.

Inutile de sortir l'échelle ou le tabouret pour entrer dans le véhicule et en sortir, à l'avant comme à l'arrière. À l'avant toutefois, les conducteurs de plus grande taille apprécieraient bénéficier d'un dégagement plus généreux pour les jambes. Car lors des longs trajets, la fatigue finit par s'installer. Il faudrait pouvoir augmenter la course du siège de plusieurs centimètres additionnels pour corriger ce problème. Aussi, la largeur de la console centrale fait en sorte qu'on se sent les jambes à l'étroit.

Du reste, la position de conduite est confortable pour les personnes dont le gabarit est dans les normes. Les instruments de bord sont de lecture facile et les principales commandes sont placées à la bonne hauteur. Le constructeur utilise des matériaux solides et bien assemblés. Par ailleurs, comme le véhicule est entouré de glaces, la visibilité est bonne dans toutes les directions. Et on peut également compter sur de grands rétroviseurs extérieurs.

Alors que la Kia Rondo utilise des portes standard, Mazda, lui, a installé des portes coulissantes pour faciliter la vie des passagers qui entrent dans le véhicule et en sortent. L'aménagement intérieur comporte au centre deux baquets individuels confortables. On ne peut toutefois les rapprocher pour former une banquette et y placer trois passagers. Cette approche utilisée par les concurrents offre un côté pratique intéressant, par exemple lorsqu'on veut y placer un siège d'auto pour enfant au centre. Petit détail ingénieux, chaque assise de ces sièges comporte un coffre de rangement. En option sur la version GT, on peut ajouter un plateau escamotable entre les deux sièges pour y placer des jus et des petits jeux pour les enfants.

Lorsque les deux places de la dernière rangée sont en position, le volume utilitaire

ne permet que d'y corder quelques sacs d'épicerie. En fait, le coffre la MX-5 loge davantage. C'est un peu mieux lorsque ces places disparaissent dans le plancher du coffre. Mais une fois de plus, l'espace de chargement est deux fois moins élevé que celui d'une Kia Rondo. Pour contourner le problème, il faudra utiliser la stratégie de bon nombre d'acheteurs de Mazda5: ajouter un coffre de rangement sur le toit.

Plus vitaminé

Pour la refonte de 2012, le constructeur a remplacé le moteur 2,3 litres par un moteur un peu plus puissant de 2,5 litres. Les performances sont un peu plus enjouées, surtout lorsque plusieurs passagers sont à bord. Dans la vie de tous les jours, il répond promptement, tout en consommant de façon plus raisonnable qu'une fourgonnette ordinaire. En moyenne, il faudra prévoir un peu moins de 10 L/100 km. La boîte manuelle à six rapports est agréable à utiliser. De son côté, la boîte automatique fonctionne en douceur.

La Mazda5 reprend les attributs sportifs de la Mazda3. Elle est maniable, agile, plaisante à conduire au quotidien. En ville, son format la rend facile à garer. La suspension est ferme, mais elle amortit assez bien les inégalités de la route. Lorsqu'on prend le volant, on a l'impression de conduire une voiture. Des bruits de roulement et de vent perturbent assombrissent toutefois ce tableau au final positif.

La petite fourgonnette de Mazda est de moins en moins seule dans la catégorie. Il vous faudra donc étudier avantageusement l'offre de la concurrence. Elle demeure néanmoins une valeur sûre, renforcée en 2012 par les améliorations cosmétiques et l'implantation d'un moteur un peu plus fougueux.

JEAN-PIERRE BOUCHARD

Prix
21 795 à 24 395 $
Transport et préparation
1695 $

+ Format pratique
+ Comportement routier
+ Rapport qualité-prix

– Espace utilitaire exigu avec les sièges de la troisième rangée en position
– Bruits de vent et de roulement
– Espace pour les jambes à l'avant

Consommation ville – route (L/100 km)
11,3 – 8,5 (man.)
11,5 – 8,7 (aut.)

Nouveautés

2012 Retouches esthétiques, L4 de 2,5 litres
Boîte automatique 6 rapports

Principales concurrentes

Chevrolet Orlando, Dodge Journey, Ford C-Max, Kia Rondo, Mercedes Classe B

MAZDA 5

421

Mazda
6

MAZDA 6

À savoir

Garanties de base – motopropulseur (an/km)	3/80 000 – 5/100 000
Marge de profit du concessionnaire (%)	7,17 à 8,40
Essence recommandée	ordinaire
Versions offertes	GS, GT, GS-V6, GT-V6
Carrosserie	berline 4 portes
Lieu d'assemblage	États-Unis
Valeur résiduelle	moyenne
Fiabilité présumée	moyenne
Renouvellement du modèle	inconnu
Ventes 2010 Québec	(– 10 %) 2596

Technique

Dimensions et volumes

Empattement (mm)	2790
Longueur (mm)	4920
Largeur (mm)	1840
Hauteur (mm)	1470
Volume intérieur passager (L)	2885
Volume du coffre (min. – max.) (L)	469
Réservoir de carburant (L)	70
Fourchette de poids (kg)	1486 à 1610
Répartition du poids av. – arr. (%)	60 – 40

Châssis

Mode	traction
Suspension av. – arr.	indépendante
Freins av. – arr.	disques
Capacité de remorquage	non recommandé
Diamètre de braquage (m)	10,79
Pneus	215/55R17 (GS), 235/45R18 (GT)

Performances

Modèle à l'essai	Mazda6 GT-V6
Moteur	V6 DACT 3,7 litres 24s
Puissance (ch. à tr/min)	272 à 6250
Couple (lb-pi à tr/min)	269 à 4250
Rapport poids/puissance	5,91 kg/ch
Transmission	automatique 6 rapports
Accélération 0-100 km/h (sec.)	7,1 (V6), 9,4 (L4)
Reprises 80-115 km/h (sec.)	5,2 (V6), 7,3 (L4)
Distance de freinage 100-0 km/h (m)	39,8
Niveau sonore à 100 km/h	moyen
Vitesse maximale (km/h)	210 (V6), 190 (L4)
Consommation lors de l'essai (L/100 km)	11,2
Gaz à effet de serre (tonnes métriques)	8,1
Autres moteurs	L4 2,5 l (170 ch., 167 lb-pi)
Autres transmissions	auto. 5 rapports (L4), man. 6 rapports (L4)

Protection collision

Frontale conducteur/passager	excellente
Latérale avant/arrière	excellente
Capotage 2rm/4rm	excellente

MISSION ACCOMPLIE

Contrairement à ce qui se passe chez nos voisins du sud, qui les adorent, les berlines intermédiaires ne suscitent pas d'engouement chez nous. Pourtant, ce sont de solides voitures, pratiques, relativement frugales et dont le prix est très raisonnable. Si certaines font l'impasse sur l'agrément de conduite, ce n'est certainement pas le cas de cette Mazda6.

Grande berline au vaste coffre, dotée d'un rouage moteur de base suffisamment performant, la Mazda6 se distingue de ses rivales en proposant un style inspiré de sa petite sœur sportive (la RX-8), une suspension assez ferme et une ambiance intérieur sérieuse, presque teutonne. Le résultat est très intéressant, pour une voiture de cette catégorie du moins.

En utilisation courante, avec les anoraks et les grosses bottes d'hiver, les enfants déguisés en mini-bonhommes Michelin et les nombreux accessoires indispensables à une saison hivernale réussie (patins, raquettes, etc.), la grande taille de la Mazda6 est fort utile. L'accès à bord est aisé, pour les petits comme les grands, l'habitacle est suffisamment large pour s'y sentir à l'aise même habillés comme des ours et la grande malle arrière peut dévorer une quantité impressionnante de bagages. Les sièges sont larges et souples, la visibilité est excellente tout autour, le chauffage est puissant et rapide (tout comme les sièges chauffants de la version GT) et la finition n'inspire pas trop de mauvais commentaires. Si l'ergonomie est presque sans faute, il y a quand même pas mal de plastiques durs (même la tablette arrière), le tissu qui recouvre les sièges de base est une vraie brosse miracle et certaines commandes sont cachées par le volant, là, tout en bas à gauche.

Sur la route, cette Mazda paraît beaucoup plus petite que ce que la fiche technique indique. Cela est possible parce que la direction est rapide et communicative, le roulis est très bien maîtrisé et la suspension, relativement sophistiquée pour la catégorie, offre une fermeté bienvenue. Évidemment, le confort en souffre, surtout sur les joints d'expansion d'autoroute, mais l'avantage est que les roues sont toujours en contact avec le sol, même quand ça brasse pas mal.

Autre bonne note, le système d'antidérapage (appelé contrôle dynamique de stabilité chez Mazda) est drôlement efficace, grâce à une mise en action rapide et ciblée, un système essayé de façon tout à fait fortuite. Il a suffi qu'une flaque de gadoue géante apparaisse en milieu de courbe pour que cet essayeur se fasse dorénavant apôtre de l'antidérapage. Ce n'est pas la première fois que cela arrive, évidemment, mais cette fois la sortie de route était évidente et c'est grâce au système que la voiture est revenue intacte dans le droit chemin. En ce qui concerne la puissance de freinage et l'adhérence en virage, les conditions difficiles lors de l'essai n'ont pas permis les mesures habituelles, mais la vivacité du châssis est de bon augure.

La voiture d'essai était la version de base à moteur quatre-cylindres et boîte

automatique à cinq rapports, le tandem le plus populaire. Une boîte manuelle à six rapports est offerte de série avec ce moteur. Malgré son statut de moteur de base, ce gros quatre-cylindres est énergique, en plus d'offrir une sonorité agréable. Il est aussi relativement léger, ce qui donne un train avant facile à diriger et peu de sous-virage initial. Les performances sont bonnes pour un tel tandem, avec le 0-100 km/h couvert en un peu plus de huit secondes. La consommation de carburant, en usage hivernal, a atteint les 14 L/100km en usage urbain sur courtes distances, et moins de 9 L/100 km sur l'autoroute.

Équipement fort complet

Sur le plan de l'équipement, la version de base offre les accessoires habituels (climatisation, glaces et serrures électriques, régulateur de vitesse), alors que le groupe confort ajoute le contrôle de stabilité, le toit ouvrant, le capteur de pluie et le réglage électrique du siège conducteur. La version GT est mieux équipée (sellerie en cuir, climatisation régulée, connectivité Bluetooth pour le téléphone et le lecteur MP3, roues de 18 po), à laquelle on peut rajouter le groupe de luxe (accès sans clé, phares à décharge, système de surveillance des angles morts) et la navigation. Le moteur V6 optionnel de 272 ch exige la boîte automatique à six rapports.

Alors, mission accomplie pour cette deuxième génération de la 6. Plus logeable, mais toujours aussi dynamique, elle représente encore le choix sportif de cette catégorie si populaire, même avec le moteur de base. La Mazda6 est donc suffisamment similaire à ses rivales pour ne pas effrayer les acheteurs traditionnels, tout en étant bien différenciée par son châssis résolument dynamique.

LOUIS-ALAIN RICHARD

Prix
23 995 à 37 440 $
Transport et préparation
1695 $

+ Habitacle et coffre très vastes
+ Châssis bien équilibré et moteur 4-cylindres bien adapté
+ Équipement complet

– Version V6 inutile
– Système de navigation d'une autre époque
– Suspension un peu trop ferme sur autoroute

Consommation ville – route (L/100 km)
11,6 – 8 ,1 (man. 2,5 l)
11,1 – 7,8 (aut. 2,5 l)
13,5 – 9,1 (3,7 l)

Nouveautés

2012

Nouvelle gamme de couleurs métalisées

Principales concurrentes

Buick Regal, Chevrolet Malibu, Chrysler 200, Dodge Avenger, Ford Fusion, Honda Accord, Hyundai Sonata, Kia Optima, Nissan Altima, Subaru Legacy, Toyota Camry, VW Passat

MAZDA 6

423

À savoir

Garanties de base – motopropulseur (an/km)	3/80 000 – 5/100 000
Marge de profit du concessionnaire (%)	9,01
Essence recommandée	ordinaire (2,5 l), super (2,3 l)
Versions offertes	GX (2rm), GS (4rm), GT (4rm)
Carrosserie	multisegment sport 5 portes
Lieu d'assemblage	Japon
Valeur résiduelle	moyenne
Fiabilité présumée	moyenne
Renouvellement du modèle	2013
Ventes 2010 Québec	(+ 44 %) 1883

Technique

Dimensions et volumes

Empattement (mm)	2750
Longueur (mm)	4682
Largeur (mm)	1872
Hauteur (mm)	1645 (GS, GT), 1622 (GX)
Volume intérieur passager (L)	2797
Volume du coffre (min. – max.) (L)	848 – 1658
Réservoir de carburant (L)	69 (GS, GT), 62 (GX)
Fourchette de poids (kg)	1588 à 1818
Répartition du poids av. – arr. (%)	59 – 41

Châssis

Mode	traction, intégral
Suspension av. – arr.	indépendante
Freins av. – arr.	disques
Capacité de remorquage (max.) (kg)	680 (2,5 l), 907 (2,3 l)
Diamètre de braquage (m)	11,6
Pneus	215/70R17 (GX), 235/60R18 (GS), 235/55R19 (GT)

Aptitudes hors route

Garde au sol min. (mm)	208 (4rm), 206 (2rm)
Angles d'approche/de rampe/de sortie (°)	18/n.d./25

Performances

Modèle à l'essai	CX-7 GS (4rm)
Moteur	L4 turbo DACT 2,3 litres 16s
Puissance (ch. à tr/min)	244 à 5000
Couple (lb-pi à tr/min)	258 à 2500
Rapport poids/puissance	7,45 kg/ch
Transmission	automatique 6 rapports
Accélération 0-100 km/h (sec.)	8,2 (2,3 l), 10,2 (2,5 l)
Reprise 80-115 km/h (sec.)	5,8 (2,3 l)
Distance de freinage 100-0 km/h (m)	39
Niveau sonore à 100 km/h	passable
Vitesse maximale (km/h)	200 (2,3 l), 180 (2,5 l)
Consommation lors de l'essai (L/100 km)	12
Gaz à effet de serre (tonnes métriques)	8,5
Autres moteurs	L4 2,5 l (161 ch., 161 lb-pi)
Autres transmissions	aut. 5 rapports (2,5 l)

Protection collision

Frontale conducteur/passager	excellente
Latérale avant/arrière	excellente
Capotage 2rm/4rm	bonne

Mazda
CX-7

TOUJOURS DANS LA COURSE

Dès son lancement, le CX-7 a plu aux acheteurs de multisegments, par le dynamisme de son design d'abord qui tranchait avec celui des concurrents, puis par son agrément de conduite. L'esprit de la RX-8 planait au-dessus de lui. Quelques années plus tard, après l'ajout d'un moteur d'entrée de gamme et une révision cosmétique mineure, le véhicule demeure toujours actuel.

Le Mazda CX-7 est un peu plus volumineux que la plupart des concurrents, y compris le Honda CR-V et le Toyota RAV4. Étonnamment toutefois, les centimètres additionnels ne l'empêchent pas d'offrir un volume intérieur et utilitaire un peu plus faible que la concurrence.

La présentation intérieure s'inscrit dans la continuité des courbes de la carrosserie. À l'avant, la hauteur du seuil exige un peu plus d'effort pour ne pas égratigner le plastique qui le recouvre ou encore salir le pantalon lorsqu'on descend du véhicule. Une fois installé derrière le volant, on apprécie le confort du siège et le bon dégagement pour les jambes. La présence du toit ouvrant sur certains modèles retranche toutefois quelques précieux millimètres pour la tête. Le volant inclinable et télescopique permet au conducteur de trouver une bonne position de conduite. Les indicateurs du tableau de bord sont faciles à consulter, tandis que les commandes tombent sous la main.

Si la visibilité est généralement bonne, le design particulier de la carrosserie fait en sorte de réduire celle latérale arrière. Aussi, les enfants assis sur la banquette arrière pourraient ne rien pouvoir apprécier du paysage, car elle est basse et la ligne de carrosserie élevée. Cette banquette est néanmoins confortable pour deux personnes de taille moyenne. L'espace utilitaire offre un bon volume de chargement. Par contre, il est un peu moins généreux que celui de concurrents tels que le Honda CR-V, le Toyota RAV4 ou encore le Mitsubishi Outlander. De pratiques tirettes montées sur les parois intérieures permettent d'abaisser chaque section du dossier pour augmenter l'espace de chargement.

De façon générale, la qualité des matériaux utilisés est bonne, mais certains plastiques durs donnent une impression de fragilité. L'habitacle filtre également difficilement les bruits de roulement.

Turbo ou pas turbo?

Mazda avait fait le choix technologique d'utiliser pour motorisation un quatre-cylindres de 2,3 litres turbocompressé. Habituellement, ce type de véhicule prend vie au moyen de moteurs traditionnels (atmosphériques), à quatre ou six cylindres. Toujours offert au catalogue, ce moteur de 244 ch fournit de bonnes performances au moment d'enfoncer l'accélérateur pour accélérer et dépasser. Mais la présence du turbo ne le rend pas nécessairement spectaculaire lorsqu'on le compare à certains V6. Le léger délai de réponse du turbo au moment de mettre le véhicule en mouvement pénalise l'agrément de conduite. Lors de notre essai, nous avons

obtenu une marque de 12 L/100 km. Mazda recommande également de l'abreuver en supercarburant. La boîte automatique à six rapports fonctionne en douceur.

L'ajout du 2,5-litres en 2010 a permis de réduire le total de la facture qui, déjà, était élevée. Il fait équipe avec une boîte automatique à cinq rapports. Comme le poids du véhicule est élevé, les performances que procure ce tandem sont décentes, sans plus. Elles rejoignent celles de la plupart des rivaux. La consommation d'essence est toutefois un peu plus faible que celle de la version turbo: environ 2 L/100 km... d'essence ordinaire. Il faut toutefois préciser que cette version du CX-7 n'est livrée qu'en configuration à roues motrices avant.

L'une des forces du CX-7 est assurément son agrément de conduite. Il donne davantage l'impression de conduire une berline sportive qu'un camion. La direction réagit rapidement aux sollicitations du conducteur. Une mauvaise note par contre au long diamètre de braquage qui complique certaines manœuvres dans les espaces restreints. En courbes plus prononcées, les mouvements de la carrosserie sont bien contrôlés. Dans la plupart des conditions, la suspension travaille pour procurer un bon confort aux occupants. Mais certaines secousses causées par la rencontre du véhicule avec un pavé cahoteux perturbent la quiétude des passagers. Bien entendu, on n'a pas affaire à une fusée. Mais pour un véhicule de cette catégorie, on peut facilement affirmer que l'agrément de conduite est au rendez-vous.

Malgré son âge, le CX-7 offre toujours des atouts intéressants. La facture de ce multisegment grimpe toutefois rapidement lorsqu'on opte pour une version dotée du rouage intégral, car elle est accompagnée d'un moteur turbocompressé peu frugal en carburant. Mais il est probablement le seul véhicule de cette catégorie à offrir un comportement routier qui fait oublier son caractère utilitaire.

JEAN-PIERRE BOUCHARD

Prix
26 495 à 36 690 $
Transport et préparation
1695 $

+ Agrément de conduite
+ Présentation intérieure moderne
+ Carrosserie dynamique

– Consommation de carburant (moteur turbo)
– Performances du 2,5-litres limitées
– Visibilité

 Consommation ville – route (L/100 km)
11,8 – 8,5 (2rm 2,5 l)
13,9 – 10,9 (4rm turbo 2,3 l)

 Nouveautés

2012 Changements mineurs

Principales concurrentes

 Acura RDX, Chevrolet Equinox, Ford Edge, Honda CR-V/Crosstour, GMC Terrain, Hyundai Santa Fe/Tucson, Kia Sorento/Sportage, Mitsubishi Outlander, Nissan Murano/Rogue, Subaru Forester/Outback, Toyota RAV4/Venza, VW Tiguan

MAZDA CX-7

Garanties de base – motopropulseur (an/km)	3/80 000 – 5/100 000
Marge de profit du concessionnaire (%)	9,01
Essence recommandée	ordinaire
Versions offertes	GS (2rm), GS TI, GT TI
Carrosserie	multisegment 5 portes (7 places)
Lieu d'assemblage	Japon
Valeur résiduelle	bonne
Fiabilité présumée	moyenne
Renouvellement du modèle	2013
Ventes 2010 Québec	(+ 4 %) 370

Technique

Dimensions et volumes

Empattement (mm)	2875
Longueur (mm)	5101
Largeur (mm)	1936
Hauteur (mm)	1728
Volume intérieur passager (L)	3947
Volume du coffre (min. – méd. – max.) (L)	487 – 1371 – 2851
Réservoir de carburant (L)	76
Fourchette de poids (kg)	1935 à 2062
Répartition du poids av. – arr. (%)	56 – 44

Châssis

Mode	traction, intégral
Suspension av. – arr.	indépendante
Freins av. – arr.	disques
Capacité de remorquage (max.) (kg)	1588
Diamètre de braquage (m)	11,4
Pneus	245/60R18 (GS), 245/50R20 (GT)

Aptitudes hors route

Garde au sol min. (mm)	204
Angles d'approche/de rampe/de sortie (°)	17/n.d./21

Performances

Modèle à l'essai	CX-9 GT (4rm)
Moteur	V6 DACT 3,7 litres 24s
Puissance (ch. à tr/min)	273 à 6250
Couple (lb-pi à tr/min)	270 à 4250
Rapport poids/puissance	7,55 kg/ch
Transmission	automatique 6 rapports
Accélération 0-100 km/h (sec.)	8,2
Reprise 80-115 km/h (sec.)	5,2
Distance de freinage 100-0 km/h (m)	41
Niveau sonore à 100 km/h	moyen
Vitesse maximale (km/h)	210
Consommation lors de l'essai (L/100 km)	12,8
Gaz à effet de serre (tonnes métriques)	9,1
Autres moteurs	aucun
Autres transmissions	aucune

Protection collision

Frontale conducteur/passager	excellente
Latérale avant/arrière	excellente
Capotage 2rm/4rm	bonne

Mazda
CX-9

UN ÉLÉPHANT EN ESPADRILLES

Garé au loin dans le stationnement désert du cinéma, je regarde le CX-9 qui m'attend élégamment, bien campé sur ses grosses jantes avec son immense sourire accroché à la calandre. Ce n'est toutefois pas l'effet du grand écran si en m'approchant je dois écarquiller les yeux pour le voir en entier. Une immensité, ce CX-9 !

Son design tout en rondeur lui sied à merveille et évite à coup sûr bien des regards de mépris d'environnementalistes à qui il ne vient même pas à l'idée que ce Mazda fait plus de deux tonnes. C'est pourtant le cas. On ne croirait pas non plus qu'il a une consommation exagérée d'hydrocarbures. En vérité, c'est un vrai glouton. Si on ne porte pas attention aux chiffres, par contre, il continue de jouer le jeu à merveille. En effet, il est plutôt agile et le roulis est efficacement contrôlé. Ce n'est certes pas le véhicule idéal pour faire du *lapping* la fin de semaine, mais il serait en mesure de donner une leçon en matière de tenue de route à de petits véhicules utilitaires sport pourtant plus sveltes. Le revers de la médaille, s'il en est un, est l'amortissement quelque peu rigide (surtout avec les jantes optionnelles de 20 po), mais c'est justement ce qui lui permet d'offrir une conduite s'approchant d'une berline intermédiaire.

Beauté intérieure

Le CX-9 représente le haut du pavé en matière de luxe chez Mazda et il tente de tirer son épingle du jeu face aux semblables de Lexus, Acura et autres marques de luxe créés par les manufacturiers qui, elles, jouissent d'une aura absente du blason Mazda. Qu'à cela ne tienne, les matériaux sont de qualité, l'assemblage dans la bonne moyenne et l'équipement complet. Les commandes sont faciles d'utilisation et habilement disposées, à l'exception toutefois des contrôles des glaces électriques situés tellement à l'avant du panneau de contre-porte qu'il est impossible de les atteindre en restant au creux de son siège.

Comme on s'en doute, l'espace intérieur ne fait pas défaut, mais l'angle prononcé du pare-brise rend l'embarquement périlleux pour la tête du conducteur et de son passager avant. La position assise, à l'instar du vide devant soi, donne l'impression d'être dans un fauteuil de salon. Attention à la sieste !

Si les places médianes sont presque aussi vastes, on ne peut en dire autant de celles de la troisième rangée, qui sont plus utiles pour gonfler la fiche technique et le prix que pour transporter des humains normalement constitués. Gageons que cette banquette risque de passer le plus clair de son temps repliée, de façon à accroître l'espace de chargement. Pour le transport de colis encombrants, il est possible de rabattre également la rangée de sièges du milieu, mais on regrette que le siège passager ne puisse être incliné à plat pour la manutention d'objets longs.

Coureur des villes

Si on jette son dévolu sur un modèle à traction intégrale, il faut savoir que ce gros n'est pas si costaud et qu'il demeure avant tout un véhicule destiné aux allées pavées. Les roues avant se chargent de le tracter jusqu'à ce qu'une perte d'adhérence soit détectée; c'est alors que les roues arrière entrent en action pour permettre de s'extirper du dernier piège de la déneigeuse, par exemple. Pour les excursions en forêt par contre, on oublie.

S'il est tout désigné pour les longs trajets d'autoroute, en milieu urbain le CX-9 n'est pas tout à fait à l'aise. Non seulement son format ne permet pas de le garer sur un mouchoir, mais la ligne rebondie à la base des glaces latérales arrière rend la visibilité perfectible. Heureusement, le modèle à l'essai possédait une caméra de recul que je n'ai pas manqué d'utiliser, même si je porte rarement attention à ces images habituellement. Pour les changements de voie, le dispositif de détection de véhicules dans l'angle mort est très efficace, mais n'est malheureusement pas configurable. On souhaiterait consulter uniquement le témoin lumineux dans le rétroviseur, qui est bien suffisant, mais la seule façon d'éliminer l'irritante alerte sonore est de mettre le dispositif hors tension. C'est raté.

Autant pour Mazda que pour ceux qui seraient tentés de s'en porter acquéreurs, le CX-9 demeure une bonne affaire. Il faut toutefois cibler ses besoins et s'assurer qu'un véhicule de ce format est vraiment nécessaire. Si tel est le cas, il est toujours concurrentiel, grâce à un équipement exhaustif pour le prix, malgré le manque de prestige de son écusson.

 DANIEL CHARETTE

Prix
36 395 à 45 595 $
Transport et préparation
1695 $

+ Équipement
+ Moteur puissant
+ Dessin qui vieillit bien

– Consommation
– Format géant et gênant
– Troisième banquette inutile

 Consommation ville – route (L/100 km)
14,1 – 10,1 (2rm)
14,9 – 10,9 (4rm)

 2012 **Nouveautés**

Changements mineurs

Principales concurrentes

Chevrolet Traverse, Dodge Durango, Ford Explorer/Flex, GMC Acadia, Honda Pilot, Hyundai Veracruz, Lexus RX, Subaru Tribeca, Toyota Highlander

À savoir

Garanties de base – motopropulseur (an/km)	3/80 000 – 5/100 000
Marge de profit du concessionnaire (%)	10,23 à 10,24
Essence recommandée	super
Versions offertes	GX, GS, GT, SV
Carrosserie	cabriolet 2 portes (toit souple ou rigide)
Lieu d'assemblage	Japon
Valeur résiduelle	bonne
Fiabilité présumée	bonne
Renouvellement du modèle	2013
Ventes 2010 Québec	(– 5 %) 339

Technique

Dimensions et volumes

Empattement (mm)	2330
Longueur (mm)	4032
Largeur (mm)	1720
Hauteur (mm)	1245 (GX, GS), 1255 (GT)
Volume intérieur passager (L)	n.d.
Volume du coffre (min. – max.) (L)	150
Réservoir de carburant (L)	48
Fourchette de poids (kg)	1115 à 1182
Répartition du poids av. – arr. (%)	52 – 48

Châssis

Mode	propulsion
Suspension av. – arr.	indépendante
Freins av. – arr.	disques
Capacité de remorquage	non recommandé
Diamètre de braquage (m)	9,4
Pneus	205/50R16 (GX), 205/45R17 (GS, GT)

Cabriolet

Temps ouverture – fermeture du toit (sec.)	12 (élect.), 2 à 3 (manuel)
Décapoter en roulant	non (élect.), oui (manuel)

Performances

Modèle à l'essai	MX-5 GS (toit souple)
Moteur	L4 DACT 2,0 litres 16s
Puissance (ch. à tr/min)	167 à 7000
Couple (lb-pi à tr/min)	140 à 5000
Rapport poids / puissance	6,85 kg / ch
Transmission	manuelle 6 rapports
Accélération 0-100 km/h (sec.)	7,36
Reprises 80-115 km/h (sec.)	4,78
Distance de freinage 100-0 km/h (m)	37
Niveau sonore à 100 km/h	médiocre
Vitesse maximale (km/h)	206 (man. 6 vit.) 205 (man. 5 vit.), 191 (aut.)
Consommation lors de l'essai (L/100 km)	8,9
Gaz à effet de serre (tonnes métriques)	6,5
Autres moteurs	L4 2,0 l (158 ch., 140 lb-pi) (boîte aut.)
Autres transmissions	man. 5 rapports (GX), auto. 6 rapports

Protection collision

Frontale conducteur/passager	non évaluée
Latérale avant/arrière	non évaluée
Capotage 2rm/4rm	non évaluée

Mazda
MX-5

QUELLE CONCURRENCE ?

Plus de deux décennies après son lancement, non seulement la MX-5 est-elle toujours aussi populaire, mais elle est également seule au sommet, sans aucune concurrente. Il y a bien eu le duo Solstice et Sky qui a tenté d'avoir sa part du gâteau, mais c'est déjà chose du passé.

Est-ce vraiment un problème de ne pas avoir d'option sur sa liste d'épicerie au moment de magasiner une MX-5 ? A priori non, puisqu'elle répond à une demande qu'elle a elle-même créée, et elle prend son rôle au sérieux. Bien que l'ajout d'une version ultrasportive ferait sans doute un malheur, ce n'est pas le mandat de la MX-5. Ici, il n'est pas seulement question de rouler cheveux au vent ; il s'agit de le faire à bord d'une voiture deux places, petite, agile et dotée de roues arrière motrices. La recette est simple et le plaisir garanti. D'ailleurs, on ne compte plus le nombre de boomers qui sont tombés sous le charme de son comportement joueur rappelant les défunts roadsters anglais. De plus, force est d'admettre qu'elle est joliment tournée et quasi intemporelle, comme en témoignent les modèles de première et deuxième générations qui sont encore agréables à l'œil.

Simplicité volontaire

Malgré les apparences, il est relativement facile de se glisser derrière le volant, à condition de ne pas avoir un physique de mascotte. La garde au sol basse et les sièges profondément ancrés travaillent de pair à créer cette sécurisante sensation d'avoir le postérieur sur le bitume, à l'abri des affres de la gravité. Au moment de mettre le moteur en marche, une incontournable question : pourquoi diable a-t-on équipé cette voiture d'une clé intelligente qu'on peut laisser au creux de notre poche... pour démarrer en tournant une clé factice ? Vivement les boutons-poussoirs engine start ! Dans la version GT édition spéciale à l'essai, toutes les options étaient présentes, et pourtant, la planche de bord était d'une agréable simplicité. Pas de contrôles tactiles sur un écran de navigation aux réglages fastidieux ni d'ordinateur de bord à configurer... et c'est tant mieux !

Si plusieurs considèrent la MX-5 comme un jouet pour les jours de congé, la livrée GT a tout ce qu'il faut pour être utilisée au quotidien. Outre son toit rigide rétractable, elle bénéficie de sièges chauffants en cuir, d'un système de sonorisation signé Bose et de la téléphonie Bluetooth. Le hic, c'est le prix : à quarante mille dollars l'exemplaire, cette MX-5 toute garnie est propulsée par le même petit quatre-cylindres de deux litres développant 167 ch que la version de base proposée à moins de 30 000 $. S'il s'agit d'une deuxième voiture pour la conduite à ciel ouvert, ça fait cher payé pour un toit dur qui n'apporte aucun avantage lorsqu'il est rangé. À ce chapitre, il faut mentionner le tour de force des ingénieurs de Mazda, qui permet à cette coque rigide de se replier sans empiéter davantage sur la capacité du coffre que le toit souple qui est pourtant moins volumineux. Heureusement d'ailleurs, car par son format, ce coffre s'apparente plutôt à un gros vide-poche.

Par ici le vroum vroum

Si Mazda scande avec plus ou moins de pertinence son slogan « vroum vroum » à qui veut bien l'entendre à propos de tranquilles berlines à roues motrices avant, dans le cas de la MX-5, ce n'est pas de la frime. Cette dernière est la vraie sportive de la famille, et c'est d'autant plus vrai maintenant que la RX-8 n'est plus qu'un souvenir. La MX-5 s'accroche au bitume et profite d'un châssis solide qu'on ne se lasse jamais d'exploiter en enchaînant les virages. Même le pédalier ajoute à l'agrément de conduite, étant assez rapproché pour jouer du talon-pointe avec facilité. Le maniement de la boîte manuelle est également un pur plaisir, et heureusement qu'il en est ainsi, car il faut jouer beaucoup du levier pour extraire toute la puissance disponible; il est hors de question de gaspiller ne serait-ce que quelques chevaux !

Avec cette troisième génération qui, on s'en doute, cédera prochainement sa place à une nouvelle venue, on peut craindre que cette chère MX-5 soit à l'aube d'un autre gain de poids et de commodités qui l'éloigneront de sa philosophie originale, tout en s'accommodant à ses adeptes, vieillissants pour certains. Si on est plus optimiste par contre, on pourrait croire que la MX-5, étant maintenant l'unique voiture sport chez Mazda, donnera l'idée aux dirigeants de concevoir une variante Mazdaspeed équipée du 2,5-litres turbocompressé de la Mazda 3... Et pourquoi pas un modèle à toit rigide fixe avec un hayon fuyant, imitant ainsi les Audi TT et Porsche Cayman ? Il est toujours permis de rêver...

 DANIEL CHARETTE

Prix
28 995 à 40 695 $
Transport et préparation
1695 $

+ Plaisir garanti
+ Fiabilité éprouvée
+ Faible consommation

– Coffre lilliputien
– Modèle GT onéreux
– Absence de version Mazdaspeed

 Consommation ville – route (L/100 km)
10,7 – 8,6 (man. 5 rapports)
11,4 – 8,2 (man. 6 rapports)
11,7 – 8,5 (aut. 6 rapports)

2012 **Nouveautés**
Changements mineurs

 Principales concurrentes
Mini Cooper, Nissan 370Z

MAZDA MX-5

429

À savoir

Garanties de base – motopropulseur (an/km)	3/illimité – 3/illimité
Versions offertes	MP4-12C
Carrosserie	coupé 2 portes
Lieu d'assemblage	Grand-Bretagne

Technique

Dimensions et volumes

Empattement/Longueur/Largeur (mm)	2670/4507/1908
Hauteur (mm)	1199
Volume du coffre (min. – max.) (L)	292
Capacité du réservoir de carburant (L)	88
Fourchette de poids (kg)	1301 – 1336
Répartition du poids av. – arr. (%)	42 – 58

Châssis

Mode	propulsion
Suspension av. – arr.	indépendante
Freins av. – arr.	disques; 370 mm – 350 mm
Pneus a. – arr.	235/35R19 – 305/30R20

Performances

Modèle	McLaren MP4-12C
Moteur	V6 biturbo 3,8 litres DACT 24s
Puissance (ch. à tr/min)	592 à 7000
Couple (lb-pi à tr/min)	443 à 3000
Rapport poids/puissance	2,25 kg/ch
Transmission	séquentielle 7 rapp. à double embrayage
Autres transmissions	aucune

Accélération

0-100 km/h (sec.)	3,3 (3,1 avec pneus Corsa)
0-160 km/h (sec.)	6,1
0-200 km/h (sec.)	9,1 (8,9 avec pneus Corsa)
Reprise 80-115 km/h (sec.)	1,9
1/4 de mille	10,9 s
Freinage 100 – 0 km/h	30,5
Vitesse maximale (km/h)	330 km/h
Autres moteurs	aucun

McLaren
MP4-12C

FERRARI PEUT DORMIR TRANQUILLE

La McLaren MP4 qui ornait la couverture de *L'auto 2011* était pratiquement une voiture virtuelle. Même si ses caractéristiques principales étaient connues, personne, hormis les deux pilotes d'usine officiels (Button et Hamilton), n'avait pu recueillir de véritables impressions de conduite. Douze mois plus tard, on peut jeter un peu plus de lumière sur ce coupé sport à moteur central que la direction de McLaren considère comme l'anti-Ferrari.

De dimension à peu près identique à une 458, la MP4-12C peut compter sur un moteur V8 double turbo de 3,8 litres opposé à un poids bien contrôlé de moins de 1340 kg grâce à une abondante utilisation de fibre de carbone et d'aluminium. Selon les premiers essais réalisés, cette troisième McLaren de route (la F1 et la M6 GT l'ont précédée) n'a pas encore atteint son but qui est d'égaler et éventuellement de dépasser la récente Ferrari 458. Lors d'un match comparatif opposant ces deux voitures ainsi qu'une Mercedes SLS, une Lamborghini Gallardo, une Audi R8 à moteur V10 et une Porsche 911 Turbo, la MP4 n'a pu faire mieux qu'une troisième place, battue non seulement par la Ferrari, mais aussi par la Gallardo. Seules l'Audi et la Mercedes ont été moins rapides que la McLaren.

Un seul concessionnaire

Comme en F1, disons que ce n'était pas ce à quoi l'on s'attendait du côté de Woking, en Grande-Bretagne. En revanche, la voiture anglaise se tire beaucoup mieux d'affaire au sprint 0-100 km/h ainsi qu'en vitesse de pointe. Bien qu'elle souffre d'un manque de caractère, elle démontre de belles qualités de confort pour un usage quotidien.

En réalité, la seule augmentation notable dans les chiffres publiés l'an dernier a trait au prix, qui est passé de moins de 200 000 $ aux 247 500 $ qu'on devra débourser pour se procurer une McLaren MP4. L'autre nouvelle moins réjouissante est qu'il n'y a pour l'instant qu'un seul concessionnaire pour l'ensemble du Canada, Pfaff Auto Partners, à Toronto. C'est là que vous pourrez commander votre voiture en choisissant parmi les 14 couleurs extérieures et 17 couleurs intérieures.

Il eût été utopique de penser que McLaren puisse créer en l'espace de quelques années seulement une automobile de sport capable de faire plier l'échine à une Ferrari dont les créateurs ont 60 ans d'expérience dans le domaine. Bien que la MP4 constitue un bon départ dans cette direction, les gens de Maranello peuvent encore dormir sur leurs deux oreilles.

JACQUES DUVAL

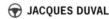

Prix
247 500 $

 + Construction avant-gardiste
+ Structure extrêmement rigide
+ Grande facilité de conduite

 – Voiture impersonnelle
– Un seul concessionnaire
– Fiabilité incertaine

 Consommation ville – route (L/100 km)
11,7

2012 **Nouveautés**
Nouveau modèle

Principales concurrentes

 Aston Martin Vantage/DBS,
Chevrolet Corvette Z06/ZR-1,
Ferrari 458 Italia, Jaguar XKR-S,
Lamborghini Gallardo,
Mercedes SLS AMG, Porsche 911

MCLAREN MP4-12C

431

À savoir

Garanties de base – motopropulseur (an/km)	4/80 000 – 4/80 000
Marge de profit du concessionnaire (%)	n.d.
Essence recommandée	super
Versions offertes	B200, B200 Turbo
Carrosserie	hayon 5 portes
Lieu d'assemblage	Allemagne
Valeur résiduelle	moyenne
Fiabilité présumée	moyenne
Renouvellement du modèle	2012
Ventes 2010 Québec	(+ 2 %) 909

Technique

Dimensions et volumes

Empattement (mm)	2778
Longueur (mm)	4273
Largeur (mm)	1777
Hauteur (mm)	1604
Volume intérieur passager (L)	n.d.
Volume du coffre (min. – max.) (L)	544 – 1530
Réservoir de carburant (L)	54
Fourchette de poids	1355 à 1430

Châssis

Mode	traction
Suspension av. – arr.	ind. – semi-ind.
Freins av. – arr.	disques
Capacité de remorquage	non recommandé
Diamètre de braquage (m)	11,95
Pneus	205/55R16, 215/45R17 (Turbo)

Performances

Modèle à l'essai	B200 Turbo
Moteur	L4 turbo SACT 2,0 litres 16s
Puissance (ch. à tr/min)	193 à 5000
Couple (lb-pi à tr/min)	206 à 1800
Rapport poids/puissance	7,4 kg/ch
Transmission	automatique à variation continue (CVT)
Accélération 0-100 km/h (sec.)	7,85 (Turbo), 10,32 (Base)
Reprise 80-115 km/h (sec.)	6,12 (Turbo), 9,23 (Base)
Distance de freinage 100-0 km/h (m)	41,6
Niveau sonore à 100 km/h	moyen
Vitesse maximale (km/h)	210 (Turbo), 196
Consommation lors de l'essai (L/100 km)	9,8
Gaz à effet de serre (tonnes métriques)	6,6
Autres moteurs	L4 2,0 l (134 ch., 136 lb-pi)
Autres transmissions	man. 6 rapports (Turbo), man. 5 rapports

Protection collision

Frontale conducteur/passager	non évaluée
Latérale avant/arrière	non évaluée
Capotage 2rm/4rm	non évaluée

Mercedes-Benz
B200

VIVEMENT LA NOUVELLE

L'heure de la retraite va bientôt sonner pour cette génération de Classe B. Exclusive au marché canadien, cette compacte, vendue au prix du gros, poursuit sa route dans sa forme actuelle cette année, d'ici à ce que sa remplaçante présentée au Salon automobile de Francfort débarque sur notre continent, au cours de l'année 2012.

Vivement la nouvelle puisque la Classe B actuelle manque pas mal de piment. Pour les sensations, mieux vaut lorgner du côté d'Audi avec l'A3 ou, mieux encore, de BMW avec la Série 1. Mais si prendre le volant d'une B200 n'a rien d'enivrant, c'est au moins reposant. L'habitacle affiche une présentation soignée d'une sobriété toute germanique. À noter qu'un incontournable élément de toute voiture de luxe qui se respecte, le cuir, brille par son absence et n'est même pas une option. L'ergonomie est sans faille, les commandes tombent aisément sous la main et le clavier de téléphonie indépendant est d'une superbe efficacité que les écrans tactiles, bien que d'apparence plus moderne, n'arrivent toujours pas à égaler.

Derrière le volant comme sur le siège passager, même constat : on s'y sent aux premières loges pour scruter la route... en tant que spectateur. La visibilité proche de celle d'un solarium et la position de conduite verticale ajoutent autant au sentiment de sécurité qu'elles estompent toute envie de dévorer le bitume. En ville, par contre, la B200 brille par son agilité, qui n'est pas étrangère non plus à son faible rayon de braquage. Sur la grande route, elle se fait apprécier avec le régulateur de vitesse sous tension et les chauds rayons de soleil qui pénètrent l'habitacle par l'immense toit de verre en position ouverte. La balade tranquille.

Moins, c'est mieux

Afin de profiter des qualités de luxueuse citadine de cette petite Mercedes, nul besoin de cocher l'option du groupe propulseur turbocompressé. Non seulement ce choix s'avère-t-il coûteux, mais les chevaux supplémentaires sont plutôt mal gérés par les roues avant motrices. Ce n'est d'ailleurs pas un hasard si la B200 est la seule de la gamme Mercedes à utiliser cette architecture; la marque à l'étoile fait bien mieux avec les véhicules à propulsion et à transmission intégrale. Le petit quatre-cylindres atmosphérique de deux litres n'a pas de quoi décoiffer, mais s'avère sobre. Ses 134 ch sont discrets (ou l'habitacle est trop bien insonorisé) et font bon ménage avec la boîte CVT. Une transmission manuelle à cinq rapports (six avec le moteur turbo) est aussi offerte et mérite considération, même si le levier gagnerait à être plus précis.

Si on la regarde des extrémités, il s'agit bien d'une Mercedes. De profil par contre, j'ai entendu toutes sortes de réponses alors qu'on tentait d'identifier la B200 à l'essai que j'avais stationnée devant la maison : «Est-ce une Versa? Mais non, c'est

trop petit, voyons, c'est une Kia Rondo! À moins que ce soit une Mazda 5...» Vous aurez compris qu'on n'achète pas cette voiture pour jouer les m'as-tu-vu, mais plutôt pour ses qualités intrinsèques. Pour ce qui est la douceur de roulement et de l'impression de solidité générale qui émane de la B200, on ne s'y méprend pas; c'est bien une Mercedes et son étoile n'est pas usurpée. Cette même suspension qui filtre efficacement les cratères de nos routes ne cause pourtant pas trop de roulis en virage. Bel équilibre.

Si les occupants des places avant ont suffisamment d'espace, ceux de la banquette sont confortablement assis, bien que quelque peu à l'étroit au niveau des jambes. Les bagages sont faciles d'accès, gracieuseté du grand hayon et du seuil de chargement passablement bas. Avec le dossier de la banquette rabattu, ces bagages pourront même se faire étonnamment nombreux.

Le luxe en format de poche est une formule tout à fait de son temps, compte tenu de l'encombrement réduit et de la consommation modérée qu'elle propose. Toutefois, il s'agit de la première mouture du genre de la firme allemande à poser ses roues en Amérique. Pour un premier essai, ce n'est pas si mal, mais il est temps de passer à autre chose. Si cette Mercedes correspond à vos besoins, vous pourriez être plus que satisfait par ses prestations de fiabilité, frugalité et confort. Il faut cependant mettre de côté la notion d'agrément de conduite et, plus important encore, éviter de la comparer avec la concurrence après l'achat, au risque d'avoir des remords.

DANIEL CHARETTE

Prix
29 900 à 32 400 $
Transport et préparation
650 $ (préparation en sus)

+ **Format intelligent**
+ **Robustesse allemande**
+ **Ergonomie bien étudiée**

– **Modèle en fin de carrière**
– **Absence de cuir**
– **Performances timides**

Consommation ville – route (L/100 km)
10,2 – 7,7 (man. 2,0 l)
10,2 – 8,2 (aut. 2,0 l)
11,2 – 7,9 (man. turbo 2,0 l)
10,5 – 8,4 (aut. Turbo 2,0 l)

Nouveautés
2012 Aucun changement
Nouvelle génération à venir

Principales concurrentes
Audi A3

MERCEDES-BENZ B200

Prix
35 900 à 63 500 $
Transport et préparation
650 $ (préparation en sus)

+ **Très bon comportement routier**
+ **Moteur 4 cylindres étonnant**
+ **Habitacle soigné**
+ **Grand coffre**

− **Direction lourde à basse vitesse**
− **Places arrière moyennes
   et peu faciles d'accès**
− **Pas de rouage intégral**

Consommation

ville – route (L/100 km)
12 – 8,1 (2rm 1,8 l)
12 – 8,6 (4rm 1,8 l)
13 – 9,1 (4rm 3,0 l)
14 – 9,6 (4rm 3,5 l)
18 – 12,3 (6,2 l)

Nouveautés

2012

Modèle coupé
Retouches esthétiques
Nouveaux moteurs L4 turbo (250) et
V6 3,5 l (350) à injection directe,
Boîte 7 rapports SpeedShift (AMG), V8 6,2 l
plus puissant (AMG GP)

Principales concurrentes

Acura TSX/TL, Audi A4, BMW Série 3,
Cadillac CTS, Infiniti G37, Lexus IS,
Lincoln MKZ, Saab 9-3, Volvo S60/C70,
Volkswagen CC

Mercedes-Benz
CLASSE C

LA VIE EN ROUGE

Autrefois reconnue pour ses voitures sérieuses, austères et un brin trop sévères, Mercedes-Benz tente depuis quelques années de transformer son image pour rejoindre non seulement les bien nantis de ce monde, mais un auditoire beaucoup plus vaste comprenant des gens d'âge moyen en quête d'automobiles mieux adaptées à leur style de vie et aux exigences environnementales de notre époque. Le début de cette métamorphose s'est produit lors du lancement de la Classe C actuelle, présentée comme un modèle plus dynamique et au plaisir de conduire renouvelé. Bref, ces berlines voulaient pouvoir s'attaquer aux réalisations d'Audi et de BMW avec plus de mordant que dans le passé.

Au sommet de cette gamme de modèles (C250, C300 et C350), on avait même installé une méchante berline, la C63, suggérée à un prix très réaliste de 63 500 $. Afin de bien souligner l'évènement, il fut décidé de proposer, pour l'une des premières fois dans les 125 ans d'histoire de la marque, des berlines rouges.

Au début, la clientèle du grand manitou de Stuttgart a crié au scandale, mais petit à petit, le rouge, dont l'appartenance aux voitures sportives est bien connue, s'est ajouté à la palette de couleurs de Mercedes. Voilà pour la petite histoire.

De 1,8 à 6,3 litres
Le rouge est devenu encore plus de circonstance sur la nouvelle gamme de coupés C que le constructeur germanique nous propose pour 2012. Ces nouveaux coupés sont déclinés en trois variantes : C250, C350 et C63 AMG. Je les ai tous essayés lors de leur lancement en Espagne sur des routes dont on ne se lasse jamais d'attaquer les multiples virages serrés. Petites natures s'abstenir. On avait même prévu une séance spéciale sur le circuit de Monteblanco afin de permettre au coupé C63 AMG de s'ébrouer sans contrainte.

Grosso modo, ces nouveaux modèles bénéficient des dernières modifications dont les berlines de Classe C ont fait l'objet pour 2012. Passons sur la discrète actualisation des lignes pour souligner que les moteurs adoptent désormais l'appellation BlueEFFICIENCY. Voilà sans doute une opération de marketing mise de l'avant pour leur donner une connotation propre, sympathique à l'environnement. Alors que l'Europe a droit à un total de six moteurs différents, dont deux diésel, l'Amérique devra se contenter de trois motorisations : un quatre-cylindres turbo de 1,8 litre de 204 ch pour le coupé C250, un V6 de 3,5 litres et 306 ch pour le C350 et, finalement, le célèbre V8 de 6,3 litres et 457 ch qui rugit sous le capot du coupé C63 AMG. La seule transmission offerte au Canada est la boîte semi-automatique à sept rapports qui ne s'appelle pas Speedshift pour rien. Ses réactions sont absolument foudroyantes et il suffira de sélectionner la position sport + parmi les trois choix de réglage des suspensions pour qu'elle acquière et se souvienne de votre façon de conduire. Ainsi, lors d'une chevauchée particulièrement enjouée sur une route qui n'en finissait plus de tournoyer, la transmission se chargeait de rétrograder à

MERCEDES-BENZ CLASSE C

À savoir

Garanties de base – motopropulseur (an/km)	4/80 000 – 4/80 000
Marge de profit du concessionnaire (%)	n.d.
Essence recommandée	super
Versions offertes	C 250, C 250 4Matic, C 300 4Matic, C 350, C 350 4Matic, C 63 AMG, C 63 AMG groupe Performance
Carrosserie	berline 4 portes, coupé 2 portes
Lieu d'assemblage	Allemagne
Valeur résiduelle	moyenne
Fiabilité présumée	moyenne
Renouvellement du modèle	nouveau modèle
Ventes 2010 Québec	(+ 15 %) 2497

Technique

Dimensions et volumes

Empattement (mm)	2760, 2765 (AMG)
Longueur (mm)	4581 (250), 4625 (300/350), 4726 (berl. AMG), 4590 (coup.)
Largeur (mm)	1770, 1795 (63 AMG)
Hauteur (mm)	1444 à1449 (berl.), 1438 (berl. AMG), 1406 (coup.)
Volume intérieur passager (L)	2498 (berl.)
Volume du coffre (min. – max.) (L)	354 (berl.)
Réservoir de carburant (L)	66
Fourchette de poids (kg)	1590 à 1780
Répartition du poids av. – arr. (%)	54 – 46 (berl.)

Châssis

Mode	propulsion, intégral
Suspension av. – arr.	indépendante
Freins av. – arr.	disques
Capacité de remorquage (max.) (kg)	non recommandé
Diamètre de braquage (m)	10,84 (2rm)/10,99 (4rm)
Pneus av. – arr.	225/45R17 – 245/40R17 (300), 225/40R18 – 255/35R18 (350), 205/55R16 (250), 235/40R18 · 255/35R18 (63 AMG)

Performances

Modèle à l'essai	Coupé C 63 AMG
Moteur	V8 DACT 6,2 litres 48s
Puissance (ch. à tr/min)	457 à 6800
Couple (lb-pi à tr/min)	443 à 5000
Rapport poids/puissance	3,89 kg/ch
Transmission	semi-auto. 7 rapp. SpeedShift
Accélération 0-100 km/h (sec.)	4,4 (AMG GP), 4,5 (AMG), 6,2 (3,5 l), 7,4 (1,8 l)
Reprise 80-115 km/h (sec.)	2,7
Distance de freinage 100-0 km/h (m)	35,5
Niveau sonore à 100 km/h	moyen
Vitesse maximale (km/h)	280 (AMG GP), 250 (AMG), 210
Consommation lors de l'essai (L/100 km)	15
Gaz à effet de serre (tonnes métriques)	10,8
Autres moteurs	L4 turbo 1,8 l (201 ch., 229 lb-pi) (250), V6 3,0 l (228 ch., 221 lb-pi) (300), V6 3,5 l (302 ch., 273 lb-pi) (350), V8 6,2 l (481 ch., 443 lb-pi) (AMG GP)
Autres transmissions	semi-auto. 7 rapports

Protection collision

Frontale conducteur/passager	bonne
Latérale avant/arrière	excellente
Capotage 2rm/4rm	bonne

MERCEDES-BENZ CLASSE C

ma place à l'approche d'un virage pour ensuite remonter les rapports à la sortie. J'avais l'impression qu'un ange gardien faisait le travail pour moi et me guidait à travers les pièges du parcours. Impressionnant.

Le système Agility Control incorporé à la Classe C joue aussi un rôle important dans le comportement routier en optant automatiquement pour le réglage le mieux adapté aux conditions de la route. Les coupés de Classe C offrent aussi toute la panoplie des accessoires de sécurité que l'on trouve sur les grandes berlines Mercedes de Classe S. L'intérieur a aussi subi sa part de transformations dont la plus marquante est l'adoption d'un vernis rappelant la laque de piano.

Des trois modèles mis à l'essai, on aura peut-être de la difficulté à croire que c'est le coupé C250 que j'ai le mieux aimé. Le moteur émet une sonorité quasi musicale, et malgré un déficit de plus de 100 ch par rapport au coupé C350, il se tire très bien d'affaire en tout temps et en tout lieu. Plus légère, la voiture hérite d'une belle maniabilité, et ce n'est qu'à des vitesses extrêmes qu'elle affiche un soupçon de survirage. Le V6 350, quant à lui, se fait valoir par son couple exceptionnel qui transforme les dépassements en un jeu d'enfant. La direction paraît un peu lourde à basse vitesse, une sensation qui s'envole à des vitesses d'autoroute. Mon copilote a trouvé la suspension un peu sautillante en appui, ce que je ne confirme qu'en partie. Seul un essai plus long permettra de bien cerner ce comportement. Chose certaine, le choix des pneus se justifie par une adhérence exceptionnelle en virage.

Quel que soit le modèle, les coupés de Classe C sont munis de sièges parfaitement adaptés à la vocation de voitures grand tourisme. Si les places arrière ne sont pas parmi les plus accueillantes, le coffre à bagages conserve pour sa part le même volume que celui des berlines, un exploit. En conduite sportive, j'ai noté que les ceintures de sécurité avaient tendance à se resserrer de manière très inconfortable. Finalement, malgré de nombreuses critiques, les leviers pour les clignotants et le régulateur de vitesse sont toujours trop rapprochés, ce qui donne lieu à de fréquentes erreurs. Mais jamais un ingénieur allemand n'admettra une telle erreur.

L'autre erreur est de ne pas avoir songé à offrir la traction intégrale 4MATIC sur les nouveaux coupés de Classe C, une décision qui nuira considérablement aux ventes, à mon avis.

Le dessert

J'ai bien sûr gardé le dessert pour la fin avec le plus redoutable des coupés de Classe C, le C63 AMG, qui se pose en rival incontournable du modèle le plus titré de cette catégorie, le coupé BMW M3.

Il est d'abord gratifié d'un moteur légendaire, un V8 de 6,3 litres déjà primé comme le meilleur de la catégorie haute performance. Reconnu pour son couple exceptionnel, il est aussi d'une grande générosité en matière de puissance, avec pas moins de 457 ch dont la mise à feu permet d'atteindre la marque magique de 100 km/h en 4,5 secondes.

Après une randonnée d'environ 150 km sur des routes montagneuses assorties de nombreux virages en lacets et une dizaine de tours du circuit de Monteblanco, près de Séville, notre coupé C63 était encore frais comme une rose, même si les quatre freins à disques ventilés et perforés avaient été rudement mis à l'épreuve.

L'instrumentation est adéquate et généralement d'une bonne lisibilité.

La seule réserve est que le cadran central contient beaucoup trop d'informations sur la même ligne, ce qui les rend difficiles à repérer d'un seul coup d'œil. D'autant plus que les six chiffres indiquant la position du levier de vitesses de la transmission semi-automatique ne sont pas suffisamment en relief pour une consultation rapide.

Le seul malheur avec cet étonnant coupé haute performance est qu'il s'avère bien difficile de trouver une route dégagée, en bon état et peu achalandée pour vous permettre de goûter à l'agrément de conduite indescriptible qu'il procure.

Avec ces trois nouveaux modèles, Mercedes a gagné son pari qui est celui de rajeunir son image. Ces coupés de Classe C bénéficient des acquis des berlines, tout en misant sur une carrosserie attrayante et un agrément de conduite encore plus affirmé. Dommage qu'on n'ait pas songé à en faire des voitures quatre saisons.

 **JACQUES DUVAL**

MERCEDES-BENZ CLASSE C

À savoir

Garanties de base – motopropulseur (an/km)	4/80 000 – 4/80 000
Marge de profit du concessionnaire (%)	n.d.
Essence recommandée	super
Versions offertes	550 4Matic, 600, 63 AMG, 65 AMG
Carrosserie	coupé 2 portes
Lieu d'assemblage	Allemagne
Valeur résiduelle	médiocre
Fiabilité présumée	moyenne
Renouvellement du modèle	2015
Ventes 2010 Québec	inconnue

Technique

Dimensions et volumes

Empattement (mm)	2955
Longueur (mm)	5095, 5106 (AMG)
Largeur (mm)	1871
Hauteur (mm)	1419, 1426 (AMG)
Volume intérieur passager (L)	2951
Volume du coffre (min. – max.) (L)	490
Réservoir de carburant (L)	94, 90 (AMG)
Fourchette de poids (kg)	2120 à 2245
Répartition du poids av. – arr. (%)	56 – 44

Châssis

Mode	propulsion, intégral
Suspension av. – arr.	indépendante
Freins av. – arr.	disques
Capacité de remorquage	non recommandé
Diamètre de braquage (m)	11,63
Pneus av. – arr.	255/40R19 – 275/40R19 (550/600), 255/35R20 – 275/35R20 (63/65 AMG)

Performances

Modèle à l'essai	CL63 AMG
Moteur	V8 biturbo DACT 5,5 litres 32s
Puissance (ch. à tr/min)	536 à 5500
Couple (lb-pi à tr/min)	590 à 2000
Rapport poids/puissance	3,96 kg/ch
Transmission	semi-automatique 7 rapports
Accélération 0-100 km/h (sec.)	4,9 (550), 4,6 (600) 4,5 (63 AMG), 4,4 (65 AMG)
Reprise 80-115 km/h (sec.)	2,9 (63 AMG), 3,3 (550)
Distance de freinage 100-0 km/h (m)	38
Niveau sonore à 100 km/h	bon
Vitesse maximale (km/h)	210, 250 (AMG)
Consommation lors de l'essai (L/100 km)	13,6
Gaz à effet de serre (tonnes métriques)	9,9
Autres moteurs	V8 biturbo 4,6 l (429 ch., 516 lb-pi) (550), V12 biturbo 5,5 l (510 ch., 612 lb-pi) (600), V12 biturbo 6,0 l (621 ch., 738 lb-pi) (65 AMG)
Autres transmissions	semi-auto. 5 rapp. (600), semi-auto. 7 rapp. SpeedShift (63 AMG), semi-auto.5 rapp. SpeedShift (65 AMG)

Protection collision

Frontale conducteur/passager	non évaluée
Latérale avant/arrière	non évaluée
Capotage 2rm/4rm	non évaluée

Mercedes-Benz
CLASSE CL

DR. JEKYLL ET M. HYDE

La longue silhouette aux éclats de métal se faufile en souplesse le long de la Méditerranée. Taillée comme le roc qui défile sur notre droite, retenant l'allonge du V8 qui ronronne de contentement, le coupé CL passe en revue les plaisanciers étendus sur les plages. À Cannes, où nous l'avons essayé, cette Mercedes évolue dans son monde, celui de l'élégance de bon ton et de l'exclusivité à bon compte. Car, toutes proportions gardées, ce splendide coupé ne fait pas payer si cher ses performances hors série si l'on retient qu'aucun autre deux-portes ne dispose, dans sa catégorie, de quatre places, d'un réseau de concessionnaires capable de le soutenir efficacement en cas de panne et d'un luxe haut de gamme.

Les mauvaises langues diront que Mercedes a fait une voiture à l'américaine. C'est vrai, mais seulement lorsque l'appellation CL se termine par un matricule. Mais à la manière du Dr. Jekyll et de M. Hyde, en y ajoutant trois petites lettres au bout – AMG par exemple –, tout change.

Laissons de côté le rageur V12 de la CL65 qui transforme ce coupé en un véritable dragster ou encore la placide version de base et son moteur V8. Penchons-nous plutôt sur le cas du nouveau V8 suralimenté (536 ch) à la forme olympique de la CL63.

D'une cylindrée inférieure à la motorisation qui siégeait autrefois sous le capot de ce coupé (5,5 litres au lieu de 6,2), ce nouveau moteur turbocompressé à injection directe libère plus de chevaux (+19) et consomme moins d'essence (-10 %), notamment par l'usage d'un dispositif de coupure automatique à l'arrêt. L'effet bénéfique induit est que le moteur gagne encore de la rondeur à bas régime et affiche des reprises encore plus musclées avec un temps de reprise (80-115 km/h) inférieur à trois secondes. Et c'est peu de le dire, car le vivre au volant est une expérience saisissante. Beaucoup de voitures paraîtront bien fades après cela, tant ce V8 suralimenté sait se plier aux demandes de votre pied droit. Un chiffre encore, le couple est passé de 465 à 590 livres-pieds...

Cela change évidemment tout, surtout que, au-delà de ce seuil, ce V8 se révèle avec des harmoniques envoûtantes. Puissant et feutré à bas régime, mais avec un temps de réponse nul qui vous donne soudain la sensation de chevaucher un missile. Le son se fait plus clair au-dessus de 4000 tours/minute et le V8 semble tout à coup redoubler d'ardeur, avec un souffle sans fin. Le secret réside dans la suralimentation, bien sûr, mais aussi dans la dizaine de puces qui gèrent la brillantissime mécanique Mercedes.

La boîte compte sept rapports et permet de profiter de tout le tempérament moteur et de reprises hors série. Et il est possible de l'exploiter vraiment si l'on ne redoute pas l'effet radar, car cette CL équipée par AMG est d'une redoutable efficacité. Le châssis est si précis et réactif qu'il parvient à faire oublier la taille et le poids respectables de la Mercedes qui se coule avec une réelle aisance d'une courbe à l'autre. Elle pourra être encore améliorée avec l'option Performance Package, qui

permet de gagner 27 ch supplémentaires (pour un total de 563) et – accrochez-vous – 74 livres-pieds de couple additionnels (664). On aurait tort de s'en priver.

Un coussin d'air

S'installer aux commandes du CL, dont la position de conduite s'ajuste à la perfection (sièges chauffants, massants, disposant de multiples réglages et assurant un parfait maintien du buste), c'est prendre en main une voiture qui semble évoluer sur un coussin d'air.

À l'arrière, deux adultes peuvent s'installer sans trop devoir se recroqueviller, les suspensions sont moins dures que sur les stricts coupés sport ou les roadsters, et le coffre est assez vaste pour emporter quelques-unes de vos valises. Il va de soi qu'un tel carrosse se doit d'arborer un blason de haute lignée.

Réactives sans être brutales, les suspensions pilotées électroniquement maîtrisent les mouvements de caisse à la perfection et l'accélération, quoique phénoménale, se déploie en une poussée parfaitement linéaire, comme si le moteur disposait d'une réserve de puissance inépuisable. Sur chaussée humide toutefois, il faudra garder le pied léger, car le train arrière peine alors à maîtriser la fougue du CL, malgré la présence de pneumatiques ultralarges et d'un antipatinage.

Très gourmand en ville (avec le V12 surtout), le coupé Mercedes se contente de moyennes acceptables sur route et se révèle étonnamment maniable au milieu du trafic. Nullement ennuyeux à mener à petite vitesse, il accueille ses hôtes dans un habitacle lumineux, tiré à quatre épingles et offrant un espace assez correct aux passagers arrière. Bien sûr, le CL n'est pas ce qui se fait de plus jeune d'esprit, mais on connaît peu de modèles aussi accomplis, capables de concilier avec une telle maîtrise confort et performances.

ÉRIC LEFRANÇOIS

Prix
135 900 à 243 000 $
Transport et préparation
650 $ (préparation en sus)

+ Accélérations bluffantes (V12)
+ Habitacle somptueux
+ Confort pour quatre

– Consommation importante
– Comportement délicat sur chaussée humide
– Encombrement et poids

 Consommation ville – route (L/100 km)
15,7 – 10,4 (V8 4,6 l)
15,9 – 11,3 (V8 5,5 l)
19,8 – 13,3 (V12 5,5 l)
19,8 – 13,3 (V12 6,0 l)

Nouveautés
2012 Génération dévoilée l'an dernier : retouches esthétiques
V8 biturbo de 4,6 l (550)
V8 biturbo de 5,5 l (63 AMG)

Principales concurrentes

 Aston Martin DB9/Virage, Bentley Continental GT, BMW Série 6, Ferrari FF, Jaguar XK, Maserati Gran Turismo

MERCEDES-BENZ CLASSE CL

Mercedes-Benz
CLS

ANGE GARDIEN À BORD

Nul ne maîtrise aussi bien les ressources de l'électronique que Mercedes-Benz. J'en ai eu la démonstration en conduisant le modèle de seconde génération de la CLS 550 lors de son lancement, en Italie. À la suite d'une distraction de ma part, j'avais entrepris un dépassement périlleux sur une petite route en serpentin lorsque la voiture a freiné d'elle-même pour ensuite réintégrer la voie de droite. C'était comme si mon ange gardien avait soudainement décidé d'agir à ma place. Et nul doute que votre ange gardien sera très occupé si vous décidez de vous procurer une Mercedes-Benz de cette lignée. Car la liste des accessoires contrôlés par électronique est longue jusqu'à demain matin. Voilà qui nous rapproche de la voiture sans conducteur à pilote automatique, une éventualité plus près de nous qu'on pourrait croire, quand on sait que l'année 2012 marque le 125e anniversaire des inventeurs de l'automobile, Daimler et Benz.

Mais parlons d'abord de la nouvelle silhouette de ce modèle qui a littéralement créé un style de carrosserie tout neuf en adoptant un design de coupé quatre portières à son apparition sur le marché, en 2004. La recette a par la suite été copiée par Volkswagen, BMW, Audi et quelques autres, jusqu'à ce que la version initiale de Mercedes devienne périmée et prête pour une refonte. Cette CLS 550 de seconde génération se qualifie toujours de coupé berline, mais il m'a semblé que le nouveau style avait reculé un peu, probablement par manque d'audace. Ce qui n'empêche pas le modèle de 2012 d'être une très belle voiture. Du côté pratico-pratique, la ligne particulière de ce faux coupé exige toujours qu'on fasse la courbette pour s'installer à l'arrière, quoique de façon moins marquée qu'auparavant. Une fois installés, deux passagers de taille moyenne s'y trouveront à l'aise, bien calés dans des sièges individuels séparés par un accoudoir.

Première mondiale

Qu'en est-il du reste? Sur le plan de la sécurité, vous aurez droit à une floraison d'équipements, soit une bonne douzaine de dispositifs chargés d'éviter les accidents ou d'en diminuer les conséquences. Parmi tous ces systèmes d'aides à la conduite, Mercedes fait état de deux nouveautés : l'avertisseur d'angle mort et l'avertisseur de franchissement de ligne, déjà utilisés dans des modèles concurrents. En revanche, la marque de Stuttgart présente comme une première mondiale la direction paramétrique (ou électromécanique), qui, paraît-il, diminue légèrement la consommation d'essence, mais qui en retour perd presque toute sensation de la route, en dépit des divers réglages programmés. La principale particularité de cette direction assistée est de ne consommer de l'énergie que lorsque le conducteur braque. Une autre nouveauté notable est l'option de phares DEL haute performance. Grâce à leurs diodes DEL, ceux-ci génèrent une lumière dont la tonalité rappelle en tous points celle de la lumière du jour.

Prix
82 600 à 109 900 $
Transport et préparation
650 $ (préparation en sus)

+ Moteur éblouissant
+ Sécurité optimale
+ Comportement routier rassurant
+ Plus légère et plus aérodynamique

− Sensation curieuse de la direction
− L'électronique au volant
− La qualité a un prix... élevé

Consommation

ville – route (L/100 km)
15,7 – 10,4 (4,6 l)
15,9 – 11,3 (5,5 l)

Nouveautés

2012
Nouvelle génération
Nouveau design
Nouveaux moteurs

Principales concurrentes

Audi A7, BMW Série 5 GT, Jaguar XJ, Maserati Quattroporte, Porsche Panamera

MERCEDES-BENZ CLS

Garanties de base – motopropulseur (an/km)	48/80 000 – 4/80 000
Marge de profit du concessionnaire (%)	n.d.
Essence recommandée	super
Versions offertes	550 4Matic, 63 AMG
Carrosserie	coupé 4 portes
Lieu d'assemblage	Allemagne
Valeur résiduelle	passable
Fiabilité présumée	moyenne
Renouvellement du modèle	inconnu
Ventes 2010 Québec	n.d.

Technique

Dimensions et volumes

Empattement (mm)	2874
Longueur (mm)	4996 (AMG), 4940
Largeur (mm)	1882
Hauteur (mm)	1417 (AMG), 1404
Volume intérieur passager (L)	2953
Volume du coffre (min. – max.) (L)	520
Réservoir de carburant (L)	80
Fourchette de poids (kg)	1875 à 1940

Châssis

Mode	propulsion (AMG), intégral
Suspension av. – arr.	indépendante
Freins av. – arr.	disques
Capacité de remorquage	non recommandé
Diamètre de braquage (m)	11,3
Pneus av. – arr.	255/35R19 – 285/30R19 (63 AMG), 255/40R18 (550)

Performances

Modèle à l'essai	CLS 63 AMG
Moteur	V8 biturbo DACT 5,5 litres 32s
Puissance (ch. à tr/min)	518 à 5250
Couple (lb·pi à tr/min)	516 à 1700
Rapport poids/puissance	3,74 kg/ch
Transmission	semi-auto. 7 rapp. SpeedShift
Accélération 0-100 km/h (sec.)	4,4 (63 AMG), 5,2 (550)
Reprise 80-115 km/h (sec.)	3,1
Distance de freinage 100-0 km/h (m)	non mesurée
Niveau sonore à 100 km/h	moyen
Vitesse maximale (km/h)	250 (63 AMG), 210 (550)
Consommation lors de l'essai (L/100 km)	13,2
Gaz à effet de serre (tonnes métriques)	9,4
Autres moteurs	V8 biturbo 4,6 l (429 ch., 516 lb-pi) (550)
Autres transmissions	semi-auto. 7 rapports (550)

Protection collision

Frontale conducteur/passager	non évaluée
Latérale avant/arrière	non évaluée
Capotage 2rm/4rm	non évaluée

Comme tous les constructeurs, Mercedes table sur des moteurs moins gourmands qui, dans l'ensemble, ont permis d'abaisser la consommation de 25 %. Le seul et unique moteur offert sur la CLS 550 (à part celui de la version AMG) est un nouveau V8 de 4,6 litres qui a perdu en cylindrée, mais qui, grâce à une paire de turbocompresseurs, s'avère plus puissant (429 ch) que l'ancien 5,5 litres qui ne recelait que 382 ch. La logique voudrait que la voiture épouse l'appellation numérique correspondant à sa cylindrée, mais la firme allemande n'en est pas à sa première ruse à ce chapitre. Quoi qu'il en soit, ce nouveau moteur ne manque ni de couple ni de puissance et son comportement frise celui d'une voiture musclée comme en trouvait à Detroit il y a quelques décennies.

Carrosserie en aluminium

La fiche technique nous informe également de la présence de la transmission automatique à sept rapports dont les passages de vitesse ont été encore une fois écourtés. La dernière grande nouveauté de notre coupé quatre portes est l'adoption d'aluminium (un pied de nez à Audi) pour la presque totalité de la carrosserie : les quatre portes sans cadre, le capot avant, les ailes, le couvercle du coffre et quelques pièces du train de roulement. Les portes à elles seules contribuent à un allègement de poids de 24 kg. Ce gain en légèreté lié à un aérodynamisme impressionnant (Cx – coefficient de traînée aérodynamique – de 0,26) a des effets bénéfiques sur le comportement routier de la CLS, qui, malgré son format, reste agile en virage et bien plantée sur ses pneus dans les virages serrés. La caisse est solide comme le roc sur mauvaise route et le confort n'en est pas sacrifié pour autant. Le freinage est surpuissant, au point où il vous donnera

l'impression d'être assisté d'un parachute à l'arrière, comme pour les autos d'accélération. Quant à l'hiver, pas de souci, puisque la CLS 550 n'est livrée au Canada qu'en version 4MATIC ou quatre roues motrices.

La présentation intérieure a été considérablement remaniée par rapport à l'ancien modèle dont certaines composantes avaient un aspect indigne d'une voiture de ce prix. Déjà le volant, avec ses trois branches en alu, donne le ton à un tableau de bord à la fois ergonomique et raffiné. Les sièges n'ont pas mis en compote mon dos fragile et il faudrait habiter sur une autre planète pour ne pas être capable de trouver une position de conduite agréable.

Nichée entre la Classe E et la Classe S, la CLS 550 reprend plusieurs éléments à la première, dont son train de suspension, tout en offrant le luxe et les équipements de la seconde, afin de marier élégance et sportivité. Et si jamais la sportivité vous apparaît un peu tiède, sachez que les gens de chez AMG ont concocté une version qui fera dresser les cheveux sur la tête à n'importe quel conducteur de Porsche 911 ou d'Aston Martin Vantage. Et ce qui m'apparaît le plus rassurant au volant de la CLS, c'est que si vous en perdez le contrôle, la voiture le reprend pour vous.

JACQUES DUVAL

À savoir

Garanties de base – motopropulseur (an/km)	4/80 000 – 4/80 000
Marge de profit du concessionnaire (%)	n.d.
Essence recommandée	super, diésel (BlueTEC)
Versions offertes	Berline : E350 4Matic, E550 4Matic, E63 AMG, E350 BlueTEC Coupé / Cabriolet : E350, E550
Carrosserie	berline 4 portes, familiale 5 portes, coupé 2 portes, cabriolet 2 portes
Lieu d'assemblage	Allemagne
Valeur résiduelle	moyenne
Fiabilité présumée	moyenne
Renouvellement du modèle	2015
Ventes 2010 Québec	(+ 40 %) 876

Technique

Dimensions et volumes

Empattement (mm)	2874 (berl., fam.), 2760 (coup., cab.)
Longueur (mm)	4868 – 4881 (berl.), 4895 (fam.), 4698 – 4717 (coup., cab.)
Largeur (mm)	1854 – 1872 (berl., fam.), 1786 (coup., cab.)
Hauteur (mm)	1467 – 1447 (berl.), 1512 (fam.), 1393 (coup.), 1402 (cab.)
Volume intérieur passager (L)	n.d.
Volume du coffre (min. – max.) (L)	532 – 540 (berl.), 695 – 1950 (fam.), 450 (coup.), 390 (cab.)
Réservoir de carburant (L)	80
Fourchette de poids (kg)	1830 à 1910 (berl.), 1695 à 1765 (coup.), 1915 (fam.), 1765 à 1840 (cab.)
Répartition du poids av. – arr. (%)	48 – 52

Châssis

Mode	propulsion, intégral
Suspension av. – arr.	indépendante
Freins av. – arr.	disques
Capacité de remorquage	non recommandé
Diamètre de braquage (m)	10,95 (cab.)/ 11,25 (berl., coup.)/11,3 (63 AMG)
Pneus av. – arr.	245/40R18 – 265/35R18 (berl.) 255/35R19 – 285/30R19 (AMG), 235/45R17 – 255/40R17 (coup. 350), 235/40R18 – 255/35R18 (coup. 550, cab. 350/550)

Cabriolet

Temps ouverture – fermeture du toit (sec.)	20
Décapoter en roulant	oui (40 km/h)

Performances

Modèle à l'essai	Coupé Classe E 550
Moteur	V8 DACT 4,6 litres 32s
Puissance (ch. à tr/min)	429 à 5250
Couple (lb-pi à tr/min)	516 à 3000
Rapport poids/puissance	4,11 kg/ch
Transmission	semi-auto. 7 rapp.
Accélération 0-100 km/h (sec.)	5,2 (4,6 l), 6,2 (3,5 l), 4,4 (6,2 l)
Reprise 80-115 km/h (sec.)	3,9 (4,6 l), 2,7 (6,2 l)
Distance de freinage 100-0 km/h (m)	36
Niveau sonore à 100 km/h	bon
Vitesse maximale (km/h)	210, 250 (AMG)
Consommation lors de l'essai (L/100 km)	12
Gaz à effet de serre (tonnes métriques)	8,7
Autres moteurs	V6 3,5 l (302 ch., 273 lb-pi), V8 6,2 l (518 ch., 465 lb-pi) (AMG), V6 turbodiésel 3,0 l (210 ch., 400 lb-pi)
Autres transmissions	semi-auto. 7 rapp. Speedshift (63 AMG)

Protection collision

Frontale conducteur/passager	bonne
Latérale avant/arrière	excellente
Capotage 2rm/4rm	excellente (berl., coup.)

Mercedes-Benz
CLASSE E

CLASSE AFFAIRES

On ne saurait dire si elle est belle, encore moins témoigner de l'authenticité de son Cx (coefficient de traînée aérodynamique) qui s'autoproclame le plus effilé du monde. En revanche, sur route, ce coupé Classe E aux hanches appétissantes impressionne.

Comme l'exige la tradition maison, un coupé Mercedes ne porte pas d'étoile saillante au bout de son capot. Ici, le symbole de la marque de Stuttgart est placé au milieu de la calandre. Aussi, ce coupé est dénué de montants entre ses glaces latérales, ce qui épure le profil et ajoute à la luminosité de l'habitacle où quatre baquets joliment galbés vous attendent, vous et vos passagers. Assez spacieuse somme toute malgré une garde au toit limitée à l'arrière, chaque place invite à des voyages au long cours. Et les bagages? Pas de souci, le coffre a suffisamment de volume pour ne rien laisser traîner sur le trottoir.

Une fois bien calé dans les sièges, on retrouve l'environnement familier des Mercedes, avec une large planche de bord où courbes et angles droits se croisent, comme sur la berline E. Dans cet univers luxueux, mais pas ostentatoire, la qualité de certains plastiques détonne, surtout en comparaison avec la sellerie tendue de cuir d'une très belle facture.

On se laissera ensuite aller au plaisir (ou à la frustration, c'est selon) de manipuler ce bel objet truffé de plusieurs boutons, d'un système de reconnaissance vocale inutilement compliqué et de quelques gadgets, comme un détecteur de somnolence.

Notre cœur bat pour le V8

Pas de mystère ni d'habile jeu de meccano ici, le coupé possède 60 % de pièces communes avec les autres membres de la Classe E. Comme les autres véhicules de la gamme, le coupé se décline d'ailleurs en deux voitures distinctes. L'une mue par le moteur V6 3,5 litres, l'autre par un V8 de 5,5 litres. Voilà pour le commun des mortels. Les autres peuvent se rabattre sur les monstrueuses versions apprêtées par AMG, l'antenne sportive du groupe.

Dans des conditions routières idéales, son comportement porte difficilement flanc à la critique, à la condition de ne pas se méprendre sur sa nature plus bourgeoise que sportive. Plus joueur certes que la berline, ce coupé E n'aime pas qu'on le bouscule dans les virages et encore moins se faire conduire sur des routes sinueuses et étroites. Peut-on lui adresser tous ces torts, considérant que la clientèle visée associe directement l'agrément de conduite au confort et n'en a rien à cirer des notions de survirage ou de sous-virage? Assurément pas. Alors, changeons de registre et délectons-nous plutôt de la qualité de son amortissement, de sa stabilité sans faille dans les courbes à grand rayon ou encore de son impeccable silence de roulement. Aucune de ses rivales n'a encore fait mieux dans ces trois domaines.

Contrairement à toutes les autres E, nous préférons cette fois le zeste (et la musicalité) du moteur V8 au V6 3,5 litres qui sied mieux au caractère de l'auto. Robuste et respirant à pleins poumons, ce moteur est cependant desservi par une boîte automatique qui enclenche ses rapports avec la même lenteur que grand-mère égrenait son chapelet. Par chance, il est possible de corriger cette lacune en appuyant ce magique bouton Sport qui modifie notamment l'algorithme de la transmission.

Impeccable dans bien des domaines, le coupé E milite en faveur d'une philosophie bourgeoise du grand tourisme. Il en va de même de la version cabriolet qui s'est octroyée l'an dernier la première place de notre match comparatif opposant divers modèles concurrents.

Dieu soit loué, Mercedes croit toujours en la familiale. Il va même jusqu'à la gratifier pour la première fois d'une panoplie AMG, ce qui lui vaut un moteur V8 double turbo de 525 ch à injection directe. Rien de moins. Il suffit d'effleurer l'accélérateur pour déclencher un véritable ouragan sous le capot et être catapulté à 100 km/h en 4,4 secondes. Imaginez la binette des conducteurs de Porsche ou de Mustang GT quand ils se voient confrontés à ce qui est sans aucun doute la familiale la plus rapide au monde. Si la berline E63 AMG a sa niche sur le marché, on se questionne un peu sur la vocation, sinon l'utilité d'une familiale arborant la même étiquette.

Il faut voir en elle une sorte de caprice pour acheteurs à l'aise. Heureusement, elle comporte de nouveaux aspects pratiques. À l'image de l'Easy-PACK, groupe d'accessoires qui comprend un hayon motorisé, un couvre-bagages qui peut aussi faire office de filet de sécurité et un plancher qui dissimule un espace de rangement. En option, un système de rails Easy-FIX permet de compartimenter le coffre. Pratique, élégante et fort rapide si désiré, cette Classe E demeure la dernière représentante d'un segment en voie d'extinction. En Amérique du Nord à tout le moins.

ÉRIC LEFRANÇOIS ET JACQUES DUVAL

Prix
59 900 à 106 900 $
Transport et préparation
650 $ (préparation en sus)

+ Choix de modèles
+ Routière impeccable
+ Robustesse de la construction
+ Familiale AMG unique

– Boîte confuse
– Qualité de certains
   matériaux intérieurs

Consommation ville – route (L/100 km)

10,7 – 7,1 (3,0 l)
14,5 – 9,5 (3,5 l)
15 – 10 (4,6 l)
18,3 – 11,9 (6,2 l)

Nouveautés

 Nouveaux moteurs V8
V6 3,5 litres moins énergivore
Rouage intégral avec moteur BlueTEC (à venir)
Familiale 63 AMG

Principales concurrentes

 Audi A6, BMW Série 5, Cadillac CTS,
Infiniti M, Jaguar XF, Lexus GS, Lincoln MKS,
Volvo S80/XC70

MERCEDES-BENZ CLASSE E

445

À savoir

Garanties de base – motopropulseur (an/km)	4/80 000 – 4/80 000
Marge de profit du concessionnaire (%)	n.d.
Essence recommandée	super
Versions offertes	G 550, G 55 AMG
CarrosserieÙ	utilitaire sport 5 portes (5 places)
Lieu d'assemblageÙ	Autriche
Valeur résiduelle	passable
Fiabilité présumée	moyenne
Renouvellement du modèle	modèle en fin de carrière
Ventes 2010 Québec	n.d.

Technique

Dimensions et volumes

Empattement (mm)	2850
Longueur (mm)	4662
Largeur (mm)	1760
Hauteur (mm)	1931
Volume intérieur passager (L)	2506
Volume du coffre (min. – max.) (L)	480 – 2251
Réservoir de carburant (L)	96
Fourchette de poids (kg)	2500 à 2595
Répartition du poids av. – arr. (%)	52 – 48

Châssis

Mode	intégral
Suspension av. – arr.	essieu rigide
Freins av. – arr.	disques
Capacité de remorquage (max.) (kg)	3175
Diamètre de braquage (m)	13,26
Pneus	265/60R18, 275/55R19 (AMG)

Aptitudes hors route

Garde au sol min. (mm)	201
Angles d'approche/de rampe/de sortie (°)	34/22/29

Performances

Modèle à l'essai	G 550 4Matic
Moteur	V8 SACT 5,5 litres 32s
Puissance (ch. à tr/min)	382 à 6000
Couple (lb-pi à tr/min)	391 à 2800
Rapport poids/puissance	6,54 kg/ch
Transmission	semi-automatique 7 rapports
Accélération 0-100 km/h (sec.)	6,91
Reprise 80-115 km/h (sec.)	4,89
Distance de freinage 100-0 km/h (m)	40,5
Niveau sonore à 100 km/h	passable
Vitesse maximale (km/h)	190, 210 (AMG)
Consommation lors de l'essai (L/100 km)	17,7
Gaz à effet de serre (tonnes métriques)	12,8
Autres moteurs	V8 comp. 5,5 l (500 ch., 517 lb-pi) (AMG)
Autres transmissions	semi-auto. 5 rapports (AMG)

Protection collision

Frontale conducteur/passager	non évaluée
Latérale avant/arrière	non évaluée
Capotage 2rm/4rm	non évaluée

Mercedes-Benz
CLASSE G

DEUTSCH DINOSAUR !

Si le constructeur de camions poids lourds International produisait toujours ses grands utilitaires Travelall ou Scout, ou si Jeep commercialisait toujours ses Grand Wagoneer, ils feraient alors une concurrence honnête au Mercedes-Benz de Classe G. Car il s'agit là de véhicules issus de presque la même époque. Des rumeurs de plus en plus sérieuses veulent que 2012 soit la dernière année de production des Classe G, ou, à tout le moins, de leur commercialisation en Amérique du Nord. Nous n'en serions pas surpris. La preuve? Le constructeur allemand ne propose plus qu'une seule version de ce véhicule tout-terrain, le G550, le G55 AMG étant rayé du catalogue canadien.

Ce véhicule accuse de plus en plus son âge canonique. Il ressemble à une ancienne Jeep CJ allongée ou même à une Land Rover Defender à quatre portes auxquelles on aurait ajouté tout un intérieur de grand luxe! Si on le regarde de près, on constatera que le Classe G demeure une grande familiale sur un châssis rigide. On l'a modernisé avec un moteur V8 de 5,5 litres et une boîte automatique à sept rapports, le tout combiné à la traction intégrale 4MATIC de Mercedes-Benz. Ironiquement, ce dont cette camionnette est capable, c'est-à-dire attaquer les sentiers hors route les plus exigeants, traverser les ruisseaux les plus profonds et franchir les obstacles les plus difficiles, c'est ce que la majorité des acheteurs de Classe G ne feront jamais ou presque, vu le prix élevé de la machine. En effet, qui voudrait égratigner la finition si élaborée de ce dinosaure de la route?

Car c'est ce que le Mercedes-Benz de Classe G est, un véritable dinosaure de la route. Malgré toute l'attention apportée à la construction de cette camionnette, elle affiche avec évidence une conception ancienne. Si sa mécanique puissante du V8 de quelque 382 chevaux et 391 livres-pieds de couple combinée à la boîte automatique à sept rapports lui permet des accélérations intéressantes et des reprises rassurantes, certaines caractéristiques techniques du G en trahissent les faiblesses. La direction, par exemple, est toujours à billes (et non à crémaillère), ce qui lui enlève de la stabilité sur autoroute. En d'autres mots, il faut souvent corriger la direction du véhicule, surtout si les vents latéraux se font insistants. De plus, la hauteur de la caisse a une grande influence sur le centre de gravité du véhicule.

Un intérieur somptueux

Il faut quand même admettre que les ingénieurs de Mercedes-Benz ont dû passer des heures et des heures à concocter cet intérieur si somptueux. En vérité, ils devaient plutôt être des décorateurs! Tout y est conçu à la perfection et ils ont même su bien camoufler un tableau de bord autrement très traditionnel. D'autre part, il est facile d'accéder à cet intérieur en grimpant sur le marchepied (les lettres Mercedes-Benz du seuil s'illuminent dans la pénombre!) et les sièges sont

accueillants. Il ne manque surtout pas de dégagement pour la tête et même pour les jambes. Les places centrales sont aussi confortables, mais à la place de la banquette arrière, Mercedes-Benz a fait appel à des strapontins latéraux qui, on le comprendra, ne seront pas des plus confortables. Cependant, au volant et à la place des passagers, la vue y est incroyable. Le pare-brise et les glaces à plat aident à mieux profiter du panorama lorsqu'on roule à bord du G. Curieusement, le rayon de braquage de la direction y est relativement court. Il y a aussi beaucoup d'espace pour les bagages. Heureusement, ce n'est pas un hayon qu'on trouve à l'arrière, car son ouverture serait trop haute. Non, il s'agit plutôt d'une portière ouvrant à gauche sur laquelle se trouve le pneu de secours (qui ne doit pas être facile à manipuler, étant donné son poids élevé et sa position aussi... élevée!).

À quoi donc peut servir une telle camionnette chez nous? Sauf pour une démonstration d'opulence, il n'y a pas grand-chose à tirer du Mercedes-Benz de Classe G sauf si l'on est un amateur de véhicules, disons, classiques. Oui, le G se débrouille très bien en condition hivernale (les pneus d'hiver aident à la situation), mais pour la conduite de tous les jours, incluant les belles excursions dans le Nord ou vers la mer, il faut avoir une carte de crédit avec une bonne marge, car le G n'est surtout pas un véhicule économique. Vous n'en croiserez pas beaucoup sur nos routes, sauf si vous rencontrez un convoi militaire. En effet, le G (Geländewagen) est aussi le véhicule militaire préféré des Forces canadiennes...

ÉRIC DESCARRIES

Prix
115 000 à 155 900 $
Transport et préparation
650 $ (préparation en sus)

+ Véhicule peu commun
+ Intérieur superbe
+ Capacités hors route indéniables

− Consommation indécente
− Conception vieillotte
− Prix hors d'atteinte

 Consommation ville – route (L/100 km)
20,4 – 16,2 (5,5 l)
21,9 – 18,4 (compressé 5,5 l)

2012 **Nouveautés**

Changements mineurs

Principales concurrentes

 Cadillac Escalade, Infiniti QX, Land Rover Range Rover/LR4, Lexus RX/LX, Lincoln Navigator

MERCEDES-BENZ CLASSE G

447

À savoir

Garanties de base – motopropulseur (an/km)	4/80 000 – 4/80 000 km
Marge de profit du concessionnaire (%)	n.d.
Essence recommandée	super, diésel (BlueTEC)
Versions offertes	350 BlueTEC 4Matic, 550 4Matic
Carrosserie	utilitaire sport 5 portes (7 passagers)
Lieu d'assemblage	États-Unis
Valeur résiduelle	moyenne
Fiabilité présumée	moyenne
Renouvellement du modèle	2012
Ventes 2010 Québec	(+ 27 %) 217

Technique

Dimensions et volumes

Empattement (mm)	3075
Longueur (mm)	5088
Largeur (mm)	1920
Hauteur (mm)	1840
Volume intérieur passager (L)	4049
Volume du coffre (min. – méd. – max.) (L)	260 – 1240 – 2300
Réservoir de carburant (L)	100
Fourchette de poids (kg)	2480 à 2545
Répartition du poids av. – arr. (%)	53 – 47

Châssis

Mode	intégral
Suspension av. – arr.	indépendante
Freins av. – arr.	disques
Capacité de remorquage (max.) (kg)	3401
Diamètre de braquage (m)	12,1
Pneus	275/50R20 (350), 295/45R21 (550)

Aptitudes hors route

Garde au sol min. (mm)	202
Angles d'approche/de rampe/de sortie (°)	31/23/26

Performances

Modèle à l'essai	GL 350 BlueTEC 4Matic
Moteur	V6 turbodiésel DACT 3,0 litres 24s
Puissance (ch. à tr/min)	210 à 3400
Couple (lb-pi à tr/min)	400 à 1600
Rapport poids/puissance	12,11 kg/ch
Transmission	semi-automatique 7 rapports
Accélération 0-100 km/h (sec.)	9,58
Reprise 80-115 km/h (sec.)	5,38
Distance de freinage 100-0 km/h (m)	41,9
Niveau sonore à 100 km/h	moyen
Vitesse maximale (km/h)	210
Consommation lors de l'essai (L/100 km)	11,7
Gaz à effet de serre (tonnes métriques)	9,4
Autres moteurs	V8 5,5 l (382 ch., 391 lb-pi)
Autres transmissions	aucune

Protection collision

Frontale conducteur/passager	excellente
Latérale avant/arrière	excellente
Capotage 2rm/4rm	bonne

Mercedes-Benz
CLASSE GL

PRESQUE UNIQUE EN SON GENRE

Il n'aura fallu que quelques années pour que le constructeur allemand Mercedes-Benz s'impose dans le créneau des utilitaires sport. Dès la fin des années 1990, son modèle ML a su attirer une toute nouvelle clientèle dans les salles d'exposition de ses concessionnaires. Cependant, en Amérique du Nord, la demande est passée des fourgonnettes aux utilitaires, et l'étroitesse du ML ne suffisait plus aux besoins des amateurs de camionnettes. Par conséquent, les ingénieurs de la marque à l'étoile ont dû revenir à la table à dessin et créer une version allongée à sept passagers du ML. Aussi simple que cela? Non, pas vraiment.

Lorsque Mercedes-Benz a lancé son utilitaire GL, les ingénieurs nous ont rapidement signalé qu'il s'agissait là d'une architecture plus élaborée qu'une simple extension de celle du ML. En effet, en plus d'un empattement allongé (3075 mm pour le GL, contre 2915 mm pour le ML), il leur fallait aussi ajouter de l'espace pour les jambes des occupants de la dernière banquette et un compartiment où elle se replierait si l'utilisateur voulait en augmenter le compartiment de chargement. N'oublions pas que ce GL a également une suspension arrière indépendante qui occupe beaucoup de place dans le châssis! (Au fait, «on» nous promet un nouveau GL dans un avenir rapproché, et celui-là partagera sa plateforme avec le nouveau Dodge Durango!)

Non seulement les gens de chez Mercedes-Benz ont-ils réussi ce tour de force, mais ils ont aussi su ajouter toute cette place pour les jambes et rendre l'occupation de la dernière banquette une des plus confortables dans son créneau.

Sur la route

Malgré tout, en général, les gens achètent des véhicules pour les conduire et les utiliser, et pas seulement pour s'y asseoir. Le grand utilitaire de Mercedes nous revient en 2012, mais il perd son V8 à essence de base de 4,6 litres (donc, pas de modèle 450). Heureusement, il conserve son merveilleux V6 turbodiésel BlueTEC dont le couple équivaut et dépasse même celui d'un gros V8 à essence. Évidemment, on y gagne aussi en économie de carburant! Et on retient des accélérations impressionnantes, en plus, bien entendu, des capacités de remorquage si précieuses aux acheteurs de tels véhicules. Donc, depuis la baisse générale des prix des produits de Mercedes-Benz de l'année dernière, le GL 350 BlueTec 4Matic devient un choix intéressant pour ceux qui aiment ou qui ont besoin de tels véhicules. À ce propos, le V8 à essence de 5,5 litres est toujours au catalogue, mais vu le coût du carburant à la pompe, il risque d'être moins populaire.

La boîte automatique à sept rapports (que l'on peut manipuler manuellement au besoin) aide aussi à économiser le carburant. Mais elle ajoute au plaisir de conduite de la camionnette. Lors d'un premier essai au volant de ces utilitaires il y a quelques années en Californie, nous avons pu nous «amuser» avec un automobiliste aux commandes d'une Mustang GT. Non, nous n'avons pas poussé la machine outre ses limites ni pris de risques inutiles ou mis la vie des autres automobilistes en

danger, mais le GL n'avait aucune difficulté à suivre la Mustang sur des routes sinueuses. C'est à se demander si le conducteur de la GT n'avait pas les yeux rivés sur son rétroviseur, se demandant comment diable ce VUS pouvait le suivre aussi facilement.

Et croyez-le ou non, alors que peu de propriétaires de GL le feront, nous l'avons utilisé en situation hors route dans un sentier de boue assez difficile. Notons que la suspension pneumatique AIRMATIC est un bon accessoire si l'on veut mettre le GL à l'épreuve. Elle permet à cet utilitaire de franchir des obstacles que la plupart des propriétaires de telles camionnettes n'oseront même pas imaginer. Évidemment, c'est là que le système 4MATIC est au mieux. Pour la plupart des acheteurs locaux de GL, c'est en hiver qu'il leur permettra de se déplacer (et avec les pneus d'hiver obligatoires, ce GL devient encore plus efficace) et de conserver le contrôle de leur véhicule. Ah oui ! Il y a les freins. S'il y a une fonction qui se respecte chez Mercedes-Benz, c'est le freinage. Et le GL en profite !

Légèrement redessiné l'an dernier, le Mercedes-Benz Classe GL nous revient presque inchangé pour 2012. C'est encore la version à moteur diésel qui retiendra l'attention des acheteurs potentiels, sauf que certains seront peut-être un peu déroutés par le fait qu'il faut ajouter périodiquement de l'urée dans un petit réservoir spécial afin de respecter le fonctionnement du principe BlueTEC, une opération surtout assumée par les techniciens des concessionnaires de la marque.

Et finalement, il y a le prix. Celui d'un VUS Mercedes-Benz Classe GL peut vous sembler élevé. Pourtant, si vous regardez au chapitre des Lincoln Navigator L et Cadillac Escalade ES EXT, vous verrez que le GL leur est concurrentiel. Sauf que l'option du diésel, lui, est unique.

 ÉRIC DESCARRIES

Prix
70 500 à 88 900 $
Transport et préparation
650 $ (préparation en sus)

+ Moteur diésel économique
+ Finition intérieure exemplaire
+ Luxe et confort

– Prix un peu élevé
– Moteur V8 à essence glouton
– Entretien du diésel plus exigeant (urée)

 Consommation ville – route (L/100 km)
13,1 – 9,8 (BlueTEC, 3,0 l)
18,5 – 13,9 (5,5 l)

2012 **Nouveautés**

Modèle GL 450 4Matic supprimé

Principales concurrentes
 Audi Q7, Cadillac Escalade, Infiniti QX, GMC Yukon, Land Rover Range Rover, Lexus LX, Lincoln Navigator

MERCEDES-BENZ CLASSE GL

À savoir

Garanties de base – motopropulseur (an/km)	4/80 000 – 4/80 000
Marge de profit du concessionnaire (%)	n.d.
Essence recommandée	super
Versions offertes	350, 350 4Matic
Carrosserie	multisegment 5 portes
Lieu d'assemblage	Allemagne
Valeur résiduelle	moyenne
Fiabilité présumée	moyenne
Renouvellement du modèle	2014
Ventes 2010 Québec	(+ 21 %) 1364

Technique

Dimensions et volumes

Empattement (mm)	2755
Longueur (mm)	4525
Largeur (mm)	1840
Hauteur (mm)	1698
Volume intérieur passager (L)	2914
Volume du coffre (min. – max.) (L)	450 – 1550
Réservoir de carburant (L)	66
Fourchette de poids (min. – max.) (kg)	1780 à 1850

Châssis

Mode	propulsion, intégral
Suspension av. – arr.	indépendante
Freins av. – arr.	disques
Capacité de remorquage (max.) (kg)	1588
Diamètre de braquage (m)	11,5
Pneus	235/45R20

Aptitudes hors route

Garde au sol min. (mm)	201
Angles d'approche/de rampe/de sortie (°)	23/19/25

Performances

Modèle à l'essai	GLK 350 4Matic
Moteur	V6 DACT 3,5 litres 24s
Puissance (ch. à tr/min)	268 à 6000
Couple (lb·pi à tr/min)	258 à 2400
Rapport poids/puissance	6,9 kg/ch
Transmission	semi-automatique 7 rapports
Accélération 0-100 km/h (sec.)	7,44
Reprise 80-115 km/h (sec.)	4,67
Distance de freinage 100-0 km/h (m)	37,8
Niveau sonore à 100 km/h	moyen
Vitesse maximale (km/h)	210
Consommation lors de l'essai (L/100 km)	12,2
Gaz à effet de serre (tonnes métriques)	8,8
Autres moteurs	aucun
Autres transmissions	aucune

Protection collision

Frontale conducteur/passager	non évaluée
Latérale avant/arrière	non évaluée
Capotage 2rm/4rm	non évaluée

Mercedes-Benz
GLK

ATTENTION SI VOUS JOUEZ DANS LA BOUE

Critiqué non sans raison par les écologistes, les VUS grand format sont devenus *persona non grata* auprès de la majorité de la population. Pour se faire pardonner, les constructeurs ont développé, au cours des dernières années, des modèles plus compacts et moins gourmands. Dans le lot, on retrouve les Audi Q5, BMW X3 et le Mercedes-Benz GLK, pour ne nommer que ceux-là. Depuis son lancement, en 2010, le GLK s'est bâti en peu de temps une niche confortable dans ce marché en pleine expansion.

Ainsi, le GLK domine les ventes de la catégorie en accaparant environ le tiers du marché au pays. L'arrivée d'un X3 remodelé cette année et l'introduction d'un tout nouveau X1 à moteur quatre cylindres pourraient cependant lui ravir des parts de marché. Mais d'ici là, Mercedes-Benz semble bien en selle avec son GLK et une gamme de multisegments sport composée de quatre autres modèles, les Classe G, Classe ML, Classe GL et Classe R. Aussi bien dire que Mercedes se présente maintenant comme un constructeur spécialisé en 4x4 de loisirs! Somme toute, qui aurait dit un jour que la marque aux flèches d'argent aurait une gamme de camions aussi diversifiée que Ford et GMC!

Mercedes présente le GLK comme un descendant du mythique Classe G, qui entreprend sa dernière année de commercialisation. Il y a plus d'une trentaine d'années, le G fut le premier baroudeur de Stuttgart. Malgré ses liens consanguins avec le G et les prétentions de Mercedes-Benz envers son protégé, le GLK n'entend pas faire la lutte aux Jeep et Land Rover de ce monde. Dans les faits, le GLK est un multisegment conçu pour rouler en ville et sur les autoroutes. La preuve, il partage sa plateforme monocoque avec ses sœurs de la Classe C, la berline et le coupé. Qui plus est, il existe un manque de protection sous le moteur et la transmission, ce qui le rend vulnérable aux ornières et aux rochers, sans oublier ses belles jantes de 20 po montées sur des pneus à profil bas. En effet, qui voudra aller abîmer de tels bijoux le long des rocailles et des souches d'un boisé?

Il est regrettable que Mercedes-Benz n'offre pas des roues de 17 ou 18 po avec des pneus tout terrain, car par rapport à ses rivaux, le GLK est capable de meilleures prouesses en terrain accidenté, alors que sa traction intégrale permanente est extrêmement efficace. Pour s'en convaincre, il suffit de le tester en hiver sur des chemins enneigés et glacés. Cette dernière génération du rouage 4Matic à trois différentiels répartit le couple moteur à raison de 45 % vers l'avant, 55 % vers l'arrière, et cette répartition varie en fonction de l'adhérence de chaque roue grâce à un embrayage multidisque intégré dans le différentiel central. La technologie 4Matic incorpore également un système de traction électronique aux quatre roues (4-ETS) qui, dès qu'il détecte le moindre patinage des roues, applique individuellement les freins à la roue en détresse pour maintenir une répartition équilibrée de la puissance ou diminuer l'excès de couple du moteur.

Pas de diésel encore

Sous le capot, le GLK dispose d'une seule motorisation, un V6 de 3,5 litres couplé à une boîte automatique à sept rapports. Il procure de bonnes accélérations et reprises. Quant à la venue d'un moteur turbodiésel, c'est dans les plans de Mercedes-Benz, mais, on ne sait pas pour quand! L'arrivée, l'an dernier, d'un quatre-cylindres turbo et le dévoilement prochain d'une motorisation hybride dans son rival Q5 pourraient forcer les choses. On verra.

Sur la route, l'amortissement sélectif de la suspension Agility Control assure un meilleur contact avec la chaussée. Ce système ajuste automatiquement les réglages de la suspension selon l'état de la route et les conditions de conduite. De concert avec la direction, dont le dosage est coordonné avec les réactions de la suspension, ce dispositif procure de bons résultats. On remarque toutefois que la direction pèche par un léger flou au point zéro. Néanmoins, la tenue de route est au-dessus de la moyenne dans cette catégorie. La conduite se rapproche davantage d'une berline. Ce que certains concurrents ne peuvent imiter à cause de leur surplus de poids, et ce, malgré une ribambelle d'aides à la conduite.

Sous ses formes rectangulaires, l'habitacle du GLK est bien insonorisé et ne laisse pas entendre de bruits éoliens. Cependant, la dureté des sièges et les réglages fermes de la suspension filtrent mal les imperfections de la chaussée transmises par ses gros pneus à profil bas. La robustesse du véhicule est confirmée à l'intérieur par un style militaire (à la Classe G!) qui se distingue par un pare-brise à angle droit et un tableau de bord dessiné à l'équerre. Des courbes? Elles sont plutôt rares. Je suis déçu? Un peu. Les rondeurs font toujours sensation...

 JEAN-FRANÇOIS GUAY

Prix
41 300 à 43 500 $
Transport et préparation
650 $ (préparation en sus)

+ Son format passe-partout
+ Sa robustesse et
  son rouage intégral
+ Sa tenue de route

– Le modèle à propulsion
  (2 roues motrices)
– Le profil trop bas de pneus
– Toujours pas de moteur diésel

Consommation ville – route (L/100 km)
14,6 – 10,1 (2rm)
14,8 – 11,1 (4rm)

2012 Nouveautés

Aucun chamgement

Principales concurrentes

Acura RDX, Audi Q5, BMW X1/X3, Cadillac SRX, Land Rover LR2, Lexus RX, Lincoln MKX, Volvo XC60

À savoir

Garanties de base – motopropulseur (an/km)	4/80 000 – 4/80 000
Marge de profit du concessionnaire (%)	n.d.
Essence recommandée	super, diésel (BlueTEC)
Versions offertes	ML350 BlueTEC 4matic, ML350 4Matic
Carrosserie	utilitaire sport 5 portes (5 places)
Lieu d'assemblage	États-Unis
Valeur résiduelle	moyenne
Fiabilité présumée	moyenne
Renouvellement du modèle	nouveau modèle
Ventes 2010 Québec	(+ 23 %) 3871

Technique

Dimensions et volumes

Empattement (mm)	2915
Longueur (mm)	4781
Largeur (mm)	1911
Hauteur (mm)	1815
Volume intérieur passager (L)	3758
Volume du coffre (min. – max.) (L)	833 – 1830
Réservoir de carburant (L)	80
Fourchette de poids (kg)	2145 à 2555

Châssis

Mode	intégral
Suspension av. – arr.	indépendante
Freins av. – arr.	disques
Capacité de remorquage (max.) (kg)	3266
Diamètre de braquage (m)	11,5
Pneus	255/50R19, 265/45R20 (opt.)

Aptitudes hors route

Garde au sol min. (mm)	202, 255 (susp. à air)
Angles d'approche/de rampe/de sortie (°)	26/17/25, 30/20/28 (susp. à air)

Performances

Modèle à l'essai	ML350 4Matic
Moteur	V6 DACT 3,5 litres 24s
Puissance (ch. à tr/min)	302 à 6500
Couple (lb-pi à tr/min)	273 à 3500
Rapport poids/puissance	7,1 kg/ch
Transmission	semi-auto. 7 rapports
Accélération 0-100 km/h (sec.)	7,5
Reprise 80-115 km/h (sec.)	6,2
Distance de freinage 100-0 km/h (m)	37
Niveau sonore à 100 km/h	moyen
Vitesse maximale (km/h)	210
Consommation lors de l'essai (L/100 km)	12,9
Gaz à effet de serre (tonnes métriques)	10,5
Autres moteurs	V6 turbodiésel 3,0 l (240 ch., 455 lb-pi)
Autres transmissions	aucune

Protection collision

Frontale conducteur/passager	excellente
Latérale avant/arrière	excellente
Capotage 2rm/4rm	bonne

Mercedes-Benz
ML

VERS DE NOUVEAUX STANDARDS

Juste au moment où la concurrence pense avoir fait jeu égal avec Mercedes-Benz et comparé ses produits dans un créneau donné, voici que la marque allemande séculaire rapplique avec une nouvelle génération et une technologie qui la propulsent vers de nouveaux standards. Chaque fois, la concurrence doit repartir à la chasse. Dans les officines, studios et centres d'essais de Mercedes-Benz, on ne prend jamais de vacances.

C'est le cas de la troisième génération du Classe M, qui arrive comme un sou neuf en 2012. Si, en 1998, la première génération avait été bâclée pour répondre à des besoins immédiats, la seconde, dévoilée en 2006, s'était établie comme une des références dans le créneau. La nouvelle mouture est un prolongement de la précédente sur le plan du design, mais propose une percée technologique intéressante quant aux motorisations.

Pas de cannibalisation

Si le style du Classe ML (ou M presque partout ailleurs dans le monde) était encensé, les designers n'ont pas cassé le moule pour la dernière cuvée, assemblée aux États-Unis sur la même plateforme que le Grand Cherokee (quelle référence pour Jeep!). Les changements sont minimes, voire subtils. On a évidemment retouché les phares et les feux, gardé la calandre presque intacte et adouci quelques lignes sans plus afin d'abaisser le coefficient de traînée aérodynamique (Cx) à 0,32. Seul l'initié y verra une différence et les propriétaires de ML usagés ne se sentiront pas floués. Un bon point pour la valeur de revente, qui demeure un atout de ce véhicule.

L'intérieur est celui d'une berline haut de gamme bien plus que d'un utilitaire. Chez Mercedes-Benz, on a été plus attentif à l'ergonomie du poste de pilotage : il faudra toutefois s'initier aux commandes et au système par souris sur la console. Vivement un protocole de commandes vocales. Dieu merci, on a enfin replacé le régulateur de vitesse sous le volant, après des années de critique de la part des utilisateurs. Le reste de l'habitacle est sans reproche : on ne s'enfonce pas dans les banquettes un peu rigides, typiques de Mercedes. La finition est comme à l'habitude, impeccable, et un signe que le ML sera aussi aussi guilleret dans une décennie. Quatre adultes y seront à l'aise et il restera 833 litres d'espace de chargement derrière la rangée médiane, modulable à hauteur de 60-40. Tiens, toujours pas de troisième banquette.

Deux moteurs pour commencer

On revient sur ses bases quand on lance une nouvelle génération, et Mercedes a conservé deux groupes propulseurs au catalogue, tout en les révisant aux normes européennes EU6 de 2014. Le V6 BlueDirect de 3,5 litres à essence revient, ajouté de l'injection directe, ce qui lui procure 34 ch de plus pour un total de 302 ch et

quelques kilomètres de plus au litre. L'autre est le superbe BlueTec de trois litres qui génère dorénavant 240 forces et un couple époustouflant de 455 livres-pieds. Même s'il demande un peu plus d'entretien (en urée, entre autres), le turbodiésel est encore plus écolo et économique. Il est offert pour quelques milliers de dollars de plus et procure en prime environ 1100 km d'autonomie avec un réservoir!

Les deux moteurs font bon ménage avec une boîte manumatique à sept rapports et la traction intégrale 4-Matic, des composantes aussi révérées que fiables. On ne fait pas de piste avec un véhicule de ce prix, mais aucune rigueur de la météo n'aura le dessus. Le VUS est lourd et commande le respect, mais les aides à la conduite lui donnent encore plus d'assurance. On ne verra pas cependant le petit moteur diésel à quatre cylindres, qui n'est pas homologué en Amérique (6 litres aux 100 km!). Toutefois, on est à parachever des versions continentales d'un 4,7 biturbo pour remplacer les versions qui vampirisaient le carburant. Et une surprise pour l'an prochain, un modèle hybride branchable, probablement jumelé au 3,5 litres à essence, alors que ce sera à un diésel en Europe.

Dans ses versions les plus huppées, les propriétaires n'en finiront plus d'énumérer les apports technologiques incorporés dans leur ML. Côté sécurité, remettez votre rendez-vous pour faire votre testament, vous ne périrez pas à bord d'un ML, tellement il est bardé de systèmes d'évitement et de déploiement. La liste est trop longue. Côté conduite, le ML est un digne descendant de Big Brother, puisqu'il gère la vitesse, le trafic environnant, le freinage et peut se garer. Il peut même vous réveiller si vous clignez de l'œil, tard le soir! Côté confort, une suspension Airmatic garde la plateforme à l'horizontale en ajustant le roulis et le tangage en centièmes de seconde. Le niveau de décibels à bord a été soigneusement étudié et on a l'impression de voyager sur un tapis magique, privant toutefois le conducteur de renseignements autrement utiles. Prenez un numéro!

MICHEL POIRIER-DEFOY

Prix
57 400 à 58 900 $
Transport et préparation
650 $ (préparation en sus) $

+ **Des moteurs plus économiques**
+ **Présentation soignée**
+ **Technologie omniprésente**

– **Facture galopante**
– **La non-homologation du diésel de 2,5 litres**
– **Similaire à l'ancienne génération**

Consommation ville – route (L/100 km)
12,5 – 8,5 (BlueTEC 3,0 l)
14,9 – 10,9 (3,5 l)

Nouveautés
2012 Nouvelle génération, entièrement redessiné, V6 3,5 litres plus puissant, V6 turbodiésel plus puissant

Principales concurrentes

Acura MDX, BMW X5, Jeep Grand Cherokee, Land Rover LR4, Porsche Cayenne, VW Touareg, Volvo XC90

MERCEDES-BENZ ML

À savoir

Garanties de base – motopropulseur (an/km)	4/80 000 – 4/80 000
Marge de profit du concessionnaire (%)	n.d.
Essence recommandée	super, diésel (BlueTEC)
Versions offertes	350 4Matic, 350 BlueTEC 4Matic
Carrosserie	multisegment 5 portes (6 ou 7 places)
Lieu d'assemblage	Allemagne
Valeur résiduelle	passable
Fiabilité présumée	passable
Renouvellement du modèle	inconnu
Ventes 2010 Québec	(+ 30 %) 79

Technique

Dimensions et volumes

Empattement (mm)	3215
Longueur (mm)	5173
Largeur (mm)	1922
Hauteur (mm)	1663
Volume intérieur passager (L)	4188
Volume du coffre (min. – méd. – max.) (L)	295 – 1066 – 2366
Réservoir de carburant (L)	80
Fourchette de poids (kg)	2230 à 2335
Répartition du poids av. – arr. (%)	52 – 48

Châssis

Mode	intégral
Suspension av. – arr.	indépendante
Freins av. – arr.	disques
Capacité de remorquage (max.) (kg)	1588
Diamètre de braquage (m)	12,4
Pneus	255/50R19, 265/45R20 (opt.)

Performances

Modèle à l'essai	R350 BlueTEC 4Matic
Moteur	V6 turbodiésel DACT 3,0 litres 24s
Puissance (ch. à tr/min)	210 à 3400
Couple (lb-pi à tr/min)	400 à 1600
Rapport poids/puissance	11,11 kg/ch
Transmission	semi-automatique 7 rapports
Accélération 0-100 km/h (sec.)	8,88
Reprise 80-115 km/h (sec.)	5,88
Distance de freinage 100-0 km/h (m)	40,7
Niveau sonore à 100 km/h	moyen
Vitesse maximale (km/h)	210
Consommation lors de l'essai (L/100 km)	11,4
Gaz à effet de serre (tonnes métriques)	9,2
Autres moteurs	V6 3,5 l (302 ch., 273 lb-pi)
Autres transmissions	aucune

Protection collision

Frontale conducteur/passager	non évaluée
Latérale avant/arrière	non évaluée
Capotage 2rm/4rm	non évaluée

Mercedes-Benz
CLASSE R

RIEN N'EST PARFAIT ICI-BAS

Il n'y a rien de parfait en ce bas monde. Malgré de louables efforts pour atteindre un niveau de qualité insurpassable, Mercedes-Benz n'échappe pas à cet axiome et la voiture qui le confirme est la Classe R, cette éléphantesque fourgonnette maquillée en familiale géante.

Pour l'habitabilité, on ne fait pas mieux, et sa polyvalence tout comme sa fonctionnalité méritent un coup de chapeau. Il en va malheureusement différemment du comportement routier de cet immense transporteur. La suspension, par exemple, ne joue pas son rôle, tant en matière de confort que de tenue de route. Cette Classe R balance et vacille de manière tout à fait inattendue. La direction est si légère qu'on a l'impression à certains moments de n'avoir rien dans les mains. Et ce n'est pas le groupe propulseur qui sauve la mise.

Le V6 à essence est même à fuir au grand galop, tellement il est lymphatique, et l'on comprend pourquoi 80 % de la clientèle lui préfère le BlueTEC diésel. Ce dernier se distingue non seulement pour son économie qui le fait se contenter de seulement 11,4 litres aux 100 km, mais aussi par un couple qui a tôt fait de faire oublier que sa puissance est inférieure de 92 ch à celle du V6 essence.

L'an dernier, la Classe R a fait l'objet d'un déridage de mi-carrière, c'est-à-dire qu'elle a reçu les petites retouches habituelles des modèles ayant atteint la moitié de leur cycle de vie. Avec une calandre, un capot et des ailes avant retouchés, l'avant arbore une nouvelle physionomie, tandis que la partie arrière se contente d'un nouveau pot d'échappement. Comme c'est à l'arrière que la voiture présente son plus mauvais profil, cela ne change absolument rien au fait que ce n'est pas la plus grande réussite des stylistes de chez Daimler Benz. Disons-le sans ambages, cette immensité est laide comme un pou.

«Made in the USA»

Construite en Alabama avec plusieurs des organes mécaniques provenant du SUV GL, la Classe R veut tellement courtiser la clientèle nord-américaine qu'on a l'impression à son volant de conduire une familiale sortant en droite ligne de Detroit. Elle se déhanche et se dandine telle une ancienne Buick, ce qui ne ressemble pas à de l'agrément de conduite, croyez-moi. Notre jeune collaborateur Jean-Pierre Bouchard, qui m'accompagnait lors de cet essai, partageait d'ailleurs le même avis.

Le bon côté des choses par contre est que la Classe R s'avère plus utilitaire que bien des véhicules qui répondent à cette définition. D'ailleurs, sa clientèle se trouve en majeure partie chez les acheteurs de SUV déçus du faible espace réservé aux bagages. En version à empattement allongé (la seule importée en Amérique),

l'habitacle est lumineux et spacieux. En chiffres, cela se traduit par un volume intérieur imposant de 4188 litres. Si ce chiffre ne vous dit rien, sachez que sept personnes peuvent monter à bord sans être au coude à coude. C'est souvent le rôle réservé à la Classe R, soit celui d'un minibus servant à véhiculer les clients Mercedes dont la voiture est temporairement immobilisée.

Comme elle est vendue à un prix qui se situe entre 55 000 $ et 60 000 $, on pourrait ajouter que c'est également la fourgonnette des bien nantis, d'où sans doute sa très faible présence sur le marché.

La Classe R n'est toutefois pas sans mérite, et en plus de son moteur diésel BlueTEC et de tous les dispositifs de sécurité propres au constructeur allemand, elle est livrée avec la traction intégrale 4MATIC, ce qui en fait un véhicule archifonctionnel, sinon intéressant à conduire. Et ne vous attendez pas à ce que Mercedes ait revu les réglages de suspension en 2012 afin de rendre cet hippopotame moins boiteux, puisqu'aucun changement n'a été apporté sur les derniers modèles.

En fin de compte, cette Classe R nous oblige à conclure que la perfection n'est pas de ce monde. Bien sûr, elle a sa petite place sur le marché et elle saura répondre aux besoins d'une clientèle bien ciblée. Mais, aurait-il été possible de lui donner une ligne moins rébarbative et un comportement routier plus en accord avec ce que l'on attend habituellement des réalisations du créateur de l'automobile?

JACQUES DUVAL

Prix
55 200 à 56 700 $
Transport et préparation
650 $ (préparation en sus)

+ Espace, espace, espace
+ Moteur diésel bien adapté
+ Traction intégrale

− Tenue de route bancale
− Direction légère
− Maniabilité nulle

Consommation ville − route (L/100 km)
14,7 − 11,3 (3,5 l)
12,9 − 9,7 (BlueTEC 3,0 l)

2012

Nouveautés

V6 de 3,5 litres plus puissant et moins énergivore

Principales concurrentes

Audi Q7, Buick Enclave, Ford Flex, Lincoln MKT, Toyota Sienna Limited TI

MERCEDES-BENZ CLASSE R

455

à vouloir baisser les glaces, éteindre la radio et tapoter pour tout et pour rien la pédale d'accélérateur. Vroaaaaaaammmm...

Cette 370Z Nismo est plus rapide que la version normale. Pas de beaucoup, mais suffisamment pour justifier le montant exigé par votre «très sympathique» concessionnaire Nissan. Les accélérations et les reprises de la Z auraient pu être encore plus détonantes si elle ne s'était pas sensiblement laissé aller côté poids. Elles auraient été plus bestiales encore si la boîte manuelle à six rapports s'était montrée plus rapide, moins accrocheuse.

La présence de barres stabilisatrices plus grasses à l'avant et à l'arrière et de ressorts et d'amortisseurs spécifiques permet de goûter aux plaisirs défendus, mais la conduite de la Z ne suscite pas le même bonheur qu'on éprouve générale-ment aux commandes d'une sportive pur jus. Comme si, au cours des multiples manipulations génétiques (châssis, boîte de vitesses, moteur, etc.) dont elle a fait l'objet, on avait oublié de lui fabriquer une identité propre. Et les accessoires Nismo n'y changent à peu près rien. Bien entendu, cette Nissan est compétente sur le plan dynamique. Sa direction, par exemple, transmet le moindre ordre donné au volant; la commande de boîte, en dépit de certains à-coups, se laisse guider avec facilité; les éléments suspenseurs, bien que plus fermes, filtrent bien les irrégularités de la chaussée; la tenue de cap est sûre et permet une conduite sportive. Et la présence d'un échappement plus sportif permet, contrairement au modèle standard, de ne plus avoir à constamment flirter avec la zone rouge du compte-tours pour masquer les bruits de roulement causés par les pneus.

À moins de chercher à se faire voir, mieux vaut s'en tenir à la version de base. Cette dernière représente une meilleure affaire et elle vous coûtera beaucoup moins cher.

🚗 ÉRIC LEFRANÇOIS

Prix
40 898 à 47 398 $
Transport et préparation
1640 $

+ Le son de l'échappement
+ Le comportement sportif
+ L'équipement complet

– La difficulté de faire un gain à la revente
– Les compromis des appendices aérodynamiques
– Le manque d'endurance du freinage

Consommation ville – route (L/100 km)
13,2 – 9,2 (man.)
12,5 – 9,1 (aut.)

Nouveautés

2012

Retouches esthétiques

Principales concurrentes

Audi TT, BMW Z4, Chevrolet Corvette, Mercedes SLK, Porsche Boxster/Cayman

NISSAN 370Z

Garanties de base – motopropulseur (an/km)	3/60 000 – 5/100 000
Marge de profit du concessionnaire (%)	7,70 à 8,54
Essence recommandée	ordinaire (L4), super (V6)
Versions offertes	2.5 S, 3.5 S, 3.5 SR
Carrosserie	berline 4 portes, coupé 2 portes
Lieu d'assemblage	États-Unis
Valeur résiduelle	bonne
Fiabilité présumée	bonne
Renouvellement du modèle	2013
Ventes 2010 Québec	(- 14 %) 2900

Technique

Dimensions et volumes

Empattement (mm)	2776 (berl.), 2675 (coup.)
Longueur (mm)	4821 (berl.), 4636 (coup.)
Largeur (mm)	1796
Hauteur (mm)	1471 (berl.), 1405 (coup.)
Volume intérieur passager (L)	2852 (berl.), 2526 (coup.)
Volume du coffre (min. – max.) (L)	371 (berl.), 210 (coup.)
Réservoir de carburant (L)	76
Fourchette de poids (kg)	1404 à 1545
Répartition du poids av. – arr. (%)	62 – 38

Châssis

Mode	traction
Suspension av. – arr.	indépendante
Freins av. – arr.	disques
Capacité de remorquage (max.) (kg)	454
Diamètre de braquage (m)	11 (S) / 11,4 (SR, Hyb)
Pneus	215/60R16 (S, Hyb), 215/55R17 (SR)

Performances

Modèle à l'essai	Altima 2.5 S
Moteur	L4 DACT 2,5 litres 16s
Puissance (ch. à tr/min)	175 à 5600
Couple (lb-pi à tr/min)	180 à 3900
Rapport poids/puissance	8,21 kg/ch
Transmission	automatique à variation continue (CVT)
Accélération 0-100 km/h (sec.)	8,63 (L4), 6,53 (V6)
Reprise 80-115 km/h (sec.)	6,02 (L4), 4,23 (V6)
Distance de freinage 100-0 km/h (m)	40 (2.5 S), 37,4 (3.5 SR)
Niveau sonore à 100 km/h	moyen
Vitesse maximale (km/h)	190 (L4), 215 (V6)
Consommation lors de l'essai (L/100 km)	
Gaz à effet de serre (tonnes métriques)	2
Autres moteurs	V6 3,5 l (270 ch., 258 lb-pi)
Autres transmissions	man. 6 rapports (L4)

Protection collision

Frontale conducteur/passager	excellente (berl.) bonne (coup.)
Latérale avant/arrière	bonne (berl.) excellente (coup.)
Capotage 2rm/4rm	bonne (berl.) excellente (coup.)

Nissan
ALTIMA

UNE ODE À LA SOUPLESSE

Grande berline spacieuse ou coupé stylisé, l'Altima entame sa sixième année sous cette forme sans grande nouveauté. Néanmoins, elle connaît une bonne diffusion grâce à sa conduite toute en souplesse et sa mécanique d'une grande douceur. A-t-elle encore tout ce qu'il faut pour titiller les nouvelles offres dans le segment?

Après une période difficile au milieu des années 1990, la berline intermédiaire de Nissan renaissait sous une forme davantage en adéquation avec le marché nord-américain en 2002. Elle a subi depuis une mise à jour en 2007. Désormais plus grande et plus spacieuse, mais moins sportive que la Maxima, elle cannibalisait les ventes de sa grande sœur (qui était la voiture phare de la marque à cette époque) en offrant plus d'espace pour moins cher. Celle-ci ne s'en est jamais remise, puisque son rôle est désormais beaucoup plus effacé au sein de la gamme Nissan.

C'est que l'Altima offre de costauds moteurs (L4 de 2,5 litres ou V6 de 3,5 litres), une suspension très confortable, un intérieur tout en douceur et une finition correcte. De plus, la boite à variation continue de Nissan multiplie le couple comme pas une, ce qui rend la conduite urbaine très relaxante. Ce n'est pas pour rien qu'on en voit des centaines parmi les voitures taxi de Montréal. Par contre, ce rouage moteur est avare de sensations, sauf pour le moteur V6 qui déborde d'énergie au point de malmener le train avant lors des accélérations. Les performances sont là, c'est certain, mais l'effet «motoneige» de la boite CVT est très perceptible, car le moteur conserve un régime constant alors que la boite augmente la démultiplication au fil des accélérations. C'est assez déconcertant au début. Le pendant de ce comportement fort peu sportif est une consommation de carburant étonnamment basse, au point où la boite CVT fait mieux que la manuelle. Quant à la version à motorisation hybride, très peu diffusée, elle n'est plus au catalogue.

En souplesse

Avec son habitacle de grande dimension et sa malle arrière d'une profondeur caverneuse, il est tentant de charger la voiture à ras bord. Ce faisant, celle-ci se montre trop mollement suspendue, au point où il est facile de faire talonner la suspension arrière sur les bosses de nos artères urbaines. La conduite en général est du même ordre; il ne faut pas trop pousser, car la voiture déteste être malmenée. Il est préférable d'enrouler gentiment, en profitant du couple abondant, et d'aborder les virages avec modestie. La version SR à moteur V6 et suspension sport sera certainement moins capricieuse, mais elle ne semble pas retenir la faveur de beaucoup d'acheteurs. Sur la route, on note que la pédale de freinage est trop sensible, que la direction est précise avec juste assez d'assistance et que l'amortissement de la suspension est bien calibré en détente, un gage de rebonds minimes. C'est

simplement que les ressorts arrière devraient être un peu plus longs, quitte à ce que le derrière soit encore un peu plus haut, ou que l'amortissement en compression soit un peu plus ferme, mais alors le confort en serait affecté.

À bord, l'intérieur est dans le coup avec sa radio à grand écran, ses surfaces souples et sa finition dans la bonne moyenne. On peut de plus retenir les services d'une caméra de recul pour aider les manœuvres de stationnement, ce qui est bienvenu dans une voiture avec une malle aussi haute.

L'ergonomie est bonne, toutes les commandes sont aux endroits habituels, la visibilité est excellente (sauf vers l'arrière, car la position de conduite est assez basse) et le niveau d'équipement est somme toute satisfaisant. Finalement, le coffre offre un important volume de chargement, gracieuseté d'une ligne qui, si elle gêne la visibilité vers l'arrière, permet de créer un volume important.

Un mot sur le modèle coupé. Si les performances sont là, surtout en version V6, et qu'une boite manuelle est toujours au catalogue (la berline l'a perdue il y a quelques années), ce coupé est tout sauf sportif. Pensez plutôt à une Monte Carlo ou une Solara, et vous aurez une bonne idée de son style de conduite.

Un brin moins aseptisée que ses rivales américano-asiatiques (Camry et Accord), l'Altima offre un habitacle accueillant, de bonnes reprises et un confort de bon aloi. Elle représente toujours une excellente valeur dans la catégorie, mais la concurrence se fait menaçante. Les dernières offres de la part de Hyundai et Kia, avec leur moteur turbo, sont toutefois plus affûtées sur le plan des sensations.

LOUIS-ALAIN RICHARD

Prix
23 998 à 35 298 $
Transport et préparation
1595 $

+ Moteur de base très efficace
+ Suspension souple et confortable
+ Bonne capacité de chargement

– Avare de sensations mécaniques
– Visibilité arrière réduite
– Modèle en fin de carrière

Consommation ville – route (L/100 km)
10,4 – 7,7 (CVT 2,5 l)
12 – 8,8 (CVT 3,5 l)
13,1 – 8,8 (man. 3,5 l)

2012
Nouveautés
Changements mineurs
Version hybride supprimée

Principales concurrentes

Buick Regal, Chevrolet Malibu, Chrysler 200, Dodge Avenger, Ford Fusion, Honda Accord, Hyundai Sonata/Genesis Coupé, Kia Optima, Mazda6, Toyota Camry

NISSAN ALTIMA

Garanties de base – motopropulseur (an/km)	3/60 000 – 5/100 000
Marge de profit du concessionnaire (%)	9,95
Essence recommandée	ordinaire
Versions offertes	Platinum
Carrosserie	utilitaire sport 5 portes (7 ou 8 places)
Lieu d'assemblage	États-Unis
Valeur résiduelle	moyenne
Fiabilité présumée	passable
Renouvellement du modèle	2013
Ventes 2010 Québec	(+ 73 %) 38

Technique

Dimensions et volumes

Empattement (mm)	3130
Longueur (mm)	5255
Largeur (mm)	2001
Hauteur (mm)	1998
Volume intérieur passager (L)	5343
Volume du coffre (min. – méd. – max.) (L)	566 – 1604 – 2750
Réservoir de carburant (L)	105
Fourchette de poids (kg)	2652
Répartition du poids av. – arr. (%)	52 – 48

Châssis

Mode	4 roues motrices
Suspension av. – arr.	indépendante
Freins av. – arr.	disques
Capacité de remorquage (max.) (kg)	4082
Diamètre de braquage (m)	12,6
Pneus	275/60R20

Aptitudes hors route

Garde au sol min. (mm)	265
Angles d'approche/de rampe/de sortie (°)	26/9,6/23

Performances

Modèle à l'essai	Armada Premium
Moteur	V8 DACT 5,6 litres 32s
Puissance (ch. à tr/min)	317 à 5200
Couple (lb·pi à tr/min)	385 à 3400
Rapport poids / puissance	
Transmission	automatique 5 rapports
Accélération 0-100 km/h (sec.)	7,98
Reprise 80-115 km/h (sec.)	4,75
Distance de freinage 100-0 km/h (m)	40
Niveau sonore à 100 km/h	moyen
Vitesse maximale (km/h)	190
Consommation lors de l'essai (L/100 km)	15,9
Gaz à effet de serre (tonnes métriques)	4
Autres moteurs	aucun
Autres transmissions	aucune

Protection collision

Frontale conducteur/passager	bonne
Latérale avant/arrière	non évaluée
Capotage 2rm/4rm	moyenne

Nissan
ARMADA

TOUJOURS VIVANT MALGRÉ TOUT

Aussi incroyable que cela puisse paraître, le grand et gros utilitaire sport Armada est toujours au catalogue de Nissan. Lorsque l'Armada fut créé, en 2004, la mode des grands VUS battait son plein... ou presque, car déjà, on notait une certaine baisse de popularité. Nous sommes rendus à l'année-modèle 2012, huit ans plus tard, et le prix du carburant est si élevé que peu d'acheteurs sont désormais attirés vers les VUS pleine grandeur reposant sur un châssis de camionnette. Quoique les ventes ont augmenté au cours des deux dernières années. C'est à n'y rien comprendre.

Comme la plupart de ses concurrents, l'Armada repose sur un châssis en échelle de camionnette qu'il partage avec les Titan et Frontier, sans oublier le VUS intermédiaire Pathfinder. Pour 2012, l'Armada change peu. Les seuls ajouts concernent l'habitacle. Il est possible de commander des sièges baquets à la deuxième rangée et une banquette de deuxième rangée avec des éléments chauffants pour le bien-être des passagers.

Véritable cheval de trait, l'Armada représente à la fois pour plusieurs acheteurs un excellent tracteur de remorque et un véhicule d'origine japonaise très fiable (même s'il est construit aux États-Unis!). L'Armada n'est offert qu'en une seule version chez nous. Il est propulsé par un (glouton) moteur V8 de 5,6 litres qui développe 317 ch et un couple de 385 livres-pieds. La boîte automatique qui l'accompagne demeure une version à cinq rapports. Ce tandem est capable de tirer une charge dépassant

les 4000 kg, ce qui en fait un des VUS les plus forts de la catégorie. Le V8 permet de bonnes accélérations et des reprises rassurantes. Lorsque sollicité, il émet un son très audible dans l'habitacle, mais en vitesse de croisière, il devient silencieux.

Un intérieur invitant

Malgré tout, l'Armada demeure ce qu'il a toujours été, un véhicule relativement confortable grâce à la mollesse bien calibrée de ses éléments suspenseurs. Mais ce n'est pas un véhicule à vocation commerciale. Si vous désirez les services d'un fourgon, Nissan a dévoilé cette année le NV. Ce dernier rivalise avec les Ford Econoline et les GMC Savana – Chevrolet Express. La conduite de l'Armada quémande un peu de tolérance, car le véhicule peut accuser un certain roulis dans les courbes. Mais on s'entend que l'Armada n'est pas un VUS sportif et qu'il faut faire preuve de dextérité. En cas de pépin, les aides à la conduite sont là: système antipatinage, traction asservie, dispositif de freinage aux quatre roues à glissement limité. On trouve aussi une panoplie de coussins et de rideaux gonflables aux trois rangées de sièges.

L'intérieur de l'Armada dévoile un aménagement intéressant et bien assemblé. Le tableau de bord ressemble beaucoup au Titan, mais avec une touche de raffinement. On peut équiper l'Armada (le nom désigne une imposante flotte de navires militaires agressifs) d'une sellerie de cuir et de tous les équipements électroniques facultatifs possibles. Au fait, l'Armada peut recevoir sept ou huit personnes à son bord, selon la

configuration choisie. Les passagers de la toute dernière banquette seront, comme c'est le cas pour la concurrence, relativement serrés et ils devront faire un peu d'acrobatie pour se rendre tout au fond du véhicule. Évidemment, il ne restera plus beaucoup de place pour les bagages.

Retour à la table à dessin?

Soyons francs, l'Armada ne propose pas le nec plus ultra des technologies qu'on trouve dans ce genre de VUS, même si les autres modèles de sa catégorie n'ont pas beaucoup plus à proposer. Pour les amants d'équipements et d'accessoires sophistiqués, il faut changer d'enseigne et visiter les concessionnaires Infiniti pour prendre contact avec le QX56. Toutefois, à sa défense, mentionnons que l'Armada dispose d'une suspension arrière indépendante, tout comme celle des Ford Expedition. Mais, Nissan pourrait lui ajouter, comme c'est le cas chez GM, la configuration hybride et la boîte automatique à sept rapports de son cousin QX56. Tiens, pourquoi pas un système de désactivation des cylindres en vitesse de croisière? Prenez note que dans le passé, c'est ce même Armada qui servait de base au luxueux QX56. Mais depuis l'année dernière, le QX est plutôt basé sur un autre grand VUS japonais, le Nissan Patrol.

Il est parfois difficile de comprendre pourquoi un constructeur comme Nissan continue de proposer un tel véhicule alors que ses ventes sont plutôt maigres. Jeep n'a-t-il pas éliminé le Commander de sa gamme? Il reste cependant un groupe assez important de consommateurs qui tiennent à des véhicules comme l'Armada (GM connaît toujours une certaine popularité avec ses Tahoe, Yukon et Escalade, et la situation est semblable pour Ford avec ses Expedition et ses Navigator), ce qui est suffisant pour continuer sa commercialisation.

Pour savoir si l'Armada a un avenir, il faudra attendre la prochaine camionnette Titan, qui devrait se pointer en 2013, pour tirer des conclusions.

ÉRIC DESCARRIES

Prix
55 898 $
Transport et préparation
1595 $

+ **Moteur puissant**
+ **Robustesse assurée**
+ **Version tout équipée**

– **Encombrement en ville**
– **Consommation élevée**
– **Silhouette vieillissante**

 Consommation ville – route (L/100 km)
19,5 – 13,2

 Nouveautés

2012 Banquette chauffante à la 2e rangée
Sièges baquets à la 2e rangée en option
Nouvelles couleurs

 Principales concurrentes

Chevrolet Tahoe, Dodge Durango,
Ford Expedition, GMC Yukon,
Toyota Sequoia

NISSAN ARMADA

481

À savoir

Garanties de base – motopropulseur (an/km)	3/60 000 – 5/100 000
Marge de profit du concessionnaire (%)	5,16 à 5,90
Essence recommandée	ordinaire
Versions offertes	1.8 S, 1.8 SL
Carrosserie	multisegment urbain 5 portes
Lieu d'assemblage	Japon
Valeur résiduelle	moyenne
Fiabilité présumée	moyenne
Renouvellement du modèle	inconnu
Ventes 2010 Québec	(+ 15 %) 897

Technique

Dimensions et volumes

Empattement (mm)	2530
Longueur (mm)	3980
Largeur (mm)	1695
Hauteur (mm)	1650
Volume intérieur passager (L)	2766
Volume du coffre (min. – max.) (L)	323 – 1645
Réservoir de carburant (L)	50
Fourchette de poids (kg)	1270 à 1291
Répartition du poids av. – arr. (%)	51 – 49

Châssis

Mode	traction
Suspension av. – arr.	ind. – semi-ind.
Freins av. – arr.	disques – tambour
Capacité de remorquage	non recommandé
Diamètre de braquage (m)	10,2
Pneus	195/60R15 (S), 195/55R16 (SL)

Performances

Modèle à l'essai	Cube 1.8 S
Moteur	L4 DACT 1,8 litre 16s
Puissance (ch. à tr/min)	122 à 5200
Couple (lb-pi à tr/min)	127 à 4800
Rapport poids/puissance	10,4 kg/ch
Transmission	automatique à variation continue (CVT)
Accélération 0-100 km/h (sec.)	10,34
Reprise 80-110 km/h (sec.)	7,57
Distance de freinage 100-0 km/h (m)	39
Niveau sonore à 100 km/h	passable
Vitesse maximale (km/h)	180
Consommation lors de l'essai (L/100 km)	8,1
Gaz à effet de serre (tonnes métriques)	5,9
Autres moteurs	aucun
Autres transmissions	man. 6 rapports (1.8 S)

Protection collision

Frontale conducteur/passager	bonne
Latérale avant/arrière	excellente
Capotage 2rm/4rm	bonne

LA VOITURE DES ADOS DE 50 ANS

Voici une vérité au sujet des jeunes adultes: ils ne veulent surtout pas qu'on leur dise quoi faire, quoi dire, quoi acheter, où aller ou comment s'habiller. Encore moins qu'on leur dise quelle voiture sera parfaite pour eux. La Cube de Nissan n'a donc pas su conquérir ces jeunes, souvent réfractaires aux diktats de la pub.

Les jeunes choisissent donc souvent la vieille voiture à papa ou maman (souvent parce qu'elle est gratuite...) ou une classique berline de taille moyenne, fiable et sans histoire, parce que leur budget est serré et qu'ils veulent mettre le pied dans le monde des adultes en conduisant des voitures d'adultes. Pourtant, la Cube est exactement cela, une voiture d'adulte; en effet, ce sont les gens de la tranche 35-44 ans qui ont adoré la Cube, tant pour son allure décalée que pour son confort et ses aspects pratiques. Les jeunes? Pas intéressés. Trop caricaturale, trop stylée, trop branchée, trop voyante, elle est la voiture des jeunes dans la pub, pas la voiture des jeunes dans la vie.

Bon, même si les jeunes n'en veulent pas, cela ne veut pas dire que la bagnole est dépourvue de qualités: ils n'en sont pas à une contradiction près. La liste des équipements n'est pas très longue, mais suffisamment intéressante pour convenir à un adulte qui a connu d'autres voitures plus chères: climatisation régulée, accès et démarrage sans clef, banquette arrière coulissante et inclinable. Sur le plan technologique, la Cube offre aussi la connectivité Bluetooth, une sonorisation puissante, la radio par satellite, l'interface pour iPod et un système de sonar à l'arrière pour les manœuvres de stationnement. Tout est donc là pour satisfaire l'adulte amateur de petites attentions.

Si le niveau d'équipement est relevé, la fiche technique est toutefois modeste: on ne s'y attardera donc pas. La suspension est très souple, les sièges sont moelleux, la boîte CVT fonctionne tout en douceur et à son volant, le sentiment général en est un de calme et de tranquillité. Les limites d'adhérence sont très faibles, mais le freinage n'est pas aussi nonchalant. La direction est vive et directe, mais les remontées d'information sont inexistantes. Il est donc clair que la Cube n'aimerait pas qu'on regarde ses dessous, et elle n'est pas destinée à devenir la nouvelle égérie des modificateurs et vendeurs d'accessoires décoratifs. Elle n'a donc aucun pouvoir de séduction auprès des jeunes, grands amateurs de silencieux bruyants et de roues surdimensionnées.

Pratique et conviviale

La vie à bord est plus intéressante: le dégagement pour la tête est princier, sinon royal, les portières sont larges et hautes, le hayon est immense, les sièges sont larges et plats, la sellerie est toute douce, les moquettes sont épaisses si bien que l'habitacle de la Cube est un endroit confortable et douillet. Le coffre à bagages est

généreux en hauteur (mais petit en surface disponible) et le fait que la banquette arrière coulisse permet d'en augmenter le volume facilement. Par contre, les surfaces de plastique dur abondent, la visibilité vers l'arrière n'est pas fameuse et le volant n'est pas assez haut pour permettre de profiter de ce volume en hauteur. Il faut donc se résigner à descendre le siège et laisser 15 bons centimètres au dessus de la tête si on veut être capable de lire les afficheurs du tableau de bord. Les dames qui connaissent par cœur la date d'anniversaire de leur coiffeur apprécieront.

Hormis ces petits détails, la Cube est très agréable à conduire en ville, étant à la fois souple et suffisamment nerveuse pour rendre la conduite intéressante. La boîte de vitesse CVT sied parfaitement au caractère tout en souplesse de la Cube, au point où la boîte à trois pédales est superflue. Sur la grande route, la voiture est moins à l'aise; les vents latéraux la dérangent, le pare-brise vertical génère des bruits éoliens sur les côtés et les performances sont bien modestes. L'aérodynamique n'est pas son fort, mais que sa faible masse l'aide en ville, puisque les deux cotes sont proches l'une de l'autre.

Donc, avec son style affirmé, mais surtout parce que son usage est très agréable, la Cube risque fort de connaître le sort de la Neon de 1994, de la New Beetle ou encore de la Honda Element: conçues pour les jeunes, ces voitures ont plutôt conquis une clientèle adulte, une clientèle qui désire un peu de piment esthétique, un équipement correct et un côté pratique évident.

LOUIS-ALAIN RICHARD

Prix
17 598 à 21 498 $
Transport et préparation
1467 $

+ **Confort idéal pour la conduite urbaine**
+ **Polyvalence et modularité**
+ **Excellent rapport prix-équipement**

– **Performances modestes**
– **Déteste l'autoroute et les vents latéraux**
– **Volant positionné trop bas**

Consommation ville – route (L/100 km)
9,6 – 7,9 (man. 1,8 l)
8,5 – 7,7 (CVT 1,8 l)

Nouveautés
2012 Cinq nouvelles couleurs
Équipements de série plus complet
Caméra de recul, système Bluetooth

Principales concurrentes
Kia Soul, Scion xB

NISSAN CUBE

483

À savoir

Garanties de base – motopropulseur (an/km)	3/60 000 – 5/100 000
Marge de profit du concessionnaire (%)	7,12 à 7,32
Essence recommandée	ordinaire
Versions offertes	XE, SV, PRO-4X, SL
Carrosserie	camionnette 4 portes à cabine allongée (King Cab) ou cabine double (Crew Cab)
Lieu d'assemblage	États-Unis
Valeur résiduelle	bonne
Fiabilité présumée	moyenne
Renouvellement du modèle	inconnu
Ventes 2010 Québec	(+ 18 %) 377

Technique

Dimensions et volumes

Empattement (mm)	3554 (CC), 3200 (KC)
Longueur (mm)	5574 (CC), 5220 (KC)
Largeur (mm)	1850
Hauteur (mm)	1745 à 1879
Volume intérieur passager (L)	2863 (CC), 2483 (KC)
Réservoir de carburant (L)	80
Fourchette de poids (kg)	1683 à 2121

Châssis

Mode	propulsion, 4 roues motrices
Suspension av. – arr.	ind. – ess. rigide
Freins av. – arr.	disques
Capacité de remorquage (max.) (kg)	1588 (L4), 2949 (V6)
Diamètre de braquage (m)	13,2
Pneus	265/70R16 (S, SV), 265/75R16 (PRO-4X), 265/60R18 (SL)

Aptitudes hors route

Garde au sol min. (mm)	221 (2rm), 257 (4rm)
Angles d'approche/de rampe/de sortie (°)	28/18/21 (2rm), 32/20/23 (4rm)

Benne

Longueur (mm)	1854
Profondeur (mm)	457
Largeur entre les puits de roue (mm)	1128
Volume utilitaire (min. – max.) (L)	948

Performances

Modèle à l'essai	Frontier PRO-4X 4x4 (CC)
Moteur	V6 DACT 4,0 litres 24s
Puissance (ch. à tr/min)	261 à 5600
Couple (lb-pi à tr/min)	281 à 4000
Transmission	automatique 5 rapports
Accélération 0-100 km/h (sec.)	8,49
Reprise 80-110 km/h (sec.)	5,37
Distance de freinage 100-0 km/h (m)	40
Niveau sonore à 100 km/h	passable
Vitesse maximale (km/h)	185
Consommation lors de l'essai (L/100 km)	14,3
Gaz à effet de serre (tonnes métriques)	10,3
Autres moteurs	L4 2,5 l (152 ch., 171 lb-pi)
Autres transmissions	man. 6 rapports (V6), man. 5 rapports (L4)

Protection collision

Frontale conducteur/passager	bonne
Latérale avant/arrière	excellente
Capotage 2rm/4rm	moyenne

Nissan
FRONTIER

IDÉAL POUR DÉMÉNAGER

J'avais en main le Frontier depuis à peine 24 heures que je recevais l'appel d'un ami devenu célibataire. Il sollicitait mon aide pour l'aider à transporter quelques effets personnels hors de son ancien domicile. Bien sûr, il y avait les traditionnels sacs verts (!), mais aussi quelques pièces de mobilier. N'écoutant que ma compassion, je me suis dit que je pourrais lui permettre d'économiser temps et argent à l'aube de sa nouvelle situation. Et quoi de mieux qu'une camionnette intermédiaire avec une boîte de six pieds pour faire un déménagement.

Alors que les camionnettes pleine grandeur ont été conçues pour les travailleurs de la construction ou de la terre et les amateurs de caravaning ou de bateau de plaisance, on pourrait dire que le Frontier a été élaboré dans le même esprit. Sauf que ses dimensions et ses capacités de charge et de remorquage moindres s'adressent à un autre type de clientèle: plus urbaine peut-être, ou plus axée sur la pratique de sports motorisés comme la motoneige, le quad ou le motocross. De même, le Frontier sied bien aux amateurs de plein air, comme le ski et la planche à neige, la plongée sous-marine, la planche nautique, le camping sauvage, la chasse et la pêche. Sans oublier les déménagements!

L'avenir des camionnettes intermédiaires n'a jamais été aussi sombre que cette année. Parmi les disparus, on dénombre les Ford Ranger et Dodge Dakota. Même s'il en reste en stock, le Suzuki Equator (basé sur la même plateforme que le Frontier) a tiré sa révérence l'an dernier. En attendant la venue de nouvelles camionnettes plus modernes, le Frontier garde le fort en compagnie des Toyota Tacoma et Honda Ridgeline. Et avec la disparition du populaire Ranger, il est possible que le Frontier fasse le plein de nouveaux clients. Attendons voir.

Monté sur un cadre en échelle et avec une suspension arrière à essieu rigide et indépendante à l'avant, le Frontier dégage l'image d'une camionnette énergique prête pour le boulot. La version à quatre roues motrices PRO-4X incite à vouloir prendre la clé des champs, avec sa garde au sol généreuse et ses énormes pneus de dimension 265/75R16, de marque BF Goodrich Rugged Trail T/A. Avec un tel outillage sous les ailes, tout devient possible, quel que soit le terrain, c'est un vrai baroudeur! Évidemment, sans aucun poids dans la benne, l'essieu arrière sautille à la moindre imperfection de la chaussée, et Dieu sait qu'elles sont abondantes et généreuses sur notre réseau routier.

Le déménagement

Lors du déménagement de mon ami, à mesure que nous mettions ses meubles dans la benne, je me rendais compte combien l'espace était généreux, que la finition en résine du plancher, réalisée en usine, était soignée et que les anneaux d'attache

sur glissières s'avéraient fort utiles. Rapidement, nous étions fins prêts à repartir. Bye-bye, chérie!

Une fois sur la route et avec la charge bien stabilisée à l'arrière, le V6 de quatre litres prend tout son sens. La puissance et le couple font le travail sans rechigner, avec même un petit brin de *oumph*! Seul bémol au chapitre de la motorisation, la boîte automatique à cinq rapports est quelquefois trop empressée ou trop enthousiaste à passer les rapports, et ce, avec ou sans charge. Pour une conduite plus râblée, une boîte manuelle à six rapports peut être jumelée au V6. Quant au quatre-cylindres de 2,5 litres et sa boîte manuelle à cinq rapports, il est offert uniquement dans les versions à deux roues motrices.

L'intérieur est spartiate et sans artifice (à l'image du futur appartement de mon ami!), ce qui pourrait en décevoir certains, mais n'oublions pas que c'est une camionnette. Cependant, la position des commandes est tout ce qu'il y a de plus simple et fonctionnel. Ici, la modernité se définit par des glaces électriques, le climatiseur, le verrouillage électrique des portières, le régulateur de vitesse, l'ajustement électrique des miroirs extérieurs, un microfiltre de cabine et des tapis protecteurs. Deux prises de courant 12 volts sont également installées en usine, ce qui est parfait pour le camping.

Nous voilà rendus à destination. Il est temps de faire le bilan et le calcul de la consommation. Il n'y a pas de grande surprise, si ce n'est une consommation un peu plus élevée que celle annoncée par Nissan. Objectivement, on ne peut s'attendre à la consommation d'une berline quand on circule avec un véhicule aussi lourd et robuste. Mais il y aura toujours un prix à payer pour rendre service à un copain. En passant, c'est moi qui ai payé la pizza!

 JEAN CHARTRAND

Prix
24 398 à 41 398 $
Transport et préparation
1595 $

+ La robustesse du châssis et de la caisse
+ Les nombreux espaces de rangement
+ La puissance et le couple du V6

– La consommation du V6
– Le sautillement de la suspension arrière
– L'absence du mode 4x4 avec le quatre-cylindres

Consommation ville – route (L/100 km)
12,5 – 10,5 (2rm 2,5 l)
14,8 – 11,9 (2rm 4,0 l)
16 – 12,7 (4rm 4,0 l)

2012 **Nouveautés**
Nouvelle nomenclature
Groupe apparence «Sport»

Principales concurrentes
Chevrolet Colorado, GMC Canyon, Honda Ridgeline, Toyota Tacoma

NISSAN FRONTIER

Garanties de base – motopropulseur (an/km)	3/60 000 – 5/100 000
Marge de profit du concessionnaire (%)	7,72
Essence recommandée	super
Versions offertes	Black Edition
Carrosserie	coupé 2 portes
Lieu d'assemblage	Japon
Valeur résiduelle	bonne
Fiabilité présumée	moyenne
Renouvellement du modèle	inconnu
Ventes 2010 Québec	(+ 25 %) 20

Technique

Dimensions et volumes

Empattement (mm)	2780
Longueur (mm)	4650
Largeur (mm)	1902
Hauteur (mm)	1372
Volume intérieur passager (L)	2237
Volume du coffre (min. – max.) (L)	249
Réservoir de carburant (L)	73,8
Poids (kg)	1730
Répartition du poids av. – arr. (%)	55 – 45

Châssis

Mode	intégral
Suspension av. – arr.	indépendante
Freins av. – arr.	disques
Capacité de remorquage	non recommandé
Diamètre de braquage (m)	11,15
Pneus av. – arr.	255/40R20 – 285/35R20

Performances

Modèle à l'essai	GT-R
Moteur	V6 biturbo DACT 3,8 litres 24s
Puissance (ch. à tr/min)	530 à 6400
Couple (lb·pi à tr/min)	448 à 3200
Rapport poids/puissance	3,25 kg/ch
Transmission	séquentielle 6 rapp. à double embrayage
Accélération 0-100 km/h (sec.)	3,4
Accélération 0-160 km/h (sec.)	7,8
Accélération 0-200 km/h (sec.)	11,6
Reprise 80-115 km/h (sec.)	1,7
Distance de freinage 100-0 km/h (m)	33,9
Niveau sonore à 100 km/h	passable
Vitesse maximale (km/h)	323
Consommation lors de l'essai (L/100 km)	13,5
Gaz à effet de serre (tonnes métriques)	9,7
Autres moteurs	aucun
Autres transmissions	aucune

Protection collision

Frontale conducteur/passager	non évaluée
Latérale avant/arrière	non évaluée
Capotage 2rm/4rm	non évaluée

Nissan
GT-R

TROIS, DEUX, UN, ZÉRO : FEU!

Quand un constructeur comme Nissan s'attarde à développer un monstre comme la GT-R, il devient évident qu'il veut présenter un porte-étendard qui fera saliver la galerie et qui établira le nouveau standard dans le créneau des voitures sport de prestige. Que la bête soit offerte en nombre limité à travers un réseau sélect n'a rien à voir avec sa popularité. Il s'agit davantage d'un *coming-out* devant les Porsche 911, Audi R8 et autres Corvette. Et dire que le même constructeur a mis au point une voiture entièrement électrique comme la Leaf!

La GT-R Black Edition, pour un pilote chevronné, c'est la corne d'abondance sur quatre roues, la tarte au sucre du diabétique ou le Kilimanjaro de l'alpiniste. Au diable la retenue, c'est Noël tous les jours et on peut se gâter à chaque seconde derrière le volant. Et la GT-R a ce qu'il faut pour «se payer la traite et frôler l'indécence» (au volant, on s'entend) ou perdre son permis de conduire dans la même journée. Heureusement, pour le prix qu'on en exige, 110 000$, ce n'est pas tout le monde (cela étant dit avec respect) qui a les moyens de conduire cette GT-R sur les routes publiques. Question de bien apprécier l'objet, Nissan devrait insister sur le fait qu'un cours de conduite avancé ne serait pas superflu. On n'achète pas un Stradivarius sans prendre de leçons de violon!

Un groupe moteur d'exception!

Si vous êtes du type Versa avec boîte CVT, passez aux pages suivantes de ce bouquin. Pour les autres, ce qui va suivre est une symphonie de Beethoven. Cinq cent trente chevaux tirés d'un V6 de 3,8 litres à double turbo, déjà 50 de plus que la version présentée pour la première fois en 2009, et assez pour défier la concurrence et s'attaquer à des records de vitesse sur circuit. Monté sur la plateforme FM – lire Infiniti et 370Z –, ce moulin de virtuosité mécanique délègue la puissance à des éléments qui le rendent unique. Une boîte à six rapports à double embrayage logée en position arrière pour équilibrer le poids de seulement 1730 kg sur la balance, grâce à l'utilisation importante de carbone et d'aluminium. Imaginez un rapport de 3,25 kg par cheval-vapeur!

Pour rejoindre le bitume et appliquer la puissance, l'équipe d'ingénieurs a installé l'ATTESA (pour Advanced Total Traction Engineering System for All-Terrain): il s'agit d'un système à visco-coupleurs qui gère la distribution de la cavalerie avec des arbres d'entraînement avant et arrière en carbone. En fait, il s'agit d'une propulsion qui peut se muter en intégrale à 50-50 entre les essieux avant et arrière. Une gestion imperceptible et intraitable. On peut également déterminer le mode d'utilisation pour la boîte, la suspension et la traction.

Ajoutez à cette combinaison d'anthologie des systèmes de renom pour la répartition de freinage et de stabilité autour de freins Brembo à six pistons et d'une suspension

Bilstein multimode. La liste est longue, mais à ce point, les aficionados de la GT-R peuvent prendre un court répit et essuyer la bave de leurs commissures labiales.

Pas question de texter ici!
Quand on s'installe au volant d'une GT-R, il vaut la peine de se recueillir un instant, le temps de déterminer quel genre de conduite on adoptera. On peut effectivement rouler en mode automatique pour aller faire ses courses. Il faudra s'habituer aux regards à peine cachés d'automobilistes qui voient leur mâchoire décrocher sur son passage; ou ces autres qui trouvent que «ça doit coûter cher et consommer beaucoup»; où ces jeunes qui suivent dans le sillon, qui prennent des photos et lèvent leur pouce en approbation. Exactement ce que Nissan cherchait en lançant cette fusée: créer un volcan médiatique et démontrer que la marque peut jouer avec les voitures les plus rapides de ce monde.

Il y a aussi l'autre côté de la GT-R, dont on parle à voix basse, comme pour s'excuser d'avoir autant de puissance et de plaisir. Ce sont des accélérations de 0 à 100 km/h en 3,4 secondes, des reprises à couper le souffle et un freinage à perdre sa perruque! Toutefois, là où la GT-R s'est montrée impériale, ce sont sur des petits chemins en lacets (là où le radar ne va jamais) alors que l'adhérence des godasses de 20 po est à son meilleur et où le pilote (j'insiste) doit conserver toute son attention. Si le portable sonne, de grâce ne répondez pas.

Nissan s'est gouré en disant que la GT-R est une quatre places. Il s'agit en réalité de faux baquets arrière où loger un humain tient du miracle et nécessite des pinces de désincarcération pour l'en extirper. Laissez la progéniture à la maison.

 MICHEL POIRIER-DEFOY

Prix
109 900 $
Transport et préparation
2300 $

+ **Performances exceptionnelles**
+ **Traction intégrale et réglages**
+ **Rapport qualité-prix-performance indéniable**

– **Design presque anonyme**
– **Deux vraies places et deux symboliques**
– **Entretien onéreux à prévoir**

 Consommation ville – route (L/100 km)
15,7 – 11,5

Nouveautés
2012 Nouvelle génération, Moteur plus puissant Carénage redessiné

Principales concurrentes
 Aston Martin Vantage, Audi R8, Chevrolet Corvette Z06/ZR1, Ferrari 458 Italia, Lamborghini Gallardo, Mercedes SLS, Porsche 911

Garanties de base – motopropulseur (an/km)	3/60 000 – 5/100 000
Marge de profit du concessionnaire (%)	5,27 à 6,05
Essence recommandée	super
Versions offertes	SV, SL
Carrosserie	multisegment sport compact 5 portes
Lieu d'assemblage	Japon
Valeur résiduelle	moyenne
Fiabilité présumée	moyenne
Renouvellement du modèle	nouveau modèle
Ventes 2010 Québec	245

Technique

Dimensions et volumes

Empattement (mm)	2530
Longueur (mm)	4125
Largeur (mm)	1765
Hauteur (mm)	1570
Volume intérieur (L)	2455
Volume du coffre (min. – max.) (L)	297 – 1017
Réservoir de carburant (L)	45
Fourchette de poids (kg)	1326 à 1461
Répartition du poids av. – arr. (%)	60 – 40 (4rm), 63 – 37 (2rm)

Châssis

Mode	traction, intégrale
Suspension av. – arr.	indépendante
Freins av. – arr.	disques
Capacité de remorquage	non recommandé
Diamètre de braquage (m)	11,1
Pneus	215/55R17

Aptitudes hors route

| Garde au sol min. (mm) | 178 |
| Angles d'approche/de rampe/de sortie (°) | 27/22/30 |

Performances

Modèle à l'essai	Juke SL AWD
Moteur	L4 turbo DACT 1,6 litre 16s
Puissance (ch. à tr/min)	188 à 5600
Couple (lb-pi à tr/min)	177 à 2000
Rapport poids/puissance	7,77 kg/ch
Transmission	automatique à variation continue (CVT)
Accélération 0-100 km/h (sec.)	8,09
Reprise 80-115 km/h (sec.)	5,89
Distance de freinage 100-0 km/h (m)	38,5
Niveau sonore à 100 km/h	passable
Vitesse maximale (km/h)	210
Consommation lors de l'essai (L/100 km)	8,2
Gaz à effet de serre (tonnes métriques)	5,9
Autres moteurs	aucun
Autres transmissions	man. 6 rapports (2rm)

Protection collision

Frontale conducteur/passager	non évaluée
Latérale avant/arrière	non évaluée
Capotage 2rm/4rm	non évaluée

Nissan
JUKE

ET SI LE LAID ÉTAIT LE NOUVEAU BEAU?

Le succès du Soul de Kia fait des envieux. À commencer par Nissan qui lui oppose un véhicule plus anticonformiste encore, le Juke. Croisement improbable et pourtant bien réel entre une sous-compacte et un tout-terrain, ce véhicule de loisir urbain (VLU) intrigue avec «ses yeux dans la bouche».

Issu d'une plateforme dont la Versa faisait récemment usage, le Juke accole à celle-ci un rouage à quatre roues motrices. Baptisé All-Mode 4x4i, ce rouage s'avère étonnamment sophistiqué, puisqu'il comporte une fonction de régulation électronique. C'est-à-dire? En plus de transférer chevaux et couple entre les trains roulants, le All-Mode 4x4i autorise également le transfert de puissance entre les roues arrière dans le but d'atténuer notamment le sous-virage. Ce dispositif extrêmement compact n'ajoute que 29 kg au poids du véhicule.

Avant d'aller plus loin, décortiquons la gamme. Celle-ci comporte deux livrées (SV et SL). Toutes deux sont proposées avec le rouage intégral à prise temporaire – celui-ci entraîne dans les deux cas un surcoût de quelque 2000 $. Cependant, pour retenir ses services, il faut impérativement s'offrir la boîte automatique à variation continue (CVT). À noter que les versions tractées (roues avant motrices) bénéficient, sans frais supplémentaires, d'une transmission manuelle à six rapports.

On retient son souffle

Derrière ses portes, ce modèle à la personnalité transversale distille un léger parfum d'aventure grâce à sa présentation décalée. Peinte en rouge ou en gris, la console centrale reprend vaguement les formes d'un réservoir de moto. Autre particularité, unique à cette Nissan, le système de contrôle dynamique baptisé I-CON, auquel on accède par l'intermédiaire d'un menu regroupant également les fonctions de climatisation et d'information difficiles à consulter, surtout en plein jour. Ce dispositif permet de sélectionner l'un des trois paramètres (Normal, Sport ou Éco) pour adapter le comportement du véhicule à sa conduite en modifiant l'assistance (direction), le passage (boîte de vitesses) et la réactivité (accélérateur).

À l'arrière, le confort est acceptable pour des passagers sveltes et menus. Les plus grands s'y cogneront les genoux et la tête. À l'avant, on trouve facilement ses aises, même si l'on regrette l'absence d'un véritable repose-pied. Autre déception: peu de rangements à bord. Pas de chance, le volume du coffre n'est pas terrible lui non plus. Le plancher est parfaitement plat, mais le seuil s'avère élevé. De plus, il est nécessaire de rabattre en tout ou en partie les dossiers de la banquette arrière pour y loger un sac de golf ou deux.

En revanche, la présentation flatte l'œil, même si la variété des grains de garnissage ou quelques ajustages mériteraient encore un effort. Le siège conducteur procure peu d'appui lombaire et la direction ne se règle qu'en hauteur. Pour ajouter à ces

inconforts, la visibilité n'est pas son point fort non plus, surtout vers l'arrière. Une caméra de recul est offerte, mais ne garde l'œil ouvert qu'aux acheteurs de la version la plus huppée.

Le Juke réussit à virer plat, à freiner sans plonger et à réagir au coup de volant sans se désunir. En un mot, elle est amusante. Pour goûter à ces plaisirs, il faut cependant prendre rendez-vous avec la version à quatre roues motrices, la seule à disposer d'une suspension arrière à bras multiples. La «deux-roues motrices» ne fait pas aussi bien avec sa barre de torsion à l'arrière et a tendance à se déhancher au contact d'une chaussée abîmée.

Considérant l'empattement et la nature de ce véhicule, le confort ne figurait visiblement pas en tête du cahier des charges de ses concepteurs. Le roulement est plutôt ferme et, sur le plan acoustique, les montants du pare-brise sifflent et la boîte CVT bourdonne. La direction à assistance électrique donne dans la légèreté et ne laisse pas toujours deviner l'emplacement des roues directrices. En revanche, elle contribue à son agilité tout en permettant de la garer facilement.

Le moteur suralimenté par turbocompresseur s'exprime avec aisance, sans l'ombre d'un temps de réponse. Les accélérations sont franches – considérant la cylindrée – et les reprises, tout aussi efficaces. Nissan recommande de l'essence super, mais le 1,6 litre accepte aussi de l'ordinaire. Cela dit, on regrette tout juste que la commande des six rapports «virtuels» de la boîte à variation continue (CVT) ne soit pas dupliquée au volant au moyen de palettes. Il faudra composer avec cela, puisque la transmission manuelle m'apparaît moins recommandable. La course de son levier est trop longue, l'étagement bourré de trous et l'embrayage difficile à moduler.

Reste à savoir comment vieillira ce véhicule aux formes bizarroïdes qui ne manquera pas, pour plusieurs mois encore, de dévisser plusieurs cous sur son passage et de satisfaire ceux qui souhaitent rouler différemment.

 ÉRIC LEFRANÇOIS

Prix
19 998 à 26 648 $
Transport et préparation
1595 $

+ Design audacieux
+ Rouage intégral performant
+ Agrément de conduite étonnant (4RM)

– Les places arrière et le coffre étriqués
– Embrayage peu progressif (manuelle)
– Suspension arrière sautillante (traction)

 Consommation ville – route (L/100 km)
9,7 – 7,7 (man. 2rm)
8,8 – 7,5 (CVT 4rm)
9,5 – 6,9 (CVT 4rm)

2012 **Nouveautés**
Changements mineurs

 Principales concurrentes
Mini Countryman, Mitsubishi RVR

Nissan
LEAF

PERFORMANCES «ÉLECTRISANTES»

J'ai dû être parmi les premiers à dire et à écrire que l'avènement de la voiture électrique sonnerait le glas de la performance automobile et de l'agrément de conduite. Deux ans plus tard, force est d'admettre que je n'avais pas entièrement raison. Et je ne parle même pas ici du fameux petit roadster californien Tesla qui tient tête aux Porsche de ce monde sans même consommer une goutte de pétrole. Je pense plutôt à la Leaf de Nissan que j'ai trouvé plaisir à conduire dans la vraie circulation, sur de vraies routes et parmi le vrai monde.

Ce n'est pas un bolide, bien sûr, mais ce n'est pas une savate non plus. Le chrono-mètre a encore sa pertinence et il nous révèle, entre autres choses, que cette berline cinq portes à traction s'acquitte de reprises bien senties entre 80 et 115 km/h avec un temps de 6,3 secondes, ce qui la met au coude à coude avec plusieurs voitures à essence de format identique. La Leaf défend encore mieux son territoire en accélération pure, où elle peut tenir tête à plusieurs rivales de dimensions similaires en bouclant le traditionnel 0-100 km/h en 8,3 secondes (8,8 secondes pour la Volt). Et puis, ne le dites à personne, mais je suis arrivé à lire 94 mph (150 km/h) à l'indicateur de vitesse, alors que la Leaf est normalement bridée pour ne pas excéder 90 mph.

Un à zéro pour la Leaf

Dans l'évaluation d'une automobile résultant d'abord d'une démarche écologique, ce sont là évidemment des détails anecdotiques, mais qui ont néanmoins leur valeur auprès de ceux qui considèrent la voiture électrique comme un recul dans l'équation du «toujours plus vite». Si Nissan remporte cette première manche de la confrontation avec la Volt de General Motors, qu'en est-il du reste? D'abord, la Leaf est purement électrique, avec une autonomie d'environ 160 km/h, tandis que la Volt possède une autonomie moindre tout en bénéficiant d'une utilisation prolongée grâce à la présence d'un moteur thermique qui agit comme génératrice pour recharger les batteries tout en roulant. En somme, le conducteur d'une Volt n'a pas à se soucier de la présence d'une borne de recharge pour poursuivre sa route, alors que celui qui est au volant d'une Leaf devra s'en préoccuper.

GM mise beaucoup sur l'argument de la tranquillité d'esprit, ce à quoi Nissan réplique que sa voiture possède des réserves électriques suffisantes pour répondre à la demande de la majorité des usagers. Il est vrai que 160 km, c'est assez récon-fortant. Encore une fois, tout dépend de la façon dont on conduit et de l'utilisation qu'on fait du chauffage. Après la motricité du véhicule, c'est ce qui tire le plus d'énergie des batteries, au point de vous priver de quelques solides dizaines de kilomètres de roulement. Ainsi, à -10 °C, l'utilisation continue du chauffage ramène l'autonomie à 112 km. Le climatiseur est par contre moins gourmand, se contentant de supprimer seulement 10 km à l'électricité emmagasinée.

Prix
38 395 $
Transport et préparation
1595 $

+ Autonomie appréciable
+ Bonnes performances
+ Rabais gouvernemental
+ Meilleures places arrière qu'une Volt
+ Le monde du silence

– L'angoisse de la panne de courant
– Finition plastifiée
– Habitude à acquérir

Consommation
ville – route (L/100 km)
0

Nouveautés
2012 Tout nouveau modèle à propulsion entièrement électrique

Principales concurrentes
Chevrolet Volt, Honda Insight, Mitsubishi i-Miev, Toyota Prius

NISSAN LEAF

100% electric Zero Emission

Garanties de base – motopropulseur (an/km)	3/60 000 – 5/100 000
Marge de profit du concessionnaire (%)	n.d.
Versions offertes	SV, SL
Carrosserie	hayon 5 portes
Lieu d'assemblage	Japon
Valeur résiduelle	inconnue
Fiabilité présumée	inconnue
Renouvellement du modèle	nouveau modèle
Ventes 2010 Québec	non commercialisé

Technique

Dimensions et volumes

Empattement (mm)	2700
Longueur (mm)	4445
Largeur (mm)	1770
Hauteur (mm)	1549
Volume intérieur passager (L)	2775
Volume du coffre (min. – max.) (L)	330
Fourchette de poids (kg)	1527 à 1531

Châssis

Mode	traction
Suspension av. – arr.	indépendante
Freins av. – arr.	disques
Capacité de remorquage	non recommandé
Diamètre de braquage (m)	10,4
Pneus	205/55R16

Performances

Modèle à l'essai	Leaf SV
Moteur	électrique synchrome haute réactivité à courant alternatif
Puissance (ch. à tr/min)	107 (ou 80 kW)
Couple (lb-pi à tr/min)	207
Rapport poids/puissance	14,27 kg/ch
Transmission	automatique 1 rapport
Accélération 0-100 km/h (sec.)	11,9
Reprise 80-115 km/h (sec.)	non chronométrée
Distance de freinage 100-0 km/h (m)	non mesurée
Niveau sonore à 100 km/h	moyen
Vitesse maximale (km/h)	145
Consommation lors de l'essai (L/100 km)	n.d.
Gaz à effet de serre (tonnes métriques)	n.d.
Autres moteurs	aucun
Autres transmissions	aucune

Électrique

Type	lithium-ion
Capacité	24 kWh, 192 cellules
Puissance	90 kW (ou 120 ch.)
Autonomie (km)	135 à 160
Temps de recharge 110 V – 220 V (heures)	18 – 7, 26 minutes (station commerciale)

Protection collision

Frontale conducteur/passager	non évaluée
Latérale avant/arrière	non évaluée
Capotage 2rm/4rm	non évaluée

Les batteries sont plus nombreuses et plus puissantes que dans la Volt, ce qui explique non seulement les accélérations supérieures de la Leaf, mais aussi un temps de recharge plus long, allant de 8 à 20 heures selon qu'on branche la voiture à une borne de 1,4 kW (prise normale) ou 3,3 kW (220 V). Une option de 700 $ permettra de se procurer une fiche DC «fast charge» de 50 kW assurant une recharge à 80 % en 30 minutes seulement. Nissan mise sur une expérience de 18 ans dans la mise au point des batteries lithium-ion pour offrir une garantie de huit ans et 160 000 km. Selon un porte-parole du constructeur nippon, ce laps de temps a notamment permis de doubler l'efficacité des batteries lithium-ion tout en réduisant leur format de moitié. Celui-ci est sûr qu'on réussira à réduire de 90 % les émissions de CO_2 produites par l'automobile d'ici 2050. Dépourvue des organes mécaniques d'une voiture traditionnelle, la Leaf se satisfait d'un entretien une fois l'an qui tient davantage de l'inspection, puisqu'on dit adieu aux huiles, antigels, filtres, bougies, etc. Et ne cherchez pas de tuyau d'échappement, puisqu'il n'y en a pas.

La chasse au bruit

Le silence est encore une fois ce qui attire en premier l'attention à son bord, à tel point que Nissan a découvert plusieurs petits bruits qui passaient autrefois inaperçus parce qu'ils étaient tamisés par le son du moteur. On a donc retravaillé les moteurs d'essuie-glaces ainsi que l'aérodynamique du pare-brise, des phares et des rétroviseurs. Et pour aider les non-voyants à déceler la présence de la voiture, un léger bruit de turbine accompagne le fonctionnement du moteur électrique.

Dès l'accès à bord, on note le confort des sièges dont on ne peut critiquer que l'absence de support latéral. Ces sièges, en passant, sont faits de matières recyclées, plus précisément de bouteilles en plastique. Ce matériau est d'ailleurs un peu trop omniprésent dans l'habitacle, qui s'identifie à celui de la plupart des petites voitures bon marché. Seule la console centrale illumine un décor par trop dépouillé et où niche un écran bourré d'informations sur le fonctionnement du véhicule. Entre les sièges, un gros bouton bleu dont le fonctionnement exige une certaine habitude permet de sélectionner la marche avant, le point mort et la marche arrière. On

appuie sur le bouton Start Stop, et un joli timbre sonore précède un affichage multicolore.

En route

La table est mise pour une balade, et dès la première rampe d'accès à l'autoroute, la Leaf nous montre ce dont elle est capable, c'est-à-dire une tenue de route impressionnante et de solides accélérations ponctuées uniquement par le bruit des pneus. Vers l'avant, la vue est panoramique, grâce à un immense pare-brise. Une petite fenêtre rappelant une jauge à essence indique l'état de la charge et tout à côté le nombre de kilomètres à parcourir. Chez Nissan, on estime le coût d'un parcours de 160 km à 2,64 $, un chiffre basé sur le prix plus élevé de l'électricité aux États-Unis. La direction n'est pas tellement communicative, et quand on retire son pied du frein, on a l'impression un bref instant que la voiture continue de décélérer. Normal, m'explique le représentant de Nissan, qui s'en remet au phénomène de régénération de l'énergie du freinage pour expliquer

ce comportement. Si la présentation intérieure paraît moins soignée que dans la Volt, la Leaf est par ailleurs beaucoup plus accueillante pour ses passagers arrière. Le dossier est sans doute un brin trop vertical, mais l'espace est généreux.

Malgré une conduite sans égard à l'économie, mon après-midi en Leaf m'a permis de franchir 90 km avec suffisamment de réserve pour en rouler 48 autres. Étant entré par inadvertance dans une station-service, je me suis dit que cette voiture n'aura jamais plus besoin de s'y pointer, sauf pour y acheter une friandise quelconque. Avec cet adieu aux pétrolièrves et un prix, après remises gouverne-mentales, de 25 280 $ pour une voiture entièrement équipée (GPS, caméra de recul, ABS et plus), la Nissan Leaf semble promise à un énorme succès... et cela même auprès de celui (ou celle) pour qui l'agrément de conduite est une priorité.

JACQUES DUVAL

NISSAN LEAF

493

À savoir

Garanties de base – motopropulseur (an/km)	3/60 000 – 5/100 000
Marge de profit du concessionnaire (%)	8,59
Essence recommandée	super
Versions offertes	SV
Carrosserie	berline 4 portes
Lieu d'assemblage	États-Unis
Valeur résiduelle	excellente
Fiabilité présumée	moyenne
Renouvellement du modèle	2014
Ventes 2010 Québec	(– 3 %) 389

Technique

Dimensions et volumes

Empattement (mm)	2777
Longueur (mm)	4843
Largeur (mm)	1860
Hauteur (mm)	1467
Volume intérieur passager (L)	2713
Volume du coffre (min. – max.) (L)	402
Capacité du réservoir de carburant (L)	76
Fourchette de poids (kg)	1621
Répartition du poids av. – arr. (%)	61 – 39

Châssis

Mode	traction
Suspension av. – arr.	indépendante
Freins av. – arr.	disques
Capacité de remorquage (max.) (kg)	454
Diamètre de braquage (m)	11,4
Pneus	245/45R18, 245/40R19 (opt.)

Performances

Modèle à l'essai	Maxima 3.5 SV
Moteur	V6 DACT 3,5 litres 24s
Puissance (ch. à tr/min)	290 à 6400
Couple (lb·pi à tr/min)	261 à 4400
Rapport poids/puissance	5,58 kg/ch
Transmission	automatique à variation continue (CVT)
Accélération 0-100 km/h (sec.)	6,86
Reprise 80-115 km/h (sec.)	4,62
Distance de freinage 100-0 km/h (m)	40
Niveau sonore à 100 km/h	moyen
Vitesse maximale (km/h)	235
Consommation lors de l'essai (L/100 km)	11,1
Gaz à effet de serre (tonnes métriques)	7,9
Autres moteurs	aucun
Autres transmissions	aucune

Protection collision

Frontale conducteur/passager	excellente
Latérale avant/arrière	excellente
Capotage 2rm/4rm	excellente

Nissan
MAXIMA

MISSION… MANQUÉE

La Nissan Maxima redessinée nous a été dévoilée en 2009. Nissan a fait de la marque Maxima son porte-étendard en lui procurant une ligne remarquable, malgré le fait qu'on associe souvent cette auto à une Altima plus luxueuse. En vérité, Nissan voudrait que l'on considère l'auto comme une luxueuse sportive. Pour ce faire, le constructeur japonais lui a installé un puissant moteur V6 de 290 ch et 261 livres-pieds de couple, combiné à une boîte de vitesses à variation continue (CVT) et à la traction. Si la boîte CVT vous semble un peu incongrue pour une auto sportive, attendez de l'essayer et de lui mettre la pédale au plancher. C'est là que vous constaterez que cette «sportive berline» accuse un défaut d'importance. En effet, elle souffre d'un effet de couple évident, sinon violent. Et le mot est faible. Je le qualifierais même de dangereux, car il se fait sentir en roulant. On le ressent même en reprise! Qu'on le veuille ou non, voilà qui est suffisant pour nous couper du charme de cette auto.

Parce qu'autrement, la suspension de la Maxima demeure confortable, malgré une petite pointe de fermeté. Si je ne suis pas un fanatique des boîtes CVT, celle équipant cette auto m'a paru relativement bien équilibrée. Même si le moteur doit rugir comme un lion lors des dépassements, son régime retombe assez rapidement pour que le conducteur retrouve le couple nécessaire à cette manœuvre. Malheureusement, l'effet de couple se fait encore sentir ici. Les ingénieurs de Nissan ont réussi à «tromper» la boîte de vitesses pour lui faire croire qu'il s'agit d'une automatique traditionnelle. La preuve? Ils ont inclus des palettes au volant pour que le conducteur puisse rétrograder ou «passer» les vitesses. Cependant, ces mêmes accessoires cachent certaines commandes au tableau de bord qu'il faut découvrir avant de prendre la route. Le volant semble petit (il est chauffant!), mais la direction est assez précise et le freinage ne présente aucune anomalie.

Un beau coup d'oeil

C'est dommage car de l'extérieur, la Maxima donne un beau coup d'œil. L'avant est particulièrement bien réussi. La ligne fuyante du toit se prolonge jusqu'à l'arrière de l'auto qui se termine par des lignes courbes intéressantes.

L'intérieur est bien aménagé. J'ai particulièrement apprécié le tableau de bord, dont le bloc d'instruments se déplace en même temps qu'on ajuste la colonne de direction. Cette instrumentation est claire et nette et, surtout, facile à lire. Au centre du tableau de bord de ma voiture d'essai se trouvait l'écran du système de navigation (qui sert en même temps d'écran de caméra de marche arrière). Toutefois, la

consommation d'essence. Dans les virages, pour une adhérence accrue, le rouage intégral transférera automatiquement une partie de la puissance des roues avant vers les roues arrière. Non, le Murano n'a pas les atouts pour s'aventurer en terrain accidenté. Ce rôle appartient chez Nissan aux Pathfinder et Xterra avec leur châssis en échelle et leur transmission avec boîte de transfert à deux gammes de vitesses.

Quant au Murano à traction, il a été supprimé du catalogue canadien il y a plusieurs années. Mais il est encore proposé aux États-Unis (il s'agit d'une option!). Quant au modèle cabriolet, cette bizarrerie sur roues n'est proposée que chez nos voisins du Sud.

Sous le capot, le V6 de 3,5 litres a vu le chiffre de sa puissance annoncée réduit à 260 ch l'an dernier. Auparavant, Nissan annonçait 265 ch. Même s'il partage la base de son moteur V6 avec celui de son cousin EX35, noblesse oblige, celui du Murano développe une trentaine de chevaux de moins. Moins vif en accélération, il est cependant moins gourmand à la pompe en circuit urbain que l'EX35. Outre des réglages mécaniques différents, cette économie en carburant s'explique aussi par l'utilisation d'une ingénieuse boîte CVT qui a fait ses preuves.

Le Murano offre un poste de commande similaire à une berline sport de luxe. Les sièges sont confortables et maintiennent bien en place. De même, le volant offre une bonne emprise. Si le comportement routier n'est pas aussi sportif qu'un EX ou un X3, ni même un Crosstour, l'agrément de conduite et le confort surpassent ceux des Edge, CX-7 et Venza.

 JEAN-FRANÇOIS GUAY

Prix
34 498 à 44 048 $
Transport et préparation
1650 $

+ Sa valeur de revente
+ Son agrément de conduite
+ Son style indémodable

− Ses capacités hors route limitées
− Les jantes et pneus de 20 po
− L'étroitesse du coffre

Consommation ville – route (L/100 km)
13,2 – 10,2

Nouveautés

2012
Version SV,
Nouveaux groupes d'équipements
Nouvelles jantes de 20 po
Système de navigation de série
Réduction de l'échelle de prix

Principales concurrentes

Acura RDX, Ford Edge, GMC Terrain,
Hyundai Santa Fe, Kia Sorento,
Mazda CX-7, Subaru Forester, Volvo XC60,
VW Touareg

NISSAN MURANO

497

À savoir

Garanties de base – motopropulseur (an/km)	3/60 000 – 5/100 000
Marge de profit du concessionnaire (%)	8,57 à 9,28
Essence recommandée	super
Versions offertes	S, SV, LE
Carrosserie	utilitaire sport 5 portes (7 places)
Lieu d'assemblage	États-Unis
Valeur résiduelle	passable
Fiabilité présumée	moyenne
Renouvellement du modèle	2013
Ventes 2010 Québec	(+ 87 %) 293

Technique

Dimensions et volumes

Empattement (mm)	2850
Longueur (mm)	4884
Largeur (mm)	1850
Hauteur (mm)	1844
Volume intérieur passager (L)	4222
Volume du coffre (min. – méd. – max.) (L)	467 – 1393 – 2243
Capacité du réservoir de carburant (L)	80
Fourchette de poids (kg)	2132 à 2243
Répartition du poids av. – arr. (%)	51 – 49

Châssis

Mode	4 roues motrices
Suspension av. – arr.	indépendante
Freins av. – arr.	disques
Capacité de remorquage (max.) (kg)	2722
Diamètre de braquage (m)	11,96
Pneus	245/75R16 (S), 265/65R17 (SV), 265/60R18 (LE)

Aptitudes hors route

Garde au sol min. (mm)	218
Angles d'approche/de rampe/de sortie (°)	28/23/23

Performances

Modèle à l'essai	Pathfinder SV
Moteur	V6 DACT 4,0 litres 24s
Puissance (ch. à tr/min)	266 à 5600
Couple (lb-pi à tr/min)	280 à 4000
Rapport poids/puissance	8,26 kg/ch
Transmission	automatique 5 rapports
Accélération 0-100 km/h (sec.)	8,69
Reprise 80-115 km/h (sec.)	6,32
Distance de freinage 100-0 km/h (m)	42
Niveau sonore à 100 km/h	moyen
Vitesse maximale (km/h)	190
Consommation lors de l'essai (L/100 km)	13,9
Gaz à effet de serre (tonnes métriques)	9,9
Autres moteurs	aucun
Autres transmissions	aucune

Protection collision

Frontale conducteur/passager	bonne
Latérale avant/arrière	excellente
Capotage 2rm/4rm	moyenne

Nissan
PATHFINDER

RETOUR SUR LES ANNÉES 1980

Autrefois figure de proue des 4x4 tout-terrain, le Pathfinder perpétue cette approche alors que les multisegments tout chemin font la loi. C'est que le marché a évolué depuis l'âge d'or des VUS dotés de véritables capacités hors route. Y a-t-il encore une place pour ce genre de pur et dur?

Tout d'abord destinés aux chasseurs, pêcheurs et autres amateurs de plein air, les 4x4 basés sur de solides châssis en échelle (les «off-roaders») ont progressivement laissé le pavé (ou la route de terre...) aux VUS basés sur des plateformes monocoques (les «soft-roaders»). C'est que bien peu de gens exploitent un tant soit peu leurs capacités de franchissement, alors qu'on adore leurs aspects pratiques: capacité de traction, espace de chargement, modularité. *Exit* donc les 4Runner, Explorer et Pathfinder des années 1980-90 qui ont laissé la place aux Highlander, Edge et Murano dans les faveurs des acheteurs du nouveau millénaire. Pourtant, le Pathfinder est toujours là, aussi costaud qu'autrefois, plus luxueux, mieux équipé, mais toujours basé sur un châssis de camionnette (avec un essieu indépendant à l'arrière toutefois) et doté d'un boîtier de transfert à démultiplication. Il en résulte un véhicule qui doit faire pas mal de compromis, au point où son usage urbain est hypothéqué par sa conception même.

Grand luxe à bord

Dès l'embarquement, on retrouve cette ambiance des années 1980: le plancher est très haut et la position de conduite est à des lieues de celle des multisegments où l'assise de type chaise prévaut. On est assis avec les jambes allongées au ras du sol, la faute incombant à ce châssis séparé de la carrosserie qui grève l'espace disponible. De plus, autre trait de caractère typique de l'époque, le volant inclinable est identique à ce qu'on retrouvait dans les voitures américaines du temps, avec ce mécanisme à ressort qui remonte le volant vers le haut et lui donne cette position de conducteur d'autobus. Doit-on voir là une façon de dégager un peu d'espace supplémentaire pour les jambes et ainsi faciliter l'accès à bord?

Toutefois, tout n'est pas noir, au contraire: la finition est de très bonne facture, les matériaux sont de qualité et l'équipement est fort complet. La version essayée (LE), facturée près de 54 000 $, offrait trois rangées de sièges, la sellerie en cuir, la navigation, les sièges chauffants à réglage électrique et mémoire de position et le lecteur DVD pour les passagers. Ainsi équipé, le Pathfinder joue les 4x4 de luxe, son habitacle est un endroit agréable à occuper et ses appliques de bois au fini mat plaisent à l'œil. L'espace abonde et le confort est royal, et même le coffre offre de bonnes dimensions, malgré la présence de la troisième banquette (si celle-ci est repliée). Le soin apporté à sa construction est évident: les portières sont dotées de trois joints d'étanchéité, les différents leviers et interrupteurs offrent une sensation de précision et la manœuvre de repli des sièges s'exécute en un tournemain. Autre

bonne note, les petits, assis dans leur siège pour enfant, ont une vue magnifique vers l'extérieur, puisque l'assise de la banquette est suffisamment haute et les fenêtres sont relativement basses.

Un 4x4, un vrai, avec ce que cela implique

Sous le camion, le soubassement est bien protégé, car tous les éléments mécaniques sont situés à l'intérieur du solide châssis. D'ailleurs, les éléments de suspension et de propulsion sont particulièrement costauds, un gage de sérieux pour un 4x4 destiné à un usage hors route. Sur la route toutefois, le bilan est mitigé. Le Pathfinder est mollement suspendu, la direction demande de fréquentes corrections pour maintenir une trajectoire rectiligne et il existe un important angle mort du côté gauche qui rend les dépassements hasardeux, le pilier de toit B étant particulièrement large. En ce qui concerne les performances, le rouage moteur est satisfaisant, mais on perçoit bien que la masse est importante et que la mécanique travaille dur dans les accélérations. Pourtant, la consommation moyenne lors de l'essai a oscillé autour de 14 L/100km, une bonne cote qu'on peut attribuer au peu d'intérêt qu'il y a à forcer la note. On conduit le Pathfinder de façon très détendue, sans se presser, puisque le roulis en virage est important, tout comme le cabrage au freinage. Ce n'est pas un VUS, c'est plutôt un VUC (véhicule utilitaire et confortable).

Pour répondre à la question posée en introduction, oui il y a encore de la place pour ce genre de 4x4 à l'ancienne. Ceux qui tractent des charges occasionnellement ou qui s'aventurent hors des sentiers battus sauront apprécier son offre de solidité luxueuse. Les autres seront mieux servis par les multisegments, plus agréables à conduire.

LOUIS-ALAIN RICHARD

Prix
37 948 à 47 748 $
Transport et préparation
1620 $

+ Confortable, luxueux et bien équipé
+ Capacité de franchissement impressionnante
+ Qualité de fabrication et de finition

– Conduite peu inspirante
– Position de conduite trop horizontale
– Angles morts importants dans les changements de voie

Consommation ville – route (L/100 km)
16,9 – 11,7

Nouveautés

2012 Système de divertissement DVD
Nouvelles couleurs

Principales concurrentes

Dodge Durango, Ford Explorer, Jeep Grand Cherokee, Land Rover LR2, Toyota 4Runner

NISSAN PATHFINDER

499

Garanties de base – motopropulseur (an/km)	3/60 000 – 5/100 000
Marge de profit du concessionnaire (%)	7,25 à 7,47
Essence recommandée	ordinaire
Versions offertes	S, SV, SL, LE
Carrosserie	fourgonnette 5 portes (7 places)
Lieu d'assemblage	Japon
Valeur résiduelle	moyenne
Fiabilité présumée	inconnue
Renouvellement du modèle	nouveau modèle
Ventes 2010 Québec	(+ 96 %) 4

Technique

Dimensions et volumes

Empattement (mm)	3000
Longueur (mm)	5100
Largeur (mm)	1970
Hauteur (mm)	1816
Volume intérieur passager (L)	5035
Volume du coffre (min. – méd. – max.) (L)	1051 – 1801 – 3070
Capacité du réservoir de carburant (L)	75,6
Fourchette de poids (kg)	1987 à 2063
Répartition du poids av. – arr. (%)	56 – 44

Châssis

Mode	traction
Suspension av. – arr.	indépendante
Freins av. – arr.	disques
Capacité de remorquage (max.) (kg)	1588
Diamètre de braquage (m)	11 (16 po), 11,2 (18 po)
Pneus	225/65R16 (S, SV), 235/55R18 (SL, LE)

Performances

Modèle à l'essai	Quest SL
Moteur	V6 DACT 3,5 litres 24s
Puissance (ch. à tr/min)	260 à 6000
Couple (lb·pi à tr/min)	270 à 5200
Rapport poids/puissance	7,81 kg/ch
Transmission	automatique à variation continue (CVT)
Accélération 0-100 km/h (sec.)	9,02
Reprise 80-115 km/h (sec.)	6,57
Distance de freinage 100-0 km/h (m)	41,8
Niveau sonore à 100 km/h	moyen
Vitesse maximale (km/h)	190
Consommation lors de l'essai (L/100 km)	12,1
Gaz à effet de serre (tonnes métriques)	9,1
Autres moteurs	aucun
Autres transmissions	aucune

Protection collision

Frontale conducteur/passager	non évaluée
Latérale avant/arrière	non évaluée
Capotage 2rm/4rm	non évaluée

Nissan
QUEST

ME REVOILÀ

Personne n'a pleuré son départ ni réclamé son retour. Quelle importance! Nissan nous la ramène quand même. Cette fois, avec l'espoir que celle-ci soulève la poussière sur nos routes et non qu'elle s'en recouvre sur les terrains des concessionnaires. Comme les trois générations qui l'ont précédée.

Nissan dit avoir retenu la leçon. Pas question de proposer un véhicule aux accents futuristes, comme sa précédente réalisation. La Quest se contente d'être une fourgonnette. Juste une fourgonnette. Les acheteurs la choisiront selon des critères purement rationnels, c'est-à-dire: offrir un espace sur roues agréable pour la famille.

La modularité de l'habitacle et la quantité d'accessoires «à vivre» figurent parmi les aspects les plus recherchés des grands comme des tout-petits. Dans ces deux domaines, la Quest n'innove guère. Et le réceptacle permanent logé derrière la troisième banquette alors? Déjà vu, le concept, à bord des fourgonnettes GM, à la différence que celui élaboré par Nissan s'avère nettement mieux intégré à l'ensemble. Cela dit, et contrairement aux rangements aménagés aux pieds des occupants de certaines concurrentes, celui de la Quest ne gêne personne.

La qualité maîtresse de la Quest repose essentiellement sur la rapidité avec laquelle on peut transformer son habitacle pour le transport de passagers ou de marchandises. Selon le montant que vous consacrerez à son acquisition, elle vous offre le choix de tirer sur une sangle ou d'appuyer sur un bouton pour abattre les dossiers de la banquette, comme une auto. Rien de compliqué. Pas même d'effacer les deux fauteuils ancrés dans la portion médiane pour augmenter le volume utilitaire. Chose que vous serez sans doute appelé à faire souvent, puisqu'une fois rabattue, celle-ci crée un «faux» plancher qui naturellement la dessert face à la concurrence. Et ce n'est pas le seul domaine où cette Nissan prend ombrage: elle ne compte que sept places. Certaines concurrentes en présentent également une de plus (huit passagers), plus satisfaisante aux yeux des parents qui souhaitent garder leurs trois enfants à l'œil et à proximité surtout.

Quatre livrées (S, SV, SL et LE) se disputent votre entrée de garage. Naturellement, les enfants préféreront la LE – la plus chère – pour l'abondance de ses accessoires, mais votre banquier a peut être une tout autre opinion. Tous se mettront sans doute d'accord pour éviter les versions d'entrée de gamme (S et SV), lesquelles comportent plusieurs carences au chapitre des équipements. Des exemples? En voici trois qui feront l'affaire: absence d'une caméra de recul, d'un dispositif téléphonique mains libres et d'un système de divertissement. Il y a d'autres raisons, mais l'important à retenir est qu'il faut compter au bas mot 40 000 $ pour prendre véritablement plaisir à voyager à bord. Voilà qui pèse bien lourd sur le budget familial.

Cela dit, de toutes les fourgonnettes actuellement sur le marché, la Quest figure parmi les plus valorisantes au chapitre de la présentation et de la qualité de

l'assemblage. À ce sujet, mentionnons que Nissan assemble cette quatrième génération au Japon et non aux États-Unis, comme c'était le cas auparavant.

De «vieux» dessous

Elle reprend intégralement le soubassement des Altima, Maxima et Murano. Cette architecture (nom de code D) représente une évolution de la précédente (FF-L) et n'entraîne ici seulement que les roues avant.

Avec cette plateforme vient la quincaillerie mécanique habituelle, à savoir le V6 3,5 litres et la boîte à variation continue (CVT). Un groupe motopropulseur réputé fiable et suffisamment costaud pour parcourir des milliers de kilomètres sans guetter la panne. Malgré ses 260 chevaux, ce moteur se révèle creux à bas régime et ne s'anime réellement que lorsque l'aiguille du compte-tours franchit le cap des 3 000 tours/minute. Conséquence, l'accélération manque d'entrain et les reprises de mordant. Pourtant, l'effet de couple ressenti dans le volant (celui-ci tire dans une direction contraire aux vœux du conducteur) donne plutôt l'impression de faire preuve de vivacité. La consommation a été réduite de 10 % sur route et de 4 % en ville, selon Nissan. Bravo, mais cela n'en fait pas un modèle de sobriété pour autant, comme en font foi nos mesures.

La structure plus rigide associée à des voies avant et arrière plus larges – pour plus de stabilité – assure un toucher de route rassurant. Les mouvements de caisse sont bien contenus et les changements de cap s'effectuent précisément sans avoir cette impression de balancer un navire dans la houle. Autre point positif: le diamètre de braquage étonnamment court permet de garer le véhicule aisément.

À la réflexion, la Quest est-elle bien une fourgonnette? Elle en a la taille, le comportement, mais assurément pas la polyvalence.

ÉRIC LEFRANÇOIS

Prix
29 998 à 48 498 $
Transport et préparation
1650 $

+ La présentation léchée
+ Le confort et le silence de roulement
+ L'espace utilitaire facile à configurer

– L'effet de couple dans le volant
– Le volume utilitaire en deçà de la moyenne
– Les versions de base limitées au chapitre des accessoires

Consommation ville – route (L/100 km)
13,3 – 9,9

Nouveautés

2012 Retour sur le marché après une sabbatique d'un an

Principales concurrentes

Chrysler T & C, Dodge Grand Caravan, Honda Odyssey, Kia Sedona, Toyota Sienna, Volkswagen Routan

NISSAN QUEST

À savoir

Garanties de base – motopropulseur (an/km)	3/60 000 – 5/100 000
Marge de profit du concessionnaire (%)	7,09 à 7,31
Essence recommandée	ordinaire
Versions offertes	S, SV, S TI, SV TI, SL TI
Carrosserie	multisegment 5 portes
Lieu d'assemblage	Japon
Valeur résiduelle	excellente
Fiabilité présumée	moyenne
Renouvellement du modèle	2013
Ventes 2010 Québec	(+ 17 %) 3588

Technique

Dimensions et volumes

Empattement (mm)	2690
Longueur (mm)	4645
Largeur (mm)	1800
Hauteur (mm)	1659 (2rm), 1684 (4rm)
Volume intérieur passager (L)	2761
Volume du coffre (min. – max.) (L)	818 – 1639
Réservoir de carburant (L)	60
Fourchette de poids (kg)	1495 à 1574
Répartition du poids av. – arr. (%)	59 – 41 (2rm), 58 – 42 (4rm)

Châssis

Mode	traction, intégral
Suspension av. – arr.	indépendante
Freins av. – arr.	disques
Capacité de remorquage (max.) (kg)	680
Diamètre de braquage (m)	11,3
Pneus	215/70R16 (S), 225/60R17 (SV), 225/55R18 (SL, opt. SV)

Aptitudes hors route

Garde au sol min. (mm)	211
Angles d'approche/de rampe/de sortie (°)	22/20/22

Performances

Modèle à l'essai	Rogue SL (2rm)
Moteur	L4 DACT 2,5 litres 16s
Puissance (ch. à tr/min)	170 à 6000
Couple (lb-pi à tr/min)	175 à 4400
Rapport poids/puissance	9,25 kg/ch
Transmission	automatique à variation continue (CVT)
Accélération 0-100 km/h (sec.)	8,96
Reprise 80-115 km/h (sec.)	6,66
Distance de freinage 100-0 km/h (m)	40,4
Niveau sonore à 100 km/h	moyen
Vitesse maximale (km/h)	190
Consommation lors de l'essai (L/100 km)	9,4
Gaz à effet de serre (tonnes métriques)	6,8
Autres moteurs	aucun
Autres transmissions	aucune

Protection collision

Frontale conducteur/passager	bonne
Latérale avant/arrière	excellente
Capotage 2rm/4rm	bonne

Nissan
ROGUE

MURANO JUNIOR

Sachons reconnaître à Nissan son audace à mettre sur le marché certains véhicules, que ce soit le Juke, le Cube, la GT-R, la 370 Z ou la Leaf. Il faut du toupet pour proposer une brochette aussi hétéroclite aux consommateurs. Par contre, le catalogue renferme des valeurs sûres, comme le Rogue, qui malgré son nom un peu bizarre, remplit la commande à laquelle on peut s'attendre de tout multisegment intermédiaire.

Avec sa mise à jour de l'an dernier, le Rogue s'est donné un design et des airs de Murano en miniature. Les ventes ont grimpé. Une grille tout en sourire, des phares bulbeux et une ligne de toit arquée lui donnent un *look* agréable qui s'inscrit bien dans la ligne générale des produits Nissan et Infiniti. Mais la compagnie s'est elle-même créée un concurrent en offrant le Juke, que les urbains pourront adopter en raison de son gabarit plus petit, de sa mécanique plus moderne et de son allure plus futuriste.

Toutefois, le Rogue s'avère idéal pour les petites familles, les sportifs et amateurs de plein air qui apprécieront le volume de chargement supplémentaire et l'espace plus confortable pour les passagers à l'arrière. Sa motorisation est adéquate, quoique non athlétique, et la traction intégrale adaptative est au menu.

Motorisation efficace

C'est un groupe propulseur bien connu qui s'anime sous le capot de la Rogue. On a opté pour le QR25 de 2,5 litres avec ses 170 ch, le même qui propulse l'Altima notamment. Un des moulins primés de Nissan et susceptible de parcourir une myriade de kilomètres. Le second élément, la boîte CVT, ne fait pas l'unanimité toutefois. Même s'il s'agit d'une composante que Nissan domine comme peu de manufacturiers, cette transmission n'a rien de sportif. Dans le but de juguler la dépense énergétique, il faut la laisser travailler à bas régime alors qu'elle tire le meilleur des 175 livres de couple. C'est le seul moyen de flirter avec les 10 litres aux 100 km avec une boîte automatique, puisque la manuelle n'est pas au catalogue. À notre avis, cette omission est une erreur: elle aurait pour effet d'abaisser le prix de quelque 1000 dollars et permettrait à certains de baratter les rapports. Efficace certes, cette CVT, mais si l'on veut accélérer le rythme ou doubler un autre véhicule, le moulin a tendance à s'emballer avec un bruit sourd. Sportifs s'abstenir, petites familles acquérir.

Second dilemme: traction ou intégrale? À notre avis, depuis que les tractions ont été améliorées avec l'antipatinage et le contrôle de la stabilité électronique, les performances du Rogue à deux roues motrices sont bien suffisantes par mauvais temps. Au fait, depuis quand qualifie-t-on d'«intégrale» un mode qui n'intervient que lorsqu'il est pratiquement trop tard et qui s'éclipse au dessus des 30 km/h? Assez pour nous faire hésiter à investir quelques milliers de huards de plus. Bref,

le citadin sera heureux d'une simple traction et le Daniel Boone en herbe devra se contenter d'une quasi intégrale.

C'est l'habitacle qui vend

Le Rogue offre un intérieur convaincant, s'il en est un, et qu'on a bonifié avec la seconde génération. Le tableau de bord n'a rien de révolutionnaire, mais tout est là, pratique et ergonomique. Et le volume disponible est à peine 10 % plus petit que celui du Murano, son idole. Le Rogue vous en donne, un peu comme le Versa dans le segment des sous-compactes. Deux places confortables à l'avant, deux autres généreuses à l'arrière avec une troisième en prime et 818 litres d'espace de chargement à la clé. La cause est entendue.

Si l'on fait exception de la mise en garde au sujet de la boîte CVT, le Rogue répond aux critères que recherchent les automobilistes: une position de conduite surélevée, une conduite agréable autant sur autoroute que les petits chemins en lacets. On apprécie le Rogue en toutes saisons à cause de sa stabilité et de son volant qui transmet adéquatement les aspérités de la route.

On finit toujours par poser la question: combien? À son prix de départ, un souffle au dessus des 25 000 $ avec la boîte CVT, ça sent l'aubaine. Assurément supérieur aux offres coréennes et bien des japonaises. Ce qui nous attirera vers la version plus huppée: mais si les composantes de l'ensemble ne vous allument pas, comme le toit ouvrant, sachez que la version intégrale est à ce prix également. Quant à débourser davantage pour le haut de gamme, il vous faudra être très entiché.

MICHEL POIRIER-DEFOY

Prix
23 648 à 33 848 $
Transport et préparation
1650 $

+ Design réussi
+ Groupe propulseur de renom
+ Volume de l'habitacle

– La boîte CVT demande de s'y habituer
– Prix du haut de gamme intégral
– Boîte manuelle non offerte

Consommation ville – route (L/100 km)
10,8 – 8,6 (2rm)
11,4 – 9,2 (4rm)

Nouveautés

Transmission avec mode « Sport »
Nouvelles jantes de 17 po
Caméra de recul (SL)
Bluetooth de série

Principales concurrentes

Chevrolet Equinox, Ford Escape, Honda CR-V, Hyundai Tucson, Kia Sportage, Mazda CX-7, Mitsubishi Outlander, Subaru Forester, Toyota RAV4, VW Tiguan

NISSAN ROGUE

Garanties de base – motopropulseur (an/km)	3/60 000 – 5/100 000
Marge de profit du concessionnaire (%)	4,46 à 5,96
Essence recommandée	ordinaire, super (Spec V)
Versions offertes	2.0 (Base), 2.0 S, 2.0 SL, SE-R, SE-R Spec V
Carrosserie	berline 4 portes
Lieu d'assemblage	Mexique
Valeur résiduelle	excellente
Fiabilité présumée	moyenne
Renouvellement du modèle	inconnu
Ventes 2010 Québec	(+ 13 %) 5805

Technique

Dimensions et volumes

Empattement (mm)	2685
Longueur (mm)	4567 (2.0), 4575 (2.5)
Largeur (mm)	1791
Hauteur (mm)	1512 (2.0), 1501 (2.5)
Volume intérieur passager (L)	2758
Volume du coffre (min. – max.) (L)	371 (2.0), 340 (2.5)
Réservoir de carburant (L)	55
Fourchette de poids (kg)	1282 à 1395
Répartition du poids av. – arr. (%)	62 – 38

Châssis

Mode	traction
Suspension av. – arr.	indépendante
Freins av. – arr.	disques – tambours (2.0), disques (2.5)
Capacité de remorquage (max.) (kg)	454
Diamètre de braquage (m)	10,8
Pneus	205/60R15 (Base), 205/55R16 (S, SL), 225/45R17 (SE-R, Spec V)

Performances

Modèle à l'essai	Sentra 2.0 S
Moteur	L4 DACT 2,0 litres 16s
Puissance (ch. à tr/min)	140 à 5100
Couple (lb-pi à tr/min)	147 à 4800
Rapport poids/puissance	9,42 kg/ch
Transmission	automatique à variation continue (CVT)
Accélération 0-100 km/h (sec.)	9,64
Reprise 80-115 km/h (sec.)	6,63
Distance de freinage 100-0 km/h (m)	43,2
Niveau sonore à 100 km/h	moyen
Vitesse maximale (km/h)	185 (2.0), 215 (SE-R), 225 (Spec V)
Consommation lors de l'essai (L/100 km)	8,3
Gaz à effet de serre (tonnes métriques)	6
Autres moteurs	L4 2,5 l (177 ch., 172 lb-pi) (SE-R), L4 2,5 l (200 ch., 180 lb-pi) (Spec V)
Autres transmissions	man. 6 rapports

Protection collision

Frontale conducteur/passager	excellente
Latérale avant/arrière	bonne
Capotage 2rm/4rm	bonne

Nissan
SENTRA

TROP DISCRÈTE

Sur le marché hypercompétitif des compactes, la discrète Sentra connaît une carrière en demi-teinte, du moins dans l'œil des chroniqueurs. C'est que cette voiture n'offre pas le style accrocheur de ses rivales ni le châssis et les performances des meilleures du segment. Alors, qu'a-t-elle pour elle?

Avec l'arrivée de la surprenante Versa au bas le la gamme Nissan, la Sentra s'en est trouvée déplacée dans l'étroit créneau situé au-dessus des abordables, mais sous les intermédiaires pas beaucoup plus chères. Une place difficile à fréquenter, où les meilleurs vendeurs de la catégorie sont soit plus agréables à conduire (Mazda 3, Golf), soit dotés d'une réputation de fiabilité et de frugalité sans tache (Civic, Corolla). La Sentra n'est pourtant pas dépourvue de qualités, mais la concurrence est rude.

Offerte en berline conventionnelle seulement, la Sentra est animée par deux moteurs à quatre cylindres (2 ou 2,5 litres) associés à une boîte de vitesses manuelle à six rapports ou à une boîte automatique à variation continue. Sa plateforme (d'origine Renault) privilégie le confort et la souplesse, ce qui explique le comportement routier pour le moins aseptisé des versions deux litres. Le contrepoids de cette déconnexion des réalités de la route est un confort souverain, pour une compacte du moins, mais au prix d'un roulis important dès qu'on la pousse un peu. Pour ceux ayant conduit des compactes françaises récentes, ce ne sera rien de nouveau.

La version SE-R Spec V (essayée sur circuit) n'était pas aussi molle, grâce à ses suspensions et trains roulants optimisés pour le sport, et offrait ainsi un agrément de conduite supérieur. Par contre, quiconque ayant piloté la MazdaSpeed3 ou la VW Golf GTI (deux autres voitures présentes sur le circuit cette journée-là) trouvait la Sentra drôlement peu expressive. Son différentiel autobloquant optionnel aidait bien la motricité, ce qui rendait les sorties de virage particulièrement efficaces pour une traction, mais le train avant sous-virait à qui mieux mieux en entrée de virage, toujours à cause de ce satané roulis. En plus, il y a 62 % du poids sur les roues avant... Tous ces défauts sur circuit asphalté pourraient toutefois se transformer en qualités pour celui qui voudrait bien l'amener patiner en hiver. Il faudra vérifier cela après Noël.

Frugalité appréciée

En ce qui concerne le moteur, le 2,5 litres de 200 chevaux de la SE-R se situe dans la moyenne du segment, alors que le couple disponible est bien distribué, mais sa puissance est trop linéaire et sa sonorité quelconque. Sur le plan de la consommation, agréable surprise, toutes les Sentra font bonne figure, même les sportives. Le freinage est costaud et endurant, beaucoup plus que ce que les pneus peuvent supporter, mais la pédale n'offre pas un retour d'information très important.

Bon, assez de sport, soyons pratiques. Avec sa ligne de toit surélevée, la Sentra offre un bon volume intérieur et une bonne visibilité. Par contre, le dégagement pour les jambes est restreint et les grands conducteurs devront se rapprocher du volant pour installer quelqu'un derrière eux. Les sièges sont ultra moelleux, un autre trait de caractère Renault, mais le choix des matériaux fait pauvre: les plastiques ne sont plus dans le coup lorsque comparés avec ceux de la concurrence. Les sièges de la SE-R sont moins souples et mieux dessinés, mais leur support latéral est tout juste moyen. Le siège du conducteur se règle en hauteur, une bonne chose, mais le volant n'est pas télescopique, une mauvaise chose.

Sur le plan de l'équipement, c'est mieux: au-delà des habituels accessoires électriques, notre modèle d'essai était équipé d'un système de navigation et d'une caméra de recul, des choses bien rares dans une compacte. On trouve aussi la connectivité sans-fil pour le téléphone, une prise pour un lecteur audio auxiliaire et une chaîne sonore de grande puissance. La sécurité aussi est bien couverte: quatre coussins gonflables à l'avant, deux rideaux latéraux, des prétensionneurs de ceinture et des limiteurs d'effort, un système antidérapage et antiblocage font partie de l'équipement de série de presque tous les modèles.

Alors, en quoi la Sentra, sous ses différentes livrées, est-elle intéressante? Confort souverain et frugalité sont les atouts principaux des versions à moteur deux litres, alors que le comportement routier neutre et l'équipement relevé sont ceux de la SE-R. Aussi, face à des voitures aussi populaires que ses rivales, sa discrétion pourrait aussi être une qualité. Mais j'en doute...

LOUIS-ALAIN RICHARD

Prix
15 398 à 23 398 $
Transport et préparation
1467 $

+ Confort et souplesse (versions 2 litres)
+ Comportement neutre (SE-R Spec V)
+ Mécaniques frugales

– Finition intérieure pauvre
– Châssis peu joueur pour une sportive (SE-R)
– Discrétion trop affirmée

Consommation ville – route (L/100 km)
8,9 – 6,9 (CVT 2,0 l)
9,7 – 7,5 (man. 2,0 l)
9,9 – 7,9 (CVT 2,5 l)
11,3 – 8,5 (man. 2,5 l)

Nouveautés

Suspension modifiée (SE-R)
Détails de présentation (SE-R)
Système audio de 340 watts (SE-R)

Principales concurrentes

Chevrolet Cruze, Ford Focus, Honda Civic, Hyundai Elantra, Kia Forte, Mazda3, Mitsubishi Lancer, Subaru Impreza, Toyota Corolla, VW Jetta

NISSAN SENTRA

Garanties de base – motopropulseur (an/km)	3/60 000 – 5/100 000
Marge de profit du concessionnaire (%)	8,52 à 8,68
Essence recommandée	ordinaire
Versions offertes	S, SV, PRO-4X, SL
Carrosserie	camionnette 4 portes à cabine allongée (King Cab) ou cabine double (Crew Cab)
Lieu d'assemblage	États-Unis
Valeur résiduelle	médiocre
Fiabilité présumée	moyenne
Renouvellement du modèle	2012
Ventes 2010 Québec	(+ 15 %) 230

Technique

Dimensions et volumes

Empattement (mm)	3550, 4050
Longueur (mm)	5704, 6204
Largeur (mm)	2019
Hauteur (mm)	1937, 1953
Volume intérieur passager (L)	3194 (King Cab), 3557 (Crew Cab)
Capacité du réservoir de carburant (L)	106, 140
Fourchette de poids (kg)	2214 à 2595

Châssis

Mode	propulsion, 4 roues motrices
Suspension av. – arr.	ind. – ess. rigide
Freins av. – arr.	disques
Capacité de remorquage (max.) (kg)	4309
Diamètre de braquage (m)	13,8 à15,6
Pneus	265/70R18 (S, SV), 275/70R18 (PRO-4X), 275/60R20 (SL)

Aptitudes hors route

Garde au sol min. (mm)	259 à 272
Angles d'approche/de rampe/de sortie (°)	27/18/25 (2rm), 30/21/28 (4rm)

Benne

Longueur (mm)	1710, 2210
Profondeur (mm)	506
Largeur entre les puits de roue (mm)	1270

Performances

Modèle à l'essai	Titan SE 4X4 (Crew Cab)
Moteur	V8 DACT 5,6 litres 32s
Puissance (ch. à tr/min)	317 à 5200
Couple (lb-pi à tr/min)	385 à 3400
Transmission	automatique 5 rapports
Accélération 0-100 km/h (sec.)	8,25
Reprise 80-115 km/h (sec.)	5,52
Niveau sonore à 100 km/h	moyen
Consommation lors de l'essai (L/100 km)	16,5
Gaz à effet de serre (tonnes métriques)	11,9
Autres moteurs	aucun
Autres transmissions	aucune

Protection collision

Frontale conducteur/passager	bonne
Latérale avant/arrière	non évaluée
Capotage 2rm/4rm	moyenne

Nissan
TITAN

ÉTERNEL RECOMMENCEMENT

Ne vous attendez pas à du nouveau du côté du Titan cette année. La camionnette pleine grandeur de Nissan est pratiquement identique aux modèles précédents. Dès le premier contact avec notre véhicule à l'essai, un modèle à quatre portes avec benne courte, nous avons remarqué immédiatement les améliorations que Nissan lui a apportées au cours des derniers mois. Dans le passé, la critique a toujours reproché au Titan sa piètre qualité de fabrication et de finition. En roulant, ces impressions se précisaient... au multiple son des bruits de caisse. Toutefois, nos doutes se sont dissipés rapidement cette fois-ci, et ce, même si le véhicule affichait déjà plus de 10 000 km à l'odomètre.

Techniquement parlant, le Titan est un véritable pick-up à l'américaine. Gros châssis robuste, moteur V8, boîte automatique, motricité aux quatre roues sur commande et, surtout, dimensions incroyables. Curieusement, à une époque comme la nôtre où les petites voitures devraient avoir la cote, les constructeurs et les concessionnaires font de l'argent à vendre des camionnettes. Et là, n'allez pas blâmer seulement nos voisin américains. Même au Canada, c'est le F-150 qui est le véhicule le plus vendu. Et non, il n'est pas petit! À propos, les grosses camionnettes se vendent aussi très bien au Québec, terre de prédilection des petites autos! Pourquoi de gros pneus sur des jantes de 20 po, alors que dans le passé, une camionnette pouvait faire la même tâche avec des roues de 15 po? Avez-vous une idée du prix des pneus de remplacement... ou d'hiver? Ouch! Ça fait mal au portefeuille.

Oui, le Titan est... titanesque. Il est gros. Et ce n'est pas si facile d'y grimper, tant son seuil de portières est élevé. Heureusement qu'il y a des marchepieds! Dans la section mécanique du catalogue de commande, on ne trouve qu'un seul moteur: un V8 de 5,6 litres qui décuple 317 ch et 385 livres-pieds de couple. Il est combiné à une boîte automatique à cinq rapports. C'est une camionnette à propulsion, comme le veut la tradition, mais avec la motricité aux quatre roues qu'on peut enclencher grâce à une commande rotative sur le tableau de bord. Nous avons pu mettre cet ensemble mécanique à l'épreuve plusieurs fois dans le passé. Il est capable de tracter une remorque de 4309 kg (9500 lb). Le Titan a déjà fait partie du Concours canadien de la camionnette de l'année (Truck King Challenge) et c'est alors que nous avons pu apprécier la grande puissance de son moteur. De plus, ses échappements émettent le son caractéristique de ce type de véhicule, ce que recherchent les amateurs de grandes camionnettes. Évidemment, il est puissant à souhait, ses accélérations sont impressionnantes, ses reprises solides. Sa tenue de route est semblable à celle de ses concurrents (donc, un peu précaire sauf si l'on sait respecter le camion). Mais la suspension demeure assez sèche... et surtout imprévisible. Évidemment, la consommation d'essence est nettement supérieure à celle d'une petite voiture, surtout en situation urbaine.

C'est sur le plan de l'aménagement intérieur que le Titan impressionne. Le modèle qui nous a été confié avait quatre portes. Il offre de l'espace pour cinq passagers

avec une finition, on le répète, très améliorée, voire remarquable. Le seul irritant notable était ce son très «plastique» du mécanisme du levier de vitesses qui déverrouille les portières. La position de conduite peut être ajustée de multiples façons, incluant le pédalier. Évidemment, cette position de conduite permet une vue superbe, mais, comme vous devez vous en douter, il n'est pas facile à garer en ville. Les grands rétroviseurs viennent en aide et le radar au parechoc arrière facilite la tâche, mais une petite caméra de recul serait utile ici (et même pour y attacher une remorque).

Côté pratique, la benne (courte) peut transporter quelques objets embarrassants, mais notons ici le système d'arrimage (optionnel) du constructeur qui permet aussi l'installation d'une toile arrière. Nissan avait déjà ajouté un petit portillon verrouillable au bas de la caisse tout à l'arrière, une petite touche utile.

Un avenir assuré

Malgré les faibles ventes du Titan, son avenir serait assuré. Il était question, à un moment donné, d'une entente possible avec Chrysler pour en produire une nouvelle version basée sur le Ram. Mais tout cela a changé depuis l'arrivée de Fiat comme proprio de Chrysler (et on sait que c'est Renault, gros concurrent de Fiat en Europe, qui est le partenaire commercial de Nissan).

Toutefois, Nissan a converti et même agrandi sont usine de Canton, au Mississippi, où on compte n'y produire que des camionnettes et des véhicules commerciaux, et le Titan fait partie des plans à venir du constructeur japonais. Il y a même un moteur Cummins turbodiésel à l'étude pour ce véhicule dont on n'attend pas, cependant, le remplacement avant l'année-modèle 2014.

🚗 **ÉRIC DESCARRIES**

Prix
33 848 à 50 548 $
Transport et préparation
1630 $

\+ **Véritable pick-up robuste**
\+ **Moteur V8 puissant**
\+ **Équipement facultatif intéressant**

– **Aucun autre choix de moteur**
– **Consommation notable**
– **Peu de choix de configurations**

🔌 **Consommation** ville – route (L/100 km)
18,2 – 13 (2rm)
19,7 – 13,9 (4rm)

Nouveautés
2012
Nouvelle nomenclature
Retouches esthétiques
Nouvelles jantes de 20 po
Nouveaux sièges
Nouvelles couleurs

Principales concurrentes

Chevrolet Silverado 1500,
Ford F-150, GMC Sierra 1500,
Ram 1500, Toyota Tundra

NISSAN TITAN

Nissan
VERSA

Prix
11 799 à 17 398 $
Transport et préparation
1397 $

+ Prix concurrentiels
+ Espace intérieur
+ Volume du coffre
+ Économique en carburant

– Performances un peu justes
– Bruits de roulement prononcés
– Matériaux bon marché
– Position de conduite

Consommation

ville – route (L/100 km)
9 – 6,8 (man. 1,6 l)
9 – 7,1 (aut. 1,6 l)
8,7 – 7,1 (CVT 1,8 l)
9,1 – 7,7 (man. 1,8 l)
9,9 – 7,5 (aut. 1,8 l)

Nouveautés

2012
Nouvelle génération du modèle berline
Moteur 1,6 l plus puissant
et moins gourmand
Modéle 5 portes inchangé

Principales concurrentes

Chevrolet Sonic, Ford Fiesta, Honda Fit,
Hyundai Accent, Kia Rio, Mazda2,
Scion xD, Suzuki SX4, Toyota Yaris

DOUBLE PERSONNALITÉ

Depuis son lancement, la Versa connaît une grande popularité, en particulier en configuration à hayon. Comme les ventes de la berline, arrivée un peu plus tard, étaient plus timides, le constructeur a cru bon d'en développer une nouvelle génération pour les stimuler. Autrement dit, on a décidé de débuter par la fin. Pour 2012, les consommateurs ont donc droit à deux voitures différentes du point de vue de la configuration et de la conception: une berline de nouvelle génération et une cinq-portes issue de l'ancienne.

La berline affichait une mine plutôt triste. Cette fois, les concepteurs sont partis d'une nouvelle plateforme, la V, dont l'une des principales propriétés est d'être moins lourde qu'auparavant. Ils ont également dessiné une carrosserie aux lignes plus fluides, plus aérodynamiques, donnant l'impression que la voiture est plus imposante qu'elle l'est en réalité. Dans les faits, elle est un peu moins haute et un peu moins longue que l'ancienne berline Versa. La distance entre les essieux avant et arrière (empattement) ainsi que la largeur de la voiture n'ont pas bougé d'un poil.

Abondance d'espace
Malgré tout, les dimensions de la Versa berline surpassent celles de la concurrence: la Ford Fiesta, la Hyundai Accent et la Toyota Yaris. À lui seul, l'empattement mesure environ 11 cm de plus que celui de la Ford Fiesta, ce qui se traduit par une habitabilité générale de loin supérieure.

À l'avant comme à l'arrière, les occupants disposent donc d'un généreux dégagement pour les jambes et la tête, y compris ceux de plus grande taille. Lors de la présentation, l'équipe de Nissan a d'ailleurs insisté pour dire que sa berline offrait plus d'espace pour les jambes qu'une Lexus LS460, une BMW de Série 5 ou une Mercedes de Classe E. Intéressant. Mais ici s'arrêtent les comparaisons. Le volume du coffre est également généreux: il peut contenir 30 litres de plus que celui de l'Accent et de la Yaris, ainsi que 56 litres de plus que celui de la Fiesta. La version de base n'est malheureusement pas munie de dossiers rabattables individuellement pour en améliorer la polyvalence.

La présentation intérieure est d'une grande simplicité. Au choix, l'acheteur peut opter pour un intérieur beige ou noir. D'une façon générale, la voiture offre un bon confort. La position de conduite nous est cependant apparue particulière. On peut régler la hauteur du siège au moyen d'un levier, mais il n'est pas possible de régler l'inclinaison du coussin du siège. Pour notre confort personnel, nous avons trouvé ce coussin un peu trop incliné vers l'arrière. La situation était pire sur la version de base. Pour améliorer la position de conduite, il faut alors remonter le siège le plus possible, ce qui risque de réduire l'espace disponible pour la tête des grands occupants.

Pour économiser une poignée de dollars, la colonne de direction n'est pas télescopique. Elle ne l'e st pas non plus dans l'Accent. Cette caractéristique est souvent utile pour les conducteurs qui doivent reculer leur siège au maximum pour profiter du plus généreux dégagement pour les jambes possible. Les instruments de bord sont de lecture facile, mais l'information présentée au centre du petit

NISSAN VERSA

À savoir

Garanties de base – motopropulseur (an/km)	3/60 000 – 5/100 000
Marge de profit du concessionnaire (%)	4,79 à 5,72
Essence recommandée	ordinaire
Versions offertes	1.8 S / 1.8 SL (hayon), 1.6 S (berline)
Carrosserie	hayon 5 portes, berline 4 portes
Lieu d'assemblage	Mexique
Valeur résiduelle	bonne
Fiabilité présumée	moyenne
Renouvellement du modèle	nouveau modèle
Ventes 2010 Québec	(· 25 %) 7713

Technique

Dimensions et volumes

Empattement (mm)	26,00
Longueur (mm)	4295 (hay.), 4455 (berl.)
Largeur (mm)	1695 (hay.), 1687 (berl.)
Hauteur (mm)	1535 (hay.), 1514 (berl.)
Volume intérieur passager (L)	2679 (hay.), 2549 (berl.)
Volume du coffre (min. – max.) (L)	504 – 1426 (hay.), 419 (berl.)
Réservoir de carburant (L)	50
Fourchette de poids (kg)	1141 à 1252
Répartition du poids av. – arr. (%)	53 – 47

Châssis

Mode	traction
Suspension av. – arr.	ind. – semi-ind.
Freins av. – arr.	disques – tambour
Capacité de remorquage	non recommandé
Diamètre de braquage (m)	10,42
Pneus	185/65R15

Performances

Modèle à l'essai	Versa 1.6 (berline)
Moteur	L4 DACT 1,1 litre 16s
Puissance (ch. à tr/min)	109 à 6000
Couple (lb-pi à tr/min)	107 à 4400
Rapport poids/puissance	10,01 kg/ch
Transmission	automatique à variation continue (CVT)
Accélération 0-100 km/h (sec.)	11,4 (estimé)
Reprise 80-110 km/h (sec.)	8.9 (estimé)
Distance de freinage 100-0 km/h (m)	42,5
Niveau sonore à 100 km/h	passable
Vitesse maximale (km/h)	185
Consommation lors de l'essai (L/100 km)	6,5
Gaz à effet de serre (tonnes métriques)	4,7
Autres moteurs	L4 1,8 l (122 ch., 127 lb-pi)
Autres transmissions	man. 6 rapp. (1,8 l), man. 5 rapp. (1,6 l)

Protection collision

Frontale conducteur/passager	bonne
Latérale avant/arrière	bonne
Capotage 2rm/4rm	bonne

écran (consommation moyenne, distance parcourue, etc.) est très difficile à lire par temps ensoleillé. Au centre, une console rassemble la radio et les commandes de la climatisation. L'acheteur d'une version SL peut ajouter un petit système de navigation.

Les plastiques durs prennent d'assaut la voiture. L'ensemble dégage le bon marché. Il est étonnant de constater que l'évolution de la technologie n'a pas permis au contraire de produire, pour un prix abordable, des matériaux d'apparence solide. La version SL a toutefois droit à une garniture en tissu dans les portes. Cet esprit bon marché, on l'entend également lorsqu'on ferme les portes.

Pour économiser davantage, la télécommande d'ouverture des portes ne comporte pas de bouton pour ouvrir le coffre. Il faut insérer la clé dans la serrure, car il n'y a pas de commande sur le coffre. C'est très peu pratique lorsqu'on a les bras chargés de paquets. Nissan a également réalisé d'autres économies en coupant sur les matériaux pour insonoriser adéquatement la voiture. Sur les mauvais revêtements plus particulièrement, le niveau sonore invite au silence, tellement les bruits de roulement sont prononcés.

Deux voitures, deux moteurs

La Versa berline utilise la deuxième génération de 1,6-litre. Ce petit moteur profite de plusieurs améliorations techniques, dont l'ajout d'un système d'injecteur de carburant double (deux injecteurs par cylindre pour améliorer l'alimentation en essence) ainsi que d'un système de distribution à calage variable des soupapes installé sur les soupapes d'admission et d'échappement plutôt que sur les soupapes d'admission uniquement. Malgré ce jargon technique, il ne développe que quelques maigres 109 ch. En contrepartie, le moteur de la Hyundai Accent en produit presque 30 de plus, tout en consommant moins de carburant, selon les données du constructeur.

La boîte à variation continue a elle aussi reçu diverses modifications pour en réduire le poids de 13 % et la taille de 10 %. En conduite urbaine, ce tandem fournit des performances convenables, tout en assurant une consommation de carburant raisonnable. Mais l'ajout de quelques chevaux additionnels ne ferait

qu'améliorer les performances générales, car en certaines circonstances la voiture manque parfois de souffle. La version à hayon continue d'utiliser le 1,8-litre de 122 ch, un peu plus vif, mais un peu plus énergivore.

Sur la route, la Versa berline mise sur le confort bien davantage que sur l'agilité. La direction électrique ne procure aucune sensation de la route. En virage, le roulis est prononcé. Heureusement, la voiture est dotée de barres antiroulis avant et arrière pour mieux contrôler les mouvements de la carrosserie lors d'une manœuvre brusque. Le comportement de la version à hayon nous avait semblé plus convaincant. Elle sera toutefois une excellente petite voiture urbaine. De série, la voiture est équipée du contrôle dynamique de la stabilité du véhicule et du contrôle de la traction. Les ingénieurs ont utilisé des freins à tambour à l'arrière plutôt que des disques, comme c'est le cas pour la Hyundai Accent. Cette technologie fonctionne bien, mais elle est plutôt dépassée.

À n'en point douter, c'est une voiture idéale pour une jeune famille qui dispose d'un budget limité ou encore pour l'acheteur d'une première voiture. Offerte pour un peu moins de 11 800 $, elle coûte 1400 $ de moins que l'Accent berline et tout de même environ 3200 $ de moins qu'une Yaris. Attention toutefois, le prix bondit rapidement aussitôt qu'on opte pour la version intermédiaire, la SV. Comme une majorité d'acheteurs devraient choisir cette version mieux équipée, et opter pour la boîte à variation continue, on doit plutôt parler d'un débours d'au moins 15 000 $, soit environ 3000 $ de plus que le prix de base. La fourchette de prix demeure néanmoins raisonnable et concurrentielle.

Notre impression finale est, somme toute, neutre, à la limite de la déception. Malgré plusieurs évolutions technologiques, la Versa berline manque de personnalité lorsqu'on la compare à la nouvelle génération de Hyundai Accent. La version à hayon nous apparaît offrir un meilleur rapport qualité-prix, mais elle coûte un peu plus cher. Pour un prix cependant raisonnable, la berline offre beaucoup d'espace intérieur, en plus d'assurer des économies à la pompe.

JEAN-PIERRE BOUCHARD

Garanties de base – motopropulseur (an/km)	3/60 000 – 5/100 000
Marge de profit du concessionnaire (%)	7,31 à 7,97
Essence recommandée	ordinaire
Versions offertes	S, PRO-4X, SV
Carrosserie	utilitaire sport 5 portes (5 places)
Lieu d'assemblage	États-Unis
Valeur résiduelle	passable
Fiabilité présumée	moyenne
Renouvellement du modèle	2013
Ventes 2010 Québec	(+ 68 %) 190

Technique

Dimensions et volumes

Empattement (mm)	2700
Longueur (mm)	4540
Largeur (mm)	1850
Hauteur (mm)	1903
Volume intérieur passager (L)	2832
Volume du coffre (min. – max.) (L)	991 – 1869
Réservoir de carburant (L)	80
Fourchette de poids (kg)	1992 à 2013
Répartition du poids av. – arr. (%)	53 – 47

Châssis

Mode	4 roues motrices
Suspension av. – arr.	ind. – ess. rigide
Freins av. – arr.	disques
Capacité de remorquage (max.) (kg)	2268
Diamètre de braquage (m)	11,4
Pneus	265/70R16 (S), 265/75R16 (PRO-4X), 265/65R17 (SV)

Aptitudes hors route

Garde au sol min. (mm)	231 (S, SV), 241 (PRO-4X)
Angles d'approche/de rampe/de sortie (°)	32/25/29

Performances

Modèle à l'essai	Xterra SV
Moteur	V6 DACT 4,0 litres 24s
Puissance (ch. à tr/min)	261 à 5600
Couple (lb-pi à tr/min)	281 à 4000
Rapport poids / puissance	7,68 kg / ch
Transmission	manuelle 6 rapports
Accélération 0-100 km/h (sec.)	8,33
Reprise 80-115 km/h (sec.)	6,16
Distance de freinage 100-0 km/h (m)	41,2
Niveau sonore à 100 km/h	passable
Vitesse maximale (km/h)	190
Consommation lors de l'essai (L/100 km)	13,5
Gaz à effet de serre (tonnes métriques)	9,6
Autres moteurs	aucun
Autres transmissions	aut. 5 rapports

Protection collision

Frontale conducteur/passager	bonne
Latérale avant/arrière	excellente
Capotage 2rm/4rm	moyenne

Nissan
XTERRA

RESTE-T-IL DES INDIANA JONES?

Il fut un temps où le VUS avait droit de campagne et de cité! Il fut un temps où la randonnée motorisée en sentier avait ses charmes. Il fut un temps où le coût de l'énergie ne grevait pas notre budget outre mesure. Il fut un temps où on n'était pas montré du doigt au volant d'un tel véhicule parce que tout le monde rêvait de se retrouver à la même place. C'était il y a dix ans! En ce temps-là (!), le Nissan Xterra avait tout pour s'attirer la faveur du public. Il était le petit frère du Pathfinder qui passait à l'âge adulte pendant que lui conservait son tempérament de gamin indiscipliné. Tout dans sa présentation appelait à l'aventure, au transport de matériel de plein air et aux week-ends de liberté. L'Xterra rappelle cette image que les utilitaires Nissan ont insufflée depuis les années 1990, notamment avec le Pathfinder. Reste à savoir s'il y a encore de ces «aventuriers du Sépaq perdu» qui tiennent à filer en Xterra sur les routes de terre avec la chaloupe ou les motoneiges en tandem.

Les attributs de ce véritable quatre roues motrices (ce n'est pas un multisegment avec une motricité intégrale adaptative) permettent beaucoup d'extravagances. Il s'agit d'une plateforme classique en échelle, la F-Alpha, qui sert également aux camionnettes Frontier et Titan. Sous le capot, on retrouve le gros V6 de quatre litres et ses 261 chevaux de trait, jumelé à un couple de 281 livres-pieds. Au choix, une boîte manuelle à six rapports ou une automatique à cinq rapports. Le tout relié comme le veut la tradition à un boîtier de transfert à deux gammes de vitesses. Un petit rappel pour les plus jeunes de ce qu'est une vraie quincaillerie quatre roues motrices à l'ancienne: lourde, avec moult engrenages et arbres de direction. Ajoutez en complément technologique la traction asservie, un dispositif antipatinage aux quatre roues, le contrôle de stabilité, un contrôle de l'adhérence en descente et d'assistance au démarrage en pente, un différentiel arrière à blocage électronique et un refroidisseur de la boîte automatique. Ça ne ronronne pas ici, ça rugit littéralement et non, ce n'est pas économique à la pompe. Mais c'est tellement efficace quand on veut rejoindre la dernière ZEC sur la carte.

Si on équipe les organes vitaux (sur la version PRO-4X) de plaques protectrices, l'Xterra, avec sa garde au sol maximale de 241 mm, saura suivre bien des Jeep Wrangler Rubicon à la différence que le confort sera au rendez-vous. Imaginez maintenant un instant la vision d'une grosse bordée de neige et d'un Xterra qui doit s'extirper d'un amoncellement laissé par la charrue avant d'affronter la circulation d'un centre-ville. Rien ne l'arrêtera!

Un intérieur robuste

On a prévu que les utilisateurs ne monteraient pas à bord d'un Xterra en robe

longue et en smoking: les tissus des sièges sont résistants et les plastiques faciles à entretenir, si bien que les bottes boueuses et les jeans mouillés sont les bienvenus. Le design intérieur a bien traversé le temps avec des commandes sur le volant, une multitude d'espaces de rangement et une polyvalence du coffre qui permet aux objets aussi longs que lourds d'y prendre place. La banquette arrière divisée 60-40 est rabattable et même le siège du passager avant peut s'abaisser. On obtient au minimum tout près de 1000 litres de capacité de chargement quand on soulève le large hayon. Ce volume double presque quand on rabat la banquette. La galerie de toit avec son déflecteur peut également accueillir skis, kayaks et autres équipements de sport. Vivement la montagne ou la rivière.

Sur la route, il faudra prendre en considération que la bête fait presque 2000 kg et que la dépense énergétique est proportionnelle à la lourdeur du pied droit. On conduit un Xterra avec diligence à cause de ses qualités hors sentier et non de son agilité sur des chemins en lacets.

En fin de carrière

En temps normal, c'est-à-dire avant le tsunami japonais de mars 2011, on devait s'apprêter à lancer une nouvelle version de l'Xterra. Mais avec les difficultés engendrées par le manque de pièces et les arrêts des usines de montage, on a dû retarder la présentation de la nouvelle mouture de ce baroudeur, sinon reconsidérer sa présence au catalogue, compte tenu du coût du carburant. Il n'en demeure pas moins que ceux qui contemplent l'idée de s'en procurer un dans les mois qui viennent auront probablement droit à un généreux rabais. De nos jours, quand on s'affiche comme un aventurier des temps modernes, on préférerait montrer un profil plus vert.

 **MICHEL POIRIER-DEFOY**

Prix
33 998 à 37 798 $
Transport et préparation
1620 $

+ Capacités hors route remarquables
+ Logement intérieur polyvalent
+ Style unique et sans pareil

– Modèle en sursis
– Dépense énergétique importante
– Faible valeur de revente

 Consommation ville – route (L/100 km)
14,8 – 11,9 (man.)
15,8 – 11,9 (aut.)

2012 **Nouveautés**
Nomenclature des versions

 Principales concurrentes
Jeep Liberty, Suzuki Grand Vitara, Toyota FJ Cruiser

NISSAN XTERRA

À savoir

Garanties de base – motopropulseur (an/km)	4/80 000 – 4/80 000
Essence recommandée	super
Versions offertes	Carrera (C), Carrera S, Carrera 4, Carrera 4S, Carrera GTS, Carrera 4 GTS, Black Édition, Targa 4, Targa 4S, Turbo, Turbo S, GT3 RS 4.0, GT2 RS, Speedster
Carrosserie	coupé 2 portes, cabriolet 2 portes
Lieu d'assemblage	Allemagne
Valeur résiduelle	moyenne
Fiabilité présumée	bonne
Renouvellement du modèle	2013
Ventes 2010 Québec	(· 3 %) 128

Technique

Dimensions et volumes

Empattement (mm)	2350, 2355 (GT3)
Longueur (mm)	4435, 4450 (Turbo), 4469 (GT2), 4460 (GT3)
Largeur (mm)	1808 (C), 1852 (C4, 4S, GTS, Turbo, GT2, GT3)
Hauteur (mm)	1300, 1310 (Targa), 1285 (GT2), 1280 (GT3)
Volume du coffre (min. – max.) (L)	105, 125, 135
Réservoir de carburant (L)	90 (GT2), 64, 67 (C4, 4S, Turbo, GT3)
Fourchette de poids (kg)	1360 à 1735

Châssis

Mode	propulsion, intégral
Suspension av. – arr.	indépendante
Freins av. – arr.	disques
Diamètre de braquage (m)	10,6/10,9 (GT2)
Pneus av. – arr.	235/40R18 – 265/40R18 (C), 235/40R18 – 295/35R18 (C4), 235/35R19 ·295/30R19 (S, 4S, GTS), 235/35R19 – 305/30R19 (Turbo), 245/35R19 – 325/30R19 (GT2, GT3)

Cabriolet

Temps ouverture – fermeture du toit (sec.)	20
Décapoter en roulant	oui (max. 50 km/h)

Performances

Modèle à l'essai	911 GTS
Moteur	H6 biturbo DACT 3,8 litres 24s
Puissance (ch. à tr/min)	408 à 7300
Couple (lb-pi à tr/min)	310 à 4200
Rapport poids/puissance	3,48 kg/ch
Transmission	semi-auto. 7 rapp. à double embrayage PDK
Accélération 0-100 km/h (sec.)	3,7 (Turbo), 3,3 (Turbo S), 3,9 (GT3), 4,6 (GTS), 4,9 (C), 5,0 (4), 4,7 (4S)
Accélération 0-160 km/h (sec.)	7,8 (Turbo), 7,1 (Turbo S), 7,9 (GT3), 9,7 (GTS), 10,7 (C), 10,9 (4), 10,0 (4S)
Reprise 80-115 km/h (sec.)	2,1 (Turbo), 1,9 (Turbo S), 3,3 (GTS), 3,4 (4S)
Distance de freinage 100-0 km/h (m)	32,5
Consommation lors de l'essai (L/100 km)	11,7
Gaz à effet de serre (tonnes métriques)	8,5
Vitesse maximale (km/h)	330 (GT2), 315 (Turbo S), 312 (Turbo), 310 (GT3), 306 (GTS), 302 (S), 297(4S), 289 (C), 284 (C4)
Autres moteurs	H6 3,6 l (345 ch., 288 lb-pi) (C, 4), H6 3,8 l (385 ch., 310 lb-pi) (S, 4S), H6 3,8 l (408 ch., 310 lb-pi) (GTS, Speedster), H6 3,8 l (500 ch. 340 lb-pi) (GT3), H6 3,8 l (530 ch., 516 lb-pi) (Turbo S), H6 3,6 l (620 ch., 519 lb-pi) (GT2)
Autres transmissions	man. 6 rapports

Porsche
911

DU NOUVEAU À TOUS LES 49 JOURS

S'il fallait inscrire après l'appellation 911 tous les modèles ainsi nommés, la liste serait ridiculement longue, tellement cette gamme de Porsche est vaste. Aux 10 déclinaisons déjà existantes, on en a ajouté 13 au dernier décompte depuis la Turbo S, la GTS et une Black Series en passant par les versions cabriolet de ces mêmes modèles. On ne se surprend pas par conséquent d'apprendre qu'il ne s'écoule que 49 jours environ entre chaque présentation de chaque nouvelle livrée de la célébrissime 911.

En dépit du succès de la Boxster ou du VUS Cayenne, la 911 reste le vrai fanion de la marque allemande. Principalement en cette dernière année du modèle 997, Porsche s'assure d'amasser le plus de devises possible en multipliant les variantes.

Je pourrais discourir sur les 23 différentes Porsche et leurs divers stades de mises au point, mais cela serait fastidieux, tellement les modèles finissent par se ressembler. Pour ce dernier tour de piste de la Porsche 997, je me contenterai de vous entretenir brièvement de trois modèles que j'ai conduits dans les six derniers mois, soit la Targa 4S, la Turbo S et, finalement, la GTS coupé, chacune équipée de la boîte de vitesses manuelle à six rapports.

Sportive de ville

À mi-chemin entre une sportive de piste et une sportive de ville, la GTS constitue un excellent compromis pour ceux qui aiment à l'occasion s'écarter des sentiers battus et aiguiser leur adresse sur une piste de course. La présentation intérieure est certes un peu austère, mais tout le nécessaire y est. Le volant à gros pourtour recouvert d'alcantara est agréable au toucher et, chose certaine, ne vous glissera jamais des mains. Le même tissu noir se retrouve un peu partout dans un habitacle assez tristounet, malgré la tache de couleur provenant des ceintures de sécurité rouges. Peinte en blanc, notre GTS n'avait pas particulièrement bonne mine avec ses jantes noires de 19 po à écrou central.

Ce qui compte le plus réside sous le capot arrière où le moteur gagne 23 ch par rapport à une S pour un total de 408 ch. À moins de placer les réglages en mode sport, le couple plus élevé n'est pas tellement évident et la différence entre les temps d'accélération se mesure en un modeste dixième de seconde. La GTS a toutefois sa propre signature acoustique grâce à un système d'échappement d'une sonorité plus profonde. L'agrément de conduite inhérent à toute Porsche est malheureusement perturbé par une suspension dont la rudesse n'est pas de tout repos. Tape-cul, dites-vous? Un peu beaucoup, oui. En deux mots, la GTS est strictement une opération financière et ne deviendra jamais un modèle de collection.

De Turbo en Targa

Avant que le refroidisseur d'air de suralimentation nous abandonne, la Turbo S (voir match comparatif) nous avait fait vivre la puissance avec un grand P. Avec 530 ch

guidés par six vitesses d'une souplesse remarquable, cette Porsche est, dit-on, la plus facile d'utilisation. Rien ne saurait être plus vrai. Car tout est à la hauteur de ses accélérations foudroyantes, que ce soit le freinage, la direction ou la suspension. Quand on pense aux premières Porsche 911 et à leurs essieux arrière abonnés aux têtes à queue, les progrès accomplis avec ces voitures à moteur arrière sont phénoménaux. Le seul problème avec une Turbo S est un danger d'intoxication à la vitesse à laquelle on peut difficilement résister... jusqu'à ce que le son du moteur soit remplacé par celui d'une sirène.

La Porsche Targa est de toute évidence la mal-aimée de la famille, en raison d'une diffusion extrêmement limitée. Le problème remonte aux premières versions du milieu des années 1990 qui éprouvaient de sérieux ennuis d'étanchéité et de bruits causés par cette immense surface vitrée qui transforme ce coupé en une quasi décapotable. Les récentes Targa sont pourtant exemptes de telles lacunes, et j'irais même jusqu'à dire qu'il s'agit de la meilleure Porsche sur le marché. Surtout depuis l'avènement de la traction intégrale en permanence, les Targa 4 et 4S peuvent profiter pleinement de l'été au soleil sans les inconvénients d'un cabriolet, braver l'hiver avec leurs quatre roues motrices tout en conservant les qualités d'une authentique voiture de sport.

Cela dit, les Porsche 911 sont mes compagnes de route et de piste depuis plus de 50 ans et c'est toujours avec une certaine nostalgie que je tourne la page sur une génération de modèles. Pour un coup d'œil sur ce que sera l'avenir, voir notre dossier sur la nouvelle Porsche 911.

 JACQUES DUVAL

Prix
90 100 à 279 500 $
Transport et préparation
1085 $ (préparation en sus)

+ **Fiabilité exemplaire**
+ **Des sportives accomplies**
+ **Traction intégrale au programme**
+ **Grande facilité d'adaptation**

− **Confort des sièges perfectible**
− **Des options inacceptables**
− **Suspensions raides**
− **Fin de série**
− **Faible insonorisation (GTS)**

Consommation ville − route (L/100 km)
12,5 − 8,8 (aut. 2rm 3,6 l)
13,1 − 9,2 (man. 2rm 3,6 l)
13,1 − 8,8 (aut. 4rm 3,8 l)
13,3 − 9,5 (man. 4rm 3,8 l)
13,9 − 9,6 (aut. Turbo)
14,9 − 9,9 (man. Turbo)
13,9 − 9,5 (Turbo S)
15,2 − 10,4 (GT2)
16,9 − 11,3 (GT3)

2012 **Nouveautés**
Versions : GTS, Black Édition, GT3 RS 4.0 et Speedster; nouvelle gérération à venir

Principales concurrentes
Aston Vantage, Aston Virage/DB9/DBS, Audi R8, Bentley GT/GTC, BMW Série 6, Chevrolet Corvette, Ferrari 458, Ferrari California, Jaguar XK, Lamborghini Gallardo, Maserati GT/GC, Mercedes SL/SLS, Nissan GT-R

PORSCHE 911

515

À savoir

Garanties de base – motopropulseur (an/km)	4/80 000 – 4/80 000
Marge de profit du concessionnaire (%)	n.d.
Essence recommandée	super
Versions offertes	Cayman : Base, S, R Carrosserie cabriolet 2 portes (Boxster), Boxster : Base, S, Spyder, Black Édition coupé 2 portes (Cayman)
Lieu d'assemblage	Allemagne
Valeur résiduelle	moyenne
Fiabilité présumée	bonne
Renouvellement du modèle	2013
Ventes 2010	(– 9 %) 52 Boxster (– 22 %) 25 Cayman

Technique

Dimensions et volumes

Empattement (mm)	2415
Longueur (mm)	4342 (Boxster), 4372 (Cayman)
Largeur (mm)	1801
Hauteur (mm)	1294 (Boxster), 1231 (Spyder) 1306 (Cayman), 1286 (R)
Volume intérieur passager (L)	1359 (Cayman)
Volume du coffre av. – arr. (L)	130 – 150 (Boxster), 150 – 260 (Cayman)
Capacité du réservoir de carburant (L)	64
Fourchette de poids (kg)	1275 à 1355 (Boxtser), 1295 à 1350 (Cayman)
Répartition du poids av. – arr. (%)	46 – 52 (Boxster), 45 – 55 (Cayman)

Châssis

Mode	propulsion
Suspension av. – arr.	indépendante
Freins av. – arr.	disques
Capacité de remorquage	non recommandé
Diamètre de braquage (m)	11,1
Pneus (av.· arr.)	205/55R17 – 235/50R17, 235/40R18 – 265/40R18 (S, opt.), 235/35R19 – 265/35R19 (Spyder, B. Éd., R, opt.)

Cabriolet

Temps ouverture – fermeture du toit (sec.)	12
Décapoter en roulant	oui (50 km/h)

Performances

Modèle à l'essai	Cayman R
Moteur	H6 DACT 3,4 litres 24s
Puissance (ch. à tr/min)	330 à 7400
Couple (lb·pi à tr/min)	273 à 4750
Rapport poids/puissance	3,92 kg/ch
Transmission	semi-auto. 7 rapp. à double embrayage PDK
Accélération 0·160 km/h/(sec.)	4,9 (R), 5,1 (S), 5,7
Accélération 0·160 km/h (sec.)	10,7 (R), 11,2 (S), 13,2
Reprise 80·115 km/h (sec.)	2,4 (R), 2,6 (S), 3,1
Distance de freinage 100·0 km/h (m)	34
Niveau sonore à 100 km/h	passable
Vitesse maximale (km/h)	280 (R), 274 (S), 267 (Spyder), 263 (Base)
Consommation lors de l'essai (L/100 km)	11
Gaz à effet de serre (tonnes métriques)	7,9
Autres moteurs	H6 3,4 l (265 ch., 221 lb·pi) (Cayman), H6 2,9 l (255 ch., 211 lb·pi) (Boxster), H6 3,4 l (310 ch., 266 lb·pi) (Boxster S), H6 3,4 l (320 ch., 273 lb·pi) (Spyder, B. Éd., Cayman S)
Autres transmissions	man. 6 rapports

Porsche
BOXSTER / CAYMAN

VERTE, MAIS TRÈS MÛRE

Sur les routes espagnoles encore engourdies par un hiver qui n'en finit plus de finir, la Cayman R ronge son frein. Et moi aussi. La pluie froide cire la chaussée et rend la conduite délicate, voire hasardeuse. Le pilotage d'une Cayman R – comme de toutes les voitures puissantes – nécessite dans pareilles circonstances un engagement physique absolu. C'est un rodéo qui mouille les tempes et les aisselles. Les mains, légèrement crispées sur le petit volant gainé de daim, sentent la moindre déformation du bitume. Les larges pneus asymétriques se transforment en savonnettes et happent toutes les saletés sur leur passage. Même l'aileron fixe grimpé sur le hayon, censé générer plus de portance sur le train arrière, n'y peut rien. La Cayman R roule sur des billes.

Par temps pluvieux, il faudra donc se méfier. Par temps sec, c'est un régal, car le contrôle dynamique permet de tempérer ses interventions. Tant mieux, puisqu'aux commandes de la Cayman R, on s'imagine très vite pilote. Attention cependant: la répartition des masses peut vous jouer des tours si vous devez lever le pied au milieu d'une courbe à vitesse élevée; le transfert du poids a alors un effet négatif sur le train arrière dont la tentative de dérobade est aussitôt rectifiée par le correcteur de stabilité électronique. Sans lui, la douzaine de Cayman R offertes au moment de la présentation auraient toutes porté les cicatrices d'une sortie de route.

Les réactions de la Cayman R sont franches et prévisibles, mais pour en tirer tout le potentiel, il faut un circuit fermé. C'est d'ailleurs là que nous avons pu mesurer l'étendue de ses capacités. Et là, cette Porsche qui s'était montrée sauvage sur la route, surtout lorsque le revêtement se dégradait, révèle (sur le pavé à peu près lisse du circuit) toute sa vivacité. Son centre de gravité abaissé, ses voies plus larges pour améliorer sa stabilité directionnelle, son différentiel autobloquant, ses amortisseurs plus fermes concourent tous à rendre la conduite plus exaltante encore. Les freins rougissent, la gomme brûle, et l'essayeur a la bouche fendue jusqu'aux oreilles.

À des vitesses réglementaires, on retombe – trop vite – sur terre. La R n'offre guère plus, aux mains d'un non-initié, de sensations qu'une S, vendue plusieurs milliers dollars moins cher.

Les mains sur le volant

Dans sa version R, le six-cylindres à plat de 3,4 litres livre 10 chevaux de plus que sur une Cayman S. Et pour ajouter aux performances, le poids du véhicule a été abaissé de 55 kg et pointe désormais l'aiguille de la pesée à 1295 kg. Un poids bien théorique, comme vous le constaterez plus loin.

Cela dit, rien n'entrave ses envolées vers les hauts régimes. Ce moteur profite ici d'une gestion électronique spécifique, d'un collecteur d'admission redessiné et d'une ligne d'échappement modifiée. Les six rapports de sa boîte de vitesses se laissent aisément guider, mais nous aurions tout de même souhaité un écrin plus

moulant. Pour aller plus vite encore, nous vous suggérons de retenir les services de cette boîte à double embrayage baptisée d'un nom à coucher dehors: Porsche DoppelKupplung (PDK). D'une redoutable efficacité, cette PDK ajoute peu de lest (25 kg) au véhicule tout en entraînant un débours supplémentaire. L'important surtout, elle permet de retrancher quelques dixièmes de seconde au temps d'accélération et de consommer l'essence avec plus de modération.

Soyons plus objectif, plus raisonné. La possession de cette Cayman R n'exige pas seulement un sacrifice sur le plan financier. Elle impose aussi l'abolition de certains équipements consacrés au confort. La perte de poids est à ce prix. Ainsi, la Cayman R n'a ni radio, ni porte-gobelets, ni ajustements verticaux pour ses sièges. Pas même de poignées de porte intérieures, puisque celles-ci ont été remplacées par des sangles. Cette Porsche concède très peu au confort et rien au luxe, à moins de vous laisser séduire par les nombreuses (et coûteuses) options qui se trouvent inscrites à son catalogue. Attention toutefois, à chaque article que vous cocherez, vous annihilerez tous les efforts consentis par cette Porsche: celle de réduire son poids.

Malgré tous ces «oublis volontaires», l'univers proposé est bien celui d'une Cayman, à la différence de ce plastique coloré peint de la même couleur que la carrosserie. On y conduit couché, le levier de vitesses près du corps, la pointe des orteils sur les minuscules pédales.

Les défauts de la Cayman R, les (rares) acheteurs potentiels n'en ont cure. Elle est exclusive, radicale, extravagante, donc forcément imparfaite. À leurs yeux, l'essentiel du contrat est rempli: pour peu que vous trouviez un endroit sûr pour l'exploiter, cette Porsche vous chavire littéralement l'eau du ventre. Mais la refonte de ce modèle – et de la Boxster aussi – le printemps prochain promet de le faire tout autant.

 ÉRIC LEFRANÇOIS

Prix
54 900 à 74 400 $ (Boxster)
59 200 à 75 600 $ (Cayman)
Transport et préparation
1085 $ (préparation en sus)

+ **Vivacité des réactions**
+ **Efficacité de la boîte PDK**
+ **Vélocité du moteur**

– **Perte de poids théorique**
– **Modèle en fin de carrière**
– **Des options toujours nombreuses et coûteuses**

 **Consommation** ville – route (L/100 km)
12,5 – 8,8 (man.)
11,9 – 8,2 (aut. PDK)

Nouveautés
2012 Cayman R
Version Black Édition
Modèle de Base plus abordable

Principales concurrentes
 Audi TT, BMW Z4, Chevrolet Corvette, Lotus Evora, Mazda MX-5, Mercedes SLK, Nissan 370Z

PORSCHE BOXSTER / CAYMAN

Garanties de base – motopropulseur (an/km)	4/80 000 – 4/80 000
Marge de profit du concessionnaire (%)	n.d.
Essence recommandée	super
Versions offertes	Base, S, Turbo, S Hybride
Carrosserie	multisegment sport 5 portes
Lieu d'assemblage	Allemagne
Valeur résiduelle	passable
Fiabilité présumée	moyenne
Renouvellement du modèle	nouveau modèle
Ventes 2010 Québec	(+ 22 %) 186

Technique

Dimensions et volumes

Empattement (mm)	2895
Longueur (mm)	4846
Largeur (mm)	1928
Hauteur (mm)	1705, 1702 (T)
Volume du coffre (min. – max.) (L)	670 – 1780, 670 – 1705 (T), 580 – 1690 (Hyb)
Réservoir de carburant (L)	85, 100 (T)
Fourchette de poids (kg)	1995 à 2315
Répartition du poids av. – arr. (%)	58 – 42

Châssis

Mode	intégral
Suspension av. – arr.	indépendante
Freins av. – arr.	disques
Capacité de remorquage (max.) (kg)	3500
Diamètre de braquage (m)	12
Pneus	255/55R18, 265/50R19 (T), 275/45R20 (opt.), 295/35R21 (opt.)

Aptitudes hors route

Garde au sol min. (mm)	215, 163 à 273 (susp. à air)
Angles d'approche/de rampe/de sortie (°)	26/21/25

Performances

Modèle à l'essai	Cayenne S
Moteur	V8 4,8 litres 32s
Puissance (ch. à tr/min)	400 à 6500
Couple (lb·pi à tr/min)	369 à 3500
Rapport poids/puissance	5,16 kg/ch
Transmission	semi-automatique 8 rapports
Accélération 0-100 km/h (sec.)	5,9 (S), 7,5 (V6), 6,5 (Hyb), 4,7 (T)
Reprise 80-115 km/h (sec.)	4,4 (S), 6,2 (V6), 4,1 (Hyb), 3,1 (T)
Distance de freinage 100-0 km/h (m)	36,5
Niveau sonore à 100 km/h	moyen
Vitesse maximale (km/h)	258 (S), 230 (V6), 242 (Hyb), 278 (T)
Consommation lors de l'essai (L/100 km)	12,8
Gaz à effet de serre (tonnes métriques)	9,2
Autres moteurs	V6 3,6 l (300 ch., 295 lb·pi) (Base), V8 biturbo 4,8 l (500 ch., 516 lb·pi) (T), V6 comp. 3,0 l (333 ch., 428 lb·pi) + mot.élect. (47 ch., 222 lb·pi) (Hyb)
Autres transmissions	aut. 6 rapports (V6)

Hybride

Hybdride – Distance en mode élect. (km)	1 à 2
Hybdride – Vitesse max.en mode élect. (km/h)	60

Protection collision

Frontale conducteur/passager	non évaluée
Latérale avant/arrière	non évaluée
Retournement 2rm/4rm	non évaluée

Porsche
CAYENNE

IL ÉTAIT TEMPS

Êtes-vous observateur? Non? Alors, regardez deux fois plutôt qu'une les photographies qui accompagnent ce banc d'essai. Il s'agit bien de la seconde mouture du Cayenne. Sortez la loupe! Sur l'aile avant est inscrit: diesel. Et ce n'est pas un trucage! Cette mécanique trouvera sa place sous le capot du Cayenne d'ici la fin de 2012. Enfin!

La direction de Porsche Canada souhaitait depuis longtemps intégrer le moteur turbodiésel de trois litres au Cayenne. Mais les Américains n'en voulaient pas. Alors, le Canada n'a pas eu le choix d'attendre que nos voisins changent d'idée. C'est fait! Ce moteur gorgé de couple (torque) doté d'un dispositif de coupure automatique – au rendement un peu sec – se révèle pourtant la mécanique la mieux adaptée à ce véhicule.

Pour satisfaire les demandes d'une clientèle de plus en plus consciente des enjeux environnementaux et qui ne peuvent attendre la venue du turbodiésel, le constructeur de Stuttgart offre également une version hybride. Celle-ci, née de l'association entre un V6 suralimenté par compresseur de trois litres (333 ch) et un moteur électrique de 34 kW (équivalent à 47 ch), consomme moins de 10 L/100km.

Outre cette version «verte» qui, selon Porsche, devrait compter pour 15 % des ventes, le Cayenne soulève également son capot à trois autres moteurs: un V8 de 4,8 litres (400 ch), un V8 4,8 litres suralimenté par turbocompresseur (500 ch) et, naturellement, le V6 3,6 litres. Une palette de quatre moteurs pour un véhicule produit en si petite quantité est étonnante. Un véritable casse-tête.

Cela dit, toutes ces mécaniques épousent un rouage intégral permettant non seulement de répartir le couple entre les roues arrière, mais aussi le blocage de différentiel pour améliorer l'agilité et la stabilité du véhicule dans les courbes. À noter que ce dispositif baptisé Porsche Torque Vectoring (PTV) accompagne uniquement le Cayenne, le Cayenne S et le Cayenne Turbo. Le Cayenne S Hybrid dispose d'une transmission intégrale permanente avec différentiel central autobloquant.

Redoutable d'efficacité

Malgré ses immenses roues, sa garde au sol surélevée et son poids toujours important, ce Cayenne s'avère plus redoutable que son prédécesseur. Les suspensions pilotées (une option) ou pneumatiques (une autre option) limitent à presque rien les trépidations sur chaussées déformées, mais à la condition de ne pas sélectionner la fonction Sport +, dont la rigidité n'a pas encore sa place sur les voies publiques québécoises... Les deux autres modes offerts suffisent pour coller – avec une étonnante ténacité – cette Porsche au bitume. Évidemment, sur l'autobahn où nous avons eu le loisir de l'essayer, la tenue de cap devient plus fantaisiste au-dessus de 230 km/h.

On retient surtout une direction rapide, capable de faire oublier le poids du véhicule. Le Cayenne négocie les virages avec une étonnante stabilité pour un véhicule de cet encombrement. Bref, on se pince encore la peau de voir ce monstre haut sur

pattes pesant plus de deux tonnes plonger à la corde des virages sur ses disques surdimensionnés et s'en extraire avec force.

Ce 4x4 est capable de tout, sauf peut-être de s'aventurer dans les sentiers. La qualité de son rouage intégral n'a pas à être mise en cause, mais le choix des pneumatiques, oui. Ceux-ci annihilent complètement les ambitions en tout-terrain. En fait, les sensations ressenties au volant du Cayenne sont plus que jamais comparables à celles que procure une sportive très affûtée, vécues non plus les fesses au ras du sol, mais à plusieurs centimètres au-dessus de celui-ci.

Le Cayenne paraît nettement plus compact et dynamique que son prédécesseur. Une illusion. Il est plus massif encore.

À l'avant, on trouve une présentation familière. La large (haute) console est bourrée de boutons montés en épis de la Panamera. Il est un brin compliqué de s'y retrouver au début, mais c'est plus simple que ces molettes modernes (i-Drive, MIME et autres) que plébiscite la concurrence. Si on tâtonne un peu au début (il y a des boutons aussi au plafond), un seul repère demeure inchangé: la clé de contact prend toujours place à gauche de la colonne de direction.

Dans son ensemble, l'aspect intérieur est beaucoup plus léché, plus valorisant aussi pour un véhicule de ce rang et qui commande, ne l'oublions pas, des sommes assez élevées.

Dans l'attente de cette mécanique turbodiésel, reconnaissons que cette deuxième mouture respecte davantage la philosophie de son constructeur et se révèle même, dans sa version de base (oubliez un moment les options), une meilleure affaire que son cousin le Touareg, en raison de sa valeur résiduelle plus élevée. À vos calculettes!

ÉRIC LEFRANÇOIS

Prix
55 900 à 120 000 $
Transport et préparation
1115 $ (préparation en sus)

+ **Présentation léchée**
+ **Choix de modèles,**
+ **Châssis plus sportif**

– **Liste interminable d'options**
– **Coupure automatique en manque de mise au point**
– **Absence de moteur diesel au catalogue**

Consommation ville – route (L/100 km)

15,9 – 10,9 (man. 3,6 l)
14,8 – 10,4 (aut. 3,6 l)
14,9 – 10,9 (4,8 l)
15,2 – 10,9 (biturbo 4,8 l)
11,9 – 9,9 (Hyb)

Nouveautés
2012

Changements mieurs

Principales concurrentes

Acura ZDX, BMW X5/X6, Infiniti FX, Jeep Grand Cherokee, Land Rover RR Sport, Mercedes ML, VW Touareg

PORSCHE CAYENNE

519

À savoir

Garanties de base – motopropulseur (an/km)	
	4/80 000 – 4/80 000
Marge de profit du concessionnaire (%)	n.d.
Essence recommandée	super
Versions offertes	Base, 4 (4rm), S, 4S (4rm),
	Turbo (4rm), Turbo S (4rm), S Hybride
Carrosserie	hayon 5 portes
Lieu d'assemblage	Allemagne
Valeur résiduelle	moyenne
Fiabilité présumée	bonne
Renouvellement du modèle	inconnu
Ventes 2010 Québec	(+ 295 %) 95

Technique

Dimensions et volumes

Empattement (mm)	2920
Longueur (mm)	4970
Largeur (mm)	1931
Hauteur (mm)	1418
Volume du coffre (min. – max.) (L)	445 – 1263,
	432 – 1250 (T)
Réservoir de carburant (L)	80, 100 (4S, T)
Fourchette de poids (kg)	1760 à 1970
Répartition du poids av. – arr. (%)	52 – 48

Châssis

Mode	propulsion, intégral
Suspension av. – arr.	indépendante
Freins av. – arr.	disques
Capacité de remorquage (max.) (kg)	2200
Diamètre de braquage (m)	12
Pneus av. – arr.	245/50R18 – 275/45R18,
	255/45R19 – 285/40R19 (T, opt.),
	255/40R20 – 295/35R20 (T·S, opt.)

Performances

Modèle à l'essai	Panamera (de Base, 2rm)
Moteur	V6 DACT 3,0 litres 24s
Puissance (ch. à tr/min)	300 à 6200
Couple (lb·pi à tr/min)	295 à 2750
Rapport poids/puissance	5,86 kg/ch
Transmission	semi-auto. 7 rapp. à
	double embrayage PDK
Accélération 0-100 km/h (sec.)	6,3 (Base), 5,4 (S),
	6,1 (4), 5,0 (4S), 4,2 (T) 3,9 (T·S), 6,0 (Hyb)
Reprise 80-115 km/h (sec.)	4,2 (Base), 3,5 (4S)
Distance de freinage 100-0 km/h (m)	35
Niveau sonore à 100 km/h	moyen
Vitesse maximale (km/h)	259 (Base), 257 (4),
	270 (Hyb), 283 (S), 282 (4S), 303 (T), 306 (T·S)
Consommation lors de l'essai (L/100 km)	10,6
Gaz à effet de serre (tonnes métriques)	7,4
Autres moteurs	V8 4,8 l (400 ch., 369 lb·pi),
	V8 biturbo 4,8 l (500 ch. 516 lb·pi) (T),
	V8 biturbo 4,8 l (550 ch., 553 lb·pi) (T·S),
	V6 comp. 3,0 l (333 ch., 325 lb·pi) +
	mot. élect. (47 ch., 222 lb·pi) (Hyb)
Autres transmissions	semi-auto. 8 rapports (Hyb)

Hybride

Hybride – Distance en mode élect. (km)	2
Hybride – Vitesse max. en mode élect. (km/h)	85

Protection collision

Frontale conducteur/passager	non évaluée
Latérale avant/arrière	non évaluée
Retournement 2rm/4rm	non évaluée

Porsche
PANAMERA

LA FORCE D'UNE MARQUE

De tous les constructeurs automobiles de la planète, sans doute n'y a-t-il que Porsche qui soit en mesure de facturer plus de 90 000 $ pour un véhicule mû par un moteur six cylindres de 300 chevaux. Tout comme il n'y a sans doute que Constantin Vacheron, célèbre horloger suisse, capable de vendre une montre (Tour de l'Île) près de 2 millions de dollars.

La Panamera V6 représente une nouvelle occasion pour Porsche de tester la valeur de son image de marque face à des concurrents qui, à prix égal, en offrent plus. «Mais ce ne sont pas des Porsche», diront sans doute les amateurs de la marque, ayant pardonné au constructeur de briser avec cette berline un autre tabou: celui d'assembler autre chose que des 911...

Naturellement, Porsche fait grand état de la naissance de ce premier V6 (le constructeur s'est jusqu'ici spécialisé dans les six-cylindres à plat) qui, à en croire les responsables de la marque, lui sera exclusif. On demande à voir.

D'une cylindrée et d'une puissance rigoureusement identiques à celles d'un moteur qui tourne déjà chez VW, le 3,6-litres de Porsche est complètement différent. Pourquoi s'entêter alors à en faire un tout neuf? Tout simplement parce que les caractéristiques du 3,6-litres de Volkswagen – l'angle d'ouverture des cylindres notamment – ne correspondent pas aux exigences des ingénieurs en matière de tenue de route (centre de gravité plus élevé) et de performances. Voilà pour la réponse officielle.

Assez, la chicane!

Attardons-nous sur les origines de ce V6 nouveau. Inédit, peut-être, mais tout de même pas issu d'une feuille blanche pour autant, puisque ce 3,6-litres émane en fait du V8 maison auquel on a amputé deux cylindres.

Sur papier, on doute un peu de la vigueur qu'aura ce V6 à entraîner rapidement une automobile aussi lourde que la Panamera. Et avec raison. Elle met près de 7 secondes pour atteindre les 100 km/h après un départ arrêté. Aussi bien dire une éternité lorsqu'il s'agit d'une Porsche. Cependant, cette mesure a été réalisée avec une version dotée d'une boîte manuelle à six rapports que nous n'aurons pas. En lieu et place, toutes les Panamera V6 vendues sur notre territoire bénéficient de la fameuse Porsche-Doppelkupplung (dites seulement PDK), boîte à sept rapports à double embrayage. La rapidité de celle-ci permet de gagner plusieurs dixièmes de secondes et d'amener la Panamera à franchir la vitesse limite imposée sur nos autoroutes en 6,3 secondes. Pas assez vite? Alors, empressez-vous d'obtenir la version V6 à rouage intégral – sa motricité est supérieure – et vous retrancherez ainsi deux autres dixièmes. Il est possible de faire mieux encore en optant pour le groupe Sport Chrono, mais cela vous coûtera encore plus cher. En gros, pour retrancher quatre dixièmes de seconde, il vous en coûtera au bas mot une bonne dizaine de milliers de dollars. Êtes-vous si pressé?

À l'arrêt et de l'intérieur, rien ne laisse vraiment deviner la présence d'un six-cylindres. En revanche, de l'extérieur, appuyé sur l'une des ailes, on entend clairement sa voix tremblante et râpeuse qui n'est pas sans rappeler le timbre des anciens V6 Mercedes.

Sur la route, le V6 démontre qu'il ne manque pas de «pédale». Les temps d'accélération annoncés sont vérifiables (et respectés) et la Panamera file aisément à plus de 230 km/h sur l'Autobahn (là où nous l'avons entre autres étrennée) sans montrer le moindre signe de fatigue. Les relances paraissent plus difficiles, même si la boîte PDK saisit vigoureusement le moteur par la bride pour lui rappeler l'urgence de la situation.

Quant aux sensations éprouvées au volant, elles sont sensiblement les mêmes que celles des versions supérieures. Malgré un rayon de braquage assez court et une direction qui fait preuve d'une (trop) grande légèreté à basse vitesse, cette berline se révèle encombrante, lourde et difficile à manœuvrer. En revanche, la Panamera excelle sur les voies rapides. Sa direction gagne alors en fermeté et oublie rapidement ses généreuses dimensions extérieures.

Conscient de pouvoir faire tinter encore et encore son tiroir-caisse, Porsche ouvre tout grand son catalogue d'accessoires. De la suspension pneumatique aux barres stabilisatrices ajustables en passant par les phares bi-xénon orientables, Porsche ne manque pas d'idées pour soulager votre porte-monnaie. Y compris quand vient le temps de choisir la teinte extérieure. En fait, hormis le noir ou le blanc, les teintes métallisées commandent toutes un supplément. Bienvenue chez Porsche.

Peu importe les limites de votre budget, la Panamera propose un habitacle décoré avec goût, étonnamment spacieux, doté de ridicules porte-gobelets et de plein de boutons. Il y en a une cinquantaine en tout.

Au final, cette Panamera V6 aura du mal à soutenir la comparaison avec les berlines de luxe actuelles, toutes mues par un V8 à ce prix, et souvent mieux loties en matière d'accessoires, mais c'est une Porsche. Pour ma part, c'est huit cylindres ou rien.

🚗 **ÉRIC LEFRANÇOIS**

Prix
86 600 à 156 300 $
Transport et préparation
1115 $ (préparation en sus)

+ Dispositif de coupure automatique
+ Habitabilité à l'arrière surprenante
+ Conduite Grand Tourisme

− Poids et encombrement
− Performances tributaires des options
− Porte-gobelets ridicules

Consommation ville – route (L/100 km)

13,2 – 8,8 (2rm 3,6 l)
13,3 – 9,1 (4rm 3,6 l)
14,9 – 10,1 (4,8 l)
16,9 – 10,5 (biturbo 4,8 l)
8,2 – 6,9 (Hyb)

Nouveautés

2012
Version à motorisation hybride
Modèle cabriolet à venir

Principales concurrentes

Audi A7/A8, Aston Martin Rapide, Bentley Flying Spur, BMW Série 5 GT/Série 7, Ferrari FF, Maserati Quattroporte, Mercedes Classe CLS, Mercedes Classe S

PORSCHE PANAMERA

À savoir

Garanties de base – motopropulseur (an/km)	3/60 000 – 5/100 000
Marge de profit du concessionnaire (%)	8,89 à 10,1
Essence recommandée	ordinaire
Versions offertes	ST, SXT, SLT, Outdoorsman, Big Horn, Sport, Laramie, Longhorn
Carrosserie	camionnette 2 ou 4 portes (cabine simple, Quad, d'Équipe)
Lieu d'assemblage	États-Unis, Mexique
Valeur résiduelle	moyenne
Fiabilité présumée	moyenne
Renouvellement du modèle	2014
Ventes 2010 Québec	(+ 102 %) 8848

Technique

Dimensions et volumes

Empattement (mm)	3061, 3556
Longueur (mm)	5308, 5816
Largeur (mm)	2017
Hauteur (mm)	1894 à 1922
Volume intérieur passager (L)	1812 (Cab), 3276 (Quad), 3424 (Équipe)
Réservoir de carburant (L)	98, 121
Fourchette de poids (kg)	2053 à 2546

Châssis

Mode	propulsion, 4rm
Suspension av. – arr.	ind. – semi-ind.
Freins av. – arr.	disques
Capacité de remorquage	1701 (3,7 l), 3447 (4,7 l), 4740 (5,7 l)
Diamètre de braquage (m)	12/12,1/13,7/ 13,8/13,9
Pneus	265/70R17, 275/70R17, 275/60R20

Aptitudes hors route

Garde au sol min. (mm)	217 (4rm)
Angles d'approche/de rampe/de sortie (°)	20/17/25 (4rm)

Benne

Longueur (mm)	1712, 1938, 2496
Profondeur (mm)	508
Largeur entre les puits de roue (mm)	1295
Volume utilitaire (min. – max.) (L)	1424, 1628, 2115

Performances

Modèle à l'essai	Ram 1500 Limited (d'Équipe)
Moteur	V8 ACC 5,7 litres 16s
Puissance (ch. à tr/min)	390 à 5600
Couple (lb-pi à tr/min)	407 à 4000
Transmission	automatique 5 rapports
Accélération 0-100 km/h (sec.)	7,7
Reprise 80-115 km/h (sec.)	5,2
Niveau sonore à 100 km/h	bon
Consommation lors de l'essai (L/100 km)	14,9
Gaz à effet de serre (tonnes métriques)	10,7
Autres moteurs	V6 3,7 l (215 ch., 235 lb-pi), V8 4,7 l (310 ch., 330 lb-pi)
Autres transmissions	automatique 4 rapports (V6)

Protection collision

Frontale conducteur/passager	passable
Latérale avant/arrière	excellente
Capotage 2rm/4rm	moyenne

Ram
1500

IL PARVIENT À MATURITÉ

Depuis sa refonte, il y a trois ans, le Ram ne se contente plus de jouer les seconds violons derrière les Ford F-150, GMC Sierra et Chevrolet Silverado. À preuve, ses ventes ont augmenté partout sur le continent. Elles déclassent celles des Sierra et Silverado, comptabilisées séparément. En somme, si le réseau de GM (Chevrolet et GMC) n'avait pas été unifié sous un même toit chez nous, le Ram serait bon deuxième, après le F-150, au palmarès des ventes. Il serait suivi par le Sierra, au troisième rang, tout juste devant le Silverado, en quatrième place. Au cinquième échelon se trouve le Toyota Tundra. Le Nissan Titan ferme la marche, au sixième rang. Au décompte, les parts de marché sont à la hausse pour toutes les camionnettes, même les modèles japonais. Mais en toute proportion, c'est le Ram qui a le plus bénéficié de cette augmentation.

Depuis des lunes, le Ram est devenu une référence en matière d'ingéniosité. Le design de sa carrosserie musclée genre «poids lourd» inauguré au milieu des années 1990 est passé à l'histoire. Et ses nombreuses trouvailles et astuces ont secoué les camionnettes Ford et GM qui se sont crues pendant trop longtemps fin seules au monde. Pour attirer et impressionner les acheteurs de pick-up, le Ram s'est aussi inspiré de la recette du F-150 en concoctant des versions inusitées. Pour rivaliser avec le King Ranch de Ford par exemple, le Ram a introduit la version Laramie Longhorn, qui se distingue par une présentation extérieure et intérieure de style cow-boy. De même, le Ram utilise des noms évocateurs, comme Big Horn et Outdormans, pour désigner la personnalité de ses versions.

Des configurations à l'infini

À l'instar de toutes les camionnettes des constructeurs américains, le cahier des configurations et options du Ram est aussi compliqué à consulter que la loi sur l'impôt! Pour les artifices de carrosserie, les équipements et la finition intérieure, il faut choisir entre différentes versions. De même, il faut déterminer le type de cabine: régulière, allongée (Quad Cab) ou double (d'équipe); la longueur de la benne: 5 pi et 7 po, 6 pi et 4 po ou 8 pi; le rouage: deux ou quatre roues motrices; la boîte de transfert: à prise temporaire ou constante; et le rapport de pont: 3,21, 3,55, 3,92 ou 4,10. Et ce, sans oublier la longue liste d'accessoires. Bref, à moins de choisir un véhicule dans les stocks du concessionnaire, il ne faut pas regarder sa montre, une fois qu'on a commencé à remplir la feuille de commande avec un représentant. Mais, consolez-vous, puisque c'est encore plus pénible chez Ford et GM, où les configurations sont apparemment plus nombreuses.

Alors que les Sierra et Silverado proposent un total de six motorisations et que le F-150 en offre quatre, le Ram se contente de trois moteurs. Mais ces derniers couvrent l'ensemble des besoins. D'entrée de gamme, on trouve un V6 de 3,7 litres décuplant 215 ch et un couple de 235 livres-pieds. Moins costaud et moderne

que les nouveaux V6 de Ford, le V6 du Ram convient parfaitement aux modèles de livraison à deux roues motrices. À cause des prix vacillants du carburant, le V8 de 4,7 litres est probablement le plus demandé. Développant 310 ch et un couple de 330 livres-pieds, il peut en découdre avec n'importe quel concurrent de même cylindrée. Le moteur ultime est le V8 HEMI de 5,7 litres. Conscient que sa consommation peut effrayer les acheteurs, les motoristes l'ont doté d'un système de désactivation des cylindres. Sa puissance de 390 ch et son couple de 407 livres-pieds procurent beaucoup de caractère au Ram. Les deux V8 sont jumelés à une transmission automatique à cinq rapports, alors que le V6 est couplé à une boîte à quatre rapports.

Par ailleurs, la technologie hybride des défunts Dodge Durango et Chrysler Aspen aura peut-être une suite, puisqu'une centaine de Ram Hybride sont présentement mis à l'essai par des agences du gouvernement américain. La motorisation de ce Ram «plug-in» à quatre roues motrices est composée d'un V8 de 5,7 litres fort de 345 ch et d'un moteur électrique pour une puissance combinée de 399 ch. La transmission bimode provient de GM. Pour les entrepreneurs en construction ou les campeurs, le moteur électrique et les batteries au lithium-ion pourraient alimenter leur outillage grâce à des prises de 120 et 240 V.

L'habitacle du Ram est l'un des plus spacieux et agréables de la catégorie. Les compartiments de rangement sont nombreux et astucieux. La finition a fait des pas de géant au fil des ans. À l'utilisation, la tenue de route et le confort se comparent à un gros VUS grâce à sa suspension arrière semi-indépendante.

JEAN-FRANÇOIS GUAY

Prix
26 495 à 47 695 $
Transport et préparation
1400 $

+ Son comportement routier
+ Son aménagement intérieur
+ Sa finition en progrès

– Sa consommation d'essence
– Sa valeur de revente
– Vite un moteur diésel

Consommation ville – route (L/100 km)
16,7 – 12 (2rm 3,7 l)
16,8 – 12,5 (2rm, 4,7 l)
16,7 – 12 (2rm, 5,7 l)
18,1 – 13,9 (4rm, 4,7 l)
18 – 13,7 (4rm, 5,7 l)

2012 Nouveautés
Modèle hybride en préparation

Principales concurrentes
Chevrolet Silverado, Ford F-150, GMC Sierra, Nissan Titan, Toyota Tundra

RAM 1500

523

Garanties de base – motopropulseur (an/km)	3/60 000 – 5/100 000, 5/160 000 (Cummins)
Marge de profit du concessionnaire (%)	7,1 à 11,61
Essence recommandée	ordinaire, diésel
Versions offertes	ST, SXT, SLT, TRX, Outdoorsman, Laramie, Power Wagon, Longhorn
Carrosserie	camionnette 2 ou 4 portes (cabine simple, d'Équipe, Méga Cab)
Lieu d'assemblage	Mexique
Valeur résiduelle	passable
Fiabilité présumée	passable
Renouvellement du modèle	2014
Ventes 2010 Québec	(+ 269 %) 1497

Technique

Dimensions et volumes

Empattement (mm)	3569, 4302
Longueur (mm)	5867, 6589
Largeur (mm)	2002 – 2029 (RAS), 2443 (RAD)
Hauteur (mm)	1867, 1991
Capacité du réservoir de carburant (L)	129, 132
Fourchette de poids (kg)	2509 à 3623

Châssis

Mode	propulsion, 4rm
Suspension av. – arr.	ind. – ess. rigide
Freins av. – arr.	disques
Capacité de remorquage min. – max. (kg)	5579 (RAS 5,7 l), 7620 (RAS 6,7 l), 10 297 (RAD 6,7 l)
Diamètre de braquage (m)	13,7 à 17
Pneus	245/70R17, 265/70R17, 235/80R17

Aptitudes hors route

Garde au sol min. (mm)	215 (2rm), 231 (4rm)
Angles d'approche/de rampe/de sortie (°)	15/24/24

Benne

Longueur (mm)	2003, 2479
Profondeur (mm)	533
Largeur entre les puits de roue (mm)	1286
Volume utilitaire (min. – max.) (L)	1718, 2138

Performances

Modèle à l'essai	Ram 2500 HD SLT 4X4 (cabine d'Équipe)
Moteur	L6 turbodiésel ACC 6,7 litres 24s (Cummins)
Puissance (ch. à tr/min)	350 à 3000
Couple (lb-pi à tr/min)	800 à 1600
Transmission	semi-automatique 6 rapports
Accélération 0-100 km/h (sec.)	8,7
Reprise 80-115 km/h (sec.)	5,2
Niveau sonore à 100 km/h	médiocre
Consommation lors de l'essai (L/100 km)	15,2
Gaz à effet de serre (tonnes métriques)	n.d.
Autres moteurs	V8 5,7 l (383 ch., 400 lb-pi)
Autres transmissions	man. 6 rapports (6,7 l), aut. 5 rapports (5,7 l)

Protection collision

Frontale conducteur/passager	excellente
Latérale avant/arrière	excellente
Capotage 2rm/4rm	moyenne

Ram
HD 2500 / 3500

UNE CATÉGORIE DE CHAUVINS

Les maniaques de mécanique s'émoustillent devant les courbes et la cavalerie d'une Porsche 911 ou d'une Corvette ZR-1. Cependant, pour plusieurs d'entre eux, ce qui les excite vraiment est le couple des moteurs turbodiésel des camionnettes HD. J'exagère? Pas vraiment. J'ai assisté très souvent à des discussions animées entre des «gens de chars et de pick-up» où le sujet du jour n'était pas de déterminer quelle est la voiture la plus rapide en ligne droite ou celle qui colle le mieux dans les virages, mais plutôt de couronner la camionnette la plus puissante de l'industrie: le Ford Super Duty, les GMC Sierra HD et Chevrolet Silverado HD, ou le Ram HD?

L'an dernier, avec le dévoilement des nouveaux Sierra HD et Silverado HD, et l'arrivée d'un nouveau moteur Power Stroke dans le Ford Super Duty, il était clair que le Ram HD subirait des pertes au guichet. Sauf que la réplique de Chrysler et du motoriste Cummins n'a pas tardé. Ainsi, le Ram HD revient en force avec un moteur turbodiésel plus costaud dont le couple atteint 800 livres-pieds, comparativement à 650 livres-pieds l'an dernier. Toute une différence! Quant à la puissance, elle demeure à 350 ch. Mais le secret d'un moteur diésel est le couple. Ce dernier est important pour arracher un poids fixe comme une remorque. Car une fois celle-ci en marche, elle suit. Le seul hic, il faut de bons freins pour l'arrêter!

De dernier à premier

Les nouveaux biceps du moteur Cummins propulsent le Ram HD presque nez à nez avec ses deux ennemis jurés sur le plan de la force de remorquage. Désormais capable de tracter un poids de 10 297 kg (22 700 lb), le modèle HD 3500 (à roues arrière jumelées) a vu sa capacité augmenter de 1906 kg (4200 lb)! C'est incroyable de constater comment le couple d'un moteur diésel peut changer la personnalité d'une camionnette. Mais rares sont les camionnettes qui doivent déplacer une telle charge. Cependant, il faut comprendre que cette course à la puissance est l'œuvre, tant chez Ford que GM, des grands penseurs de la mise en marché dont le but est de convaincre les acheteurs que le Ram HD est plus costaud que ses rivaux. Tout est une question de perception! Ces chiffres disproportionnés créent ensuite l'impression auprès des acheteurs que même le plus freluquet et le moins équipé des Ram HD s'avérera plus fort que le plus costaud de ses concurrents.

Mais avant de continuer sur le sujet, revenons un peu en arrière pour nous rappeler qu'à la suite de la crise financière qui a frappé Chrysler en 2009, la lune de miel du Ram HD dévoilé en 2010 a été de courte durée avec sa clientèle. Malgré son allure plus athlétique (dessinée sous la supervision du Montréalais Ralph Gilles) et ses motorisations plus musclées, ses nouvelles caractéristiques ont passé comme une lettre à la poste. Quoi qu'il en soit, il est intéressant de mentionner que le Ram HD est resté fidèle aux préceptes qu'il a élaborés au milieu des années 1990.

Ainsi, son aménagement intérieur demeure l'un des plus pratiques qui soient. Les espaces de rangement abondent et leur caractère astucieux fait toujours référence dans la catégorie. À commencer par la double boîte à gants et les séparateurs situés sous l'accoudoir de la console centrale. Mentionnons aussi les bacs encavés dans le plancher arrière qui permettent, notamment, de ranger et de soustraire discrètement des objets de valeur à la vue des passants. De même, ces bacs peuvent servir de glacière. Ce qui sera apprécié des enfants lors d'un pique-nique ou des ouvriers sur un chantier de construction.

Des versions pour tous les goûts

Par rapport à la concurrence, les sièges avant et la banquette arrière gagneraient à être mieux rembourrés. Les assises filtrent mal les imperfections de la chaussée qui transitent par des suspensions ultra-fermes. Ce qui contraste avec les éléments suspenseurs du Ram 1500 dont les réglages sont probablement les plus tamisés de sa catégorie. Par ailleurs, il est possible de commander des sièges avant chauffants et ventilés, tandis que la banquette arrière peut être chauffante. Si les versions ST et SXT sont un peu dénudées, il est possible de trouver son compte en optant pour la version Laramie. Pour damer le pion à la version King Ranch du Ford Super Duty, le Ram propose la version Longhorn.

Il fut une époque où le talon d'Achille du Ram HD était le manque de rigidité de son châssis. Cela semble réglé. Le nouveau cadre est plus robuste et il a permis d'augmenter les capacités de charge et de remorquage. L'autre moulin au catalogue est le V8 HEMI de 5,7 litres. Gourmand en essence, ce moteur demeure l'un des plus polyvalents de l'industrie. Cependant, il n'a pas l'aura du Cummins, qui est unique.

JEAN-FRANÇOIS GUAY

Prix
34 345 à 66 990 $
Transport et préparation
1400 $

+ Son moteur Cummins
+ Capacité de remorquage accrue
+ Son aménagement intérieur

– L'insonorisation de la cabine
– Le rembourrage des sièges
– La raideur des suspensions

Consommation ville – route (L/100 km)
n.d. (variable selon le châssis, le moteur, la transmission, le rapport de pont, les pneus, et l'utilisation)

Nouveautés

2012
Nouvelle boîte automatique 6 rapports
Augmentation du couple du moteur turbodiésel
Châssis plus costaud

Principales concurrentes

Chevrolet Silverado HD
Ford Super Duty
GMC Sierra HD

RAM HD 2500 / 3500

À savoir

Garanties de base – motopropulseur (an/km)	4/illimité – 4/illimité
Versions offertes	Ghost
Carrosserie	berline 4 portes
Lieu d'assemblage	Grande-Bretagne

Technique

Dimensions et volumes

Empattement/Longueur/Largeur (mm)	
	3295/5399/1948 (rég.)
	3465 / 5569 / 1948 (all.)
Hauteur (mm)	1550
Volume du coffre (min./max.) (L)	396 (all.), 490 (rég.)
Capacité du réservoir de carburant (L)	82,5
Fourchette de poids min. – max. (kg)	2360 à 2520

Châssis

Mode	propulsion
Suspension av. – arr.	indépendante
Freins av. – arr.	disques. 410 mm – 402 mm
Pneus av. – arr.	255/50R19, 255/45R20, 285/40R20 (opt.)

Performances

Modèle à l'essai	Ghost
Moteur	V12 biturbo DACT 6,6 litres 48s
Puissance (ch. à tr/min)	563 à 5250
Couple (lb-pi à tr/min)	575 à 1500
Rapport poids/puissance	4,19 kg/ch
Transmission	semi-automatique 8 rapports
Accélération 0-100 km/h (sec.)	4,9
Reprise 80-115 km/h (sec.)	3,6
1/4 de mille (sec.)	14,7 (berl.)
Distance de freinage 100-0 km/h (m)	non mesurée
Vitesse maximale (km/h)	250
Autres moteurs	aucun
Autres transmissions	aucune

Rolls-Royce
GHOST

DU SANG BLEU DANS LES VEINES

Même si Rolls-Royce appartient depuis plusieurs années au constructeur allemand BMW, il ne faut pas croire que la récente Ghost est une BMW Série 7 maquillée en princesse britannique! A contrario, il serait aussi faux de dire que la Ghost ne partage aucun élément avec la duchesse de Munich.

Effectivement, certaines pièces de la Ghost proviennent de la Série 7, soit environ un cinquième de ses composantes. Malgré tout, la Ghost est une pure au sang bleu. Les pièces communes sont imperceptibles et, à moins de travailler dans les ateliers de Rolls-Royce et de connaître les moindres secrets de cette famille royale, il faudra chercher avec une loupe pour reconnaître l'imposture de cette Rolls. Qui plus est, ce partage des pièces entre les deux duchés représente des économies énormes pour le constructeur anglais de Goodwood. Et pourquoi se priver de l'expertise des ingénieurs de BMW? Après tout, la marque bavaroise a déjà servi et tissé des liens avec d'autres royautés auparavant, comme la famille Land Rover à une certaine époque, en fournissant des moteurs au roi Range Rover et son frère Discovery maintenant appelé LR4. Incidemment, le curriculum de la firme bavaroise nous apprend que le nom Rolls-Royce ne lui est que prêté étant donné qu'il fait partie du patrimoine britannique.

Un V12 majestueux

Sous le capot, le V12 biturbo de 6,6 litres de la Ghost est dérivé de la motorisation à douze cylindres en V qui propulse la version 760Li de la Série 7 de BMW. Noblesse oblige, la cylindrée de la Ghost possède 600 cc de plus, ça paraît au premier coup d'oeil (!), alors que la cavalerie compte une vingtaine de chevaux supplémentaires. Normal, puisque le carrosse de la Ghost pèse une centaine de kg de plus. Malgré son tour de taille plus important, la Ghost accélère aussi vite qu'une 760Li lors d'un sprint de 0 à 100 km/h. Pour être aussi rapide, les changements de la boîte automatique à huit rapports se font à la vitesse de l'éclair et le moteur regorge de couple en développant 575 livres-pieds à seulement 1500 tours/minute.

À propos, oui la transmission provient des usines de BMW. Et non, ce n'est pas un crime de lèse-majesté puisque le populiste « General Motors » américain a longtemps vendu des boîtes automatiques à Rolls-Royce sous le couvert de l'anonymat. Comme quoi on serait surpris de savoir tout ce qui se trame et se négocie dans le saint des saints de l'industrie automobile...

La douceur de roulement est véritablement le credo de cette Rolls. Sa souplesse est incomparable et son confort divin. Par contre, la tenue de route est celle d'une limousine et la voiture demande à être traitée avec respect dans les virages. Globalement, le comportement routier est plutôt bien servi par une suspension pneumatique et d'immenses pneus de 20 po. Un seul détail agace: les rétroviseurs extérieurs sont si gros qu'ils finissent par créer un angle mort vers l'avant, ce qui paraît à contresens.

L'étalage de la richesse qui règne dans l'habitacle de cette Rolls-Royce est un pur péché. Le cuir utilisé provient de la même ferme d'élevage bovin que celui des Phantom. De même, les boiseries sont l'oeuvre de la même ébénisterie artisanale qui travaille à décorer les Phantom. Aucun doute, c'est une Rolls-Royce dans le respect des traditions.

JEAN-FRANÇOIS GUAY et JACQUES DUVAL

Prix
246 500 $

+ Sa mécanique éprouvée
+ Son luxe suprême
+ Prix plus raisonnable que celui
de la Phantom

– Tableau de bord déroutant
– Voiture qui attire les badauds
– Format encombrant en ville

Consommation ville – route (L/100 km)
19,1 – 12,2

2012 **Nouveau tés**

Modèle à empattement allongé

Principales concurrentes
Aston Martin Rapide, Audi A8 W12,
Bentley Continental Flying Spur,
BMW Série 760Li, Lexus LS,
Maserati Quattroporte,
Mercedes Classe S600,
Porsche Panamera

À savoir

Garanties de base – motopropulseur (an/km)	4/illimité – 4/illimité
Versions offertes	Phantom, Phantom L, Phantom Coupé, Drophead Coupé
Carrosserie	Phantom : berline 4 portes (régulière ou allongée), Coupé : coupé 2 portes Drophead : cabriolet 2 portes
Lieu d'assemblage	Grande-Bretagne

Technique

Dimensions et volumes

Empattement/Longueur/Largeur (mm) Phantom :	3750 à 3820/5834 à 6084/1990
Coupé :	3320 / 5609 / 1897
Drophead :	3320 / 5609 / 1897
Hauteur (mm)	1632 à 1634 (berl.), 1592 (coup.), 1581 (cab.)
Volume du coffre (min./max.) (L)	297 (coup.), 315 (cab.), 460 (berl.)
Capacité du réservoir de carburant (L)	100 (berl., coup.), 80 (cab.)
Fourchette de poids min. – max. (kg)	2630 à 2688 (berl.), 2670 (coup.), 2620 (cab.)

Châssis

Mode	propulsion
Suspension av. – arr.	indépendante
Freins av. – arr.	disques, 374 mm – 370 mm
Pneus av. – arr.	265/790R540 (berl., cab.), 255/50R21 – 285/45R21 (coup.)

Performances

Modèle à l'essai	Drophead (cabriolet)
Moteur	V12 DACT 6,8 litres 48s
Puissance (ch. à tr/min)	453 à 5350
Couple (lb-pi à tr/min)	531 à 3500
Rapport poids/puissance	5,8 kg/ch
Transmission	semi-automatique 8 rapports
Accélération 0-100 (sec.)	5,8 (cab.), 6,1 (berl.)
Reprise 80-115 km/h (sec.)	3,9 (cab.), 4,1 (berl.)
1/4 de mille (sec.)	14,7 (berl.)
Distance de freinage 100-0 km/h (m)	non mesurée
Vitesse maximale (km/h)	240, 250 (coupé)
Autres moteurs	aucun
Autres transmissions	aucune

Rolls-royce
PHANTOM / COUPÉ / DROPHEAD

LA VOITURE LA PLUS NOBLE

Mon premier et dernier essai d'une Rolls-Royce, la Silver Shadow, remonte à 1968. On me l'avait gracieusement prêtée pour un essai dans le cadre de mon émission de télé *Prenez le volant* et le texte s'était retrouvé dans l'édition 1968 de mon guide annuel. En relisant ce texte aujourd'hui, certains passages paraissent loufoques: «Comme il n'est pas donné à tout le monde d'avoir 21 000 $ pour se procurer cette majestueuse limousine...» Bref, il y a 44 ans, on pouvait s'offrir la voiture des souverains au prix d'une Corolla. Mais il a coulé beaucoup d'eau sous les ponts depuis cette belle époque où l'on croyait, à tort, que le moteur d'une Rolls était plombé ou que le constructeur vous envoyait un mécanicien *de facto* si vous tombiez en panne n'importe où dans le monde. Des légendes urbaines, rien de plus.

Aujourd'hui, même avec le sommet de la gamme, la Phantom, à plus d'un demi-million de dollars chacune, personne n'ira vous dépanner si votre auto venait à flancher. Tout comme on ne me permet plus d'aller faire cirer les pneus de la Rolls sur une piste de course. Je me limiterai donc à une ballade matinale dans VMR et les alentours au volant de la plus exclusive des Phantom, le Drophead Coupe. Je suis assis derrière le volant, noyé dans une abondance de cuir, d'acier brossé et, surtout, de bois précieux. Même le joint entre le coffre à gants et la planche de bord elle-même n'interrompt pas le fin lignage du noyer. On ne met pas trois mois à construire une telle voiture pour rien. Cela se reflète aussi dans la peinture, qui subit un polissage d'une semaine. Inspiré des yachts des années 1930, le couvercle du rangement du toit souple est lui aussi recouvert d'une immense surface de noyer.

Rolls-Royce présente ce modèle comme étant idéal pour les sorties sociales ou familiales, en référence à cette plateforme à pique-nique qui ressemble à l'abattant d'un camion. Désolé, le champagne n'est pas fourni, pas plus que la «Grey Poupon». Les deux places arrière sont par ailleurs parfaitement utilisables pour des passagers de taille moyenne. À noter que les portes inversées (s'ouvrant à contresens) exigent une bonne habitude. Une fois assis au volant, un bouton permet de refermer la portière, un peu trop fort à mon goût toutefois.

Sur la route, ce monument de trois tonnes est intimidant, tant pour son conducteur que pour les badauds. Sans être d'une grande maniabilité, la Phantom repose sur des suspensions moins flasques que la Ghost. Il en ressort une tenue de route nettement plus européenne. À l'époque de mon premier essai d'une Rolls, la firme anglaise refusait de donner la puissance du moteur, alors qu'aujourd'hui, on ne se gêne pas pour afficher ses 453 ch, qui, comme à l'époque, sont plus que suffisants pour déplacer la voiture la plus noble sur terre. La version Drophead de la Phantom est, dit-on, un modèle à conduire soi-même, tandis que la Phantom quatre portes en version allongée est celle qu'on laisse au chauffeur. C'est lui qui aura à se débrouiller avec cet imposant capot en acier brossé. Quant à moi, j'espère ne pas avoir à attendre 44 ans avant de conduire une autre Rolls, quoiqu'elle fréquente souvent les cimetières (humour noir anglais).

JACQUES DUVAL

Prix
380 000 à 553 000 $

+ Le *nec plus ultra*
+ Silence royal
+ Solides performances
+ Richesse de la présentation intérieure

– Un prix qui assomme
– Rétroviseurs gênants
– Dimensions intimidantes
– Dur de passer inaperçu

Consommation ville – route (l/100 km)
22 – 13,5

2012 | **Nouveautés**
Boîte à 8 rapports

Principales concurrentes
Bentley Azure/Brooklands/Mulsanne, Maybach 57/62

ROLLS-ROYCE PHANTOM / COUPÉ / DROPHEAD

529

À savoir

Garanties de base – motopropulseur (an/km)	4/80 000 – 4/80 000
Marge de profit du concessionnaire (%)	9,89 à 11,73
Essence recommandée	super
Versions offertes	Base, Aero
Carrosserie	berline 4 portes, cabriolet 2 portes, familiale 5 portes
Lieu d'assemblage	Suède
Valeur résiduelle	passable
Fiabilité présumée	moyenne
Renouvellement du modèle	inconnu
Ventes 2010 Québec	2

Technique

Dimensions et volumes

Empattement (mm)	2675
Longueur (mm)	4636 (berl.), 4633 (cab.), 4653 (fam.), 4689 (fam. X)
Largeur (mm)	1753 (berl.), 1760 (cab.), 1763 (fam.)
Hauteur (mm)	1433 (berl.), 1439 (cab.), 1539 (fam.), 1529 (fam. X)
Volume intérieur (L)	2549 (berl.), 2322 (cab.), 2645 (fam.)
Volume du coffre (min. – max.) (L)	425 (berl.), 235 – 351 (cab.), 841 – 2047 (fam.)
Réservoir de carburant (L)	61
Fourchette de poids kg	1460 à 1678
Répartition du poids av. – arr. (%)	60 – 40

Châssis

Mode	traction, intégral (X)
Suspension av. – arr.	indépendante
Freins av. – arr.	disques
Capacité de remorquage (max.) (kg)	1588
Diamètre de braquage (m)	11,9
Pneus	215/55R16 (Base), 225/50R17 (X), 235/45R17 (Aero), 235/45R18 (opt.)

Cabriolet

Temps ouverture – fermeture du toit (sec.)	20
Décapoter en roulants	oui (max 30 km/h)

Performances

Modèle à l'essai	9-3 Sport Aero (berline)
Moteur	L4 turbo DACT 2,0 litres 16s
Puissance (ch. à tr/min)	210 à 5500
Couple (lb-pi à tr/min)	221 à 2500
Rapport poids/puissance	6,95 kg/ch
Transmission	automatique 5 rapports
Accélération 0-100 km/h (sec.)	7,9
Reprise 80-115 km/h (sec.)	6,7
Distance de freinage 100-0 km/h (m)	38
Niveau sonore à 100 km/h	moyen
Vitesse maximale (km/h)	210
Consommation lors de l'essai (L/100 km)	10,2
Gaz à effet de serre (tonnes métriques)	7,4
Autres moteurs	aucun
Autres transmissions	aut. 6 rapports (9-3X), man. 6 rapports

Protection collision

Frontale conducteur/passager	bonne
Latérale avant/arrière	bonne
Capotage 2rm/4rm	bonne

AU REVOIR OU À BIENTÔT ?

Soucieux de reconquérir ses clients, Saab compte habiller sa future 9-3 d'une carrosserie à son catalogue. Jason Castriota, nouveau responsable du design du constructeur scandinave, en a fait la promesse l'an dernier. Reste à voir si la marque suédoise aura cette fois les moyens de ses ambitions. La future génération de 9-3 est attendue à l'automne au salon de Francfort.

D'ici là, la production de l'actuelle 9-3 se poursuit sur des bases d'une vieille Opel... À force de travail, Saab est parvenu à mettre un terme au comportement parfois erratique de sa 9-3 sur une chaussée à faible coefficient d'adhérence en lui greffant un rouage intégral. Baptisé XWD, ce dispositif, basé sur le système mis au point par la firme Haldex et qui équipe bon nombre de voitures concurrentes, se compose d'un embrayage multidisque Haldex répartissant le couple entre les roues avant et arrière et d'un second embrayage faisant office de différentiel à glissement limité entre les roues arrière et désigné par le label eLSD.

Sur route sèche et en conduite ordinaire, 90 % du couple est appliqué aux roues avant et la voiture se conduit donc comme une simple traction. Mais le système est toujours en veille. Son ordinateur, capable d'interpréter plus de 100 fois par seconde les données transmises par 20 capteurs (roues, moteur, volant, freins, ABS, etc.), voit à répartir le couple de manière idéale entre les trains roulants. Ainsi, à la moindre amorce de patinage du train avant, il reporte instantanément le couple vers les roues arrière. La voiture préserve alors sa motricité et son équilibre, tant en accélération qu'en courbe, ce qui améliore la tenue de route et la sécurité active. À ce sujet, il est bon de préciser que les modèles équipés de XWD bénéficient également d'une meilleure répartition des masses que les versions «tractées», ce qui ne peut pas nuire.

Au quotidien, ce dispositif donne des couleurs à cette berline suédoise. Finies les errances du train avant, désormais il est possible de bénéficier, en tout temps, des performances du moteur deux-litres suralimenté par turbocompresseur. Ce moteur conçu maison fournit un couple copieux et une poussée qui ravira les nostalgiques de l'époque où le souffle du turbo donnait un coup de pied aux fesses. Quelle sensation de réserve de puissance et de sécurité active !

Trois boîtes se chargent de relayer puissance et couple aux roues motrices. La boîte semi-automatique à six rapports est, à notre humble avis, celle avec laquelle il faut prendre rendez-vous. Sa gestion électronique permet de mieux exploiter la courbe de puissance du moteur que la manuelle, dont l'imprécision du levier n'a d'égal que la longueur encore exagérée de la course. Revers de la médaille : la semi-automatique est plus gourmande (environ 1 L/100 km), et du coup réduit l'autonomie de cette voiture dont le réservoir ne contient que 61 litres de super...

L'addition d'un rouage intégral ne corrige pas tout. Face à des rivales plus jeunes et

parfois plus aguerries, la 9-3 se laisse guider par une direction un peu trop assistée et repose sur un châssis qui gagnerait à être rigidifié.

Exotisme à la suédoise

Rapprocher cette Saab de la production de BMW, Mercedes, voire Audi ne vient pas immédiatement à l'esprit. La 9-3 ne joue *a priori* pas dans la même catégorie que la Série 3, la Classe C ou l'A4. Il est vrai que son empattement de 2675 mm et certaines de ses dimensions extérieures (la largeur surtout) fait paraître la suédoise plus frêle que ses concurrentes germaniques. Pourtant, un examen plus détaillé révèle que la Saab a, en matière de volume intérieur, ce qu'il faut pour se rapprocher des grandes routières allemandes. Par rapport à ces dernières toujours, la 9-3 se révèle généreuse sur le plan de l'habitabilité et n'a rien vraiment à leur envier. Ce qui n'est pas le cas sur le plan de la qualité perçue. Les plastiques employés manquent d'élégance et on se désole de croiser du regard certaines vis (au pied de la console par exemple) qui, chez la concurrence, sont habilement masquées.

Même si les baquets ont perdu un peu de leur moelleux d'antan, ils figurent toujours parmi les mieux dessinés de l'industrie. Appuis-tête compris! Folklorique peut-être, reste que retrouver la clef de contact entre les sièges avant ou encore le panneau Night Panel qui, une fois la nuit venue, permet d'illuminer strictement les fonctions dites essentielles, fait toujours plaisir. Pour regagner sa saveur originelle, on se met à rêver au retour des commandes des glaces sur la console, de l'obligation d'embrayer la marche arrière (boîte manuelle) pour retirer la clé du contact ou de baigner dans cette ambiance «cockpit», qualificatif longtemps utilisé pour décrire la sensation ressentie à bord des créations de ce constructeur suédois qui, au temps de son indépendance, s'était toujours engagé à ne rien faire comme les autres. On peut encore rêver.

 ÉRIC LEFRANÇOIS

Prix
34 400 à 54 200 $
Transport et préparation
1600 $

+ Efficacité de son rouage intégral
+ Souffle de sa mécanique
+ Version Combi (familiale) originale

– Modèle en fin de carrière
– Faible valeur de revente
– Qualité de la finition
  pas assez poussée

Consommation ville – route (L100 km)

11,4 – 7,8 (2rm man. 2,0 l)
12,5 – 8,5 (2rm aut. 2,0 l)
11,9 – 8,2 (4rm man. 2,0 l)
13,8 – 8,8 (4rm aut. 2,0 l)

2012 **Nouveautés**

Modèle familial tout terrain « 9-3X »

Principales concurrentes

Audi A4/A5, BMW Série 3, Cadillac CTS, Infiniti G, Lexus IS, Lincoln MKZ, Mercedes Classe C, Subaru Legacy/Outback, Volkswagen CC, Volvo S60/XC70

SAAB 9-3

Garanties base – motopropulseur (an/km)	4/80 000 – 4/80 000
Marge de profit du concessionnaire (%)	n.d.
Essence recommandée	super
Versions offertes	Base, Aero
Carrosserie	multisegment 5 portes
Lieu d'assemblage	Mexique
Valeur résiduelle	moyenne
Fiabilité présumée	moyenne
Renouvellement du modèle	nouveau modèle
Ventes 2010 Québec	non commercialisé

Technique

Dimensions et volumes

Empattement (mm)	2807
Longueur (mm)	4829
Largeur (mm)	1905
Hauteur (mm)	1679
Volume intérieur passager (L)	2849
Volume du coffre (min. – max.) (L)	485
Réservoir de carburant (L)	80
Fourchette de poids	2010 – 2085
Répartition du poids av.-arr. (%)	57 – 43

Châssis

Mode	intégral
Suspension av. – arr.	indépendante
Freins av. – arr.	disques
Capacité de remorquage (max.) (kg)	2000
Diamètre de braquage (m)	11,9
Pneus	235/65R18, 235/55R20 (Aero)

Aptitudes hors route

Garde au sol min. (mm)	n.d.
Angles d'approche/de rampe/de sortie (°)	n.d.

Performances

Modèle à l'essai	9-4X Aero
Moteur	V6 turbo DACT 2,8 litres 24s
Puissance (ch. à tr/min)	300 à 5500
Couple (lb-pi à tr/min)	295 à 2000
Rapport poids/puissance	6,95 kg/ch
Transmission	automatique 6 rapports
Accélération 0-100 km/h (sec.)	8,5
Reprise 80-115 km/h (sec.)	6,5
Distance de freinage 100-0 km/h (m)	39
Niveau sonore à 100 km/h	moyen
Vitesse maximale (km/h)	230 (2,8 l), 210 (3,0 l)
Consommation lors de l'essai (L/100 km)	13,1
Gaz à effet de serre (tonnes métriques)	9,3
Autres moteurs	V6 3,0 l (265 ch., 223 lb-pi)
Autres transmissions	aucune

Protection collision

Frontale conducteur/passager	bonne
Latérale avant/arrière	excellente
Capotage 2rm/4rm	bonne

Saab
9-4X

PAS MORT, MAIS PAS FORT

NDLR – Au moment d'écrire ces lignes, Saab, en sérieuses difficultés financières, cherchait toujours des investisseurs et des partenaires afin de poursuivre sa production automobile. Trois modèles doivent assurer l'avenir immédiat de la firme, la 9-3, la 9-5 et le multisegment 9-4X dont il est question dans le texte qui suit.

Même si General Motors l'a laissé tomber comme une vieille chaussette, le petit constructeur automobile scandinave, Saab, entretient toujours d'étroites relations d'affaires avec son ancien tuteur. Le meilleur exemple de cette collaboration est le nouveau VUS 9-4X dont les gènes sont étroitement liés à ceux du Cadillac SRX. Sachant que les deux véhicules utilisent les mêmes moteurs, la même transmission automatique, le même rouage intégral, le même châssis et qu'ils sont assemblés dans la même usine mexicaine, on serait d'abord porté à croire qu'on a affaire à du pareil au même.

Les ingénieurs de chez Saab ne sont pas de cet avis et le travail de standardisation ou de mise aux normes européennes a littéralement transformé le caractère du 9-4 X. Par rapport au SRX, on trouve chez lui un comportement routier à l'européenne, soit une meilleure sensation de la route et des réactions plus vives aux diverses commandes. Avec de tels réglages, ce 9-4X s'adapte aux goûts des Européens tout en répondant aux impératifs de la clientèle américaine déjà convertie à la «Saabomanie».

Par sa filiation avec le SRX de Cadillac, le véhicule est sur la bonne voie, puisque le produit de GM est, à mon avis, l'un des meilleurs multisegments sur le marché, concurrencé uniquement par le Lexus RX 350. Le 9-4X se distingue aussi de son cousin américain par des traits de design typiquement Saab, tels les phares avant en forme de glacière (*dixit* Saab), l'imposant pilier C et des feux arrière reprenant le même thème qu'à l'avant. On parle aussi d'une ceinture de caisse en forme de bâton de hockey (sic).

Des touches aéronautiques

À l'occasion du lancement mondial de ce modèle, la seule version offerte à l'essai était l'Aero (du nom du prototype Saab dévoilé il y a quelques années), qui se démarque par son moteur V6 turbo de 2,8 litres et 300 ch, ses jantes de 20 po, son équipement très complet comprenant entre autres une pratique caméra de marche arrière et, bien entendu, un prix plus élevé que le modèle d'entrée de gamme avec son V6 3 litres et 265 ch.

Fidèle à la tradition, le lancement du moteur se fait au moyen d'un bouton logé entre les deux sièges. Rappelant les activités aéronautiques de Saab, l'indicateur de vitesse prend la forme d'un altimètre qui monte et descend au lieu de se promener de gauche à droite. Peu pratique, ce gadget est toutefois accompagné d'un indicateur de vitesse traditionnel avec cadran.

Le moteur turbo fait merveille sous le capot, avec un couple formidable à régime moyen et des performances à l'avenant, tel le 0-100 km/h en 8,5 secondes. Mieux encore, la tenue de route est étonnante pour un véhicule dont le centre de gravité est plus élevé que celui d'une voiture. Malgré tout, les suspensions sont si bien réglées qu'on a l'impression de conduire une automobile. Muni d'un différentiel autobloquant à commande électrique et du système SDS (Saab Drive Sense), qui modifie les réglages entre «éco» «confort» et «sport», le 9-4X peut aussi compter sur un rouage intégral à variation continue qui distribue la puissance selon les conditions d'adhérence entre les deux essieux. La direction à crémaillère ne donne jamais cette impression de lourdeur et son diamètre de braquage est bien adapté aux sentiers forestiers, même si ce n'est pas vraiment la vocation de ce multisegment de luxe. Les vacanciers apprécieront néanmoins sa capacité de remorquage de 2000 kg.

L'aménagement intérieur a également été réalisé dans un esprit de loisirs et présente un tableau de bord où le bois et la fibre de carbone donnent le ton aux aptitudes sportives du 9-4X. Les sièges ne viennent en aucun moment vous faire souhaiter que le voyage s'achève et le pédalier réglable garantit une excellente position de conduite. En ce qui a trait aux passagers arrière, ils sont particulièrement choyés, grâce à leurs commandes de climatisation personnelle et des écrans vidéo pour alléger la monotonie des longs trajets.

Proche parent du SRX de Cadillac, ce multisegment de Saab est une belle réussite, et il serait dommage que les problèmes financiers de la marque mettent son avenir en péril. Les mois à venir ne seront pas faciles pour le petit constructeur scandinave, dont le faible réseau de concessionnaires risque de soulever des inquiétudes chez les acheteurs. Avez-vous le goût de l'aventure?

JACQUES DUVAL

Prix
n.d
Transport et préparation
1600 $

+ Mécanique éprouvée
+ Construction sérieuse
+ Bonne tenue de route

– Avenir incertain de la marque
– Faible réseau de concessionnaires
– Modèle de base moins attrayant
– Construction mexicaine

Consommation ville – route (L/100 km)
13,8 – 10,2 (4rm, 3,0 l)
14 – 10,5 (4rm 2,8 l)

2012 **Nouveautés**

Tout nouveau modèle

Principales concurrentes

Audi Q5, BMW X3, Cadillac SRX, Lexus RX, Lincoln MKX, Mercedes GLK/ML, Volvo XC60, VW Touareg

SAAB 9-4X

Garanties de base – motopropulseur (an/km)	4/80 000 – 4/80 000
Marge de profit du concessionnaire (%)	11,11 à 12,36
Essence recommandée	super
Versions offertes	Base Turbo4, Premium Turbo4, AWD Turbo6, Aero Turbo6
Carrosserie	berline 4 portes
Lieu d'assemblage	Suède
Valeur résiduelle	passable
Fiabilité présumée	moyenne
Renouvellement du modèle	inconnu
Ventes 2010 Québec	non commercialisé

Technique

Dimensions et volumes

Empattement (mm)	2837
Longueur (mm)	5009
Largeur (mm)	1867
Hauteur (mm)	1466
Volume intérieur (L)	2724
Volume du coffre (min./max.) (L)	515
Réservoir de carburant (L)	68
Fourchette de poids min. – max. (kg)	1725 à 1945
Répartition du poids av.-arr. (%)	58 – 42

Châssis

Mode	traction, intégral (X)
Suspension av. – arr.	indépendante
Freins av. – arr.	disques
Capacité de remorquage (max.) (kg)	1575
Diamètre de braquage (m)	11,3
Pneus	225/55R17 (Base), 245/45R18, 245/40R19 (opt.)

Performances

Modèle à l'essai	9-5 Aero Turbo6
Moteur	V6 turbo DACT 2,8 litres 24s
Puissance (ch. à tr/min)	300 à 5300
Couple (lb-pi à tr/min)	295 à 2500
Rapport poids/puissance	6,48 kg/ch
Transmission	automatique 6 rapports
Accélération 0-100 km/h (sec.)	7,1
Reprise 80-115 km/h (sec.)	5,1
Distance de freinage 100-0 km/h (m)	35,9
Niveau sonore à 100 km/h	moyen
Vitesse maximale (km/h)	235 (V6), 210 (L4)
Consommation lors de l'essai (L/100 km)	12,2
Gaz à effet de serre (tonnes métriques)	8,7
Autres moteurs	L4 turbo (220 ch., 258 lb-pi)
Autres transmissions	man. 6 rapports

Protection collision

Frontale conducteur/passager	excellente
Latérale avant/arrière	excellente
Capotage 2rm/4rm	excellente

Saab
9-5

SURVIVRA-T-ELLE ?

On vit au jour le jour en ce moment, du côté de Trollhäten, en Suède, où se trouvent l'usine et le siège social de Saab. Un jour, on a trouvé un sauveur et le jour suivant, le prétendant s'est désisté. Difficile de garder le moral dans des conditions semblables. Au moment d'écrire ces lignes, les nouvelles ne laissaient présager rien de bon. On attendait une commande ferme signifiant une entrée d'argent de 40 millions de dollars. Une telle somme est ridicule quand on parle de faire tourner une usine d'automobiles.

Le problème encore plus sérieux auquel Saab est désormais confronté est l'indécision de la clientèle causée par la situation actuelle. La Saab 9-5 aurait beau être la meilleure voiture du monde, qu'adviendra-t-il si Saab cesse d'exister ? Bref, tout semble indiquer que les funérailles du constructeur suédois auront lieu bientôt, sans que nous puissions préciser la date de l'évènement. À moins, bien sûr, qu'un revirement se produise entre l'écriture de ce texte et son apparition sur le marché. En toute honnêteté cependant, nous devons considérer que, pour l'instant, Saab est toujours en vie grâce à une alliance avec une entreprise chinoise.

Pendant que la 9-3 attend une nouvelle silhouette, la 9-5 a été passablement remaniée l'an dernier et une version Combi (familiale) est prête pour la commercialisation. Si vous n'en voyez pas beaucoup sur les routes, c'est que les concessionnaires se font rares. Dans tout le Canada, on en comptait une vingtaine aux dernières nouvelles.

Construite sur la même plateforme Epsilon que la Buick Regal de General Motors, la 9-5 propose aussi des mécaniques empruntées au « général », soit un moteur quatre cylindres turbo de deux litres à injection directe avec un rendement assez élevé de 220 ch pour le modèle de base et un V6 turbo de 2,8 litres et 300 ch qui livre ses 295 livres-pieds de couple aux quatre roues motrices du modèle Aero XWD. Ce dernier est évidemment le plus intéressant, mais à un prix beaucoup plus élevé que la version d'entrée de gamme, qui doit se satisfaire de la traction avant seulement.

Comportement variable

Comme la plupart de ses concurrentes, la 9-5 offre la possibilité de modifier le comportement de la voiture selon son goût ou les conditions de la route. Le mode sport, par exemple, intervient sur la direction, les amortisseurs, les changements de rapports de la transmission automatique à six vitesses ainsi que la distribution de la puissance entre les essieux avant et arrière. Cette Saab toutefois est avant tout une voiture de luxe confortable et spacieuse qui fait preuve d'une grande douceur

sur la route. L'habitabilité ne surprend personne, puisqu'il s'agit de la Saab la plus volumineuse de toutes celles produites à ce jour à Trollhäten. On y perd d'ailleurs un peu en virage avec un roulis plus accentué qu'on le souhaiterait. À l'actif de cette Saab, on peut ajouter la précision de la direction et la bonne sensation de contact qu'elle procure. Les freins brillent aussi par leur efficacité et résistent à plusieurs arrêts successifs pour démontrer leur endurance. Le niveau sonore impressionne également par sa discrétion.

À l'intérieur, la première chose qui frappe en s'installant dans l'excellent siège du conducteur, c'est la piètre visibilité arrière qui, jumelée à l'absence d'une caméra de recul, rend certaines manœuvres assez hasardeuses. Les loyaux acheteurs de Saab regretteront comme nous que la clé de contact ait été victime de la mode. Traditionnellement placée au plancher, entre les deux sièges avant, elle est aujourd'hui remplacée par le fameux bouton «start-stop» si en vogue de nos jours. On a cependant conservé la courbe du tableau de bord légèrement incliné vers le conducteur afin de faciliter la consultation des divers instruments. La finition est soignée et le coffre à bagages qui peut se prolonger jusqu'aux places arrière offre un volume de rangement exceptionnel.

Malgré de solides qualités, la 9-5 de Saab fait face à un défi de taille. Non seulement son avenir est-il incertain en raison des soucis financiers de son constructeur, mais elle doit aussi se battre contre quelques-unes des meilleures voitures sur le marché, qu'elles s'appellent BMW (Série 5), Mercedes-Benz (Classe E), Cadillac (CTS) ou même Volkswagen (Passat). Alors, mesdames et messieurs les vendeurs, sortez vos superlatifs et vos arguments. Et bonne chance.

JACQUES DUVAL

Prix
45 500 à 59 700 $
Transport et préparation
1600 $

+ Silence de roulement
+ Excellente habitabilité
+ Superbe confort
+ Traction intégrale

– Avenir incertain de la marque
– Roulis en virage
– Piètre visibilité arrière
– Traction avant seulement modèle de base

Consommation ville – route (L/100 km)
11,7 – 7,9 (2rm man. 2,0 l)
12,8 – 8,7 (2rm aut. 2,0 l)
13,9 – 8,9 (4rm aut. 2,8 l)

2012 **Nouveautés**
Changements mineurs
Version familiale

Principales concurrentes

Audi A6, BMW Série 5, Cadillac CTS, Infiniti M, Lexus GS, Lincoln MKS, Mercedes Classe E, Volvo S80

SAAB 9-5

Garanties de base · motopropulseur (an/km)	3/60 000 · 5/100 000
Marge de profit du concessionnaire (%)	n.d.
Essence recommandée	ordinaire
Versions offertes	iQ
Carrosserie	hayon 3 portes (4 places)
Lieu d'assemblage	Japon
Valeur résiduelle	bonne
Fiabilité présumée	inconnue
Renouvellement du modèle	nouveau modèle
Ventes 2010 Québec	non commercialisé

Technique

Dimensions et volumes

Empattement (mm)	1999
Longueur (mm)	3051
Largeur (mm)	1679
Hauteur (mm)	1501
Volume intérieur passager (L)	n.d.
Volume du coffre (min. – max.) (L)	32 – 242
Réservoir de carburant (L)	32
Fourchette de poids (kg)	n.d.
Répartition du poids av. – arr. (%)	930

Châssis

Mode	traction
Suspension av. – arr.	indépendante
Freins av. – arr.	disques – tambours
Capacité de remorquage	non recommandé
Diamètre de braquage (m)	7,8
Pneus	175/60R16

Performances

Modèle à l'essai	Scion iQ
Moteur	L4 DACT 1,3 litre 12s
Puissance (ch. à tr/min)	98 à 6000
Couple (lb·pi à tr/min)	90 à 4400
Rapport poids/puissance	9,48 kg/ch
Transmission	automatique à variation continue (CVT)
Accélération 0-100 km/h (sec.)	11,5
Reprise 80-115 km/h (sec.)	8,5
Distance de freinage 100-0 km/h (m)	non mesurée
Niveau sonore à 100 km/h	passable
Vitesse maximale (km/h)	170
Consommation lors de l'essai (L/100 km)	5,5
Gaz à effet de serre (tonnes métriques)	4,1
Autres moteurs	aucun
Autres transmissions	n.d.

Protection collision

Frontale conducteur/passager	non évaluée
Latérale avant/arrière	non évaluée
Capotage 2rm/4rm	non évaluée

Scion
iQ

QUEL AVENIR ?

Nouvelle venue sur le marché des ultracompactes, la Scion iQ promet d'asseoir trois ou quatre personnes dans une voiture qui est seulement 25 cm plus longue que la Smart. Commercialisée chez nous par Scion, la division «jeune» de Toyota, elle est attendue au détour car sa carrière dans son pays d'origine et en Europe ne décolle pas. Tout comme la Smart, dont les ventes se sont effondrées récemment après un engouement de départ qui laissait entrevoir une belle percée. Y a-t-il une place pour ces voitures dans nos villes ?

Pour mettre en valeur la miniaturisation des éléments techniques indispensables à la conception de l'iQ, Toyota a confié le dessin de sa carrosserie au centre de design européen de Sophia-Antipolis, près de Nice. Et c'était un exercice difficile que de rendre agréable à l'œil l'esthétique d'un véhicule de moins de trois mètres de long. Bien campée sur ses quatre roues repoussées aux extrémités, avec un empattement de deux mètres, ne laissant quasiment pas de porte-à-faux, l'iQ présente une certaine personnalité, plutôt plaisante. Au final, le coefficient de traînée aérodynamique (Cx) de 0,30 est un vrai tour de force.

L'habitacle a été également le fruit de beaucoup de recherches pour dégager un maximum de place et de fonctionnalité. Ainsi, la planche de bord se montre très simple, avec les seules fonctions de la climatisation visibles au centre. Le module audio s'intègre aussi complètement dans la console, en ne laissant apparaître que la fente du lecteur de CD. La totalité des commandes audio, dont une manette de type joystick, est intégrée au volant.

Les dossiers des fauteuils sont assez minces, toujours pour le gain d'espace, mais restent confortables. Les passagers avant sont parfaitement installés, sans jamais avoir l'impression d'être à l'étroit. Quant à l'arrière, on peut considérer ces places logiquement réservées à de jeunes enfants. Le frein à main, gainé de cuir, a été avancé et positionné à côté du levier de vitesses afin qu'un passager arrière puisse allonger une jambe. En enlevant les appuis-tête, les dossiers arrière se rabattent pour obtenir un coffre d'une capacité de 238 litres. Sinon, il ne reste que 32 litres disponibles, une misère.

Cure d'amaigrissement

En fait, pour offrir autant d'espace dans un habitacle réduit, les ingénieurs Toyota ont dû trouver des solutions techniques pour gagner de la place sans pénaliser le confort ni la sécurité. Ainsi, la plateforme de l'iQ est totalement nouvelle, et pour réduire le compartiment moteur, le différentiel a été placé devant le moteur. Le boîtier de direction à assistance électrique a aussi été modifié pour minimiser son encombrement. Le réservoir de carburant de 32 litres est ultraplat et logé sous le siège conducteur, et non pas sous le siège arrière. Les amortisseurs postérieurs sont positionnés tout à l'arrière, montés verticalement sous les feux rouges pour dégager un maximum de place pour les sièges.

Les dimensions du système de chauffage et du climatiseur ont été diminuées sans sacrifier les performances, permettant ainsi de reculer la planche de bord côté passager et de libérer de l'espace pour les jambes. De plus, la boîte à gants classique a disparu, mais elle est remplacée par une pochette amovible. Une cure d'amaigrissement a aussi été réalisée sur l'échappement et sur l'essieu de torsion de la suspension arrière comme sur la suspension avant MacPherson. Petite voiture légère, donc petit moteur, l'iQ hérite ainsi d'un 1,3 litre à essence de 90 ch.

Comme une grande

Toyota avoue aussi avoir travaillé sur l'insonorisation, en montant par exemple un pare-brise acoustique en verre feuilleté à trois couches, tandis que les passages de roues sont soigneusement doublés et équipés de bavolets, et une mousse spéciale isole les cavités du châssis. De plus, l'iQ dispose en série de toutes les technologies modernes pour offrir un comportement routier sans faille et une sécurité optimale, soit les contrôles électroniques de stabilité et de motricité et un freinage ABS à quatre disques avec répartiteur.

C'est en ville cependant que la Toyota iQ fera merveille par son gabarit, bien sûr, mais aussi par un diamètre de braquage exceptionnel, qui est même meilleur que celui de la Smart. Les demi-tours seront un plaisir à réaliser, c'est certain. Finalement, au sujet de la sécurité passive, un sujet toujours important dans une très petite voiture, on note le chiffre record de dix coussins gonflables. Il y en a même un double concernant la lunette arrière, très judicieux pour protéger les passagers arrière pratiquement adossés au hayon.

Reste à voir si ce véritable tour de force technologique saura s'approprier une clientèle plus vaste que celle de sa rivale. Sinon, ses innovations seront certainement reprises sur d'autres modèles du groupe Toyota.

LOUIS-ALAIN RICHARD

Prix
n.d.
Transport et préparation
1390 $

+ Concept 3 + 1 original
+ Citadine amusante

– Succès mitigé en Europe...
– ...et en Amérique du nord?
– Prix?

Consommation ville – route (L/100 km)
5,9 · 4,8

Nouveautés
Tout nouveau modèle

Principales concurrentes
Fiat 500, Smart Fortwo

Garanties de base · motopropulseur (an/km)	3/60 000 - 5/100 000
Marge de profit du concessionnaire (%)	5,91
Essence recommandée	ordinaire
Versions offertes	tC
Carrosserie	coupé 2 portes
Lieu d'assemblage	Japon
Valeur résiduelle	moyenne
Fiabilité présumée	moyenne
Renouvellement du modèle	2016
Ventes 2010 Québec	non commercialisé

Technique

Dimensions et volumes

Empattement (mm)	2700
Longueur (mm)	4420
Largeur (mm)	1795
Hauteur (mm)	1415
Volume intérieur passager (L)	2503
Volume du coffre (min. – max.) (L)	417
Réservoir de carburant (L)	55
Fourchette de poids (kg)	1377
Répartition du poids av. – arr. (%)	64 - 36

Châssis

Mode	traction
Suspension av. – arr.	indépendante
Freins av. – arr.	disques
Capacité de remorquage	non recommandé
Diamètre de braquage (m)	11,3
Pneus	225/45R18

Performances

Modèle à l'essai

Modèle à l'essai	Scion tC
Moteur	L4 DACT 2,5 litres 16s
Puissance (ch. à tr/min)	180 à 6000
Couple (lb-pi à tr/min)	173 à 4100
Rapport poids/puissance	7,65 kg/ch
Transmission	manuelle 6 rapports
Accélération 0-100 km/h (sec.)	8,59
Reprise 80-115 km/h (sec.)	5,55
Distance de freinage 100-0 km/h (m)	36,9
Niveau sonore à 100 km/h	moyen
Vitesse maximale (km/h)	205
Consommation lors de l'essai (L/100 km)	9,1
Gaz à effet de serre (tonnes métriques)	6,6
Autres moteurs	aucun
Autres transmissions	semi-auto. 6 rapports

Protection collision

Frontale conducteur/passager	bonne
Latérale avant/arrière	excellente
Capotage 2rm/4rm	bonne

Scion
tC

LE BON APPÂT ?

La tC fait partie de la courte liste de coupés abordables offerts sur le marché. En fait, on devrait surtout la qualifier de voiture à trois portes. Car, contrairement à la Kia Koup et à la Honda Civic coupé, la petite Scion est dotée d'un hayon. Cette configuration la rapproche alors d'une Honda CR-Z, à la différence qu'elle n'est pas tractée par une motorisation hybride et qu'elle compte quatre places. Alors, qu'apporte-t-elle donc de nouveau ?

Premier constat : lorsqu'on pénètre dans l'habitacle, on peut ressentir une impression d'écrasement attribuable aux glaces étroites, à la ligne de carrosserie et au tableau de bord haut, des traits qui caractérisent l'ensemble des produits de la marque. Deuxième constat : l'emploi abusif de noir assombrit la présentation intérieure. Heureusement, le toit ouvrant panoramique livré de série laisse pénétrer une grande quantité de lumière alors que les accents au fini de couleur aluminium réduisent la monotonie des lieux.

Les places avant fournissent néanmoins un bon confort. Les sièges sont fermes et assurent un bon soutien. Le dégagement pour les jambes et la tête est bon, surtout pour les personnes de taille moyenne. La prise en main du petit volant gainé de cuir est excellente. Un peu comme dans une Volkswagen GTI, la base du volant est plate, ce qui lui donne une allure sportive.

L'instrumentation est facile à consulter et les commandes de climatisation tombent sous la main. Étant donné le dessin de la voiture, la visibilité vers l'arrière est limitée. En prime, le hayon reçoit un essuie-glace. Vu la forte inclinaison de la lunette, on l'appréciera par temps de pluie ou de neige.

Les matériaux utilisés sont texturés et le mariage des grains est intéressant. Malgré la qualité de leur assemblage dans notre voiture d'essai, les plastiques utilisés manquent de souplesse et dégagent une impression bon marché. Étonnamment, selon une enquête menée par la firme JD Power sur la qualité des véhicules aux États-Unis, les Scion obtiennent une note inférieure à la moyenne, alors que les véhicules Toyota décrochent une note au-dessus de la moyenne. Il faut toutefois se rassurer, Audi et BMW font, selon cette même étude, à peine mieux.

Qui dit coupé dit habituellement exiguïté des places arrière. Surprise : celles de la tC offrent à deux personnes de taille moyenne un espace décent pour les jambes et la tête. Le coffre n'est pas particulièrement spacieux, mais compte tenu du type d'acheteur visé, il y a fort à parier que l'espace suffira pour y placer quelques sacs d'épicerie. On peut également rabattre chaque section du dossier de la banquette pour en augmenter la capacité. Une fois les dossiers baissés, on obtient un plancher parfaitement plat. Sur le plancher du coffre, quatre ancrages permettent de fixer un filet pour maintenir les objets en place. Tout comme le cache-bagage, le filet est en option.

Motorisation traditionnelle

Pour activer les roues avant de cette petite voiture, Toyota fait appel à un moteur de 2,5 litres de 180 ch. En comparaison, le moteur de la Koup SX en développe quelques-uns de moins, alors que le prix de la voiture est un peu plus élevé. La tC livre de bonnes performances en toutes circonstances, tout en consommant de façon raisonnable. En revanche, elle est bruyante. De série, son moteur est associé à une boîte manuelle à six rapports. La puissance de notre tC d'essai était acheminée par l'entremise de la boîte automatique à six rapports. Si elle fonctionne en douceur la plupart du temps et que les rapports sont bien étagés, certains passages sont parfois plus brusques, surtout les premiers. Pour de jeunes acheteurs sensibles aux réalités environnementales, il aurait été intéressant de trouver dans l'habitacle-moteur de la voiture une motorisation plus écologique, hybride par exemple. C'est ce que fait Honda avec la CR-Z, mais le constructeur s'entête à n'offrir que deux places, réduisant ses chances de réussite.

La tC est l'une des petites voitures de Toyota les plus plaisantes à conduire. Elle est agile et maniable. La fermeté de la suspension conjuguée aux imposantes jantes de 18 po chaussées de pneus larges profilés bas rend la voiture stable en courbes. Mais sur les mauvais revêtements, elle perturbe la tranquillité des occupants. La direction réagit rapidement aux commandes du conducteur. La longue liste d'options de personnalisation permet d'ajouter certaines pièces pour rendre la voiture encore plus sportive. Il faudra toutefois y mettre le prix.

Les acheteurs qui ont dans leur mire une voiture d'allure sportive devraient trouver leur compte au volant de la tC. Pour le prix, elle offre un mariage honnête de performances, de style, de caractéristiques de série et d'agrément de conduite. À l'instar des autres voitures de la marque, elle permet d'afficher une certaine marginalité. Mais est-ce vraiment la nouvelle façon d'attirer les jeunes?

JEAN-PIERRE BOUCHARD

Prix
20 850 $
Transport et préparation
1390 $

+ Agrément de conduite
+ Consommation de carburant raisonnable
+ Design moderne

− Moteur bruyant
− Habitacle sombre
− Qualité de certains matériaux

 Consommation ville – route (L/100 km)
10,3 · 7,7 (man.)
10,4 · 7,8 (aut.)

2012 **Nouveautés**

Changements mineurs

 Principales concurrentes

Honda Civic Coupé,
Hyundai Veloster, Kia Foup

SUBARU tC

À savoir

Garanties de base · motopropulseur (an/km)	3/60 000 · 5/100 000
Marge de profit du concessionnaire (%)	5,86
Essence recommandée	ordinaire
Versions offertes	xB
Carrosserie	multisegment urbain 5 portes
Lieu d'assemblage	Japon
Valeur résiduelle	moyenne
Fiabilité présumée	moyenne
Renouvellement du modèle	2013
Ventes 2010 Québec	non commercialisé

Technique

Dimensions et volumes

Empattement (mm)	2600
Longueur (mm)	4250
Largeur (mm)	1760
Hauteur (mm)	1590
Volume intérieur passager (L)	2850
Volume du coffre (min. – max.) (L)	615 – 1979
Réservoir de carburant (L)	53
Fourchette de poids (kg)	1373
Répartition du poids av. · arr. (%)	63 · 37

Châssis

Mode	traction
Suspension av. · arr.	ind. – semi-ind.
Freins av. – arr.	disques
Capacité de remorquage	non recommandé
Diamètre de braquage (m)	10,6
Pneus	205/55R16

Performances

Modèle à l'essai	Scion xB
Moteur	L4 DACT 2,4 litres 16s
Puissance (ch. à tr/min)	158 à 6000
Couple (lb·pi à tr/min)	162 à 4000
Rapport poids/puissance	8,68 kg/ch
Transmission	automatique 4 rapports
Accélération 0-100 km/h (sec.)	10,29
Reprise 80-115 km/h (sec.)	6,25
Distance de freinage 100-0 km/h (m)	38,3
Niveau sonore à 100 km/h	moyen
Vitesse maximale (km/h)	180
Consommation lors de l'essai (L/100 km)	9,5
Gaz à effet de serre (tonnes métriques par an)	6,9
Autres moteurs	aucun
Autres transmissions	man. 5 rapports

Protection collision

Frontale conducteur/passager	bonne
Latérale avant/arrière	excellente
Capotage 2rm/4rm	bonne

« B » POUR BOÎTE

L'encre a coulé généreusement avant que Toyota n'implante la marque Scion au Canada. Ce faisant, l'intention première du constructeur était d'ouvrir grandes les portes de ses salles d'exposition aux plus jeunes acheteurs. Il fallait, vous l'aurez deviné, des produits d'allure branchée. C'est donc dans cet esprit que la petite famille Scion est apparue. La xB a été l'une des premières à rouler sur les routes du Québec.

Malgré son apparence petit format, la petite boîte mobile loge à l'enseigne de l'habitabilité, un peu comme le font la Nissan Cube et la Kia Soul, qu'on peut identifier comme des concurrentes naturelles. Faciles d'accès, les places avant procurent un confort adéquat pour la grande majorité des occupants. Mais on ne peut tout de même affirmer qu'ils sont un modèle de confort pour les plus grands. Grâce au volant inclinable et télescopique, le conducteur peut trouver une position de conduite décente.

La présentation intérieure n'est rien de moins que terne. Tout est noir : les plastiques – texturés, mais d'apparence fragile –, les sièges. Seules des garnitures couleur aluminium viennent couper cette monotonie chromatique. De plus, les glaces étroites et le large montant de toit arrière ne laissent pas pénétrer beaucoup de lumière, ce qui contribue à assombrir davantage l'intérieur et à réduire considérablement la visibilité. Enfin, aucun toit ouvrant n'est livrable. La xB comporte néanmoins une liste d'équipements de série étoffée pour son prix : climatisation, régulateur de vitesse, technologie Bluetooth (dont le bouton pour l'activer est maladroitement placé à gauche et caché par le volant), port pour brancher un baladeur numérique notamment.

Petit détail original, les instruments logent sur la partie supérieure de la planche de bord, au centre, de la même façon que la Toyota Yaris. Pour compliquer un peu les choses, les concepteurs ont installé un indicateur de vitesse numérique et un autre, analogique, pour le régime du moteur. L'aiguille de cet indicateur débute dans le deuxième quart du cadran, ce qui donne l'impression qu'il s'agit de l'indicateur de vitesse. Les commandes pour la climatisation sont faciles d'utilisation. En revanche, celles pour la radio auraient avantage à être plus intuitives.

Étant donné la grande ouverture des portes arrière, l'accès à ces places est facile. Les passagers, y compris les plus grands, seront surpris de la générosité de l'espace réservé aux jambes et à la tête. Les bagages ont également droit à un espace utilitaire généreux, plus généreux que celui de la Soul ou de la Cube. On peut aussi rabattre chaque section de la banquette pour en augmenter la capacité.

Motorisation et comportement

Pour animer cette masse tout de même assez lourde, Toyota fait appel à un petit moulin de 2,4 litres, suffisamment puissant pour déplacer la voiture avec efficacité

et souplesse en toutes circonstances. La boîte manuelle à cinq rapports permet d'en tirer un bon profit. Le levier est facile à manipuler et les rapports sont bien étagés. Scion offre également une boîte automatique à quatre rapports. Comme la consommation d'essence est relativement élevée pour une voiture de cette catégorie, l'ajout d'un rapport additionnel pourrait permettre d'améliorer le tir. En moyenne, nous avons obtenu une marque d'un peu moins de 10 L/100 km, ce qui est élevé.

En ville, la voiture évolue avec aisance et agilité. Les mouvements de la carrosserie sont bien contrôlés. Seules certaines inégalités entraînent des secousses plus fortes. Autrement, le confort est, dans la plupart des conditions, au rendez-vous. La xB ne fait pas partie de la catégorie des grandes routières, mais elle joue avec justesse son rôle de citadine moderne. La direction est vive et les freins – à disques aux quatre roues – fonctionnent avec assurance. Toyota l'équipe de série du contrôle de la stabilité du véhicule.

Les acheteurs intéressés à augmenter les performances de la voiture peuvent acheter plusieurs accessoires de personnalisation de haute performance, tels que des freins surdimensionnés (pour 1700$!), une suspension plus ferme ou des roues en alliage de 19 po (pour 1900$!). Le prix peut donc grimper rapidement.

L'arrivée de la gamme Scion chez les concessionnaires Toyota, en plus de compliquer la vie aux consommateurs qui ont déjà fort à faire au moment de magasiner leur nouvelle voiture, entraîne néanmoins avec elle un vent de fraîcheur pour la firme, qui en a grand besoin pour inspirer les plus jeunes acheteurs. L'offre proposée est plus avantageuse que celle d'une Yaris, d'une Corolla ou d'une Matrix. Ce qui laisse croire que d'autres acheteurs que les jeunes pourraient s'y intéresser.

JEAN-PIERRE BOUCHARD

Prix
18 270 $
Transport et préparation
1390 $

+ **Espace intérieur**
+ **Maniabilité**
+ **Performances**

– **Présentation intérieure tristounette**
– **Consommation élevée**
– **Absence de boîte automatique moderne**

Consommation ville – route (L/100 km)
10,7 · 8,3 (man.)
10,9 · 8,5 (aut.)

2012 **Nouveautés**

Changements mineurs

Principales concurrentes

Jeep Compass, Kia Soul, Nissan Cube

À savoir

Garanties de base - motopropulseur (an/km)	3/60 000 - 5/100 000
Marge de profit du concessionnaire (%)	5,94
Essence recommandée	ordinaire
Versions offertes	xD
Carrosserie	hayon 5 portes
Lieu d'assemblage	Japon
Valeur résiduelle	moyenne
Fiabilité présumée	moyenne
Renouvellement du modèle	2013
Ventes 2010 Québec	non commercialisé

Technique

Dimensions et volumes

Empattement (mm)	2460
Longueur (mm)	3930
Largeur (mm)	1725
Hauteur (mm)	1510
Volume intérieur passager (L)	2390
Volume du coffre (min. – max.) (L)	297
Réservoir de carburant (L)	42
Fourchette de poids (kg)	1190

Châssis

Mode	traction
Suspension av. – arr.	ind. – semi-ind.
Freins av. – arr.	disques – tambours
Capacité de remorquage	non recommandé
Diamètre de braquage (m)	11,3
Pneus	195/60R16

Performances

Modèle à l'essai	Scion xD
Moteur	L4 DACT 1,8 litre 16s
Puissance (ch. à tr/min)	128 à 6000
Couple (lb-pi à tr/min)	125 à 4400
Rapport poids/puissance	9,29 kg/ch
Transmission	manuelle 5 rapports
Accélération 0-100 km/h (sec.)	9,34
Reprise 80-115 km/h (sec.)	6,78
Distance de freinage 100-0 km/h (m)	38,6
Niveau sonore à 100 km/h	passable
Vitesse maximale (km/h)	185
Consommation lors de l'essai (L/100 km)	7,4
Gaz à effet de serre (tonnes métriques)	5,3
Autres moteurs	aucun
Autres transmissions	aut. 4 rapports

Protection collision

Frontale conducteur/passager	bonne
Latérale avant/arrière	excellente
Capotage 2rm/4rm	bonne

Scion
xD

POUR ÊTRE « COOL »

La marque Scion, débarquée au pays l'an dernier, représente une solution de rechange «kikoolol» pour les jeunes conducteurs qui veulent se dissocier de l'allure «pépère» de la Toyota conduite par leurs parents et grands-parents. D'entrée de gamme, on trouve la voiture sous-compacte xD. Deux lettres qui signifient «cool» (ou extrêmement drôle), dans le langage Skyblog des ados d'aujourd'hui. Selon les dirigeants du géant japonais, la marque Scion représente donc tout un changement de culture.

Il faut savoir que l'âge moyen des clients de Toyota se situe à 56 ans. La marque et ses produits vieillissent donc avec sa clientèle. Pour rajeunir son bassin d'acheteurs, la gamme Scion arrive donc à point nommé pour aider Toyota à courtiser les jeunes (et moins jeunes) conducteurs.

Allongée sur un empattement similaire à la Toyota Yaris, la xD repose sur le même châssis que sa cousine. Mais plus large et plus longue, la xD propose un habitacle et un coffre plus généreux. (Il aurait été difficile de faire pire que la Yaris, dotée d'un des plus minuscules coffres de la catégorie.) Tous les occupants profiteront de cet espace accru, surtout à l'arrière, alors que l'accès à la banquette est plus facile. La xD rivalise à ce chapitre avec la spacieuse Nissan Versa ou l'ingénieuse Honda Fit, grâce à son plancher de chargement étiré de 11 cm par rapport à celui de la Yaris à hayon. Qui plus est, le dossier de la banquette arrière se replie en deux sections (60-40). Et cette même banquette permet aux passagers d'incliner les dossiers de façon à améliorer le confort lors de longs voyages. Le dégagement, pour les jambes et les épaules à l'arrière, est impressionnant pour une petite voiture.

Le positionnement traditionnel de l'instrumentation, située en face du conducteur, est également plus attrayant que la controversée nacelle centrale de la Yaris qui nous oblige à changer nos «vieilles» habitudes de conduite en regardant les cadrans placés en plein centre de la planche de bord. Pour ce qui est de la présentation, le fait de retrouver les mêmes gros boutons ronds pour commander le système de la ventilation et le même levier de vitesses que la Yaris dénote les liens consanguins qui unissent les deux modèles.

En comparaison à la Yaris et à plusieurs autres sous-compactes, la xD jouit d'une puissance de moteur supérieure. En effet, c'est le quatre-cylindres de 1,8 litre de la Corolla qu'on retrouve sous le capot. Vous n'aurez pas l'impression de piloter un bolide de course, mais ce surplus de chevaux-vapeur sera apprécié lorsque plusieurs occupants et leurs bagages vous accompagneront. Par ailleurs, ceux qui recherchent plus de pep sous le soulier devront opter pour la boîte manuelle à cinq rapports, car les changements de vitesse de la transmission automatique à quatre rapports demeurent lents et perfectibles.

La tenue de route est prévisible et la direction précise. Malgré son petit format, la

xD n'est pas aussi sensible aux vents latéraux sur les autoroutes que la Yaris. Qu'on aime ou non ses formes carrées, ce design se traduit au volant par l'impression que l'on conduit un multisegment urbain de la même lignée que le Nissan Juke. La position de conduite surélevée et son large capot permettent de bien évaluer les dimensions du véhicule dans la circulation dense ou lorsqu'on gare sa voiture en parallèle. Ce qui n'est pas le cas de tous les véhicules de cette catégorie dont les capots plongeants et les angles morts créent parfois des inconforts.

La sécurité avant tout

Les caractéristiques de série incluent dorénavant le dispositif de contrôle de la stabilité, communément appelé l'antipatinage, maintenant obligatoire sur tous les véhicules vendus au pays. Les avantages de sécurité éprouvés de ce système aident notamment le conducteur à garder le véhicule en contrôle et sur sa trajectoire lors d'un virage serré. Conçu pour l'empêcher de glisser ou de déraper, il excuse les mauvais coups de volant sur les surfaces glacées ou mouillées. Mais attention ! Cela ne vous permet pas de faire des excès de vitesse, car les prouesses de ce mécanisme ont des limites.

Outre l'antipatinage, la xD offre le système de surveillance de la pression des pneus et les freins antiblocage (ABS) de série. À propos des freins, ce sont toujours des tambours à l'arrière et des disques à l'avant.

Terminons sur une note musicale. Les jeunes seront ravis par le système audio à six haut-parleurs qui comprend les fonctions AM/FM/CD/MP3/WMA, la compatibilité avec Bluetooth et la radio satellite, les commandes intégrées au volant et des prises d'entrée audio auxiliaire et USB.

STÉPHANE QUESNEL et JEAN-FRANÇOIS GUAY

Prix
17 200 $
Transport et préparation
1390 $

+ **Mécanique éprouvée**
+ **Sécurité active et passive**
+ **Espace de chargement**

– **Moteur bruyant avec la boîte automatique**
– **Bruit éolien élevé sur autoroute**
– **Conduite aseptisée (à la Toyota)**
– **Le dégagement pour les jambes et les épaules, à l'arrière**

Consommation ville – route (L/100 km)
8,7 - 7,1 (man.)
8,9 - 7,2 (aut.)

2012

Nouveautés

Changements mineurs

Principales concurrentes

Chevrolet Sonic, Ford Fiesta, Honda Fit, Kia Rio, Mazda2, Nissan Versa, Toyota Yaris

SCION xD

543

Garanties de base – motopropulseur (an/km)	4/80 000 – 4/80 000
Marge de profit du concessionnaire (%)	n.d.
Essence recommandée	super
Versions offertes	Pure, Passion, Brabus
Carrosserie	hayon 3 portes, cabriolet 3 portes
Lieu d'assemblage	France
Valeur résiduelle	bonne
Fiabilité présumée	moyenne
Renouvellement du modèle	2013
Ventes 2010 Québec	(– 39 %) 502

Technique

Dimensions et volumes

Empattement (mm)	1867
Longueur (mm)	2695, 2700 (Brabus)
Largeur (mm)	1559
Hauteur (mm)	1542 (hay.), 1532 (cab.)
Volume intérieur passager (L)	1285
Volume du coffre (min. – max.) (L)	220 – 340
Capacité du réservoir de carburant (L)	33
Fourchette de poids (kg)	820 – 840

Châssis

Mode	propulsion
Suspension av. – arr.	indépendante
Freins av. – arr.	disques – tambours
Capacité de remorquage	non recommandé
Diamètre de braquage (m)	8,75
Pneus av. – arr.	155/60R15 – 175/55R15, 175/55R15 – 215/35R17 (Brabus)

Performances

Modèle à l'essai	Smart Fortwo Brabus
Moteur	L3 DACT 1,0 litre 12s
Puissance (ch. à tr/min)	70 à 5800
Couple (lb-pi à tr/min)	68 à 4500
Rapport poids/puissance	12 kg/ch
Transmission	semi-automatique 5 rapports
Accélération 0-100 km/h (sec.)	13,5
Reprise 80-115 km/h (sec.)	10,5
Distance de freinage 100-0 km/h (m)	38,9
Niveau sonore à 100 km/h	médiocre
Vitesse maximale (km/h)	145 (ess.), 120 (élec.)
Consommation lors de l'essai (L/100 km)	5,9
Gaz à effet de serre (tonnes métriques)	4,3
Autres moteurs	moteur élec. (20 à 30 kW/27 à 40 ch.)
Autres transmissions	aucune
Électrique – Autonomie (km)	135
Électrique –Temps de recharge 220 V (min.)	45 min.

Protection collision

Frontale conducteur/passager	moyenne
Latérale avant/arrière	excellente
Capotage 2rm/4rm	moyenne

Smart
FORTWO

CELLE À QUI PROFITE LA HAUSSE DU PÉTROLE

L'introduction de la Smart, en 2005, était censée révolutionner l'industrie automobile. Pourtant, il aura fallu attendre sept longues années avant de voir de vraies rivales se mettre en travers de son chemin. Ainsi, l'existence de la Fortwo risque d'être moins hop la vie en 2012, puisqu'elle devra jouer du coude avec la Fiat 500 et la Scion iQ. Et à première vue, son seul avantage pour concurrencer ces deux nouvelles venues sera de miser sur sa réputation en attendant la prochaine génération, prévue pour 2013. Qui plus est, son maigre réseau de distribution pourrait lui jouer un mauvais tour, car si elle est vendue par Mercedes-Benz qui compte, notamment, moins de dix établissements sur le territoire québécois. La 500 et l'iQ, elles, seront distribuées par le double, sinon le triple de concessionnaires grâce aux réseaux de Chrysler et de Toyota. Pour contrer cette poussée, la Smart ne pourra s'en sortir qu'en offrant un prix alléchant et un service après-vente impeccable.

Même si la refonte de la Smart remonte à 2008, il y a encore des consommateurs qui ne savent pas qu'elle a évolué considérablement. En effet, l'habitacle est plus convivial et le comportement routier a pris du galon par rapport à la première cuvée. Encore plus surprenant est de constater le nombre de gens qui croient que la Fortwo s'alimente encore au diésel. Pourtant, cette mécanique a été abandonnée à la fin de 2006 pour plaire aux Américains qui ne veulent rien savoir du gazole. Mais aussi pour respecter les normes antipollution de certains États de nos voisins du sud. Ainsi, le trois-cylindres turbo diésel de 0,8 litre a été remplacé par un trois-cylindres à essence d'une cylindrée de 1 litre. Moins bruyant et beaucoup plus performant en accélération grâce à sa cavalerie de 70 ch (comparativement à 40,2 dans le défunt turbo diésel), ce moteur a permis à la Smart de se faire de nouveaux amis au pays de l'oncle Sam. En revanche, il y a un prix à payer ! Non pas à l'achat, puisque la facture a été réduite au fil des ans, mais plutôt à la pompe, le moteur à essence étant environ 20 % plus vorace au kilomètre que l'ancienne motorisation au diésel. D'autant plus que l'essence utilisée doit contenir un indice d'octane de 91 (super), un carburant plus cher que le diésel.

En circulation urbaine, il y a peu à redire sur la Smart. Comme elle est un véritable passe-partout dans les embouteillages, les rues étroites et les stationnements, on s'accommode sans rechigner de la sécheresse de la suspension. Sur les autoroutes et les routes à la campagne, le comportement de la Smart est cependant moins convaincant. Sans faire notre prière chaque fois qu'on rencontre un mastodonte de douze roues ou plus, disons qu'on souhaite que les camionneurs nous aperçoivent dans leurs rétroviseurs ! De même, cette dernière génération est moins sensible aux vents latéraux et aux déviations de trajectoires sur les chaussées déformées. Un plus long empattement et la présence de pneus de plus grande dimension expliquent cette

amélioration. Quant à l'oubli d'un régulateur de vitesse, on comprend la décision des concepteurs. Si on conjugue le manque de pep du moteur au rendement capricieux de la transmission semi-automatique, une Smart commandée par un régulateur de vitesse pourrait se retrouver dans de mauvais draps. Alors, aussi bien ne pas tenter la chance du conducteur (se sont probablement dit les ingénieurs de Daimler) et de garder son pied droit en plein contrôle de la situation. Sauf que la cheville et le nerf sciatique du conducteur seront les premiers à souffrir de cette absence! Autre discorde, la plupart des passagers vont maugréer contre l'assise du siège qu'il est impossible d'ajuster en hauteur.

L'avenir passe par l'électrique

Malgré quelques lacunes, la Smart demeure une référence dans la catégorie des citadines. La descendance de cette biplace, plus compacte que ses rivales, est pratiquement assurée, compte tenu de la hausse anticipée des prix du pétrole. D'ailleurs, l'avenir de la Smart pourrait passer par le mode électrique, puisque son poids plume demande peu d'énergie à mouvoir. À ce chapitre, Daimler travaille depuis longtemps à concevoir un véhicule entièrement électrique dont la commercialisation à grande échelle est prévue pour l'an prochain. D'ici là, Daimler peaufine sa technologie en offrant déjà des Smart électriques en location. Mais il faut savoir que les clients sont triés sur le volet, la demande ayant surpassé les prévisions du constructeur.

La prochaine Smart devrait ressembler à l'étude ForSpeed, présentée le printemps dernier au Salon de Genève. Son design, sa longueur et son architecture avec moteur arrière changeront peu. Les modifications les plus importantes seront celles qu'on ne voit pas nécessairement, c'est-à-dire celles se rapportant au châssis et à la mécanique.

 JEAN-FRANÇOIS GUAY

Prix
13 990 à 23 900 $
Transport et préparation
650 $ (préparation en sus)

+ **Son format passe-partout**
+ **Son échelle de prix plus sensée**
+ **Le faible appétit de son moteur**

– **Les à-coups de la transmission**
– **L'ajustement du siège passager**
– **Les faibles reprises sur les autoroutes**

Consommation ville – route (L/100 km)
7,1 – 5,5

Nouveautés
2012 Nouvelle génération à venir
Version à moteur électrique en préparation

Principales concurrentes
Fiat 500, Scion iQ

SMART FORTWO

545

À savoir

Garanties de base – motopropulseur (an/km)	3/60 000 – 5/100 000
Marge de profit du concessionnaire (%)	7,49 à 10,59
Essence recommandée	ordinaire, super (turbo)
Versions offertes	2.5X, 2.5X groupe Commodité, 2.5X PZEV groupe Commodité, 2.5X Tourisme, 2.5X Limited, 2.5XT Limited
Carrosserie	multisegment 5 portes
Lieu d'assemblage	Japon
Valeur résiduelle	excellente
Fiabilité présumée	moyenne
Renouvellement du modèle	2013
Ventes 2010 Québec	(+ 1 %) 2337

Technique

Dimensions et volumes

Empattement (mm)	2615
Longueur (mm)	4560
Largeur (mm)	1780
Hauteur (mm)	1700
Volume intérieur passager (L)	3047 (X), 2891 (XT)
Volume du coffre (min. – max.) (L)	872 – 1934 (X), 872 – 1784 (XT)
Réservoir de carburant (L)	64
Fourchette de poids (kg)	1480 à 1570

Châssis

Mode	intégral
Suspension av. – arr.	indépendante
Freins av. – arr.	disques
Capacité de remorquage (max.) (kg)	1087
Diamètre de braquage (m)	10,5
Pneus 215/65R16, 225/55R17 (Tourisme, Ltd, XT)	

Aptitudes hors route

Garde au sol min. (mm)	221 (X), 226 (XT)
Angles d'approche/de rampe/de sortie (°)	25/21/25

Performances

Modèle à l'essai	2.5X Tourisme
Moteur	H4 DACT 2,5 litres 16s
Puissance (ch. à tr/min)	170 à 6000
Couple (lb-pi à tr/min)	174 à 4100
Rapport poids/puissance	8,7 kg/ch
Transmission	automatique 4 rapports
Accélération 0-100 km/h (sec.)	10,2 (X), 7,5 (XT)
Reprise 80-115 km/h (sec.)	8,3 (X), 6,4 (XT)
Distance de freinage 100-0 km/h (m)	40
Niveau sonore à 100 km/h	moyen
Vitesse maximale (km/h)	185 (X), 220 (XT)
Consommation lors de l'essai (L/100 km)	10
Gaz à effet de serre (tonnes métriques)	7,3
Autres moteurs H4 turbo 2,5 l (224 ch., 226 lb-pi)	
Autres transmissions	man. 5 rapports (X)

Protection collision

Frontale conducteur/passager	excellente
Latérale avant/arrière	excellente
Capotage 2rm/4rm	bonne

Subaru
FORESTER

ENNUYEUSE MAIS SERVIABLE

Si vous faites partie de la petite communauté de ceux et celles qui prennent plaisir à conduire une voiture, oubliez le Forester de Subaru. En lieu et place, tournez-vous préférablement vers l'impressionnante WRX STi, une championne de rallye aguerrie qui fait merveille tant sur un pavé sec que mouillé, et surtout dans la neige. Malheureusement, la vie nous oblige souvent à faire face à des situations où un véhicule un tant soit peu utilitaire est plus commode, que ce soit pour les loisirs de la petite famille ou pour le transport quotidien. «Ennuyeuse, mais infiniment serviable» est l'étiquette qui convient le mieux au Forester.

Cela dit, les véhicules de cette filiale de Fuji Heavy Industries sont généralement très attrayants grâce, notamment, à leur rouage intégral d'une redoutable efficacité. Malgré tout, leur popularité au box-office est plutôt timide, quoique en forte progression récemment. Il faut préciser que les véhicules Subaru sont solidement construits, mais il y a eu des ratés dans le passé, comme en témoignent les forums de consommateurs où ceux-ci ne se gênent pas pour rouspéter contre la piètre fiabilité Subaru. En revanche, les derniers sondages de Consumer's Report placent le constructeur dans les trois premiers en matière de fiabilité. On peut en conclure que la haute direction a pris les grands moyens pour effacer tous les irritants.

Un utilitaire de premier plan

Examinons de plus près le Forester que j'ai conduit en hiver sur plus de 500 km et qui a fait preuve d'une belle ardeur au travail. Son rouage intégral (quatre roues motrices en permanence) accentue l'aspect pratique de ce véhicule en lui donnant de belles aptitudes sur des routes glacées ou enneigées. Tout à fait en accord avec sa vocation primordiale d'utilitaire, on apprécie également le vaste espace dévolu aux bagages qui surplombe un coffret de rangement dissimulé sous le plancher. Et si jamais vous devez faire un détour chez Rona, le coffre arrière est modulable pour vous permettre d'y loger des matériaux de construction et autres objets encombrants. Il suffit de rabattre l'un ou les deux sièges arrière pour maximiser l'espace offert.

En leur état naturel, ces sièges peuvent accueillir deux ou trois personnes dans un confort très acceptable. Un autre aspect que l'on goûtera est la visibilité avec la présence de trois glaces latérales de chaque côté du véhicule. Quelle différence avec toutes ces berlines récentes dont la visibilité arrière est purement lamentable!

Comme je le soulignais plus haut, l'agrément de conduite de ce Subaru Forester est quasi inexistant en raison de son moteur un peu neurasthénique qui tarde à vous emmener à 0 à 100 km/h. Malgré une cylindrée et une puissance identiques, le moteur à cylindres horizontaux de 2,5 litres a subi d'importantes transformations l'an dernier de manière à améliorer son rendement global. On s'en rendra compte surtout lors des reprises qui paraissent plus vigoureuses qu'avant, et cela, même si le couple moteur affiche les mêmes données.

Dans des conditions hivernales qui ont tendance à gonfler la consommation d'un bon 10 %, notre véhicule d'essai s'est contenté de 10 litres aux 100 km, ce qui n'est ni la fin du monde, ni le nirvana.

La tenue de route sur pavé sec dicte de faire preuve d'une certaine réserve dans les virages, car les pertes d'adhérence sont faciles à induire. C'est d'autant plus dommage que la direction propose une maniabilité étonnante et, surtout, un diamètre de braquage assez court pour ce type de véhicule. Confronté à ce que l'on appelle un virage en U, le Forester n'a pas de mal à se retrouver dans le sens contraire sans qu'il soit nécessaire de s'y prendre à deux ou trois fois. Une excursion sur de petits chemins forestiers permettra d'ailleurs de bien évaluer cette particularité du Forester.

Un bref inventaire de l'aménagement intérieur se solde par des notes contradictoires. Ainsi, autant j'ai aimé le réglage des sièges à commande électrique, autant il est ardu de mettre en fonction leur système de chauffage en raison de boutons placés trop en retrait entre les deux sièges avant. Même remarque pour les repères d'orientation de l'air du système de chauffage qui sont quasi invisibles. Et finalement, où est passée la jauge de température? Disparue, figurez-vous, comme dans plusieurs autres voitures récentes où elle cède sa place à un témoin lumineux bleu qui s'allume si le moteur devient trop chaud.

Le Subaru Forester n'échappe donc pas au modernisme, en dépit de son air vieillot et de ses performances tranquilles. En revanche, vous ne trouverez pas de voitures plus serviables sur le marché à ce prix.

JACQUES DUVAL

Prix
25 995 à 35 495 $
Transport et préparation
1525 $

+ **Pour un hiver sans souci**
+ **Le VUS de la raison**
+ **Fiabilité en hausse**
+ **Coffre immense**

– **Plaisir au volant mitigé**
– **Moteur timide**
– **Ergonomie perfectible**

Consommation ville – route (L/100 km)
11,5 – 8,6 (man. 2,5 l)
11,6 – 8,9 (aut. 2,5 l)
12,8 – 9,9 (aut. turbo 2,5 l)

Nouveautés

2012

Siège passager réglable en hauteur, feux DEL intégré aux rétroviseurs extérieurs, système multimédia avec écran tactile (Ltd), L4 de 2,5 litres à DACT introduit au cours de la dernière année, consommation à la baisse

Principales concurrentes

Ford Escape, GMC Terrain, Honda CR-V, Jeep Compass/Patriot, Kia Sorento, Mitsubishi Outlander, Suzuki Grand Vitara, Toyota RAV4, Volkswagen Tiguan

SUBARU FORESTER

547

Garanties de base – motopropulseur (an/km)	3/60 000 – 5/100 000
Marge de profit du concessionnaire (%)	7,50 à 8,20
Essence recommandée	ordinaire
Versions offertes	2.0i, 2.0i Tourisme, 2.0i Sport, 2.0i Limited
Carrosserie	berline 4 portes, hayon 5 portes
Lieu d'assemblage	Japon
Valeur résiduelle	excellente
Fiabilité présumée	inconnue
Renouvellement du modèle	nouveau modèle
Ventes 2010 Québec	(– 1 %) 2926 Impreza

Technique

Dimensions et volumes

Empattement (mm)	2645
Longueur (mm)	4580 (berl.), 4415 (hay.)
Largeur (mm)	1740
Hauteur (mm)	1465
Volume intérieur passager (L)	2730 (berl.), 2750 (hay.)
Volume du coffre (min. – max.) (L)	340 (berl.), 569 – 1407 (hay.)
Réservoir de carburant (L)	n.d.
Fourchette de poids (kg)	1320

Châssis

Mode	intégral
Suspension av. – arr.	indépendante
Freins av. – arr.	disques
Capacité de remorquage (max.) (kg)	n.d.
Diamètre de braquage (m)	10,6
Pneus	195/65R15 (2.0i), 205/55R16 (Tourisme), 205/50R17 (Sport, Ltd)

Performances

Modèle à l'essai	Impreza Sport
Moteur	H4 DACT 2,0 litres 16s
Puissance (ch. à tr/min)	148 à 6200
Couple (lb·pi à tr/min)	145 à 4200
Rapport poids/puissance	8,91 kg/ch
Transmission	automatique à variation continue (CVT)
Accélération 0-100 km/h (sec.)	9,9 (estimé)
Reprise 80-115 km/h (sec.)	non chronométrée
Distance de freinage 100-0 km/h (m)	non mesurée
Niveau sonore à 100 km/h	moyen
Vitesse maximale (km/h)	190
Consommation lors de l'essai (L/100 km)	7,7 (estimé)
Gaz à effet de serre (tonnes métriques)	5,7
Autres moteurs	aucun
Autres transmissions	man. 5 rapports

Protection collision

Frontale conducteur/passager	non évaluée
Latérale avant/arrière	non évaluée
Capotage 2rm/4rm	non évaluée

Subaru
IMPREZA

REPRENDRE LE TEMPS PERDU

Quand un constructeur dépasse ses objectifs de vente et gagne en popularité, l'envie lui prend souvent d'agrandir son spectre et de trouver de nouveaux clients. Dans le cas de Subaru, l'impossibilité de défier les Honda et Toyota dans les années 1990 l'avait poussé à hausser le contenu de son offre en ajoutant du luxe et l'intégrale au moteur boxer pour se démarquer. Mais la récente popularité de Subaru, combinée à l'obligation de se conformer à des normes de consommation beaucoup plus strictes, pousse le petit constructeur à ramener son Impreza à des valeurs plus traditionnelles et à concurrencer à nouveau les Ford Focus et Mazda3 de ce monde.

À partir de cette année, il faudra séparer la berline et le modèle à hayon cinq portes de l'Impreza 2012, la quatrième génération de ce nom, des modèles WRX et STi, révisés l'an dernier, et qui représenteront dorénavant des modèles différents à part entière. Si les étalons de performance restent les mêmes, l'Impreza, présentée en primeur au Salon de New York le printemps dernier, en retour change complètement. Avec un design renouvelé, les motoristes ont misé sur un moulin plus petit avec une cavalerie plus modeste dans une caisse spacieuse qui s'est nord-américanisée.

Retour vers le futur

La tendance s'installe petit à petit avec le prix du carburant qui augmente et l'obligation pour les constructeurs de se conformer à des normes plus strictes en 2015 : les cylindrées diminuent, la gestion du carburant se veut plus économique et dans le cas de Subaru, on ajoute une boîte CVT, comme pour la Legacy.

Il s'agit donc d'un nouveau moteur FB20 de deux litres à cylindres opposés produisant 148 ch et un régime des soupapes qui réduit les émanations. À chaque génération, les ingénieurs de la marque aux pléiades ont raffiné chaque composante mécanique comme on polit une pierre précieuse. Dommage que l'injection directe ne soit pas au menu, il faudra attendre la prochaine évolution.

La configuration du boxer offre une course de piston plus longue, ce qui procure un couple de 145 livres-pieds : cette configuration a pour effet de tirer le meilleur parti des cinq rapports (pourquoi pas six vitesses ?) de la boîte manuelle, mais surtout de la boîte CVT Lineartronic. C'est ainsi qu'on peut obtenir le maximum d'un litre de pétrole. La boîte manuelle conserve son mécanisme de retenue en pente.

Toutefois, le principal argument de vente de cette Impreza demeure sans contredit cette traction intégrale symétrique qui a fait sa réputation. Chez nous, on avait compris depuis longtemps qu'il fallait affronter l'hiver avec un rouage intégral, mais nos voisins américains viennent tout juste de s'affranchir. Subaru accorde une consommation plus basse à la CVT, soit une moyenne de 6,5 L/100 km, mais on verra. Dans le quotidien, quand vous passez sous les 8 L/100 km avec une vraie traction intégrale, prenez-la !

Un design plus conforme

Cette nouvelle génération, plus longue de 165 mm, a été dessinée pour des personnes de bonne taille, pour quatre ou cinq occupants dans un confort relatif

et une tenue de route plus que convenable (suspension indépendante à double triangle). L'habitacle est plus vaste du fait que les ingénieurs ont réussi à allonger l'empattement de 25 mm. Et le poids demeure sous les 1320 kg.

Potelée, cette Impreza exhibe des phares enveloppants, une jolie calandre chromée, des puits d'ailes saillants et un coffre surélevé. Une gueule qui plaira. Les nouvelles cibles seront de tout type : des Focus, Matrix et Juke aux petits utilitaires à traction intégrale intuitive.

Subaru propose trois versions de berlines et rien de moins que cinq versions avec hayon. Les modèles de base offrent même la climatisation, la servodirection électrique et les glaces électriques de série. Avec chaque ensemble, les accessoires s'ajoutent, jusqu'à la sellerie de cuir. Évidemment, les gadgets sociaux sont aussi au menu, comme l'intégrateur iPod et USB, le Bluetooth et les commandes au volant. Pour ce qui est de l'espace de chargement, le coffre de la berline déçoit avec seulement 340 litres, alors que celui de la cinq-portes passe à 569 litres et à 1407 au total, une fois les banquettes arrière rabattues.

La nouvelle Impreza n'a rien à voir avec ce que Volkswagen a fait avec les versions City ou la nouvelle Jetta de base. Sa présentation est révisée au même chapitre que son moteur, lequel n'a rien de réchauffé. Les concessionnaires auront dorénavant un produit d'entrée de gamme pour attirer le client dans leurs salles d'exposition. Au moment de mettre sous presse, la fourchette de prix n'avait pas été annoncée, mais on offrait à environ 21 000 $ l'ancienne version de base avec le moteur 2,5 litres de 170 forces. Alors, si le prix de départ se situait dans la même échelle de prix, ce serait une sacrée bonne affaire !

🚗 **MICHEL POIRIER-DEFOY**

Prix
21 895 à 27 595 $ (2011)
Transport et préparation
1525 $

+ Traction intégrale permanente symétrique
+ Habitacle plus vaste
+ Bon équipement de série

– Puissance du moteur un peu juste
– Cliquetis du boxer
– Manuelle à cinq rapports

Consommation ville – route (L/100 km)
9,3 – 6,8 (man.)
8,5 – 6,5 (CVT)

Nouveautés
2012
Nouvelle génération
Moteur L4 de 2,0 litres

Principales concurrentes

Audi A3, Honda Civic, Mazda3, Mitsubishi Lancer, Suzuki SX4, Toyota Corolla/Matrix, Volkswagen Golf/Jetta

Garanties de base – motopropulseur (an/km)	3/60 000 – 5/100 000
Marge de profit du concessionnaire (%)	9,50 à 10,50
Essence recommandée	ordinaire, super (turbo)
Versions offertes	2.5i, 2.5i groupe Commodité, PZEV, 2.5i Tourisme, 2.5i Limited, 3.6R, 3.6R Limited, 2.5GT
Carrosserie	berline 4 portes
Lieu d'assemblage	États-Unis
Valeur résiduelle	bonne
Fiabilité présumée	moyenne
Renouvellement du modèle	2015
Ventes 2010 Québec	(+ 40 %) 1404

Technique

Dimensions et volumes

Empattement (mm)	2750
Longueur (mm)	4735
Largeur (mm)	1820
Hauteur (mm)	1505
Volume intérieur passager (L)	2918 (2.5i, PZEV), 2833 (Sport, Limited, GT, R)
Volume du coffre (min. – max.) (L)	415
Réservoir de carburant (L)	70
Fourchette de poids (kg)	1485 à 1598
Répartition du poids av. – arr. (%)	57 – 43

Châssis

Mode	intégral
Suspension av. – arr.	indépendante
Freins av. – arr.	disques
Capacité de remorquage (max.) (kg)	1227 (H4) 1363 (H6)
Diamètre de braquage (m)	11,2
Pneus	205/60R16 (2.5i, PZEV), 215/50R17 (Sport, Ltd), 225/50R17 (R), 225/45R18 (GT)

Performances

Modèle à l'essai	Legacy 2.5i Sport
Moteur	H4 SACT 2,5 litres 16s
Puissance (ch. à tr/min)	170 à 5600
Couple (lb·pi à tr/min)	170 à 4000
Rapport poids/puissance	9,02 kg/ch
Transmission	automatique à variation continue (CVT)
Accélération 0-100 km/h (sec.)	10,1 (S), 8,4 (R), 6,5 (GT)
Reprise 80-115 km/h (sec.)	7,9 (S), 4,2 (GT)
Distance de freinage 100-0 km/h (m)	38,5 (S), 37,5 (GT)
Niveau sonore à 100 km/h	moyen
Vitesse maximale (km/h)	190, 220 (R, GT)
Consommation lors de l'essai (L/100 km)	9,8
Gaz à effet de serre (tonnes métriques)	7,1
Autres moteurs	H4 turbo 2,5 l (265 ch., 258 lb-pi) (GT), H6 3,6 l (256 ch., 247 lb-pi) (R)
Autres transmissions	aut. 5 rapp. (3,6 l), man. 6 rapports (2.5i, Sport, GT)

Protection collision

Frontale conducteur/passager	excellente
Latérale avant/arrière	excellente
Capotage 2rm/4rm	excellente

Subaru
LEGACY

UN CHOIX JUDICIEUX

Difficile de trouver pour moins de 25 000 $ une berline confortable, spacieuse, bien construite et... équipée pour se faufiler adroitement sur les chemins coulants. Pourtant, il en existe une : la Legacy. Malgré toutes ses qualités, l'intermédiaire japonaise demeure méconnue des acheteurs. Elle ne devrait pas l'être.

Tout comme la plupart des voitures de cette catégorie, la plus récente génération de Legacy affiche de généreuses dimensions. Plus volumineuse, donc, elle accueille ses occupants avec davantage de confort, en particulier ceux qui séjournent sur la banquette arrière. Il est toutefois dommage que le petit constructeur ait retiré de son grand livre de produits la familiale lors de la refonte de 2010. Les intéressés devront alors opter pour l'Outback, plus chère.

À l'avant, les entrées et les sorties ne posent aucune difficulté. Une fois assis derrière le volant (inclinable et télescopique), on trouve facilement une position de conduite confortable. Les personnes de plus grande taille n'auront rien à redire du dégagement pour les jambes et la tête : il est amplement suffisant pour les accommoder.

Les sièges fournissent un bon confort et un bon soutien. Sur la version munie du groupe commodités, les réglages sont électriques. Mais dans toutes les versions, y compris d'entrée de gamme, les sièges avant sont chauffants.

La présentation des instruments de bord est moderne et de bon goût. Il faut par contre s'interroger sur l'utilité du dédoublement de l'indicateur de consommation de carburant : un premier, analogique, monté dans le groupe d'instruments et un second, numérique, monté sur la partie supérieure du tableau de bord.

Les commandes montées sur la console centrale sont simples d'utilisation. Les boutons pour mettre en fonction le dégivreur de lunette ou encore ceux pour activer le climatiseur semblent toutefois avoir été conçus pour des petits doigts. Du reste, les matériaux utilisés sont de belle qualité. Ils étaient en plus bien assemblés dans les voitures que nous avons conduites. L'habitacle protège bien les occupants des bruits extérieurs. Malheureusement, les bruits provenant de la boîte à variation continue et du moteur en fortes accélérations viennent ternir ce tableau positif. Détail intéressant offert généralement sur une voiture haut de gamme : le frein à main fonctionne de façon électronique. Il suffit d'appuyer sur le bouton pour le serrer et le desserrer.

À l'arrière, la grande ouverture des portes facilite les entrées et les sorties. La banquette reçoit trois occupants dont deux profiteront d'un bon confort. Ces derniers pourront apprécier le généreux dégagement pour les jambes et la tête. Le coffre est par ailleurs de bonne dimension. Des tirettes fixées à l'intérieur du coffre permettent d'abaisser chaque section du dossier de la banquette. Étrangement, le couvercle pour ouvrir le coffre n'est pas doté d'un bouton de déverrouillage. Chaque

fois, il faut donc utiliser la télécommande, le bouton sur la console ou glisser la clé dans la serrure dissimulée en dessous de la poignée du coffre.

Motorisation et comportement

Le constructeur propose un choix parmi trois motorisations, dont une pour la livrée d'entrée de gamme de 170 ch. Cette puissance convient généralement pour déplacer la voiture avec aisance dans les situations de la vie quotidienne. Ce moteur et la boîte à variation continue forment un excellent tandem au moment d'accélérer ou de dépasser. En fait, les performances sont comparables à celles d'une Honda Accord, d'une Toyota Camry ou d'une Hyundai Sonata par exemple. Mais ces concurrentes n'offrent cependant pas l'excellent rouage intégral de Subaru.

Le conducteur peut également simuler des changements de rapports au moyen des palettes montées sur le volant. Encore une fois, c'est souvent une caractéristique réservée aux voitures plus luxueuses. Équipée du quatre-cylindres et de la boîte à variation continue, la voiture utilise en moyenne moins de 10 L/100 km, soit sensiblement la même consommation que la Honda Accord ou la Toyota Camry.

Les acheteurs qui cherchent un peu plus de vitalité pourront opter pour une version turbocompressée du quatre-cylindres (GT) ou encore pour le six-cylindres (3.6R).

Sur la route, la berline offre un très beau confort de roulement. Au quotidien, la voiture est maniable et dégage une belle impression de solidité. Les freins ne manquent pas de mordant. La direction ne procure par contre aucune sensation grisante. Pour la sportivité, il faudra regarder ailleurs. Par exemple du côté de la Suzuki Kizashi, la seule autre intermédiaire offerte avec le rouage intégral.

La Legacy figure sur notre liste des meilleures berlines de la catégorie. La facture grimpe toutefois rapidement lorsqu'on regarde du côté des versions GT ou 3.6R.

 JEAN-PIERRE BOUCHARD

Prix
23 995 à 38 595 $
Transport et préparation
1525 $

+ **Espace intérieur**
+ **Transmission intégrale**
+ **Consommation de carburant**

– **Bruits en fortes accélérations**
– **Versions haut de gamme chères**
– **Absence de configuration familiale**

Consommation ville – route (L/100 km)

10,5 – 7,9 (CVT 2,5 l)
12,3 – 8,8 (man. 2,5 l)
13,2 – 9,5 (man. turbo 2,5 l)
13,3 – 9,6 (aut. 3,6 l)

Nouveautés
2012 Système multimédia à écran tactile (Lmited)
Nouvelles jantes (GT)
Sellerie en cuir de série (R)

Principales concurrentes

Audi A4, Buick Regal, Ford Fusion, Honda Accord, Hyundai Sonata, Infiniti G, Kia Optima, Lexus IS, Mazda6, Nissan Altima, Suzuki Kizashi, Toyota Camry, Volkswagen Passat

SUBARU LEGACY

À savoir

Garanties de base – motopropulseur (an/km)	3/60 000 – 5/100 000
Marge de profit du concessionnaire (%)	10,25 à 10,50
Essence recommandée	ordinaire
Versions offertes	Versions offertes : PZEV, 2.5i Tourisme, 2.5i Limited, 3.6R, 3.6R Limited
Carrosserie	multisegment 5 portes
Lieu d'assemblage	États-Unis
Valeur résiduelle	bonne
Fiabilité présumée	moyenne
Renouvellement du modèle	2015
Ventes 2010 Québec	(+ 283 %) 2595

Technique

Dimensions et volumes

Empattement (mm)	2740
Longueur (mm)	4780
Largeur (mm)	1820
Hauteur (mm)	1670
Volume intérieur passage (L)	2799, 2984 (PZEV)
Volume du coffre (min. – max.) (L)	972 – 2019
Réservoir de carburant (L)	70
Fourchette de poids (kg)	1542 à 1648
Répartition du poids av. – arr. (%)	55 – 45

Châssis

Mode	intégral
Suspension av. – arr.	indépendante
Freins av. – arr.	disques
Capacité de remorquage (max.) (kg)	1227 (H4), 1363 (H6)
Diamètre de braquage (m)	11,2
Pneus	225/50R17

Aptitudes hors route

Garde au sol min. (mm)	221
Angles d'approche/de rampe/de sortie (°)	19/19/22

Performances

Modèle à l'essai	Outback Limited
Moteur	H4 SACT 2,5 litres
Puissance (ch. à tr/min)	170 à 5600
Couple (lb-pi à tr/min)	170 à 4000
Rapport poids/puissance	9,35 kg/ch
Transmission	automatique à variation continue (CVT)
Accélération 0-100 km/h (sec.)	10,2
Reprise 80-115 km/h (sec.)	7,6
Distance de freinage 100-0 km/h (m)	40,3
Niveau sonore à 100 km/h	moyen
Vitesse maximale (km/h)	190, 210 (3,6 l)
Consommation lors de l'essai (L/100 km)	9,9
Gaz à effet de serre (tonnes métriques)	7,1
Autres moteurs	H6 3,6 l (256 ch., 247 lb-pi)
Autres transmissions	man. 6 rapp. (PZEV, Sport), aut. 5 rapp. (3.6R), CVT (2.5i)

Protection collision

Frontale conducteur/passager	excellente
Latérale avant/arrière	excellente
Capotage 2rm/4rm	bonne

Subaru
OUTBACK

UNE LONGUEUR D'AVANCE

En retirant la Legacy familiale de son portefeuille, Subaru comptait satisfaire les besoins d'espace (et d'aventure ?) de sa clientèle avec la seule Outback. Mission accompli! Plus qu'une Legacy montée sur des échasses, l'Outback détient toujours une longueur d'avance sur ses concurrents.

Bénéficiant d'une garde au sol généreuse, l'Outback s'enveloppe, depuis sa refonte en 2010, d'une carrosserie légèrement plus courte, à la suite d'une réduction des porte-à-faux. Plus remarquables cependant sont les gains réalisés en hauteur (+10,4 cm) et en largeur (+5 cm).

Déposé sur un empattement plus long qu'autrefois, l'habitacle permet dorénavant aux occupants des places arrière de voyager plus confortablement. Et à nos bagages aussi. Le hayon toujours aussi vertical s'ouvre sur un coffre aux formes rectilignes dont on peut augmenter la surface en sacrifiant en tout ou en partie la banquette. Celle-ci s'escamote en deux sections (40-60). Celle-ci manque un peu de moelleux, diront les plus lourds, mais ses dossiers ont le mérite de s'incliner aussi vers l'arrière pour faciliter la sieste. Outre son volume de chargement plus qu'appréciable, ce coffre plaît aussi pour sa polyvalence, comme en font foi les multiples compartiments qui s'y trouvent (certains plus secrets que d'autres), ses points d'attache et ses crochets mobiles.

À bord, Subaru s'est accordé quelques économies en reprenant intégralement l'habillage de la Legacy. Ne boudons pas notre plaisir et apprécions plutôt le sérieux de la construction, même si certains plastiques «font dur» (au sens propre et comme au figuré).

Bien qu'on ne puisse qualifier la présentation intérieure de l'Outback de particulièrement élégante et encore moins d'originale, celle-ci demeure néanmoins agréable à vivre. La colonne de direction à la fois inclinable et télescopique permet de trouver aisément une position de conduite confortable, et les principales commandes campent exactement là où elles sont censées être.

Double personnalité

L'Outback adopte, de série, le quatre-cylindres de 2,5 litres. Ce moteur s'arrime à une boîte manuelle à six rapports ou à une automatique à variation continue (type CVT). Un six-cylindres de 3,6 litres est également offert. Celui-ci s'accompagne exclusivement d'une transmission semi-automatique classique. Son rendement est sans histoire, mais nous lui préférons tout de même le 2,5 litres, plus économique.

C'est bien connu, les Subaru possèdent une double personnalité. Sur chaussée pavée et sèche, elles affichent un comportement routier sage, frôlant l'ennui. Par contre, dès que les conditions climatiques se détériorent, elles révèlent leurs plus beaux atours.

Imperturbable peu importe l'état des routes, l'Outback file vite et sans peine. En revanche, elle distille les sensations au volant, et du coup, fausse un peu la perception que nous avons du positionnement des roues directrices. Un peu pataude

dans ses réactions et dirigée par un pignon qui peine à mordre solidement sa crémaillère, cette Subaru procure un agrément de conduite bien moyen. Ses pneumatiques – d'une pointure modeste (16 po) – n'assurent pas une adhérence très élevée, et ses éléments suspenseurs font la part un peu plus belle au confort qu'à la tenue de route.

En toute honnêteté, il faut ajouter que ses dimensions imposantes, la qualité de l'insonorisation et le ouaté de ses suspensions participent aussi à ce décalage. La prise de roulis est modérée, la caisse encaisse sans mal les imperfections du revê-tement. Mais l'Outback a aussi d'autres attributs. Elle peut prendre la direction des champs, des rivières et des pentes escarpées. Même dénuée d'une boîte courte (ou de transfert, si vous préférez), cette Subaru peut compter sur sa garde au sol surélevée et sur l'excellence de son rouage intégral permanent. Et un contrôle électronique de descente lui permet d'éviter de dévaler comme une luge les pentes les plus abruptes.

Le gros 2,5-litres s'entend bien avec la transmission à variation continue (CVT). Cette transmission fait appel à une chaîne articulée dont la robustesse ne soulève aucune inquiétude quant à sa longévité et à sa durabilité. C'est grâce à elle et à quelques aménagements réalisés par les motoristes que l'Outback consomme avec modération l'essence qui baigne dans son réservoir. Cela dit, ce quatre-cylindres à plat demeure aussi peu expressif et peu empressé à monter dans les tours. En revanche, son rendement est sans histoire et il ne vibre presque pas.

À la lumière de cet essai, ce concept de familiale surélevée a, croyons-nous, atteint un stade de mise au point difficile à surpasser. D'ailleurs, l'an dernier, dans le cadre d'un match comparatif l'opposant à la Toyota Venza et la Honda Accord Crosstour, l'Outback s'est retrouvée sur la plus haute marche de notre podium. Et elle s'y trouve toujours.

 ÉRIC LEFRANÇOIS

Prix
23 995 à 38 495 $
Transport et préparation
1525 $

+ **Habiletés en tout-terrain**
+ **Confort acoustique**
+ **Consommation raisonnable**

– **Accélérations et reprises**
– **Direction édulcorée**
– **Plastiques décevants**

Consommation ville – route (L/100 km)
10,8 – 8,2 (CVT 2,5 l)
12,3 – 8,8 (man. 2,5 l)
13,3 – 9,6 (aut. 3,6 l)

Nouveautés

2012 Multimédia avec écran tactile (Limited)
Enceintes Pionner (Limited)
Ventilation à deux zones et Bluetooth intégré au volant (Tourisme, R)
Nouveaux groupes d'équipements

Principales concurrentes

 Audi A4 Avant, BMW Série 3 Touring, Honda Crosstour, Saab 9-3X, Toyota Venza, Volvo XC70

SUBARU OUTBACK

553

À savoir

Garanties de base – motopropulseur (an/km)	3/60 000 – 5/100 000
Marge de profit du concessionnaire (%)	9,50 à 10,50
Essence recommandée	ordinaire
Versions offertes	Base, Limited, Premier
Carrosserie	multisegment 5 portes (7 places)
Lieu d'assemblage	États-Unis
Valeur résiduelle	moyenne
Fiabilité présumée	moyenne
Renouvellement du modèle	2012
Ventes 2010 Québec	(– 10 %) 196

Technique

Dimensions et volumes

Empattement (mm)	2748
Longueur (mm)	4865
Largeur (mm)	1878
Hauteur (mm)	1730
Volume intérieur passager (L)	3780
Volume du coffre (min. – méd. – max.) (L)	235 – 1063 – 2106
Capacité du réservoir de carburant (L)	64
Fourchette de poids (kg)	1914 – 1935
Répartition du poids av. – arr. (%)	55 – 45

Châssis

Mode	intégral
Suspension av. – arr.	indépendante
Freins av. – arr.	disques
Capacité de remorquage (max.) (kg)	906, 1587
Diamètre de braquage (m)	11,4
Pneus	255/55R18

Aptitudes hors route

Garde au sol min. (mm)	211
Angles d'approche/de rampe/de sortie (°)	17/19/21

Performances

Modèle à l'essai	Tribeca Limited
Moteur	H6 DACT 3,6 litres 24s
Puissance (ch. à tr/min)	256 à 6000
Couple (lb·pi à tr/min)	247 à 4400
Rapport poids/puissance	7,54 kg/ch
Transmission	automatique 5 rapports
Accélération 0-100 km/h (sec.)	8,52
Reprise 80-110 km/h (sec.)	6,12
Distance de freinage 100-0 km/h (m)	40,9
Niveau sonore à 100 km/h	passable
Vitesse maximale (km/h)	205
Consommation lors de l'essai (L/100 km)	13,1
Gaz à effet de serre (tonnes métriques)	9,4
Autres moteurs	aucun
Autres transmissions	aucune

Protection collision

Frontale conducteur/passager	excellente
Latérale avant/arrière	excellente
Capotage 2rm/4rm	bonne

Subaru
TRIBECA

EN ATTENDANT LE JUGEMENT

Selon certaines rumeurs, Subaru avait jeté la serviette et décidé de retirer le Tribeca au terme du millésime 2011. Mais le constructeur au logo des Pléiades a tellement le vent dans les voiles, avec ses records de ventes, que le condamné a obtenu un sursis et voit même ses ventes prendre du galon aux États-Unis. Après s'être demandé pendant quelques années ce que faisait le Tribeca dans son alignement, il faut admettre que la seconde génération est plus jolie et trouve preneur parmi la chapelle vieillissante des «subaristes».

Subaru a fait son lit et joué quitte ou double, en 1996, quand il s'est tourné définitivement vers les moteurs à cylindres opposés à plat et la traction intégrale pour tous ses modèles. Depuis, le constructeur japonais a multiplié les combinaisons de ses quatre et six-cylindres, avec ou sans turbo, et a cherché sans cesse à diminuer la consommation de carburant, le talon d'Achille de la marque.

Le Tribeca est le plus gros et le plus lourd véhicule que Subaru ait eu à son catalogue, même si les Legacy Outback et SVX à l'époque n'étaient pas des poids plumes. Pour déplacer sa masse de deux tonnes, il fallait lui boulonner sous le capot un groupe propulseur susceptible de fournir des performances dignes d'un VUS intermédiaire. Ici, précisons qu'à notre avis, c'est un VUS et non un multisegment. Les utilitaires sont généralement assortis de la traction intégrale et le Tribeca jouit d'une des meilleures de l'industrie.

On trouve de série un moteur H6 de 3,6 litres développant une puissance de 256 ch et un couple de 247 livres-pieds. Un bloc que l'on qualifie de «carré» dans le jargon des motoristes, puisque les chiffres de la puissance et du couple sont pratiquement les mêmes. Ce moteur est jumelé à une boîte semi-automatique à cinq rapports qui profite de la traction intégrale symétrique à couple variable, une spécialité de la maison. Au menu de la boîte figurent les modes normal, sport ou manuel, ce dernier étant dépourvu de manettes au volant pour passer les rapports. Avec le reste de la quincaillerie des aides à la conduite, l'adhérence à la route est impeccable. Mais il ne faudra pas le pousser dans ses derniers retranchements, car son poids le rend sous-vireur. Il ne faudrait pas le comparer à un Outback, il est beaucoup moins agile.

Cockpit d'avion et strapontins

Pour ne pas être en reste avec la concurrence, l'habitacle du Tribeca aligne trois rangées de sièges. À l'avant, les passagers profitent de beaucoup d'espace et de fauteuils confortables. La présentation du tableau est originale et semblable à un cockpit d'avion. La console centrale est reliée au tableau de bord d'un seul trait et enveloppe littéralement le conducteur jusque dans la portière.

La deuxième banquette est divisée 60-40. Une séparation 40-20-40 aurait été appréciée, vu qu'un Subaru avec son rouage intégral a la cote auprès des amateurs

de plein air. L'espace accordé à un troisième occupant au milieu de la banquette est plutôt restreint. Quant à la dernière rangée, elle se transforme en quasi-strapontin pour deux personnes de petite taille. L'effet théâtre de cet habitacle est dû au fait que l'espace entre le plancher et le pavillon du toit s'amenuise et laisse de moins en moins de place pour les personnes à mesure qu'on s'éloigne de l'avant. Or, à la dernière rangée, la suspension, le pont arrière avec son arbre de couche et le réservoir d'essence empruntent sur l'espace vital des passagers.

Trois rangées dans un habitacle impliquent un volume de chargement restreint. Si sept personnes devaient prendre place dans un Tribeca, il resterait à peine 235 litres de capacité, tout juste suffisant pour un pique-nique! Si on abaisse la dernière banquette, le volume grimpe à 1063 litres. Ce qui fera l'affaire d'une famille de hockeyeurs pour transporter l'équipement. De plus, on remarque dans l'habitacle une série de petits rangements et de porte-gobelets qui facilitent les longues randonnées. Pour cacher les objets de valeur, il y a un compartiment sous le plancher du coffre.

Si Subaru a décidé de prolonger la carrière du Tribeca d'une année, il vaut la peine de se demander ce qu'il en adviendra dans un an. La première génération était franchement laide et avait suscité la moue chez les acheteurs. La seconde est plus nord-américaine et la popularité de la marque lui redonne un second souffle. Mais les changements sont implacables et il faudra penser à une boîte à six rapports et à plus d'économie à la pompe pour soutenir l'intérêt du consommateur. Il n'est pas certain que cet intérêt justifie une troisième génération.

 MICHEL POIRIER-DEFOY

Prix
40 995 à 49 195 $
Transport et préparation
1525 $

+ Sa finition soignée et son luxe
+ Son rouage intégral réputé
+ Les nombreux espaces
  de rangement

– Son poids et sa consommation
– Sa gamme de prix
– Ses suspensions fermes

 Consommation ville – route (L/100 km)
14,8 – 11,5

2012 **Nouveautés**
Système de divertissement DVD supprimé
Nouvelles couleurs

Principales concurrentes

 Buick Enclave, Chevrolet Traverse, Dodge Durango, Ford Explorer/Flex, GMC Acadia, Honda Pilot, Hyundai Veracruz, Mazda CX-9, Toyota Highlander

SUBARU TRIBECA

555

À savoir

Garanties de base – motopropulseur (an/km)	3/60 000 – 5/100 000
Marge de profit du concessionnaire (%)	9,80 à 10,50
Essence recommandée	super
Versions offertes	WRX, WRX Limited, STI, STI Sport-Tech
Carrosserie	berline 4 portes, hayon 5 portes
Lieu d'assemblage	Japon
Valeur résiduelle	bonne
Fiabilité présumée	moyenne
Renouvellement du modèle	2015
Ventes 2010 Québec	(+ 36 %) 767

Technique

Dimensions et volumes

Empattement (mm)	2623
Longueur (mm)	4415 (berl.), 4580 (hay.)
Largeur (mm)	1796
Hauteur (mm)	1476 (WRX), 1471 (STI)
Volume intérieur passager (L)	2639 (berl.), 2678 (hay.)
Volume du coffre (min. – max.) (L)	320 (berl.), 538 – 1257 (hay.)
Réservoir de carburant (L)	64
Fourchette de poids (kg)	1455 (WRX), 1535 (STI)
Répartition du poids av. – arr. (%)	58 – 42

Châssis

Mode	intégral
Suspension av. – arr.	indépendante
Freins av. – arr.	disques
Capacité de remorquage	non recommandé
Diamètre de braquage (m)	10,8
Pneus	235/45R17 (WRX), 245/40R18 (STI)

Performances

Modèle à l'essai	Impreza WRX
Moteur	H4 DACT 2,5 litres 16s
Puissance (ch. à tr/min)	265 à 6000
Couple (lb·pi à tr/min)	244 à 4400
Rapport poids/puissance	5,49 kg/ch
Transmission	manuelle 5 rapports
Accélération 0-100 km/h (sec.)	5,5 (WRX), 4,9 (STI)
Reprise 80-115 km/h (sec.)	3,6 (WRX), 3,3 (STI)
Distance de freinage 100-0 km/h (m)	33,8 (WRX), 33,2 (STI)
Niveau sonore à 100 km/h	passable
Vitesse maximale (km/h)	240 (WRX), 250 (STI)
Consommation lors de l'essai (L/100 km)	11,3
Gaz à effet de serre (tonnes métriques)	8,1
Autres moteurs	H4 turbo 2,5 l (305 ch., 290 lb-pi) (STI)
Autres transmissions	man. 6 rapports (STI)

Protection collision

Frontale conducteur/passager	excellente
Latérale avant/arrière	bonne
Capotage 2rm/4rm	bonne

Subaru
WRX STI

POUR LES PURS ET DURS

Aucune autre marque autre que Subaru ne possède une clientèle aussi disparate. D'un côté, on trouve des acheteurs sérieux, amateurs de plein air, soucieux d'environnement et de sécurité, et de l'autre, de jeunes passionnés de rallye et de haute performance qu'on est susceptible de rencontrer un vendredi soir d'été sur un circuit quelconque en train de tester les derniers réglages de leur voiture. Les premiers achètent des Outback, des Forester ou des Impreza ordinaires (tranquilles?) alors que les seconds se précipitent vers la WRX et sa version encore plus poussée, la STi.

Difficile de trouver deux groupes aussi hétéroclites et entichés des produits Subaru. Si l'Impreza normale bénéficie d'un banc d'essai séparé, c'est qu'elle fait désormais cavalier seul avec de nouvelles fringues, alors que le duo WRX/STi est désormais dissocié des modèles bas de gamme avec lesquels elle a longtemps cohabité.

Départageons tout de suite la WRX et la Sti en précisant que la première hérite d'un moteur quatre cylindres à plat suralimenté par turbo compresseur pour une puissance de 265 ch répartie aux quatre roues motrices via une boîte manuelle à cinq rapports. Sa compagne, la Sti, va plus loin en ajoutant un rapport de boîte et 40 ch supplémentaires pour un total impressionnant de 305 ch. Cette dernière justifie son prix assez corsé par cet équipement sophistiqué qui permet de modifier les mille et un réglages du châssis, y compris la répartition de la puissance selon les besoins du moment. La Sti peut ainsi adopter le caractère d'une traction ou d'une propulsion, ce qui équivaut à induire sous-virage ou survirage à sa guise. À son volant, on n'est pas loin d'une championne de rallye en tenue civile. Et il faut préciser qu'il n'est pas donné au premier *papi* venu d'extraire le maximum d'une telle voiture.

Souffreteux s'abstenir

À moins de s'appeler Jean-Paul Pérusse, il n'est pas facile de composer avec le caractère très pointu d'une telle machine. Évidemment, on n'achète pas une Subaru WRX ou Sti les yeux fermés, car on risque d'être profondément déçu par sa suspension d'une infinie sécheresse, son bruit absolument infernal, sa boîte de vitesses rugueuse dont le levier exige une poigne solide et une foule d'autres détails qui montrent que cette voiture n'est pas celle de monsieur Tout-le-Monde. Car chacune de ses qualités a son contre-coup. Ainsi, quand on croit négocier un virage à la limite avec la STi, on se rend compte que la tenue de route est bien supérieure à ce qu'on avait cru. Par ailleurs, chaque petite saillie du revêtement produit une secousse désagréable qui porte entrave au confort. La fermeté de la suspension a aussi ses inconvénients et la carrosserie n'est pas à l'abri des bruits parasites qui trahissent un manque de rigidité de la structure. Quant à la boîte manuelle, il faut une touche de maître pour contourner les soubresauts qu'elle provoque chez les non-initiés. Rappelons que le levier de vitesses est très court, tout comme l'étagement qui vous amène dans la zone rouge du compte-tours à

seulement 45 km/h en première ou 85 en seconde. Le bon côté de l'histoire est que les accélérations sont phénoménales avec moins de 5 secondes pour rallier les 100 km/h et 3,3 courtes secondes pour bondir de 80 à 115 km/h et doubler un dimanchard. Le freinage, courtoisie de Brembo, est tout aussi exceptionnel, bonifié par des pneus ayant une adhérence remarquable. Bref, une Porsche ne fait pas mieux. La direction est dans le même ton et dégage toute l'information désirée sur la condition du revêtement.

Pour plusieurs, une WRX est déjà amplement suffisante et son agrément de conduite supérieur à celui de la Sti, réservée aux purs et durs. Je dirais même qu'il faut se montrer un amateur endurci pour se déplacer tous les jours dans cette Subaru, un brin extravagante. Pour la somme investie, il me semble que l'on aurait pu faire un effort pour offrir à l'acheteur une clef de contact moins bon marché et un mécanisme pour abaisser le siège du passager avant, qui aura l'impression d'être assis par terre. Subaru bat quatre as avec son ordinateur de bord, très certainement le plus incompréhensible de toute l'industrie. L'écran est détachable pour qu'on puisse le tirer plus facilement au bout de ses bras, tellement sa manipulation est pénible.

Terminons sur une note positive en appréciant le bon maintien offert par les sièges avant en suède, la forme de l'énorme aileron arrière qui privilégie la visibilité, la finition plus relevée et un beau volant à fonctions multiples. Si l'on tient compte des places arrière très convenables et d'un coffre au plancher en dévers, on aura fait le tour du propriétaire. Un propriétaire qui alternera entre plaisir et colère, au volant de cette machine sans compromis.

 JACQUES DUVAL

Prix
33 395 à 41 595 $
Transport et préparation
1525 $

+ **Performances délirantes**
+ **Comportement routier magistral**
+ **Bonne habitabilité**
+ **Traction intégrale**

− **Suspension trop raide**
− **Bruit étourdissant**
− **Transmission sans douceur**
− **Ordinateur de bord frustrant**

Consommation ville – route (L/100 km)
12,6 – 9,6 (WRX)
13,7 – 10,4 (STI)

 2012
Nouveautés
Modèle à part entière par rapport à l'Impreza

Principales concurrentes
Audi S4, MazdaSpeed3, Mitsubishi Lancer Ralliart/Evo, Volkswagen Golf GTI/R, Volvo C30

SUBARU WRX STI

il y a deux ou trois ans, un prototype de Tundra à moteur Hino a été présenté à l'exposition SEMA, à Las Vegas.

À l'intérieur, la présentation est dans le ton, bien qu'elle ne soit pas aussi spectaculaire que chez les King Ranch, Long Horn et autres modèles de luxe concurrents. Le tableau de bord est bien disposé, mais il est fade. Évidemment, si vous souhaitez utiliser le Tundra pour de longs voyages, mieux vaut opter pour la cabine double (Crewmax), très spacieuse. À l'avant, les occupants jouiront d'une vue panoramique sur la route, alors que ceux à l'arrière seront confortablement assis et profiteront de beaucoup d'espace pour les jambes.

Le Tundra a déjà fait ses preuves comme tracteur de remorque. Le moteur de 4,6 litres est plus puissant et moins énergivore que l'ancien 4,7 litres et, dans des versions moins élaborées du Tundra, il procure des accélérations intéressantes et des reprises sûres. La motricité aux quatre roues s'avère presque indispensable en hiver, car il est difficile d'obtenir une bonne traction sur une route glissante avec le Tundra en mode propulsion seulement. Et comme toutes les camionnettes ou presque, la suspension arrière sautille allègrement sur route inégale. Toyota a plutôt tendance à produire des suspensions trop rigides. Pourtant, ce n'est pas tout le monde qui charge la benne à son maximum.

Pourquoi Toyota ne réussit-il pas à imposer son Tundra sur le marché? Il faut dire que la concurrence américaine est très vive. Puis, il y a une sorte d'allégeance à la marque dans le domaine des camionnettes de travail. Oui, Toyota construit de bonnes camionnettes. Mais il faudra du temps et de l'imagination à Toyota pour rattraper les constructeurs américains et surtout les dépasser!

ÉRIC DESCARRIES

Prix
26 195 à 51 400 $
Transport et préparation
1560 $

+ **Bonnes capacités de charge et de remorquage**
+ **Vastes cabines**
+ **Moteurs V8 bien adaptés**

– **Manque d'originalité et de personnalité**
– **Moteurs encore trop gourmands**
– **Absence de modèles HD**

Consommation ville – route (L/100 km)

15,9 -11,7 (2rm 4,6 l)
16,7 – 12,9 (4rm 4,6 l)
16,9 – 12,6 (4rm 4,6 l)
18 – 14 (4rm 5,7 l)

2012 **Nouveautés**

Changements mineurs

Principales concurrentes

Chevrolet Silverado 1500, Ford F-150, GMC Sierra 1500, Nissan Titan, Ram 1500

TOYOTA TUNDRA

Garanties de base – motopropulseur (an/km)	3/60 000 – 5/100 000
Marge de profit du concessionnaire (%)	9,29 à 9,93
Essence recommandée	ordinaire
Versions offertes	Base, TI, V6, V6 TI
Carrosserie	multisegment 5 portes
Lieu d'assemblage	États-Unis
Valeur résiduelle	bonne
Fiabilité présumée	bonne
Renouvellement du modèle	2015
Ventes 2010 Québec	(+ 11 %) 2819

Technique

Dimensions et volumes

Empattement (mm)	2775
Longueur (mm)	4800
Largeur (mm)	1905
Hauteur (mm)	1610
Volume intérieur passager (L)	3058
Volume du coffre (min. – max.) (L)	870 – 1990
Réservoir de carburant (L)	67
Fourchette de poids (kg)	1705 à 1835

Châssis

Mode	traction, intégral (TI)
Suspension av. – arr.	indépendante
Freins av. – arr.	disques
Capacité de remorquage (max.) (kg)	1134 (L4), 1588 (V6)
Diamètre de braquage (m)	11,92
Pneus	245/55R19 (L4), 245/50R20 (V6)

Aptitudes hors route

| Garde au sol min. (mm) | 205 |
| Angles d'approche/de rampe/de sortie (°) | 16/n.d./20 |

Performances

Modèle à l'essai	Venza TI (4rm)
Moteur	L4 DACT 2,7 litres 16s
Puissance (ch. à tr/min)	182 à 5800
Couple (lb-pi à tr/min)	182 à 4200
Rapport poids/puissance	9,83 kg/ch
Transmission	semi-automatique 6 rapports
Accélération 0-100 km/h (sec.)	9,82 (L4), 7,34 (V6)
Reprise 80-115 km/h (sec.)	7, 63 (L4), 6,22 (V6)
Distance de freinage 100-0 km/h (m)	39
Niveau sonore à 100 km/h	moyen
Vitesse maximale (km/h)	185 (L4), 200 (V6)
Consommation lors de l'essai (L/100 km)	10,6
Gaz à effet de serre (tonnes métriques)	7,6
Autres moteurs	V6 3,5 l (268 ch., 246 lb-pi)
Autres transmissions	aucune

Protection collision

Frontale conducteur/passager	excellente
Latérale avant/arrière	excellente
Capotage 2rm/4rm	bonne

Toyota
VENZA

AU MILIEU D'UN SET CARRÉ

Pendant 30 ans, les concessionnaires Toyota se contentaient de «livrer» des voitures à leurs clients qui faisaient la queue pour devenir les heureux propriétaires d'un de leurs produits. Peu importe ce qu'ils produisaient, parce que c'était le *plus meilleur constructeur au monde*, comme dirait l'autre. Puis, le ciel s'est effondré, en 2009, avec des millions de rappels et une crédibilité qui en a pris pour son rhume. Depuis, ces concessionnaires sont contraints de «vendre» leurs véhicules à des clients s'ils veulent rétablir l'équilibre.

Sachons reconnaître à Toyota d'avoir lancé des véhicules avant les autres à plusieurs occasions. Comme la première fourgonnette (la Van) dans les années 1990, deux ans après l'originale Caravan. La Venza s'inscrit dans cette tradition, un peu au centre d'un carré d'as et de véhicules qui sont populaires au Québec: d'une part des véhicules à caractère familial bien connus, la Matrix et la Sienna, et deux VUS bien-aimés, le RAV4 et le Highlander. Tout simplement parce que chez nous, on aime l'espace disponible et la polyvalence dans un véhicule. Toyota parle de multisegment intermédiaire familial: touché.

Justement, on a donné des éléments d'un peu tout le monde pour concocter le Venza. Les mécaniques des Highlander et Sienna sur une plateforme de Camry, Un look de familiale qui a rétréci dans la sécheuse ou de petit porteur qui a reçu des stéroïdes. Le choix entre la traction et l'intégrale et, Dieu merci, pas de troisième banquette.

Fiables mais gourmands

Le catalogue des moteurs est complet chez Toyota et les deux moulins choisis ont fait leurs preuves. Cependant, c'est surtout la capacité de remorquage qui devrait faire la différence dans le choix entre le quatre-cylindres et le V6. Le plus petit est limité à 1134 kg (2500 lb) et le second à 1588 kg (3500 lb). C'est donc la caravane légère ou la remorque et son VTT qui orienteront le premier choix.

Il s'agit d'un des plus volumineux quatre-cylindres du marché, soit un 2,7 litres de 182 ch, alors que l'autre est le V6 bien connu de 3,5 litres avec ses 268 forces. Tous deux sont reliés à une boîte automatique unique à six rapports avec, en option, la traction intégrale adaptative qu'on peut choisir avec les deux moteurs. Pour une fois qu'un constructeur a le bon sens de procurer l'intégrale avec la version de base... Au fait, la garde au sol de 205 mm lui ajoute un air de VUS et aussi de la visibilité en conduite urbaine.

Difficile de s'expliquer qu'on ait monté de série des roues de 19 et 20 po sur le Venza quand on sait que la conduite n'a rien de sportif. Tout au plus, il s'agit d'une addition cosmétique qui aura pour seul effet d'engendrer des coûts élevés pour les pneus de remplacement et les godasses d'hiver. Sans oublier qu'ils limitent la conduite hors route.

Outre votre choix de groupe propulseur, il faudra déterminer si le quatre-cylindres sert bien votre type de conduite. Si vous foncez à tout va et passez votre temps à doubler et changer de ligne, le V6 sera assurément approprié. Par contre, si le mode ECO est votre tasse de thé et que vous êtes patient sur la route, vous devinez que l'autre est le plus indiqué. Toutefois, l'abus du quatre-cylindres augmentera d'autant votre consommation et vous rendra nerveux lors des dépassements. Et le V6 conduit avec délicatesse ne sera jamais écolo, puisqu'il ne bénéficie pas de la désactivation des cylindres. Et ne vous fiez pas aux cotes de consommation fournies par le constructeur: ajoutez environ 15 %.

Le poste de pilotage est orienté autour du conducteur avec un panneau de commandes dans la console comprenant le levier de vitesses de type rallye. Les fauteuils de série sont confortables et la banquette arrière offre suffisamment d'espace pour deux adultes ou des sièges de bébé sans que le parent ait à se contorsionner pour les boucler. Le bonheur, c'est l'espace dévolu au chargement qui pointe à 870 litres et, s'il faut abaisser la rangée arrière, c'est une caverne de près de 2000 litres qui sera disponible.

Si on s'en tenait à un prix de départ d'environ 30 000 $ pour la version de base et à tout juste 1500 huards de plus pour la traction intégrale, on pourrait croire à une bonne affaire. Mais c'est sans compter sur les options qui font grimper la facture de façon démesurée. Et le jeu recommence avec les versions V6, si bien que le tout peut passer le cap des 40 000 $. C'est beaucoup pour une Venza. Devrons-nous rappeler que pour les familles, le Sienna en version de base est moins dispendieux avec les mêmes groupes propulseurs.

MICHEL POIRIER-DEFOY

Prix
29 310 à 32 250 $
Transport et préparation
1560 $

+ Habitacle spacieux
+ Groupes propulseurs fiables
+ Intégrale avec quatre cylindres

– Coûts des ensembles
– Conduite aseptisée
– Roues de 19 et 20 po

Consommation ville – route (L/100 km)
11,3 – 8,2 (2rm 2,7 l)
11,9 – 9,2 (4rm 2,7 l)
12,5 – 9,2 (2rm 3,5 l)
13,2 – 9,5 (4rm 3,5 l)

2012 **Nouveautés**
Changements mineurs

Principales concurrentes
Honda Crosstour, Mazda CX-7, Nissan Murano, Subaru Outback

TOYOTA VENZA

À savoir

Garanties de base – motopropulseur (an/km)	3/60 000 – 5/100 000
Marge de profit du concessionnaire (%)	5 à 6,07
Essence recommandée	ordinaire
Versions offertes	hayon : CE (3 p.), LE (5 p.), RS (5p), berline : Base, gr. Commodité, gr. Commodité améliorée
Carrosserie	hayon 3 portes (3 p.), hayon 5 portes (5 p.), berline 4 portes (4 p.)
Lieu d'assemblage	Japon
Valeur résiduelle	bonne
Fiabilité présumée	bonne
Renouvellement du modèle	2013
Ventes 2010 Québec	(· 36 %) 8622

Technique

Dimensions et volumes

Empattement (mm)	2460 (hay.), 2550 (berl.)
Longueur (mm)	3825 (hay.), 4300 (berl.)
Largeur (mm)	1695 (hay.), 1690 (berl.)
Hauteur (mm)	1525 (hay.), 1440 (berl.)
Volume intérieur passager (L)	2466 (berl.), 2382 (hay.)
Volume du coffre (min. – max.) (L)	228 – 728 (hay.), 365 (berl.)
Réservoir de carburant (L)	42
Fourchette de poids (kg)	1040 à 1059

Châssis

Mode	traction
Suspension av. – arr.	indépendante
Freins av. – arr.	disques – tambours
Capacité de remorquage (max.) (kg)	318
Diamètre de braquage (m)	9,4 (hay.)/10,4 (berl.)
Pneus	185/60R15

Performances

Modèle à l'essai	Yaris LE 5 portes
Moteur	L4 DACT 1,5 litre 16s
Puissance (ch. à tr/min)	106 à 6000
Couple (lb·pi à tr/min)	103 à 4200
Rapport poids/puissance	9,9 kg/ch
Transmission	automatique 4 rapports
Accélération 0-100 km/h (sec.)	10,96
Reprise 80-115 km/h (sec.)	8,21
Distance de freinage 100-0 km/h (m)	42
Niveau sonore à 100 km/h	passable
Vitesse maximale (km/h)	180
Consommation lors de l'essai (L/100 km)	7,2
Gaz à effet de serre (tonnes métriques)	5,2
Autres moteurs	motorisation hybride à venir
Autres transmissions	man. 5 rapports

Protection collision

Frontale conducteur/passager	bonne
Latérale avant/arrière	moyenne
Capotage 2rm/4rm	bonne

Toyota
YARIS

À REDÉCOUVRIR?

Après des années de succès ininterrompu dans le créneau des sous-compactes, Toyota se retrouve dans une position moins facile depuis que plusieurs autres constructeurs ont compris qu'ils devaient s'engager dans ce segment des économiques à faible consommation d'essence. De plus, Toyota est le constructeur qui souffre le plus des séquelles ayant perturbé la chaîne d'approvisionnement durant des mois, à la suite du séisme de mars 2011 au Japon. Heureusement que la demande pour la Yaris n'était pas forte ces derniers mois.

Enfin, en 2012, Toyota fait évoluer la sous-compacte Yaris à hayon vers une physionomie plus européenne, alors qu'on étirera le modèle actuel de la berline une autre année. C'est du moins l'information que nous avons glanée au moment de mettre sous presse.

Donc, pour le moment, si vous faites partie de la maigre catégorie d'acheteurs qui s'intéressent à la berline – la majorité opte pour la version à cinq portes – sachez qu'elle est reconduite inchangée alors qu'on travaille sur un modèle à hayon plus dynamique qui fera son apparition dans les salles d'exposition des concessionnaires du Canada vers la fin de 2011.

Évolution intéressante

Sans révolutionner le genre, la nouvelle Yaris semble être une belle évolution du modèle actuel. Une fois remaniée, on croit qu'elle devrait ressembler beaucoup à celle dévoilée au Japon en décembre 2010. De la tôle au design intérieur, tout y passe, mais les groupes motopropulseurs devraient demeurer les mêmes. Donc, rien pour bouleverser la clientèle conservatrice de Toyota, mais la Yaris sera tout de même plus longue de 10 cm et plus basse de 2 cm. Voilà une petite indication qu'on tente de dynamiser un peu la marque sans être trop radical. Son empattement prend également du galon avec un allongement de plus de 5 cm.

Depuis 2007, alors qu'elle remplaçait chez nous l'Echo, la Yaris se vend bien. Mais il reste que ce n'est pas la meilleure pour autant. En fait, on doit maintenant la comparer à plusieurs modèles de sous-compactes, dont quelques-unes plus intéressantes à différents égards, entre autres la polyvalente Honda Fit, qui, en matière d'agrément de conduite, est plus sportive. Mais en regard du confort, la Yaris berline offre des sièges avant confortables, un habitacle mieux insonorisé et un régime moteur moins élevé à vitesse égale. Voilà des éléments qui font de la petite Yaris une grande routière.

En quête d'information pour la rédaction de cet article, je suis passé chez le concessionnaire de mon quartier, où le vendeur semblait craintif. «Ah vous, les journalistes de l'automobile, vous dites tous que la Yaris (comme plusieurs voitures de Toyota) est aseptisée et que la conduite ne nous laisse pas assez ressentir la route lorsqu'on est

VERSION EUROPÉENNE

au volant.» Exactement! Bien que certaines personnes aiment se sentir comme dans leur salon au volant, la plupart des journalistes que je côtoie préfèrent effectivement une conduite plus directe et un sentiment de contact avec la route, sans pour autant rouler en tape-cul.

Trois modèles

La Yaris est habituellement offerte en trois configurations: berline, trois et cinq portes (à hayon). Le modèle à hayon est plus pratique. Et la cinq-portes sera la plus intéressante pour ceux qui doivent accéder aux places arrière et à l'espace de chargement. Les acheteurs l'ont compris, puisque la berline ne représente qu'une fraction des ventes du modèle à hayon. C'est dans l'habitacle du futur modèle qu'on notera les plus importants changements. L'original · mais terne · tableau de bord n'est plus monté au centre. On a repositionné le tout comme dans toutes les voitures, c'est-à-dire sous les yeux. Peut-être perdra-t-on on peu d'espace de rangement (vide-poche), mais on préfère cette allure.

Sous le capot, le petit quatre-cylindres de 1,5 litre produit 106 ch et 103 livres-pieds de couple. C'est correct! Mais moins puissant que la nerveuse Fit. Vous pouvez juxtaposer cette motorisation à la transmission manuelle à cinq rapports ou à une automatique à quatre rapports, pour 1 000 $ supplémentaires. On parle également d'un moteur diésel et même d'une éventuelle version hybride. En ce qui a trait au freinage, c'est dans la moyenne de la catégorie, sans plus. Il ne faut pas s'attendre à des miracles avec des freins à disque à l'avant et des tambours à l'arrière.

Enfin, pour ceux qui ont besoin d'un véhicule qui sait se tailler de bons espaces de stationnement en ville et qui ne consomme pas plus qu'une hybride, la Yaris constitue un choix raisonnable dans la moyenne de ce créneau qui offre un choix de plus en plus intéressant.

 STÉPHANE QUESNEL

Prix
13 995 à 19 530 $
Transport et préparation
1350 $

+ Cote de fiabilité sans tache
+ Insonorisation
+ Frugale

− Réaction lente en accélération
− Agrément général en conduite
− Position de conduite

Consommation ville – route (L/100 km)
7,9 – 6,2 (man.)
8,2 – 6,6 (aut.)

 2012 Nouveautés

Nouvelle génération à venir

Principales concurrentes

 Chevrolet Sonic, Ford Fiesta, Honda Fit, Hyundai Accent, Kia Rio, Mazda2, Nissan Versa, Scion xD

SION EUROPÉENNE

TOYOTA YARIS

LE RETOUR DE CHOUPETTE

Elle n'aura donc été «new» qu'une fois dans sa vie. Aujourd'hui, la plus emblématique des Volkswagen abandonne ce préfixe et redevient la Beetle. Juste la Beetle.

Douze. C'est le nombre d'années que la New Beetle est demeurée en circulation. Dans une industrie où les créations ont en général une durée de vie de quatre ans, la longévité de cette Volkswagen relève presque de la gageure. Petit rappel: durant cette période, elle s'est déclinée en cabriolet (2004) puis a fait l'objet d'une légère refonte esthétique deux ans plus tard. Elle aura aussi vu plusieurs moteurs s'asseoir sous son capot au cours des dernières années: 2,0 litres et 2,5 litres atmosphérique, 1,8 litre turbo et 1,9 litre turbodiésel. La plateforme et l'aménagement intérieur ont, de leur côté, été conservés pratiquement intacts jusqu'à la fin.

On efface?

La nouvelle génération de Beetle fut présentée simultanément à New York et à Shanghai au printemps 2011. Champion de l'économie d'échelle, le constructeur germanique ne démarre pas ce projet à partir d'une feuille complètement blanche. La Beetle puise abondamment dans le réservoir de pièces de la marque. Si ses concepteurs demeurent évasifs sur le sujet, cette Coccinelle du 21e siècle reprend sensiblement la même architecture que la Jetta. D'ailleurs, les deux voitures sont assemblées sur la même chaîne d'assemblage, à Puebla, au Mexique.

Le moteur retenu pour ses débuts commerciaux est le même cinq-cylindres qu'auparavant. Deux blocs de deux litres turbocompressés à injection directe sont aussi proposés: TDI (diésel) et TFSI (essence). À noter cependant que le TDi n'apparaîtra sous le capot de la Beetle qu'au printemps 2012. Le TFSI, lui, dès le lancement de ce modèle prévu pour l'automne. Les boîtes de vitesses vont de la manuelle à cinq (2,5 litres) ou six rapports (2,0 litres) aux automatiques (traditionnelle pour le cinq-cylindres et DSG pour les quatre-cylindres).

Oui, nous t'avons reconnu

Puisque la mécanique n'offre rien de nouveau, attardons-nous plutôt à la carrosserie. Visuellement plus basse (ce n'était pas difficile!), plus longue et plus large, elle offre plus d'espace pour les bagages. Les places arrière? Pas très invitantes, mais les «chialeux» peuvent toujours marcher... Le tableau de bord est plus ordinaire, c'en est donc fini de l'immense tablette sous le pare-brise qui déconcertait tant de conducteurs, surtout dans les manœuvres. La visibilité s'améliore, tout comme l'accès à la mécanique, en raison du capot plus long. Un deuxième coffre à gants fait aussi son apparition, tout comme de fort jolis sièges à la surface ondulée similaires à ceux de la CC.

Une forme aussi atypique, ça ne se réinvente pas. Ça se polit. Donc, n'ayez pas l'air si surpris en la voyant. Elle ressemble à l'ancienne, à la New. Ses ailes rebondies, ses phares circulaires, ses immenses roues et ses vestiges de marchepieds. Toutefois, personne ne pourra la confondre avec la génération précédente. Surtout de profil, où

Prix
21 975 à 30 425 $
Transport et préparation 1365 $

+ Prix revu à la baisse
+ Coffre plus gourmand
+ Choix de moteurs

– Suspension sautillante (Sportline)
– Places arrière étriquées
– Peu de rangements

Consommation
ville – route (L/100 km)
11,7 – 7,7

Nouveautés
2012
Nouvelle génération
Nouveau design
L4 turbo de 2 litres

Principales concurrentes
Mini Cooper, Volvo C30

À savoir

Garanties de base – motopropulseur (an/km)	4/80 000 – 5/100 000
Marge de profit du concessionnaire (%)	6,41 à 8,69
Essence recommandée	ordinaire (2,5 l), super (2,0 l)
Versions offertes	Comfortline, Highline, Première, Première+, Sportline
Carrosserie	hayon 3 portes
Lieu d'assemblage	Mexique
Valeur résiduelle	4*
Fiabilité présumée	inconnue
Renouvellement du modèle	nouveau modèle
Ventes 2010 Québec	(- 27 %) 241

Technique

Dimensions et volumes

Empattement (mm)	2537
Longueur (mm)	4278
Largeur (mm)	1808
Hauteur (mm)	1486
Volume intérieur (L)	2410
Volume du coffre (min. – max.) (L)	436 – 850
Réservoir de carburant (L)	55
Fourchette de poids (kg)	1333 à 1353

Châssis

Mode	traction
Suspension av. – arr.	indépendante
Freins av. – arr.	disques
Capacité de remorquage	non recommandé
Diamètre de braquage (m)	10,8
Pneus	205/55 R16 (Comfortline), 225/45R17 (Highline, Première), 225/40R18 (Sportline, Première+)

Performances

Modèle à l'essai	Beetle Sportline
Moteur	L4 turbo DACT 2,0 litres 16s
Puissance (ch. à tr/min)	200 à 5100
Couple (lb-pi à tr/min)	207 à 4000
Rapport poids/puissance	6,76/ch
Transmission	semi-auto. 6 rapp. à double embrayage DSG
Autres transmissions	manuelle 6 rapports
Accélération 0-100 km/h (sec.)	7,4
Reprises 80-115 km/h (sec.)	4,7
Distance de freinage 100-0 km/h (m)	non mesurée
Niveau sonore à 100 km/h	moyen
Vitesse maximale (km/h)	209
Consommation lors de l'essai (L/100 km)	9,1
Gaz à effet de serre (tonnes métriques)	6,6
Autres moteurs	L5 2,5 l (170 ch., 177 lb-pi), L4 turbodiésel 2,0 l (140 ch., 236 lb-pi)

Protection collision

Frontale conducteur/passager	non évaluée
Latérale avant/arrière	non évaluée
Capotage 2rm/4rm	non évaluée

VOLKSWAGEN BEETLE

l'arc de son toit se brise deux fois plutôt qu'une (capot et hayon). «C'est plus masculin, vous ne trouvez pas?», interroge l'un des responsables présents au lancement mondial de la bête. Car voilà bien l'objectif visé par la marque: masculiniser cette auto et faire disparaître son image de «char de filles». La version suralimentée par turbocompresseur, la Sportline, y parviendra peut-être, mais le prix qu'elle commande la place en concurrence directe avec une sportive autrement plus affûtée: la GTi.

Et la cabriolet, dites-vous? Patience, celle-ci prendra la pose, le printemps prochain, chez les concessionnaires. Sa première apparition publique est programmée pour le Salon de Los Angeles au mois de novembre.

Cela dit, les 600 premières unités de la Beetle seront des éditions spéciales: les Premiere. Celles-ci retiennent les services du cinq-cylindres et de la boîte automatique. Une fois ce nombre écoulé, Volkswagen déclinera son offre en trois livrées: Comfortline, Highline et Sportline. Quelle que soit la version, le niveau d'équipement est fort complet. En entrée de gamme, on retrouve du cuir sur le volant, des roues d'alliage de 17 po et la climatisation. Les modèles supérieurs offriront un deuxième coffre à gants dont la porte est verticale (imitant ainsi celui de la Coccinelle originale), la connectivité Bluetooth pour les accessoires électroniques, un toit ouvrant panoramique 80 % plus grand que l'ancien, le démarrage sans clef, les phares bi-xénon, la sellerie en cuir et une chaîne audio signée Fender.

Premières impressions

Première impression en se glissant au volant, on s'y sent bien mieux. La position de conduite est nettement plus agréable et nous n'avons plus cette impression d'être assis au milieu de l'auto. La visibilité aussi est meilleure. Les montants latéraux sont légèrement plus fins, le tableau de bord plus plat et le hayon plus large.

Contrairement à la Mini, sa principale cible, la présentation intérieure de la Beetle manque de singularité. Les commandes, le bloc de climatisation, la radio émanent tous d'un produit Volkswagen. L'acheteur éventuel aura tout le loisir cependant de personnaliser cet habitacle «déjà vu». À l'instar de la Cooper (Mini) et de la 500 (Fiat), les concessionnaires de la marque proposeront un catalogue de «bébel-les» bien garni. Il sera par exemple possible de faire grimper trois indicateurs

additionnels au centre du tableau de bord ou encore d'enjoliver la carrosserie de bandes décoratives de son choix.

L'espace à bord est compté, tant pour les occupants qui prendront place à l'arrière que pour les accessoires de la vie moderne. Les bacs dans les portières ont une profondeur de quelques millimètres seulement. Il y a un petit dévidoir au sommet du tableau de bord et un autre, à gauche du volant, mais c'est à peu près tout. Par chance, il y a deux coffres à gant...

Pour le lancement de ce nouveau modèle, Volkswagen n'avait prévu que des Beetle dotées de la mécanique deux litres, la plus puissante, et de la boîte automatique à double embrayage (DSG). Un tandem qui a prouvé son efficacité sur de nombreux autres modèles du groupe VW. Robuste, plein d'allant, ce groupe propulseur arrache la Beetle de sa position statique sans effort. La boîte veille à le maintenir constamment dans la plage de régime optimal.

À défaut de conduire la version 2,5 litres, il a été permis de vérifier le comportement des deux suspensions offertes sur ce véhicule. La version Sportline dispose, comme la Jetta GLI, d'une suspension arrière à bras multiples. Les versions Comfortline et Highline, elles, reprennent un essieu simplifié à bras longitudinaux. Pas très sophistiqué comme système, et pourtant celui-ci lisse mieux les imperfections de la chaussée que la «sport». Celle-ci sautille à basse vitesse et devient seulement plus conciliante à moyenne et haute vitesses.

Moins agile et moins amusante aussi qu'une GTi, la Beetle joue la tranquillité et le confort avant tout, au prix parfois d'une certaine indolence et de mouvements de caisse en charge pas totalement amortis. On savait que ce n'est pas une sportive, mais le prix que la Beetle commande nous fait dire sans hésiter que la GTi représente un meilleur achat. Elle est plus homogène, plus agréable et mieux assemblée. Oui, mais elle moins «cute».

LOUIS-ALAIN RICHARD et ÉRIC LEFRANÇOIS

À savoir

Garanties de base – motopropulseur (an/km)	4/80 000 – 5/100 000
Marge de profit du concessionnaire (%)	10,65 à 11,40
Essence recommandée	super
Versions offertes	Sportline, Highline, Highline V6 4Motion
Carrosserie	coupé 4 portes
Lieu d'assemblage	Allemagne
Valeur résiduelle	moyenne
Fiabilité présumée	moyenne
Renouvellement du modèle	2013
Ventes 2010 Québec	(– 1 %) 1131 CC/Passat

Technique

Dimensions et volumes

Empattement (mm)	2710
Longueur (mm)	4796
Largeur (mm)	1856
Hauteur (mm)	1422
Volume passager intérieur (L)	2727
Volume du coffre (min. – max.) (L)	402
Réservoir de carburant (L)	70
Fourchette de poids (kg)	1510 à 1748
Répartition du poids av. – arr. (%)	59 – 41

Châssis

Mode	traction, intégral
Suspension av. – arr.	indépendante
Freins av. – arr.	disques
Capacité de remorquage	non recommandé
Diamètre de braquage (m)	10,9
Pneus	235/45R17, 235/40R18 (Highline)

Performances

Modèle à l'essai	CC Highline V6 4Motion (4rm)
Moteur	V6 DACT 3,6 litres 24s
Puissance (ch. à tr/min)	280 à 6200
Couple (lb·pi à tr/min)	265 à 2750
Rapport poids / puissance	6,24
Transmission	semi-auto. 6 rapp. (Tiptronic)
Accélération 0-100 km/h (sec.)	6,63
Reprise 80-115 km/h (sec.)	4,28
Distance de freinage 100-0 km/h (m)	38,8
Niveau sonore à 100 km/h	moyen
Vitesse maximale (km/h)	209
Consommation lors de l'essai (L/100 km)	12,2
Gaz à effet de serre (tonnes métriques)	8,8
Autres moteurs	L4 turbo 2,0 l (200 ch., 207 lb·pi)
Autres transmissions	man. 6 rapp. (L4), semi-auto. 6 rapp. à passage direct DSG (L4)

Protection collision

Frontale conducteur/passager	bonne
Latérale avant/arrière	bonne
Capotage 2rm/4rm	bonne

Volkswagen
CC

L'AUTRE PASSAT

Volkswagen a décidé de vendre de plus en plus de voitures dans le monde. Le constructeur voudrait un jour dominer le palmarès du volume de véhicules vendus. Et, pour ce faire, il compte revenir vers ses origines et offrir des voitures à meilleur prix. Comment? Alors que la course effrénée vers le luxe se poursuit chez tous les constructeurs, Volkswagen ralentit le pas pour présenter des compromis plus accessibles, comme la toute nouvelle Passat.

Pendant que la Passat revient vers le peuple, la CC, elle, poursuit son chemin seule et de façon bien distinguée. Plus rien à voir avec la Passat de qui elle a partagé le nom, de sa sortie en 2008 jusqu'en 2010, alors qu'elle est devenue un modèle à part dans l'éventail des berlines Volkswagen.

À Montebello, Volkswagen nous invitait à conduire sa gamme 2012, dans l'ordre, de la compacte aux VUS. Et c'est en passant de la nouvelle Passat à la CC que j'ai ressenti l'énorme différence entre les deux voitures. Pour ceux que ça intéresse, la CC est une réelle construction allemande. Une berline quatre places au caractère bien sportif que la Passat. J'arrête ici les comparaisons. La carrosserie de la CC est basse, trapue et repose sur des voies larges. Pas très familiale, l'accès aux deux seules places arrière se fait avec précaution, puisque l'arc du pavillon est bas. C'est ce qui lui confère cette ligne qu'on admire. Une fois assis, toutefois, le confort ressenti par les passagers dépasse la moyenne. On s'y sent bien calé, bien en place.

Au volant, les confortables sièges nous maintiennent également dans notre bonne position de conduite en pilotage sur les routes de campagne. Le tableau de bord est bien aéré et Volkswagen a ajouté cette année des garnitures de bois dans les versions haut de gamme, ce qui rehausse encore le luxe des garnitures intérieures. Le coffre n'est pas parmi les plus volumineux, avec une capacité de près de 30 litres de moins que la Passat, ce qui peut être problématique surtout compte tenu de l'espace passager plus restreint.

Que ce soit en raison du prix de vente élevé ou en raison du prix de l'essence, le V6 de 3,6 litres ne représente que des ventes marginales. Il est certes puissant, mais ajoute un poids inutile au véhicule, tandis que le populaire moteur suralimenté de deux litres est nerveux à souhait. On ne nous offre pas la version Quattro du

véhicule sur le moteur quatre cylindres, ce qui réduit certes encore davantage la consommation, mais pourrait rebuter certains amateurs de transmission intégrale.

Faire monter la facture

Dans sa version de base, la très classe ligne Sportline, le véhicule est non seulement abordable pour sa catégorie – le prix de détail est de moins de 35 000 $ –, mais il est formidablement bien équipé de série, incluant notamment la connectivité Bluetooth activée par la voix et de belles roues de 17 po. Toutes les dernières innovations en matière de sécurité et de technologie y sont. Le système audio numérique de 600 W à 10 haut-parleurs offert en option dans l'ensemble technologie, incluant aussi un système de navigation avec disque dur de 30 Go, vaut son pesant d'or. Et c'est le cas de le dire, puisque l'ajout de cet ensemble nécessite également l'addition du toit ouvrant panoramique, ce qui fait grimper la facture de quelque 5 000 $ d'un seul coup!

Pour le même prix, vous pouvez passer à l'ensemble Highline, sans le système audio toutefois, mais avec la surface des sièges en cuir et la possibilité d'ajouter l'ensemble R-Line pour une allure encore plus sportive. L'ajout du moteur V6 et de la traction Quattro devient alors non seulement superflu, mais très onéreux puisqu'on peut facilement avoir une Audi A4 ou une Classe C de Mercedes pour le même prix. Deux véhicules de luxe qui offrent plus de notoriété aux portefeuilles moyens.

🜨 **STÉPHANE QUESNEL**

Prix
33 375 à 46 375 $
Transport et préparation
1365 $

+ **Équipement de série satisfaisant**
+ **Confort général**
+ **Comportement routier sportif**

– **Visibilité réduite**
– **Seulement deux places à l'arrière**
– **Peu d'espace dans le coffre**

Consommation ville – route (L/100 km)
11,5 – 7,8 (man. 2,0 l)
11,1 – 7,7 (aut. 2,0 l)
14,1 – 9,7 (4rm 3,6 l)

Nouveautés

2012

Modèle à part entière par rapport à la nouvelle Passat
Changements mineurs

Principales concurrentes

Acura TL, Audi A4, BMW Série 3, Cadillac CTS, Lincoln MKZ, Mercedes Classe C, Nissan Maxima, Saab 9-3, Subaru Legacy, Volvo S60

VOLKSWAGEN CC

Garanties de base – motopropulseur (an/km)	4/80 000 – 5/100 000
Marge de profit du concessionnaire (%)	10,17 à 10,31
Essence recommandée	super
Versions offertes	Comfortline, Highline
Carrosserie	cabriolet 2 portes
Lieu d'assemblage	Portugal
Valeur résiduelle	excellente
Fiabilité présumée	passable
Renouvellement du modèle	2015
Ventes 2010 Québec	(+ 1 %) 385

Technique

Dimensions et volumes

Empattement (mm)	2578
Longueur (mm)	4410
Largeur (mm)	1791
Hauteur (mm)	1443
Volume intérieur passager (L)	2192
Volume du coffre (min. – max.) (L)	180 – 290
Réservoir de carburant (L)	55
Fourchette de poids (kg)	1595
Répartition du poids av. – arr. (%)	58 – 42

Châssis

Mode	traction
Suspension av. – arr.	indépendante
Freins av. – arr.	disques
Capacité de remorquage	non recommandé
Diamètre de braquage (m)	10,9
Pneus	235/45R17, 235/40R18 (Highline)

Cabriolet

Temps ouverture – fermeture du toit (sec.)	25
Décapoter en mouvement	non

Performances

Modèle à l'essai	Eos Comfortline
Moteur	L4 turbo DACT 2,0 litres 16s
Puissance (ch. à tr/min)	200 à 5100
Couple (lb-pi à tr/min)	207 à 1700
Rapport poids/puissance	7,97 kg/ch
Transmission	semi-auto. 6 rapp. à passage direct DSG
Accélération 0-100 km/h (sec.)	7,77
Reprise 80-115 km/h (sec.)	5,22
Distance de freinage 100-0 km/h (m)	40,2
Niveau sonore à 100 km/h	passable
Vitesse maximale (km/h)	209
Consommation lors de l'essai (L/100 km)	9,4
Gaz à effet de serre (tonnes métriques)	6,8
Autres moteurs	aucun
Autre transmission	Man. 6 rapports

Protection collision

Frontale conducteur/passager	non évaluée
Latérale avant/arrière	non évaluée
Capotage 2rm/4rm	non évaluée

Volkswagen
EOS

EFFICACE ET POLYVALENTE

Ceux qui recherchent une décapotable efficace durant les quatre saisons et qui soit en mesure d'asseoir deux golfeurs avec leur équipement devront considérer l'Eos, une des rares décapotables polyvalentes.

En 2012, l'Eos affiche un nouvel air de famille. Nouveau faciès, dont la nouvelle calandre et les nouveaux phares, et nouveaux feux arrière. Rien d'extraordinaire. En fait, je préférais son allure l'an dernier. De plus, on a fait évoluer l'intérieur. Belle facture! Le tableau de bord est demeuré simple, comme auparavant, mais les sièges de cuirette beige du modèle à l'essai lui confèrent un cachet luxueux. Reste à ajuster ces sièges à l'aide d'une pompe – on s'y habitue – et décoiffer le tout sous le soleil pour se sentir en vacances en se rendant au travail.

Question d'allure générale, c'est discutable. Toutefois, personne ne dira que l'Eos n'est pas une belle évolution depuis la Cabrio qui l'avait précédée. Mais est-ce vraiment une suite logique pour la propriétaire de cette déesse décapotable? Pas nécessairement. D'ailleurs, certains propriétaires de Cabrio n'ont pas poursuivi leur histoire d'amour avec l'Eos pour deux principales raisons. D'abord, certains avaient conservé un goût amer des problèmes de fiabilité avec l'ancienne Cabrio, alors que d'autres trouvent que l'espace dans l'Eos est nettement insuffisant pour transporter l'épicerie ou les accessoires de loisirs lorsqu'on part en vacances avec la petite famille.

En effet, cette décapotable offre aujourd'hui un toit rétractable qui comprend également un toit ouvrant. Une première sur notre marché. Grâce à pas moins de huit moteurs électriques, le toit disparaît sous le coffre en une vingtaine de secondes. Mais tout ça prend beaucoup d'espace dans le compartiment à bagages. Et bien qu'on doive saluer le travail ingénieux de Volkswagen en ce qui a trait au mécanisme du toit, les intéressés doivent savoir que la voiture est bien moins spacieuse, côté rangement, que son ancêtre à toit souple.

Deux modèles

Deux versions de l'Eos figurent au catalogue: la sportive Highline et la Comfortline. À l'intérieur, c'est bien conçu, c'est confortable, les matériaux sont de bonne qualité et les commandes sont d'utilisation intuitive. Pour ce qui est de l'insonorisation, il est à noter que même si le toit est en place, on entend quelques bruits éoliens et le roulement des pneus.

En matière d'équipement, le conducteur d'une Eos Highline trouvera toutes les commodités d'une berline de luxe: roues de 17 ou de 18 po en alliage, climatiseur automatique, suspension sport, phares adaptatifs bixénon, essuie-glaces sensibles à la pluie, boussole, ordinateur de bord, chaîne audio AM-FM-CD-MP3, prise iPod,

sièges réglables électriquement, cuir, connectivité Bluetooth à commande vocale au volant et j'en passe. Pour réduire la facture, il faudra couper dans ces options et opter pour la version Comfortline. Et on a également intégré une boîte à gants réfrigérée qui permet de conserver quelques bouteilles d'eau froide et quelques tablettes de chocolat. Et en option, il est toujours possible de se procurer un système de navigation et une radio satellite Sirius.

Décapotable quatre saisons

Sa mécanique, sa tenue de route et ses performances sont très intéressantes. Pas besoin du moteur VR6 de 3,2 litres de 250 ch offert aux États-Unis. Chez nous, l'offre mécanique demeure inchangée. Le quatre-cylindres de deux litres de 200 ch est jumelé à une boîte de vitesses manuelle à six rapports ou à une excellente automatique à double embrayage. Ainsi motorisée, l'Eos passe de 0 à 100 km/h en 6,4 secondes seulement. L'Eos jouit également de toutes les aides possibles à la conduite sur un véhicule de ce genre: les freins ABS, l'antipatinage à l'accélération et le système de contrôle de la stabilité du véhicule. Avec un historique de fiabilité qui n'a pas toujours été exemplaire, l'Eos profite au moins d'une garantie de quatre ans ou 80 000 km à laquelle le fabricant a ajouté un an ou 20 000 km pour le groupe motopropulseur. La consommation de carburant de l'Eos automatique varie de 6,6 à 9,2 litres aux 100 kilomètres, ce qui est relativement bas pour un cabriolet sportif. Par contre, vous devrez vous arrêter à la pompe de carburant super pour faire le plein.

Ses lignes fluides sont certes de bon goût, mais mon tempérament mâle aurait opté pour une version avec plus de chien qui démontre davantage les performances intéressantes dont elle est capable.

STÉPHANE QUESNEL

Prix
39 075 à 45 775 $
Transport et préparation
1365 $

+ **Boîte de vitesses automatique efficace**
+ **Consommation d'essence**
+ **Toit ouvrant dans le toit rétractable**

– **Essence super**
– **La complexité du toit**
– **Ligne ordinaire**

Consommation ville – route (L/100 km)
10,8 – 7,9

2012 **Nouveautés**

Retouches esthétiques

Principales concurrentes

Audi A5, BMW Série 1/Série 3, Chrysler 200, Ford Mustang, Infiniti G, Saab 9-3, Volvo C70

À savoir

Garanties de base – motopropulseur (an/km)	4/80 000 – 5/100 000
Marge de profit du concessionnaire (%)	6,41 à 8,69
Essence recommandée	ordinaire (2,5 l), diésel (TDI), super (GTI)
Versions offertes	Trendline, Sportline, Comfortline, Highline, GTI
Carrosserie	hayon 3 portes, hayon 5 portes, familiale 5 portes
Lieu d'assemblage	Allemagne
Valeur résiduelle	excellente (Golf) bonne (GTI)
Fiabilité présumée	passable
Renouvellement du modèle	2013
Ventes 2010 Québec	(+ 15 %) 6005 Golf (+ 80 %) 548 GTI

Technique

Dimensions et volumes

Empattement (mm)	2578
Longueur (mm)	4201, 4556 (fam.), 4213 (GTI)
Largeur (mm)	1779 (hay. 3 p.) 1786 (hay. 5 p.), 1781 (fam.)
Hauteur (mm)	1480 (hay.), 1504 (fam.), 1469 (GTI)
Volume passager intérieur (L)	2648 (hay. 3 p.), 2631 (hay. 5 p.), 2597 (fam.)
Volume du coffre (min. – max.) (L)	413 (hay.), 929 – 1897 (fam.)
Réservoir de carburant (L)	55
Fourchette de poids (kg)	1376 à 1484
Répartition du poids av. – arr. (%)	60 – 40

Châssis

Mode	traction, intégrale (R)
Suspension av. – arr.	indépendante
Freins av. – arr.	disques
Capacité de remorquage (max.) (kg)	454
Diamètre de braquage (m)	10,9
Pneus	195/65R15 (Trendline), 205/55R16 (Sportline, Comfortline), 225/45R17 (Highline, GTI), 225/40R18 (R, opt. GTI)

Performances

Modèle à l'essai	Golf Familiale Highline TDI
Moteur	L4 turbodiésel DACT 2,0 litres 16s
Puissance (ch. à tr/min)	140 à 4000
Couple (lb-pi à tr/min)	236 à 1750
Rapport poids/puissance	10,6 kg/ch
Transmission	semi-auto. 6 rapp. à passage direct DSG
Accélération 0-100 km/h (sec.)	9,1 (TDI), 6,9 (GTI)
Reprise 80-115 km/h (sec.)	6,1 (TDI), 3,9 (GTI)
Distance de freinage 100-0 km/h (m)	40 (TDI), 39 (GTI)
Niveau sonore à 100 km/h	moyen
Vitesse maximale (km/h)	209
Consommation lors de l'essai (L/100 km)	6,2 (TDI), 8,5 (GTI)
Gaz à effet de serre (tonnes métriques)	4,5 (TDI), 6,2 (GTI)
Autres moteurs	L5 2,5 l (170 ch., 177 lb-pi), L4 turbo 2,0 l (200 ch., 207 lb-pi) (GTI), L4 turbo 2,0 l (256 ch., 243 lb-pi) (R)
Autres transmissions	man. 6 rapp. (TDI), semi-auto. 6 rapp. Tiptronic (2,5 l), man. 5 rapp. (2,5 l)

Protection collision

Frontale conducteur/passager	bonne
Latérale avant/arrière	excellente
Capotage 2rm/4rm	bonne

Volkswagen
GOLF / GTI

UNE COMPACTE SUPÉRIEURE

Renouvelée en 2010 au même moment où elle reprenait le nom de Golf pour la deuxième fois de son existence, la compacte de Volkswagen est désormais fortement différenciée de la Jetta, autant par son prix et son allure que par ses qualités. C'est désormais elle qui symbolise la tradition allemande chez ce constructeur.

Depuis 1980, les Golf et Jetta ont toujours été des sœurs très proches mécaniquement et souvent leur différence ne se résumait qu'à l'absence ou la présence d'une malle arrière séparée. Depuis l'an dernier, ce n'est plus le cas: la Jetta est descendue en gamme avec un prix d'appel très bas et une cabine moins raffinée, question de rivaliser avec l'offre de la concurrence, et sa mécanique a reculé d'un pas. C'est désormais la Golf, offerte en trois carrosseries, trois motorisations et quatre boîtes de vitesses, qui symbolisera le mieux la marque allemande: solide et de finition soignée, elle est performante autant que rigoureuse, mais voit ses tarifs demeurer costauds si on la compare aux autres compactes. La clientèle traditionnelle de Volkswagen s'y sentira à l'aise, on en obtient clairement pour son argent, mais ceux qui cherchent l'aubaine autant que ceux qui privilégient la taille ne feront pas partie de ses fans.

Motorisation variée

Sur le plan mécanique, la version de base (peu importe la carrosserie) est motorisée par le cinq-cylindres de 170 chevaux associé à une boîte de vitesses manuelle à cinq rapports ou une automatique traditionnelle à six rapports. C'est un tandem fort en couple qui offre une jolie sonorité, au prix cependant d'une consommation d'essence élevée. Juste au-dessus, on trouve le moteur diésel de 140 chevaux associé à une boîte à six rapports, manuelle ou automatique à double embrayage (la DSG), selon votre humeur au moment de l'achat. Ce couple, encore supérieur et à plus bas régime, est un régal à piloter, surtout lorsqu'associé à la boîte DSG. Il n'est toutefois pas offert avec la trois-portes. Finalement, tout en haut de l'échelle de prix, on trouve un deux-litres à turbocompresseur et injection directe fort de 200 chevaux. À la fois frugal et rapide, ce moteur fait mentir ceux qui ne jurent que par la souplesse et la douceur des six-cylindres.

Le châssis de chacune des versions est bien évidemment différent, avec une sportivité plus affirmée dans la GTI, mais même les versions de base offrent ce petit quelque chose de ferme et de bien maîtrisé. Ça penche un peu plus, ça crie quand on pousse trop et ça plonge au freinage, mais tout cela, dans la bonne humeur et sans que la mécanique en souffre. Pas surprenant que cette compacte soit aussi désirable chez ceux pour qui le pilotage est encore une notion importante.

À bord, les versions de base font un peu chiche avec ce volant en plastique et un dénuement qui tire sur l'austérité monacale, mais les versions supérieures

s'approchent des niveaux de finition des voitures de luxe. Le coup d'œil autant que la qualité tactile des matériaux impressionnent; si seulement on pouvait obtenir un peu de couleur, ce serait parfait. Personne chez Volkswagen ne semble savoir que les plastiques modernes sont effectivement offerts en une variété de teintes moins déprimantes que le noir teuton… Heureusement, la visibilité est excellente et un immense toit vitré panoramique fait entrer un peu de lumière dans l'habitacle. Il empiète toutefois sur le dégagement pour la tête, surtout sur les côtés à l'arrière.

Sur le plan pratique, toutes ces Golf ont un hayon, mais c'est évidemment la familiale qui l'emporte en ce qui concerne le coffre à bagages. Les autres ont vu les cotes de leur coffre diminuer au fil des ans avec l'arrivée des grandes roues et des volumineux silencieux à double sortie. La Jetta est beaucoup mieux servie à cet égard. Sinon, l'espace à bord abondant à l'avant; même ce chroniqueur de 1 m 91 n'arrive pas au bout de la course du siège, et une petite famille de quatre peut facilement y voyager. Les bruits de roulement sont bien filtrés, sauf dans la GTI où les Pirelli PZero se font un plaisir de faire entendre avec justesse les différentes textures de la chaussée.

Au final, la Golf est un paradoxe: même si ce n'est qu'une humble compacte à (très) grande diffusion, elle distille tout de même des sensations de haute qualité au point ou certains la voient au même niveau qu'une Mini ou une Audi. Arborant une belle finition, dotée de motorisations variées et modernes et offrant un châssis joueur, la Golf est certainement la compacte qui peut le plus facilement boxer dans la catégorie supérieure.

 LOUIS-ALAIN RICHARD

Prix
20 470 à 30 775 $
Transport et préparation
1365 $

+ **Motorisations modernes et performantes**
+ **Châssis affûté**
+ **Qualités évidentes**

− **Tarifs corsés avec les options**
− **Image de voiture populaire**
− **Volume de coffre modeste (sauf familiale)**

Consommation ville – route (L/100 km)

7,6 – 5,5 (man. TDI)
7,6 – 5,6 (aut. TDI)
10,5 – 7,4 (man. 2,5 l)
10,1 – 7,8 (aut. 2,5 l)
11,3 – 7,7 (man. GTI)
10,1 – 7,4 (aut. GTI)

2012 **Nouveautés**
Version R à traction intégrale à venir
Changements mineurs

Principales concurrentes

Chevrolet Cruze, Ford Focus/ST,
Honda Civic/Si, Mitsubishi Lancer/Ralliart/Evo,
Mazda3/Speed, Subaru Impreza/WRX/STI,
Suzuki SX4, Toyota Corolla/Matrix

VOLKSWAGEN GOLF / GTI

603

À savoir

Garanties de base – motopropulseur (an/km)	4/80 000 – 5/100 000
Marge de profit du concessionnaire (%)	6,87 à 7,63
Essence recommandée	ordinaire (2,5 l), super (2.0T), diésel (TDI)
Versions offertes	Trendline, Trendline+, Comfortline, Sportline, Highline, GLI
Carrosserie	berline 4 portes
Lieu d'assemblage	Mexique
Valeur résiduelle	bonne
Fiabilité présumée	moyenne
Renouvellement du modèle	nouveau modèle
Ventes 2010 Québec	Québec 4258

Technique

Dimensions et volumes

Empattement (mm)	2651
Longueur (mm)	4628
Largeur (mm)	1778
Hauteur (mm)	1453
Volume intérieur passager (L)	2665
Volume du coffre (min. – max.) (L)	440
Réservoir de carburant (L)	55
Fourchette de poids (kg)	1289 à 1456
Répartition du poids av. – arr. (%)	60 – 40

Châssis

Mode	traction
Suspension av. – arr.	indépendante
Freins av. – arr.	disques-tambours, disques (Sportline, Highline, GLI)
Capacité de remorquage (max.) (kg)	454
Diamètre de braquage (m)	11,1
Pneus	195/65R15 (2,0 l), 205/55R16 (TDI, 2,5 l), 225/45R17 (GLI, opt. TDI, 2,5 l), 225/40R18 (GLI)

Performances

Modèle à l'essai	Jetta Comfortline TDI
Moteur	L4 turbodiésel DACT 2,0 litres 16s
Puissance (ch. à tr/min)	140 à 4000
Couple (lb-pi à tr/min)	236 à 170
Rapport poids/puissance	10,24 kg/ch
Transmission	semi-auto. 6 rapp. à passage direct DSG
Accélération 0-100 km/h (sec.)	8,9 (TDI), 7,1 (GLI)
Reprise 80-115 km/h (sec.)	6,1 (TDI), 4,2 (GLI)
Distance de freinage 100-0 km/h (m)	40 (TDI), 39 (GLI)
Niveau sonore à 100 km/h	moyen
Vitesse maximale (km/h)	209
Consommation lors de l'essai (L/100 km)	6,2 (TDI), 8,8 (GLI)
Gaz à effet de serre (tonnes métriques)	4,5 (TDI), 6,4 (GLI)
Autres moteurs	L4 2,0 l (115 ch., 125 lb-pi), L5 2,5 l (170 ch., 177 lb-pi), L4 turbo 2,0 l (200 ch.,207 lb-pi) (GLI)
Autres transmissions	man. 6 rapp. (TDI), semi-auto. 6 rapp. Tiptronic (2,5 l), man. 5 rapp. (2,0 l/2,5 l)

Protection collision

Frontale conducteur/passager	bonne
Latérale avant/arrière	bonne
Capotage 2rm/4rm	bonne

Volkswagen
JETTA

ATTENTION À LA FACTURE

Pour assouvir ses ambitions planétaires, Volkswagen doit absolument marquer des points en Amérique du Nord. Air connu. Il y a 30 ans, le constructeur allemand tenait le même discours qui l'avait conduit à «américaniser» sa production, allant même jusqu'à commercialiser une petite camionnette sur une base de Golf (Rabbit à l'époque). Mais cette fois, ça marche.

Volkswagen a promis une offensive de mise en marché sans précédent au cours des deux prochaines années et tient promesse. Sa tournée de séduction américaine a débuté l'an dernier avec la Jetta, une compacte taillée sur mesure pour plaire aux goûts des consommateurs nord-américains. Pour ce faire, le constructeur de la voiture du peuple devait non seulement revoir sa copie, mais aussi veiller à son repositionnement. L'opération a été plus complexe qu'elle le paraissait, puisque cette redistribution des rôles a confondu plus d'un consommateur.

Bien que le nombre de déclinaisons ait été restreint au maximum, la Jetta ratisse large et offre le choix entre quatre moteurs, trois boîtes de vitesses, trois montes pneumatiques (15, 16 et 17 po) et pas moins de huit teintes extérieures. Ces choix s'agrémentent d'une multitude d'accessoires pouvant aller du démarrage à l'aide d'un bouton-poussoir au système de navigation par satellite. Ce n'est pas le choix qui manque, mais attention, la facture grimpe vite.

La Jetta n'est ni mieux ni moins équipée que la concurrence. Seulement plus obsolète sur le plan technique, comme en fait foi la présence de l'increvable quatre-cylindres de deux litres sous le capot. Robuste et fiable, cette mécanique n'offre pas le rendement attendu d'une mécanique moderne, notamment au chapitre des performances et de la consommation.

Il est également possible d'approcher les 30 000 $ (taxes incluses) avec le jeu des options ou en choisissant tout simplement le moteur turbodiésel (TDi), autre mécanique offerte et qui bénéficie de surcroît des boîtes les plus modernes (manuelle six rapports et semi-automatique à double embrayage). En effet, les autres versions retiennent les services d'une classique boîte à cinq rapports (manuelle) ou semi-automatique à six rapports. Jusqu'ici, vous me suivez? Tant mieux, puisqu'il faut aussi savoir qu'une quatrième motorisation – un quatre-cylindres de deux litres suralimenté par turbocompresseur – s'est joint au groupe le printemps dernier pour mouvoir la version haut de gamme de ce modèle: la GLi. À noter, enfin, qu'une motorisation hybride (mi-essence, mi-électrique) figure au calendrier de mise au point de ce modèle, mais celle-ci ne sera vraisemblablement pas offerte avant 2013.

Spacieux et déjà vu

Peu importe le groupe motopropulseur, la présentation intérieure demeure sensiblement la même d'une version à l'autre. On retient d'abord la qualité de l'assemblage, qui ne manquera pas d'étonner tous ceux et celles qui pestent contre ces VW assemblées au Mexique. Ensuite, la bonne ergonomie des principales commandes, à l'exception notable de la commande d'ajustement des dossiers des baquets avant.

À l'arrière, la Jetta figure assurément parmi les compactes les plus accueillantes sur le marché. Et l'une des plus confortables aussi. Quant au coffre, la Jetta fait honneur à la réputation des générations précédentes en proposant un volume équivalent à 440 litres, de quoi faire rougir bien des berlines des catégories supérieures.

Spacieuse et confortable, la Jetta se révèle également silencieuse. La rigidité de la caisse est étonnante, tout comme sa maîtrise des mouvements de caisse. La Jetta prend peu de roulis et offre un comportement routier rassurant. En revanche, sa direction apparaît beaucoup trop légère et communique par le fait même trop vaguement la position des roues directrices. Cela risque de décontenancer les purs et durs de VW, habitués à faire davantage corps avec leur monture. Un autre élément qui nuit à la notion d'agrément de conduite – très subjective, j'en conviens – a trait à la suspension arrière plutôt trépidante sur une chaussée mal revêtue. Deux tares que la GLi gomme rapidement. Celle-ci bénéficie d'une direction à assistance électrique et d'une suspension arrière à bras multiples.

La majorité des acheteurs privilégient le cinq-cylindres 2,5 litres, alors concentrons-nous sur cette mécanique. Bien que son rendement général ne pose pas problème, on a tout de même peine à croire que 170 chevaux galopent dans son bloc. Le temps d'accélération obtenu est plutôt timide et les reprises le sont tout autant, surtout avec la boîte manuelle dont il faut baratter sans arrêt le levier pour tirer le maximum de ce moteur un peu poussif. La boîte semi-automatique (en option) ne fait guère mieux et doit rétrograder régulièrement – au moment des relances – pour jeter un peu de lest, lequel semble étouffer ce 2,5-litres.

Au final, cette Jetta mérite de se trouver sur la courte liste des acheteurs de compactes, mais à une condition: ne vous laissez pas emporter par la spirale des prix.

⦿ ÉRIC LEFRANÇOIS

Prix
15 875 à 27 475 $
Transport et préparation
1365 $

+ Le volume intérieur
+ Le coffre géant
+ Le comportement sans histoire

– Présentation austère
– Le faux bas prix
– Les qualités dynamiques en baisse (sauf GLi)

Consommation ville – route (L/100 km)
7,7 – 5,6 (man, TDI)
7,7 – 5,6 (DSG aut. TDI)
11,4 – 7,8 (man. GLI)
11,1 – 7,7 (aut. GLI)
11 – 7,8 (man. 2,5 l)
10,6 – 7,9 (aut. 2,5 l)

2012 **Nouveautés**

Version GLI à moteur L4 turbo

Principales concurrentes

Chevrolet Cruze, Ford Focus,
Honda Civic, Hyundai Elantra, Kia Forte,
Mazda3, Mitsubishi Lancer, Nissan Sentra,
Subaru Impreza, Suzuki Kizashi,
Toyota Corolla

VOLKSWAGEN JETTA

Volkswagen
PASSAT

Prix
23 975 à 37 475 $
Transport et préparation
1365 $

+ **Habitabilité**
+ **Moteur TDI**
+ **Comportement routier**

− **Allure générique**
− **Performances du moteur de base**
− **Personnalité diluée**

Consommation

ville – route (L/100 km)
8,5 – 6,2 (TDI)
11,1 – 8,2 (2,5 l)
12,9 – 8,5 (3,6 l)

Nouveautés

2012
Nouvelle génération

Principales concurrentes

Acura TSX, Chrysler 200, Ford Fusion, Honda Accord, Hyundai Sonata, Kia Optima, Mazda6, Nissan Altima, Subaru Legacy, Toyota Camry

VOUS AVEZ DIT... PASSAT?

La présentation officielle avait lieu dans une usine flambant neuve, érigée au coût de 1,1 milliard de dollars, sur un immense terrain désert de Chattanooga, au Tennessee. C'est là désormais, plutôt qu'en Allemagne, que le personnel fraîchement formé a entamé l'assemblage des toutes premières Passat 2012, destinées exclusivement au marché de l'Amérique du Nord.

La Passat occupe la plus haute position sociale sur l'échelle des voitures de Volkswagen, du moins chez nous, puisque la berline de la démesure, la Phaeton, n'est plus commercialisée sur notre continent. Jusqu'à présent, on ne pouvait vraiment la considérer comme une concurrente directe de la Honda Accord ou de la Toyota Camry. D'abord, parce que son prix de base était plus élevé que celui de ces populaires berlines. Ensuite, parce que les qualités routières et la solidité typiquement germanique la caractérisant attiraient une clientèle différente d'acheteurs. Comme la plupart des produits Volkswagen d'ailleurs.

Cette fois, la firme de Wolfsburg ne veut plus jouer dans l'élitisme. Et pour y parvenir et atteindre d'ambitieux objectifs de vente, elle a utilisé des stratégies plutôt simples: réduire la voiture d'au moins 4000$ et bonifier l'offre en augmentant de plusieurs centimètres la longueur, la largeur et l'empattement. Du coup, la Passat surpasse la Toyota Camry et la Hyundai Sonata, mais elle demeure un poil moins imposante qu'une Honda Accord.

Pourtant, lorsqu'on la regarde, on dirait le contraire. Illusion d'optique que rendent possible certains éléments de design particuliers. Ces dimensions plus généreuses permettent à la voiture de revendiquer plus facilement sa place à l'intérieur d'un des marchés les plus importants des États-Unis. Fini également la configuration familiale. Les Américains préfèrent les multisegments, ce que l'usine du Tennessee pourrait leur offrir d'ici deux ou trois ans. C'est tout de même dommage, puisque les familiales ont, selon nous, beaucoup de charme, en plus d'être pratiques.

Plus avec moins
Pour annoncer la voiture à un prix de départ sous la barre des 25 000 $, les concepteurs ont fait un certain nombre de compromis. Ils ont notamment choisi de sabrer des éléments technologiques invisibles – mais qui font souvent la force des produits allemands – au profit d'éléments plus apparents pour les acheteurs.

Exception faite des gains réalisés pour loger les occupants, l'habitacle a peu de chance de désorienter le conducteur de l'actuelle Passat. Mais comme le constructeur aspire séduire de nouveaux acheteurs, il y a fort à parier que ces derniers n'y verront que du feu. La planche de bord, toujours rectiligne, continue donc de regrouper les instruments de bord et les commandes autour du conducteur. Économie oblige, le frein à main qu'on activait au moyen d'un bouton laisse place au levier mécanique traditionnel.

Pour les amateurs de musique, le constructeur a fait appel au fabricant de guitares Fender – rien de plus américain – pour mettre au point, de concert avec Panasonic, un système audio de qualité supérieure. Il est offert sur la version intermédiaire,

Garanties de base – motopropulseur (an/km)	4/80 000 – 5/100 000
Marge de profit du concessionnaire (%)	7,24 à 7,76
Essence recommandée	super
Versions offertes	2.5 Trendline, 2.5 Trendline+, TDI Trendline+, 2.5 Comfortline, TDI Comfortline, 3.6 Comfortline, 2.5 Highline, TDI Highline, 3.6 Highline
Carrosserie	berline 4 portes
Lieu d'assemblage	États-Unis
Valeur résiduelle	moyenne
Fiabilité présumée	inconnue
Renouvellement du modèle	nouveau modèle
Ventes 2010 Québec	(– 1 %) 1131 Passat/CC

Technique

Dimensions et volumes

Empattement (mm)	2803
Longueur (mm)	4868
Largeur (mm)	1835
Hauteur (mm)	1487
Volume passager intérieur (L)	2890
Volume du coffre (min. – max.) (L)	430
Réservoir de carburant (L)	70
Fourchette de poids (kg)	1436 à 1563

Châssis

Mode	traction
Suspension av. – arr.	indépendante
Freins av. – arr.	disques
Capacité de remorquage (max.) (kg)	n.d.
Diamètre de braquage (m)	11,1
Pneus	215/55R16 (Trendline), 235/45R17 (Comfortline, Sportline), 235/40R18 (Highline)

Performances

Modèle à l'essai	Passat Comfortline 3.6
Moteur	V6 DACT 3,6 litres 24s
Puissance (ch. à tr/min)	280 à 6200
Couple (lb·pi à tr/min)	258 à 2750
Rapport poids/puissance	5,58 kg/ch
Transmission	semi-auto. 6 rapp. (Tiptronic)
Accélération 0-100 km/h (sec.)	6,9 (V6), 8,9 (L5)
Reprise 80-115 km/h (sec.)	non chronométrée
Distance de freinage 100-0 km/h (m)	non mesurée
Niveau sonore à 100 km/h	moyen
Vitesse maximale (km/h)	209
Consommation lors de l'essai (L/100 km)	10,8
Gaz à effet de serre (tonnes métriques)	7,9
Autres moteurs	L5 2,5 l (170 ch., 177 lb·pi), L4 turbodiésel 2,0 l (140 ch., 236 lb·pi)
Autres transmissions	man. 5 rapports (L5), man. 6 rapports (TDI), semi-auto. 6 rapports à passage direct DSG (TDI)

Protection collision

Frontale conducteur/passager	non évaluée
Latérale avant/arrière	non évaluée
Capotage 2rm/4rm	non évaluée

la Comfortline, dans un groupe d'options comprenant également un système de navigation.

Premier constat pour un conducteur de grande taille: le dégagement pour la tête et les jambes brille par son abondance, que la voiture soit coiffée d'un toit ouvrant ou non. Les sièges avant procurent un excellent confort. Il est possible d'opter pour un ensemble comprenant des sièges sport. Le centre du dossier et du coussin de ces sièges sont alors matelassés.

Le constructeur a essentiellement choisi les mêmes matériaux qu'auparavant pour garnir l'habitacle. Le recouvrement de la partie supérieure du tableau de bord est souple, mais les autres parties font appel à un plastique granuleux et dur. L'ensemble dégage néanmoins une impression de solidité. Autre élément visible: les stylistes ont planté une horloge analogique au centre de la planche de bord. Malheureusement, cette pièce d'horlogerie ressemble un peu trop à celle accompagnant les cadeaux offerts avec l'abonnement d'un magazine. Sur la première de nos voitures d'essai, elle n'avait pas été fixée correctement. Le constructeur a toutefois promis d'assurer un contrôle de la qualité optimale. En revanche, tous les autres éléments étaient bien assemblés. Aussi, la cabine filtre efficacement les bruits environnants. À ce titre, elle l'emporte haut la main sur la Honda Accord.

Les grandes portes arrière – qui contribuent à l'effet de longueur – permettent d'accéder à une banquette confortable. Une fois de plus, le dégagement pour la tête et les jambes y est excellent. Les parents de grands ados devraient être enchantés. Le plancher de la place centrale est toutefois affublé d'une protubérance qui réduit considérablement l'espace disponible pour les pieds. Le coffre est par ailleurs de très bonne dimension.

Retour apprécié

Parmi les sacrifices technologiques invisibles, le remplacement du deux-litres turbo par le cinq-cylindres qui anime la Golf et la Jetta occupe le premier rang. Malgré le poids plus élevé de la Passat, ce moteur effectue un travail honnête, que ce soit au moment d'accélérer ou d'effectuer des manœuvres de dépassement. Il ne faudra tout de même attendre aucun miracle de sa part mais, pour l'acheteur visé, son rendement devrait convenir dans la plupart des situations.

Après quelques années d'absence, la version TDI revient au catalogue. C'est une excellente nouvelle. Car en plus de briller par sa sobriété, ce moteur turbodiésel de pointe assure des performances musclées. Il peut être jumelé à la tout aussi excellente boîte automatique DSG à six rapports, laquelle permet des passages

de vitesses ultrarapides. Bruyant de l'extérieur de la voiture, il est d'une discrétion exemplaire de l'intérieur, tellement qu'on le croirait à essence. En fait, il ronchonne moins que le cinq-cylindres. Cette technologie devrait assurément plaire aux conducteurs qui parcourent plusieurs dizaines de milliers de kilomètres, d'autant plus que son prix de base est de moins de 28 000 $, inférieur au prix des versions hybrides de la Ford Fusion ou de la Toyota Camry.

Le puissant V6 figure toujours sur la liste des moteurs offerts, bien qu'il n'attire qu'un faible pourcentage d'acheteurs. Mais il ne sera plus possible de lui adjoindre le rouage intégral, le constructeur ayant choisi de ne plus l'offrir pour 2012.

Sans avoir perdu l'impression de solidité qu'elle dégageait, la berline démontre davantage qu'elle veut plaire à une clientèle pour qui le confort l'emporte sur la conduite sportive. Heureusement toutefois, les ingénieurs ont opté pour des réglages du châssis autorisant l'un des meilleurs comportements routiers, sinon le meilleur comportement

routier de la catégorie. La direction laisse peu de place aux sensations de la route, mais elle permet une conduite sans tracas en toutes circonstances.

Dans le contexte actuel du marché de l'automobile, il n'est plus possible de créer des voitures n'attirant qu'une poignée d'acheteurs, comme en faisaient foi les ventes de la précédente Passat. Il fallait donc développer une voiture pour répondre au plus grand nombre d'acheteurs possible. Et plutôt que d'en créer une nouvelle, Volkswagen a travesti sa Passat. Il nous est difficile d'être pleinement enthousiaste: le constructeur a joué de prudence pour produire une berline neutre et dépourvue d'une personnalité forte. À lui seul, son design en dit long. Elle devrait néanmoins plaire aux acheteurs qui étudient l'achat d'une intermédiaire spacieuse, offrant un bel agrément de conduite. Notre coup de cœur: la version TDI. C'est probablement la plus belle valeur ajoutée dans une catégorie dominée par le conformisme.

JEAN-PIERRE BOUCHARD

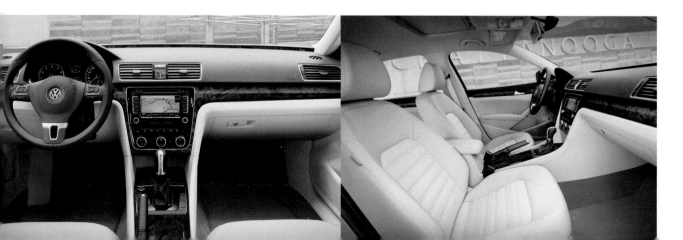

Garanties de base – motopropulseur (an/km)	4/80 000 – 5/100 000
Marge de profit du concessionnaire (%)	7,27 à 7,73
Essence recommandée	ordinaire
Versions offertes	Trendline, Comfortline, Highline
Carrosserie	fourgonnette 5 portes (7 ou 8 places)
Lieu d'assemblage	États-Unis
Valeur résiduelle	passable
Fiabilité présumée	moyen
Renouvellement du modèle	inconnu
Ventes 2010 Québec	(+ 9 %) 324

Technique

Dimensions et volumes

Empattement (mm)	3078
Longueur (mm)	5143
Largeur (mm)	1953
Hauteur (mm)	1750
Volume intérieur passager (L)	4630
Volume du coffre (min. – méd. – max.) (L)	915 – 2350 – 3972
Réservoir de carburant (L)	77,6
Fourchette de poids (kg)	2039 à 2084
Répartition du poids av. – arr. (%)	56 – 44

Châssis

Mode	traction
Suspension av. – arr.	indépendante
Freins av. – arr.	disques
Capacité de remorquage (max.) (kg)	1633
Diamètre de braquage (m)	11,6
Pneus	225/65R16, 225/65R17 (opt.)

Performances

Modèle à l'essai — Routan Highline

Moteur	V6 DACT 3,6 litres 24s
Puissance (ch. à tr/min)	283 à 6350
Couple (lb·pi à tr/min)	260 à 4800
Rapport poids/puissance	7,36 kg/ch
Transmission	semi-automatique 6 rapports
Accélération 0-100 km/h (sec.)	8,7
Reprise 80-115 km/h (sec.)	5,9
Distance de freinage 100-0 km/h (m)	40,8
Niveau sonore à 100 km/h	moyen
Vitesse maximale (km/h)	190
Consommation lors de l'essai (L/100 km)	12,4
Gaz à effet de serre (tonnes métriques)	8,9
Autres moteurs	aucun
Autres transmissions	aucune

Protection collision

Frontale conducteur/passager	excellente
Latérale avant/arrière	excellente
Capotage 2rm/4rm	bonne

Volkswagen
ROUTAN

DES COUSINES VRAIMENT DIFFÉRENTES

Quand Volkswagen a dévoilé la Routan, les concessionnaires, plus particulièrement ceux du Québec qui représentent l'un des châteaux forts de la marque allemande en Amérique du Nord, avaient mis en elle une grande confiance. Cette fourgonnette dérivée de la populaire Dodge Grand Caravan avait été apprêtée selon les bons soins des ingénieurs allemands, ou du moins en fonction de leurs spécifications et recommandations. La Routan et la Grand Caravan ont ainsi plusieurs points en commun, même trop au goût des puristes de VW. Mais une chose est sûre, au volant, on ressent nettement la différence.

Il faut se rappeler que Volkswagen a déjà eu beaucoup de succès dans cette catégorie. Mais les temps ont changé et la force de la monnaie européenne a fait augmenter, notamment, le coût de construction des véhicules assemblés en Allemagne. Ce qui empêche Volkswagen d'exporter chez nous une fourgonnette entièrement allemande. Même contrainte pour la sous-compacte Polo et la citadine Fox, des petites voitures. Et de toute façon, les fourgonnettes offertes actuellement par VW en Europe ne correspondent pas aux critères des acheteurs nord-américains.

Pour vous en convaincre, nous n'avez même pas besoin de prendre l'avion pour aller visiter un salon automobile européen, une petite visite sur le site internet de Volkswagen vous convaincra. Cependant, je crois que les minifourgonnettes Touran (non pas Routan, à ne pas confondre) et Sharan feraient l'affaire de plusieurs Québécois. La première pourrait faire une chaude lutte aux Chevrolet Orlando, Dodge Journey et Kia Rondo, tandis que la seconde se mesurerait aux Mazda5 et Ford C-Max. Quant à la fourgonnette Multivan, oubliez cela! Elle n'est pas dans nos cordes.

Des ventes à la baisse

En 2009, le lancement de la Routan avait été mal calculé, selon plusieurs analystes. Certains disaient que le contexte économique, le prix de l'essence et le manque d'intérêt des consommateurs pour ce genre véhicule nuiraient aux ventes. Il est vrai que VW avait dû revoir ses prévisions de ventes à la baisse. Par contre, personne ne savait que GM supprimerait définitivement les fourgonnettes (Chevrolet Uplander et Pontiac Montana) de son catalogue alors que Chrysler fermerait pendant plusieurs mois la chaîne de montage de la Grand Caravan à cause de la faillite. Ainsi, alors que Volkswagen souhaitait vendre 1000 Routan au Canada en 2009, ce sont plutôt 1489 unités qui ont été vendues. Du lot, seulement 121 Routan ont trouvé preneurs au Québec. Ce n'est pas beaucoup pour le supposé fief de la marque au pays! En 2010, les ventes ont correspondu aux prévisions initiales de VW, atteignant exactement 1010 ventes au Canada alors que le Québec en écoulait 110 exemplaires. Mais, on est loin des 2500 unités que Volkswagen prévoyait vendre annuellement au tout début de l'aventure. Comme explication, il faut rappeler que la nouvelle Toyota Sienna a augmenté ses parts de marché, tandis que Chrysler a retouché sa Grand Caravan et consenti de nombreux rabais visant à accroître ses ventes.

Construit à Windsor, en Ontario, le Routan est assemblé sur la même chaîne de montage que les Grand Caravan et Town & Country. Volkswagen a investi environ 100 millions de dollars dans le projet pour donner à sa fourgonnette une touche européenne. Ainsi, la Routan a plusieurs particularités qui lui sont propres, à l'intérieur comme à l'extérieur. Si le toit et les portières sont communs aux trois modèles, le capot, le hayon, la calandre, les phares avant et les feux arrière portent la griffe de Volkswagen, tout comme le tableau de bord, mis à part la position du levier de vitesses qui se retrouve entre l'instrumentation et l'écran de la chaîne audio, comme sur les produits Chrysler.

Caractéristiques allemandes

Malgré les nombreuses similitudes, il faut reconnaître que Volkswagen a aménagé un bel intérieur, et ce, même si la Grand Caravan a redessiné le sien au cours de la dernière année. Pour ma part, le tableau de bord de la Routan me semble plus chic et les sièges sont plus confortables et enveloppants. L'absence des systèmes Stow'n Go et Swivel'n Go dans le Routan n'est pas étrangère au fait que les sièges sont mieux rembourrés. En effet, ces dispositifs obligent à gruger l'épaisseur des baquets afin que ces derniers puissent occuper moins d'espace dans l'habitacle et les compartiments de rangement. Sur la route, le Routan se démarque par un comportement routier plus incisif. Les suspensions sont plus fermes, mais aussi confortables, et le dosage de la direction est plus précis. Comme ses cousines américaines, la Routan ouvre son capot à un nouveau V6 Pentastar de 3,6 litres. Il s'agit d'un moteur moins gourmand à la pompe que le défunt quatre-litres. M'acheter une fourgonnette, mon cœur irait à la Routan. J'aime bien voir le logo VW au centre de sa calandre. J'ai l'impression de faire moins *mononcle*!

🖲 **JEAN-FRANÇOIS GUAY**

Prix
28 575 à 42 275 $
Transport et préparation
1580 $

+ Son nouveau V6 de 3,6 litres
+ Son comportement routier
+ L'image associée à la marque

– Modèle en sursis?
– Sa faible valeur de revente
– Certains détails de finition

Consommation ville – route (L/100 km)
13,9 – 9,6 (3,6 l)

2012 **Nouveautés**
V6 de 3,6 l au cours de la dernière année

Principales concurrentes

Dodge Grand Caravan, Chrysler T&C, Honda Odyssey, Kia Sedona, Toyota Sienna

Garanties de base – motopropulseur (an/km)	4/80 000 – 5/100 000
Marge de profit du concessionnaire (%)	7,73 à 8,74
Essence recommandée	super
Versions offertes	Trendline, Comfortline, 4Motion Trendline, 4Motion Comfortline, 4Motion Highline
Carrosserie	multisegment 5 portes
Lieu d'assemblage	Allemagne
Valeur résiduelle	passable
Fiabilité présumée	passable
Renouvellement du modèle	2014
Ventes 2010 Québec	(– 2 %) 1666

Technique

Dimensions et volumes

Empattement (mm)	2604
Longueur (mm)	4427
Largeur (mm)	1809
Hauteur (mm)	1683
Volume intérieur passager (L)	2699
Volume du coffre (min. – max.) (L)	674 – 1589
Réservoir de carburant (L)	63,5
Fourchette de poids (kg)	1541 à 1647

Châssis

Mode	traction, intégral
Suspension av. – arr.	indépendante
Freins av. – arr.	disques
Capacité de remorquage (max.) (kg)	998
Diamètre de braquage (m)	12
Pneus	215/65R16 (Trendline), 235/55R17 (Comfortline), 235/50R18 (Highline, opt. Comfortline) 255/40R19 (opt. Highline)

Aptitudes hors route

Garde au sol min. (mm)	175
Angles d'approche/de rampe/de sortie (°)	19/21/23

Performances

Modèle à l'essai	Tiguan Highline 4Motion (4rm)
Moteur	L4 turbo DACT 2,0 litres 16s
Puissance (ch. à tr/min)	200 à 5100
Couple (lb-pi à tr/min)	207 à 1700
Rapport poids/puissance	8,23 kg/ch
Transmission	semi-auto. 6 rapports (Tiptronic)
Accélération 0-100 km/h (sec.)	8,64
Reprise 80-115 km/h (sec.)	5,47
Distance de freinage 100-0 km/h (m)	40,2
Niveau sonore à 100 km/h	moyen
Vitesse maximale (km/h)	207
Consommation lors de l'essai (L/100 km)	11
Gaz à effet de serre (tonnes métriques)	8
Autres moteurs	aucun
Autres transmissions	man. 6 rapports (2rm)

Protection collision

Frontale conducteur/passager	excellente
Latérale avant/arrière	excellente
Capotage 2rm/4rm	bonne

Volkswagen
TIGUAN

QUAND LA PUB DIT VRAI

Les gens du marketing de Volkswagen on affublé le Tiguan du nom de «GTI des VUS compacts». Si en général ce genre de titre est surfait, cette fois ce n'est pas totalement faux. Mais pas pour les raisons que l'on croit; le Tiguan est en fait la version ferme et rapide de la Golf, mais adaptée à un véhicule des années 2010.

Tout comme la première GTI était la version sportive et affirmée de la populaire compacte Golf, le Tiguan rejoue la même partition, mais en adaptant celle-ci aux désirs des conducteurs modernes. C'est que le monde a changé et que ce sont désormais les VUS compacts qui ont la cote: les compactes survitaminées comme la GTI sont de véritables raretés de nos jours, en opposition complète à leur popularité durant les années 1980. Pour celui qui désire plus qu'une Golf, le Tiguan est donc l'étape suivante. Suffit de lui donner des jambes, et le tour est joué.

Mais on doit donc composer avec une carrosserie surélevée, et les inconvénients qui vont avec, ainsi qu'avec la masse supplémentaire qu'apporte le rouage intégral quasi obligatoire dans ce segment. Pour y arriver, VW a donc puisé dans sa vaste collection de moteurs et propose le 2.0T, un bloc essence moderne à injection directe et turbocompresseur qui offre son couple maximal à tout juste 1700 tours/minute. Il est accouplé au choix à deux boîtes à six rapports (automatique ou manuelle), mais la version à trois pédales proscrit le rouage intégral. Dommage. L'automatique n'est pas mauvaise, elle fait même mieux que la manuelle sur le plan de la consommation, mais

sa calibration en fonction de changements hâtifs (gage d'économie de carburant) rend le Tiguan amorphe dans la conduite quotidienne. Il faut appuyer fermement sur l'accélérateur pour obtenir des accélérations normales. Le mode sport de la boîte vient corriger cela au prix d'une consommation plus élevée.

Le rouage intégral (optionnel) utilise un embrayage Haldex, un dispositif qui se situe à mi-chemin entre les systèmes purement réactifs des autres VUS et ceux, permanents à trois différentiels, des meilleurs (Subaru/Audi/Mitsubishi). Le Haldex envoie donc toujours une partie du couple vers l'arrière et ce couple peut varier pour atteindre des proportions importantes sur l'essieu arrière si besoin. C'est donc un excellent système qui peut même se prêter aux excursions hors route occasionnellement. Mais il manque trop de choses au Tiguan pour se faufiler dans une piste forestière défoncée par les pluies du printemps.

Sur la route, le Tiguan affirme sa filiation avec la GTI: les performances sont bien là (surtout en version traction), la suspension est ferme, le freinage est incisif et la direction est vive et précise. Rien de surprenant avec cette relative faible masse: de 1540 à 1650 kg, selon les versions, c'est très bien dans cette catégorie. Il y a un peu trop de roulis dans les changements vifs de direction et on se fait secouer la tête quelquefois, mais pour cela il faut conduire le Tiguan comme si on l'avait volé. Le confort est ferme, mais ce n'est pas inconfortable, c'est vivant.

Compact dans le bon sens du terme

L'habitacle est lumineux, surtout lorsqu'on a eu la sagesse de choisir l'immense toit vitré panoramique. Les matériaux retenus sont de haute qualité, sauf pour quelques plastiques bon marché sur la console et les contre-portes. Le vinyle des sièges est à oublier (et il est de série sur les 4Motion), il vaut mieux lui préférer le tissu ou le cuir. La qualité de l'équipement est bonne et l'afficheur de bord permet de consulter une foule d'informations quand la route se fait monotone.

Le volume intérieur est, comment dire… intime: c'est l'un des VUS les plus compacts. Pas surprenant qu'il intéresse tant les dames d'un certain âge. Elles adorent la visibilité vers l'extérieur et la position de conduite surélevée, tout comme la facilité à se garer. L'espace à l'avant est correct, c'est à l'arrière que cela se complique. Par chance, la banquette est coulissante et les dossiers s'inclinent, mais alors il faut choisir entre les passagers et les bagages. C'est le prix à payer pour garder la longueur hors tout compacte.

Mais cela se traduit par des valeurs de consommation excellentes: autour de 9 L/100km sur autoroute et 12 L/100km en ville. Finalement, comme c'est bien souvent le cas chez VW, les prix sont légèrement au-dessus de ceux de la concurrence, un paramètre qu'il faut tempérer par l'excellente valeur de revente de ses modèles.

Alors que la famille Golf s'embourgeoise, avec une souplesse de suspension qui ne ferait pas rougir une Passat, le Tiguan joue plutôt dans la catégorie des compactes sportives. Il est bien sûr plus haut et dispose d'un rouage intégral optionnel, mais son comportement routier et ses performances le rapprochent de la GTI. Pour une fois, les publicitaires n'ont pas tort.

LOUIS-ALAIN RICHARD

Prix
27 875 à 37 775 $
Transport et préparation
1580 $

+ **Compacité et vivacité**
+ **Performance ou frugalité au choix**
+ **Rouage intégral efficace**

– **Pas de version manuelle avec 4Motion**
– **Sellerie en vinyle désagréable**
– **Espace intérieur compté**

Consommation ville – route (L/100 km)
12,9 – 9,1 (man. 2rm)
12,1 – 9,5 (aut. 2rm)
12,6 – 9,7 (aut. 4rm)

2012

Nouveautés
Retouches esthétiques
Réaménagement intérieur

Principales concurrentes

Chevrolet Equinox, GMC Terrain, Hyundai Tucson, Honda CR-V, Kia Sportage, Mazda CX-7, Mitsubishi Outlander, Nissan Rogue, Subaru Forester, Toyota RAV4

VOLKSWAGEN TIGUAN

À savoir

Garanties de base – motopropulseur (an/km)	4/80 000 – 5/100 000
Marge de profit du concessionnaire (%)	10,10 à 10,34
Essence recommandée	super, diésel (TDI)
Versions offertes	Comfortline, TDI Comfortline, Highline, TDI Highline, Execline, TDI Execline
Carrosserie	utilitaire sport 5 portes
Lieu d'assemblage	Slovaquie
Valeur résiduelle	passable
Fiabilité présumée	moyenne
Renouvellement du modèle	2015
Ventes 2010 Québec	(– 24 %) 174

Technique

Dimensions et volumes

Empattement (mm)	2893
Longueur (mm)	4795
Largeur (mm)	1940
Hauteur (mm)	1709
Volume intérieur passager (L)	2871
Volume du coffre (min. – max.) (L)	909 – 1812
Réservoir de carburant (L)	85
Fourchette de poids (kg)	2137 à 2256
Répartition du poids av. – arr. (%)	52 – 48

Châssis

Mode	intégral
Suspension av. – arr.	indépendante
Freins av. – arr.	disques
Capacité de remorquage (max.) (kg)	3500
Diamètre de braquage (m)	11,6
Pneus	255/55R18, 265/50R19 (Execline), 275/45R20 (TDI Execline, opt.)

Aptitudes hors route

Garde au sol min. (mm)	200
Angles d'approche/de rampe/de sortie (°)	26/21/26

Performances

Modèle à l'essai	Touareg TDI Highline
Moteur	V6 turbodiésel DACT 3 litres 24s
Puissance (ch. à tr/min)	225 à 3500
Couple (lb-pi à tr/min)	406 à 1750
Rapport poids/puissance	9,49 kg/ch
Transmission	semi-automatique 8 rapports
Accélération 0-100 km/h (sec.)	8,1 (TDI), 8,5 (3,6 l)
Reprise 80-115 km/h (sec.)	5,1 (TDI), 6,9 (3,6 l)
Distance de freinage 100-0 km/h (m)	40
Niveau sonore à 100 km/h	moyen
Vitesse maximale (km/h)	196, 240 (Hyb)
Consommation lors de l'essai (L/100 km)	9,8
Gaz à effet de serre (tonnes métriques)	7,1
Autres moteurs	V6 3,6 l (280 ch., 265 lb-pi), V6 comp. 3,0 l + mot. élect. (374 ch., 428 lb-pi) (Hyb)
Autres transmissions	aucune

Hybride

Hybride – Distance en mode élect. (km)	1 à 2
Hybride – Vitesse max. en mode élect. (km/h)	50

Protection collision

Frontale conducteur/passager	non évaluée
Latérale avant/arrière	non évaluée
Capotage 2rm/4rm	non évaluée

Volkswagen
TOUAREG

LA DIÈTE, C'EST POUR LES AUTRES

Les mauvaises langues relèvent, avec raison, que le Touareg accuse toujours plus de deux tonnes sur la balance. Volkswagen n'entend rien. Elle argumente plutôt sur les gains significatifs enregistrés à la pompe. Sur papier, les chiffres sont éloquents: la consommation moyenne a fondu de 25 % par rapport à celle de l'ancien modèle.

Volkswagen a eu recours à quelques «subterfuges» pour en arriver là. Par exemple, en dotant tous les Touareg (y compris les versions à moteur diésel) d'un système de coupure automatique à l'arrêt ou encore en adoptant, de série, un rouage à quatre roues motrices moins sophistiqué. Que les automobilistes qui ne craignent pas de mettre en péril le vernis de la carrosserie et le lustre des jantes dans un bain de boue se rassurent, Volkswagen propose, en option, un rouage appelé 4XMotion (plus énergivore) avec vitesses courtes et blocage de différentiel central.

Pour bien mesurer les progrès que Volkswagen a accomplis dans les dernières années en matière de qualité d'assemblage, il faut monter à bord. Vous y découvrirez des surfaces moussées, du cuir fin, des agencements de couleurs agréables et une finition exemplaire. Une présentation très valorisante où se mêlent des appliques de bois et de métal. La position de conduite idéale est facile à trouver, et l'usage de la plupart des commandes ne requiert pas de se farcir le manuel du propriétaire au complet. D'ailleurs, partout où ils poseront leurs yeux, les – rares – habitués de ce VW haut sur pattes n'auront aucun mal à trouver leurs repères. Rien à redire vraiment sur le plan de l'ergonomie, à l'exception de ce sélecteur «à roulettes» un peu détestable à utiliser qui accompagne la suspension pneumatique (optionnelle).

En regard des dimensions extérieures, on se réjouit de constater que l'habitabilité progresse, surtout à l'arrière. En plus des quelques millimètres supplémentaires accordés à nos jambes, le Touareg offre en prime une banquette étonnamment confortable dont l'assise coulisse et les dossiers s'inclinent. Le coffre se révèle, lui aussi, plus accommodant pour nos bagages ou nos sacs de sport. En revanche, hormis des baquets très confortables à l'avant, les occupants devront composer avec un plancher rendu «vallonneux» en raison d'un tunnel de transmission incroyablement large.

Fort comme un diésel

Une fois de plus, Volkswagen a travaillé de concert (et en harmonie?) avec Porsche pour concevoir une base technique commune sur laquelle sont conçus le Touareg et le Cayenne. Commun ici ne veut pas dire pareil. Preuve que le Touareg ne chasse pas sur les mêmes terres que le Cayenne, Volkswagen vise principalement les acheteurs de Mercedes (ML) avec sa mécanique essence et diésel et Lexus (RX) avec son offre hybride. De son côté, le Cayenne vise plutôt les acheteurs de BMW (X5, X6) et de Land Rover (Range Rover Sport).

Après avoir conduit les versions V6 essence, hybride et diésel, aussi bien ne pas tourner autour du pot: la mécanique diésel apparaît clairement comme la mieux adaptée à ce véhicule. À peine plus puissant que le trois-litres TDi offert sur la

génération précédente, ce V6 turbodiésel arrache sans peine le Touareg de sa position statique, au point de vous plaquer dans votre siège si vous envoyez la pédale d'accélérateur au tapis. Fort en couple, ce moteur offre un rendement irréprochable à tous points de vue, mais il est hélas desservi par une boîte automatique à huit rapports à la gestion un peu étourdie au moment des relances. Avec le V6 à essence, c'est une autre histoire. Toujours à la recherche d'un second souffle, ce V6 3,6 litres force la boîte de vitesses à jongler sur tous ses rapports pour masquer son manque d'entrain. À vrai dire, on lui préfère la version hybride.

Sur la route, le Touareg se révèle à la fois plus vif et plus dynamique que son prédécesseur. Mais la différence est subtile, puisqu'il donne toujours l'impression d'être aussi lourd, surtout à basse vitesse. La direction communique vaguement l'emplacement des roues directrices et se révèle plutôt lente à répondre aux directives. Quant au diamètre de braquage, il n'apparaît pas des plus spectaculaires.

Doté de suspensions pneumatiques (ayant trois possibilités de réglages) avec correcteur automatique d'assiette ainsi que des roues de 20 po, le Touareg s'adapte à la conduite du moment. Oublions cependant le réglage Sport, vraiment très ferme et que ne dynamise pas outre mesure la conduite. Favorisez plutôt les modes Confort et Normal. Ces derniers autorisent une prise de roulis plus grande, mais vos passagers ne s'en porteront que mieux.

Capable de briller sur route comme en dehors et, surtout, de tracter 3500 kg, le Touareg défend les couleurs d'une catégorie où les représentants sont aussi peu nombreux que les clients.

 ÉRIC LEFRANÇOIS

Prix
48 440 à 63 135 $
Transport et préparation
1580 $

+ V6 TDi très «coupleux»
+ Capacité de remorquage élevé (y compris l'hybride)
+ Finition très soignée

– V6 essence bruyant et souffreteux
– Coupure automatique sèche
– Impression de lourdeur

Consommation ville – route (L/100 km)
15,2 – 10,6 (3,6 l)
12,7 – 8,3 (TDi 3,0 l)
11,9 – 9,7 (Hyb)

2012 **Nouveautés**
Changements mineurs

Principales concurrentes
Acura MDX, BMW X3/X5, Cadillac SRX, Land Rover LR2/LR4, Lexus RX, Lincoln MKX, Mercedes Classe ML, Saab 9-4X, Volvo XC90

VOLKSWAGEN TOUAREG

À savoir

Garanties de base – motopropulseur (an/km)	4/80 000 – 4/80 000
Marge de profit du concessionnaire (%)	7,53 à 8,37
Essence recommandée	super
Versions offertes	T5, T5 Premium Plus, T5 Platinum, T5 R-Design, T5 Design Premium Plus, T5 Design Platinum
Carrosserie	hayon 3 portes
Lieu d'assemblage	Belgique
Valeur résiduelle	bonne
Fiabilité présumée	bonne
Renouvellement du modèle	2014
Ventes 2010 Québec	(- 19 %) 193

Technique

Dimensions et volumes

Empattement (mm)	2640
Longueur (mm)	4266
Largeur (mm)	1782
Hauteur (mm)	1447
Volume intérieur passager (L)	2526
Volume du coffre (min. – max.) (L)	365 – 572
Réservoir de carburant (L)	60
Fourchette de poids (kg)	1470
Répartition du poids av. – arr. (%)	63 – 37

Châssis

Mode	traction
Suspension av. – arr.	indépendante
Freins av. – arr.	disques
Capacité de remorquage (max.) (kg)	1500
Diamètre de braquage (m)	10,6
Pneus	205/55R16, 205/50R17 (opt.), 215/45R18 (R-Design)

Performances

Modèle à l'essai	C30 T5 R-Design
Moteur	L5 turbo DACT 2,5 litres 20s
Puissance (ch. à tr/min)	227 à 5000
Couple (lb-pi à tr/min)	236 à 1500
Rapport poids/puissance	6,47 kg/ch
Transmission	manuelle 6 rapports
Accélération 0-100 km/h (sec.)	6,92
Reprise 80-115 km/h (sec.)	4,31
Distance de freinage 100-0 km/h (m)	38,5
Niveau sonore à 100 km/h	passable
Vitesse maximale (km/h)	240
Consommation lors de l'essai (L/100 km)	10,4
Gaz à effet de serre (tonnes métriques)	7,5
Autres moteurs	aucun
Autres transmissions	aut. 5 rapports

Protection collision

Frontale conducteur/passager	non évaluée
Latérale avant/arrière	non évaluée
Capotage 2rm/4rm	non évaluée

Volvo
C30

PRÉPARER L'AVENIR

Réglons une fois pour toute le cas de Simon Templar et le la P1800 S de l'époque. Les baby-boomers aiment bien faire un retour sur le passé et trouver des analogies entre cette sportive de l'époque et le simili James Bond de la série télé. En fait, les acheteurs actuels de la C30 (comme de la Mini d'ailleurs) n'ont rien à faire de ce clin d'œil historique et se procurent le joli coupé pour ses qualités intrinsèques et ce cachet de véhicule sport avec hayon. De toute façon, ceux qui ont le béguin maintenant n'étaient même pas nés lors de la diffusion de la série.

La C30 remplit parfaitement son rôle de véhicule d'entrée de gamme chez Volvo. Son design se démarque de tout ce qu'il y a sur le marché et ne laisse pas indifférent. Sa grille reprend cette simple barre oblique, ce trait qui l'identifie depuis des lustres. Les attributs de sécurité y sont maintenus, fidèles à la réputation légendaire de la marque. Des multiples coussins gonflables aux zones déformables, de la protection de l'impact latéral à celui du coup de fouet cervical. Finalement, la proverbiale fiabilité de la marque, qui est passée de la propulsion à la traction il y a une quinzaine d'années, s'est perpétuée dans ce produit et le petit réseau de réputés concessionnaires.

T comme dans Turbo

Dans le but de réduire le nombre de groupes propulseurs en ces années de restructuration, Volvo (lire Geely , son nouveau propriétaire Chinois) a conservé le plus véloce des moteurs pour son véhicule d'entrée de gamme, soit le cinq-cylindres modulaire avec turbo qui produit 227 chevaux à travers une boite manumatique Geartronic à cinq rapports. Ce moulin en est rendu à sa septième évolution en une seule décennie et il a fait ses preuves sous bien des capots. Le seul reproche qui subsiste demeure cette dépendance à la pompe. Une cure de désintox serait souhaitable.

La C30 n'a jamais eu droit à la traction intégrale (sauf sur quelques prototypes) mais le contrôle de la stabilité DSTC de Volvo est un des meilleurs de l'industrie et procure un rendement étonnant en hiver ou sur des surfaces mouillées. Les performances sont au rendez-vous et soutiennent la comparaison avec les sportives des autres marques. Selon la version choisie, la tenue de route est plus accrocheuse (surtout avec la R-design et les roues de 18 pouces). Mais attendez vous, comme pour les Mitsubishi Ralliart, Volkswagen GTI et autres Cooper, à faire le plein en conséquence : le plaisir a un prix.

Pour les Gen X et Y

Ce coupé semble tout indiqué aux générations X et Y. Les deux places arrière sont plus difficiles à atteindre mais les occupants y trouveront le confort. L'arrivée d'un enfant signifiera toutefois le troc immédiat pour une familiale. Quant au hayon,

il proposera entre 365 et presque 600 litres de cargo ou de l'espace pour des planches à neige en abaissant la demi-banquette. Quant au tableau de bord, on raffole du design et de la simplicité des commandes... ou on passe à autre chose. Un des architectes de la C30 à l'origine était un Québécois, en la personne de Simon Lamarre. Quant à l'habitacle, il est typé comme une Mini, un Cube, une Cinquecento ou une New Beetle et son utilisateur s'identifie à cette audace. L'équipement de série se doit d'être convaincant puisque le C30 s'achète à partir d'un plus de 30 000$ alors que la version R-design en demande environ 10 000 $ de plus. Les baquets avant procurent le confort souhaité mais assez de retenue si on veut défier le radar.

L'avenir dans l'hybride

Volvo planche depuis quelques années sur cette plateforme P1 pour développer ses véhicules verts. Le C30 existe ainsi en version toute électrique dont l'autonomie est de 150 km. L'astuce en pays nordique où il a été développé consiste par temps froid à chauffer l'habitacle, le moteur électrique et le jeu de batteries avec de l'éthanol. Recharge en trois heures! Cette C30 électrique sera en vente dès le printemps en Europe : une cinquantaine circule déjà en Suède. La version ReCharge comprend des batteries qui animent quatre moteurs-roues sur 100 km. Puis quand elles sont à plat, le système lance un petit moteur Sigma de Ford pour prendre la relève et recharger tout en roulant : Volvo a maintenant sa Volt. Non, pas une Volt-vo.

Il existe également une V60 hybride mais son arrivée en sol nord-américain n'est pas prévue pour le moment. Néanmoins, celle qui viendra en Amérique en 2012 est une C30 hybride branchable avec moteur atmosphérique conventionnel, question de ne pas courir de risque à ses premiers tours de roues vertes. Et c'est par là que l'avenir de Volvo commence.

⊙ **MICHEL POIRIER-DEFOY**

Prix
30 995 à 44 000 $
Transport et préparation
1715 $

+ **Design dépareillé et unique**
+ **Places avant confortables**
+ **Systèmes de sécurité**

– **Turbo = consommation**
– **Pas de manettes au volant**
– **Version R-design trop dispendieuse**

Consommation ville – route (L/100 km)
11,7 – 8,3 (man.)
11,6 – 8,1 (aut.)

Nouveautés

2012 Nouvelle nomenclature, retouches esthétiques, groupes d'équipements différents, modèle électrique en préparation

Principales concurrentes

Audi A3, Mazda3 Sport, Mini Cooper, Mitsubishi Lancer Sportback, Subaru WRX, Volkswagen GTI

VOLVO C30

617

Garanties de base – motopropulseur (an/km)	4/80 000 – 4/80 000
Marge de profit du concessionnaire (%)	7,756 à 8,22
Essence recommandée	super
Versions offertes	T5, T5 Premium Plus, T5 Planitum
Carrosserie	cabriolet 2 portes
Lieu d'assemblage	Suède
Valeur résiduelle	moyenne
Fiabilité présumée	moyenne
Renouvellement du modèle	2014
Ventes 2010 Québec	(+ 21 %) 51

Technique

Dimensions et volumes

Empattement (mm)	2640
Longueur (mm)	4615
Largeur (mm)	1836
Hauteur (mm)	1400
Volume intérieur passager (L)	n.d.
Volume du coffre (min. – max.) (L)	170 – 362
Réservoir de carburant (L)	60
Fourchette de poids (kg)	1754
Répartition du poids av. – arr. (%)	56 – 44

Châssis

Mode	traction
Suspension av. – arr.	indépendante
Freins av. – arr.	disques
Capacité de remorquage (max.) (kg)	900
Diamètre de braquage (m)	11,8
Pneus	235/45R17, 235/40R18 (opt.)

Cabriolet

Temps ouverture – fermeture du toit (sec.)	30
Décapoter en roulant	non

Performances

Modèle à l'essai	C70 T5
Moteur	L5 turbo DACT 2,5 litres 20s
Puissance (ch. à tr/min)	227 à 5000
Couple (lb-pi à tr/min)	236 à 1500
Rapport poids/puissance	7,72 kg/ch
Transmission	semi-automatique 5 rapports
Accélération 0-100 km/h (sec.)	7,72
Reprise 80-115 km/h (sec.)	5,89
Distance de freinage 100-0 km/h (m)	38,4
Niveau sonore à 100 km/h	passable
Vitesse maximale (km/h)	240
Consommation lors de l'essai (L/100 km)	11,2
Gaz à effet de serre (tonnes métriques)	8,1
Autres moteurs	aucun
Autres transmissions	aucune

Protection collision

Frontale conducteur/passager	non évaluée
Latérale avant/arrière	non évaluée
Capotage 2rm/4rm	non évaluée

Volvo
C70

UN COUPÉ-CABRIOLET QUATRE SAISONS

Dans les années 1960 et 1970, certains coupés (et même des berlines) tentaient d'imiter l'apparence d'un cabriolet en recouvrant leur toit de vinyle! À l'époque, on appelait ces fausses décapotables des «landaus». Heureusement, cette mode est derrière nous. Mais, il existe tout de même un retour aux années 1950, comme en font foi les constructeurs qui proposent depuis peu des décapotables à toit rigide. Les plus vieux se rappelleront que le premier coupé-cabriolet offert chez nous remonte à la fin des années 1950 alors que Ford proposait la Fairlane 500 Skyliner. En Europe, le premier cabriolet à toit dur a été l'œuvre de Peugeot au milieu des années 1930. Depuis, Mercedes-Benz a réinventé le genre dans les années 1990 avec le roadster SLK et la Classe SL. Puis, d'autres modèles ont suivi, principalement des coupés à quatre places, les BMW Série 3, Infiniti G37, Lexus IS C, Volkswagen Eos et Volvo C70, sans oublier la Chrysler 200. Du lot, c'est la C70 qui avait ouvert le bal en 2006.

Curieusement, le cabriolet Classe E de Mercedes-Benz n'a pas suivi l'an dernier la tendance que la SLK avait instituée il y a deux décennies, ni la récente Audi A5 ni la doyenne Saab 9-3. Bref, ces modèles ont préféré opter pour le bon vieux toit mou qui permet notamment d'offrir un plus grand coffre lorsqu'il est replié. Somme toute, on constate que la C70 n'est pas seule et que la concurrence n'a jamais été aussi forte dans ce segment où le volume des ventes est plutôt faible.

Une touche de jeunesse

Malgré le peu de ressources dont ils disposent, les designers de Volvo ont mis la main à la pâte l'an dernier pour rajeunir la silhouette de la C70. Pour y arriver, ils se sont inspirés, notamment, des nouveaux traits stylistiques de la berline S60. Résultat, la C70 est plus jolie qu'auparavant, plus attirante aussi. Son style est plus dynamique et les lignes de la carrosserie sont plus tendues vers l'arrière, ce qui donne l'impression que la voiture est en mouvement perpétuel. La partie avant, avec la calandre et les phares adaptatifs au xénon, ressemble à la S60 et le design du couvercle du coffre et celui des feux arrière sont dans la même veine.

À l'intérieur, l'espace demeure intact, tout comme le tableau de bord. Simple mais efficace. On remarque quelques détails sur le plan de l'éclairage qui rehaussent son décor plutôt austère. Quant à la fameuse console centrale ultramince recouverte d'aluminium, elle demeure le principal point d'attraction de l'habitacle. Le tout est rehaussé par une sellerie en cuir de couleur qui, une fois le toit replié, contraste avec les teintes vives de la carrosserie.

À l'arrière, deux passagers de taille adulte pourront prendre leur aise. Il s'agit d'un vrai coupé-cabriolet à quatre places, l'un des plus spacieux de la catégorie. Comparativement à certains modèles concurrents, les sièges avant ne disposent

pas d'air chaud au niveau de la nuque pour les balades en fin de soirée ou à l'automne. À l'arrière, on remarque également l'absence de buses de ventilation pour les passagers.

Au chapitre de la sécurité, la C70 a été élaborée selon les principes de Volvo avec une panoplie d'équipements. De série, on retrouve l'antidérapage, des ceintures de sécurité avec prétendeurs, des rideaux gonflables, des zones de déformation absorbante en cas d'impact, un système anti-coup de fouet cervical et des arceaux du système ROPS qui se mettent en place même lorsque le toit est déployé. Enfin, le système BLIS informe le conducteur de la présence d'un véhicule dans les angles morts du véhicule.

Pour se déplacer, la C70 fait toujours appel au service d'un cinq-cylindres turbo à basse pression de 2,5 litres. Modeste, avec une puissance de 227 ch, il se reprend avec son couple de 236 livres-pieds qui procure tout de même des accélérations acceptables. Mais il manque un moteur plus costaud sous le capot de cette jolie scandinave. Pour que cette Volvo séduise davantage, elle aurait besoin d'une paire de turbos ou d'une plus grosse cylindrée.

L'an dernier, la C70 a manqué un rendez-vous important dans nos pages alors que nous l'avions conviée à un match comparatif l'opposant à ses congénères. Fraîchement redessinée, sa présence aurait été appréciée des lecteurs, puisqu'elle aurait été la seule décapotable de ce match à proposer la traction, les autres étant des propulsions, à l'exception de l'A5 qui est une intégrale. Dans la catégorie, à part la C-70, seules les 9-3 et Eos sont munies de roues avant motrices. Il n'y a aucun doute que la C70 aurait pu faire bonne impression et permettre à Volvo de marquer des points avec sa clientèle. Mais comme on dit, les absents ont toujours tort!

 JEAN-FRANÇOIS GUAY

Prix
54 500 à 59 375 $
Transport et préparation
1715 $

+ **Le confort des sièges**
  (avant et arrière)
+ **Ses qualités hivernales**
  (traction avant)
+ **Son prix compétitif**

– **Le manque de puissance**
  du moteur
– **Le sautillement du train avant**
– **L'étroitesse du coffre**

Consommation ville – route (L/100 km)
12,8 – 8,6

Nouveautés

2012 Nouvelle nomenclature
Retouches esthétique
Groupes d'équipements différents

Principales concurrentes

 Audi A5, BMW Série 3, Infiniti G,
Lexus IS-C, Mercedes Classe E,
Saab 9-3, Volkswagen Eos

VOLVO C70

619

À savoir

Garanties de base – motopropulseur (an/km)	4/80 000 – 4/80 000
Marge de profit du concessionnaire (%)	7,75
Essence recommandée	super
Versions offertes	T5 Niveau 1, T5 Niveau 2, T6 AWD
Carrosserie	berline 4 portes
Lieu d'assemblage	Suède
Valeur résiduelle	bonne
Fiabilité présumée	moyenne
Renouvellement du modèle	2016
Ventes 2010 Québec	(– 39 %) 61

Technique

Dimensions et volumes

Empattement (mm)	2776
Longueur (mm)	4628
Largeur (mm)	1865
Hauteur (mm)	1484
Volume intérieur passager (L)	n.d.
Volume du coffre (min. – max.) (L)	340
Réservoir de carburant (L)	67
Fourchette de poids (kg)	1770
Répartition du poids av. – arr. (%)	62 – 38

Châssis

Mode	traction, intégrale
Suspension av. – arr.	indépendante
Freins av. – arr.	disques
Capacité de remorquage (max.) (kg)	1500
Diamètre de braquage (m)	11,9
Pneus	225/50R17, 235/40R18 (opt.)

Performances

Modèle à l'essai	S60 T6 AWD (4rm)
Moteur	L6 turbo DACT 3,0 litres 24s
Puissance (ch. à tr/min)	300 à 5600
Couple (lb-pi à tr/min)	325 à 2100
Rapport poids/puissance	5,9 kg/ch
Transmission	manuelle 6 rapports
Accélération 0-100 km/h (sec.)	6,46
Reprise 80-115 km/h (sec.)	4,24
Distance de freinage 100-0 km/h (m)	35,7
Niveau sonore à 100 km/h	moyen
Vitesse maximale (km/h)	240 (T6), 210 (T5)
Consommation lors de l'essai (L/100 km)	11,6
Gaz à effet de serre (tonnes métriques)	8,3
Autres moteurs	L5 3,0 l (250 ch., 266 lb-pi)
Autres transmissions	semi-auto. 6 rapports

Protection collision

Frontale conducteur/passager	non évaluée
Latérale avant/arrière	non évaluée
Capotage 2rm/4rm	non évaluée

POUR ROULER DIFFÉRENT

Dans un segment où les Audi A4, BMW Série 3 et Mercedes Classe C ne laissent que des miettes, la Volvo S60 cherche – aidée de sa ligne et de ses avancées sur le plan de la sécurité – à susciter la gourmandise des consommateurs.

Parfaitement consciente que son style représente sa plus belle carte de visite, la S60 se doit aussi d'entretenir la légende d'une Volvo à la fine pointe du progrès en matière de protection des occupants. Pour ce faire, elle compte sur son dispositif de sécurité Détection Piéton capable de détecter, d'alerter et d'assurer un freinage automatique pour éviter des piétons. Ce dispositif couplé au système City Safety (inauguré sur le multisegment XC60) se compose d'un radar, d'une caméra et d'une unité centrale. Le radar a pour fonction de détecter tout objet dans le champ du véhicule et d'en mesurer la distance relative. La caméra détermine la nature de l'objet. Le système est programmé pour prendre en compte les véhicules en amont, qu'ils soient à l'arrêt ou circulant à contresens. Le système sait détecter aussi les enfants, et demeure actif jusqu'à une vitesse maximale de 35 km/h. Toutefois, cette technologie connaît les mêmes limites que l'œil humain et, exactement comme nous, elle «voit» moins bien la nuit et par mauvais temps. En clair, pour les Canadiens, ça ne fonctionnera pas toujours l'hiver. Le bon côté est que ce dispositif est offert à l'intérieur d'un groupe d'options. Celui-ci intègre aussi les capteurs de stationnement et les détecteurs d'angles morts. Heureusement, ces deux derniers dispositifs sont offerts à la carte.

À bord, la S60 perpétue le savoir-faire et le bon goût Volvo: console flottante et baquets qu'on jurerait moulés sur soi. Même si l'on présume aisément que la gestation de ce modèle fut douloureuse (à cause du changement de propriétaire), Volvo n'allait pas écorner la réputation d'ergonomie de ses habitacles. Le baquet enveloppant de la S60 laisse toutes possibilités de s'asseoir confortablement – mais de façon un peu trop relaxe en raison d'un manque de support latéral –, et sa colonne de direction est réglable aussi bien en hauteur qu'en profondeur. Le tableau de bord incorpore des jauges présentant un affichage clair et de lecture facile ainsi qu'un ensemble d'accessoires parfaitement intégrés. Comme ses commandes on ne peut plus conviviales de la climatisation automatique. En revanche, quelques commandes exigent une certaine période d'acclimatation, comme les réglages des différents dispositifs au moyen de l'ordinateur de bord.

Perplexe

Un amateur de conduite a peine à concevoir qu'une Volvo sportive puisse exister. Pourtant, dès le premier virage, la S60 montre qu'il s'agit bien d'une Volvo nouvelle génération. Sur le plan dynamique, elle n'a aucune peine à vous faire oublier la génération précédente, mais reconnaissons tout de même qu'elle sue à grosses gouttes dès qu'on lui impose de suivre le rythme d'une Série 3 de BMW, voire d'une Infiniti G37, sur un parcours tourmenté. De plus, si l'on sait toujours où pointent les roues directrices, la direction, au demeurant d'une belle précision, gagnerait à être plus ferme et plus linéaire. L'autre talon d'Achille de cette Volvo réside dans son fort